Hans Apel
Der Abstieg

Hans Apel

Der Abstieg

Politisches Tagebuch
1978–1988

Deutsche Verlags-Anstalt

Stuttgart

CIP-Titelaufnahme der Deutschen Bibliothek

Apel, Hans:
Der Abstieg : politisches Tagebuch 1978 – 1988 / Hans Apel. –
4. Aufl. – Stuttgart : Deutsche Verlags-Anstalt, 1990
ISBN 3-421-06559-4

1. Auflage März 1990
2. Auflage April 1990
3. Auflage Mai 1990
4. Auflage Juni 1990
Lektorat: Ulrich Volz
Satz: Typobauer Filmsatz GmbH, Ostfildern
Druck und Bindearbeit: May + Co., Darmstadt
Printed in Germany

Inhalt

Vorwort

Mit diesem Buch lege ich keine Memoiren vor. Es will auch nicht die Geschichte der SPD seit 1978 nacherzählen. Vielmehr handelt es sich um den Versuch, mein Leben als Politiker in Verbindung zu sehen mit der politischen Entwicklung der letzten zehn Jahre in den Bereichen, die mich berührt haben. Ich habe mich bemüht, über meine Mitmenschen möglichst fair zu schreiben und mir selbst keinen Heiligenschein aufzusetzen. Ich kann nur hoffen, daß ich meinen Vorgaben, so gut es geht, gerecht geworden bin.

Dennoch weiß ich, daß dieses Buch unbequem sein muß. Auch für mich. Immer wieder habe ich gezögert, der Veröffentlichung zuzustimmen. Warum muß dieses Buch jetzt erscheinen? Kann ich sicher sein, daß es nicht im politischen Streit mißbraucht wird?

Natürlich ist es gegen falsche Inanspruchnahme nicht gefeit. Wenn ich mich dennoch für eine Veröffentlichung entschieden habe, dann aus zwei Gründen: Zehn Monate lang hat dieses Buch mein Leben, zum Teil auch das meiner Frau, beherrscht. Es ging schließlich nicht nur um die Formulierung aufgrund meiner Tagebücher. Fakten mußten überprüft, Recherchen angestellt werden, mein Gewissen mußte sich prüfen lassen. Das war auch Trauerarbeit, die mir die Ruhe, oft auch den Schlaf geraubt hat. Die Veröffentlichung schließt diesen Lebensabschnitt für mich ab.

Dieses Buch sagt die Wahrheit, meine subjektive Wahrheit. Ehrlichkeit und Offenheit, Kritik und Selbstkritik sind die Voraussetzung für den demokratischen Prozeß. Wahrheit, so verstanden, kann wehtun. Sie ist aber die Voraussetzung für die Meinungsbildung der Bürger.

Der Verlag hat mir geraten, diesem Buch über das Jahrzehnt von 1978 bis 1988 eine Art Einleitung voranzustellen, die hinführt zu diesen Jahren. In knappen und sicherlich unvollständigen Strichen schildere ich meinen Weg in der SPD. So soll dem Leser der Zugang zu den Jahren 1978 bis 1988 erleichtert werden. Diese Einleitung ist frei formuliert. Dann aber weiche ich von den Texten meines Tagebuchs nur noch ab, wenn das notwendig ist. So kann, zum Beispiel, die Problematik des Nato-Doppelbeschlusses vom Leser nur dann nachvollzogen werden, wenn ich auch über den Rahmen meiner Tagebuchaufzeichnungen hinausgehe.

Diese Arbeit hätte ich nicht leisten können, wenn mich nicht meine Bonner Sekretärin, Irmgard Nolden, tatkräftig unterstützt hätte. Sie hat mitgeholfen, die für mich wichtigen Abschnitte meines Tagebuchs auszuschreiben, um mir eine Grundlage für meine anschließende Arbeit an diesem Buch zu geben. Sie hat meine Manuskripte genau und zeitgerecht geschrieben und meine vielen Korrekturen übertragen. Herrn General a.D. Tandecki danke ich für die kritische Durchsicht einzelner sicherheitspolitischer Abschnitte dieses Buchs. Einen besonderen Dank schulde ich Herrn Professor Arnulf Baring, der mir nach Lektüre meines Textes wichtige Hinweise und Empfehlungen gegeben hat. Sie haben diesem Buch gutgetan. Dem Verlag, insbesondere Herrn Ulrich Volz, danke ich für Rat und Tat. Das Urteil über dieses Buch mögen die Leser fällen.

Mein Weg in der SPD

Am 27. April 1955, acht Tage vor Inkrafttreten der Pariser Verträge, in denen das Ende des Besatzungsregimes ebenso vereinbart wurde wie der Beitritt der Bundesrepublik zur Nato, werde ich Mitglied der SPD. Meinen Vater erschrecke ich mit diesem Schritt. Er ist davon überzeugt, daß die Russen auch Westdeutschland erobern werden und ich mit anderen Sozialdemokraten mein Leben in Sibirien beenden müsse. Auch deshalb fordert mein Vater seine Schwiegertochter auf, keinesfalls in eine Partei einzutreten. »Es kann dir schließlich passieren, daß du allein deine Kinder großziehen mußt.« Erst nach seinem Tod im Jahre 1965 kann ich meine Frau mit Mühe überreden, auch in die SPD einzutreten.

Dabei trägt mein Vater indirekt mit Verantwortung dafür, daß ich in die SPD gehe. Er selbst war 1937 der NSDAP beigetreten, aber niemals über den Status eines zahlenden Mitglieds hinausgekommen. Als einer der letzten hatte er den Kessel von Stalingrad verlassen können. Bei seinem nächsten Heimaturlaub erzählte er, daß seine Kameraden dort an der Front sagten: »Hätten wir nur unsere Sozi-Papas aus der Weimarer Republik behalten, dann wäre uns das alles erspart geblieben.«

Ende Juli 1943 wird Hamburg durch eine Welle von Angriffen amerikanischer und britischer Bomberverbände weitgehend zerstört. Alle Schulen schließen. Die Schulkinder kommen in die Kinderlandverschickung. Ich muß in Hamburg bleiben, weil ich als einziges Kind meine todkranke Mutter betreuen muß. Meine Eltern werden aufgefordert, auch mich zu »verschicken«. Mein Vater schreibt an Adolf Hitler, seinen Parteivorsitzenden: »Mein Führer...« Die Antwort ist kurz und bündig. Da meine Eltern die Verschickung nicht wollen, werde ich »aus der Deutschen Oberschule ausgestoßen« und gehe »in die Betreuung der Hamburger Volksschule über«. Mein Vater sagt bei seinem letzten Urlaub: »Macht nichts, der Spuk ist sowieso bald vorbei.« Im Sommer 1946 stirbt meine Mutter. Nun sind wir beide allein. Mein Vater arbeitet im Hafen. Ich kaufe ein, putze die Wohnung, klaue Kohlen und gehe zur Schule. Wir kommen kaum über die Runden. Und dennoch ist es für mich eine wichtige Zeit. Wir beide machen alles gemeinsam. Er erzählt mir, wie das alles so kommen konnte mit unserem Land. Er ist Christ geworden und hofft, daß unser Land nie wieder Soldaten haben werde. Unser Wochenende ist ohne Sensationen. Oft gehen wir zur Kirche, regelmäßig zum Ohlsdorfer Friedhof und zu jedem Spiel des FC St. Pauli. In der evangelischen Jugend lerne ich Ingrid Schwingel, meine spätere Frau, kennen. Auch sie ist einziges Kind und Halbwaise, ihr Vater im Krieg gefallen. Durch uns lernen sich auch unsere Eltern kennen. Sie heiraten 1955, ein Jahr vor unserer Trauung.

1951 mache ich Abitur. Mein Vater möchte, daß ich Pastor werde, ich will Chemie studieren. Doch das Geld fehlt. So absolviere ich meine Lehre in einer kleinen Firma, die an drei Schreibtischen Im- und Export, Mineralölimport und Mineralöl-Großhandel betreibt. Ich bin der einzige Lehrling und muß schwer ran, als »Mädchen für alles«. Abends gehe ich zur Dolmetscherschule und mache nach zehn Monaten mein Englisch-Diplom für mittelschwere Ansprüche. Da bleibt wenig Freizeit.

Als Konrad Adenauer die westdeutsche Aufrüstung betreibt, wird mein Vater wild. Immer wieder schleppt er mich in die großen Protestversammlungen von Gustav Heinemann und Helene Wessel. Er lehnt die Wiederbewaffnung ab, doch eintreten in die neugegründete Gesamtdeutsche Volkspartei will er nicht. Seine Erfahrungen lassen das nicht zu. Bei den Bundestagswahlen 1953 wähle ich mit meiner ersten Stimme die Sozialdemokratische Kandidatin Gertrud Lockmann, mit meiner zweiten GVP. Adenauer verfehlt denkbar knapp die Mehrheit der Mandate. Die GVP fällt der Fünf-Prozent-Klausel zum Opfer.

Nach meiner Lehre arbeite ich ein Jahr als Verkaufskorrespondent bei einem Mineralölkonzern. In Abendkursen lerne ich mit Nachdruck Französisch. Nun rede ich viel über Politik mit meinen Kollegen in der Firma. 1954 beginne ich mit meinem Studium an der Hamburger Universität. Ich gehe zum SDS – dem Sozialistischen Deutschen Studentenbund –, werde zweiter Vorsitzender und trete, wie erwähnt, ein Jahr später in die SPD ein. Ein Zufall bestimmt meinen weiteren Lebensweg. Ein Kommilitone im SDS fragt mich, ob ich einen Bürobetrieb organisieren könne. Als ich das bejahe, bittet er mich, als Landesgeschäftsführer der Hamburger Jungsozialisten zu kandidieren. Man habe zwar zwei weitere Kandidaten, die aber wolle die Mehrheit nicht. Der Juso-Boß in Barmbek bestätigt, daß ich bereits ein Jahr bei den Jusos mitmache. Das stimmt zwar nicht, aber ich werde gewählt.

Nun muß ich neben meinem Studium nicht mehr arbeiten, denn ich erhalte als Gehalt 240 D-Mark im Monat und habe in unserem Parteihaus ein kleines Büro. Mit meiner Arbeit gibt es keine Probleme; Ingrid hilft mir. Und mein Studium leidet darunter auch nicht. Doch mein Arbeitstag hat immer zwölf bis vierzehn Stunden.

In dieser Zeit lerne ich viele Genossen kennen: Karl Schiller als einen meiner Professoren und Rektor der Hamburger Universität; Helmut Schmidt, der sich die Nächte um die Ohren schlägt, um uns Jusos Grundkenntnisse einer rationalen Sicherheitspolitik näherzubringen – ohne Erfolg. Wir demonstrieren weiter im »Kampf dem Atomtod«. Ich lerne Willy Brandt kennen, der bei uns redet. Willi Berkhan, Helmut Kalbitzer und viele andere machen Eindruck auf mich. Eine enge Freundschaft verbindet uns mit Anke und Jan Nevermann, den Kindern des späteren Hamburger Bürgermeisters Paul Nevermann. Bei ihnen zu Hause dürfen wir immer feiern, wenn ihre Eltern verreist sind. 1957 bin ich einer der Wahlhelfer von Helmut Schmidt.

Nach dem Examen gebe ich den Job bei den Jusos auf. Meine Bewerbungen in der freien Wirtschaft lassen sich gut an. Da fragt mich Professor Ortlieb, ob ich nicht bei ihm promovieren wolle. Er beabsichtigt, mehrere Doktoranden anzusetzen, um die weltweiten

Verzweigungen und Verbindungen des Neoliberalismus aufzuzeigen. Mein Thema: Edwin Cannan und seine Schüler – Die Neuliberalen an der London School of Economics. Ich zögere, denn seit zwei Jahren bin ich verheiratet und will endlich auch Geld verdienen. Professor Ortlieb sorgt dafür, daß ich ein »Hochbegabten-Stipendium« der Friedrich-Ebert-Stiftung erhalte. Ingrid und ich entscheiden uns für die Promotion, bleiben bei unseren Eltern wohnen.

Mitte 1958 fragt mich Helmut Kalbitzer – er ist Mitglied des Bundestags und Vizepräsident des Europäischen Parlaments –, ob ich Sekretär der Sozialistischen Fraktion des Europäischen Parlaments werden wolle. Das Gehalt hört sich enorm an. Ich will nicht. Mein Doktorvater rät mir ab, denn meine Promotion könne ich dann »in den Schornstein schreiben«. Aber Ingrid will. Sie möchte endlich einen eigenen Hausstand gründen und Kinder haben. Und so beginne ich am 1. August 1958 in Luxemburg. Meine Doktorarbeit läuft weiter. Siebenmal muß ich meinen Text überarbeiten. Mein Doktorvater meint, ich müsse eine »eingebaute Pervitindrüse« haben, sonst könne ich das alles doch nicht schaffen. Aber soviel Arbeit gibt es in diesen Jahren in »Europa« nicht. 1960 promoviere ich zum Dr. rer. pol.

Für uns tut sich in Luxemburg, Straßburg und Brüssel eine neue Welt auf. Wir haben eine schöne Wohnung, Geld genug. Unsere beiden Töchter Ingrid und Hanne werden geboren. Aber das Leben in diesem »Europäer-Ghetto« ist auch nicht einfach, besonders für meine Frau, denn ich muß viel lernen und reise in Europa umher. Die anderen Parteien der EWG-Länder sind für die Nato und für die EWG, wir Sozialdemokraten eher dagegen. Da erfahre ich, daß die SPD nicht immer recht hat. Auch in der Bundesrepublik werde ich als Redner eingesetzt. Ich verliere meine Juso-Eierschalen und schreibe viel.

1961 ernennt mich das Präsidium des Europäischen Parlaments zum Beamten auf Lebenszeit als »Chef de division«, erster Sekretär des Verkehrsausschusses und des Ausschusses für Wirtschaft und Finanzen des Europäischen Parlaments – Vorsitzender ist Heinrich Deist – mit einem Monatsgehalt von fast fünftausend D-Mark.

Nun scheint alles klar zu sein. Neben meiner Arbeit bin ich regelmäßiger Kolumnist des *Vorwärts* und des *Luxemburger Tageblatts*, mein erstes Buch »Europas Neue Grenzen« erscheint. Dann aber bricht plötzlich in »Europa« Stillstand und Langeweile aus. Der französische Präsident de Gaulle will die drohende Supranationalität der EWG verhindern. Frankreich dürfe sich nicht in der EWG »wie ein Stück Zucker im Atlantik auflösen«. Die Souveränität der »Grande Nation« müsse unantastbar bleiben. Auch um das abzusichern, kommt es 1963 zum deutsch-französischen Freundschaftsvertrag, dem Elysée-Vertrag. Er soll sicherstellen, daß sich beide Regierungen vor jeder wichtigen Entscheidung auch in der EWG abstimmen. Somit kann es keine Mehrheitsentscheidungen gegen den Willen dieser beiden EWG-Länder geben. Natürlich richtet sich der Vertrag auch gegen die USA. Er soll Frankreich, das aus der Nato-Integration ausgeschieden war, über die Bundesrepublik Einfluß auf zentrale Nato-Entscheidungen geben.

Der Deutsche Bundestag ratifiziert diesen Vertrag, stellt ihm aber eine Präambel voran, die genau diese Absichten des Elysée-Vertrages durchkreuzt. Damit verliert der Vertrag für General de Gaulle seinen zentralen Wert. Das anschließende Hin und Her in der EWG endet 1964 mit der französischen Politik »des leeren Stuhls«. Nichts geht mehr in der EWG.

Ingrid ist in Luxemburg nie ganz heimisch geworden, und ich will nicht gelangweilt in einem »goldenen Käfig« leben. Ich bewerbe mich bei Exportabteilungen deutscher Industrieunternehmen. In diesen Monaten fragen mich die Genossen in Hamburg, warum ich denn unbedingt in die Wirtschaft wolle. Ich könne doch auch für den Bundestag kandidieren. Der Wahlkreis Hamburg-Nord brauche einen neuen Abgeordneten. Max Brauer sei fast achtzig Jahre alt und werde sicherlich nicht wieder kandidieren. Der frühere Hamburger Bürgermeister denkt indes nicht daran, sein Bonner Mandat aufzugeben. Gegen ihn will ich nicht antreten. Doch meine alten Juso-Freunde überreden mich. »Du hast zwar kaum eine Chance. Aber wenn du antrittst, kommst du wenigstens auf Platz 10 der Landesliste. Und das reicht für ein Bonner Mandat.«

So kandidiere ich und stelle mich in den Ortsvereinen vor. Am 22. Februar 1965 fahre ich nach Hamburg, um mich auf die entscheidende Kreisdelegiertenversammlung vorzubereiten. Einen Tag später teilt mir die luxemburgische Gendarmerie telefonisch mit, daß Ingrid bei Glatteis einen schweren Autounfall gehabt hat. Sie liege schwerverletzt im Krankenhaus. Ich rufe Peter Schulz an, meinen besten Freund; ich würde mit Ingrids Mutter sofort nach Luxemburg fliegen. Zur Kreisdelegiertenversammlung könne ich jetzt nicht kommen. Er ist verzweifelt, versteht aber meine Lage.

Ingrid ist schwer verletzt, aber Lebensgefahr besteht nicht. Darauf fliegen wir mit den Kindern zurück. Am 25. Februar erscheine ich ohne Vorwarnung auf der Kreisdelegiertenversammlung. Meine Freunde sind überrascht, denn sie hatten bereits Hiobsbotschaften verbreitet. Die Kreisdelegiertenversammlung wird mit der Nachricht eröffnet, daß Max Brauer nicht anwesend sein könne, weil er in Bonn unabkömmlich sei. Das ärgert viele Genossen. Dennoch beschließen sie mit Mehrheit, aus Wettbewerbsgründen dürfe nun auch ich keine politische Vorstellungsrede halten, sondern nur einige Worte zu meiner Person sagen. Ich ende meine wenigen Sätze: »Im übrigen bin ich gerade 33 Jahre alt geworden, denn ich habe heute Geburtstag.« Die Abstimmung gibt mir dreißig Stimmen mehr als Max Brauer. Am 19. September 1965 werde ich direkt in den Deutschen Bundestag gewählt. Anfang Oktober ziehen wir in unser Hamburger Reihenhaus um. Die Luxemburger Zeitungen schreiben: »Ein Luxemburger zieht in den Deutschen Bundestag ein.«

»Genosse Apel muß entjungfert werden!«

Doch die gewohnte Langeweile bleibt mir auch in Bonn erhalten. Ich bin zwar gewählter Abgeordneter, doch zu tun und zu sagen habe ich nichts. Es dauert viele Wochen, bis ich zusammen mit einem Hamburger Kollegen Rolf Meinecke ein kleines Zimmer bekomme, in das gerade zwei Schreibtische und ein Schrank passen. Eine Sekretärin gibt es nicht. Hatte ich kurz vor meinem

Weggang aus Luxemburg netto fünftausend Mark monatlich verdient, so sind es jetzt etwa zweitausend, ohne jegliche Absicherung bei Krankheit und Tod. Das aber stört Ingrid und mich nicht. Wir hatten immer mehr Geld, als wir brauchten. Das ist jetzt auch so. Mich ärgert mehr meine Einflußlosigkeit.

Im Januar 1966 soll der Bundestag die verfahrene Europapolitik debattieren. Gelangweilt sitze ich in der Fraktion, als Herbert Wehner sagt:»In dieser Debatte muß der Genosse Apel reden. Er muß entjungfert werden.« Ich bekomme einen Mordsschreck und mache mich an die Arbeit. Der Text bereitet mir keine Mühe, aber wie soll ich ihn bloß im Plenum vortragen? So lerne ich meine Rede auswendig. Auf dem Weg zu meiner Bonner Wohnung, die ich mit Alwin Brück teile, gehe ich abends im Stockdunkeln die Eisenbahnlinie entlang und brülle in die Dunkelheit hinein:»Herr Präsident, meine Damen und Herren...«

Bundestagspräsident Gerstenmaier kommentiert meine Rede:»Herr Kollege Dr. Apel, ich möchte Sie ermutigen, bei Ihrem Stil zu bleiben, ohne Zettel und ohne vorher sorgfältig redigierte ›spontane‹ Rede hier zu erscheinen. Das ist das Idealbild für dieses Haus... Vielleicht können die Älteren dabei etwas lernen, auch wenn sie schon lange hier sitzen.« Wenn der wüßte!

In der Fraktion stimme ich Ende 1966 für die Große Koalition. Wir Jungen – Klaus Dieter Arndt, Alwin Brück, Ludwig Fellermaier, Karl Haehser und andere – wollten eigentlich nicht. Doch Arndt hat mich überzeugt:»Die Rezession, die die alte Koalition zum Einstürzen gebracht hat, ist faktisch vorbei. Die Indikatoren zeigen nach oben. Wenn wir jetzt nicht einsteigen, haben es die anderen ohne uns geschafft. Wenn wir in die Regierung gehen, haben wir den Aufschwung erreicht.« Genauso kommt es. Doch für uns normale Parlamentarier wird der politische Alltag nun noch langweiliger. Uns braucht man nicht einmal im Plenum für die Mehrheiten. Zweimal in der Woche spiele ich Fußball in der Mannschaft des Bundestages.

In einem Buch mit dem Titel»Der deutsche Parlamentarismus« stelle ich die Entwicklung des europäischen und des deutschen Parlamentarismus dar, beschreibe, wie es als Reaktion auf die Erfahrungen der Weimarer Republik zu unserer westdeutschen Demokratie kam, wie wir zu einer Parteiendemokratie wurden. Doch wichtiger ist für mich die kritische Auseinandersetzung mit unserem aktuellen Parlamentsbetrieb. Ich schildere die Bonner Dreiklassengesellschaft: die engere Fraktionsführung mit ihrem Herrschaftswissen aufgrund der Zuarbeit ihrer Mitarbeiter und ihrem Vorsprung bei allen politischen Informationen; die Verbandsvertreter, die auch alles haben, aber ihre parlamentarischen Alltagspflichten versäumen; schließlich alle anderen, die schlecht bezahlt, ohne anständige Büros und Sekretärin kaum mithalten können und ihre Unterordnung auch noch vor sich selbst mit der Fraktionsdisziplin rechtfertigen.

Doch auch in den anderen Fraktionen regt sich der Widerstand gegen die herrschenden Verhältnisse. Eine neue Generation von Abgeordneten will sich mit den Strukturen im Bundestag, den miesen Arbeitsbedingungen, der für tüchtige Leute unattraktiven Bezahlung nicht mehr abfinden. Manfred Wörner, Hans Friderichs und andere kämpfen in ihren Fraktionen für eine umfassende Parlamentsreform. Unter der Leitung des Bundestagspräsidenten arbeiten wir in einer Kommission »Parlamentsreform« zusammen. Unsere Vorschläge helfen mit, den Abgeordneten ein voll steuerpflichtiges Gehalt zu geben, uns für Alter und Krankheit abzusichern und unsere Arbeitsbedingungen schrittweise zu verbessern. In der SPD-Fraktion werde ich auch kritisch betrachtet. Man nennt mich den Dutschke der SPD-Fraktion. Dennoch werde ich am 2. April 1968 in den Fraktionsvorstand gewählt.

In diesen Tagen fliegen Adolf Arndt, Kurt Mattick und ich im Auftrag des Parteivorstands nach Athen. Eine Militärjunta hatte die Demokratie suspendiert und viele Demokraten eingesperrt oder außer Landes gejagt. Wir werden von den Spitzen der Junta empfangen, besuchen ein Gefangenenlager und können mit Georgios Papandreou reden, den sie unter Hausarrest gestellt haben. Ich bin sehr betroffen und beeindruckt von der ruhigen Festigkeit Adolf Arndts. Da habe ich zu schweigen. Nur beim Innenminister, General Pattakos, melde ich mich zu Wort. Ich werfe ihm vor, mit seinen drakonischen Maßnahmen die griechische Demokratie zu zerstören. Er mustert mich scharf und fragt: »Junger Mann, haben Sie gedient?« Als ich das verneine, sagt er nur: »Dann halten Sie gefälligst den Mund!« Und damit ist er mit mir durch und würdigt mich keines Blickes mehr.

1969 machen wir einen tollen Wahlkampf. Unsere Leistungen in der Großen Koalition und unsere Spitzenpolitiker geben uns den nötigen Schwung. Wir montieren fünftausend rote Kochlöffel auf fünftausend Kartons, die von meinen »Heldentaten« für den Wahlkreis Kenntnis geben unter dem Motto: »Sie lassen doch nichts anbrennen? Ich auch nicht!« Ich schildere meinen Einsatz für die Mieter, meine Erfolge im Kampf gegen den Fluglärm am Flughafen Hamburg-Fuhlsbüttel, die Beschaffung eines bundeseigenen Grundstücks für einen Kinderspielplatz... Jeden Morgen schleppt ein Lkw ein Orchestrion in eine andere Wohngegend meines Wahlkreises, das vor Ort »Musike« macht. Wir laufen von Tür zu Tür und verteilen unsere Kochlöffel. Das Wetter ist schön, wir sind jung und fröhlich. Und der Erfolg gibt uns recht. Noch viele Jahre später finden wir diese Kochlöffel samt Kartons in den Partykellern im Wahlkreis Hamburg-Nord wieder.

Nach der Bundestagswahl vom September 1969 bilden wir die erste sozial-liberale Koalition. Noch mehr Genossen verlassen die Fraktion und rücken in die Bundesregierung ein. Da ist es kein Wunder, daß ich am 11. November zu einem der fünf stellvertretenden Fraktionsvorsitzenden gewählt werde. Das ist kein einfaches Amt. Denn im Kreise von Herbert Wehner, Ernst Schellenberg, Martin Hirsch, Hans-Jürgen Junghans und Fritz Schäfer bin ich nicht nur ein politisches Greenhorn, auch mein Temperament und Ungestüm mißfällt den Alten immer wieder. Ich sitze im Plenum neben Herbert Wehner. Wenn ich ungeduldig werde, faucht er mich an: »Kannst du schon wieder das Wasser nicht halten?« Oder: »Mußt du schon wieder mit den Hufen scharren?« Außerdem bin ich Vorsitzender des Verkehrs- und Postausschusses des Bundestags. Holger Börner als Parlamentarischer Staatssekretär und ich arbeiten nahtlos zusammen. Wir können manche Forderung von Minister Leber so verändern, daß es keinen allzu großen Ärger gibt.

In den drei Jahren dieser Legislaturperiode rede ich im Plenum zur Europapolitik, zur Agrarpolitik, zur Ost- und Deutschlandpolitik, zur Wirtschaftspolitik und zur Verkehrspolitik – ein »Hans-Dampf in allen Gassen«. »Wehners Feuerwehr« sagen andere. Manchmal leidet die Qualität meiner Reden unter dem Zeitdruck. Aber darauf kommt es in diesen hektischen Jahren nicht so an, denn die Koalition gerät wegen der Abwanderung der Abgeordneten zur CDU/CSU zunehmend in Schwierigkeiten. Da müssen wir blitzschnell reagieren und Stellung beziehen. Daneben arbeite ich an einem neuen Buch: »Bonn, den... Tagebuch eines Bundestagsabgeordneten«. 110 Wochen lang schreibe ich auf, was mich politisch bewegt und bedrückt, wie es in der Familie weitergeht. Da rät unsere Tochter Ingrid ihrer Mutter: »Papa hat keine Zeit für uns. Er hört ja sowieso nie richtig zu. Du mußt ihn anrufen und so tun, als wärst du einer seiner Wähler. Dann hätte er auch Zeit für dich.«

Auf unserem Bundesparteitag im Mai 1970 in Saarbrücken werde ich in den Bundesvorstand gewählt. Wenige Wochen später soll ich als Nachfolger von Klaus Dieter Arndt Parlamentarischer Staatssekretär bei Karl Schiller werden. Ich lehne das sofort ab. Mit Schiller, den ich noch aus meiner Studentenzeit kenne, kann ich nicht zusammenarbeiten.

Die vorzeitige Auflösung des Deutschen Bundestages nach dem gescheiterten konstruktiven Mißtrauensvotum gegen Willy Brandt – Rainer Barzel wird nicht zum Kanzler gewählt – beschert uns einen riesigen Wahlerfolg. Überall schenkten wir bei unserem Straßenwahlkampf in Hamburg-Nord Korn aus. Unsere Parole war blöd, aber sie zog: »Lieber reiner Korn als Rainer Barzel!« Und dann Prost; oft war ich so angebläut, daß ich Artikulationsprobleme hatte.

Und dann am Wahlabend die ersten Hochrechnungen. Wir wollen ihnen nicht glauben. Doch sie stimmen. Auch im Wahlkreis ein haushoher Sieg über meinen Gegenkandidaten.

In Bonn will ich meine bisherige Arbeit fortsetzen, als einer der Stellvertreter von Herbert Wehner und als Vorsitzender des Verkehrs- und Postausschusses. Außerdem bin ich Mitglied in drei

Aufsichtsgremien: gewählter Arbeitnehmervertreter im Aufsichts-
rat von Howaldtswerke – Deutsche Werft AG, Mitglied des Auf-
sichtsrates von Polyphon und Mitglied des Postverwaltungsrats.
Besonders meine Arbeit auf der Werft macht mir viel Spaß. Wie
erfreulich ist es, mit den Kollegen in Hamburg und Kiel zusammenzuarbeiten. Da gibt es sie noch, die knorrigen, klugen,
soliden Arbeitnehmer in den Betriebsräten, die wissen, was sie
wollen, und mutig auch gegenüber ihren Kollegen die Interessen
des Betriebs vertreten.

»Wir sind nicht der Zahlmeister Europas!«

Willy Brandt will, daß ich das alles aufgebe. »Walter Scheel ist
bereit, einen Sozialdemokraten zum Parlamentarischen Staatssekretär im Auswärtigen Amt, zuständig für ›Europa‹, zu berufen.
Aber nur, wenn du das machst.« Mehrere Stunden reden wir
miteinander, oben auf dem Venusberg in seinem Haus. Er drängt
nicht, er schildert mir die Lage. So kommen Ingrid und ich hinterher zum Ergebnis, auch nein sagen zu können. Unser Parlamentarischer Geschäftsführer Karl Wienand belehrt mich dann eines
Besseren: »Wenn du das nicht machst, bist du für die Partei erledigt. Und Wehner weiß dann, daß du ihn schon bald politisch
beerben willst. Dann wird er wild um sich beißen und dich wegja-
gen.« Also mustere ich bei Walter Scheel als Europa-Staatssekretär
an.
   Das Auswärtige Amt weiß nicht so recht, was es mit mir anfangen soll. Kompetenzen habe ich kaum. Ich verfüge zwar über
einen Dienstwagen mit Fahrer, könnte sogar einen Stander an
meinem Wagen aufpflanzen lassen, wenn ich das wollte. Doch im
politisch-parlamentarischen Betrieb spiele ich keine Rolle mehr. Zu
den Fragen der Europapolitik kann ich mich äußern, wenn das
Walter Scheel nicht selbst tut. In der Fraktion und im Parlament
bin ich nun Zaungast. Und mich trifft Wehners Zorn. Ahnungslos
sitze ich im Plenum. Wehner wirft der Opposition vor, sie wolle
ihnen Mißliebige ausbürgern. Plötzlich brüllt er: »Ja, da zuckt
mancher zurück, auch der Apel mit seinem schönen Mund.«

Als Europa-Staatssekretär nehme ich an der Seite Walter Scheels an den Kabinettssitzungen teil. Ich spüre, was sich da an Konfliktpotential zwischen Willy Brandt und einigen Ministern der SPD aufbaut. Willy Brandt liebt die politisch weichen Themen der Außen- und Entwicklungspolitik. Wirtschafts- und Finanzpolitik sind nicht seine Stärke. Da packt der Finanzminister Helmut Schmidt sachbezogen, aber auch rücksichtslos zu. Dann zuckt Willy Brandt zurück.

Auf diese Weise kommt es auch zu meinem ersten großen »Auftritt« im Ministerrat in Brüssel. Walter Scheel liegt wegen seiner Nierensteine für längere Zeit im Krankenhaus. Als es um den EG-Regionalfonds geht, muß ich ihn im EG-Ministerrat vertreten. Meine lapidare öffentliche Feststellung dort: »Wir sind nicht der Zahlmeister Europas«, löst ein Riesentheater aus. Solche Töne kannte man bisher in Brüssel nicht. Die Deutschen hatten zwar oft gemosert, aber schließlich immer anstandslos gezahlt. Doch mir bleibt gar nichts anderes übrig, als im Ministerrat diese brutale Notbremse zu ziehen. Willy Brandt hatte auf dem letzten EG-Gipfel als deutschen Finanzierungsbeitrag 500 Millionen DM pro Jahr – einige sprechen sogar von einer Milliarde DM – zugesagt. Finanzminister Helmut Schmidt genehmigte für dieses Vorhaben nur 50 Millionen.

Bevor ich nach Brüssel fahre, rede ich mit dem Kanzler. Er weiß auch nicht weiter und bittet mich, bei Schmidt mehr rauszuholen. Schmidt schmeißt mich raus. Mit dieser Verhandlungsposition gehe ich in die entscheidende Sitzung des EG-Ministerrats. Mein 50-Millionen-Angebot löst allgemeine Heiterkeit aus. Die Außenminister der anderen EG-Länder weisen auf die eindeutigen Zusagen unseres Kanzlers hin. Und so geht es nach der Melodie: »Junger Mann, was soll das?« Welcher junge Mann kann das schon ertragen?

Der britische Außenminister Sir Alexander Douglas-Home will mir mit seiner außenpolitischen Erfahrung imponieren und sagt mir, er sei bereits 1938 in München dabeigewesen. Meine Antwort: »Und darauf sind Sie auch noch stolz?« So verschwindet im allgemeinen Hin und Her die Tatsache, daß unser Land keine klare

Position hat und der Finanzminister in der Lage ist, seinen Kanzler zu desavouieren. Und das bei durchaus gefüllten Kassen.

Ich berichte Walter Scheel von meiner Brüsseler Expedition. Er amüsiert sich sehr. Er kennt die Spannungen zwischen Brandt und Schmidt, und die Brüsseler Arbeit nimmt er nicht allzu ernst. Seinen Spott habe ich häufig genug mitangehört. Immer wieder hat er im kleinen Kreise einen unserer französischen Gegenspieler im Ministerrat, Jacques Chirac, in Anspielung auf den NS-Reichsjugendführer Baldur de Chirac genannt. Und im Kabinett habe ich auch keine Probleme. Denn die öffentliche Meinung ist auf meiner Seite: Wir seien wirklich nicht die Zahlmeister Europas.

Walter Scheel setzt mich nun auch außerhalb meines eigentlichen Arbeitsbereichs ein. Ich soll mit Island im Fischereikonflikt verhandeln. Das ist schwer, denn unsere Flotte will wie bisher vor Island fischen. Die Isländer wollen uns aus ihrer 50-Meilen-Zone völlig hinausdrängen. Wir geben uns große Mühe. Mehrfach treffen wir uns in Reykjavik und in Bonn. Aber eine Lösung können wir nicht finden. Als dann klar ist, daß Walter Scheel Bundespräsident wird und Hans-Dietrich Genscher sein Nachfolger, sage ich dem Kanzler, daß ich nicht länger im Auswärtigen Amt bleiben werde und in die Fraktion zurück will.

Doch es kommt ganz anders: Willy Brandt tritt zurück. Helmut Schmidt wird im Mai 1974 Kanzler und ich sein Finanzminister. Da fahre ich in mein neues Ministerium und finde ein leergeräumtes Büro vor, auch personell herrscht Tabula rasa. Schmidt hatte alle mitgenommen: seine Sekretärinnen, seine persönlichen Referenten, den Pressesprecher und Dr. Hiß, den wirtschaftspolitischen Kopf des Ministeriums. Dafür finde ich Manfred Lahnstein vor, den wirtschaftspolitischen Berater Willy Brandts im Kanzleramt. Schmidt will ihn nicht haben. Eine seiner personellen Fehleinschätzungen, wie sich bald zeigt. Ich lasse mir nicht bekannte, aber als gut geschilderte Sozialdemokraten »antreten«. Name? »Dr. Hartmut Rudloff.« Bisherige Tätigkeit? »Einer der persönlichen Referenten von Karl Schiller, jetzt bei Karl Otto Pöhl.« – »Sie werden Pressesprecher!« Diese Methode ist gar nicht so schlecht, wie sich schnell herausstellt, denn die Arbeit klappt recht gut.

Die Weltkonjunktur war durch den ersten Ölpreisschock umgesprungen. Hohe Preissteigerungsraten bei schnell zunehmender Zahl der Arbeitslosen führen in die Rezession. Bereits als Finanzminister hatte Schmidt damit begonnen, über Konjunkturprogramme gegenzusteuern. Im nachhinein kann man feststellen: Bewegt haben wir damit recht wenig, nur die Haushaltsdefizite kräftig nach oben getrieben. Denn wir hatten es eben nicht mit einem Konjunktureinbruch zu tun, dem mit keynesianischer antizyklischer Finanzpolitik beizukommen war, sondern mit einem tiefen und anhaltenden Strukturwandel der Weltwirtschaft. Unsere Erfolge werden tatsächlich dadurch geschmälert, daß die Bundesbank über weite Strecken unsere expansive Finanzpolitik mit ihrer meist restriktiven Geldpolitik konterkariert.

Im Juli 1974 muß ich mit meinen Kabinettskollegen den Bundeshaushalt 1975 verhandeln. Angesichts der hohen Schulden und den zurückgehenden Steuereinnahmen legen wir im Finanzministerium eine Verhandlungslinie äußerster Sparsamkeit fest. Auch für die folgenden Haushaltsjahre wollen wir keine Verpflichtungen eingehen, die den Haushalt unnötig belasten. Wir kommen gut voran. Nur bei Erhard Eppler, Minister für wirtschaftliche Zusammenarbeit, hakt es. Er will den Ländern der »Dritten Welt« in den kommenden Jahren wesentlich mehr zugestehen, als wir meinen verantworten zu können. Der Streit geht um einige hundert Millionen Mark für mehrere Jahre. Wir können uns nicht einigen. Der Kanzler stellt sich auf meine Seite. Darauf tritt Eppler zurück. Ich bedaure das und halte seinen Schritt für unangemessen. Doch der Kanzler scheint froh zu sein, diesen Mann mit seinem besonderen Naturell loszusein. Doch vieles, was Eppler später sagt und tut, ist sicherlich auch Produkt seiner Verletztheit aus diesen Tagen. Er bleibt für mich ein Phänomen: Niemals hat er politischen Erfolg, wenn er vom Wähler beurteilt wird. Und dennoch wächst sein Einfluß auf die innere Entwicklung der SPD ständig.

Von Helmut Schmidt habe ich auch die Steuerreform übernommen, an der schon seit mehreren Jahren herumlaboriert wird. Nun sind die Arbeiten an diesem Gesetzeswerk fast beendet. Die Steuerreform soll zum 1. Januar 1975 in Kraft treten. Schmidt hat sich um dieses Thema nie gekümmert. Das machten die Fachleute und der Parlamentarische Staatssekretär Konrad Porzner.

Als ich im Mai ins Ministerium komme, ist schon so gut wie alles festgezurrt. Im Spätherbst geht Porzner zurück in die Fraktion: »Herbert Wehner braucht mich zu seiner Entlastung als Fraktionsgeschäftsführer.« Rainer Offergeld kommt für ihn. Anfang 1975 zeigt sich dann, daß wir das Maul zu voll genommen und insbesondere die arbeitenden Ehefrauen mit Lohnsteuerklasse V und die unterhaltspflichtigen geschiedenen Väter Grund haben, laut zu protestieren. Nach Rückkehr aus den USA kommentiere ich vor den Fernsehkameras: »Ich glaub', mich tritt ein Pferd.« Gelöst hat das die selbstgeschaffenen Probleme allerdings nicht. Im Gegenteil. Der berechtigte Eindruck entsteht, der Minister sei wohl nicht besonders gut im Bilde über »seine« Steuerreform.

Meine Frau Ingrid soll ein Schiff taufen. Es ist die 315000 Tonnen große »Liotina«, die der Bremer Vulkan für die Deutsche Shell baut. Da der Bund über seine Zuschüsse diesen Supertanker mitfinanziert, soll die Frau des Finanzministers Taufpatin sein. Wir sind damit einverstanden. Ernste Zweifel kommen uns erst, als mich der Werftdirektor auffordert, Schmuck im Wert von 15000 DM als Taufgeschenk auszusuchen. Das lehnen wir ab. Ingrid will solch teuren Schmuck nicht. Und ich will Geschenke nicht annehmen. Wir fragen aber an, ob wir nicht über diese Summe einen Scheck bekommen könnten für wohltätige Zwecke. Sie geben uns sogar 25000 DM. Dieses Geld landet bei den Alsterdorfer Anstalten. Eine Mansarde für zwei behinderte Frauen kann ausgebaut werden. Das begründet unsere dauerhafte Beziehung zu diesem diakonischen Werk unserer Kirche. Und natürlich verfahre ich nach dem Prinzip: Tue Gutes und sprich darüber!

Die Haushaltsdefizite wachsen schnell. Wir müssen die Milliarden-Ausfälle der Steuerreform verkraften. Die schlechte Konjunkturlage schmälert unsere Steuereinnahmen. Die Konjunkturprogramme kosten viel Geld. Ich bin davon überzeugt, wir müßten die Staatsverschuldung in der nächsten Legislaturperiode, also nach den Bundestagswahlen 1976, eindämmen. So gehen wir mit der nur von mir offen, ansonsten verschämt erklärten Festlegung in den Wahlkampf, wir würden zur Sanierung der Staatsfinanzen die Mehrwertsteuer um zwei Prozentpunkte anheben. Und dennoch gewinnen wir die Wahlen.

Die »Rentenlüge«

In den letzten Monaten dieses Wahlkampfes habe ich ein Schlüsselerlebnis. Arbeitsminister Walter Arendt hatte uns versichert, wir würden bei den Rentenfinanzen auch nach den Bundestagswahlen keine Probleme bekommen. Eine seiner Annahmen war wohl dabei, die Arbeitslosigkeit würde deutlich zurückgehen und so große Mehreinnahmen in die Rentenkassen spülen. Ich komme Anfang August 1976 aus dem Urlaub ins Ministerium zurück. Einer unserer Mitarbeiter, eingeschriebenes CDU-Mitglied, solide und verschwiegen, meldet sich bei mir, um mir klarzumachen, daß die Rentenfinanzen auf ein Desaster zusteuern. Ich rufe Helmut Schmidt am Brahmsee an. Per Kurier schicke ich ihm unsere Berechnungen. Arendt und ich werden an den Brahmsee zitiert. Da sitzen wir nun, rechnen und reden. Das Abendbrot im Restaurant des Freiluftmuseums Molfsee schmeckt uns nicht. Denn das Finanzministerium hat recht.

Wir versprechen uns, nichts über diese Misere verlauten zu lassen, sehr vorsichtig zu argumentieren und die massiven Vorwürfe von CDU und CSU einfach ablaufen zu lassen. Ich halte mich daran. Helmut Schmidt packt aber in der Hitze des Wahlkampfes zu. Er erklärt: »Die Renten sind sicher.« Für ihn ist die Kampagne der Opposition verantwortungslos. »Was soll denn diese Angstmacherei, die ich notabene für unchristlich halte«, sagt er in der Fernsehdebatte am 1. Oktober 1976. Im Wahlkampf geht der Kanzler noch einen Schritt weiter und fragt sich angesichts des Wahlkampfs der Union: »Was darf in Deutschland noch alles gelogen werden im Namen Jesu Christi?« Die »Rentenlüge« ist geboren.

Nach den Wahlen sitzen wir tagelang im Kanzlerbungalow, um aus dieser Misere rauszukommen. In diesem politisch luftleeren Raum basteln wir ohne politische Rückkoppelung mit der Fraktion eine Lösung, die eine Verschiebung der versprochenen Rentensteigerungen um ein halbes Jahr vorsieht und uns bei Bekanntwerden in der öffentlichen Debatte um die Ohren fliegt. Walter Arendt geht verbittert. Ein Schuldiger ist gefunden. Doch der Vertrauensverlust wirkt nach, auch bei mir.

Nach diesem Dilemma heißt es: 1978 tritt Herbert Wehner zurück, und dann bist du, Hans Apel, sein Nachfolger. Also weitermachen, die Staatsfinanzen in Ordnung halten. Aber daraus wird nichts. 1977 wird die Mehrwertsteuer um einen Punkt erhöht. Doch Steuersenkungen – von der Lohnsteuer bis zur Vermögensteuer – und eine finanzielle Besserstellung der Bundesländer reißen ein neues Loch in die Bundesfinanzen. Es wird mit der Konjunktur begründet, und ich schließe mich *nolens volens* dieser Argumentation an. Heute weiß ich es: Zu lange und zu starr habe ich an meiner Position festgehalten.

Der Kanzler hatte im Koalitions-Kränzchen auf einen weiteren Punkt Mehrwertsteuer ohne mein Wissen verzichtet und wenig später meine Forderungen an die Bundesländer so vollständig vom Tisch gewischt, daß ich an sie sogar noch eine Milliarde DM pro Jahr zu zahlen habe. Dazu der *Spiegel*: »Noch nie ist ein Regierungschef seit Adenauers Zeiten so übel mit seinem Finanzminister umgesprungen, wie es Helmut Schmidt gleich zweimal in den letzten Wochen tat.« Doch ich muß im Amt bleiben. Sonst hätte nach Alex Möller und Karl Schiller ein weiterer Finanzminister der SPD das Handtuch geworfen.

In der Adventszeit redet Helmut Schmidt mit mir in seinem Haus in Langenhorn stundenlang über meinen etwaigen Wechsel auf die Hardthöhe. Eine Mischung aus gutem Zureden und Nachhilfe für das, was mich da oben erwarten würde. Auf vielen Zetteln malt er die Struktur des Verteidigungsministeriums und der Teilstreitkräfte aus. Unsere Strategie und unsere Einbindung in unser Bündnis werden ebenfalls durch grüne »Federzeichnungen« meines Kanzlers illustriert. Er drückt mir diese fliegenden Blätter in die Hand. »Nimm sie mit. Sie werden dir helfen, da oben klarzukommen.« Für ihn ist also alles längst klar, für mich noch lange nicht. Helmut Schmidt meint: »Du kannst das. Dafür sprechen

deine internationalen Erfahrungen sowohl als ehemaliger Staatssekretär im Auswärtigen Amt wie im Finanzministerium. Du kannst
ein kompliziertes Ministerium leiten. Das hast du bewiesen. Und
du sprichst fließend Englisch und Französisch.«

Ich entgegne: »Ich bin niemals Soldat gewesen, kann nicht einmal die Rangabzeichen genau unterscheiden und bin mit der Politik nur deshalb in den frühen fünfziger Jahren in Berührung gekommen, weil mein Vater die deutsche Wiederaufrüstung verhindern wollte. Ich will Finanzminister bleiben.« Diese Debatte endet
unentschieden.

Wie stehe ich in dieser Zeit zu Helmut Schmidt? Natürlich traue
ich ihm nicht mehr unbesehen über den Weg. Im Interesse der
Sache, so hatte er mir einmal erklärt, müßten manchmal leider
auch Menschen große Opfer bringen, die unfair von ihnen zu
fordern, ihnen eigentlich nicht zugemutet werden könnten. »Das
mußt du noch lernen.« Es ist schwer für mich, das zu akzeptieren.
Andererseits ist er für mich der Beste, der weder sich noch andere
schont. Ein Mann, der seine Autorität aus seinen politischen Qualitäten ableitet und nur Fleiß, Wissen und politische Präzision bei
seinen Mitstreitern als Ausweis akzeptiert.

Auf unserem Bundesparteitag im Herbst 1977 in Hamburg
spricht mich Klaus Matthiesen an, um mir an seiner Stelle für die
Landtagswahlen 1979 in Schleswig-Holstein die Spitzenkandidatur
anzudienen. Ich weiß nicht, was ich davon halten soll. Nur meine
Frau ist begeistert. Sie macht schon Pläne für das Haus, das wir
dann in Heiligenhafen auf unserem Grundstück mit Ostseeblick
bauen würden. Doch ehe es zu Gesprächen kommt, ist alles wieder
vorbei. Die Zeitungen berichten darüber. Matthiesen reagiert wütend, Günter Jansen ist dagegen. Heute glaube ich, Matthiesen hat
damals mit mir nur ein kleines Spielchen gespielt, um seine eigene
Position im Landesverband und seine Spitzenkandidatur für 1979
zu festigen. Wie auch immer: Diese Episode endet damit, daß die
Zeitungen wieder einmal feststellen, Apel könne ja gar nicht weg,
denn er müsse die Wehner-Nachfolge antreten.

Am 1. Januar 1978 beginne ich ein politisches Tagebuch zu führen nach dem Vorbild von »Bonn, den …, Tagebuch eines Bundestagsabgeordneten«. Schon bald merke ich, daß ich heute nicht mehr so schreiben und veröffentlichen kann wie 1971. Bis heute bin ich dabei geblieben, jede Woche so genau wie möglich alles das aufzuschreiben, was von Belang ist und was mich bewegt.

Anfang 1978 sieht es so aus, als bliebe auf der Hardthöhe alles beim alten. Und ich bin froh darüber, denn die Weihnachtsferien haben mich wieder ins Lot gebracht. Am 20. Januar stellt Helmut Schmidt in einer Regierungserklärung im Deutschen Bundestag fest: »Georg Leber hat sich nicht nur hier im Lande, sondern auch im Ausland große Verdienste erworben; er genießt großes Vertrauen.« Ist das nun ein Treuebekenntnis oder schon der Beginn des Abgesangs? In jedem Fall gehen die Spekulationen über Lebers Nachfolge weiter. Vogel, Apel, Koschnick und von Bülow werden als Kandidaten genannt.

Ab Dienstag, dem 24. Januar 1978, vertrete ich zum fünften Mal als Finanzminister in zweiter und dritter Lesung einen Bundeshaushalt, diesmal den des Jahres 1978. Es ist wie immer: Die Opposition greift uns massiv an; Strauß behauptet, der Kanzler habe wieder einmal seinen Amtseid verletzt. Und die FDP: Mischnick fordert weitere Steuersenkungen. Vohrer propagiert eine massive Erhöhung der Entwicklungshilfe in den nächsten Jahren mit einer Jahresrate von 20 Prozent. Und Hoppe weist auf die zu hohe Neuverschuldung des Bundes hin. Für jeden etwas. Und der Finanzminister soll sehen, wie er klarkommt.

Die »Bombe« platzt am 26. Januar 1978. Georg Leber spricht zum Verteidigungs-Etat. Dabei geht er auch auf die Spionage-Affäre Lutze/Wiegel ein. Leber: Er müsse nur die Schubladen öffnen, um frühere vergleichbare Skandale ans Tageslicht zu bringen. »Aber Sie brauchen keine Sorge zu haben, der Leber tut das nicht.« Und dann: »Wenn Christus noch einmal auf die Erde käme und sähe, wie einige Leute aus diesen Parteien, die sich christlich nennen, unter diesem Namen ihr politisches Kleingeld wechseln und fälschen, er würde sie nicht nur verhauen, wie er sie damals verhauen hat, sondern er würde alle Philister und Pharisäer aus seinem Tempel jagen.« Die Opposition verläßt das Plenum. Rettungsversuche, vor allem von Herbert Wehner, nützen kaum noch etwas.

Die Haushaltsberatungen gehen weiter. Gerüchte kursieren; aber Genaueres weiß keiner. Doch am nächsten Mittwoch, dem 1. Februar, knallt uns Georg Leber, für viele unerwartet, in der Kabinettssitzung um 11 Uhr sein Abschiedsschreiben auf den Tisch. Es entwickelt sich eine elend lange Debatte darüber, ob Leber nicht doch lieber bleiben soll. Er möge seinen Schritt noch einmal überdenken, lautet der Befund. Und so gehen wir auseinander, in die Weiberfastnacht hinein.

1978

Start in ein neues Amt

Ich fliehe vor dem Karnevalsgetümmel am Vormittag der Weiber-fastnacht nach Hamburg. Nach dem Mittagessen lege ich mich in meinem Arbeitszimmer aufs Sofa und den Hörer neben das Tele-fon. Ich schlafe, bis mich eine Peterwagen-Besatzung wachklingelt. Der Kanzler wolle mich sprechen, ich möchte das Telefon doch einhängen!

Und dann legt Helmut Schmidt los: Brandt, Wehner und er seien sich einig, nur ich könne die Leber-Nachfolge antreten. Wenn ich mich versagte, müßte ich auch mit für die Folgen einstehen. Mein Einwand, ich verstünde nichts von der Sache, wird wegge-fegt. Ich sei begabt genug, ich könne das lernen. Nach einer halben Stunde Bedenkzeit sage ich zu. Dann rollt der Zug ohne mein Zutun.

Wir machen in dieser Nacht kaum ein Auge zu. Ich bin ja schon mehrfach unvorbereitet in eiskaltes Wasser geschubst worden. Immer wieder mußte ich neu anfangen, damals in der EWG, im Auswärtigen Amt, im Finanzministerium. Doch das hier übertrifft alles. Ich spüre die schwere Verantwortung auf mir lasten, merke, daß ich nicht mehr so jung bin.

Vor 23 Jahren bin ich im Kampf gegen die Wiederaufrüstung in die SPD eingetreten. Daraus habe ich nie ein Hehl gemacht. Mir ist das Militärische fremd. Tradition besitzt für mich nur einen Wert, wenn sie uns beim Zusammenleben hilft. Im Traum habe ich nicht daran gedacht, je Verteidigungsminister zu werden. Das habe ich 1975 auch noch aufgeschrieben. *Die Welt* zitiert mich: »Alles in allem aber ist es richtig, daß ich kaum ein Verhältnis zu dem habe, was mit ›Militär und Bewaffnung‹ im engeren Sinne zu umschreiben wäre. Ich würde es sicherlich ablehnen, Verteidigungsminister zu werden... Nichts ist so gefährlich wie der Typ von Politikern, der so tut, als wisse er überall und über alles Bescheid.« Das sind Worte, die sich nun gut verwenden lassen. Kein Wunder, daß Pressesprecher Bölling recht nervös ist. Daraus schließe ich, daß es der Kanzler auch ist.

Die Medien zeigen in der närrischen Zeit viel Interesse an diesem Neuen, der so unbefangen daherredet. Am Sonnabend vor Rosenmontag die *FAZ*, als sie meine »Predigt« vom 12. Juni 1975 auf dem Deutschen Evangelischen Kirchentag in Frankfurt ausgräbt. Unter dem Motto »Durch Christus verändert« hatte ich über Römer 12, Verse 1 und 2 gesprochen und über die Mahnung des Paulus, uns zu verändern, uns nicht der Welt gleichzustellen, sondern unseren Sinn, unsere Gesinnung zu verändern. Ich werde zitiert: »Über den Erfolg dieser ›Operation‹ machen wir Christenmenschen uns nur wenig Illusion. Der ›alte Adam‹ bricht immer wieder durch. Und so brauche ich Gottes Gnade, um weiterleben zu können.«

So weit, so gut, wenn es auch erstaunlich ist, was da ein Politiker alles so sagt. Doch dann findet die *FAZ* die Sätze, die mir noch Jahre später im Bundestag von der CDU/CSU als Beweis für meinen verlogenen Charakter vorgehalten werden: »Als demokratischer Politiker schließe ich Kompromisse, die auch faul sein können. Ich kämpfe manchmal unfair für den Erhalt der Macht meiner politischen Gruppe, weil ich davon überzeugt bin, daß das gut ist für unser Land. Ich sage nicht immer die Wahrheit.« Und weiter: »Christen sind nicht ängstlich. Ihr Mut verändert die Welt. In der Nachfolge Christi wollen sie heraustreten aus der eigenen und aller anderen Selbstvergötzung.«

Dazu die *FAZ*: »Apel hat Bekenntnisse abgelegt, die einen weniger unbefangenen Menschen politisch getötet haben würden.« Helmut Schmidt sieht das praktischer: »Hör endlich mit deinem Seelen-Striptease auf. Das bringt dir nichts und stört nur bei der politischen Arbeit.« Recht hat er. Doch auch bei ihm bricht der »alte Adam« immer wieder durch.

Auf der Hardthöhe beobachten sie diesen Fremden mit Reserve, wenn nicht mit Mißtrauen. Die Sehnsucht nach Georg Leber schießt ins Kraut, ehe ich überhaupt angefangen habe. Auf die Frage eines Fernsehjournalisten, wie ich da oben überhaupt klarkommen will, sage ich:»Ich gehe dort hin und sage: Hier ist Hans Apel, der neue Verteidigungsminister. Ich rede offen mit den Leuten, den Generalen und Offizieren. Und dann werden wir sehen, wie wir miteinander auskommen. Ich will mir jede Mühe geben, ohne mich zu demütigen und ohne Demut von anderen zu verlangen.« Was soll ich auch mehr sagen? Natürlich weiß ich ganz genau, daß ich einen der schwersten Posten übernehme, die in Bonn zu vergeben sind.

Nun bin ich definitiv Verteidigungsminister. Die Urkunden sind übergeben. Georg Leber ist am 15. Februar mit dem üblichen Zapfenstreich verabschiedet worden. Die Zeitungen berichten, daß ich mich höchst unkonventionell – schlendernd und mit meiner Frau Händchen haltend – zum Paradeplatz begeben hätte.

Im Finanzministerium sind alle Zelte abgebrochen. Die Profis in meinem alten Ministerium stellen sich blitzschnell um. Unser »Bürodirektor« jagt uns mit unserem Dienstwagen von der Schwelle des Ministeriums:»Verschwinden Sie, hier muß Platz sein für das Auto von Minister Matthöfer.« Unser Parlaments- und Kabinettsreferent kann vor neuem Diensteifer nicht einmal mehr »Guten Morgen« sagen. Manchen mag das kränken, mich nicht. Wenn es hart auf hart geht und alle Glorie weg ist, halten sowieso nur wenige zu mir. Meine Frau, meine Kinder, einige Freunde, aus!

Das Brimborium ist vorbei. Nun beginnt für mich die harte, unerbittliche Arbeit. Ich stecke mich in ein hartes Zeitkorsett. Ich lese in diesen Tagen Unmengen von Akten. Eine neue Welt ist das. Milliarden werden ausgegeben, damit die damit erworbenen Gerätschaften niemals eingesetzt werden. Hunderttausende von Menschen werden für einen Fall vorbereitet, der niemals eintreten darf und eintreten wird. Das kann die Psyche des einzelnen Soldaten ebenso sehr schwer belasten wie die Institution Bundeswehr. Nachlässigkeit oder *l'art pour l'art* könnten die Konsequenz sein. Auch für den Minister selbst.

Carlo Schmid sagte gestern zu mir: »Mönchlein, Mönchlein, du gehst einen schweren Weg.« Ich bin da weniger pessimistisch. Georg Leber hat mir zwar eine Reihe von Problemen hinterlassen, aber ich will damit fertig werden. Unsere Unterredungen zur Amtsübergabe haben allerdings wenig Klarheit gebracht. Aber man muß das auch verstehen. Leber ist doch wie betäubt, kann es immer noch nicht begreifen, was mit ihm passiert ist. Und so legt er mir auch Dinge ans Herz, die mir im Moment unwichtig erscheinen. Ich will mich auf das Wesentliche konzentrieren. Mein Problem ist dabei, schnell genug das zu lernen, was ich an Fakten brauche, um entscheiden zu können.

Die entscheidenden Sachthemen des Ministeriums werden im Brainstorming behandelt. Ich lasse kein Thema aus, von der Nato-Strategie bis hin zum Sanitätswesen und dem Zustand unserer Kasernen. Oft scheinen mir die Vortragenden keine Lust an meinen anhaltenden und bohrenden Fragen zu haben. Warum muß auch ein verdammter Zivilist alles so genau und detailliert wissen wollen?

Manche meiner Fragen sind sicherlich aus der Sicht von Experten auch falsch gestellt, naiv oder töricht. Und der Zeitaufwand erschreckt sie. Sie sind eben noch nicht an meinen Arbeitsrhythmus gewöhnt: von neun Uhr bis spät abends ohne eigentliche Pause. Denn das Mittagessen beansprucht auch jetzt wieder, wie im Finanzministerium, fünf Minuten am Schreibtisch.

Eins wird zunehmend deutlich: Mein Vorgänger hatte sich für die nächsten Jahre zu viel vorgenommen. Er ist unerfreulichen Entscheidungen im Bündnis und bei den Teilstreitkräften aus dem Wege gegangen. Er hat den USA und der Nato Awacs, ein in Boeing-707-Flugzeuge eingebautes Frühwarnsystem, versprochen, obwohl er wissen mußte, daß dafür in der mittelfristigen Finanzplanung kein Geld vorhanden ist. Das Heer arbeitet an einer Strukturreform, die nicht nur für Jahre alles durcheinanderwirbeln muß, sondern Kosten verursacht, die durch zu erwartende Mittelzuweisungen nicht zu decken sind. Den Generalinspekteur hat er über Jahre an einer neuen Wehrstruktur basteln lassen, die die Teilstreitkräfte auf die Palme bringt und auch nicht bezahlbar ist.

Und für den sozialen Bereich hat sich das Ministerium Projekte vorgenommen, für die ebenfalls kein Geld da ist.

Ich wachse in eine unreale Welt hinein! Großartige Strategien werden entwickelt, globale und langfristige Überlegungen angestellt. Dies alles muß mit großer Verantwortung geschehen und mit der festen Absicht, im Ernstfall auch zur Tat zu schreiten. Dabei hat unsere Politik nur einen Sinn; diesen Ernstfall zu verhindern. Und auch die Sowjetunion will diesen Ernstfall sicher nicht. Damit geht es letztlich auf beiden Seiten um Drohgebärden mit der Absicht, nur zur Tat zu schreiten, wenn sowieso alles verloren ist.

Wir verhandeln heute über die Waffen der »dritten Generation«, die Mitte bis Ende der achtziger Jahre in Dienst gestellt werden sollen. Wir setzen damit bei uns ein Wissen über die weltpolitische Entwicklung voraus, das wir nicht haben. Wir setzen ein Verhalten der Sowjetunion voraus, das wir nicht kennen. Wir verwenden Teile unseres Bruttosozialprodukts, das wir noch nicht erwirtschaftet haben. Und genauso verhalten sich unsere Opponenten. Waffensystem auf Waffensystem, Strategie gegen Strategie. Deshalb sind MBFR, KSZE und UNO so wichtig. Sie bieten eine Chance, diesen Wettlauf zu bremsen, mehr allerdings nicht. Wir brauchen viel mehr Bremsmechanismen durch die Rüstungskontrollpolitik, damit wir nicht unnötig Teile unseres Sozialprodukts und Ausgaben für Verteidigung binden. Nur so können wir der Nord–Süd-Problematik das Geld zuführen, den Entwicklungsländern helfen. Nur so können wir die Entspannungspolitik unterfüttern. Obwohl sie sich auch selbst trägt, solange sie ökonomisch geboten ist und das System »Osteuropa« nicht angreift.

Am 5. März 1978 wird in Bayern und in Schleswig-Holstein gewählt. Die Bundespolitik überwuchert inzwischen auch solche Kommunalwahlen. Das ist eigentlich von Übel, denn so kommen zumindest in meinen Versammlungen die örtlichen Probleme zu kurz. Sechs Veranstaltungen in Schleswig-Holstein, zwei in Bayern sind diesmal mein Soll. Es geht immer noch um unsere »Rentenlüge«, um die Rentenfinanzen und vor allem um den Terrorismus. Die Entführung und der Mord an Hanns-Martin Schleyer, die Ereignisse in Mogadischu, der Tod von Andreas Baader, Gudrun

Ensslin und Jan-Carl Raspe im Sicherheitstrakt von Stuttgart-Stammheim wirken nach. Auf mich aber wirkt es wie absurdes Theater, wenn wir in Süder-Dithmarschen anläßlich der Kommunalwahl über diese Probleme reden, die meine Disputanten doch nur aus dem Fernsehen kennen.

Früher bin ich mit meiner Frau im eigenen Auto zu den Versammlungen gefahren. Dabei konnten wir über alles reden, was uns bewegte. Heute sitzen wir zusammen mit Polizisten im Dienstwagen. Ingrid ist dabei. Sie gibt mir Wärme, Liebe und Geborgenheit. Aber reden können wir nicht viel. Ich bin einsam und habe etwas Lampenfieber vor dem nächsten »Auftritt«. Und die Polizisten spüren auch, daß sie stören, und fühlen sich nicht sehr wohl in ihrer Haut. Unser Leben verliert an innerer Substanz.

Am meisten treibt die Versammlungsbesucher die Frage um, wie denn jemand, der Finanzminister war und, wie sie meinen, ein guter, nun plötzlich Verteidigungsminister sein kann, obwohl er dies Amt nicht haben wollte und niemals Soldat war. Helmut Schmidt hat das sicherlich nicht genügend bedacht bei seiner Entscheidung. Der junge Soldat des letzten Weltkriegs Hans-Jochen Vogel hätte sicherlich viel weniger Fragen dieser Art aufgeworfen.

Es ist nicht leicht, dem Bürger klarzumachen, daß der Verteidigungsminister eine dreifache Aufgabe hat: Das erste ist die Sicherheits- und Außenpolitik; das habe ich nicht zuletzt als Staatssekretär im Auswärtigen Amt gelernt. Zweitens muß er als Rüstungsminister mit dem knappen Geld ein Maximum an Sicherheit schaffen. Die Technik kann ich nicht beurteilen. Aber ich kann die konkurrierenden Teilstreitkräfte – Heer, Luftwaffe, Marine – die zivilen Fachleute und die Nato-Experten so lange mit mir debattieren lassen, bis eine Entscheidung möglich ist. Was mußte ich denn eigentlich als Bundesfinanzminister anderes tun als knappe Mittel im Streit der Ressorts und nach Sachdebatte zu verteilen? Und ich bin drittens Streitkräfteminister, Soldatenminister. Hier lag Georg Lebers Stärke. Als Soldatenminister war er unschlagbar. Wenn alles stimmt, was ich so hörte, war er der beliebteste aller meiner Vorgänger im Amte. Und hier gibt es auch die Distanz zu mir. Weißer Jahrgang, kann nicht ordentlich Fronten abschreiten, hat

kein inneres Verhältnis zu den Waffen. Ich werde versuchen, diese
Distanz abzubauen, aber auf meine Art.

Am Wochenende 19./20. März treffen wir uns auf der Hardt-
höhe in Klausur. Seit Jahren basteln viele hundert Offiziere unter
der Leitung des Generalinspekteurs Harald Wust an einer neuen
Wehrstruktur, an dem Versuch, viele Aufgaben des Heeres, der
Luftwaffe und der Marine gemeinsam zu erledigen: gemeinsamer
Telefon- und Funkverkehr, gemeinsame Logistik, gemeinsamer
Ausbau der Infrastruktur. Seit geraumer Zeit schneidert sich das
Heer unter der Leitung seines Inspekteurs eine neue Heeresstruktur, denkt über eine sinnvolle Verwendung der Millionen von Reservisten nach. Schließlich soll das Sanitätswesen reformiert werden. Aber diese Reformansätze sind nicht aufeinander abgestimmt,
sie sind im Rahmen unserer Finanzplanung nicht finanzierbar,
und sie nehmen zu wenig Rücksicht auf die Interessen der Soldaten. Durch die sich widerstrebenden und widersprechenden Pläne
entstanden massive Feindschaften und Frontstellungen. Der Füh-
rungsapparat des Ministeriums ergeht sich in Grabenkämpfen.

Das kann so nicht weitergehen. Es muß Ruhe in der Truppe
einkehren. Was wir machen können, müssen wir beschließen; was
nicht geht, müssen wir schleunigst »beerdigen«. Dabei kann ich
längst noch nicht alles im Detail beurteilen, muß aber dennoch
eine Debatte führen und zum Ergebnis kommen. Ich weiß, was ich
will. Leichte Kurskorrekturen sind möglich und lassen das Ziel
ohne Blessuren erreichen. Wenn das gelingt, war dies trostlose Wochenende in Bonn es wert, geopfert zu werden.

Die Medien sind über meine Entscheidung erstaunt. Sie müssen
zur Kenntnis nehmen, daß es eine neue Wehrstruktur nicht geben
wird. Nur Teile der mit dem Namen von Generalinspekteur Wust
verbundenen Pläne sollen weiterverfolgt und im Sommer dieses
Jahres erneut geprüft werden. Die Pläne zur Heeresstruktur 4 müssen neu konzipiert werden. Sie sind in der vorgelegten Form nicht
zu bezahlen. Die Zeitungen sprechen von »Schnellschüssen«,
»keine Experimente«, »Mut«, »Paukenschlag«, »Apels Rotstift«,
»Pferdetritt Nr. 2«. Das Kommentarecho ist gemischt. *Die Zeit*
schreibt am 31. März: »Da bleibt dann doch die Frage, wie es

möglich war, daß die militärischen Planer auf der Hardthöhe, allen voran Generalinspekteur Wust, rund sieben Jahre Vorbereitungszeit auf ein Modell verwandten, dessen Realitätsferne zu erkennen der neue Minister nur zwei Tage brauchte.«

Nur eins übersehe ich in meiner vielleicht auch naiven Freude, diese Kuh nun vom Eis zu haben. Beim Generalinspekteur Wust, wohl auch beim Inspekteur des Heeres Hildebrandt bleiben offene Wunden zurück. Erst viel später lerne ich Ungedienter, daß die Soldatenehre etwas Besonderes ist, daß die Kraft des Verstandes nicht unbedingt überzeugt, daß hohe Offiziere längst verlernt haben, Widerspruch so ohne weiteres zu akzeptieren. Und auch die Sicherheitspolitiker der Koalition sind unzufrieden. Wer läßt sich schon gern von der Exekutive ein *fait accompli* servieren. Da baut sich eine Lust nach Revanche auf, die ich noch zu spüren bekommen werde, was ich aber nicht erkenne.

Zu Ostern fliege ich zu meiner Frau nach Ischia. Schon am ersten Abend breche ich mir im Swimmingpool den rechten Fuß. Im Bundeswehrzentralkrankenhaus in Koblenz werde ich wieder zusammengeflickt. Eine Woche später verlasse ich das Krankenhaus. Ingrid holt mich ab. Auf Krücken humple ich von hinnen. Die Ärzte sind unzufrieden: »Wenn Sie ein Soldat wären, bekämen Sie den Befehl, drei Wochen hierzubleiben, damit wir auch sicher sind, daß Ihr Bein gut verheilt.«

Man kann ein kompliziertes Ministerium nicht vom Krankenbett aus leiten. Per Telefon mit dem Kanzler über Strategien zu sprechen, wie wir auf die unglaubliche Führungsschwäche Präsident Carters in der Frage der Stationierung der Neutronenwaffe reagieren müssen, um Schaden vom Bündnis und von unserem nationalen Ansehen abzuwenden, ist nicht möglich. Wir wissen nicht, wer mithört. Selbstverständlich kann ich auch im Krankenhaus nicht alle Akten lesen und die Experten fortlaufend nach Koblenz zitieren. Ich will auch nicht durch Abwesenheit die Anfangserfolge meiner Arbeit aufs Spiel setzen. So stolziere ich mit Krücken durch die Lande.

Doch Anfang April wird es wieder ernst. Meine Rede auf der Kommandeurstagung, die am 4. April in Saarbrücken beginnt, ist von zentraler Bedeutung für meine weitere Arbeit. Und so lege ich vor allem selbst Hand an. Es geht erst einmal darum, das Eis zu brechen. »Ich kann nur froh sein, daß ich nicht mit dem Kopf zuerst in den Swimmingpool gesprungen bin. Dann wäre es schwierig gewesen, diese Rede vorzubereiten.« Und ich fuhr fort: »Es hat keinen Zweck, dem Minister zum Maule zu reden. Es hat keinen Zweck für Sie – Sie sind unkündbar. Es hat keinen Zweck für die Bundeswehr. Mir hat ein Mitglied unseres Personalrates zu Recht gesagt: ›Sie sind der siebte Minister, den werden wir auch überleben.‹ Das ist in der Tat so. Da wir aber die gemeinsame Verpflichtung haben, unsere Bundeswehr voranzubringen, müssen wir offen reden über die Probleme, die da sind.«

Schließlich begründe ich meine bisherigen Entscheidungen und sage den Anwesenden: »Reformen haben für mich nur dann einen Sinn, wenn sie dem Menschen dienen, sachlich geboten und finanzierbar sind.« Ich verweise auf die auch für uns begrenzten Finanzen und darauf, daß uns mein Vorgänger in den Nato-Gremien auf Awacs festgelegt hat, wir aber dafür kaum zusätzliche Haushaltsmittel erhalten werden. »Der jetzige Finanzminister hat mir zur Finanzplanung einen Brief geschrieben, den ich noch diktiert hatte. Ich fand den Brief unverschämt und habe ihn entsprechend beantwortet.«

Meine Aussagen zum Bündnis sind eindeutig, ohne Wenn und Aber. Zur Entspannungspolitik stelle ich fest, daß wir Erfolge bei der Rüstungsbegrenzung wollen, aber nicht um den Preis westlicher Erpreßbarkeit durch militärische Unterlegenheit der Nato. Und schließlich spreche ich dem Generalinspekteur mein Vertrauen aus. »Ich könnte mir vorstellen, daß ich Sie durch meine Ungeschicktheit verletzt habe. Das war nicht meine Absicht. Ich habe mich bei Ihnen persönlich entschuldigt. Wie sie meine Entscheidung hingenommen und vertreten haben, hat mich ungemein beeindruckt. Sie haben in mir einen Freund gewonnen. Sie können auf mich zählen. Im übrigen weiß ich, daß ich die Weisheit nicht gepachtet habe.«

Ich argumentiere offen. Nur zur Neutronenwaffe halte ich mich mehr als bedeckt. Schließlich weiß ich, wie froh die SPD darüber

wäre, wenn uns durch Carters Nein zur Produktion dieser Waffen
in den USA eine schwierige Debatte im Bündnis und zu Hause
erspart bliebe. Andererseits haben wir uns für eine etwaige Stationierung entschieden. Wenn aber der Kelch an uns vorübergehen
sollte, wäre das auch nicht so schlecht.

Zigarren von Herbert

Rolf Zundel schreibt am 10. Februar 1978 in der *Zeit*: »Zum reinen
›homo politicus‹, der so vollständig in seinem Amt aufgeht, daß der
Mensch kaum noch sichtbar wird, hat Hans Apel nicht das Zeug.
Er verwandelt sich am Freitagabend, nach der Rückkehr aus
Bonn, in einen Privatmann, und er fühlt sich wohl dabei. So bereit
er ist, seine politische Selbstdarstellung manchen politischen Notwendigkeiten anzupassen – da hat die Wandlungsfähigkeit seine
Grenzen. Dieser Rest von Familie, Kirche, Segeln und Fußballspielen ist für ihn unveräußerlich. Von da kommt seine Sicherheit, von dort stammen auch manche seiner Maßstäbe, die nicht
immer ganz zur Politik passen.« Und am 12. Juli 1979 lese ich in
den *Aachener Nachrichten*: »In Anspielung auf die Tatsache, daß
Apel mit einer gewissen Sturheit jeden Freitag nach Hamburg
fliegt, lästerte man auf der Hardthöhe bereits, wenn Sie den Apel
mal antreffen wollen, finden Sie ihn noch am ehesten in der Kir-
chenvorstandssitzung in Hamburg.«
  Das ist natürlich dummes Zeug. Aber richtig ist, daß meine
Familie auch jetzt nicht nach Bonn umzieht. Ich bewohne in dem
riesigen Bungalow des Ministers auf der Hardthöhe zwei Zimmer.
Wir wollen nicht, daß unsere beiden Kinder in der künstlichen
Bonner Welt groß werden. Und so arbeite ich von Montag bis
Freitag ohne Zeitlimit, denn in meinem Bungalow sitze ich eh
allein. Am Freitagnachmittag will ich aber, wenn es geht, nach
Hause. Nur, dann ist keineswegs Feierabend. Ich habe es stets
abgelehnt, meine Telefonnummer aus dem Hamburger Telefon-
buch herausnehmen zu lassen. Schließlich vertrete ich in Bonn den

Wahlkreis Hamburg-Nord. Und so rufen die Bürger eben an, schildern mir ihre Sorgen, bitten um Hilfe, schimpfen auf die Regierung. Sie schreiben, und sie erwarten eine Antwort.

Ich bleibe Mitglied des SPD-Kreisvorstands Hamburg-Nord. So kann ich auch weiterhin den Meinungsaustausch sicherstellen, allerdings, allein auf mich gestellt, auch nicht verhindern, daß die Kreispartei immer weiter nach links abdriftet. Viele lange Freitagabende gehen für diesen schwierigen Dialog mit den immer jünger werdenden Genossen drauf. Auch wenn wir uns politisch immer weniger verstehen, das persönliche Band reißt nicht ab, wenigstens nicht in diesen Jahren. Zudem gehe ich auf alle Landesparteitage und debattiere kräftig mit.

Und ich sitze zehnmal im Jahr freitags einige Stunden im Kirchenvorstand von St. Nicolaus, der Kirche der Alsterdorfer Anstalten. Seit 1974 arbeiten meine Frau und ich für dieses diakonische Werk, sie als Vorsitzende des Kuratoriums des Förderkreises, ich als Mitglied des Kirchenvorstands, später als Mitglied des Stiftungsrats.

Vor allem aber bin ich glücklich verheiratet, und wir haben zwei Töchter. Ohne meine Frau ginge es nicht. Sie ist mein Hort, meine Kraftquelle und hin und wieder auch mein Tarnnetz. Bei uns hat sich nichts geändert. Der Minister, sein Dienstwagen, dienernde Beamte, manchmal auch die vielen Sorgen bleiben am Freitagnachmittag am Bonner Flughafen zurück und treffen mich erst am Montagmorgen wieder.

Wir bauen uns kein neues, teures Haus. Wir bleiben in unserem Reihenhaus wohnen. Unsere Kleidung wird nicht teurer, wir kaufen kein neues Auto, unser Segelboot wird nicht größer. Wir sparen, ohne es eigentlich zu wollen. Da bleibt einfach Geld übrig. Wir haben keine Putzfrau, keinen Gärtner. Das machen wir alles selbst; für den Garten und die Kellerräume bin ich zuständig. Wir sind in unserer Liebe wie in unserem Lebenszuschnitt von niemandem abhängig. Wir leben, wie wir wollen, lassen uns nicht fremdbestimmen, auch nicht durch die Hardthöhe.

Fast eine Woche ist die britische Königin in der Bundesrepublik zu Gast. Aus diesem Anlaß flattern mir in Bonn Essenseinladungen auf den Tisch. Ich drücke mich und finde Ausreden, warum es nicht geht, denn ich kann derartigen Veranstaltungen keinen Geschmack abgewinnen. Doch nach Bremerhaven zum Dinner auf die Yacht »Britannia« fahren wir. Ingrid sieht in ihrem hellblauen Abendkleid wunderschön aus. Und schon macht mir der Abend auch Spaß. Mit der Königin kommen wir ins Gespräch. Eine kluge Frau. Ihre Bewertung der Politik von Präsident Carter könnte von unserem Bundeskanzler sein. Nur ist sie nicht verletzend, sondern witzig und führt das Gespräch mit leichter Hand. Auch deshalb ist dieser lange Abend angenehm, eine Ausnahme.

Tags darauf bin ich mit Herbert Wehner in seiner kleinen Wohnung in der Nähe des U-Bahnhofs Schlump verabredet. Welch ein Gegensatz zu gestern abend! Diese Wohnung liegt an einer vielbefahrenen Straße; der Verkehrslärm brandet herein. Die Tapeten an den Wänden fangen an zu vergilben. Die Möbel sind alt, wohl noch aus der Zeit gleich nach dem Krieg, als die Wehners dauernd in Hamburg lebten.

Mittendrin ein Mann wie ein Fels. Zwei Stunden lang analysiert er unsere politische Lage, ätzt die Wunden der SPD, geht mit manchem ins Gericht und läßt seine Menschlichkeit dennoch nicht klein werden. Ich schildere ihm meine Probleme auf der Hardthöhe und die Widerstände in Fraktion und Partei. Er rät mir und will mir helfen. Greta kocht für uns Kaffee. Herbert hat extra Zigarren gekauft. Er schält uns beiden zwei Äpfel, die wir beim Diskutieren verspeisen.

Habe ich für mein Leben und meine Arbeit ein politisches Vorbild? Gustav Heinemann hat mitgeholfen, mich in die Politik zu führen. Willy Brandt ist mir niemals nahegekommen. Helmut Schmidt ist sicherlich nicht mein Vorbild. Ihm kann und will ich nicht nacheifern.

Als ich Herbert Wehner verlasse, weiß ich wieder, wer Leuchtturm für mich ist. Er ist und wird mein politisches Vorbild sein, auch wenn unsere Lebenswege und damit unsere politischen Erfahrungen so ganz anders sind. Doch ich weiß nun, auf was es ankommt: unbestechlich, möglichst ohne Eitelkeit seinen Weg zu gehen, an der Sache orientiert. Wissen, wofür man lebt.

Das Nato-Bündnis

Ob Finanzminister, ob Verteidigungsminister, die Vertreter der Regierung Carter sind alle gleich: fixiert auf die Forderungen der USA, unverschämt in der Vertretung der eigenen Interessen, mit wenig Verständnis für komplexe psychologische, politische Probleme der Europäer.

Schon mit Mike Blumenthal, dem US-Finanzminister, war es schwierig, zu politischer Übereinstimmung zu kommen. Ihn haben der Verfall des Dollars und die daraus entstehenden ökonomischen Probleme für den Welthandel nicht interessiert, solange die USA davon selbst nicht negativ berührt wurden. Debatten mit ihm in der Fünfer-Gruppe – der Finanzminister und Notenbankpräsidenten der USA, Englands, Frankreichs, Japans und der Bundesrepublik – litten darunter, daß es den USA vor allem darum ging, insbesondere die Bundesrepublik vorzuführen und auch dadurch eigenes Nichthandeln zu rechtfertigen.

Mit US-Verteidigungsminister Harold Brown mache ich Anfang April entsprechende Erfahrungen. Er erklärt uns, daß wir das fliegende Frühwarnsystem Awacs zu kaufen hätten, weigert sich aber, unser Flugabwehrsystem Gepard zu kaufen oder zu leasen, das zwar gut sei, aber zu teuer. Ich halte die Anschaffung von Awacs für fragwürdig. Georg Leber hat aber ohne Absicherung durch das Bundeskabinett und gegen den Willen unserer Parlamentsexperten im Dezember 1977 sein uneingeschränktes Ja im Nato-Rat gegeben und damit die Bundesregierung verpflichtet. Davon kann man zwar herunterkommen, aber nicht ohne massive Hautabschürfungen. Schließlich sind wir nicht nur in Brüssel festgelegt. Auch zuhause halten viele Militärs dieses System für das Nonplusultra.

Hinzu kommt, daß mich der Kanzler »in die Pfanne hauen« kann, wenn er durch mich in Schwierigkeiten kommt. Sage ich also nein, was vernünftig wäre, dann riskiere ich politischen Ärger und kann vom Kanzler brüskiert werden. Sage ich ja, protestieren die Abgeordneten, und ich bekomme großen Ärger mit dem Finanzminister.

Also sage ich zu Awacs ein bedingtes Ja. Die Bedingungen: Der deutsche Finanzierungsanteil in der Nato müsse niedriger sein, die Amerikaner müßten bei uns mehr Waffen kaufen, und Aufträge zur Verwirklichung von Awacs müßten zugunsten der deutschen Industrie umgelenkt werden. Wenn das geht, dann kann Awacs gekauft werden. Wenn nicht, wird das Parlament nein sagen. Das wird dann für mich wie eine Niederlage aussehen; aber in der Sache ist das Ergebnis dennoch gut.

Die Amerikaner sehnen sich, wie ich um drei Ecken höre, nach dem guten alten Georg Leber zurück. Doch internationale Politik ist ein hartes Geschäft. Die Allianz stirbt nicht daran, wenn wir unsere Interessen vertreten, zu Kompromissen aber bereit sind.

Die Opposition liegt auf der Lauer. Ihr gefällt mein guter Start nicht, auch wenn wir uns in der ersten Ausschußsitzung gut behandelt haben. Mein Fußball-Duzfreund Manfred Wörner spielt den feinen Herrn. Aber nichts wäre schöner für sie, als wenn sie mich über einen internationalen Krawall vorführen könnten. Sie wollen Awacs eigentlich auch nicht; aber als Prügel gegen mich ist es für sie sicherlich geeignet.

Die Sitzung der Nuklearen Planungsgruppe der Nato Mitte April im dänischen Aalborg/Frederikshavn wird bestimmt durch die überraschende Entscheidung des US-Präsidenten, die Neutronenwaffe nicht zu produzieren. Für mich wird zweierlei deutlich: die Verwirrung im politischen Verstand der obersten US-Führung, aber auch die weitgehende Abhängigkeit Westeuropas von den USA in seiner eigenen Sicherheitspolitik. Und gerade diese Karte spielen die Amerikaner aus einer Position eigener intellektueller Schwäche und militärischer Orientierungslosigkeit zur Zeit rücksichtslos aus.

Hier in Aalborg muß ich mich zusammenreißen, um nicht aus der Haut zu fahren. Doch das hätte keinen Zweck. Auf europäischer Seite fehlt uns ein Partner, der mit uns zusammen Kraft und Selbstbewußtsein gegen die amerikanische Führungslosigkeit einsetzen könnte. Italien und England haben mehr Selbstbewußtsein als reale Kraft, und Frankreich gehört der militärischen Integration des Bündnisses nicht an. Im übrigen würden sich die Partner im Zweifelsfall allzugern daran beteiligen, uns in die Ecke zu stellen.

Das nationale Interesse läßt sich indes nicht auf Dauer überspielen. Das ist eben das Charakteristische demokratischer, partnerschaftlicher Zusammenarbeit: eine permanente Unterordnung gibt es nicht. Mehrheitsbeschlüsse gegen wesentliche nationale Interessen sind sinnlos und können nur zum Bruch führen. General de Gaulles Europapolitik war aus dieser Sicht realistisch – so sehr sie auch die Verantwortung dafür trägt, daß aus dem Europa der Sechs nicht der Bundesstaat »Europa« wurde und wir dafür England und andere »Widerspenstige« aufgenommen haben.

Natürlich sind die USA in der Allianz so stark und übermächtig, daß sich ihre Partner auch aus nationalem Interesse immer wieder unterordnen müssen. Aber auch hier gibt es Grenzen, die, wenn sie von den USA überschritten werden, das Bündnis in Schwierigkeiten bringen. Das müssen die Politiker und Militärs aus den USA immer wieder aufs neue lernen.

Deshalb habe ich der amerikanischen Idee entschieden widersprochen, bei der Nato eine Überwachungsinstanz einzurichten, die die Mitgliedsstaaten notfalls mit Druck dazu bringen soll, ihre Verpflichtungen aus dem in Brüssel beschlossenen »long term defence program« zu erfüllen. Dieses Programm soll Lücken in der Bewaffnung der Bündnisarmeen schließen. Natürlich brauchen wir verstärkte Anstrengungen der Nato, um der wachsenden Offensivkraft des Warschauer Paktes begegnen zu können. Doch zu meinen, Brüssel könne das anordnen, quasi am Willen souveräner Regierungen und Parlamente vorbei, ist naiv und für den Zusammenhang der Allianz gefährlich.

Ich mache mir aber auch einen Spaß. Zu US-Staatssekretär Komer, einem der Einpeitscher des »long terms defence program« sage ich: »You will not succeed. Komer will only bring Nato to coma.« Lachen kann er allerdings über dieses Wortspiel nicht. Und wenn ich nicht Englisch, sondern die zweite Amtssprache Französisch verwende, sehen die Amerikaner hinter mir das Lothringer Kreuz aufblitzen.

Nachdem ich Ende Juni dem französischen Verteidigungsminister Yvon Bourgés in Paris einen Antrittsbesuch gemacht habe, treffen wir uns Anfang Juli erneut, diesmal in England, um trilateral mit unserem britischen Kollegen Fred Mulley zu beraten. Verteidigungsminister haben sich viel zu zeigen, aber wenig zu sagen. Dreieinhalb Tage bin ich in England und ununterbrochen auf Trab. Die »Sea-Harrier« können nahezu senkrecht starten dank ihrer schwenkbaren Triebwerke, landen wie ein Hubschrauber, auf der Stelle in der Luft verharren. Eine neue Generation von Hubschraubern kann auch dann noch sicher auf dem Deck einer Fregatte landen, wenn sie in schwerer See rollt und stampft. Das Frühwarnsystem Nimrod spürt U-Boote auf. Es wirft Sensoren ab und kann den Standort des U-Bootes so einkreisen, daß seine Vernichtung durch den Abwurf von Wasserbomben sicher ist. Das ist sicherlich alles sehr interessant und sehenswert. Wissen muß ich das, begeistern kann es mich nicht.

Die gewaltige quantitative und qualitative Verstärkung der konventionellen Kampfkraft des Warschauer Paktes zwingt uns zu Anstrengungen, das Gleichgewicht der Kräfte zu erhalten. Die Modernisierung der atomaren Abschreckung ist unausweichlich. Aber auch deshalb ist es so wichtig, die Verhandlungen bei Salt II voranzubringen und bei MBFR nach Fortschritten zu suchen. Doch darüber können oder dürfen meine britischen und französischen Kollegen nicht reden. Die beiden sind augenscheinlich vor allem Rüstungsminister. Sie verbringen einen Teil ihrer Zeit damit, Dritten die nationale Rüstungsproduktion anzupreisen und für die Rüstungskooperation zu werben. Für Rüstungskooperation bin ich auch. Aber das kann doch nicht im Mittelpunkt unserer Erörterungen stehen.

Zu Salt, MBFR, der sowjetischen Bedrohung äußern sie sich auch dann nicht im Detail, wenn ich sie durch gewagte Thesen provoziere. Der Franzose weiß, daß der französische Staatspräsident die Leitlinien der französischen Sicherheitspolitik bestimmt. Frankreich macht eine nationale Politik und läßt sich nicht in die Entspannungspolitik des Bündnisses einbinden. So ist eine Diskussion nur schwer möglich.

Die Bundeswehr und ihr Minister

Anfang Mai findet die große Waffenschau der Bundeswehr in Munster statt. Mein erster Besuch beim Heer. Da sitze ich nun auf der Tribüne und schaue zu, wie Panzer, Schützenpanzer, schwere Pionierfahrzeuge an mir vorbeidonnern und großartige Manöver aufführen. Die Soldaten sind beeindruckt, die Zivilisten staunen. Ich weiß, daß wir diese Waffen brauchen, um das Kräfteverhältnis in Mitteleuropa zu erhalten, so daß der Frieden bewahrt wird. Aber ich kann nicht behaupten, daß mich diese Demonstration unserer Fähigkeiten zu Begeisterungsstürmen hinrisse. Aber jedermann hat Anspruch darauf, daß ich auch diesen Teil unserer Streitkräfte ernst nehme und würdige.

Von Munster geht es mit einem Panzerabwehr-Hubschrauber nach Bückeburg. Auf dem Hamburger Dom lehne ich es seit Jahrzehnten ab, in ein Karussell zu steigen. Aber in diesem Apparat wird mir vorgeführt, wie es im Ernstfall zugeht. Mit fast 200 Stundenkilometern sausen wir durch Waldschneisen, stürzen uns in Rechts- und Linkskurven aus 100 Metern Höhe im fast freien Fall in Deckung in Erdnähe. Und das fast eine Stunde lang. Immer wieder kommt die Frage: »Herr Minister, geht es noch?« Und ich sage natürlich ja! Und schon geht der Hexensabbat weiter. Als ich in Bückeburg aus der Maschine klettere, bin ich heilfroh. Meine Krücken stützen mich zusätzlich. Ich soll eine Rede halten anläßlich der offiziellen Übernahme dieser Hubschrauber durch die Bundeswehr. Als ich drankomme, geht es wieder.

Der vom Ministerium vorbereitete Redetext ist unbrauchbar. Man meint, der Minister solle bei einer solchen Gelegenheit die technischen Details dieser neuen Waffen erläutern. Doch das will ich nicht. Wenige Tage nach dem Ende des Breschnew-Besuchs in der Bundesrepublik muß doch über das Verhältnis der Bundeswehr zur Entspannungspolitik geredet werden, muß die friedenserhaltende Rolle von Bundeswehr und Nato unterstrichen werden.

Leider werden die anwesenden Bundestagsabgeordneten in die zweite Sitzreihe verbannt. Damit ist der erste protokollarische Ärger schon erzeugt. Ob unsere Bürokraten überall im Lande jemals lernen werden, daß die Volksvertreter in jeder Hinsicht vor Generalen oder Landräten rangieren?

Endlich hat sich mein Heuschnupfen gemeldet, in diesem Jahr wegen des verspäteten Frühlingsbeginns erst im Juni. Doch die Volon-Spritze liegt bereit. Prophylaktisch trage ich sie seit Anfang Mai stets bei mir. Unangemeldet erscheine ich im Sanitätszentrum der Bundeswehr auf der Hardthöhe. Einen weißgekleideten Herrn, der mich freundlich begrüßt, frage ich, ob er Arzt sei. Als er bejaht, bitte ich ihn, mir die mitgebrachte Spritze in den Hintern zu jagen. Antwort: Er könne sich dieser Aufgabe nicht unterziehen, da diese Amtshandlung sicherlich dem Chef des Sanitätszentrums, einem Flottenarzt, vorbehalten sei. Schließlich sei ich Minister.

Der Flottenarzt wird also, da er in seinen Behandlungszimmern nicht zu finden ist, per Rundsprechanlage ausgerufen mit dem Hinweis darauf, der Minister warte auf ihn. Nach einigen Minuten kommt er herbeigeeilt. Auch eine Spritze liegt schon bereit. Denn es gäbe eine Anweisung des Ministers Leber, nach der auch der Minister und seine Staatssekretäre kostenlos, wie alle Soldaten, zu behandeln wären. Ich verweise auf meine mitgebrachte Spritze. Ich solle sie doch aufsparen und wieder mitnehmen. Erst mein augenscheinlich schockierendes Argument, ich sei Mitglied der DAK, wolle keine kostenlose Betreuung und Soldat sei ich auch nicht, bringt meine Spritze zum Einsatz und erspart dem Steuerzahler neunzehn Mark achtzig.

Dr. Rudloff, mein persönlicher Referent und Leiter des Ministerbüros, sagt mir immer wieder, ich würde die Soldaten auf der Hardthöhe verwirren. Wenn ich nachfrage, woran das liegt, wird vor allem eines deutlich: Jemand, der so zivil ist und sich so zivil gibt wie ich, dürfte eigentlich für die Militärs ein leicht zu verdauender Brocken sein. Er kann das Metier doch nicht recht beherrschen. Äußere Form und politisch-militärischer Inhalt sind für sie untrennbar miteinander verbunden. Jahre später, als ich schon viel angepaßter – meine Frau meint erwachsener, Teile der SPD meinen »militaristisch« – geworden bin, frage ich Generalinspekteur Jürgen Brandt, wie weit ich es wohl als Berufssoldat gebracht hätte. »Herr Minister, Ihr analytischer Verstand, Ihr schnelles

Erfassen der wesentlichen Dinge, ihre Kraft befähigen Sie zum Generalinspekteur. Aber Ihr Auftreten, Ihre legere Art hätten Ihre Karriere spätestens beim Major gestoppt.«

Ich muß sicherstellen, daß ich das Militärische ernst nehme. Äußere Form heißt auch innerer Zusammenhalt, Bindung von Menschen untereinander und an die Sache. Deshalb schreite ich Ehrenformationen ab, zeichne Offiziere aus und nehme Meldungen entgegen. Die Menschen haben ein Recht darauf, daß ihr Verhaltens- und Ehrenkodex ernst genommen wird. Doch ich habe die Pflicht sicherzustellen, daß ich davon nicht vereinnahmt werde. Ich muß vor allem erreichen, daß die führenden Offiziere der Bundeswehr mit mir zusammen die schwierigen Schritte gehen und Einschnitte akzeptieren, die aus haushaltspolitischen Gründen unvermeidlich sind.

Leider stellt mir meine flinke Zunge immer mal wieder ein Bein. Als ich in einer Fernsehdiskussion mit vier Journalisten, die 45 Minuten dauert, gefragt werde, ob es nicht nur Show sei, wenn ich mich zu den Soldaten zum Diskutieren ins Gras setze, schließlich blieben die Generale ja stehen, antworte ich, sie hätten vielleicht Angst um ihre Hosen. Und schon gibt es Gegrummel bis hin zu bösen Briefen. Generale hätten vor nichts Angst und schon gar nicht vor dreckigen Hosen. Absichtlich oder unabsichtlich war ihnen mein spöttischer Unterton entgangen. Ich mokiere mich darüber, daß sie wie die Stockfische dabeistehen, wenn ich mit den »gemeinen« Soldaten spreche. Sie sind sicherlich bereit, die gesetzlich verankerten Mitsprache- und Mitwirkungsrechte ihrer Untergebenen zu ertragen. Aber das geht doch nicht so weit, daß man sich mit ihnen auf eine Ebene begibt, ins Gras setzt und mit ihnen von gleich zu gleich diskutiert.

Mir sagen drei tüchtige Wehrpflichtige am Rande des hessischen Wahlkampfes, sie seien von ihren Kollegen zu Vertrauensleuten gewählt worden. Sie bemühten sich auch sehr, ihren Kameraden zu helfen. Doch ihre Vorgesetzten offen kritisieren könnten sie nicht, selbst wenn es eigentlich notwendig wäre. Dazu hätten sie zuviel Respekt. Und Ärger wollten sie nicht. Dann bin ich stolz darauf, wenn sie mit mir offen und frei sprechen.

Mitte Juni befassen wir uns erneut mit dem Heeresmodell 4. Es liegen Berechnungen vor, nach denen wir fast 800 Millionen Mark an zusätzlichen Investitionsmitteln brauchen, dazu laufende Kosten von mindestens 150 Millionen tragen müssen. Diese Gelder haben wir nicht. Der Finanzminister denkt nicht daran, mir für diese Projekte weitere Mittel zu bewilligen. Deswegen muß ich erneut aus Kostengründen nein sagen. Dagegen können wir einige der vom Generalinspekteur im Rahmen seiner Bundeswehrplanung vorgeschlagenen Maßnahmen umsetzen. So soll die gemeinsame, konzentrierte Erfassung und Auswertung aller Aufklärungsergebnisse der Bundeswehr gewährleistet werden. Wir legen uns für das Fernmeldewesen auf eine einheitliche Führungsstruktur fest. So werden alle vorhandenen Kapazitäten zusammengefaßt und die vorhandenen sieben nebeneinander existierenden Fernmeldenetze vereinheitlicht. Für das Sanitätswesen wollen wir eine raumdeckende Organisation von Sanitätszentren schaffen.

Wir informieren die Nato, das Bundeskabinett, den Verteidigungsausschuß, die Medien. Das Echo ist gemischt, insbesondere auf meine Feststellung: »Im Verteidigungsetat schieben wir eine Bugwelle von Kosten vor uns her. Wir haben für 40 Milliarden DM Waffensysteme bestellt. Sie haben Priorität. Sie müssen bezahlt werden.« Ich erinnere daran, daß Georg Leber vor etwa zwei Jahren, wenn auch scherzhaft, gesagt hatte: »Wer mein Nachfolger wird, braucht nur zu bezahlen, was ich bestellt habe.« Genau das ist und bleibt mein Problem.

Mir wird in diesen Tagen erneut klar, wie viele Ansprüche an mich gestellt werden. Die Finanzen müssen stimmen. Ich muß meinen Part in der Sicherheitspolitik spielen, zu Hause und im Bündnis. Unsere Soldaten erwarten von mir Hilfe, auch in Grenzen Wegweisung. Und gerade das ist schwierig.

Am Freitag, dem 7. Juli, erhält eine Kaserne in Essen-Kray den Namen von Gustav Heinemann. Die Bundeswehr hat Schwierigkeiten mit ihm. Der Bundespräsident Heinemann wird akzeptiert. Er war Staatsautorität und hat in gesetzten Worten über die Landesverteidigung und die Rolle der Bundeswehr gesprochen. Aber wie ist es mit dem Heinemann der fünfziger Jahre? Er war gegen die Aufrüstung der Bundesrepublik und unsere Eingliederung in die Nato. Er kämpfte gegen Deutschlands Teilung. Und er bekannte sich zu Nazideutschlands Schuld. Können das Soldaten nachvollziehen und damit Gustav Heinemann zu einem ihrer Vorbilder machen?

Ich spreche davon, daß für meinen Vater, einen kleinen Parteigenossen und späteren engagierten Christen, das »Stuttgarter Schuldbekenntnis« vom Oktober 1945 galt: »Durch uns ist unendliches Leid über viele Völker und Länder gebracht worden. Wir hoffen zu Gott, daß dem Geist der Gewalt und der Vergeltung, der heute von neuem mächtig werden will, in aller Welt gesteuert werde und der Geist des Friedens und der Liebe zur Herrschaft komme.« Ich zitiere Gustav Heinemann, einen der Autoren dieser Erklärung: »Wir stehen alle in der Schuld. Wir verleugnen nicht, daß auch die Nazis unsere Brüder sind. Wir schämen uns ihres Tuns, aber wir schämen uns nicht, sie Brüder zu heißen.«

Dringe ich in die Herzen meiner Zuhörer ein? Ich weiß es nicht. Wer kann heute noch die einfache und doch so tiefe Frömmigkeit dieses Menschen nachvollziehen? Das tiefe Schuldgefühl nach 1945 hatte bereits damals in unserem Volk kaum Widerhall gefunden. Es waren doch die Nazis gewesen. Und hatten unsere Kriegsgegner nicht auch viele schlimme Dinge getan? Und war Adenauers Politik nicht richtig?

Meine Antworten auf diese Fragen habe ich in Essen gegeben. Schließlich bin ich durch Gustav Heinemann in die Politik gekommen. Und wir Christen und Sozialdemokraten haben uns unserer Politik der frühen fünfziger Jahre nicht zu schämen. Wir mußten schließlich fast zwei Jahrzehnte später die total verfahrene Deutschland- und Ostpolitik aus der christdemokratischen Sackgasse herausholen. Adenauer hatte andererseits im Gegensatz zu uns in der Einschätzung der weiteren europäischen Entwicklung und der Politik der Sowjetunion recht. Die Einbindung beider Deutschlands in zwei sich gegenüberstehende Militärblöcke scheint im Rückblick unausweichlich gewesen zu sein. Auch Gustav Heinemann steht als Bundespräsident zu dieser Entwicklung. Er gibt der Bundeswehr seine Zustimmung und Anerkennung. Aber er

unterstreicht auch, daß wir Deutschen besondere Verantwortung
tragen, den Frieden in Europa sicher zu machen, vom Nebeneinander zum Miteinander zu kommen.

Unsere Truppe ist nicht reaktionär. Sie will eigentlich unpolitisch bleiben. Hier müssen wir ansetzen. Die Soldaten müssen auch
über die Gesellschaft reflektieren. In Essen erkläre ich: »Wenn der
Anspruch von Scharnhorst stimmt, die Armee sei das Spiegelbild
der Nation, dann muß sie sich auch gegenüber den geistigen Strömungen ihrer Zeit aufschließen. Tradition muß nicht immer auf
weit in der Geschichte zurückliegende Ereignisse und Personen
zurückgreifen. Im Gegenteil! Einer der Vorgänger von Gustav
Heinemann, Bundespräsident Theodor Heuss, sagte 1959 vor der
Führungsakademie der Bundeswehr: ›Eine Tradition selber zu
schaffen ist viel schwieriger, aber auch großartiger, als sie in den
Rechten und Formen einer verjährten Gesinnung zu suchen und
zu pflegen.‹«

Der letzte »Antrittsbesuch« führt mich Mitte Juli zur Marine.
Der Tag ist anstrengend. Vom Hubschrauber auf einen Zerstörer
abgeseilt. Und dann von einem Schiffstyp zum anderen: Schnell-
boot, Versorger, Minenleger, U-Boot. Dazwischen Gefechtsübun-
gen der unterschiedlichsten Art von beeindruckender Präzision.
Warum die meist computer- und rechnergesteuerten Systeme so
perfekt arbeiten, kann ich mit Mühe begreifen. Ich weiß nur, daß
die Sowjets nicht viel schlechter sind.

Die Marine und ihre Soldaten sind stolz auf ihre Leistungskraft.
Sie haben auch allen Grund dazu. Je mehr sie gefordert werden,
um so zufriedener sind sie. Die U-Boot-Crew in hartem Einsatz,
ohne Freizeit und viele Tage in Tauchfahrt, meckert kaum. Die
Matrosen auf dem Versorger dafür um so mehr. Sie wollen schneller befördert werden, weniger häufig umziehen und eine geregelte
Arbeitszeit haben. Der Verwendungs- und Beförderungsstau deutet sich als Problem erst an. Er wird sich erst Anfang der achtziger
Jahre wegen der unausgewogenen Jahrgangsschichtung voll auswirken.

Unsere Bundeswehr ist eine Friedens- und Verteidigungsarmee.
Sie probt seit Jahrzehnten den Ernstfall. Zwar ändern sich immer

wieder die Einsatzdaten, nicht zuletzt aufgrund sich verändernder Waffentechnik auf beiden Seiten. Doch auch das kann die Monotonie des Dienst- und des Übungsbetriebs nur begrenzt ändern. Die Bedrohung aus dem Osten ist real und abstrakt zugleich.

Immer weniger Angehörige der Bundeswehr haben den Schrecken und die Konsequenzen des Waffeneinsatzes am eigenen Leib gespürt. Die große Mehrzahl unserer Soldaten kann sich den Ernstfall nicht vorstellen. Da wird natürlich kritisch gefragt, warum so massiv und mit hoher Überstundenbelastung geübt werden muß. Man fühlt sich zunehmend als Teil des öffentlichen Dienstes. Wir überfordern das Bewußtsein der meisten unserer Soldaten. Sie wollen und müssen zu jeder Zeit für den Ernstfall fit sein. Gleichzeitig verhandeln wir mit der Sowjetunion über friedenssichernde, vertrauensbildende, rüstungsbegrenzende Abmachungen. Dabei bescheinigen wir unseren Partnern, daß wir sie für verhandlungsfähig, das heißt rational handelnde Politiker halten, die den Krieg nicht wollen. Wir verzichten im Gegensatz zum Osten auf jede Hetzkampagne. Die Bundeswehr hat wenigstens offiziell kein Feindbild.

Aber damit stellt sich immer nachdrücklicher die Frage, mit welcher Motivation ein junger Mann als Zeit- oder Berufssoldat die Beschwernisse des Soldatenlebens auf sich nehmen soll. Für viele ist es ein Beruf wie jeder andere. Deshalb muß auch die Bezahlung stimmen. Für andere ist die Bundeswehr eine interessante Durchgangsstation, die ihnen eine qualifizierte Berufsausbildung verschafft. Hier leisten wir Beachtliches. Andere spielen gern mit modernster Technik. Doch viele stellen sich auch die Frage nach dem Sinn ihres Tuns. Sie wollen für etwas einstehen, was sie wie ihre Uniform aus ihrer Umwelt heraushebt. Und da ist die nuancierte Argumentation der Sozialdemokraten von Verteidigungsfähigkeit und Entspannung, die sich wechselseitig bedingen, natürlich schwerer zu vermitteln als die primitive Freund–Feind-Argumentation auf der Rechten.

Schwierig sind die Probleme anzupacken, die sich für unsere beiden Bundeswehrhochschulen stellen. Die Münchner wird von der bayerischen Staatsregierung akzeptiert. In Hamburg ist das nicht so. Auch unsere Hamburger SPD hat deutliche Vorbehalte. Unsere Hochschulen verdanken ihre Existenz dem kurzen, aber nachhaltigen Wirken von Helmut Schmidt auf der Hardthöhe. Ohne die Vor- und Nachteile genau zu untersuchen und die eigentlichen Probleme ganz zu durchdenken, wurden sie in die deutsche Bildungslandschaft gepflanzt. Der Dozentenstamm ist zivil, typische Hochschullehrer. Wenn sie reden, reden sie vor allem über sich und ihre akademische Karriere, über ihre Arbeit und ihr Fortkommen, über Forschungsurlaub, ihre Institute und den Studienbetrieb. Es stört sie, daß es an den Bundeswehrhochschulen zwischen den Trimestern nur drei Monate Ferien gibt.

Die Militärs kommen mit den Bundeswehrhochschulen nicht klar. Nur wenige von ihnen haben eine akademische Ausbildung. Es ist ihnen unheimlich, daß künftig fast alle Offiziere eine akademische Vollausbildung haben werden. Sie können nicht verstehen, daß junge Offiziere oder Fähnriche an den Bundeswehrhochschulen militärischer Erziehung weitgehend entzogen sein sollen. So wollen sie über militärische Regeln ihren Einfluß sichern.

Dazwischen stehen die studierenden Offiziere. Sie erhalten ein Gehalt um zweitausend Mark im Monat. Für ihr leibliches Wohl ist gesorgt. So gesehen geht es ihnen viel besser als Normalstudenten. Aber sie müssen ihr Studium in drei Jahren abschließen – von lockerem Studentenleben keine Spur. Sie wollen Offiziere werden. Viele verstehen nicht, daß ihnen dazu der Umweg über eine akademische Ausbildung zugemutet wird.

Wir müssen an den Bundeswehrhochschulen einiges ändern. Die politischen und staatsbürgerlichen Inhalte des Studiums müssen verstärkt werden. Dazu muß ein Trimester zusätzlich studiert werden können. Wir brauchen mehr Disziplin, nicht unbedingt militärische, vielmehr geistige Disziplin. Immer wieder kommt es zu Vorfällen, die diese jungen Menschen als politische Extremisten erscheinen lassen. Die einen verbrennen im Suff Judenpuppen. Die anderen solidarisieren sich mit den Mördern von Hanns-Martin Schleyer. Dann schreit unsere Bevölkerung auf. Sie sind für die Medien keine unreifen Jungen, die sie sind, sondern junge Offiziere, die sie auch sind. Und schon ist die Bundeswehr einmal mehr auf dem Marsch ins Extrem. Dieser Bereich ist hochgradig sensibel. Deshalb habe ich mir ausdrücklich jede Entscheidung vorbehalten. Wir arbeiten im Ministerium mit Hochdruck. Ich bin ganz besonders eingespannt. Denn neben meinen laufenden Verpflichtungen in der Partei in Bonn und zuhause, meinen Wahlkampfeinsätzen in Hessen und in Bayern und der täglichen Routinearbeit im Ministerium muß ich gleichzeitig aktiv unsere beiden noch laufenden Reformvorhaben begleiten, die Heeresstruktur und die Bundeswehrhochschulen. Meine Kondition wird immer schlechter. In der letzten Sitzungswoche kommt viel zusammen. Im Bundestag zittern wir, ob die sechs FDP-Widerständler für den Weiterbau des Schnellen Brüters in Kalkar stimmen. Im Ministerium werden letzte hektische Debatten über die fälligen Entscheidungen zu den beiden Bundeswehrhochschulen geführt.

Unsere Beschlüsse zu den beiden Hochschulen finden Zustimmung, keinen Jubel. Denn sie sind brav, halten sich in den konventionellen Grenzen. Wir bestätigen das Grundkonzept, das wir wegen der dienstlichen Notwendigkeiten weder stark verändern noch verwässern können. Es bleibt bei der Trimesterregelung. Wenn also die Bundesländer Hamburg und Bayern, das allerdings daran kein Interesse hat, die Bundeswehrhochschulen für zivile Studenten öffnen wollen, müssen diese Studenten diesen Studienablauf akzeptieren und die Bundesländer für sie zahlen. Einen Uniformzwang wird es für unsere Studenten nicht geben. Sie erhalten militärische Disziplinarvorgesetzte, die aber keine Beurteilungen der Studierenden schreiben. Und, was das wichtigste ist, die gesellschaftlichen und staatsbürgerlichen Inhalte des Studiums, eine Art Studium generale, werden ausgebaut.

Im Wechselbad

Auch 33 Jahre nach dem Ende des Zweiten Weltkriegs können wir uns noch immer nicht so äußern, wie das unserer eigenen Interessenlage entspricht. Da überzieht die Nato in diesem Herbst unser

Land mit einer Kette von Großmanövern. Mehr als 200000 Teilnehmer sind im Einsatz. Wochenlang sind unsere Verkehrsverbindungen beeinträchtigt. Großer Schaden entsteht. Doch kritische Bemerkungen dazu erzeugen im Ausland wie im Inland einen Aufstand bei fast allen Meinungsmachern. Wollen wir die Nato verlassen? Sollten die USA ihr Engagement für unser Land besser einschränken? Welch ein Unsinn wird hier verbreitet!

Natürlich liegt das im eigenen Lande vor allem daran, daß die Landtagswahlen in Bayern und Hessen in ihre entscheidende Phase eintreten. Das Konzept der CDU/CSU liegt auf der Hand. Wenn es schon an sachlichen Alternativen aus der Bundesrepublik mangelt, wenn es der Bonner Opposition immer deutlicher an personellen Alternativen mangelt, dann muß wenigstens die Verdächtigung herhalten. Das Motto »Freiheit oder Sozialismus« wird in allen Varianten durchgespielt.

In dieser Stimmungslage ist es ungeschickt, wenn Andreas von Bülow Ende September diese wirklich aufgeblasenen Manöver öffentlich kritisiert und sie als den Versuch einer Selbstbespiegelung des Generals Haig bezeichnet. Schließlich haben wir unter meinem Vorgänger diesen Unsinn akzeptiert.

Drei Tage lang tummle ich mich in Nordhessen selbst vor Ort. Ich habe mich bewußt zivil angezogen. Vielleicht zu salopp. Wie ein Schrebergärtner sei ich ins Manöver gezogen, schreibt mir ein Reservist. Nachts fahre ich in einem »Leopard« mit. Wir landen in einem Steinbruch. Da geht es dann nicht mehr weiter. Ich werde pitschenaß. Bei unserem gemeinsamen Mittagessen unter Gefechtsbedingungen zusammen mit dem Panzergrenadierbataillon 345 lasse ich mir wie alle anderen in der kühlen Witterung den dampfenden Teller vollregnen. Das baut den Abstand zu den Soldaten ab und öffnet den Weg zu freimütigen Gesprächen.

Helmut Schmidt fürchtet, daß die Manöversucht und die Panikmeldungen aus Brüssel über die sowjetische Bedrohung unsere Entspannungspolitik gefährden. Andererseits hat er Angst davor, daß Carter General Haig feuert – Haig baut sich in den USA augenscheinlich als republikanischer Präsidentschaftskandidat auf – und das mit unserem Streit begründet.

So treten Haig und ich gemeinsam in Hanau vor der Presse auf, loben die Manöver, die hinter uns liegen. Wir ließen uns vom Osten nicht hineinreden und so weiter. Aber intern sage ich Haig, daß wir auf der Dezembertagung der Nato nicht mehr allein militärisch deklamieren, sondern auch politisch diskutieren müssen. Wir sind neben den USA der wichtigste Nato-Partner. Es kann doch nicht so sein, daß über unser Land beliebig verfügt wird! Manöver der Allianz müssen in unsere politische Landschaft passen, auch in unsere Entspannungspolitik. Und deshalb wird es 1980 in unserem Land während der heißen Phase des Bundestagswahlkampfes keine Manöver geben, die nach der Nato-Planung dann 300000 Mann auf unserem Boden zum Üben in wenigen Wochen vereinigen.

Mitte Oktober kommt es dann in Brüssel während der Sitzung der Nuklearen Planungsgruppe zum Eklat. Da werden uns von den hohen Militärs Pläne zur Modernisierung der in Europa stationierten amerikanischen Atomwaffen so vorgetragen, als sei alles schon beschlossene Sache. Ich weise darauf hin, daß diese Pläne so sehr in die Rüstungskontrollverhandlungen bei Salt II, aber auch bei MBFR eingriffen, daß diese Diskussion nicht allein den Militärs überlassen bleiben dürfe. Wir müßten endlich umfassend politisch verhandeln. Und als sich Nato-Generalsekretär Luns nicht rührt, frage ich:»Wer führt hier eigentlich den Vorsitz?« Luns ruft mich daraufhin zur Ordnung und sagt mir, ich wisse anscheinend noch nicht, daß es im Bündnis niemals nur militärische Entscheidungsprozesse gebe. Augenscheinlich hatte er meine Bemerkungen auch als Kritik an seiner Amtsführung verstanden, obwohl das nicht meine Absicht war. Nun explodiere ich und sage ihm, er sei nicht dazu da, mich zu zensieren. Das klingt dann in Englisch noch gröber, weil die Nuancen fehlen, die mir in meiner Muttersprache zur Verfügung stehen.

So etwas hat es im Bündnis noch nicht gegeben: Ein deutscher Minister wird unbotmäßig. Und dann noch ein so junger, ungedienter. Die Beschwerde beim Kanzler ist fällig über einen »ernsten Zwischenfall«. Luns fliegt nach Bonn. Helmut Schmidt beruhigt ihn, versichert ihm, daß Bonn nicht an seinem Stuhl als Nato-Generalsekretär säge.

Die USA verteidigen in unserem Land auch sich selbst. Wir haben die zweitstärkste Armee der Allianz. Wir brauchen das Bündnis. Doch es braucht auch uns. Deshalb wollen wir auch mehr mitreden. Sicherlich war ich im Ton zu grob. Doch einschüchtern können die mich nicht. Auch in der Nato ist es an der Zeit, daß wir unser Interesse vertreten und unser Selbstbewußtsein zeigen, auch wenn die Opposition und eine Reihe von Zeitungen den Teufel, also mich, an die Wand malen.

Als wir uns Anfang Dezember in Brüssel zur Nato-Wintertagung wiedersehen, ist der Pulverdampf verraucht. Den Militärs sage ich, daß ich nicht gegen sie argumentiere. Ich wolle nur die politische Flankierung militärischer Notwendigkeiten sicherstellen. So allein könne das Bündnis die neuen Herausforderungen bestehen.

Meine neue Funktion als Verteidigungsminister hat auch noch nach acht Monaten ihre heiteren Seiten. Am Tag der hessischen Landtagswahl, dem 8. Oktober, spielen »Hans Apel und Consorten« in Oldenburg Fußball. Dieses »Kräftemessen« hat Tradition. 1976 wurde ich als Finanzminister in Bonn zum Oldenburger Grünkohlkönig gekürt, für ein Jahr. Ich sollte meine Residenz offiziell besuchen. Doch dazu hatte ich keine Lust. Also verabredeten wir damals ein Fußballspiel zwischen unserer Mannschaft »Hans Apel und Consorten« und einem Team aus der Verwaltung der Stadt Oldenburg. Am 8. Oktober treffen wir zum dritten Mal aufeinander, diesmal als Vorspiel der Oberligabegegnung VfB Oldenburg gegen Bremerhaven 93. Wir gewinnen mit 2 : 1.

Als ich kurz vor dem Anpfiff in grün-weißem Dreß aus den Umkleidekabinen komme, tritt General Glanz vor und baut sich vor mir auf. Mit fester Stimme ruft er: »Herr Minister, ich begrüße Sie im Standort Oldenburg, keine besonderen Vorkommnisse.« Da stehe ich nun in Kniestrümpfen und kurzer Hose und weiß nicht, was ich sagen soll. Später lachen wir beide über diese kuriose Situation. Dieser General kreuzt immer wieder meinen politischen Weg. Wir sind grundverschieden, aber wir können uns aufeinander verlassen. Ein besonderes Vergnügen ist es, mit diesem soliden und überzeugend sachverständigen Mann in der Zeit zusammenzuarbeiten, in der er Inspekteur des Heeres ist.

Anfang November können wir nach komplizierten und zeitraubenden Verhandlungen auf der Hardthöhe die neue Heeresstruktur beschließen. Wir können das militärisch Notwendige mit dem finanziell Machbaren und dem sozial Zumutbaren verbinden. Nicht nur der Inspekteur des Heeres, sondern auch die höheren Kommandeure stimmen zu. Gegenüber der ursprünglichen Planung habe ich durch meine Vorgaben die Kosten um mehr als eine Milliarde Mark senken können. Wir können die vorhandenen Gebäude weiterhin optimal nutzen. Unsere Soldaten müssen nicht tausendfach umziehen. Und die Schlagkraft unserer Armee wird auch so beträchtlich gesteigert. General Haig macht uns Komplimente und bescheinigt uns, daß wir durch die neue Heeresstruktur die Verteidigungskraft des Bündnisses steigern.

Die öffentliche Meinung nimmt unsere Entscheidungen ebenso positiv auf wie Sicherheitspolitiker der Koalition. Selbst die Opposition signalisiert vorsichtig Zustimmung. Uns wird Sachverstand, Augenmaß und finanzielle Vernunft bescheinigt. Natürlich liegt der Teufel noch im Detail der Umsetzung in die Praxis und den Alltag der Truppe. Aber erst einmal bin ich glücklich und zufrieden. Wir haben die seit vielen Jahren unerledigten Strukturreformen der Bundeswehr zum Abschluß gebracht – ein gutes Ergebnis nach neun Monaten Arbeit auf der Hardthöhe. Doch der nächste Ärger kommt bestimmt!

Im November legt der Untersuchungsausschuß des Deutschen Bundestages seinen abschließenden Bericht zum Spionagefall Lutze/Wiegel vor. Er stellt fest, daß Georg Leber persönlich keine Schuld trägt, auch wenn er sich nicht genug um die Dinge gekümmert hat. Der Abschlußbericht stellt dagegen überdeutlich dar, in welch hohem Maße hohe Militärs Verantwortung an diesem Falle tragen. Kleinliche Kompetenzstreitigkeiten, Nachlässigkeiten und Gleichgültigkeiten haben es den Spionen leichtgemacht und die Schadensbewertung und die Schadenseindämmung wesentlich erschwert.

Unsere im Ministerium angestellten Untersuchungen bestätigen diese Ergebnisse. Der Untersuchungsausschuß legt sich Zügel an, weil er einen Kahlschlag bei den mitverantwortlichen Militärs vermeiden will. Diese Haltung von CDU und FDP ist aus ihrer Sicht verständlich. Sie stellen im Ausschußbericht die Probleme dar, weichen aber jeder Mitverantwortung bei etwaigen personellen Konsequenzen bewußt aus. Damit behalten sie die Möglichkeit, auf mich einzudreschen, wenn ich jemanden rausschmeiße. Dann wären sie die wahren Freunde der Bundeswehr, und der Spionagefall Lutze/Wiegel würde zu einem Fall Apel/Bundeswehr.

Die SPD-Abgeordneten haben sich im Untersuchungsausschuß darauf eingelassen, scharfe Anklagen gegenüber den verantwortlichen Militärs zu vermeiden. Kaum haben sie aber dem zugestimmt, so fangen einzelne öffentlich an, den Generalinspekteur der Bundeswehr, Harald Wust, anzugehen. Er sei der Hauptverantwortliche, er müsse weg. So bringen sie mich in Schwierigkeiten. Folge ich ihnen, so starten CDU und FDP ihre Kampagne, angereichert mit dem guten Argument, die SPD habe mich so sehr im Griff, daß ich nach ihrer Pfeife tanze. Folge ich ihnen nicht, dann sieht das linke politische Spektrum darin einen zusätzlichen Beweis dafür, daß auch ich zunehmend unter die Fuchtel der Militärs gerate und schon nicht mehr aufzumucken wage. Ich bin einigermaßen ratlos. Und mein Gespräch mit dem Bundeskanzler über Wust macht mir klar, daß ich bei ihm kaum auf Schützenhilfe rechnen kann.

Stundenlang rede ich mit Wust. Ich sage ihm, daß ich das mit ihm gemeinsam durchstehen werde. Das Parlament, hier insbesondere die Sozialdemokraten, hätten kein Recht, in die Personalstruktur auf der Hardthöhe einzugreifen. Ich bitte ihn zu bleiben. Wir würden gemeinsam die Plenardebatte so vorbereiten, daß es für uns alle erträglich bleibe. Ich weiß zwar, daß Wust in der Bundeswehr nur begrenzt Freunde und damit Unterstützung hat. Eine Generalskrise habe ich bei seinem Abgang kaum zu befürchten. Aber ich will nicht, daß dieser Mann, dem ich ja bereits einiges zumuten mußte, über diesen Spionagefall stürzt. Georg Leber hat dafür schon ausreichend gebüßt. Ich sage dazu später: »Fehler einzugestehen gibt Stärke, nicht Schwäche.« Denn reinwaschen kann ich natürlich niemanden im Plenum des Bundestages. Tatsachen bleiben Tatsachen.

Meine Naivität, im Falle Wust wohl auch mangelnde Menschenkenntnis, eine falsche Einschätzung des charakterlichen Zuschnitts des Generalinspekteurs, seine Zustimmung zu meinen Überlegungen lassen mich glauben, daß ich diesen Sturm um den Spionagefall Lutze/Wiegel ohne »Menschenopfer« überstehen kann. Doch da habe ich mich verrechnet. Am Dienstagmorgen, dem 21. November, erscheint Wust um neun Uhr bei mir im Büro, um mir sein Gesuch um Versetzung in den einstweiligen Ruhestand auf den Tisch zu knallen. Er erklärt, es habe nichts mit dem Verratsfall Lutze/Wiegel zu tun. Deshalb wolle er auch nicht gehen. Ihn könne nicht die Kritik einzelner Abgeordneter treffen. Er müsse gehen, weil ich das Vertrauensverhältnis zu ihm systematisch zerstört hätte. An sechs Beispielen will er das beweisen. Ich teile ihm mit, daß ich ihn gehen lassen werde und handle sofort. Der Bundeskanzler und die Fraktionsvorsitzenden von FDP und SPD werden benachrichtigt.

Um 13 Uhr beginnt eine Bundespressekonferenz. Über eine Stunde geht das Frage- und Antwortspiel. Ich reiße mich unglaublich zusammen, um diesem Mann nicht zu nahe zu treten. Jetzt helfen nur noch rückhaltlose Offenheit, Ehrlichkeit, menschlicher Anstand mit zusammengebissenen Zähnen. Ich werfe niemandem einen Stein nach. Was habe ich davon, wenn ich ihn verletze oder »in die Pfanne haue«.

Wust dagegen läuft Amok. Um 11.30 Uhr lädt er ohne mein Wissen zu einer Tagung der kommandierenden Generale für den nächsten Tag nach Bonn ein. Er will seine Version des Rücktrittsgesuchs darstellen. Er geht von sich aus in beide Fernsehprogramme und gibt Zeitungsinterviews. Ich könnte ihm das alles verbieten. Das Soldatengesetz gibt mir dazu die Handhabe. Aber ich tue das nicht. Ihm darf nicht eine Märtyrerrolle zuwachsen. Es darf auch nicht der Eindruck entstehen, als wolle ich ihm einen Maulkorb umhängen.

Als Wust am Mittwochmorgen die Zeitungen aufschlägt, sieht er, daß die Partie bestenfalls pari steht. Am schärfsten springen die konservativen Zeitungen mit ihm um. Hier werden augenscheinlich auch alte Rechnungen beglichen. Ich bestelle ihn zu mir. Wir haben uns nicht mehr viel zu sagen. Ich teile ihm mit, daß er sofort seine Kommandeurstagung abzublasen habe. Er gehorcht. Das Spiel ist vorbei.

Natürlich habe ich in diesen Tagen viele Schrammen abbekommen. Da ist Ansehen verlorengegangen. Viele Konservative in der Bundeswehr werden ihre Zweifel und Vorurteile an der SPD und an mir bestärkt sehen. Ich selbst bin schrecklich enttäuscht. Mit Menschen dieser Art kann ich nicht zusammenarbeiten. Jetzt müssen wir einen guten Nachfolger finden. Das wird nicht einfach sein. Denn die Auswahl ist klein. Und mein Charakter ist schwierig. Mein Arbeitsstil ist nicht jedermanns Sache. Natürlich wird Wust am 11. Dezember den traditionellen Abschied bekommen. Zur gleichen Zeit werden wir seinen Nachfolger einführen. Helmut Schmidt empfiehlt mir den General Jürgen Brandt. Wir beide »beriechen« uns und wissen, daß wir miteinander auskommen werden.

Vor Wusts Verabschiedung muß ich eine schlimme Plenardebatte durchstehen. Die CDU/CSU macht aus der Affäre Wust eine Affäre Apel. Endlich kann sie voll in die Tasten greifen. Mit meinen Sachentscheidungen mußten sie bisher – *nolens volens* – einverstanden sein. Aber nun kommt der Mensch dran, dem die Loyalität fehlt. Hans Apel, der christlich tut, aber menschlich versagt. Meine Fraktionsgenossen machen kaum mehr als Pflichtübungen, um mir beizuspringen. Ich selbst kann und will über Wust nicht anders reden als bisher. Ich kann nicht, weil ich dann alles nur noch schlimmer gemacht hätte. Hätte es dann doch geheißen: Jetzt wird er auch noch menschlich unanständig. Ich will nicht, weil ich natürlich Wust immer wieder ins Abseits habe laufen lassen müssen, und insofern bin ich auch mitverantwortlich für dieses Ende.

Einer meiner schärfsten Kritiker ist Conrad Ahlers. Er heizt die Debatte um Wust im Vorfeld der Plenardebatte in einem *Spiegel*-Interview kräftig an. Nachdem er vor dem Rücktritt des Generalinspekteurs massiv seine Ablösung gefordert hatte, wirft er mir jetzt »Mangel an psychologischem Einfühlungsvermögen« vor, weil ich nicht gemerkt hätte, daß es tiefsitzende Meinungsverschiedenheiten zwischen mir und der militärischen Führung gebe. Deshalb sei auch der Insepkteur der Luftwaffe, Limberg, vorzeitig in den Ruhestand gegangen. Der Inspekteur des Heeres gehe im nächsten Frühjahr. Diese Behauptungen sind bösartig, denn Ahlers weiß, daß Georg Leber General Limberg die vorzeitige Pensionierung aus Gesundheitsgründen versprochen hatte. General Hildebrandt geht ganz normal in Pension.

Doch es kommt noch dicker: »Hans Apel ist nach wie vor im Grunde ein überzeugter Antimilitarist und Pazifist... Jetzt muß er natürlich sehen, wie er das an sich Unvereinbare vereinbaren kann, gleichwohl Verteidigungsminister zu sein. Dies führt zwangsläufig zu Problemen, sowohl im eigenen Haus als auch bei der Nato in Brüssel.« Herbert Wehner springt mir bei. Ahlers entschuldigt sich bei mir. Aber diese Sätze sitzen; sie wirken nach.

In all dem Trubel dieser Tage wäre mir beinahe eine weitere »Bombe« unter dem Hintern explodiert. Die niedersächsische Landesregierung sucht eine Dauerunterkunft für etwa 200 Landespolizisten, die die im nächsten Jahr beginnenden Bohrarbeiten für eine Entsorgungsanlage in den Salzstöcken von Gorleben bewachen sollen. Eine Bundeswehrkaserne liegt in der Nähe. Da liegt es nahe, diese zu verwenden.

Die Verhandlungen mit dem Innenminister werden von der Hardthöhe ohne mein Wissen zum Erfolg geführt. Man will die Polizisten aufnehmen. Soldaten und Polizisten kommen unter ein Dach. Im letzten Moment rieche ich den Braten, weil ich von Plänen höre, daß dann die Kernkraftgegner diese Kaserne zur Zielscheibe ihrer Aktionen machen werden. Dann verkriecht sich die Bundeswehr entweder ins Mauseloch, oder sie setzt sich bei den angekündigten Übergriffen auf ihre Liegenschaft zur Wehr. Wo stehen wir dann? Die Bundeswehr als Bürgerkriegsarmee. Darauf warten unsere politischen Gegner doch nur.

Im letzten Moment kann ich das Ganze noch stoppen. Es geht allerdings nur noch in der Kabinettssitzung. Innenminister Baum ist stocksauer. Er hatte mit dieser Unterkunft fest gerechnet und sie bereits der Regierung in Hannover angewiesen. Nun werden die Arbeiten in Gorleben wahrscheinlich um Monate verzögert, weil

neue Unterkünfte gesucht werden müssen. Ich kann das nicht ändern, bin aber vor allem tief besorgt darüber, daß meine Mitarbeiter mich immer dann in Schwierigkeiten bringen können, wenn ich
nicht selbst merke, was uns droht.

Die SPD in der Regierungsverantwortung

In diesem Jahr 1978 habe ich in meiner neuen Funktion kaum
Probleme mit meiner Partei. Egon Bahr bezeichnet zwar die Neutronenwaffe als ein »Symbol der Perversion des Denkens«, weil sie
Menschen vernichtet, das Material aber nicht zerstört. Da bahnt
sich eine schlimme Auseinandersetzung an, die uns nur deshalb
nicht trifft, weil uns die Entscheidung von Präsident Carter, die
Neutronenwaffe nicht zu produzieren, die Stationierung in der
Bundesrepublik erspart. Ansonsten findet eine große sicherheitspolitische Debatte nicht statt.

Das Verhältnis der SPD zur Bundeswehr ist merkwürdig. Seit
den frühen sechziger Jahren hat die Partei die Notwendigkeit der
Landesverteidigung durch die Bundeswehr im Rahmen der Nato
akzeptiert. Immer wieder wurde schon vor Eintritt in die Große
Koalition dem Wehretat zugestimmt. 1969 wurde Helmut Schmidt
der erste sozialdemokratische Verteidigungsminister. Georg Leber
folgte ihm 1972. Doch eine echte Auseinandersetzung mit den Fragen der Landesverteidigung findet in der SPD nicht statt. Man
überläßt diesen Bereich den Verteidigungspolitikern, die sich vor
allem um Beschaffungsvorhaben und damit um Aufträge für die
Industrie unseres Landes bemühen und sich der sozialen Nöte und
Sorgen der Soldaten annehmen. Zur sicherheitspolitischen Debatte
tragen sie kaum etwas bei. Sie vertreten die 670000 Bundeswehran-
gehörigen, die zivilen und die Militärs, so gut es geht.

Wenn ich die Wehrstrukturreform beerdige oder das Heeresmodell 4 neu fasse, dann bewegt das die Bundeswehr und die veröffentlichte Meinung wochenlang. In der SPD-Fraktion provoziert
das nicht eine müde Frage. Das ist einer der Gründe dafür, daß der

Einfluß und das Ansehen der SPD in der Bundeswehr gering ist. Geld allein, ansonsten aber *benign neglect*, reicht nicht aus. Auch die Bundeswehr braucht wie jedes Lebewesen und jede soziale Institution Verständnis, Zuneigung und Anerkennung.

Wenn wir das nicht leisten können und wollen, dann suchen sich die Soldaten anderswo Anlehnung. Ihr Beruf führt sie zwangsläufig in die konservative Richtung. Dort wird ihnen ein Weltbild und ein Feindbild ohne große intellektuelle und politische Probleme vermittelt, auch wenn es falsch und für unser Volk gefährlich ist. Es ist viel schwerer, unsere Verteidigungspolitik als Teil nationaler und weltweiter Entspannungspolitik zu sehen und sie damit auch zu hinterfragen.

Anfang Mai erhalte ich von Egon Bahr, unserem Bundesgeschäftsführer, eine mehr als hundert Seiten starke bundespolitische Argumentationshilfe für die Landtagswahlkämpfe dieses Jahres. Sie wird in mehreren zehntausend Exemplaren verteilt. Das Wort »Nato« taucht einmal verschämt in Verbindung mit der Neutronenwaffe auf. Die Bundeswehr und die 35 Milliarden DM Bundesmittel für die Verteidigung unseres Landes werden nicht vermerkt. Unsere Entspannungspolitik nimmt dagegen einen breiten Raum ein. Das zweite Bein unserer Sicherheitspolitik, die Bundeswehr, das Bündnis und seine Kosten für den Steuerzahler kommen nicht vor, nicht einmal in kritischen Anmerkungen. Das ist schlimm. Ich schreibe das dem Bundesgeschäftsführer. Doch ändern wird das nichts.

Deshalb ist auch nach den nächsten Bundestagswahlen so oder so Schluß für mich auf der Hardthöhe. Wenn die Partei dem Verteidigungsminister den Dialog über die Probleme seines Ressorts verweigert, dann ist die Gefahr des Abnabelns von der allgemeinen Politik groß. Das ist der Grund dafür, daß ich erneut meiner Wahl zum Vorsitzenden der wirtschafts- und finanzpolitischen Kommission des Parteivorstandes zustimme. Allerdings wird meine Arbeit in diesem Bereich nun wesentlich schwieriger. Als Finanzminister wuchsen mir quasi automatisch die dazu nötigen Informationen zu. Jetzt muß ich arbeiten, um in diesem Aufgabenbereich auf dem laufenden zu bleiben.

Immer wieder lenke ich in meinen Interviews und in meinen Reden die Aufmerksamkeit darauf, daß Entspannungspolitik und Verteidigungsfähigkeit im westlichen Bündnis die beiden Standbeine unserer Sicherheitspolitik sind. Ich erkenne, daß einzelne Sozialdemokraten einer Entspannungseuphorie anhängen, die angesichts der sowjetischen Aufrüstung für mich unverständlich ist. Natürlich hat die Menschheit ohne Entspannung und Rüstungsbegrenzung keine Zukunft. Wir können aber die Spirale militärischer Aufrüstung und Gefährdung nicht dadurch durchbrechen, daß wir einseitig abrüsten in der Hoffnung, unser Gegenüber in Osteuropa werde dann schon folgen. Eine solche Politik wäre nicht nur naiv und gefährlich – sie würde uns nicht einmal zu Abmachungen über Rüstungskontrolle mit der Sowjetunion führen. Verträge schließt die UdSSR nur mit denen ab, die ihr eine Gegenleistung bieten.

In diesem Geist rede ich Ende August auf einer sicherheitspolitischen Tagung der SPD in Kassel. Die Presse gibt meine Kasseler Rede einseitig wieder. Der Aspekt »Entspannung« kommt kaum vor. Dafür wird der Aspekt »Verteidigungsfähigkeit« dick unterstrichen. So erscheint meine Rede im Medienbild eher militärisch klirrend. Aber das hat natürlich auch Vorteile. In einer Zeit, in der ein Teil der veröffentlichten Meinung Zweifel in die Verankerung der SPD im Westen säen will, hilft es, wenn meine Position eindeutig ist.

Daß sich Botschafter Falin bei seinem Abschiedsbesuch beim Bundeskanzler über meine Rede beschwert, ist normal. Er vertritt nicht unsere nationalen Interessen, sondern die der Sowjetunion. Daß sich aber Hans Koschnick bei mir brieflich meldet, um mir Vorwürfe zu machen, ist schon erstaunlich. Ich schicke ihm meinen Redetext und fordere ihn auf, mir konkret zu sagen, was ihm politisch mißfällt. Eine Antwort erhalte ich nicht.

Unumstritten ist unsere Regierungsarbeit nicht. Anfang des Jahres dauern der Widerstand und die Kritik gegen die von der Koalition nach der Entführung und Ermordung Hanns-Martin Schleyers beschlossenen Anti-Terror-Gesetze an. In der Fraktion sind es insbesondere unsere Kollegen Coppick, Hansen, Lattmann und Meinicke, die den harten Kern einer linken Widerstandsgruppe bilden. In der Partei gibt Erhard Eppler den Ton an. In einem *Spiegel*-Interview vom 6. März 1978 weist er darauf hin, daß sich die SPD in einer »Identitätskrise« befinde. »Die Leute wissen nicht mehr so recht, warum sie für die SPD arbeiten sollen.« Eppler wiederholt seine Kritik und löst in der Partei eine kontroverse Debatte aus. Die Front des Widerstands verbreitert sich. Am 23. Oktober 1978 antwortet Henning Scherf auf die Frage des *Spiegel*, ob er den Widerstand gegen die Bonner Politik mitorganisieren will, mit einem klaren »Ja«. Im Spätherbst startet Hans-Ulrich Klose von Hamburg aus eine kontroverse Debatte über einen angeblichen staatsmonopolitischen Kapitalismus (Stamokap) in unserem Lande und die Abschaffung des Radikalenerlasses.

Die Gegenkräfte sind nicht so stark, daß diese »Feuer« nicht gelöscht werden können. Aber es gibt auch Absetzbewegungen. Der Sprecher der Mitte/Rechts-Gruppierung, der »Seeheimer« – genannt nach dem Tagungsort im Lufthansa-Ausbildungszentrum von Seeheim an der Bergstraße – die sowohl in der Partei als auch in der Fraktion beträchtlich Einfluß haben, Bundesjustizminister Hans-Jochen Vogel, seilt sich vorsichtig von den von ihm zu verantwortenden Anti-Terror-Gesetzen ab. Er nimmt die Gegner eben dieser Gesetze gegen Attacken aus der Fraktion in Schutz. Der *Spiegel* schreibt dazu am 17. April 1978: »Vogel baut sich ein neues Image auf.«

In der Bundestagsfraktion gibt es Probleme. Wehner hat immer weniger die Kraft, die Fraktion in normaler Tonlage zu führen. Uns fehlt die offene, notfalls kontroverse Debatte mit dem Ziel der Einbindung der Fraktion in unser Regierungshandeln. Wehners Kräfte schwinden. Sie reichen gerade noch, um die laufenden Arbeiten zu schaffen. Für die politische Orientierung und damit den politischen Zusammenhalt der Fraktion bleibt keine Reserve.

Fraktion und Partei sind nur in Grenzen belastungsfähig. Müssen wir im Kabinett unpopuläre Entscheidungen treffen und hagelt es dann Proteste, werden sie weich. Dann sollen wir den Buckel hinhalten. Auch Willy Brandt steht uns nicht zur Seite. Er kommt nicht immer in die Fraktionssitzungen. Aus den täglichen Niederungen der Politik hat er sich abgemeldet. Dann bleibt eben nur noch Wehner. Und der brüllt dann seine Hilflosigkeit aus sich heraus.

Helmut Schmidt kann sich immer weniger um die Streitfragen in der Partei und in der Fraktion kümmern. Ich frage ihn, warum er bei einer der Wehnerschen Brüllorgien gegen Kurt Gscheidle nicht zugunsten unseres Verkehrsministers interveniert habe. Er sagt mir, er hätte überhaupt nicht verstanden, warum Wehner so explodiert sei. Deshalb habe er geschwiegen. Schmidt spürt, wie wenig ich mit seiner Antwort anfangen kann.

Ende Juli, noch in der parlamentarischen Sommerpause, wird vom Bundeskanzler eine mehrtägige Kabinettsklausur angesetzt. Wir wollen den Haushalt 1979, unsere Steuer- und Finanzpolitik, angesichts einer flauen Konjunktur besprechen und festlegen. Leider sind nur die FDP-Minister, insbesondere Graf Lambsdorff, gut vorbereitet. Hans Matthöfer schwimmt. Damit hat die FDP bereits die »halbe Miete« in der Tasche. Der Kanzler setzt einmal mehr auf seinen politischen Verstand, seine Führungskraft, seine beeindruckende physische Kraft, auch noch nach 15 Stunden geistig präsent zu sein und intellektuell führen zu können. Mit diesen Eigenschaften lassen sich Gipfelkonferenzen zum Erfolg führen. Dort können Sachprobleme generalisiert besprochen und beschlossen werden. Dort lassen sich notfalls auch Formelkompromisse finden. Außerdem haben die persönlichen Beauftragten der Regierungschefs in wochenlangen Vorarbeiten den Erfolg weitgehend vorbereitet.

Hier im Kabinett geht das so nicht. Nichts ist anständig vorbereitet. Die zahlenmäßigen Konsequenzen von Beschlüssen können erst mühsam und nur zum Teil zutreffend errechnet und beschafft werden. Die föderalen Konsequenzen für die Aufteilung der Finanzmasse zwischen Bund, Ländern und Gemeinden werden, wenn überhaupt, zu spät bedacht. Auf dieser Basis beschließen wir unter anderem die Abschaffung der Lohnsummensteuer und dafür fiskalische Entlastungen aus der Bundeskasse, die auch den Gemeinden Geld geben, die bisher überhaupt keine Lohnsummensteuer erhoben haben. Der Krach in der SPD bleibt riesengroß; die fiskalischen Konsequenzen für viele von uns regierte Kommunen sind anhaltend schlimm.

Auch die von Hans-Ulrich Klose eröffnete kontroverse Debatte über den Radikalenerlaß lassen wir in Bonn schleifen. Als diese Debatte beginnt, bitte ich im Kabinett um eine Orientierung durch das Kabinett – Fehlanzeige. Als wir darüber im Parteivorstand debattieren, schweigt der Kanzler. Dafür berichtet er 45 Minuten lang über seine Reise nach Japan und Singapur. Als wir endlich rechtliche Grenzmarkierungen im Kabinett vorgeben, ist die Debatte schon sehr weit, zu weit gediehen. Unserer Führungsaufgabe kommen wir nicht nach. Vom Kanzler wird zuviel verlangt, ziemlich einsam steht er allein. Fraktion und Partei beginnen, aus dem Ruder zu laufen. Schwere Zeiten kommen auf uns zu.

1979

Der Nato-Doppelbeschluß

Seit 1974 befaßt sich die Nukleare Planungsgruppe der Nato ständig mit der Frage, wie und in welchem Umfang die speziell für den europäischen Schauplatz bestimmten amerikanischen Kernwaffensysteme modernisiert werden sollen. Die Nukleare Planungsgruppe ist eine Art »Ausschuß« der Nato, in dem die Verteidigungsminister der USA, Großbritanniens, der Bundesrepublik und in Rotation weitere Verteidigungsminister der Nato-Länder (ohne Frankreich) – später wird die Rotation aufgegeben – vor allem die mit der atomaren Abschreckung verbundenen Probleme besprechen. Die laufende Arbeit wird den militärischen Experten und Beamten überlassen, die unter höchster Geheimhaltung beraten.

Seit 1976 stehen im Mittelpunkt der Modernisierungsdebatte Langstrecken-Marschflugkörper und die Option, die bereits auf deutschem Boden stationierten Pershing umzurüsten auf die Version Pershing II mit einer auf 1800 Kilometer vergrößerten Reichweite. Ebenfalls 1976 stellen die Verteidigungsminister der Nato öffentlich fest, daß sich das strategische Kräfteverhältnis, insbesondere in Europa, aufgrund der nuklearen Rüstung der Sowjetunion zu Lasten des Nordatlantikpakts verändere. Es wird über eine entsprechende Antwort des Westens gesprochen. Entscheidungen fallen nicht. Eine Ursache dafür ist der Wechsel in den USA von Präsident Ford zu seinem Nachfolger Carter.

Im Dezember 1976 nehmen die Verteidigungsminister erstmals kritisch zur Aufstellung der neuen sowjetischen Mittelstreckenrakete SS-20 Stellung. Diese neue Waffe spielt in der Entwicklung und der Durchsetzung des Nato-Doppelbeschlusses eine immer größere Rolle, um so mehr, als die Sowjetunion allen Warnungen zum Trotz kontinuierlich die Produktion und die Aufstellung ihrer SS-20 fortsetzt.

Salt II, die Verhandlungen der beiden Supermächte zur Begrenzung nuklearstrategischer Rüstungen *(strategic arms limitation talks)*, mit dem Ziel einer Parität der sie wechselseitig bedrohenden strategischen Atomwaffen lösen in Westeuropa wachsende Sorge aus. Wenn sich diese Potentiale der USA im Gleichgewicht mit denen der Sowjetunion befinden und damit für eine echte Abschreckung des Warschauer Paktes in Europa ausfallen, gleichzeitig aber das Übergewicht der auf Westeuropa gerichteten Raketen der UdSSR durch die SS-20 und den sowjetischen Backfire-Bomber zunimmt, ist das Gleichgewicht der Kräfte in Europa zumindest in den politischen Optionen als zentrale Voraussetzung der Friedenssicherung in Gefahr.

In der auch noch aus heutiger Sicht bedeutenden Rede vor dem »International Institute for Strategic Studies« im Oktober 1977 in London sagte Helmut Schmidt: »Eine auf die Weltmächte USA und Sowjetunion begrenzte strategische Rüstungsbeschränkung muß das Sicherheitsbedürfnis der westeuropäischen Bündnispartner gegenüber der in Europa militärisch überlegenen Sowjetunion beeinträchtigen, wenn es nicht gelingt, die in Europa bestehenden Disparitäten parallel zu den Salt-Verhandlungen abzubauen... Solange dies nicht geschehen ist, müssen wir an der Ausgewogenheit aller Komponenten der Abschreckungsstrategie festhalten. Das bedeutet: Die Allianz muß bereit sein, für die gültige Strategie ausreichende und richtige Mittel bereitzustellen und allen Entwicklungen vorzubeugen, die unserer unverändert richtigen Strategie die Grundlage entziehen könnten.«

Ist dies die Geburtsstunde der Nato-Nachrüstung? Wie auch immer: Im Dezember 1977 fordert Georg Leber in Brüssel eine angemessene kompensatorische Gegenrüstung zum Ausgleich der wachsenden sowjetischen Überlegenheit im atomaren Mittelstreckenbereich. Die USA sind von den Sorgen der Westeuropäer zu dieser Zeit keineswegs überzeugt. Der neue Verteidigungsminister

Harold Brown sagt auch mir gegenüber im Jahre 1978, das gesamte amerikanische Nuklearpotential reiche aus, um das Nuklearpotential, auch das wachsende Mittelstreckenpotential, der Sowjetunion abzudecken. Aber natürlich sei man bereit, Forderungen der Europäer nach neuen Waffen zur Sicherung des Gleichgewichts ernsthaft zu prüfen. Die Arbeiten der Experten der Nuklearen Planungsgruppe mit dem Ziel der Modernisierung der US-Mittelstreckenwaffen für Europa laufen weiter.

Der Entscheidung für die Nachrüstung voraus geht die Erklärung von Präsident Carter Anfang April 1978, den Bau der Neutronenbombe vorerst zu verschieben. Carter zieht damit auch Konsequenzen aus der ambivalenten Haltung der Bundesregierung. Sie erklärt sich aus den Beschlüssen des Hamburger Parteitages der SPD vom November 1977, aus denen ein – wenn auch verklausuliertes – Nein zur Neutronenwaffe herausgelesen werden mußte. Und so sagt die Bundesregierung den USA, die Entscheidung zur Produktion dieser Waffe liege allein bei ihnen. Falls diese Waffe produziert werde, müsse sie als Faustpfand bei den Abrüstungsverhandlungen eingesetzt werden. Für die Stationierung dieser Waffe müsse es einen Bündnisbeschluß geben. Eine ausschließliche Stationierung in unserem Lande käme nicht in Frage. Dennoch tun wir so, als fühlten wir uns desavouiert durch die Entscheidung von Präsident Carter, die Neutronenbombe vorerst nicht zu bauen. Helmut Schmidt äußert Zweifel an den Führungsqualitäten von Präsident Carter. Die USA lassen auch mir gegenüber Zweifel laut werden, ob wir noch parteipolitisch frei genug sind, zu allen unseren Bündnisverpflichtungen zu stehen.

Anfang Mai 1978 kommt Breschnew in die Bundesrepublik. In der gemeinsamen Erklärung vom 11. Mai heißt es: »Beide Seiten betrachten es als wichtig, daß niemand militärische Überlegenheit anstrebt. Sie gehen davon aus, daß annähernde Gleichheit und Parität zur Gewährleistung der Verteidigung ausreichen. Ihrer Meinung nach würden angemessene Maßnahmen der Abrüstung und Rüstungsbegrenzungen im nuklearen und konventionellen Bereich, die diesem Grundsatz entsprechen, von großer Bedeutung sein.«

Im selben Monat wird auf dem Nato-Gipfel in Washington die Nachrüstung beschlossen, in der Erwartung, daß es spätestens bei Salt III zu rüstungskontrollpolitischen Abmachungen mit der Sowjetunion für die Mittelstreckenwaffen kommen werde. Es geht bei diesem Beschluß mehr um Fragen der Solidarität innerhalb der Allianz und die Fähigkeit, gemeinsame Beschlüsse zu fassen – die Krise um die Neutronenwaffe steckt noch allen in den Knochen – also um politisch-psychologische Beweggründe, denn um akute militärische Notwendigkeiten. Diese werden erst dadurch untermauert, daß die Sowjetunion trotz der Bonner Erklärung vom 11. Mai 1978 Jahr für Jahr bis zu 50 neue SS-20 aufstellt.

Unser Einfluß auf den Gang der Rüstungskontrollverhandlungen der Supermächte ist nicht so groß, wie wir es wünschen. An die Nachrüstung sind wir gebunden. Die Partei will die Erfolge der Entspannungspolitik nicht gefährdet sehen. Die sich daraus ergebenden Spannungen lassen sich nur mit Formelkompromissen und mit politischen Wechseln auf den erhofften Erfolg von Abrüstungsverhandlungen mildern. Ihre Zugkraft nimmt aber mit zunehmender Zeit ab. Die Gegenkräfte gewinnen innerhalb wie außerhalb der SPD an Kraft und Zahl.

Die ersten Geplänkel beginnen Anfang 1979. Herbert Wehner erklärt in der *Neuen Gesellschaft*: »Es entspricht nicht der realen Lage der Bundesrepublik, mit der vorgeblichen Notwendigkeit zusätzlicher Waffensysteme zu argumentieren und dabei die Gefahr heraufzubeschwören, daß die Bundesrepublik zum Träger dieser Waffen gemacht würde, statt die Kräfte in die Waagschale von Rüstungsbegrenzungen zu bringen.«

Das richtet sich gegen eine etwaige Nato-Nachrüstung und damit gegen Helmut Schmidt. Der aber schweigt. Dafür erkläre ich: »Man kann nur aus einer Position gesicherter Verteidigungsfähigkeit heraus verhandeln, nicht aus einer Position offensichtlicher Schwäche.« Ende Januar 1979 wird dann auf einem Treffen der großen Vier – Carter, Giscard, Callaghan, Schmidt – auf der Insel Guadeloupe der Nato-Doppelbeschluß geboren. Helmut Schmidt sagt uns später, er sei der »Vater« dieser Entscheidung gewesen.

Leitet der Nato-Doppelbeschluß eine neue Dimension in der
Rüstungskontrollpolitik ein, ist er eine progressive Entscheidung,
wie es viele von uns behaupten? Unsere Argumentation: Zum
ersten Male werde eine Vorrüstung, diesmal der Sowjetunion,
nicht einfach mit einer Nachrüstungsentscheidung des anderen
Militärbündnisses beantwortet. Der Doppelbeschluß gibt den beiden Supermächten und ihren Alliierten vielmehr die Zeit, vor der
Nachrüstung über die Beseitigung der Vorrüstung der Sowjetunion
möglichst so erfolgreich zu verhandeln, daß nicht mehr nachgerü-
stet werden muß.

Die Entwicklung in den Ost/West-Beziehungen verläuft aber
ganz anders. Breschnew bekennt sich zwar in der Bonner Erklärung zur Parität, auch im nuklearen Bereich, rüstet aber kräftig
weiter auf. Die Sowjetunion begleitet die Arbeiten am Nato-Doppelbeschluß mit einer wachsenden Propaganda-Kampagne, deren
Ziel es ist, den Beschluß und seine Verwirklichung zu verhindern.
Das westliche Bündnis soll auseinanderfallen oder sich als »Papiertiger« entlarven.

Dies Bemühen ist erfolglos. Die US-Raketen werden aufgestellt.
Gorbatschow und Reagan kommen 1987 zu einem Abkommen,
das die Mittelstreckenwaffen auf beiden Seiten beseitigt. Festigkeit
der Nato und politischer Neubeginn in der Sowjetunion führen zur
Nullösung. Aber auch Gorbatschow hätte sein riesiges SS-20-Po-
tential sicherlich nicht für die Verschrottung freigegeben, wenn
ihm die Nato nicht ihrerseits moderne Nuklearwaffen als Gegenleistung hätte opfern können.

Als wir 1979 am Nato-Doppelbeschluß arbeiten, wissen wir ganz
genau, daß die entsprechenden US-Waffen, die Pershing II und die
Marschflugkörper, überhaupt noch nicht einsatzfähig sind. Vor
Ende 1983 wird das kaum der Fall sein. Auch so ergeben sich die
Fristen im Doppelbeschluß: Ende 1979 Festlegung der Nato auf die
Nachrüstung, anschließend Verhandlungen mit der UdSSR, Ende
1983 die Nagelprobe der Stationierung. Diese Fristen geben den
Gegnern der Nachrüstung genügend Zeit für ihre eindrucksvollen
Aktionen. Auch dadurch verändert sich die Interpretation des Be-
schlusses von Partei zu Partei, von Land zu Land. Ist es das Ziel,

die militärische Parität mit der Sowjetunion auch durch Nachrüstung herzustellen? Geht es nicht vielmehr um eine Modernisierung der amerikanischen Mittelstreckenwaffen? Sind dabei die Rüstungskontrollverhandlungen eher störend, eine Art »Badehose«, hinter der sich die Modernisierung vollzieht? Oder muß es durch Verhandlungen zur Nullösung kommen, die Sowjets ihre SS-20 also so weit abbauen, daß der Westen nicht mehr nachrüsten muß? Die Verweigerung jeglicher Nachrüstung des Westens wird immer nachdrücklicher gefordert.

Anfang 1979 erkennt Helmut Schmidt, in welche Schwierigkeiten uns die Modernisierung der weiterreichenden Mittelstreckenwaffen der USA bringen kann. Er befürchtet, daß ihn sein Ja zur Nachrüstung in der SPD-Fraktion vor riesige Probleme stellt und Spannungen mit der Sowjetunion erzeugt. »Nein« kann er nach seinem Ja aus dem letzten Jahr nicht sagen. Dann wäre er international in seinem Ansehen beschädigt und geriete in allergrößte innenpolitische Schwierigkeiten. Der Ausweg ist der Nato-Doppelbeschluß, der von ihm beim Vierer-Treffen auf Guadeloupe durchgesetzt wird.

In Bonn geht die kontroverse Debatte über und mit Herbert Wehner weiter. Seit längerer Zeit hatte ich Wehner um einen Gesprächstermin gebeten. Mir wird der 6. Februar genannt, nach der Fraktionssitzung. Es gibt Probleme um diesen Termin. Wehner hat keine Zeit. Und ich habe keine Lust mehr zu diesem Gespräch. Der Bundeskanzler beschreibt in der Fraktion mehr als eine Stunde lang die Probleme des Ungleichgewichts im Mittelstreckenbereich. Wie eine Katze streicht er um den heißen Brei herum, bereitet die Probleme volkshochschulmäßig auf und stellt die Querverbindungen zur Entspannungspolitik dar. Er nimmt Alfons Pawelczyk an, meint aber Wehner. Dieser erklärt, er stimme Wort für Wort dem Bundeskanzler zu. Was soll ich dann noch mit ihm besprechen? Ich sage unser Gespräch ab.

Doch dann werde ich von Wehner und seinem Büro so lange gelöchert, bis ich hingehe. Es wird eine lange, traurige Unterhaltung. Wehner wird alt. Ein nüchternes Gespräch zur Sache ist sehr schwierig. Er fühlt sich am Ende seines Lebens; seine Frau ist sterbenskrank. In dieses Licht taucht er alle seine Überlegungen. Er redet viel vom 1. September 1939 und dem Überfall Deutschlands auf Polen. Er will die russische Überrüstung nicht sehen, erkennt aber die Gefahr des Endes der Entspannungspolitik, wenn wir auf die sowjetische Herausforderung antworten.

Herbert Wehner argumentiert auf zwei Ebenen. Die eine ist sachbezogen. Hier erkennt er die Probleme in der Nato und im Ost/West-Verhältnis, obwohl er sich bewußt davor bewahrt, durch Sachwissen zu einem kühlen Urteil zu kommen. Auf der anderen Ebene redet er wie in Endzeitstimmung und läßt dabei auch sowjetische Positionen in seine Betrachtungen einfließen. Auf mich wirkt das naiv. Die UdSSR betreibt Machtpolitik. Dem ist mit Gefühlen und historischen Reminiszenzen nicht beizukommen. Deshalb geht der Streit auch weiter.

In dieser Woche habe ich im Verteidigungsausschuß festgestellt, daß es möglich ist, mit allen Fraktionen ein Sachgespräch zu führen, das weiterführt und mir in den USA politischen Spielraum schafft. Wenn ich die Führungsspitze der SPD auf dieses Informationsniveau heben könnte, wäre es gut. Aber es geht nicht. Wehner monologisiert und redet über Ängste, Befürchtungen und Motive. Er greift den Außenminister an und unterstellt ihm hinhaltenden Widerstand bei den Wiener Verhandlungen über eine beiderseitige und ausgewogene Truppenverminderung (MBFR). Der Bundeskanzler beschwert sich bei mir über Herbert Wehner. Andererseits sagt er mir, Wehner sei als Fraktionsvorsitzender für ihn unersetzlich. Nur er könne die Fraktion zusammenhalten und damit die Koalition. Dann aber wäre es noch wichtiger, mit Wehner den Dialog zur Sache zu erzwingen. Natürlich könnte ich das tun. Ich rede ja auch mit beiden bilateral. Aber ich weiß zu genau, wie schnell man da »im Regen« stehengelassen wird. Unsere Führungsspitze wird alt und zunehmend entschlußunfähig.

In jedem Falle bescheren uns Wehners Bemerkungen zur Mittelstreckenproblematik eine schlimme sicherheitspolitische Debatte. Die CDU/CSU will Herbert Wehner zu einem Sicherheitsrisiko machen. Da heißt es, er, Willy Brandt und Egon Bahr beabsichtigten, unser Land aus dem westlichen Lager herauszuführen. Teile der SPD stützten nicht mehr die Sicherheitspolitik der Bundesregierung. Da lassen wir uns dann auch nicht lumpen. Die CDU/CSU strebe nach Atomwaffen in deutscher Hand. Auch eine dieser maßlosen Übertreibungen. Aber ihr Geschrei nach Mittelstreckenwaffen für Westeuropa, notfalls nur bei uns stationiert, unterstützt diese Behauptung. Wir sagen, die CDU/CSU sei entspannungsfeindlich. Sie wolle zurück in die Gräben des Kalten Krieges. Auch das ist nur teilweise richtig. Manfred Wörner hat einen Lernprozeß hinter sich. Wir sind nun nicht mehr so weit auseinander, wie das im klirrenden Gefecht im Plenum des Bundestages den Anschein hat. Zimmermann dagegen schlägt Töne an, die mich erschaudern lassen, wegen ihrer anti-sowjetischen Militanz, ihrer politischen Einfältigkeit, ihrer moralischen Tiefschläge gegenüber dem politischen Gegner. Solche Menschen dürfen unser Land nicht regieren!

In der zweiten Februarhälfte 1979 bin ich in Washington. Es geht im wesentlichen um die Modernisierung der Mittelstreckenwaffen. Harold Brown erklärt mir, daß sich das nukleare Potential der USA im Vergleich zu dem der Sowjetunion immer stärker in Richtung Parität entwickle. Aktuelle Probleme ergäben sich daraus zwar nicht, man könne aber nicht übersehen, daß die USA auf Dauer immer weniger in der Lage sein würden, das auf Westeuropa weisende Mittelstreckenpotential der UdSSR abzudecken. Wir werden gefragt, wie wir diese Problematik einschätzen, welche Schlußfolgerungen sich für uns aus dieser Entwicklung ergeben. Wir sollen augenscheinlich in die Entscheidung und damit auch in die Verantwortung eingebunden werden. Sagen wir nicht klar genug, was wir wollen, dann könnten sich die USA achselzuckend abwenden und erklären, deshalb könne Amerika nicht zu Produktionsentscheidungen kommen. Gleichzeitig werden die USA auch nukleare Verantwortung und die Sicherung der Kontinua der Abschreckung los. Formulieren wir unsere Sorgen angesichts der wachsenden Zahl von SS-20, dann werden die USA uns in die Verantwortung nehmen, vielleicht auch zur Kasse bitten, in jedem Falle unsere treue Gefolgschaft einfordern.

Wir Deutschen haben ein weiteres Problem. Im Rahmen der Modernisierung soll das Waffensystem Pershing so umgerüstet wer-

den, daß es das Territorium der UdSSR erreichen kann und damit
dem sowjetischen Potential entgegentritt. Diese Pershing sind aber
nur im Besitz der US-Army und der Bundeswehr. Und sie sind nur
auf bundesdeutschem Boden stationiert. Sagen wir also zu diesem
Plan ja, dann trägt die Bundesrepublik die Hauptlast, außenpolitisch wie militärisch. Sagen wir nein, dann kann in Washington
wieder mit den Achseln gezuckt werden. Aber damit noch nicht
genug. Da ein Teil der bei uns stationierten Pershing I bei den
MBFR-Verhandlungen in Wien zum Rückzug für den Fall angeboten wurde, daß die UdSSR 1700 Panzer hinter ihre eigene West-
grenze zurückzieht, müßte bei einer Modernisierung der Pershing
dieses Angebot rückgängig gemacht werden.

Mein amerikanischer Kollege fühlt sich bei diesen Spielereien
ziemlich unwohl. Er ist viel zu intelligent, um zu übersehen, wie
kurzsichtig diese Art von Politik ist. Auch für viele Senatoren ist die
Nato und die amerikanisch-deutsche Freundschaft ein zu hohes
Gut, als daß man sie so verkommen läßt. Ich gewinne den Eindruck, daß diese Machenschaften aus dem Weißen Haus von Carters Sicherheitsberater Brzezinski kommen. Wir müssen sehr aufpassen, daß wir nicht hereingelegt werden.

Deshalb halte ich in Washington auch sogleich dagegen: Die
Frage der Modernisierung der amerikanischen Mittelstreckenwaffen könne nicht bilateral zwischen Washington und Bonn behandelt werden. Das würde nicht nur im Osten, sondern auch im
Westen Mißtrauen gegenüber der Bundesrepublik auslösen und
nur die uralte Furcht aufleben lassen, wir wollten nun doch unsere
Finger an den nuklearen Abschußhebel legen können. Es ginge
auch nicht, daß die neuen US-Mittelstreckenwaffen nur auf dem
Boden der Bundesrepublik stationiert würden. Unsere westeuropäischen Nato-Partner müßten über eine Stationierung bei ihnen
Risiko mitübernehmen.

Andererseits akzeptiere ich die Forderung von Harold Brown,
daß die USA nur dann ihre Produktionsentscheidung für die Pershing II und die Marschflugkörper fällen, wenn die Europäer vorher eindeutig die Stationierung dieser neuen Atomwaffen in Europa zusagen. Wir einigen uns darauf, daß die führenden Militärs

in der »High Level Group« bis zur Sitzung der Nuklearen Planungsgruppe Ende April detailliert untersuchen, welche technischen und militärischen Möglichkeiten es gibt, der SS-20-Bedrohung zu begegnen. Und ich erkenne aufgrund der mir in Washington vorgelegten Berichte, daß weniger als 100 SS-20 einsatzbereit sind, obwohl Nato-Generalsekretär Luns just in diesen Tagen in einem AP-Interview behauptet, es seien mindestens 600 SS-20 auf Europa gerichtet. Natürlich dürfen wir die sowjetische Bedrohung nicht verniedlichen. Aber wir stehen mit unseren Gegenmaßnahmen auch nicht unter Zeitdruck. Und die Nato braucht keineswegs genauso viele Mittelstreckenwaffen wie die Sowjetunion.

Immer wieder im Laufe dieses Jahres fordert der Kanzler im Bundessicherheitsrat General Tandecki, unseren Vertreter in der High Level Group, und mich auf, für eine Stationierung der neuen Waffen auf See einzutreten. Doch nur die Marschflugkörper könnten auf See stationiert werden. In den Nato-Gremien gibt es dafür kaum Zustimmung. Die USA zeigen Unverständnis, denn sie sagen: »Ihr wolltet doch die neuen Waffen zur Wiederherstellung des atomaren Gleichgewichts in Europa. Ihr wollt doch gleiche Risiken im Bündnis, dann nehmt bitteschön diese neuen Waffen ins Land.«

Die Nato-Strategen weisen darauf hin, daß ein atomarer Schlag der Sowjetunion so nicht auf die Nord- oder Ostsee gezogen werden kann. Unsere militärischen und zivilen Nervenzentren blieben unabhängig von der Art der Stationierung der neuen Waffen im »Fadenkreuz« der sowjetischen Nuklearstrategie. Und schließlich möge sich doch jedermann an die schreckliche Debatte um die MLF der sechziger Jahre erinnern. Damals sollte eine multilaterale nukleare Streitmacht zur See geschaffen werden. Nach endlosen Debatten scheiterte dieses Projekt auch an den unüberwindlichen Schwierigkeiten seiner Verwirklichung. Unsere Forderung nach Seestationierung findet keine Unterstützung. Und mir gehen auch die Argumente aus.

Bei mir verstärkt sich im Laufe des Jahres immer mehr der Eindruck, daß der Bundeskanzler nicht die zentrale Verantwortung für den weiteren Gang der Dinge beim Nato-Doppelbeschluß übernehmen möchte. Das kann und will ich nicht hinnehmen. So weise ich General Tandecki an – er vertritt uns nicht nur in Brüssel, sondern hält auch unsere Kontakte zum Kanzleramt –, daß kein Schritt, auch nicht der kleinste, getan wird, ohne daß der Bundeskanzler eingebunden ist. Und so wird jedes Detail im Bundessicherheitsrat besprochen und abgestimmt.

»Leibstandarte Herbert Wehner«

Im Februar 1979 geht der Vorhang für ein neues Spektakel auf, für das wieder einmal Herbert Wehner die Stichworte liefert. Er bezeichnet in einem NDR-Interview mit Jürgen Kellermeier, unserem Mitspieler bei »Hans Apel und Consorten«, die Rüstung der Sowjetunion als defensiv, auch wenn sie ein größeres Militärpotential habe, als sie zur Verteidigung benötige. Ich kann mich aus dem öffentlichen Streit heraushalten, bis sich General Bastian Ende März augenscheinlich der Meinung Herbert Wehners anschließt. Und schon bricht im rechten Spektrum eine Hexenjagd aus. Der Mann muß zur Strecke gebracht werden.

Dabei hat Bastian keineswegs Wehners Meinung voll und ganz übernommen. Er bezieht sich auf ihn und pflichtet ihm bei, daß die sowjetische Rüstung defensiv sei. Dann sagt er aber das, was wir auch sagen: Die Sowjetunion werde derzeit mit Sicherheit keinen Krieg vom Zaun brechen. Aber die Nato müsse darauf achten, daß die befriedigende Gleichgewichtslage in Europa erhalten bleibe, und gegebenenfalls nachrüsten.

Die Riesenaufregung kann sich nicht aus diesen Bemerkungen ergeben. Sie muß ganz andere Gründe haben. Ein General stimmt Herbert Wehner zu. Ein General spricht von sowjetischen Sicherheitsinteressen und erinnert daran, daß Deutschland im Zweiten Weltkrieg die Sowjetunion überfallen und diese drei Jahre gebraucht hat, bevor sie uns mit der entscheidenden Hilfe der USA aus ihrem Lande vertreiben konnte. Er erlaubt sich, nuanciert zu denken. Er leugnet die Verbrechen in der Geschichte seines Landes nicht. Er stimmt einem führenden Sozialdemokraten zu. Will er befördert werden, oder ist er gar ein Knochenerweicher? In den

Casinos der Bundeswehr wird die von General Bastian geführte Division als »Leibstandarte Herbert Wehner« bezeichnet.

Da ich mich schützend vor diesen Mann stelle, soll aus einem Fall Bastian ein Fall Apel gemacht werden. Apel kuscht vor Wehner, so die einen; Apel macht die Bundeswehr zur Beute der SPD, die anderen; Apel hält die Bundeswehr nicht aus der Parteipolitik heraus, die dritten. Mich kann das nicht beirren. In einer Aktuellen Stunde erkläre ich im Bundestag, General Bastian habe das auch einem Soldaten zustehende Recht auf Meinungsäußerung in Anspruch genommen. Ich sei allerdings anderer Meinung. Das Militärpotential der Sowjetunion habe in der letzten Zeit deutlich an offensiver Kapazität gewonnen. Außerdem sei es unter dem Aspekt des militärischen Gleichgewichts zu betrachten. Und da sei der Aufbau der sowjetischen SS-20 besonders kritisch zu bewerten.

General Bastian schildert mir seine Position und seine Probleme. Ich weise ihn darauf hin, welchen Bärendienst er sich selbst und seiner Überzeugung geleistet habe. Vor allem aber bitte ich ihn, von nun an mit öffentlichen Äußerungen zurückhaltend zu sein. Ich könne erwarten, daß er auch auf seinen Minister Rücksicht nehme. Wenn es für ihn Probleme gebe, wenn er meine, er müsse sich öffentlich kontrovers äußern, so möge er doch vorher mit mir sprechen. Dann könnten wir gemeinsam überlegen. General Bastian verspricht es mir.

Für General Bastian wird das Leben in der Bundeswehr schwierig werden. Ich bleibe gelassen. Was die Soldaten denken und was sie wählen, ist ihre Privatsache. Ungemütlich werde ich aber, als einer der Generale in meiner Gegenwart Bastian falsch zitiert und dann daraus die falschen Schlüsse zieht. Ihm lese ich auf einer Veranstaltung des Bundeswehrverbandes kühl und gelassen die Leviten. Schneid kann Dummheit nicht vergessen machen.

Während der diesjährigen Kommandeurstagung der Bundeswehr Ende April auf Borkum ist es für mich unvermeidlich, auch zur immer noch heiß debattierten Frage Stellung zu nehmen, ob die sowjetische Rüstung und ihr Militärpotential nun defensiv sei oder nicht. Natürlich setze ich mich nicht mit Herbert Wehner auseinander. Ich weise darauf hin, daß ich als zuständiger Minister nicht über Motive der Sowjets rätsele; ich hielte mich an ihre Möglichkeiten, Potentiale und strategischen Ziele. Und alles das führe mich zu dem Urteil, daß die sowjetische Militärmacht offensiv wäre. Alarm müsse allerdings nicht geschlagen werden. Die Nato sei in Mitteleuropa stark, und die Sowjetunion wolle keinen Krieg.

Die Berichterstattung in der Presse ist einhellig: »Apel widerspricht Wehner« – so und ähnlich rauscht es im Blätterwald. Ernst Dieter Lueg faßt die verbreitete Stimmung in seinem ARD-Fernsehkommentar so zusammen, daß Apel endlich eine schlimme Debatte beendet, Zivilcourage gezeigt habe, aber der bitteren Rache Wehners sicher sei. Die SPD-Fraktion wartet nun auf den unvermeidlichen Zusammenprall. Am Montag der nächsten Woche wird im Fraktionsvorstand von einer Einigung zwischen den Koalitionsfraktionen und der CDU/CSU über die Neuregelung des Rechts zur Kriegsdienstverweigerung berichtet. Ich mache dazu kritische Anmerkungen. Und nun glauben alle, jetzt ginge es los. Doch Wehner schweigt. Nur in einem Gespräch mit Paul Neumann, unserem Obmann im Verteidigungsausschuß, soll er kräftig vom Leder gezogen haben.

Ich gehe zu ihm und erkläre ihm, daß ich insbesondere nach der von General Bastian losgetretenen Debatte auf der Kommandeurstagung der Bundeswehr klar Stellung beziehen mußte. Ich hätte das im übrigen auch schon vorher öffentlich getan, so Ende März in einer Aktuellen Stunde im Bundestag über die Äußerungen von General Bastian. Ich weiß nicht, ob er genau zuhört. Er antwortet wenig. Und dennoch ist es wieder einmal eindrucksvoll, mit ihm zu reden. Er ist immer noch ein Fels in der Brandung. Sein Weitblick und sein Durchsetzungsvermögen sind beachtlich. Aber die Ängste eines alten Mannes, seine falschen Vergleiche aus der Vergangenheit, sein wachsendes Mißtrauen machen die Zusammenarbeit mit ihm immer schwieriger.

Ich liebe und verehre Herbert Wehner. Doch ich fürchte, er wird den Abschied aus der Politik zur rechten Zeit nicht finden. Und so wird er uns und sich immer wieder Probleme schaffen. Das ist schrecklich. Dennoch können und dürfen wir ihn nicht demontieren. Die SPD wird aber Probleme bekommen. Hoffentlich lerne ich aus diesen Erfahrungen für mein eigenes Leben.

Die Nukleare Planungsgruppe der Nato wird zu ihrer 25. Tagung von den USA für Ende April nach Homestead in Florida eingeladen. Als »Residenz« für diese Tagung hat die Regierung einen riesigen Club amerikanischer Millionäre ausgesucht. Sein Territorium umfaßt 1600 Hektar mit eigener Polizei, einem eigenen Flugplatz und mehreren Yachthäfen. Nur Mitglieder haben Zutritt zum Clubgelände. Vor den Toren die dreckige Welt der armen, meist farbigen Amerikaner. Innerhalb des Zauns die »heile Welt« der Dollar-Aristokraten. Unter den mehr als 800 Mitgliedern befindet sich ein Schwarzer. Das reicht als Beweis dafür, daß es Rassendiskriminierung hier nicht gibt.

Wir verhandeln sehr zurückhaltend. Entscheidungen sollen nicht fallen. Aber es muß gearbeitet werden, um möglichst noch in diesem Jahre einen einheitlichen Beschluß der Nato zur Einführung weitreichender nuklearer Mittelstreckensysteme in Europa und ein Verhandlungsangebot an die Sowjetunion über eben diese Waffen zustande zu bringen. Nur äußerste Behutsamkeit kann zum Erfolg führen. Der Widerstand gegen Atomwaffen läßt sich überall leicht mobilisieren. Die neuen Waffensysteme sollen bis zu zwölf Milliarden D-Mark kosten. Auch das läßt alle Beteiligten vorsichtig operieren. Zusätzliche Mittel erhalten wir nicht. Wenn wir aber diese Beträge aus den für die konventionelle Verteidigung vorgesehenen Ausgaben abzweigen wollen, dann schafft das neue Probleme einer abnehmenden Verteidigungsfähigkeit der Nato in Europa. Auch hier in Florida sollen wir Deutschen in eine besondere Verantwortung gedrängt werden. Ich wehre das mit Erfolg ab. Es gibt in der Nato keine Mitgliedschaften unterschiedlichen Rechts und unterschiedlicher Pflichten. Alle müssen bei der Modernisierung der US-Waffen mitziehen. Dennoch bleibt am Ende eine besondere Rolle für uns. Wir sind eines der wichtigsten Länder. Führungsverantwortung ist für uns unausweichlich. Aber sie muß vom Kanzler ausgehen.

Herbert Wehner hält auf der sicherheitspolitischen Konferenz der SPD Mitte Mai in Bremen eine gute Rede. Er sagt: »Wir müssen mit der Sowjetunion über ihre Rüstung sprechen. Denn diese Rüstung verträgt sich nicht mit Entspannung, mit Vertrauen, das wir brauchen, um einen Ausgleich zwischen West und Ost voranzubringen.« Er macht deutlich, daß der Westen auf die Herausforderungen der Sowjetunion reagieren müsse, es aber darauf ankomme, alle Chancen für Rüstungskontrolle zu nutzen, um einen Rüstungswettlauf zu verhindern. Das ist eine Position, mit der ich gut leben kann.

Dieser Konferenz war eine Erörterung des geplanten Nato-Doppelbeschlusses im kleinen Kreis in Bonn vorangegangen. In dieser stundenlangen Besprechung mit Egon Bahr, Willy Brandt, Horst Ehmke, Alfons Pawelczyk, Herbert Wehner und Hans-Jürgen Wischnewski fehlt mir die klare Position des Bundeskanzlers. Egon Bahr erklärt, er würde die Modernisierung nicht mitmachen. Die Ostpolitik sei dann zu Ende, und ohne sie könnten wir die nächsten Wahlen nicht gewinnen. Herbert Wehner schweigt stundenlang, aber er schreibt eisern mit. Willy Brandt redet interessiert und interessant, aber unverbindlich. Solidarisch und zur Sache spricht Alfons Pawelczyk. Er sagt, daß nur der kombinierte Ansatz einer Modernisierung der weitreichenden Mittelstreckenpotentiale der Nato mit einem rüstungskontrollpolitischen Angebot an den Warschauer Pakt sowohl den Zusammenhalt der Nato stärken als auch der Sowjetunion ein Zeichen geben kann, ihre Rüstungsexpansion zu dämpfen. Horst Ehmke will das nicht akzeptieren. Ich kann mir nicht vorstellen, daß er das, was er an Argumenten vorbringt, ernsthaft glaubt. Hier baut sich ein hochintelligenter Politiker als Gegenspieler unserer Politik auf.

Helmut Schmidt stellt unsere Position dar. Für meinen Geschmack rechtfertigt er unsere Politik zu stark mit der gebotenen Rücksichtnahme auf Genscher und mit angeblichen früheren Fehlern Lebers. Er hält die Zustimmung zur Modernisierung auch für erforderlich, um den US-Senat zur Ratifizierung von Salt II zu veranlassen. Nach dieser Ratifizierung würde dann in Salt III über die Rüstungsbegrenzung bei den weitreichenden nuklearen Mittelstreckenwaffen verhandelt werden können. Ich weiß nach dieser

Besprechung, wie wichtig es ist, den Kanzler Schritt für Schritt in den Fortgang des bis Dezember notwendigen Entscheidungsprozesses auch schriftlich einzubinden.

Die Debatte um den Nato-Doppelbeschluß erreicht nun die Partei. Entspannungspolitik auf der Basis gesicherter Verteidigungspolitik – diese Formel unserer Sicherheitspolitik noch aus der Zeit des Außenministers Willy Brandt wird von der SPD in ihrer Allgemeinheit akzeptiert. Wenn es dann aber konkret um die Nachrüstung, den Nato-Doppelbeschluß geht, hört die allgemeine Zustimmung sehr schnell auf.

Es ist klar, daß wir auf unserem Bundesparteitag im Dezember mit kräftiger Opposition rechnen müssen. Anfang September, nach der Vorlage des neuen Weißbuchs, rede ich auf Versammlungen in Bremen und Nordhessen. Ich spüre es förmlich, wie unangenehm es den Genossen ist, daß ich auch über diese Fragen rede. Sie wollen etwas zur Entspannungspolitik hören, doch bitte nicht über die Kehrseite der Medaille. Ich werde gut behandelt. Typisch ist aber, daß ich in zwei Tagen gleich dreimal öffentlich gebeten werde, mein derzeitiges Amt aufzugeben und, wenn möglich, in das Finanzressort zurückzukehren. Dort wäre ich klasse gewesen. Verteidigungsminister könne doch jemand anders werden.

Wenn sie vor Ort über unsere Sicherheitspolitik sprechen, dann wird sichtbar, wie sehr Herbert Wehner ihnen mit seiner Feststellung vom defensiven Charakter der Rüstung der Sowjetunion aus dem Herzen gesprochen hat. Sie sind von einer echten, tiefen Friedenssehnsucht beherrscht. Sie schätzen die aktuelle Politik der Sowjetunion anders ein als ich. Von sowjetischer Machtpolitik wollen sie nichts hören. Für mich sind sie unpolitisch, wenn sie über Sicherheitspolitik reden. Das Unangenehme wollen sie nicht zur Kenntnis nehmen. Und fast niemand in der SPD hat sie ja auch bisher dazu gezwungen.

Anfang September können wir den Leitantrag des SPD-Bundesvorstandes zur Sicherheitspolitik für unseren Bundesparteitag auf den Weg bringen. Es ist das erste Mal seit vielen Jahren, daß wir uns so umfassend äußern. Ich habe es in den 18 Monaten meiner Amtsführung auf der Hardthöhe nicht mehr zugelassen, daß sich

der Parteivorstand um die Fragen der Verteidigungspolitik herum-
drückt. Aggressive Züge sowjetischer Politik sind unübersehbar.
Dem muß begegnet werden, ohne in die Allüren und Rüstungsspi-
ralen des Kalten Krieges zurückzufallen.

Wie geht es bei MBFR weiter? Der Kanzler hatte uns aufgefordert, in unseren Leitantrag hineinzuschreiben, die SPD verlange
von der Regierung eine neue Initiative bei MBFR mit dem Ziel, zu
einem ersten Zwischenabkommen zu kommen. Wir tun das, auch
wenn es seltsam anmutet, daß die größte Regierungspartei ihre
eigene Regierung auffordert, endlich aktiv zu werden. Doch gemeint sind das Auswärtige Amt und Genscher. Dieser Mann ist in
der Tat nicht bereit, auch nur die geringsten Bewegungen zu akzeptieren, um die Rüstungskontrollverhandlungen in Mitteleuropa
in Gang zu halten.

Sein Amt führt er nach innenpolitischen Opportunitäten unter
der Melodie: wie sehe ich als Liberaler und Parteivorsitzender am
besten aus? Er rast wie ein politisches Irrlicht um die Welt von
einem Termin zum anderen. Seine Zeit reicht nicht, um das Amt
zu führen, und damit regieren meist konservative Beamte ohne
politischen Verstand und Perspektive. Er ist von einer irrationalen
Russenangst beherrscht. Für ihn sind wir im Verteidigungsministerium verweichlichte Anpasser. An der Stelle des Rückgrats haben
wir nach der Meinung des Außenministeriums Tomatenmark.
Konsistenz und Farbe dieses Materials seien für unsere Haltung
typisch. Für eine realistische Entspannungspolitik ist dieser Mann
ein Unglück. In Ost und West gelten wir als die großen Bremser.
Dafür werden wir eines Tages die Zeche bezahlen.

Mitschuld an dieser Entwicklung trägt der Kanzler. Er läßt sich
von Genscher zu schnell unterbuttern. In der zweiten September-
woche reden wir zu dritt drei Stunden lang über aktuelle Fragen
unserer Sicherheitspolitik. Als Genscher unseren SPD-Leitantrag
und unsere Forderungen zu MBFR kritisiert, sagt der Kanzler, er
habe unseren Antrag noch nicht gelesen. Ich selbst schweige zum
Thema MBFR eisern. Ich muß mit Genscher zuviel zusammenarbeiten und muß den Krach in Grenzen halten. Da muß der Kanzler schon selbst ran, in Bonn und auf dem Berliner Parteitag.

Anfang Oktober bin ich erneut in Washington. Wer in diesen Tagen vor Ort beobachtet, wie hier Außen- und Sicherheitspolitik gemacht wird, dem kann nur angst und bange werden. In Kuba wird angeblich eine sowjetische Kampfbrigade entdeckt. Ganz sicher ist man allerdings nicht, ob das eine neue und völlig zutreffende Information ist. Einzelne Senatoren erhalten Kenntnis von dieser »Entdeckung«. Und schon ist der Teufel los. Die Kuba-Krise von 1962 wird beschworen. Der amerikanische Außenminister nimmt Kontakt auf mit seinen Kollegen in der Nato! Die Verhandlungen im Senat zur Ratifizierung von Salt II werden unterbrochen. Immer mehr Senatoren werden zu Gegnern des Abkommens.

Präsident Carter hält eine Fernsehrede, die wir in Washington verfolgen können. Er kündigt militärische Gegenmaßnahmen an, unterstreicht aber mit Nachdruck, daß die Ereignisse in Kuba und Salt II nichts miteinander zu tun haben. Er kämpft für dessen Ratifizierung und damit auch für die Glaubwürdigkeit seiner Regierung gegenüber der Sowjetunion und gegenüber seinen Nato-Bündnispartnern – allerdings Wochen zu spät. In dieser schwierigen Situation wird in Washington nach jedem Strohhalm gegriffen. Ich weise in meinen Gesprächen mit Brzezinski und Harold Brown darauf hin, daß ein Scheitern oder anhaltendes Verschieben der Ratifizierung von Salt II durch die USA den für Dezember geplanten Nato-Beschluß zur Modernisierung der eurostrategischen Waffen gefährden, wenn nicht verhindern könne. Denn mindestens die Niederländer und Skandinavier würden dann den einstimmig zu verabschiedenden Nato-Doppelbeschluß nicht mehr mittragen. Harold Brown hatte darauf auch bereits im auswärtigen Ausschuß des US-Senats hingewiesen.

Als ich nach meinem Gespräch mit Brzezinski das Weiße Haus verlassen will, werde ich von ihm zum Tor geleitet. Dort steht zu meiner großen Überraschung eine Traube von Fernseh- und Rundfunkjournalisten bereit. Sie waren während meines Gesprächs im Weißen Haus zusammengerufen worden. Brzezinski bittet mich, hier nun öffentlich die Verbindung zwischen den Brüsseler Entscheidungen zum Nato-Doppelbeschluß und der Ratifizierung von Salt II darzustellen. Und das tue ich dann auch. Denn wenn der US-Senat einen von allen begrüßten Vertrag scheitern läßt, um seinen eigenen Emotionen und partikularen Wahlkampfinteressen Luft zu verschaffen, dann stellt sich die Frage, wie das in Westeuropa wirken muß. Wie insbesondere der Rüstungskontrollaspekt des Nato-Beschlusses noch glaubhaft gemacht werden soll. Ohne ihn gebe es auch in unserer Partei keine Mehrheit für die Modernisierung der nuklearen Mittelstreckenwaffen. Carter nimmt diesen Faden auf und weist in seiner nächsten Rede auf diese Gefahren hin.

Doch bei uns zu Hause läuft das ganz anders. *FAZ* und *Welt* greifen mich an. Gerade wenn Salt II scheitere, sei es um so wichtiger nachzurüsten. Dann sei die Entspannungspolitik gescheitert. Wir müßten über Nachrüstung das Gleichgewicht wiederherstellen. Genscher widerspricht mir. Klaus Bölling erklärt auf Anweisung des Kanzlers, die Modernisierung der Mittelstreckenwaffen sei nicht von Salt II und seinem Schicksal abhängig. Ich bin längst wieder im Lande, doch keiner fragt mich. Die Laienspielschar in Washington verliert ein Argument gegenüber dem Senat. Uns bleibt nur die Hoffnung, daß der Senat Salt II ratifizieren wird. Denn gibt es ohne Salt II jemals Salt III, wo mit den Sowjets über die Begrenzung der Mittelstreckenwaffen verhandelt werden soll? Ich jedenfalls, allein auf weiter Flur, knicke ein und stelle das Junktim zwischen der Ratifizierung von Salt II und der europäischen Zustimmung zum Nato-Doppelbeschluß wenigstens in der Öffentlichkeit nicht mehr her.

Moskau verstärkt den Druck

Eine Woche später setzt die langerwartete Gegenoffensive Moskaus voll ein, um den Nato-Doppelbeschluß zu verhindern. Breschnews Rede zum 30jährigen Jubiläum der DDR in Ost-Berlin ist allerdings taktisch viel klüger angelegt, als wir das erwartet hatten. Mit diesem raffinierten Machwerk hatte wohl niemand gerechnet. Wer keine Atomwaffen auf seinem Territorium zuläßt, erhält von den Sowjets die Garantie, niemals atomar bedroht zu werden. Das zielt auf die beabsichtigte Dislozierung von US-Mittelstreckenwaffen auf dem Boden unserer kontinentalen Nachbarn ohne eigene Atomwaffen, insbesondere auf Belgien und die Niederlande. Damit soll auch unsere Bedingung für die Beteiligung an der Nachrüstung erschüttert werden: nur dann zu stationieren, wenn sich auch andere europäische Nato-Länder, die keine eigenen Atomwaffen haben, bereit finden, die neuen amerikanischen Waffen bei sich aufzunehmen. Breschnew kündigt keinen massiven politischen und militärischen Druck auf die Länder an, die die neuen Nuklearwaffen der USA stationieren werden. Das Bündnis soll erschüttert werden, seine Solidarität und sein Zusammenhalt stehen auf dem Spiel.

Breschnew bleibt flexibel. Die Sowjets werden die Rüstungsspirale anwerfen und die Entspannungspolitik beenden, wenn neue Mittelstreckenwaffen nach Europa kommen. Also erst im Jahre 1983/84, denn früher stehen diese Waffen ja überhaupt nicht zur Verfügung? Oder schon im Dezember, wenn wir über die spätere Dislozierung entscheiden? Bei genauerem Lesen wird klar: Die Nato soll daran gehindert werden, die Dislozierungsentscheidung zu fällen. Dann bricht der Doppelbeschluß wie ein Kartenhaus zusammen. Das würde auch geschehen, wenn Belgien, die Niederlande und Italien ausbrechen und lediglich wir als Stationierungsland auf dem westeuropäischen Festland verbleiben. Breschnew bietet Verhandlungen über die Mittelstreckenwaffen bei Salt III an, setzt dabei aber augenscheinlich voraus, daß wir den Abschnitt »Nachrüstung« des Nato-Doppelbeschlusses nicht verabschieden.

Und auch bei MBFR und der KSZE ergreift Breschnew die Initiative. Bis zu 20 000 Soldaten und 1000 Panzer sollen einseitig aus der DDR abgezogen werden. Wohin, wird nicht gesagt. Es werden vertrauensbildende Maßnahmen im Rahmen der KSZE angeboten. Breschnew trifft damit den Nerv. Nicht zuletzt deshalb, weil der Westen bei MBFR mit seinem Gegenangebot nicht zurecht kommt und hier insbesondere wir Deutschen – das Auswärtige Amt – immer wieder mauern. Vor drei Wochen hat mir mein niederländischer Kollege entsprechende Vorhaltungen gemacht, in

der letzten Woche Harold Brown. Unsere Nato-Beschlüsse im Dezember sind ein ganzes Stück schwieriger geworden.

Ich selbst fahre in unserem Lande die Linie: Breschnew will
verhandeln, wir wollen verhandeln, doch nicht mit leeren Händen.
Deshalb müssen die Brüsseler Beschlüsse integral verwirklicht werden. »Wir sollten die Modernisierung der weitreichenden US-Mittelstreckenwaffen mit dem Ziel beschließen, durch Verhandlungen
möglichst zur Null-Lösung zu kommen.«

Doch in unserer Partei geht die Weichmacherei schon los. Egon
Bahr könnte ihr Anführer sein. Er sieht politisch-militärische Prozesse immer wieder aus der Sicht der Sowjetunion. Und Wehner
hat sich während unserer Kabinettssitzung zu diesen Fragen auch
nur apokryph geäußert. Auf unserem Berliner Parteitag wird es
genügend Genossen geben, die nur mit der Sowjetunion verhandeln wollen und hoffen, so den unangenehmen Beschlüssen zur
Modernisierung aus dem Weg zu gehen.

Die Offensive der Sowjetunion gegen die Dezember-Beschlüsse
der Nato läuft auch in den folgenden Wochen auf vollen Touren.
Vor allem aber läuft die Sowjetunion der verlorenen Zeit nach. Sie
hat wohl, neben Rücksichtnahmen auf den Ratifizierungsprozeß
von Salt II in den USA, ernsthaft nicht daran geglaubt, daß die
Nato die politische Kraft haben würde, diesen komplizierten Meinungsbildungsprozeß zum erfolgreichen Ende bringen zu können.

Nun soll mit Kraft nachgeholt werden, was vorher versäumt
wurde. Dabei werden Offerten gemacht, die, wenn sie wesentlich
früher gekommen wären, sicherlich den Meinungsbildungsprozeß
innerhalb der Nato beeinflußt hätten. Jetzt stärken sie nur den
vielleicht falschen Eindruck, man müsse lediglich ein Mindestmaß
an Entschlossenheit zeigen, um erfolgreiche Rüstungskontrollverhandlungen mit dem Kreml zu ermöglichen.

Besonders töricht ist aber der drohende Ton, der alle Verlautbarungen der Sowjetunion begleitet. Es ist schon merkwürdig, wenn
mir der russische Botschafter bei seinem »Antrittsbesuch« lange
Vorträge zum Thema Mittelstreckenwaffen hält und dabei auch
noch die Fakten manipuliert. Was will er eigentlich damit erreichen, wenn er diese Woche der Vorbereitung der Nato-Entschei-

dung vergleicht mit den Vorbereitungen Hitler-Deutschlands vor dem Überfall auf die Sowjetunion im Jahre 1941? Da bleibe ich zwar ruhig und höflich, aber die Konter sind trocken und direkt. Die Nato soll am Beschluß gehindert werden. Daß das die Russen anstreben, ist legitim. Dann ist sie politisch erst einmal gelähmt, die militärische Überlegenheit der Sowjets hält an, und rüstungskontrollpolitisch müssen sie sich auch nicht bewegen. Denn Veränderungen des Status quo würden der Sowjetunion derzeit innen- wie außenpolitisch große Probleme schaffen. Das hängt nicht nur mit ökonomischen und gesellschaftlichen Problemen zusammen. Der Generationswechsel, der unausweichlich wird, verstärkt die Immobilität sowjetischer Politik.

Sicherlich bewegen die Sowjetunion auch berechtigte Sorgen über die Zukunft der Entspannungspolitik. Diese Politik hat ihr in Europa zwar einen gewissen Liberalisierungsdruck von ihren osteuropäischen Verbündeten gebracht. Dafür konnte aber auch der Status quo abgesichert werden. Ein Ende der Entspannungspolitik würde die Deutschen als Gewinner dieser Politik in große Schwierigkeiten bringen. Das gleiche gilt aber auch für die Sowjetunion. Sie könnte in Europa das Maß an Sicherheit verlieren – vom Außenhandel bis hin zum Status quo – das sie anderswo in der Welt zur Gewährleistung ihrer Handlungsfreiheit braucht. So sind die Herausforderungen durch die Volksrepublik China unübersehbar. Die bloße Vernunft müßte also die Sowjets in Europa an der Entspannungspolitik festhalten lassen, auch wenn das seinen Preis hat. Aber gibt es in diesem Lande derzeit soviel Rationalität? Werden nicht erst von uns geschaffene Fakten und der Generationswechsel einen Wandel der sowjetischen Politik einleiten können? Deshalb müssen die von uns ausgehenden Signale in Richtung Osten so deutlich wie möglich sein, daß wir unsere bisherige Politik in Europa fortsetzen wollen.

Demokratie ist ein schweres Geschäft, vor allem auf internationaler Ebene. Die Nato-Staaten bereiten ihre Dezember-Beschlüsse vor, und alle sollen zustimmen. Wir sind dabei in der schwierigen Lage, daß in allen Mitgliedsstaaten parlamentarische Mehrheiten gefunden werden müssen, mindestens aber verhindert werden muß, daß parlamentarische Mehrheiten die notwendige Handlungsfreiheit ihrer jeweiligen Regierung so weit einengen, daß die Nato in die Sackgasse läuft.

Mitte November sitze ich deshalb immer wieder viele Stunden mit unterschiedlichen parlamentarischen Gruppierungen aus den Nachbarländern, insbesondere aus den Niederlanden, zusammen, um mit ihnen über die Notwendigkeit der anstehenden Beschlüsse zu diskutieren. Auch mit den Verteidigungsministern rede ich, insbesondere mit meinem niederländischen Kollegen Scholten. Insofern sind wir nun doch entgegen dem Willen des Kanzlers in eine Führungsrolle hineingewachsen. Aber kann das überhaupt anders sein? Die Franzosen spielen in diesem »Konzert« keine Rolle. Die Briten sind kein Land des europäischen Kontinents und selbst Atommacht. Wir sind von einer fehlerhaften Sicherheitspolitik der Nato ganz besonders betroffen. Nur wir können die europäische Komponente in Nato-Entscheidungen mit Nachdruck einbringen. Es wäre naiv und gefährlich, stets davon auszugehen, die USA als Weltmacht würden von sich aus europäische Interessen in ihrer Politik vollwertig berücksichtigen.

Die Tagung der Nuklearen Planungsgruppe Mitte November in Den Haag wird schwierig. Die USA müssen gebremst werden. Denn es liegt eben nicht in unserem Interesse, Europa mit Mittelstreckenwaffen zu überziehen, unabhängig davon, wie sich die Rüstungskontrollverhandlungen mit der Sowjetunion entwickeln werden. Andererseits können wir es nicht zulassen, daß sich europäische Willensbildung durch politische Chaotik in den Niederlanden so entwickelt, daß nichts zustande kommt und sich das Bündnis als Papiertiger entpuppt. Dann muß ich eben auch meinem niederländischen Kollegen zu Leibe rücken. Natürlich will ich ihm helfen, in seinem Parlament heil über die Runden zu kommen. Das ist wichtig. Aber ebenso wichtig ist es, dem US-Senat die Signale aus Europa zu senden, die er braucht, um Salt II zu ratifizieren.

Wir müssen in den nächsten vier Wochen sehr viel beachten: Westeuropas Einigkeit stärken, die USA auf Kurs halten und den Sowjets die richtigen Signale – Festigkeit und Bereitschaft zur Rüstungskontrolle – senden. Das kann sehr kompliziert werden. Denn noch könnten die Sowjets Trumpfkarten im Ärmel haben und uns weitere Angebote machen, die dann doch Fragen aufwerfen, ob wir nicht unseren anvisierten Beschluß verändern oder verschieben müssen. Deshalb ist es gar nicht schlecht, daß die Niederländer noch soviel Theater machen. Das läßt Optionen der begrenzten Anpassung unserer Beschlüsse hoffentlich offen. Allerdings müßten davon die USA und bei uns zu Hause Genscher überzeugt werden. Aber ich sehe nicht, wie Genscher auch nur um einen Millimeter bewegt werden könnte.

Anfang Dezember treffen sich die Sozialdemokraten in Berlin zu ihrem Bundesparteitag. Er findet zehn Monate vor den nächsten Bundestagswahlen statt. Diese Tatsache und das überragende Ansehen des Bundeskanzlers bei unseren Wählern, aber auch weltweit, dämpft die Lust der Delegierten, Beschlüsse zu fassen, die der eigenen Regierung die politische Arbeit über Gebühr erschweren. Dem Parteitag war eine intensive politische Arbeit in den beiden »Fraktionen« der SPD, dem »Frankfurter Kreis« der Linken und dem »Seeheimer Kreis«, vorangegangen. In zwei zweitägigen Zusammenkünften in Seeheim, im Schulungszentrum der Lufthansa, haben wir die kritischen Themen, vor allem die friedliche Verwendung der Kernenergie und den Nato-Doppelbeschluß, aufgearbeitet und uns für die inhaltliche Debatte auf dem Parteitag vorbereitet. Allein die Probleme des Nato-Doppelbeschlusses haben uns mehr als fünf Stunden beschäftigt.

Auf dem Parteitag muß der Eindruck vermieden werden, die Partei diskutiere gegen den Bundeskanzler und die Regierungsmitglieder, sie beuge sich bei den Abstimmungen nur dem Druck der Regierungsfähigkeit der SPD, sei aber eigentlich in der Sache nicht überzeugt. Auch wenn natürlich der überragende Einfluß des Bundeskanzlers das bestimmende Element dieses Parteitages sein muß.

Dennoch muß auch ich immer wieder »in die Bütt«. Allein zweimal greife ich in die Beratungen der Arbeitsgruppe I »Sicherheits- und Abrüstungspolitik« ein. Die Argumente sind so neu nicht: Es sei nicht der Westen, der an der Rüstungsspirale drehe, sondern die Sowjetunion habe mit ihrem durch nichts begründeten Rüstungsprogramm im Mittelstreckenbereich den Westen dazu gezwungen, Gegenmaßnahmen vorzubereiten. Wer glaube, den Kreml zur Rüstungsbegrenzung bewegen zu können, ohne daß die Nato ihrerseits ein Verhandlungspfand in der Hand habe, gebe sich naiven Illusionen hin.

Karsten Voigt ist einer meiner intelligenten Gegenspieler. Er plädiert dafür, daß wir das Gleichgewicht auf einem niedrigen Niveau sichern, Rüstungswettläufe stoppen. Die kritische Diskussion in der Partei über den Nato-Doppelbeschluß müsse deshalb auch weitergehen.

Wir haben eine sehr ernste, kontroverse, aber menschlich solidarische Debatte. Im Parteitagsplenum am nächsten Tag geht es härter zu. Henning Scherf sagt in klarer Ablehnung des Nato-Doppelbeschlusses: »So nicht und jetzt nicht. Es geht nicht um Nachrüstung, sondern um Aufrüstung, alles andere ist Irreführung.« Willy Brandt greift ein. Er unterstützt Helmut Schmidt, fügt aber warnend hinzu: »Wir werden diesen Beschluß wachsam begleiten, denn es wäre gefährlich, wenn wir unser Gesamtkonzept der Entspannungspolitik im (militärischen) Gleichgewicht verkümmern ließen.« Auch das sichert uns für unseren Leitantrag eine große Mehrheit, verlagert aber gleichzeitig auch Probleme der Akzeptanz unserer Sicherheitspolitik in die Zukunft. Den Schlußpunkt setzt Helmut Schmidt mit einer überzeugenden Rede. Die Linken ziehen nach diesem Parteitag, wenn man Pressemeldungen glauben darf, für sich folgende Quintessenz: »Wir haben uns noch nicht durchsetzen können. Aber beim übernächsten Parteitag sind wir dran.«

In der folgenden Woche sind wir in Brüssel. Es ist uns bewußt, wie folgenschwer unsere Zustimmung zum Nato-Doppelbeschluß am 12. Dezember ist. Wir ringen miteinander, insbesondere um die niederländische und die belgische Zustimmung. Dänemark beantragt eine Vertagung des gesamten Beschlusses um sechs Monate, findet dafür aber keine Unterstützung, nicht einmal von den Niederlanden. Wir beschließen, daß die Zahl der nuklearen Sprengköpfe in Europa durch die Modernisierung nicht erhöht werden darf. Zusätzlich werden tausend nukleare Gefechtsköpfe aus Europa abgezogen. Die Stationierungsvorbehalte der Niederländer und der Belgier sind indes nicht zu überwinden. Deshalb nennt unser Beschluß nicht die Stationierungsländer, sondern spricht von »ausgewählten Ländern«, in denen die US-Waffen stationiert werden sollen. Unser Angebot an die Sowjetunion zu Verhandlungen mit dem Ziel der Rüstungsbegrenzung bereitet uns keine Probleme. Wir wollen ein Gleichgewicht auf beiderseits niedrigem Niveau. Das Ziel einer Null-Lösung wird nicht formuliert. Aber es wird festgelegt, daß der Nachrüstungsbedarf der Nato »im Licht konkreter Verhandlungsergebnisse [mit der Sowjetunion] geprüft werden wird«.

Während dieses Tages lerne ich Genschers Arbeitsweise kennen. Er stellt einen Kassettenrecorder neben sich. Jedesmal, wenn er das Wort ergreift, schaltet er das Gerät an. Am Ende seines Beitrags entnimmt er das Band dem Recorder. Dies wird in unserem Delegationsbüro abgeschrieben und ihm zur Korrektur in den Sitzungssaal zurückgebracht. Wenn der Text korrigiert und akzeptiert ist, wird er vom Pressesprecher des Auswärtigen Amtes sofort den deutschen Journalisten gegeben. Wir verhandeln unter »Cosmic top secret«. Das ist die höchste Geheimhaltungsstufe der Nato. Doch unseren Außenminister schert das nicht. Kein Wunder, daß er das deutsche Medienbild beherrscht. Mir bleibt keine Zeit, den Sitzungssaal zu verlassen. Ich mühe mich in bilateralen Gesprächen ab, wenigstens unser Kommuniqué – den Nato-Doppelbeschluß – so zu formulieren, daß alle zustimmen können. Und das gelingt. Genscher produziert dafür mehrere klirrende Erklärungen per Kassettenrecorder, um seine uneingeschränkte Treue zur US-Politik zu dokumentieren und seine Standfestigkeit gegenüber allen sowjetischen Pressionen.

Für uns bleiben nach dem Brüsseler Beschluß kritische Fragen offen: Werden sich die Niederlande und Belgien, wenn auch später, zur Stationierung durchringen? Bleibt wenigstens Italien bei der Stange? Wenn Rom abspringen sollte, tritt das ein, was wir ausdrücklich ausgeschlossen haben: eine Singularisierung unseres Landes auf dem europäischen Festland und damit auch unser Aussteigen aus der Stationierung. Das aber würde die Koalition mit der FDP beenden, da Genscher im kleinsten Kreise klargemacht hat, daß er bereit ist, auch eine Stationierung allein bei uns zu akzeptieren. Da trifft er sich mit der CDU/CSU.

Das eigentliche Problem der vor uns liegenden Jahre wird es sein, in unserer eigenen Partei eine Politik der Irrationalität zu verhindern. Wir würden darunter besonders leiden als Partei, aber auch als geteiltes Land mit der offenen Flanke West-Berlin. Deshalb müssen wir unsere Verbindungen zur Sowjetunion und zu Osteuropa so eng wie möglich knüpfen, damit diese Länder nicht ausflippen und in den Kalten Krieg zurücklaufen. Wir müssen Rüstungskontrollpolitik ernsthaft wollen. Und wir müssen die USA daran hindern, soweit das in unsere Hand gegeben ist, einseitig die militärische Karte zu spielen. Wir sind keine Weltmacht, aber unsere politischen Möglichkeiten sind größer als viele bei uns meinen. Es werden interessante Jahre kommen mit ernsthaften Zerreißproben, auch für die SPD.

Auf der Hardthöhe

Die hohen Preissteigerungsraten für unsere modernen, uns zulaufenden Waffensysteme bereiten uns Schwierigkeiten. Wir haben Ende Juni 1979 eine kritische Debatte im Verteidigungsausschuß über die Kosten und die Finanzierung des Kampfflugzeugs MRCA-Tornado. Und um Geld geht es auch im Bündnis und in den Gesprächen mit US-Verteidigungsminister Harold Brown. Im Mai 1978 hatten die Regierungschefs nach langer Vorbereitung auf dem Nato-Gipfel in Washington versprochen, für die nächste Dekade in den nationalen Verteidigungsetats eine jährliche Haushaltssteigerung um real drei Prozent anzusteuern. Damit sollte der langjährige Streit um die Erhöhung der Verteidigungsausgaben enden, eine objektive Meßlatte eingeführt werden und mit der feierlichen Festlegung durch die Regierungschefs die Finanzierung des langfristigen Verteidigungsprogramms der Nato gesichert werden.

Natürlich ist dieser Beschluß von Anbeginn töricht. Wieso ergibt sich ein wesentliches Mehr an realer Verteidigungskraft, wenn sich die Ausgabensteigerungen, so in England, vor allem aus kräftigen

Gehaltserhöhungen für die Berufssoldaten ergeben? Wie ist es zu beurteilen, wenn Nato-Länder ihre Verteidigungsbudgets über Jahre rigoros zusammenstreichen und dann eine dreiprozentige Steigerung real erreichen? Wer sagt denn am Beginn eines Haushaltsjahres exakt und ehrlich seine eigenen Inflationsraten voraus? Sie aber bestimmen letztlich darüber, ob ein reales Wachstum der Verteidigungsausgaben in der gewollten Größenordnung herauskommt.

Der nationale Haushaltsgesetzgeber kann sich im übrigen so nicht an die Kandare nehmen lassen. Da die Verteidigungsausgaben ein gewichtiges Element der Staatsausgaben sind, müssen sie sich auch in die Festlegung der Prioritäten der nationalen Politik einpassen. Wenn ein Land bei überschäumender Konjunktur seine Staatsausgaben beschneiden muß, um die Inflationsgefahr einzudämmen, kann es für die Verteidigungsausgaben keine Ausnahme geben. Daran ändert auch die Tatsache nichts, daß die EG Milliarden für ihre völlig unsinnige Agrarpolitik vergeudet und wir quasi automatisch zahlen müssen. Ein Fehler muß ja nicht ständig wiederholt werden.

Wir erreichen die drei Prozent im Jahr 1980 sicherlich nicht. Aber wir können aus heutiger Sicht die neuen Waffen, die zulaufen, bezahlen. Unsere Berufssoldaten erhalten die Lohnerhöhungen, die im öffentlichen Dienst verabredet werden. Probleme liegen bei den Bauinvestitionen. Hier müssen wir mit den Ansätzen des Jahres 1980 auskommen. Und das ist bei den hohen Preissteigerungen in diesem Sektor an Bauvolumen real beträchtlich weniger..

Als ich Anfang Oktober Harold Brown in Washington treffe, spielt er dieses Thema sehr hoch. Er fordert mich auf, für 1980 den Verteidigungshaushalt wesentlich stärker wachsen zu lassen, als das bisher vorgesehen ist. Eine Steigerung um real 1,6 Prozent sei unzureichend. Auch wenn die Amerikaner nicht umhin können, anzuerkennen, daß die Bundeswehr ständig mit neuen Waffen ausgestattet und so die Verteidigungskraft der Nato beträchtlich gesteigert wird, legen sie mir eine eindrucksvolle Liste von Projekten vor, die nur bei einer jährlichen Steigerung der Verteidigungsausgaben um real drei Prozent verwirklicht werden können.

Dennoch sage ich nichts zu. Schließlich weiß ich zu genau, was in Bonn durchzusetzen ist und was nicht. Ich verweise Harold Brown darauf, daß die USA selbst 1979 die geforderte Steigerung ihrer Verteidigungsausgaben nicht erreichen werden. Die Inflation frißt einen großen Teil der nominalen Steigerung des US-Verteidigungsetats auf. Brown und seine Mitarbeiter stimmen nicht zu, müssen aber mit meiner Antwort zufrieden sein. Unser Außenminister ist dagegen anderer Meinung. Er widerspricht mir öffentlich und fordert eine wesentlich kräftigere Steigerung unseres Verteidigungshaushalts für 1980, tut dann aber in den Kabinettsberatungen nichts dafür.

Nachdem die Entscheidungen über die künftigen Strukturen der Bundeswehr im letzten Jahr gefallen sind, kann ich mich nun stärker mit den inneren Strukturen befassen. Eine Armee kann nicht diskutieren, bevor Entscheidungen fallen. Da es im Ernstfall ohne das Prinzip »Befehl und Gehorsam« nicht geht, muß die Bundeswehr auch in Friedenszeiten nach diesem Prinzip geführt werden. Andererseits kann und darf eine Armee in der Demokratie das allgemeine Lebens- und Organisationsprinzip ihres Gemeinwesens, die Mitwirkung und Mitbestimmung der Bürger, für sich nicht völlig ausschalten. Die »Innere Führung«, ein nicht klar definierter Begriff, soll das ermöglichen. Dazu dient nicht nur die Institution des Vertrauensmanns: Der gewählte Sprecher und Vertreter der Mannschaften, Unteroffiziere und Offiziere hat klare Mitwirkungsrechte. Die Innere Führung in der Bundeswehr soll generell die Macht derer begrenzen, denen durch das Prinzip des Befehls und Gehorsams eine sehr weitgehende, unserer Demokratie fremde Machtbefugnis gegeben wird.

Befehl und Gehorsam in einer Welt dialogischer, kontroverser Meinungsbildung, innere Struktur der Armee und ihrer Notwendigkeiten und innere Struktur der parlamentarischen Demokratie stehen in einem offensichtlichen Widerspruch zueinander, den die Innere Führung überwinden soll. Das gelingt nur ungenügend, denn offen ist insbesondere, ob vor allem das höhere Offizierskorps die Prinzipien der Inneren Führung gegen sich gelten läßt. Wer so lange hat strammstehen müssen, will nun endlich befehlen oder

vom Minister klare Weisungen erhalten. Die stete Einsatzbereitschaft der Armee, um jeden potentiellen Aggressor abzuschrecken
oder zurückzuschlagen, läßt für sie von vornherein demokratische
Prozesse als untauglich erscheinen.

Die Väter der Bundeswehr forderten, auch in Abgrenzung zur
Armee der Nazi-Zeit, einen neuen Typ von Soldaten, den Staatsbürger in Uniform: ein Mensch, der seine demokratischen Rechte
und Pflichten ernst nimmt, seine Zivilcourage nicht am Kasernen-
tor vergißt. Heute ist die Bundeswehr nicht mehr in der Gefahr,
faschistischen Gedanken und Vorstellungen anzuhängen. Sie ist
eher unpolitisch.

Anfang Mai 1979 spreche ich auf der Kommandeurstagung eine
gute Stunde lang über unsere aktuellen Probleme: Verteidigungs-
und Sicherheitspolitik, politische Äußerungen von Soldaten – ich
meine General Bastian – in der Öffentlichkeit, die innere Lage der
Bundeswehr. Mit dieser Rede habe ich mir wirklich viel Arbeit
gemacht. Wenn ich alles zusammenzähle, habe ich in sie bestimmt
15 Stunden investiert. Ist das Ergebnis dieser Rede den Aufwand
wert? Vor mir sitzen fast 400 Kommandeure. Ihre Interessen sind
begrenzt. Augenscheinlich interessiert sie im weiten Feld der Sicherheitspolitik – Salt und MBFR – nur das, was sie direkt berührt.
Natürlich gibt es unter ihnen auch Ausnahmen. Sie reüssieren aber
nur bei der Nato und dann, wenn sie in unmittelbarer Nähe der
politischen Leitung arbeiten können.

Ich habe es immer wieder schwer, »unpolitische« Kommandeure zu akzeptieren, selbst wenn ich zugeben muß, daß ein Truppenführer auch ohne intime Kenntnis und damit Debattierfähig-
keit in der Sicherheitspolitik bereits genügend um die Ohren hat,
um seinen Pflichten gerecht zu werden. Für viele von ihnen ist das
»politische Lied ein garstig Lied«. Sie wollen sich nicht in die
Debatte um das Soldatsein im Zeitalter der nuklearen Abschrek-
kung einschalten. Die kontroverse Debatte um die Entspannungspolitik und damit auch um MBFR und Salt ist ihre Sache
nicht. Sie sind keine Militaristen. Sie haben ihren Auftrag, den
Verteidigungsauftrag. Den wollen sie nicht hinterfragen lassen,
schon gar nicht selbst hinterfragen. Das schafft ihnen dann auch

enorme Probleme in der gerechten Beurteilung ihres Kollegen, des Generals Bastian.

Für viele von ihnen ist politische Bildung in der Bundeswehr eine problematische Forderung. Und ich kann auch nicht leugnen, daß wir damit den Vorgesetzten und den in der Ausbildung befindlichen Soldaten eine zusätzliche, vielleicht sogar wesensfremde Aufgabe aufzwingen. Viele Offiziere meinen, die Armee müsse ihren unabweisbar notwendigen Charakter verlieren, wenn sie sich auch mit dem »Zeitgeist« befasse. Sie könne unfähig werden, ihren Auftrag der Landesverteidigung zu erfüllen.

Mir dagegen geht es darum, den Typ von Offizier zu prägen, der unserer Zeit und unserer Gesellschaft gemäß ist. Sie dürfen weder Nur-Soldaten sein – exzellente Fachleute und Technokraten ohne Bezug zu unserem Land und seinen Problemen –, noch dürfen sie Quasi-Politologen werden, die ihr Militärhandwerk als Nebensache erklären und damit ihrem eigentlichen Auftrag nicht gerecht werden. Die Bundeswehr ist eine Friedensarmee. Sie muß ihren Standort in unserer Gesellschaft finden und immer wieder neu definieren.

Denn unsere Gesellschaft ändert sich. Die Erfahrungen der Nachkriegszeit und ihres unreflektierten Antikommunismus verschwinden. Damit geraten die Ansprüche der Landesverteidigung an den Steuerzahler, an den Wehrpflichtigen in den Meinungsstreit. Muß die Bundeswehr so groß sein, soviel Geld kosten? Diese Fragen müssen sich zumindest unsere Stabsoffiziere stellen können. Es reicht nicht, den reinen Truppenführer, den Waffentechniker, den Strategen auszubilden. Unsere älteren, in den Führungsfunktionen sitzenden Offiziere sehen das oft nicht ein.

Für die führenden Militärs ist die Führungsakademie von strategischer Bedeutung. Hier werden in 21 Monaten die Stabsoffiziere, die künftige Führungsgarnitur der Bundeswehr ausgebildet. Leber hatte es zugelassen, daß sich der Einfluß der Militärs an den Führungsakademien schrittweise steigerte. Die Auseinandersetzung über die richtige Ausbildung unserer Stabsoffiziere war vorprogrammiert. So kommt es bei meinem ersten Auftritt an der Führungsakademie zu einem handfesten Krach mit deren Kommandeur. Sie spiegelt sich vor allem in der Springer-Presse wider. Doch sie kennen mich nicht. Ich lasse mich nicht weichklopfen und finde in vielen Gesprächen einen Kompromiß, der beiden Zielen – dem Offizier als gutem Soldaten und als Staatsbürger in Uniform – gerecht wird. Als »Segelanweisung« legen wir fest:

- Der Soldat unserer Zeit darf nicht nur militärischer Fachmann sein, sondern muß sein gesellschaftliches und soziales Umfeld verstehen und beurteilen können.
- Militär und Gesellschaft müssen unsere Demokratie gemeinsam tragen und weiterentwickeln.
- Als Ausbildungsstätte von hohem Rang können der Führungsakademie Debatte und selbstkritische Betrachtungen über ihren Auftrag auch weiterhelfen.

Mit einer »Sofortmaßnahme« verschaffe ich den angehenden Generalstabsoffizieren spürbare Erleichterung. Ich reduziere den Unterrichtsstoff um fünf Prozent, um auf diese Weise mehr Raum für Kreativität zu schaffen.

»Staatsbürger in Uniform«

Auch bei der nächsten Streitfrage geht es um das Verhältnis »Soldat und Gesellschaft«. Der Streit entzündet sich daran, daß immer wieder Soldaten in Uniform an Demonstrationen teilnehmen. Das Soldatengesetz regelt eindeutig: »Der Soldat darf bei politischen Veranstaltungen keine Uniform tragen.« Er darf also seine staatsbürgerlichen Rechte in Anspruch nehmen, aber eben nicht in Uniform. Diese Regelung wird nun heftig kritisiert. Warum soll nicht der »Staatsbürger in Uniform« – und seine Dienstkleidung ist heute eben kein Ausdruck herausgehobener Funktion, staatlicher Hoheit mehr – bei politischen Versammlungen durch seinen Anzug zeigen, daß er Soldat ist? Ist es nicht gut, wenn Soldaten im KZ Dachau in Uniform bei einer Kundgebung ihre Betroffenheit über die Nazi-Greuel zeigen?

Ich erinnere daran, daß der Soldat in der Weimarer Republik nicht wählen durfte, keiner politischen Partei angehören konnte.

Er sollte nur dem Staat dienen und über dem »Parteiengezänk« stehen. Wir wissen, welch unheilvollen Einfluß die keineswegs so unpolitische Reichswehr auf den weiteren Gang der deutschen Geschichte hatte. Nach den Erfahrungen der Nazi-Zeit sind die Gründer der Bundeswehr einen neuen Weg gegangen. Der Soldat hat außerhalb der Kaserne jedes Recht auf politische Tätigkeit als Bürger unseres Landes. Aber diese Aktivitäten sind seine ganz persönliche Angelegenheit, getrennt von seiner Funktion in der Bundeswehr. Deshalb das Uniformverbot. In den Kasernen wird die parteipolitische Auseinandersetzung nicht zugelassen. Die Bundeswehr soll sich nicht im Meinungsstreit der gesellschaftlichen Gruppen unseres Landes mißbrauchen lassen.

Mitte Juli teile ich als Ergebnis unserer gründlichen Prüfung mit, daß es bei der bisherigen Regelung bleibt: keine Uniform bei politischen Veranstaltungen. Wir müssen die Bundeswehr aus möglichen politischen Verstrickungen heraushalten. Um so mehr, als unsere Regelung keinem Soldaten seine politischen Rechte und Pflichten verkürzt. Mit dieser Argumentation kann dann allerdings auch Unheil angerichtet werden. Ein Major der Bundeswehr ist ein führendes Mitglied der NPD. Öffentlich tritt er, natürlich in zivil, für die NPD auf als Offizier der Bundeswehr. Das ist dem Ministerium seit langem bekannt. Er steigt in der Hierarchie der NPD immer höher, in der Bundeswehr auch. Er schafft es bis zum Major. Er erhält Sicherheitsstufe II. Als er NPD-Landesvorsitzender wird und entsprechende Proteste laut werden, erklärt das Ministerium ohne mein Wissen und ohne mich zu fragen: Auch jetzt gäbe es keinen Grund, gegen ihn vorzugehen.

Der Mann hat die Vorschriften des Soldatengesetzes formal nicht verletzt. Ein Rechtsradikaler wirbt für seine politischen Ziele mit seinem Dienstgrad als Offizier der Bundeswehr. Ich nehme das nicht hin. Jetzt wird gegen diesen Mann vom stellvertretenden Generalinspekteur ermittelt. Und in einigen Wochen gehen wir vor das Truppengericht mit dem Ziel, ihn aus dem Dienst zu entfernen. Wir können uns doch auf dem rechten Auge nicht blind stellen. Denn bei Linksradikalen ist die Bundeswehr immer schnell zur Hand, sie aus ihren Reihen zu entfernen.

Anfang August sind wir zum Thema »Innere Führung« so weit, daß ich die Konturen auch öffentlich sichtbar machen kann. Es kommt darauf an, die in der Bundeswehr vorhandenen institutionellen Ansätze – unsere Hochschulen, das Sozialwissenschaftliche Institut der Bundeswehr, das Militärgeschichtliche Forschungsamt, die Schule für Innere Führung – arbeitsmäßig so miteinander zu verbinden, daß sich daraus eine breite Basis ergibt, um unsere Soldaten besser als bisher mit der Vergangenheit und der Gegenwart unseres Staates und unserer Gesellschaft zu verbinden. Das Innenleben der Bundeswehr muß sich öffnen für die Grundbedingungen unserer Gesellschaft, ihre Führungsprinzipien der Mitwirkung und Mitbestimmung, ihre Pluralität. Im einzelnen mache ich Anfang August in einer Rede vor dem Beirat für Innere Führung deutlich:

1. Es wäre unredlich, nicht zu sagen, daß wir Innere Führung unter anderem auch deshalb wollen, um die personale Effizienz der Verteidigung zu gewährleisten. Wie Menschenführung in Betrieben nicht nur selbstlos ist, sondern auch das Ziel hat, die Leistungsfähigkeit dadurch zu erhöhen, daß die Menschen als Individuen angesprochen und auf diese Weise motiviert werden, so hat Innere Führung auch dieses Ziel. Alle, die meinen, technokratische Mittel, Strammstehen und stramm Reden, anstelle der Inneren Führung einsetzen zu können, verzichten damit auch auf ein Element der Erhöhung der Leistungsfähigkeit unserer Armee.

2. Auch in der Bundeswehr kommt es darauf an, zu einer Machtbegrenzung zu kommen. In unserer Demokratie, in unserer Wirtschafts- und Gesellschaftsordnung herrscht das Prinzip der *checks and balances*. Worauf es dabei in unserer Gesellschaft ankommt, ist, Machtballungen und Machtkonzentrationen zu vermeiden, weil unsere Gesellschaftsordnung das nicht ertragen würde, weil ökonomische Macht auch in politische Macht umschlagen könnte und auch umschlägt. Dieses Prinzip der Kräfte und Gegenkräfte muß es also in einer Gemeinschaft wie der Bundeswehr geben. Innere Führung soll dabei keineswegs das

Prinzip von Befehl und Gehorsam ausheheln, sondern soll es vielmehr erst möglich machen.

3. Es kommt darauf an, gerade die Wehrpflichtigen, aber nicht nur sie, in Kontakt zu lassen mit der demokratischen Grundordnung unserer Republik. Es darf also bei aller Besonderheit des Dienstes in der Bundeswehr nicht so weit gehen, daß Mindestprinzipien der demokratischen freiheitlichen Gesellschaftsordnung nicht in der Bundeswehr wiederzuerkennen sind.

Dabei muß aber als Zielvorgabe für die Innere Führung stets gelten: Die Bundeswehr darf nur insoweit eine Friedensarmee sein, als sie den Frieden erhält. Dies kann sie aber nur, wenn sie jeden Tag den Ernstfall, also den Krieg, bestehen würde. Ich bin froh, daß wir jetzt auch diese »Kuh vom Eise« haben.

Nun bin ich bald schon ein Altgedienter, habe mehr als meine 15 Monate »Wehrdienst« absolviert. Ich habe keine Probleme im Umgang mit den Menschen. Aber wenn ich eine Front abschreiten und »Guten Morgen, Soldaten« brüllen soll, bin ich ziemlich hilflos. Meine Frau sagt, sie sehe mir förmlich an, wie mir das alles innerlich widerstrebe. Recht hat sie. Ich finde es widerlich, wenn andere so unnatürlich vor mir strammstehen müssen und ich an ihnen in bedeutender Pose vorbeitrabe. Und dazu noch die dauernden Meldungen der Einheitsführer. Ich mache das alles mit, weil ich nicht weiß, wie ich es ändern soll. Aber wenn es wieder einmal geschafft ist, bin ich ganz besonders erleichtert. Nun kann ich wieder zur Sache kommen, mit den Menschen reden und versuchen, meine Arbeit zu tun.

Mein Verhältnis zu den Wehrpflichtigen wird immer besser. Sie wollen diese Formalien auch nicht, die so wenig bedeuten in unserer Zeit. Ich bin stolz auf sie, wenn ich in ihre jungen, ernsten Gesichter blicke und sie oft verlegen zurücklächeln. Wenn sie vor mir sitzen oder stillstehen, wird mir meine Verantwortung bewußt. Niemals dürfen diese Menschen im Krieg ihr Leben aufs Spiel setzen müssen. Unsere Politik muß Friedenspolitik sein. Und unsere Bundeswehr muß diese gutwilligen Menschen so behandeln, daß ihr Engagement für unser Land nicht verschüttet wird.

Anfang April kommt der britische Verteidigungsminister Fred Mulley zu einer Art Abschiedsbesuch in die Bundesrepublik, denn er vermutet zu Recht, daß seine Labourparty die Unterhauswahlen am 3. Mai verlieren wird. Wir besuchen die Air Force mit dem üblichen Programm der Waffenschau und des simulierten Alarms, das britische Heer der Rheinarmee. Es ist naßkalt, während ich krampfhaft versuche, einen »Chief tain«-Panzer wenigstens geradeaus zu steuern. Abends imperialer Glanz im Hause des britischen Korpskommandanten. Man hält sich privat Reitpferde. Und für alles haben sie ihre Leute. Die Berufssoldaten schleppen hin und schleppen her. Sie decken auf und decken ab. Sie putzen Pferde und Schuhe. Und niemand findet etwas dabei. Die britische Klassengesellschaft spiegelt sich auch in der Rheinarmee mehr als deutlich wider. Als ich den Labour-Politiker Fred Mulley darauf anspreche, stoße ich auf kein Verständnis. Er scheint überhaupt nicht zu begreifen, worauf ich hinaus will.

Vor diesem Hintergrund wirkt unsere Bundeswehr noch besser, moderner und demokratischer, als sie sowieso schon ist. Ab Dienstagmittag sind wir in Munster. Uns wird eine Waffenschau des Heeres und ein umfassendes, verbundenes Gefecht vorgeführt. Unsere Waffen sind moderner, unsere Soldaten sprechen prima Englisch und sind »auf Zack«. Alles klappt wie am Schnürchen. Und der imperiale Schnickschnack fehlt. Bei uns gibt es keine Burschen. Jeder muß seine dreckigen Stiefel selbst putzen. Die Wehrpflichtigen wirken selbstbewußt und einsatzbereit. Auf diese Bundeswehr können wir schon stolz sein. Auch Fred Mulley ist beeindruckt. Das bedeutet indes für uns wenig, denn in vier Wochen ist ein anderer an seinem Platz.

Ende Juli können wir endlich in Urlaub fahren. Wir haben uns ein größeres Segelboot gekauft. Nun können wir die Gewässer um Heiligenhafen verlassen. Es soll nach Bornholm gehen. Aber erst einmal muß trainiert werden. Denn das neue Schiff ist schon komplizierter als sein kleinerer Vorgänger. Ich werfe den falschen Tampen los, und meine Frau wird vom Großbaum voll am Kopf getroffen. Sie geht k.o. zu Boden und hat eine große Beule. Ich hätte fürchterlich gemeckert und mich wegen meiner Beule tagelang bemuttern lassen. Ingrid sagt nur wenig und erträgt die Schmerzen. Ich knote die Schoten nicht richtig am Vorsegel an. So reißen sie bei starkem Wind aus. Der Teufel ist los. Und wieder meckert sie nicht. Als wir alles unter Kontrolle haben, will ich ihr einen Kuß geben. Jetzt nicht, sagt sie. Als ich sie weiter bedränge, sagt sie wie früher zu unseren Kindern, wenn die ein Bonbon haben wollten:»Laß das Betteln.« Da können wir uns beide vor Lachen kaum noch an Bord halten.

Wir werden auf Schritt und Tritt von Beamten des Bundeskriminalamts begleitet. Uns stört das nicht. Und für unsere Polizisten ist Heiligenhafen gleichzeitig auch Urlaub. Wir machen alles zusammen, essen gemeinsam, spielen abends einen geruhsamen Skat. Wir sind wie eine große Familie. Noch heute treffen wir uns hin und wieder, Weihnachten werden Grüße ausgetauscht. Vor allem aber spielen wir zusammen Fußball. In Hamburg und auf der Hardthöhe sowieso, da wird jeder gebraucht, um zwei Mannschaften zusammenzubekommen. Aber Fußball ist auch in Heiligenhafen täglich auf der Tagesordnung. Abends gehen wir an den Strand, räumen die Strandkörbe aus dem Weg, und schon geht es barfuß mit einem leichten Gummiball los. Ingrid steht im Tor und wirft sich tapfer nach dem Ball. Da gibt es keine Langeweile.

Nun soll es zum ersten Mal außer Landes gehen. Da schaltet sich die Hardthöhe ein. Es müsse möglich sein, mit mir zu jeder Zeit in Kontakt treten zu können. Sie reden so lange auf mich ein, bis ich bereit bin, mich von einem Minensuchboot begleiten zu lassen. Das wird eine »lustige« Seefahrt. Wir segeln in fünf Etappen von Heiligenhafen über dänische und schwedische Segelhäfen mit maximal 5 Knoten nach Bornholm. Und ein Schiff der Bundeswehr dümpelt in gehörigem Abstand hinter uns her. Sie liegen vor den kleinen Segelhäfen auf Reede, nur in Gedser können sie auf der Rückreise im Hafen festmachen, und jedermann weiß allein schon wegen der Silhouette dieses Schiffs, wer da mit ihnen zusammen im Hafen liegt. Morgens im Waschraum pflaumen mich die Segler von den anderen Booten entsprechend an. Mich stört das nicht.

Meine Tochter Hanne und ihre Freundin Wiebke sind unsere Mitsegler. Sie haben schnell spitzbekommen, daß es viel lustiger ist, den Tagestörn nicht bei uns, sondern bei der Bundeswehr zu verbringen. Und so sausen sie per Schlauchboot rüber. Mehrfach werden wir zum Essen selbstgefangener Fische an Bord gebeten. Und auch das macht Spaß. Alle sind so locker und natürlich, daß wir miteinander keine Probleme haben. Für alle wird das eine angenehme Urlaubsreise. Das Ministerium stört kaum. Ich bin zwar laut Grundgesetz in Friedenszeiten Inhaber der Befehls- und Kommandeursgewalt. Doch die Statik dieses Ministeriums verlangt normalerweise nicht den laufenden Kontakt mit dem Minister.

Mitte August kommen wir von unserem Segeltörn nach Heiligenhafen zurück. Wir nehmen Abschied von den 30 Seeleuten, die uns bis vor die Haustür mit ihrem Minensucher getreulich begleitet haben. Dort wartet genügend Arbeit. Auf dem Schreibtisch türmen sich Berge von Papier. Viele Bürger schreiben mir lieber nach Hause, weil sie so sicher sein können, daß ich ihre Briefe auch wirklich lese und mich um ihre Anliegen persönlich kümmere. Ich bringe unseren Garten voller Unkraut auf Vordermann. Wir fahren zum Ohlsdorfer Friedhof und pflegen die Gräber. Ursprünglich hatten sich unsere Polizisten einige Reihen weiter postiert, durch Büsche wenigstens teilweise verdeckt. Bis sich eines Tages zwei alte Damen fluchtartig davonmachten mit dem Satz: »Komm mit, Erna! Da hinten sind die Ohlsdorfer Handtaschenräuber.« Seit diesem Ereignis helfen sie bei der Grabpflege mit. Und im Nu ist alles sauber und neu bepflanzt.

Das Telefon klingelt anhaltend. Auch jetzt als Verteidigungsminister lehne ich es ab, meine Privatnummer aus dem Hamburger Telefonbuch herausnehmen zu lassen. Ich will keine Geheimnummer. Ich bin Wahlkreisabgeordneter. Meine Wähler haben Anspruch darauf, mich ohne Schwierigkeiten erreichen zu können. Das BKA will dies unterbinden. Es verweist auf Helmut Schmidt und andere führende Politiker, deren Telefonnummern nicht bekanntgegeben werden. Ich sage ihnen kühl, Terroristen könnten nicht durch Telefonleitungen schlüpfen. Deshalb gebe es keinen Grund für mich, aus dem Hamburger Fernsprechbuch zu verschwinden.

Bevor ich mich wieder in meine Bonner Arbeit stürze, muß ich mich mit der Frage auseinandersetzen, ob ich mich im Mai nächsten Jahres zum Hamburger Landesvorsitzenden der SPD wählen lassen soll. Der amtierende Vorsitzende, Oswald Paulig, will nicht noch einmal antreten. Helmut Schmidt redet mir gut zu. Die Entwicklung der Hamburger Partei macht nicht nur ihm Sorgen. Der Typ des gestandenen Politikers stirbt aus. Vor allem junge Leute rücken nach, die sich vom linken Zeitgeist mehr bestimmen lassen als von den aktuellen Problemen unserer Stadt. Und dagegen soll ich antreten. Irgendwie reizt mich das. Denn hier liegt ein Feld brach, hier ist eine echte Aufgabe.

Als mich Helmut Schmidt und andere am Rande unseres Berliner Parteitages bedrängen, nehme ich klar Stellung: Ich bin bereit zu kandidieren. Wir müssen dann aber auch, falls ich im Mai des nächsten Jahres gewählt werden sollte, bereit sein, der Öffentlichkeit zu sagen, daß die Doppelbelastung aus meinem Bonner und meinem Hamburger Amt im Interesse der Bundeswehr durch meine Ablösung als Minister vermieden werde. Das beendet die Debatte.

Und ich kann nur froh darüber sein. Mitte September wird bei der Hamburger Firma Stolzenberg nach dem Tod eines spielenden Kindes ein unglaublicher Gift- und Munitionsskandal aufgedeckt. Auf dem Gelände dieser Firma liegen seit vielen Jahren ungesichert große Mengen von hochgefährlichen Gift- und Kampfstoffen. Seit Jahren sind die Zustände bekannt. Es werden Berichte geschrieben. Doch nichts geschieht. Auch die Koordinierung zwischen den Behörden klappt nicht. Als nun alles an die Öffentlichkeit gelangt, wird die Bundeswehr gebeten, helfend einzugreifen. Tag und Nacht werden Kampfstoffe, Munition, Gift, Schrott geborgen und in die Lagerstätten nach Munster transportiert.

Auf dieser makabren Hamburger Bühne spielt sich nun etwas ab, das sich besonders gut eignet, um der linken Schickeria in der Stadt Entlastung zu geben. Von 1957 bis 1963 und dann noch einmal 1966 hatte die Bundeswehr bei Stolzenberg gekauft. Das alles liegt mehr als ein Jahrzehnt zurück. Damit lassen sich die unvorstellbaren Schlampereien der Hamburger Verwaltung in den letzten Jahren nicht aus der Welt reden. Aber natürlich wird es versucht. Nebelkerzen werden gezündet. Und Helmut Schmidt kann auch mit hineingezogen werden. Er hatte 1970 als Verteidigungsminister der chemischen Industrie bescheinigt, sie habe zu keinem Zeitpunkt chemische Kampfstoffe für die Bundeswehr hergestellt. Nun aber wird sichtbar, daß diese Aussage so nicht stimmt. Denn 1966 hatte Stolzenberg 15 kg Lost an die Bundeswehr geliefert. Dies hatte die Bundeswehr dazu benutzt, die eigenen Abwehrmittel – Gasmasken, Pelerinen – auf ihre Wirksamkeit zu prüfen.

Besonders gut ist in diesem Verwirrspiel Kloses Pressesprecher Manfred Bissinger, der ja schon vor seinem Rausschmiß beim *Stern* Musterwerke seiner journalistischen »Kunst« geliefert hatte. Und Wallraff und Frau Schuchardt sprechen davon, daß die Bundeswehr verschleiert, verheimlicht, also die Unwahrheit sagt. Sie räume ihre eigene Schande ab. Die kommunistischen Gruppen gehen gar so weit, zu behaupten, die Bundeswehr werde die in Hamburg gefundenen Bestände ihren eigenen hinzufügen. Sie räume in Hamburg nur deshalb ab, damit sie besser vorheriges eigenes Tun verschleiern könne. Darauf ein Hamburger Senator: »Da paßt die Hamburger Polizei schon auf.«

Damit wird die Wahrheit auf den Kopf gestellt. Die Bundeswehr wird um Hilfe gebeten, weil der Hamburger Senat und seine Verwaltung nicht in der Lage sind, mit ihrem Skandal fertig zu werden. Kaum werden die Soldaten tätig, da schreien sie in Hamburg »Haltet den Dieb«. Es gelingt den Genossen zwar nicht, den Skandal von der eigenen Haustür wegzubekommen, aber eins haben sie geschafft: In den Augen der Öffentlichkeit ist die Bundeswehr mit verwickelt. Und obwohl ich mich selbst einschalte und in diesen Tagen alle anderen Verpflichtungen beiseite schiebe, spricht selbst Friedrich Nowottny im »Bericht aus Bonn« vom Verwirrspiel der Bundeswehr. In unserer Kreisdelegiertenversammlung in Hamburg-Nord bestätigen Klose und Sozialsenator Ehlers, daß die Bundeswehr nicht Verursacher des Stolzenberg-Skandals ist. Aber anderenorts wird weiterhin versucht, gegen die Bundeswehr Stimmung zu machen.

Fettnäpfchen

Wir Politiker in der Bundesregierung sind verwöhnt. Überall werden uns die alltäglichen Schwierigkeiten des Lebens weggeräumt. Der Dienstwagen steht bereit. Die Bundeswehr fliegt uns. Vorzimmerdamen und Referenten warten auf uns und ertragen uns und unsere Launen. Wir haben unserer Rolle gerecht zu werden.

Das gilt für den Verteidigungsminister ganz besonders. Er muß nicht nur Fronten abschreiten und Soldaten befördern, ihm sind stereotype Denk- oder zumindest Sprechformeln vorgegeben. In der Wirtschafts- und Finanzpolitik kann es öffentlichen Ärger geben, wenn die Überlegenheit der Marktwirtschaft als Ordnungsprinzip unserer Wirtschaft in Zweifel gezogen wird. In der Sicherheitspolitik führt bereits eine begrenzte Verletzung der vorgegebenen Tabus zum Skandal. Ohne die bekannten Formeln »Entspannungspolitik auf der Basis gesicherter Verteidigungsfähigkeit«, »Wehrdienst ist Friedensdienst«, »Die Nato und die atlantische Gemeinschaft sind eine Wertegemeinschaft« geht es nicht. Wehe dem, der ausbricht und dagegen verstößt!

Nicht, daß diese Formeln falsch sind. Sie sind so richtig, wie es Formeln sein können, die komplizierte Tatbestände verkürzt beschreiben. Allerdings merken viele Politiker und Journalisten schon gar nicht mehr, daß sie an die Stelle nuancierten Denkens diesen Formelkram setzen. Ich passe schon auf, daß ich diese »Glaubensbekenntnisse« nicht verletze. Aber natürlich stört mich das immer wieder. Da möchte ich ausbrechen, frei sein. Ist das der Grund, warum ich immer wieder, meistens außerhalb des engen Dienstbetriebs, in alle möglichen Fettnäpfchen trete, die ich oft selbst erst hinstelle? Will ich beweisen, daß es mich, den flotten Sprücheklopfer, noch gibt, daß der »alte Adam« eben doch noch da ist? Es gelingt mir immer wieder, mir unnötigen Ärger einzuhandeln. Meine Frau weiß um diesen Charakterzug. Immer wieder will sie mich bremsen. Ihr Erfolg indes ist gering.

Anfang Januar erscheint im *Sonntagsblatt* ein Artikel mit der Überschrift »...da geht dann der Lack ab. Rechenschaft über den Glauben«. Ich schreibe über mich und meine Arbeit. Wie die Last wächst, ich nicht mehr so sorglos, so leichtfüßig wie früher bin, es immer wieder schlaflose Nächte gibt. Und dann sage ich: »Da geht der Lack ab. So schön es ist, im Rampenlicht zu stehen – und welcher Politiker wollte eigentlich diesen Reiz leugnen? –, so sehr wird das zur Qual, wenn dabei auch der letzte private Winkel ausgeleuchtet wird und man sieht, wie andere fertiggemacht werden. Gnade und Barmherzigkeit gibt es in der Politik nicht. Wer strauchelt oder nicht den erwarteten Erfolg bringt, von wem nichts mehr zu erwarten ist, der wird mit Schmach bedeckt und mit Häme verfolgt. Ich sehe das. Ich habe das auch schon selbst erlebt. Mein eigenes politisches Ende kenne ich noch nicht. Und dennoch mache ich weiter. Die Frage nach dem noch weiter nach oben kommen reizt mich schon lange nicht mehr. Die Bürden werden nur immer schwerer, die Absturzgefahr sicherer. Aber ich weiß, ich gehe einen vorgezeichneten Weg und werde aus ihm nicht ausbrechen.«

Wer hilft mir, meine Last zu tragen? Natürlich meine Frau. »Doch sie ist nicht die Schutthalde für meine Seele, Abladeplatz für meine Ängste und Hirngespinste. Aber Gott muß mir helfen. Ihm kann ich allen Sinn und Unsinn vorlegen. Ihn kann ich belasten und um Hilfe bitten, ohne Scheu und ohne Grenzen. Er hat mich so gewollt, wie ich bin. Er weist mir meinen Weg. Er nimmt mich eines Tages zurück.« Und schon schütteln sie wieder den Kopf, spotten. Der Kanzler nennt das meinen »christlichen Exhibitionismus«.

Aber soll ich deshalb aufhören, über das auch öffentlich zu reden, was mich als Christenmenschen umtreibt? Ich werde gebeten, am Reformationstag in der Essener Grugahalle vor 8000 Menschen zu sprechen zum Thema »Der Glaube hilft«, und ich tue das, auch wenn ich wieder dafür geprügelt werden sollte. Ich sage zu den Menschen: »Wenn ich zu Hause mit meiner Frau darüber spreche, warum wir leben, warum wir so leben, wie wir leben, in inniger Liebe zeitlich über die Woche getrennt, warum unsere Kinder ihren Preis für die Arbeit ihres Vaters durch einen Mangel an väterlicher Fürsorge zu zahlen haben, warum wir es ertragen müssen, daß wir öffentlich vorgeführt werden, uns etwas unterstellt wird, dann ist dies meine Erklärung: Gott, der Herr, hat mich mit aller meiner Vergänglichkeit, mit allen meinen Fehlern, aber auch mit all meiner Kraft und meinen Fähigkeiten, die er mir gegeben hat, in diese Aufgabe gestellt. Er hat uns beiden, jetzt Mann und Frau, als er uns als Siebzehnjährige in der Evangelischen Jugend in Alt-Barmbek in Hamburg zusammenführte, nicht gesagt, was auf uns zukommen würde. Er hat uns zusammengeführt als ein junges Paar, das sich geliebt hat und heute liebt. Und er kann von uns erwarten, daß wir den Weg gehen, den er uns vorzeichnet. Und dann wird auch Last tragbar. Und dann wird Einsamkeit tragbar. Und dann wird Angst überwindbar.

Ich bin verantwortlich für meine Taten. Ich kann und ich will mich nicht herausreden, wenn es um eigene Fehler und Versäumnisse geht. Aber Gott hilft mir. Jeder Verweis auf Gott wird in unserer Zeit mit Hohngelächter und Unverstand beantwortet. Christentum ist tabuisiert. Christliche Symbole ja, christliches Abendland als inhaltloser Begriff ja, Abgrenzung unserer Welt gegen andere Welten mit christlichen Floskeln ja. Aber christliches Bekenntnis in unserer Zeit nein, es sei denn mit Leerformeln und inhaltslosen Überschriften.«

Und schon wieder störe ich meine Umwelt. Der CSU-Abgeordnete Handlos aus dem Verteidigungsausschuß zerreißt mich in einem »Apel-Portrait« in der Luft, wie er sicherlich meint. Aber die eigenen politischen Freunde finden das auch nicht gut. Darf ich so reden, meine Schwächen zugeben? Da geht es hin und her. Einer sagt mir ganz deutlich: »Du bist ein Exot. Der Kronprinz ist zum Kanzler nicht geeignet.« Meine Antwort: Ich bin kein Sonntagsredner, auch nicht für die Christen in unserem Lande.

Das nächste Fettnäpfchen steht schon bereit. Das Thema »Frauen in der Bundeswehr« gewinnt neben den anderen sicherheitspolitischen Streitfragen an Gewicht. In der Sache selbst bin ich unentschieden. Auch wenn ich ein Gegenargument nicht gelten lasse: Die Öffnung der Bundeswehr für Frauen führe zur Militarisierung unserer Gesellschaft. Weder in Dänemark noch in den USA finden wir eine militarisierte Gesellschaft vor. Es kommt vielmehr auf ganz andere Dinge an. Wir müssen auf jeden Fall den

Eindruck vermeiden, als öffneten wir die Bundeswehr den Frauen nur deshalb, weil wir nicht mehr genügend männliche Bewerber haben. Wir müssen sicherstellen, daß den Frauen in den Streitkräften vergleichbare Aufstiegschancen geboten werden können. Denn zivile Köchinnen, Putzfrauen und Sekretärinnen in mäßig bezahlten Jobs hat die Bundeswehr bereits zu Zehntausenden. Schließlich haben wir unser Grundgesetz zu beachten. Es schließt die Wehrpflicht von Frauen aus und verbietet ihren Einsatz an der Waffe. Im übrigen haben wir bereits einige Dutzend Ärztinnen im Sanitätsdienst der Bundeswehr. Sie tragen Uniform.

Unvoreingenommen arbeiten wir auf der Hardthöhe an diesem Problemkreis. Auch bei den Offizieren gibt es Vorbehalte. Soll die neben dem katholischen Klerus letzte Männergesellschaft aufgebrochen werden? Welche Vorteile ergeben sich daraus für die Bundeswehr? Massiver Widerstand kommt von den linken Frauen. Die Arbeitsgemeinschaft sozialdemokratischer Frauen (ASF) hat ein Thema gefunden, das sich vortrefflich zur Polemik eignet. Deshalb lade ich ihren Bundesvorstand zu einem Mittagessen auf die Hardthöhe ein, damit wir einmal alles in Ruhe und in allen Einzelheiten besprechen können. Wir wollen unsere Argumente austauschen. Wir im Ministerium sind ja noch keineswegs festgelegt.

Unsere Soldaten geben sich alle Mühe. Doch Erfolg haben sie nicht. Die Stimmung wird immer eisiger. Ich meine, ich sollte die Atmosphäre durch einen Kalauer auflockern: Eine Kompanie israelischer Männer wird vom Sinai nach Hause zurückverlegt. In der Kaserne liegt bereits eine Kompanie weiblicher Soldaten. Der Kompaniechef der Heimkehrer meldet sich bei seiner Kollegin. Dabei bittet er sie: »Passen Sie auf Ihre Frauen auf, meine Männer sind heiß.« Darauf seine Kollegin: »Was fällt denn Ihnen ein! Meine Frauen haben es im Kopf, sie haben Verstand!« Antwort: »Wo Ihre Frauen es auch haben – meine Männer werden es finden.« Meine Offiziere lachen pflichtschuldigst. Die Damen der ASF sind empört und sorgen dafür, daß *Die Welt* darüber berichtet. Und wieder einmal fragt mich meine Frau auf gut hamburgerisch zu Recht, ob ich eigentlich noch »ganz dicht« bin.

Ende November werde ich zum fünften Male von den Delegier-

ten meines neu zugeschnittenen Wahlkreises für die Bundestagswahl des nächsten Jahres aufgestellt. An der Stimmung der Genossen kann ich ermessen, was sich in der Partei tut. Ängste und
Sorgen werden artikuliert, die nicht rational sind: Die friedliche
Verwendung der Kernenergie gefährdet unsere Erde und das
Leben unserer Nachkommen. Die Nato-Nachrüstung wird zum
Krieg führen. Der Radikalenerlaß und die Datenspeicherung erinnern sie an Orwells Vision des Jahres 1984. Ich halte dagegen: Wir
könnten nicht in die Idylle fliehen. Unsere politische Aufgabe sei,
den Übeln unserer Zeit mit adäquaten Mitteln zu Leibe zu rücken,
ohne dabei die harten Realitäten zu übersehen. Aber auch ich
kann nicht übersehen, daß wir mit unserer nüchternen Bonner
Politik immer weniger die Herzen vieler Genossen erreichen.

Willy Brandt unterstützt unsere Arbeit loyal, fördert aber indirekt auch die Flucht vieler Genossen in das Land der Illusionen. Er
spricht lieber von den großen Perspektiven und vermeidet allzu
gern die Auseinandersetzung mit den harten Realitäten. Helmut
Schmidt ist unangefochten Kanzler unseres Landes, findet aber
nur selten Zugang zu den Herzen. Dazu fehlt ihm auch menschliche Wärme, Verständnis für den intellektuell Schwächeren und
Geduld. Viele Genossen fühlen sich ziemlich allein gelassen. Warum eigentlich noch die ganze Plackerei, so fragen sie. Was können
wir überhaupt noch bewegen? Wir sind doch nur noch ein Kanz-
ler-Wahlverein. Es ist unser Gegenspieler Franz Josef Strauß, der
Kanzlerkandidat der Union, der sie dennoch motiviert. Denn vor
ihm haben sie Angst. Ich werde mit einer überzeugenden Mehrheit von rund 90 Prozent nominiert. Aber ich weiß auch, daß auf
uns schwere Zeiten zukommen.

Die Entspannungspolitik kommt in Gefahr

Am 27. Dezember 1979 marschieren die Sowjets in Afghanistan ein. Eine Überraschung, auf die uns auch unsere teuren Geheimdienste nicht vorbereiteten. Sie hatten, wie sich später herausstellt, deutliche Informationen und Hinweise entweder nicht zur Kenntnis genommen oder falsch interpretiert. Als die ersten amerikanischen Gegenmaßnahmen kommen – Stopp von Getreidelieferungen an die UdSSR und des Exports von Hochtechnologie – wird es Zeit, eine Bonner Position zu formulieren. Denn nun geht es auch um die Zukunft der Entspannungspolitik. Unsere politische Handlungsfähigkeit nach Osten wie nach Westen wird eingeschränkt. Als geteiltes Land und als wichtigster Handelspartner Osteuropas treffen uns die Folgen eines neuerlich ausbrechenden kalten Krieges ganz besonders. Doch in Bonn findet nichts statt. Seit zehn Tagen weiß ich nicht, wohin wir wollen, wie wir diese Krise beurteilen.

Ich kann nur hoffen, daß wenigstens der Kanzler voll in die internationalen Konsultationen, falls es sie überhaupt gibt, eingeschaltet ist, und wir nicht von unserer Supermacht USA politisch präjudiziert werden. Aber schlecht ist es, daß wir Kabinettsmitglieder nichts erfahren. Helmut Schmidt sitzt auf Mallorca. Ich rotiere in Hamburg und kümmere mich um die Alsterdorfer Anstalten, die Körperschaftsbesteuerung einiger Sportvereine und andere Wahlkreisangelegenheiten. Aber was wir zur Afghanistan-Krise sagen sollen, wie wir uns einstellen, dazu gibt es keinerlei Hinweise. Falls das ein taktisches Spiel sein soll – nach der Melodie, erst einmal zu sehen, woher der Wind weht –, ist das töricht und gefährlich. Denn Willy Brandt hat sich bereits mehr traumtänzerisch als sachbezogen geäußert. Und Grünewald als amtierender Pressesprecher eiert in Bonn auch nur rum. Falls der Kanzler uns nach reiflicher Überlegung sagen will, wo es langgeht, wird es allerhöchste Zeit.

Mindestens zu einer Frage können wir uns nicht länger ausschweigen: Was sagen wir zur Vertagung der amerikanischen Ratifizierung von Salt II? Sie war von uns Sozialdemokraten als eine Art von »Geschäftsgrundlage« für unsere Zustimmung zum Nato-Doppelbeschluß angesehen worden. Die Weigerung der Russen, nach den Brüsseler Beschlüssen vom 12. Dezember 1979 noch über Rüstungsbegrenzungsabkommen im Mittelstreckenbereich zu verhandeln, hatten wir als taktische Variante bezeichnet, die sich nach der Ratifizierung von Salt II schon verändern würde.

Wo stehen wir nun? Sind wir bereit, der amerikanischen Argumentation zu folgen, daß sich vorerst die Geschäftsgrundlagen für die amerikanische Ratifizierung von Salt II geändert haben? Und was bedeutet das für die Fortsetzung der Rüstungskontrollpolitik und der Entspannungspolitik in Europa? Es wird höchste Zeit, diese und viele damit verbundene Fragen zu beantworten.

Meine Überzeugung ist klar: Die Sowjets haben schon seit längerem auf eine andere Karte gesetzt, die der Konfrontation, der Konsolidierung ihres Machtbereichs. Das wird jetzt sichtbar. Illusionen und Träume platzen. Und dennoch kann in Europa die Entspannungspolitik weiterlaufen, wenn wir klug sind. Denn auch Moskau kann auf die Vorteile des Entspannungsprozesses nicht verzichten.

Am 10. Januar 1980 können wir endlich in Bonn mit dem Bundeskanzler über die Afghanistan-Krise reden. Er versteht meine Unruhe nicht und weist darauf hin, daß wir bisher nichts verpaßt haben. Wir schweigen, und Genscher und die Opposition reden. Genscher versucht, Mertes und Kohl für seine Position zu vereinnahmen. Darauf lassen sie ihn eiskalt abfahren. Die Nato müsse ihr Allianzgebiet so definieren, daß sie auch unsere Rohstoffquellen in Asien und anderswo mitschützen könne. Die Bundeswehr als Weltpolizei. Die Nato als imperiales Instrument westlicher Politik. Und natürlich folgt die Waffenbrüderschaft mit China auf dem Fuße. Da kann denn auch Genscher nicht mehr mittun.

So bildet sich unsere Position heraus, auch wenn mir diese Methode nicht gefällt: Der Afghanistan-Konflikt darf nicht europäisiert werden. Der sowjetische Einmarsch entlarvt die Sowjetunion als imperiale Macht in der Dritten Welt. Wir müssen diesen Staaten materiell und politisch beistehen. In Europa ist der Frieden wegen unserer festen Verankerung im westlichen Bündnis nicht gefährdet. Wir sind sicher wegen der starken Bundeswehr. Auf dieser festen Grundlage wird die Entspannungspolitik mit dem Osten fortgesetzt. Dabei ist unsere Solidarität mit den USA fest und unbezweifelbar, ohne daß wir jede Irrationalität Carters mitmachen.

Sie bildet die eigentliche Ursache unserer Sorgen. Der Entspannungspolitiker Carter fällt ins andere Extrem. Jetzt erweckt er den Eindruck, mit Macht zum kalten Krieg zurückzudrängen. Sinnvolles und Sinnloses wird gleichermaßen vorgeschlagen und beschlossen. Der US-Wahlkampf beeinflußt den Gang der Dinge. Wir können das nicht mitmachen. Andererseits müssen die Illusionisten in unseren Reihen Abschied nehmen von ihren gefährlichen Träumen. Die UdSSR ist keine nur defensive Macht. Sie macht durchaus Gebrauch von ihrer militärischen Stärke.

Wieviel Spielraum bleibt unserer Politik? Wir können uns nicht von Carter und den USA abkoppeln. Und verfolgt Moskau noch eine rationale, die Interessen der Sowjetunion richtig einschätzende Politik? Der Kreml hätte es frühzeitig in der Hand gehabt, mit einem einseitigen Moratorium beim Bau und der Aufstellung der SS-20 den Nato-Beschluß zu gefährden, vielleicht sogar zu verhindern. Nun hilft Moskau erneut den Falken im Westen, wenn es von uns eine förmliche Rücknahme unserer Nato-Beschlüsse vom 12. Dezember 1979 fordert, ehe es zu Rüstungskontrollverhandlungen bereit wäre. Entweder wollen die Sowjets uns bewußt in den Kalten Krieg zurücktreiben, oder sie reagieren irrational. Hat Moskau sein afghanisches Abenteuer richtig eingeschätzt? Wohl kaum!

Überall vergiftet das politische Durcheinander die Atmosphäre. Ich hatte vor Monaten zugestimmt, die diesjährige Bootsausstellung in Düsseldorf zu eröffnen. Motto: Partnerland Olympia Sowjetunion. Neben mir als Redner der Ministerpräsident Estlands, da in Tallin die Segelolympiade stattfinden soll. Nach längerem Hin und Her sage ich aus Termingründen meine Teilnahme ab. An meiner Stelle wird Staatssekretär Hiehle reden. Nun beginnt der Druck des Auswärtigen Amtes. Wir sollen überhaupt nicht erscheinen. Immer wieder interveniert Staatssekretär von Well bei Hiehle. Genscher wagt sich nicht an mich heran. Ich bleibe fest. Wir sollen zur Eröffnung einer deutschen Ausstellung nicht erscheinen, weil die UdSSR Afghanistan überfallen hat? Das hilft niemandem.

Mitte Januar macht mir ein 90-Minuten-Gespräch mit dem Chefredakteur der *Iswestija* deutlich, daß die Führung der UdSSR heute weiß, welcher unglaublichen Fehleinschätzung sie erlegen ist, als sie sich zum Überfall auf Afghanistan entschloß. Die Rebellen machen den Truppenabzug mit ihren im Frühjahr sicherlich noch zunehmenden Aktionen unmöglich. Die westliche Antwort auf den sowjetischen Einmarsch stellt die UdSSR vor riesige Probleme. Ihre Einkreisung macht ihnen große Sorgen. Der Iran liefert neues Konfliktpotential und Verlockungen gleichzeitig. Wenn wir nicht aufpassen, schlittern wir in eine große Gefahr für den Weltfrieden hinein. Wir Deutschen müssen die Nerven behalten, auch wenn die anderen ausflippen.

Die beste Garantie dafür ist unser Bundeskanzler. Er ist in seinem Element. Seinen Analysen kann niemand widersprechen. Ende Januar finden im Kanzler-Bungalow mehrere Gesprächsrunden statt. Die führenden Genossen und die Gewerkschaftsvorsitzenden sind nach diesem Abend tief besorgt. Auch das Gespräch mit Kohl, Zimmermann und Strauß bleibt nicht ohne Wirkung. Strauß zeigt sich stark beeindruckt.

Helmut Schmidt ist krank, und gleichzeitig zelebriert und genießt er die Weltkrise. Er läuft zu Hochform auf. Die »kleinen« Sorgen der Sanierung des Haushalts, der Rentenreform, der Kernenergie können vorerst vergessen werden. Allerdings werden diese und viele andere Fragen zurückkehren und von uns Antworten verlangen. Erst am 5. Oktober ist Wahltag. Acht Monate Krisenmanagement können den Kampf um die Stimmen der Wähler nicht ersetzen.

Doch Strauß arbeitet ihm in die Hände. Er vertritt ein simples, aber für uns hilfreiches Konzept: Dies sei eine weltumspannende Bedrohung durch die Sowjetunion. Sie werde ermöglicht durch die lasche und illusionäre Politik vieler in Washington und in Bonn. Nun müsse gehandelt werden: Notfalls Reduzierung des Steuersenkungspakets; mehr Geld für die Abwehr der Kommunisten; Milliarden mehr für die Landesverteidigung und den Zivilschutz; Einspringen der Bundeswehr für die USA und andere in Zentraleuropa, falls diese ihre Soldaten in Übersee gegen die Russen einsetzen müßten. So weit kann niemand von uns gehen. Wir selbst würden die Beweise dafür liefern, daß wir in den letzten Jahren zu wenig gegen die Eindämmung der Russen unternommen haben – als wenn Afghanistan und seine Folgen ihre Ursachen in einer fehlerhaften deutschen Politik fänden. Und wir würden die Wählerentscheidung reduzieren auf Fragen der äußeren Sicherheit. Das muß falsch sein.

Die Turbulenzen erreichen die Bundeswehr

Am Ende des Jahres 1979 halten 17 Prozent unserer Bevölkerung einen Krieg für möglich. Angesichts der scharfen Auseinandersetzungen um den Nato-Doppelbeschluß ist das ein erstaunlich niedriger Prozentsatz. Gut einen Monat später zeigen uns die neuesten Meinungsumfragen, daß nun mehr als die Hälfte unserer Bevölkerung von einer akuten Kriegsangst umgetrieben wird. Natürlich hat der Einmarsch der Sowjets in Afghanistan diese Angst ausgelöst. Die Alarmschreie der Politiker kommen hinzu. Wenn Deutschlands angesehenster Politiker öffentlich davon spricht, daß unsere aktuelle Lage durchaus mit den Tagen und Wochen des Sommers 1914 vor dem Ausbruch des Ersten Weltkriegs zu vergleichen sei, so muß das entsprechende Reaktionen auslösen. Da ist es nicht leicht, die wachsende Irrationalität einzugrenzen und an unserer bisherigen Sicherheitspolitik festzuhalten.

Anfang Februar rede ich auf der Synode der EKD in Garmisch-Partenkirchen. »Ich warne auch die Christen davor zu meinen, es wäre eine christliche Tat, einseitig vorzuleisten. Eine christliche Tat schon deshalb nicht, weil dies den Frieden nicht bewahrt, sondern den Krieg näherbringt... Aber ich sage mit der gleichen Deutlichkeit, auch Rüstungswettläufe regeln die Probleme nicht. Die Herausforderung dieser Zeit ist die Herausforderung außerhalb Europas. Sicherheit auf dieser Erde ist unteilbar. Wir müssen auf diese Herausforderung antworten. Unsere Antwort heißt: Entwicklungshilfe als Teil einer wohlverstandenen Sicherheitspolitik.«

Mitten hinein in die ersten hektischen Wochen dieses Jahres meldet sich erneut General Bastian zu Wort. Mir hatte er im letzten Jahr bei unserem Gespräch am 30. August in die Hand versprochen, zuerst mit mir zu sprechen, ehe er sich erneut öffentlich äußere. Doch daran hält er sich jetzt nicht. Am 16. Januar teilt er seinen Stabsoffizieren und Mitarbeitern mit, daß er den Nato-Doppelbeschluß vom 12. Dezember 1979 vor seinem Gewissen nicht verantworten könne. Er wolle deshalb seinen Dienst quittieren. Gleichzeitig sendet er mir einen entsprechenden Brief nebst einer achtseitigen Erläuterung mit dem Titel »Warum ich den Nato-Doppelbeschluß ablehne«.

Am 17. Januar haben wir im Deutschen Bundestag unsere erste parlamentarische Debatte nach dem Einmarsch der Sowjetunion in Afghanistan. Ich sitze im Plenum und bereite mich auf diese schwierige Debatte vor. Die ersten nicht ganz eindeutigen Meldungen aus Veitshöchheim von der Division des Generals Bastian über seine Äußerungen vor Offizieren laufen ein. Ich muß im Bundestag bleiben und lasse im Ministerium nach dem Brief des General Bastian fahnden, den er angeblich an mich geschickt haben soll. Er ist bei uns bisher nicht eingegangen. Wir nehmen mit ihm telefonisch Kontakt auf. Sein Brief wird uns durchgegeben. So erfahren wir endlich, was der General seinen Mitarbeitern vor 24 Stunden gesagt hatte. Die Stationierung von US-Mittelstreckenraketen gefährde den Frieden und die Entspannungspolitik. Der Nato-Doppelbeschluß werde nicht nachträglich durch den Einmarsch der Sowjetunion in Afghanistan gerechtfertigt. Und so geht es weiter. Deshalb wolle er den Dienst quittieren – mit voller Pension, versteht sich.

Ich bin von diesem Mann persönlich schwer enttäuscht. Und ich stehe angesichts der laufenden Plenardebatte, die noch Stunden anhält, unter großem Zeitdruck. General Bastians Forderung auf Versetzung in den Ruhestand lehne ich ab und teile ihm mit, daß er von seinem Divisionskommando abgelöst werde und in der Bundeswehr eine andere Verwendung erhalte. Natürlich entscheide ich unter Zeitdruck. Aber auch ohne Plenardebatte hätte es für mich keine andere Möglichkeit gegeben. Auch ohne die Vorgeschichte des Generals Bastian hätte ein Eingehen auf seine Forderung nur bedeutet, daß von nun an jeder General mit Hilfe seines »gequälten Gewissens« selbst entscheiden könnte, wann er in Pension gehen will.

Das Presseecho ist eindeutig. Die Kommentare stimmen überwiegend meiner Entscheidung zu. Sie weisen darauf hin, daß ich keine andere Wahl hatte und ihm nicht den Mund verboten hätte. Bei den konservativen Generalen gibt es für Bastian keinerlei Sympathie. Aber so kann ein Minister doch nicht mit der Institution »General« umgehen! Und die journalistischen Anwälte Bastians sehen in meiner Entscheidung einen Knebel für die freie Meinungsäußerung des Staatsbürgers in Uniform und einen bedenklichen Dämpfer für die Zivilcourage in der Truppe. Dagegen wende ich mich mit allem Nachdruck. Ende Januar sage ich im *Vorwärts*:

»Meine Entscheidung bedeutet nicht, daß ich Abschied nehme vom Staatsbürger in Uniform, bedeutet nicht, daß ich nicht auch weiter für ein Mindestmaß an geistiger Liberalität innerhalb der Bundeswehr kämpfen werde. Meinungsäußerungen innerhalb der Bundeswehr wird es hoffentlich noch weiterhin geben, auch solche, die nicht übereinstimmen mit der Meinung des verantwortlichen Ministers und der Bundesregierung. Jeder Berufssoldat hat aber mit seinem Diensteid geschworen, diesem Staat und damit auch seinen demokratisch legitimierten Institutionen treu zu dienen. Es kann und darf von unseren Soldaten nicht verlangt werden, ihr Gewissen und ihre persönliche Meinung in der Kleiderkammer abzugeben. Es muß aber von jedem Soldaten verlangt werden, daß er auf demokratische Weise zustande gekommene Entscheidungen, die im übrigen auch sicherheitspolitisch geboten waren, mitträgt, selbst wenn er persönlich eine andere Entscheidung vorgezogen hätte.«

Wir entscheiden nach einem gründlichen Gespräch mit General Bastian, ihn zum Heeresamt zurückzuversetzen. Dort hatte er vor Jahren bereits einmal Dienst getan. Doch da trifft ihn und uns ein neuer Schlag. Ein Offizier des Heeresamts beschwert sich brieflich bei uns. Bastian habe damals das Soldatengesetz verletzt, gegen den Grundsatz der Kameradschaft verstoßen, weil er mit seiner Frau angebändelt habe. Er dürfe also nicht ins Heeresamt zurückkehren. Ich bin auf unserer Ostasien-Reise, als die Boulevard-Presse diese Geschichte mit Fotos und weiteren Einzelheiten breittritt. Nun tut der Mann mir leid. Und ich frage mich, ob ich alles richtig gemacht habe.

Meine öffentlichen Versammlungen überall in der Bundesrepublik zeigen mir, daß sich der Wind dreht. Wenn ich mit den sogenannten Experten rede, findet noch die übliche Sicherheitsdebatte auf dem bekannt hohen, abstrakten Niveau statt. Ansonsten nimmt die Emotionalisierung deutlich zu. Das hat vielleicht auch etwas damit zu tun, wie wir in Bonn unsere politischen Entscheidungen vorbereiten.

Am Sonntag, dem 13. April 1980, müssen Bahr, Brandt, Wehner, Wischnewski und ich um 14 Uhr im Kanzler-Bungalow anmustern, um nach einer langen Lageanalyse durch den Kanzler unseren Boykott der Olympischen Spiele und unsere Beteiligung an den wirtschaftlichen Sanktionen gegen den Iran zu beschließen. Helmut Schmidt hält das zwar alles für Unsinn, aber dennoch machen wir es stramm mit. Und nun auch noch vorneweg. Es ist nicht sicher, ob sich viele westeuropäische Staaten uns anschließen werden. Hannemann geht voran und bekommt Ärger mit den Sowjets. Von den USA fällt das Lob bescheiden aus, denn sie denken nicht völlig zu Unrecht, sie hätten uns erst zum Jagen tragen müssen.

Wehner erklärt, die Rüstung der Sowjets sei defensiv und ihr Einmarsch nach Afghanistan vorbeugend. Brandt meint, wir sollten nicht amerikanischer als die Amerikaner sein und uns nicht ihrem Wahlgetümmel unterordnen. Helmut Schmidt macht Äußerungen zum Nato-Nachrüstungsbeschluß, die auch als ein behutsames Abrücken aufgefaßt werden können. Wischnewski weist auf Gespräche mit US-Politikern hin, denen er entnimmt, die SPD sei in den Augen Washingtons die antiamerikanische Partei, die CDU die amerikanische. Man bereite schon entsprechende Interventionen in unseren Wahlkampf vor. Das verstärkt augenscheinlich unsere Bereitschaft, den Olympiaboykott und die Iran-Sanktionen zu beschließen. Ich bin plötzlich isoliert, als ich fordere, man solle nicht so überstürzt handeln und lieber wegen Olympia im Konvoi segeln. Dies gehe nicht, so sagt man mir, denn schon am Mittwoch dieser Woche empfange der Bundeskanzler das Präsidium des NOK und andere Sportfunktionäre. Dann müsse klar gesprochen werden, damit sich niemand »verfranse«. Und ich werde auf meine Bemerkungen Anfang Februar auf der internationalen Wehrkundetagung verwiesen. Dort hatte ich auf Befragen gesagt, ich könne mir nicht vorstellen, daß die Fahne unseres Landes in das Moskauer Olympiastadion einziehe, wenn nicht auch die Fahne der USA dabei sei.

Ansonsten ist dieses Drei-Stunden-Gespräch unter Genossen nicht sehr erhellend. Helmut Schmidt will darüber beraten, was wir tun, wenn die USA Landstreitkräfte mit ihren Waffen aus Europa abziehen. Ich bringe ihn davon ab, weil das überhaupt nicht zur Debatte steht und wir nur eine sinnlose und gefährliche Diskussion auslösen können. Willy Brandt macht den USA Vorwürfe, weil sie zwischenzeitlich Salt II nicht ratifiziert hätten. So sei der SPD-Parteitag bei seinem »Ja« zum Nato-Nachrüstungsbeschluß getäuscht worden. Kein Wort zu den Gründen der Verschiebung, nämlich um nach Afghanistan das definitive Scheitern von Salt II zu verhindern. Wehner redet überhaupt erst nach Aufforderung. Er schließt sich unserer Meinung an, der Kanzler solle Breschnews

Einladung nach Moskau für Juli annehmen, und »motzt«, als der
Kanzler darauf hinweist, daß Genscher gegen diese Reise sei. Da
hat Wehner recht: Wer zweimal an zwei Tagen als historische
Parallele den Juli des Jahres 1914 beschwört und damit den möglichen Ausbruch des Dritten Weltkriegs, der muß jede Gesprächs-
möglichkeit nutzen, wenn die Rahmenbedingungen zumutbar
sind.

Genscher ist der starke Mann. Der Kanzler hat in der letzten
Zeit immer wieder seine nahtlose Übereinstimmung mit ihm
unterstrichen. Zu den Äußerungen des Kanzlers über ein etwaiges
Moratorium sorgt Genscher öffentlich sofort für Ordnung: Es
bleibe bei den Dezember-Beschlüssen der Nato zur Nachrüstung.
Und das erklärt auch der Kanzler am Mittwoch im Kabinett; seine
Bemerkungen lägen innerhalb der Nato-Beschlüsse. Die UdSSR
müsse ihre SS-20-Produktion und Dislozierung einstellen, damit
ihre Überlegenheit nicht noch mehr zunehme.

Das Ansehen Helmut Schmidts in unserem Land ist riesengroß.
Auch die SPD steht ohne Wenn und Aber hinter ihm. Selbst die
Linke hat mit ihm dann keine Probleme, wenn er ihrem latenten
Antiamerikanismus durch fortlaufende Kritik an Carters Politik
Nahrung gibt. Diese Kritik ist in der Sache voll berechtigt. Ihre
Konsequenzen sind schlimm. In ihrer Vergröberung wirken sie in
der Partei so, daß viele sich in ihrer Abneigung gegenüber den
USA, der Nato und damit auch der Bundeswehr bestätigt fühlen
können. Und so, wie wir unsere Teilnahme am Olympiaboykott
und den Iran-Sanktionen öffentlich bekanntmachen, erhöht das
nicht die Liebe gegenüber den Amerikanern. Denn wir signalisieren unseren Bürgern, wir seien quasi gezwungen worden, solidarisch zu sein.

Mein Ansehen in der SPD steht dagegen auf tönernen Füßen.
Ich bin der Verteidigungsminister und damit leicht einzuordnen.
Ich beteilige mich nicht an der Beförderung der latenten antiame-
rikanischen Strömungen, stehe zur Nato und zur Bundeswehr. Der
Vorwärts macht mich zu einem der Falken in Bonn und spricht
damit nur das aus, was viele in der Partei von mir denken. Ich
fordere den *Vorwärts* auf, Beweise dafür vorzulegen, daß ich ein

Falke sei. Dazu ist die Redaktion nicht in der Lage. Aber das muß ja auch nicht sein. Irgend jemand muß doch schuld daran sein, daß die SPD nicht mehr ungestört ihre Träume von der Entspannungspolitik träumen kann.

Und so verschieben sich die Perspektiven. Am 1. Mai während meiner Rede in Stade werde ich als Kriegstreiber bezeichnet. Nachmittags bei einem Kinderfest in Langenhorn demonstrieren sie gegen mich und für den Frieden. Von Afghanistan und dem sowjetischen Militärpotential ist nicht mehr die Rede.

Am 6. Mai dieses Jahres jährt sich zum 25. Male der Beitritt der Bundesrepublik zur Nato. Seit Monaten denken wir darüber nach, wie wir diesen Tag begehen können. Der Bundespräsident möchte nach Bremen gehen, weil er hier seine politische Arbeit begann. Dafür spricht auch, daß Bürgermeister Kaisen vor 23 Jahren erstmalig in Bremen, allerdings gegen den Willen der SPD, ein öffentliches Gelöbnis von Wehrpflichtigen durchgesetzt hatte. So fragen wir in Bremen an, ob wir mit einem öffentlichen Gelöbnis mit anschließendem Zapfenstreich am 6. Mai in der Hansestadt willkommen wären. Hans Koschnick lädt uns mit Freuden ein.

Ab Anfang April mehren sich die Zeichen, daß es in Bremen zu Protesten gegen diese Veranstaltung kommen werde. Der Bremer Landesjugendpfarrer schreibt an Bürgermeister Koschnick: »Viele überzeugte Demokraten fühlen sich jedoch durch die geplante Veranstaltung so tief verletzt, daß aggressive Reaktionen unvermeidbar erscheinen.« Der SPD-Unterbezirk Bremen-Ost protestiert gegen »überflüssiges Säbelrasseln« und »militärisches Brimborium in Krisenzeiten«. Die Vereidigung solle am besten auf dem Kasernenhof stattfinden. Die »Grünen«, der Landesjugendring, die Jungdemokraten, die Kriegsdienstgegner, viele evangelische Pastoren, Kommunisten und auch Radio Bremen wollen die Bundeswehr und Bundespräsident Carstens nicht in Bremen sehen.

Am 23. April sende ich ein Fernschreiben an die SPD in Bremen-Ost. Darin heißt es unter anderem: »Jede Demonstration gegen diese Veranstaltung verkennt ihren Charakter. Es handelt sich keineswegs um eine martialische Demonstration, sondern um eine Stunde, die unterstreicht, daß Wehrdienst Friedensdienst ist. Wir können unsere Friedens- und Entspannungspolitik nur auf der Basis unserer festen Verankerung im westlichen Bündnis und dem Gleichgewicht der Kräfte sichern und fortsetzen.«

Am 6. Mai vormittags ist in Bremen bei unserer Ankunft noch alles in Ordnung. Nachmittags und abends herrschen in der Stadt bürgerkriegsähnliche Zustände mit brennenden Autos, Hunderten von Verletzten. Straßenschlachten toben rund um das Stadion. Carstens und ich müssen mit dem Hubschrauber ins Weserstadion eingeflogen werden. Die Veranstaltung kann trotz Radaus von außen durchgeführt werden. Hans Koschnick kommt mit uns ins Weserstadion. Zur gleichen Zeit flaniert sein Jugendsenator Henning Scherf bei den Demonstranten herum. Ich sage Koschnick noch im Bremer Rathaus, daß Scherf in der Gegendemonstration mitmarschieren wolle. Koschnick kann das verhindern, nachdem ich ihm die ganze Geschichte erzähle.

Sie macht mir allerdings einiges Kopfzerbrechen, als ich Anfang Juli als erster Zeuge vor dem von der Opposition erzwungenen Untersuchungsausschuß über die Bremer Krawalle in Bonn aussagen muß. Ich frage den Justizminister um Rat. Hans-Jochen Vogel sagt mir, daß ich auf Befragen nicht verschweigen dürfe, daß Henning Scherf meine Frau bei der Hochzeit von Freimut Duve wenige Tage vor den Bremer Krawallen eingeladen hatte, mit ihm in Bremen an der Gegendemonstration teilzunehmen und daß er obendrein noch einen Boten am 6. Mai ins Bremer Rathaus geschickt hatte mit der Absicht, meine Frau um 15 Uhr in sein Büro zu bringen.

Und so war es: Da ich in Bonn sein muß, bitte ich Ingrid, zu Duves Hochzeitsfeier zu gehen. Die Gäste treffen sich im Garten. Es wird viel geredet und gelacht. Henning Scherf zu meiner Frau: »Wenn dein Mann am 6. Mai im Weserstadion ist, gehst du mit mir zur Gegendemonstration.« Sie nimmt das nicht ernst und sagt nur: »Mokt wi.« Erst als jemand sie im Bremer Rathaus im Auftrag von Henning Scherf abholen will, merkt sie, daß Scherfs Einladung zur Gegendemonstration ernst gemeint war. Sofort, aber erst jetzt, berichtet sie mir von der Vorgeschichte.

Wenn ich das im Untersuchungsausschuß breittrete, ist in dieser

Vorwahlzeit der Teufel los. Henning Scherf könnte nicht mehr leugnen, an der Vorbereitung der Gegendemonstration zumindest interessiert gewesen zu sein. Er wäre dann »fällig«, und ich hätte ihn »zur Schnecke gemacht«. Meine Frau würde in die Sache reingezogen und damit ich selbst. Die Bonner Sommer-Sensation wäre fällig. Doch lügen werde ich nicht. Ich bereite mich auf meine Aussage genauestens vor. Wort für Wort wird gewichtet und aufgeschrieben nach dem Prinzip: nichts verleugnen oder verbergen, aber keine eigenen Fährten legen.

Die CDU/CSU stellt zu den Bremer Senatoren keine Frage. Es geht ihr um die »Parteischiene«. Am 19. April 1980 hatte ich während unserer sicherheitspolitischen Konferenz in Köln erfahren, daß die SPD in Bremen-Ost massiv gegen unsere Veranstaltung im Weserstadion Stellung nehmen wollte. Ich habe daraufhin in Interviews in Bremen für diese Veranstaltung Position bezogen, dem Unterbezirk ein entsprechendes Fernschreiben geschickt und am 25. April im Parteivorstand eine einstimmige Empfehlung an Bremen erwirkt, mit diesem Unsinn Schluß zu machen. Dennoch haben die Jusos weiter mit den K-Gruppen gegen diese Veranstaltung mobil gemacht. Daraus will die Opposition den Vorwurf ableiten, ich hätte nicht hinreichend meiner Fürsorgepflicht als Bundesverteidigungsminister entsprochen. Entweder hätte ich von Bremen weggehen oder meine Partei in Ordnung bringen müssen. Doch dieser Angriff geht nach drei Stunden Befragung ins Leere.

Und auch der zweite Angriff der Opposition ist nicht erfolgreich. Unsere Vorbereitungen zur Sicherung und Durchsetzung des Hausrechts im Weserstadion – nur zwei zusammenhängende Eintrittskarten, Einlaßkontrollen durch unsere Feldjäger, massive Präsenz der Feldjäger im Stadion, zusätzliche Teilnehmer der Bundeswehr an der Veranstaltung – waren so erfolgreich, daß die Veranstaltung selbst fast störungsfrei ablief. Für die Sicherung vor dem Stadion war Bremen zuständig. Bleibt schließlich die Frage, ob wir den Bremern alle unsere Informationen geliefert hatten, um sie in die Lage zu versetzen, ihren Polizeieinsatz ordnungsgemäß zu planen. Hier hatten die Bremer in ihrem Bericht des Bremer Untersuchungsausschusses behauptet, sie hätten nicht alles erfah-

ren. Details werden im Fortgang der Arbeiten des Untersuchungsausschusses von den Experten des MAD dargelegt werden. Ich aber
kann Koschnick zitieren, der am 13. Mai im Deutschen Bundestag
ausgeführt hatte, daß den Bremern damals keinerlei Informationen zur vollständigen Lagebeurteilung fehlten.

Am 7. Mai, noch unter dem Eindruck der Bremer Krawalle,
fliege ich für einige Tage nach Tunesien. Wir leisten den tunesi-
schen Streitkräften im Sanitätsbereich Ausrüstungshilfe. Wieder zu
Hause, muß ich zur Kenntnis nehmen, daß der Kommandeur des
zweiten Korps ein öffentliches Gelöbnis in Emden abgesagt und in
die Kaserne verlegt hatte. Ich kann das nicht billigen. Wir dürfen
nicht zurückweichen. Ich entschließe mich, am 14. Mai in Emden
selbst zu den Wehrpflichtigen zu sprechen:

»Wer Emden als Trotzreaktion auf Bremen versteht, übersieht,
daß die Streitkräfte der Bundesrepublik Deutschland, unsere Bundeswehr, gerade nicht eine Armee im Getto sein darf und daß wir
eben nicht einen Staat im Staate haben wollen. Sie ist als Armee in
der Demokratie begründet worden und hat sich als zuverlässiger
Schutz unserer Demokratie erwiesen. Sie hat keinen Grund, sich
ausgerechnet in dem Augenblick vor den Bürgern zu verstecken,
da sie durch Gelöbnis oder Eid die Pflicht bekräftigt, die Freiheit
der Bürger zu sichern, so wie das Grundgesetz es befiehlt.«

Trotz allgemeiner Zustimmung weiß ich genau, was das alles für
mich bedeutet: Die Rechten bleiben davon überzeugt, daß ich als
»weißer Jahrgang« und Sozi sowieso nicht ganz »echt« bin. Bei
den Linken verstärkt sich der Eindruck, daß ich zunehmend nach
rechts abdrifte und mich von meinen Generalen vereinnahmen
lasse. Ich muß mir ja nur anhören, was manche der wirklich wohl-
meinenden Genossen zu mir sagen. Sie können nicht begreifen,
daß ein Mindestmaß an Rollenverständnis unabdingbar für jedes
Amt ist.

Meine Kondition läßt nach. Am Montag, dem 12. Mai, muß ich
nach Brüssel als Vorsitzender der »Eurogroup« der Nato, einem
Gremium der europäischen Verteidigungsminister des Bündnisses.
Am Dienstag rede ich im Bundestag in der Debatte über die Bremer Krawalle, um dann umgehend wieder nach Brüssel zur »Eu-

rogroup« zurückzufliegen. Am Mittwoch tagt in Bonn das Bundeskabinett. Abends rede ich in Emden. Und so dreht sich das Karussell immer weiter. Schon lange habe ich die Lust an den vielen gesellschaftlichen Ereignissen in Bonn verloren. Ich bleibe auf der Hardthöhe allein in meinem Minister-Bungalow. Da kann ich wenigstens in Ruhe arbeiten.

Anfang Juli wird uns vom Kanzler eine Tournee verordnet. Eine Woche Giscard d'Estaing in Deutschland. Ich begleite ihn zusammen mit meiner Frau durch unser Land als »Ehrenjungfrau«. Der Bundeskanzler legt darauf Wert, denn Giscard soll mich kennenlernen. Außerdem bin ich der »Franzose« im Kabinett. Vor der Reise erhalte ich von ihm »Verhaltensmaßregeln« und letzte sehr vertrauliche Informationen aus seinen Zwiegesprächen mit Giscard, die in Bonn unserer Deutschland-Tournee vorausgegangen sind: Zweifel an den USA, ein europäisches Europa, Positives zu den Neuansätzen französischer Nuklearstrategie. Während der Reise rede ich mit Giscard nur wenig. Er will mir vermitteln, daß der deutsch-französische Panzer gebaut werden muß als Symbol unserer Allianz. Ansonsten halten wir uns in Baden-Baden, Kassel, Würzburg und Lübeck schön im Hintergrund. Giscard gehört für Stunden dem jeweiligen Ministerpräsidenten.

Ich kann in dieser Woche gut beobachten. Giscard ist ein eindrucksvoller Mensch. Stets beherrscht und konzentriert, auf Distanz bedacht ohne Arroganz, feste Ziele, die verbindlich in der Form, aber klar im Inhalt vorgetragen werden. Er hat es leichter als unser Kanzler. Er entscheidet für Frankreich über die Grundlinien der Politik. Unser Grundgesetz will das für unseren Kanzler zwar auch. Doch die Realität in der Koalition und der Parteidemokratie macht das nur partiell möglich. Dazu kommt unser Föderalismus. In dieser Woche kann ich einige der »Stammesfürsten« ganz aus der Nähe studieren: Holger Börner solide und schwergewichtig; Lothar Späth clever und hellwach; Stoltenberg hochkarätig und gehemmt. Und Strauß. Am liebsten hätte er Ingrid und mir nicht die Hand gegeben. Ein Riesenaufwand wird entfaltet. Strauß als Barockfürst mit seinen Untertanen in Würzburg. Seine Rede ist aggressiv und von innerer Hektik. Er weiß längst, was ihm am 5. Oktober blüht. Am Ende der Reise kann ich nur mit dem Hinweis auf Helmut Schmidt und die Hamburger Tradition verweisen, mit dem Kreuz der Ehrenlegion dekoriert zu werden.

Und dieser Zivilist und Hanseat gibt der Bundeswehr zu ihrem 25. Geburtstag ein Ehrenzeichen in Gold, Silber und Bronze, das auch an Dritte verliehen werden kann. Das Echo: im rechten Spektrum wird behauptet, ich wolle das gestörte Verhältnis von SPD und Bundeswehr mit Lametta zuhängen. Für links ist das Ehrenzeichen ein Beweis mehr, daß die Bundeswehr aus der zivilen Gesellschaft auswandere und ich ein Militarist geworden sei. Sie basteln sich einen neuen Schlagstock und wollen nicht sehen, daß auch die Demokratie Zeichen der Anerkennung und der Dankbarkeit braucht.

Der Vormarsch der Linken

Anfang März 1980 spreche ich mit dem Bundesvorstand der Jungsozialisten. Wir kommen bei den strittigen Fragen – Kernenergie, Nato-Doppelbeschluß – natürlich nicht auf einen Nenner. Doch ich begreife, wie einfach die Strategie unserer innerparteilichen Gegner ist. Wer kann es schon beruhigend finden, immer stärker von der Kernenergie mit allen ihren Risiken abhängig zu werden? Folglich tun die Linken so, als ginge es auch ohne Atommeiler. Wer nimmt schon gern die wachsende militärische Potenz der Sowjetunion zur Kenntnis und zieht daraus die notwendigen Konsequenzen? Also tun die Linken so, als sei Afghanistan kaum mehr als ein Betriebsunfall, hätten wir die Sowjetunion getrieben, mit ihrer Sicherheitspolitik unserem Militarismus entgegenzutreten. Dabei machen sie es sich leicht. Wir tragen in der Regierung die Verantwortung und stützen uns auf die Mehrheit der Partei. Sie beschränken sich aufs »Motzen«. Haben wir Erfolg, dann wechseln sie das Spielfeld. Aber immer wieder kommen sie auf ihre Themen zurück, schlagen Pflöcke ein. Sie erzwingen von der Mehrheit Kompromisse, die sie allerdings nur so lange mittragen, wie sie es für geboten halten. Dann geht das Spiel von vorne los.

Die Linken kommen voran. Unsere Regierungspolitik ist so schwierig, voller Kompromisse und ohne Glanz, daß sich zumindest Teile der Partei an den Emotionen und den Träumen von einer besseren Welt, den sozialistischen Idealen wärmen. Wir dagegen unterliegen einem dauernden Rechtfertigungszwang. Er wird für uns derzeit nur deshalb nicht gefährlich, weil auch die Linke weiß, daß der Machterhalt im Wahljahr 1980 und damit auch die Sicherung ihrer Posten vom Erfolg der Macher abhängt. Bis zum Wahltag haben wir relative Ruhe, auch auf unserem Wahlparteitag im August. Aber danach wird es lustig werden.

In ihrer Persönlichkeitsstruktur sind diese jungen Linken für mein simples Gemüt nicht faßbar. Gerd Schröder, der Juso-Bundesvorsitzende, ragt bei meinen Gesprächen mit seinem Verstand weit heraus. Seine Mitstreiter sind eher tumb. Sie wollen die reine Lehre in der Opposition. Schröder dagegen kann analysieren, argumentieren, eigene Positionen variieren. Er wird den Faden zu uns nicht abreißen lassen, solange ihm das nützt. Oskar Lafontaine ist von besonderem Zuschnitt. Ich mache für ihn im Saarland Wahlkampf. Solange ihm das nützt, stört es ihn nicht, daß ich zur Kernenergie und zum Nato-Doppelbeschluß sein innerparteilicher Opponent bin. Er macht den »Abtrünnigen des Jahres 1972« Karl Schiller zum »Schatten-Wirtschaftsminister«. Das ist Politik, zu der ich nicht zu gebrauchen bin.

Erhard Eppler führt in Baden-Württemberg einen Landtagswahlkampf ohne die Bundesregierung, eigentlich gegen sie. Da wir seine ökologischen Thesen, seine Ablehnung der Kernenergie nicht mittragen, sei er zum Alleingang gezwungen, sagt er uns im Bundesvorstand. Am 16. März kassiert er ein schlimmes Wahlergebnis ein. Die SPD verliert weiter. Die »Grünen« kommen in den Landtag. Die CDU erhält die absolute Mehrheit.

Am Montag kommt es im Bundesvorstand zu einer kräftigen Auseinandersetzung über Epplers Wahlkampf – Helmut Schmidts Porträt durfte auf keinem SPD-Plakat erscheinen – und die Folgen des Wahlergebnisses für Bonn. Die Linken schweigen. Willy Brandt tritt für Eppler ein. Wir müßten auf die Sorgen der grünen Wähler eingehen und unsere Politik entsprechend einrichten. Konkret wird er nicht. Sollen wir aus der Kernenergie aussteigen? Sollen wir in Teilbereichen auf die Industrialisierung verzichten, dem Nato-Doppelbeschluß abschwören? Helmut Rohde und andere argumentieren mit mir gegen Brandt und Eppler. Doch weitere Auskünfte vom Parteivorsitzenden erhalten wir nicht.

Unsere Wut ist ziemlich groß. Immer wieder hat uns Eppler mit seinen Parolen genervt. Nun verliert er seine Wahl. Doch er soll einer unserer »großen Vordenker« bleiben. Willy Brandt will das so. Wehner und Schmidt schweigen dazu.

Und neue Allianzen bahnen sich an. Vorsichtig visiert Hans-Jochen Vogel, der Vormann der »Seeheimer«, das andere politische Ufer an. Er mahnt uns zur Toleranz gegenüber Eppler. Anfang September tritt er im Bundesvorstand einer Kritik der Linken an unseren öffentlichen Gelöbnissen bei. Er lehnt es ab, diese oft brutalen Proteste als Vehikel anzusehen, die sich tatsächlich gegen unser Gemeinwesen und seine West- und Wertebindung richten. »Da muß man differenzieren. Nicht jeder, der gegen die Gelöbnisse ist, ist gegen die Bundeswehr und den Staat.« Wir sind erstaunt, haben aber wegen des Wahlkampfgetümmels wenig Zeit, Vogels Verhalten zu analysieren. Doch es tut sich etwas.

Ende November proklamiert der zu einem der Meinungsführer der Linken aufgerückte Erhard Eppler Vogel als Nachfolger von Helmut Schmidt. Wenig später stellt er in seinem Buch »Wege aus der Gefahr« fest: »Noch nie hat sich nach einer Regierungserklärung, nicht einmal nach der Ludwig Erhards im Herbst 1965, eine solche Atmosphäre geistiger Öde verbreitet wie nach der Regierungserklärung [Helmut Schmidts] vom 24. November 1980.«

Der Weg in die Rezession

Im Juli 1978 war Bonn Gastgeber des Weltwirtschaftsgipfels. Obwohl wir bereits im Herbst 1977 einen finanzpolitischen Kurswechsel durch die Abkehr von der Politik der Haushaltskonsolidierung vorgenommen hatten und durch Steuersenkungen und Abschreibungserleichterungen der Konjunktur die Sporen geben wollten, legten wir noch einmal nach. Die Bundesregierung verpflichtete sich, mit zusätzlichen Maßnahmen in der Größenordnung bis zu einem Prozent unseres Bruttosozialprodukts die nationale und damit auch die internationale Konjunktur anzukurbeln.

Der Erfolg schien uns recht zu geben. Unser Bruttosozialprodukt wuchs 1979 real um 4,4 Prozent. Die Arbeitslosigkeit ging leicht zurück. Im Jahresdurchschnitt 1979 waren 876000 Menschen arbeitslos, gut 110000 weniger als 1978. Doch 1979 kam es zur zweiten Ölpreisexplosion. Sie brachte die Weltkonjunktur und die deutsche Binnenkonjunktur erneut ins Stocken. Doch der Schwung reichte noch für einige Zeit, ließ aber deutlich nach.

1980 wächst unser Sozialprodukt nur noch um 1,8 Prozent. Die Zahl der Arbeitslosen nimmt im Jahresdurchschnitt kaum zu. Hinter diesen Zahlen verbirgt sich jedoch eine dramatische Entwicklung. Von Monat zu Monat verschlechtert sich die Konjunktur.

Anfang März 1980 sitzen wir im erweiterten »Kleeblatt« – Herbert Ehrenberg, Hans Matthöfer, Karl Otto Pöhl und ich – mit dem Bundeskanzler zusammen. Die Fakten sind beunruhigend. Der Kapitalmarktzins steht kurz vor zehn Prozent. Die Arbeitslosigkeit nimmt zwar noch nicht zu, aber unser Wirtschaftswachstum stagniert. Die Inflationsrate geht auf sechs Prozent zu. Unsere Leistungsbilanz wird immer unausgeglichener und wird uns in diesem Jahr einen absoluten Minusrekord bescheren. Die Nettokreditaufnahme ist viel zu hoch. Sie liegt bei 50 Milliarden Mark. Was können wir tun? Die Kassen sind leer. Es war wohl falsch, 1979 noch einmal so kräftig den Staatshaushalt zu strapazieren. Aber traditionelle Konjunkturprogramme hätten sowieso wenig Zweck. Wir sind von einer tiefen Strukturkrise getroffen. Ratlos gehen wir auseinander. Wir hoffen, über den Wahltag wegzukommen, weil uns die Wucht der internationalen Rezession erst langsam treffen wird. Alle wissen aber, daß uns diese Herausforderung besonders angeht. Es geht um das Ansehen unseres Kanzlers.

In den nächsten Monaten hält sich die Konjunktur leidlich. Auf unserem Wahlparteitag im Juli 1980 kann der Kanzler von der »guten Wirtschaftslage« des Jahres 1980 berichten. »Es wird gut

investiert, und die Arbeitslosigkeit ist auf dem niedrigsten Stand
seit 1974.« Doch wenige Wochen später, Anfang August, zeichnet
sich ein Konjunktureinbruch ab, der allerdings erst nach den Wahlen voll sichtbar wird. Die Forschungsinstitute erklären die wirtschaftliche Dynamik des Jahres 1979 als Strohfeuer. Dennoch wird
dieses Menetekel nicht zum beherrschenden Wahlkampfthema.
Die Bürger spüren den Einbruch noch nicht am eigenen Leibe.
Und natürlich trauen sie Helmut Schmidt zu, auch mit dieser
Krise fertig zu werden. Da hat Strauß keine Chance.

Dafür beherrscht ein indirekt mit der Wirtschaftslage verbundenes Thema die Debatte: die Staatsverschuldung. Sechs Wochen
lang mache ich Wahlkampf in großen Kundgebungen bis hin zu
Straßendiskussionen. Ich komme mit dem Thema Staatsverschuldung einigermaßen klar, verweise auf die geschaffenen Werte, auf
den Abbau der Arbeitslosigkeit, auf unsere im internationalen Vergleich günstige Lage. Und dennoch spüre ich, wie viele Vorbehalte
bleiben. Als dann noch die katholischen Bischöfe in einem Hirten-
wort für die CDU/CSU gegen die »gefährlich hohe Staatsverschuldung« Stellung nehmen, wird dieses Thema zum Schlagstock in
einer Auseinandersetzung mit immer schlechterem Niveau. Strauß
behauptet, wir wollten nach den Wahlen den Kirchen aus Rache
den finanziellen Hahn abdrehen, nämlich die Kirchensteuer abschaffen. Wir setzen ihm ein Ultimatum, das zurückzunehmen,
und nennen ihn dann einen Lügner.

Die FDP bleibt vornehm und fein. Sie wendet sich an die Wähler, die diese Schlammschlachten nicht mögen. Sie ist für Helmut
Schmidt und gegen die SPD. Mit Strauß will sie nichts zu tun
haben. Und die hohe Staatsverschuldung hat der Finanzminister
zu verantworten. Lambsdorff will den Kanzler vor der SPD retten.
Denn, so sagt er, die Verwirklichung des SPD-Wahlprogramms
bedeute letztlich die Beseitigung unseres auf marktwirtschaftlichen
Grundsätzen beruhenden Wirtschaftssystems.

Ende September fragt mich Helmut Schmidt, wie ich den Wahlausgang einschätze. Auf jeden Fall erwarte ich keineswegs, daß wir
die stärkste Bundestagsfraktion werden. FDP 8 Prozent, CDU/CSU
46 Prozent, SPD 43 Prozent, das ist mein Tip. Der Kanzler sieht

einen ähnlichen Trend, und das macht ihn augenscheinlich mehr
als nervös. Er sieht am 5. Oktober sein eigenes Ansehen zur Abstimmung gestellt. Er will natürlich nach sechs Jahren Kanzlerschaft und erfolgreicher Arbeit deutlich besser abschneiden als
1976. Und natürlich hätte er das auch verdient. Aber in der Politik
geht es eben nicht nur um Verdienste. Wir alle müssen in diesen
Wochen einen hohen Preis für das zahlen, was die Jusos und manche uns zugerechnete Chaoten wie der »anachronistische Zug«
kaputtmachen. Nach dem Einfluß der Linken in der SPD in den
nächsten Jahren fragen besorgt viele Wechselwähler. Sie votieren
mit der Zweitstimme für die FDP und auf diese Weise für Helmut
Schmidt. Es fällt mir nicht leicht, dagegen zu argumentieren, wenn
diese Wähler sagen, Schmidt habe sich schon in den letzten Jahren
nicht immer gegen die Linken durchgesetzt.

Falsch ist es, daß der Bundeskanzler jetzt selbst massiv in die
Niederungen des Wahlkampfes herabsteigt. Verstehen kann ich
das. Er wird massiv und auf schlimme Weise persönlich diffamiert.
Und natürlich liebt er von seinem Naturell her die Polemik. Doch
der Wahlkampf ist ganz anders angelegt. Überall sehen wir im
Straßenbild den nachdenklichen Staatsmann Helmut Schmidt ab-
gebildet und neben ihm ein böses Zitat von Strauß über den Kanzler, um den ganzen Abgrund zwischen diesen beiden Männern
und den daraus folgenden Konsequenzen für unser Land bei einer
Wahl von Strauß zu verdeutlichen. Unsere Traditionsbataillone
indes jubeln. So gefällt es ihnen.

Dafür ist der Katzenjammer am Wahlabend um so größer.
Überall diskutieren die Genossen, als hätten wir die Wahl verloren.
Sie übersehen dabei, daß wir das zweitbeste Ergebnis in der Geschichte der SPD erzielt haben und die Koalition eindrucksvoll
bestätigt wurde. Bereits am Montag nach der Wahl kritisiert Herbert Wehner öffentlich in einem Rundfunk-Interview unseren
Wahlkampf. In der Sitzung des Bundesvorstands am gleichen Tag
schweigt er beharrlich. Am Mittwoch läßt er sich vom amtierenden Fraktionsvorstand erneut für den Fraktionsvorsitz vorschlagen. Vergessen sind die schlimmen Pannen, für die Wehner in der
letzten Plenarsitzung vor der Sommerpause Verantwortung trägt.

Er zwingt uns damals, als letzte Vogel und mich, einen Gruppenantrag der SPD einzubringen, der die paritätische Mitbestimmung bei Mannesmann sichern soll. Öffentlich droht er der FDP mit einer Sondersitzung des Bundestages vor der Wahl, falls sich die IG-Metall und Herr Overbeck nicht einigen sollten. Schmidt schweigt, schimpft intern. Wehner erzwingt gegen unseren Widerstand die Abstimmung im Bundestag über die Neuordnung des Rechts auf Kriegsdienstverweigerung, das in langwierigen Verhandlungen mit der Opposition formuliert wurde. Nun aber will die Opposition nicht mehr. Dennoch kommt es zur Abstimmung. Elf Abgeordnete der SPD stimmen wie die CDU/CSU mit Nein. Der Gesetzentwurf ist abgelehnt. Am Freitag der letzten Sitzungswoche kommt das Lärmschutzgesetz aus dem Vermittlungsausschuß zurück in den Bundestag. Die FDP will diesem Kompromißvorschlag nicht zustimmen, weil die Grenzwerte für die Lärmbelästigung zu hoch sind. Sie will deshalb diesen Gesetzentwurf von der Tagesordnung absetzen. SPD und Opposition stimmen dagegen. Dann stimmen FDP und Opposition zur Sache mit Nein. Und wieder stehen wir allein im Regen.

Genscher und die FDP halten das damals für eine Strategie Wehners zur Vernichtung der FPD. Das ist natürlich Unsinn. Wenn Wehner die Gefechtslage nicht mehr richtig übersieht, geht es schief, weil neben ihm in der Fraktionsführung niemand etwas zu sagen hat. Das sind schlechte Aussichten für die nächsten Jahre. Ich jedenfalls weiß nun, daß Helmut Schmidts Versprechen von Mitte Mai, Wehner werde sich nach dem Wahltag zurückziehen und ich sein Nachfolger, wieder einmal nicht Wirklichkeit wird.

Die Vorarbeiten zu den Koalitionsverhandlungen beginnen nur bei den Liberalen umgehend. Sie setzen fünf Arbeitskreise ein, in denen die FDP-Position festgelegt werden soll. Herbert Wehner setzt eine besondere Arbeitsgruppe der Fraktion ein, in der auch sieben neugewählte Abgeordnete mitwirken. Sie soll die Koalitionsverhandlungen begleiten und die Rückkopplung zur Fraktion sicherstellen. Sonst passiert bei uns erst einmal nichts. Es sieht so aus, als wenn die SPD-Führung auf Tauchstation wäre.

Wir gehen ohne klare Vorgaben und Absprachen in die Koalitionsverhandlungen. Herbert Wehner erholt sich in Schweden. In der Fraktion arbeiten unterschiedliche Gruppen an Vorschlägen und Forderungen. So formulieren 35 SPD-Abgeordnete unter der Leitung von Dieter Spöri, Horst Gobrecht und Ulrich Steger Thesen zur Wirtschaftspolitik. Sie fordern eine expansive Finanzpolitik – »Wir dürfen nicht hinter Keynes zurück, sondern müssen die Globalsteuerung strukturpolitisch ergänzen« – und lehnen den Abbau der sozialen Leistungen ab. Am 24. Oktober steht dieser Text in der *Frankfurter Rundschau*. Am 5. November veröffentlicht die gleiche Zeitung einen Brief der »Parlamentarischen Linken« der SPD-Fraktion – Mitunterzeichner Karsten Voigt, Wolfgang Roth, Georg Schlaga – an den Bundeskanzler. In ihm wird darauf hingewiesen, daß bei einem Scheitern von Salt II für den Nato-Doppelbeschluß eine neue Lage gegeben sei. In jedem Falle müsse die Nachrüstung vermieden werden.

Am 22. Oktober legt die FDP an ihr Positionspapier für die Koalitionsverhandlungen letzte Hand an. Einen Tag später schreibt die *Süddeutsche Zeitung*: »Während die SPD sich in alle Winde zerstreut zu haben und gar nicht mehr vorhanden zu sein scheint, demonstriert der gestärkte Koalitionspartner in dieser Woche geradezu ein Übermaß an Arbeitswut und Präsenz.« Willy Brandt ist nicht in Bonn. Der Bundeskanzler hat sich nach Boppard am Rhein zurückgezogen. Ich werde in den Tagen nach Boppard vorgeladen, in denen die FDP ihre Positionen für die Koalitionsverhandlungen festschreibt. Wir reden 90 Minuten unter vier Augen, anschließend sechs Stunden lang in kleiner Runde mit Ehrenberg, Matthöfer und Pöhl. Zu Absprachen und Festlegungen kommen wir nicht.

Kurz vor dem Beginn der Koalitionsverhandlungen in der letzten Oktoberwoche bezweifelt der Wirtschaftsminister, daß wir 1981 ein Wachstum von 1 Prozent erreichen könnten. Mehr als 0,5 Prozent würden es nicht werden. Die Arbeitslosigkeit werde im Jahresdurchschnitt deutlich über 1 Million liegen. Damit entzieht Graf Lambsdorff dem Finanzminister seine bisherige Rechenbasis für den Bundeshaushalt 1981. Matthöfer hatte mit einem realen Wirtschaftswachstum von 2,5 Prozent gerechnet. Daraus ergab sich ein

Haushaltsdefizit von 27 Milliarden Mark. Nun kommen wegen der schlechten Wirtschaftslage und des Rückgangs der Steuereinnahmen bis zu 20 Milliarden neue Schulden dazu. Die FDP verlangt, die Neuverschuldung dürfe dennoch 27 Milliarden nicht übersteigen. Es müsse nun massiv gespart werden. Auch der Kanzler und der Finanzminister stimmen der Begrenzung der Nettokreditaufnahme zu. Die bevorstehenden Koalitionsverhandlungen sind zusätzlich schwer belastet.

Unsere Verhandlungsdelegation besteht aus einer Kernmannschaft – Willy Brandt, Helmut Schmidt und Herbert Wehner – und hinzugezogenen Experten. Die ersten zwei Verhandlungstage kommt Wischnewski für Brandt. Der nimmt in England einen Doktorhut entgegen. Willy Brandt geht auch abends zeitig – mehr als zwölf Stunden könne er in seinem Alter nicht mehr arbeiten. Sein Beitrag zu den Verhandlungen ist bescheiden. Herbert Wehner ist zwar immer präsent, schweigt aber anhaltend. Helmut Schmidt hat das Rauchen aufgegeben. Er ist unkonzentriert, nervös, aufbrausend. Ich trage Verantwortung für die Verhandlungsthemen: Außen-, Sicherheits-, Verteidigungs-, Deutschland- und Agrarpolitik. Denn hier hatte ich unser Konzept zur Reform der EG-Agrarpolitik vorgelegt. Als sogenanntes »Apel-Papier« spielt es in den folgenden Jahren eine gewisse Rolle. Wir »Beigeordneten« können aber nur für unsere Bereiche eintreten. Auf das Gesamtergebnis haben wir keinen Einfluß. Die Vorbesprechungen der SPD-Ministermannschaft mit dem Kanzler ergeben keine einheitliche Linie. So schmieden wir informelle Zweierkoalitionen. Ich verbünde mich mit Herbert Ehrenberg. Wir stimmen uns ab und helfen uns gegenseitig. Ich trage Genscher meine Sorgen vor. Seine Hilfe und Unterstützung helfen mir weiter. Die Verhandlungsmannschaft der SPD fällt auseinander. Die Delegation der FDP steht wie ein Mann.

Am Freitag, dem 31. Oktober, wird ab 15 Uhr zwei Stunden und vierzig Minuten der SPD-Fraktion berichtet. Schmidt und ich verlassen die Fraktion um 18.15 Uhr. Die Fraktion tagt weiter ohne Brandt, Wischnewski und Matthöfer. Die Stimmung ist explosiv. Unsere Finanzpolitik ist prozyklisch, sie muß die Arbeits-

losigkeit weiter erhöhen. Aber alle Proteste haben keinerlei Chance, noch etwas zu ändern. Lambsdorff und Matthöfer sind sich
einig: Eine expansive Finanzpolitik zur Ankurbelung der Wirtschaft werde es nicht geben. Im Gegenteil, die öffentliche Kreditaufnahme müsse auch durch Subventionsabbau begrenzt werden.
Wir schließen die Koalitionsverhandlungen ab.

Das Ergebnis ist schlimm: Ein politisches Konzept ist nicht sichtbar. Zuviel Konfliktstoff ist ungelöst liegengeblieben. Während
Bauern, Beamte und Gutverdienende ungeschoren davonkommen,
werden den mittleren und unteren Einkommensbeziehern spürbare Sparopfer abverlangt. Nun verstärkt sich auch in der Öffentlichkeit der Eindruck, die FDP habe sich über Gebühr durchgesetzt. Wehner bringt das auf den Nenner:»Die FDP kann sich nicht
beklagen, und wir dürfen uns nicht beklagen.«

Am 5. November wird der Kanzler wiedergewählt. Ihm fehlen
fünf Stimmen aus der Koalition. Nun arbeiten wir an der Vorbereitung der Regierungserklärung. Bis zum 7. November haben wir
unsere Ressortbeiträge abzuliefern. Dann hören wir nichts mehr.
Der Kanzler reist in die USA. Der Poststreik beschäftigt die Gemüter. Am 22. November um 11 Uhr erhalte ich den Entwurf der
Regierungserklärung, 150 Seiten lang. Um 14 Uhr beginnt die Kabinettssitzung. Wir haben vier Stunden Zeit für den Text der Regierungserklärung. Und wir erfahren, daß dieser Text noch nicht
vom Kanzler gebilligt worden sei. Er müsse auch noch massiv
gekürzt werden, so daß wohl kaum viele unserer Anregungen berücksichtigt werden könnten. Da macht sich Frust breit.

Dann bastelt der Kanzler über das Wochenende bis zum Montagmorgen um 5 Uhr mit seinen Mitarbeitern an seiner Regierungserklärung. Wenige Stunden später trägt er sie im Plenum vor.
Das Motto heißt:»Mut zur Zukunft«. Das Echo ist erbärmlich.
Unser Start ist gründlich mißlungen. Nicht nur die Partei ist
tief verstört, auch in den Gewerkschaften regt sich Protest. Eugen
Loderer erklärt Anfang Dezember:»Diese konservative Umverteilungspolitik wird über kurz oder lang zu einer ernsten Krise
führen.« Die Linken gießen ihren Hohn und Spott aus.

Mein Kopf wackelt

Helmut Schmidt soll das Kampfflugzeug MRCA-Tornado einmal als das größte Rüstungsprojekt nach Christi Geburt bezeichnet haben. In jedem Falle ist es eines der teuersten. Mir bricht es fast den Hals und ruiniert mein politisches Ansehen. 1968 – Verteidigungsminister in der Großen Koalition ist der CDU-Politiker Gerhard Schröder – wird mit einer Reihe von westeuropäischen Ländern eine erste Regierungsvereinbarung unterzeichnet mit dem Ziel, ein europäisches Kampfflugzeug zu bauen, das der neuen Nato-Strategie der *flexible response* auch im Luftkampf gerecht wird.

Von Anfang an wird dieses Projekt als europäische Gemeinschaftsproduktion unter dem Dach der Nato angesiedelt. Es soll natürlich auch der beteiligten europäischen Luft- und Raumfahrtindustrie neue wirtschaftliche und technische Impulse im Wettbewerb mit der übermächtigen US-Industrie geben. Bereits 1970 wird mit einer Regierungsvereinbarung die Entwicklung des Tornado beschlossen. Verteidigungsminister ist Helmut Schmidt. Natürlich gibt es in den nächsten Jahren – Georg Leber wird 1972 Schmidts Nachfolger auf der Hardthöhe – rein rechtlich immer wieder Möglichkeiten, das Projekt abzubrechen. Aber mehr als eine Milliarde Mark waren bereits gezahlt. Und die Entwicklung des »Airbus« braucht dieses militärische Standbein.

Trotz teilweise heftigen Widerspruchs auch in der SPD-Fraktion wird im Juli 1976 durch eine Regierungsvereinbarung mit Italien und Großbritannien der Bau der MRCA-Tornados beschlossen. Die Bundesrepublik will 312 Flugzeuge. Leber bestellt in diesen Jahren nicht nur dieses Flugzeug. Zwischen 1975 und 1978 werden für die Bundeswehr geordert: der Kampfpanzer Leopard 2, der Gepard, 6 Fregatten, die Schnellboote der Klasse 143A, das Flugzeug Alpha Jet, der Flakpanzer Roland, die Panzerabwehrrakete Milan, der Panzerabwehrhubschrauber und von mir, weil ich Lebers Zusagen in der Nato einlösen muß, das fliegende Frühwarnsystem Awacs. Das alles ist die »Runderneuerung« der Bundeswehr. Es ist alles bestellt. Es muß nur noch bezahlt werden. Kosten: mindestens 55 Milliarden Mark.

Diese hochtechnischen Waffensysteme werden von jährlichen Preissteigerungsraten getroffen, die deutlich über den allgemeinen Inflationsraten liegen. Sie allein sprengen immer wieder die Ansätze in der mittelfristigen Finanzplanung. Die Ölpreisexplosionen treffen die Bundeswehr voll. Sie ist Großverbraucher von Treibstoffen für die Marine, die Luftwaffe und das Heer. Ihren Übungsbetrieb kann sie nicht wesentlich einschränken. Es wird immer schwieriger, die zeitgerechte Finanzierung der Großvorhaben zu sichern und gleichzeitig die dem Bündnis gegebenen Zusagen nach besserer Munitionsbevorratung und verstärkter Finanzierung der Nato-Infrastruktur zu erfüllen.

Die Sicherstellung der Finanzierung des MRCA-Tornado bereitet uns ganz besondere Probleme. Wir haben mit der Industrie keine direkten Rechtsbeziehungen. Die Nato-Agentur »Namma« ist für Italien, England und die Bundesrepublik Auftraggeber. Dadurch sind wir nicht so im Bilde, wie das bei einem nationalen Rüstungsprojekt möglich ist. Wir hinken mit unseren Haushaltsansätzen etwa 18 Monate hinter der Wirklichkeit her. Das führt dazu, daß wir in den ersten drei Jahren der Produktion des Tornado Jahr für Jahr auf völlig überhöhten Haushaltsansätzen für die Finanzierung dieses Flugzeugs sitzenbleiben. In diesen drei Jahren gehen mehr als 630 Millionen für die Tornado-Finanzierung verloren. Die Ursachen dafür sind ein anhaltender Streik in England und große Schwierigkeiten der beteiligten Hersteller, die Produktion des Tornado so hochzufahren, wie es zwischen ihnen und der »Namma« vertraglich verabredet war.

Zwar schließt die »Namma« mit den Herstellern für das nächste Fertigungslos neue Verträge, die den Ausstoß des MRCA-Tornado erhöhen sollen. Aber niemand nimmt diese Abmachungen ernst. Entsprechend niedrig werden die Haushaltsansätze beschlossen. Der Bundestag kürzt noch mehr. Ende 1979 fehlt dann Geld zur Finanzierung des Tornado. Doch die Differenz von 254 Millionen DM kann weitgehend ausgeglichen werden. Fast 200 Millionen kommen von dem Festgeldkonto der »Namma«. Auch jetzt läuten die Alarmglocken im Verteidigungsministerium noch nicht. Am 30. April 1980 billigt uns das Bundeskabinett über einen Nachtragshaushalt 660 Millionen DM zu, um das Versprechen des Bundeskanzlers an die USA, unser Verteidigungshaushalt werde real um drei Prozent steigen, zu finanzieren. Wir geben dieses Geld für Treibstoffe, Munition und Personal aus. Die Experten fordern keinen Nachschlag für den Tornado.

Zwar gibt es Hinweise auf Engpässe, insbesondere für 1981. Aber erst im August 1980 hat das Ministerium einigermaßen Klarheit über die Höhe der Verbindlichkeiten für 1980 und 1981. Nun, mitten in der heißen Phase des Wahlkampfs, beginnen im Ministerium fieberhafte Aktivitäten. Es stellt sich heraus, daß die Hersteller die Tornado-Produktion vertragsgemäß hochgefahren haben. Das ist die Hauptursache dafür, daß 1980 rund 600 Millionen, 1981 etwa 800 Millionen DM zur Finanzierung fehlen könnte. Die Opposition ist genau unterrichtet. Am 30. September fragt Manfred Wörner bei mir an, ob es stimme, daß zur Finanzierung des Tornado für 1980 und 1981 1,3 Milliarden DM fehlten.

Nach der Bundestagswahl gehe ich sofort daran, die Fakten so aufzuarbeiten, daß wir Klarheit bekommen. Am 9. Oktober gelingt es noch nicht, den tatsächlichen Finanzierungsbedarf zu ermitteln. Die Rechtsnatur der Zahlungsverpflichtungen ist noch nicht klar. Auf jeden Fall werden uns für den Haushalt 1981 aber allein für den Tornado Riesensummen fehlen, falls unsere Mittel nicht kräftig aufgestockt werden. Bundeskanzler und Finanzminister sind nicht bereit, meine Sorgen ernst zu nehmen und mir zu helfen. Wir sollen für 1981 mehr Geld bekommen. Das könnte zwar so eben reichen, um den Betrieb der Bundeswehr zu finanzieren. Das Fehl beim MRCA-Tornado gleicht das indes nicht aus.

Ende Oktober berichte ich erneut dem Bundeskanzler und dem Außenminister. Genscher stellt fest: »Die Lage ist beschissen.« Ich werde an den Finanzminister verwiesen. Genscher unterstützt mich, auch wegen unseres Versprechens, 1981 erneut den Verteidigungsetat um real drei Prozent zu steigern. Matthöfer, der in einer allgemeinen Finanzklemme ist, mauert. Schmidt schweigt. Schließlich erhalte ich 600 Millionen Mark mehr. Schmidt und Matthöfer fordern mich auf, die verbleibenden Fehlbeträge durch Streichungen an anderer Stelle aus dem Verteidigungsetat herauszuholen. Der Kanzler weiß natürlich ganz genau, daß das in diesen Größenordnungen nicht geht. Aber erst einmal ist er mich los. Am Montag, dem 17. November 1980, bereiten wir auf der Hardthöhe im kleinen Kreis unsere für den Bußtag vorgesehene Klausursitzung zum Haushalt 1981 und zum Finanzierungsproblem beim MRCA-Tornado vor. 1980 sind noch 533 Millionen DM für den Tornado zu zahlen, für 1981 fehlen uns etwa 800 Millionen DM. Ich rege mich fürchterlich auf, warum mir erst jetzt die ganze schreckliche Wahrheit aufgetischt wird. Das interessiert aber niemanden übermäßig. Denn schließlich muß der Minister dafür sorgen, daß unsere Landesverteidigung mit den Finanzmitteln ausgestattet wird, die sie im Interesse unserer Sicherheit braucht.

Ich melde mich sofort beim Bundeskanzler, der mich gegen 22 Uhr empfängt. Schließlich muß er umgehend über diese Zahlen unterrichtet werden. Wichtiger ist noch, daß er während seiner USA-Reise keine finanziellen Zugeständnisse für Forderungen der USA macht, die ihm zwar bei der höchst kritischen Debatte über die versprochene Steigerung der Verteidigungsausgaben helfen, uns aber bei der Bewältigung unserer nationalen Finanzprobleme fehlen würden. Er nimmt meine Hiobsbotschaft gelassen zur Kenntnis, fordert mich auf, am nächsten Morgen den Finanzminister ins Bild zu setzen, um dann sehr schnell bei anderen Themen zu landen.

Auf der Hardthöhe herrscht in den nächsten Tagen die Hektik eines aufgestörten Bienenschwarms. Ich setze eine unabhängige interne Untersuchungskommission ein, die klären soll, wie es zu diesem ganzen Schlamassel kommen konnte. Am Freitag, dem 21. Oktober 1980, wende ich mich wegen der Finanzprobleme beim MRCA-Tornado an den Finanzminister. Er ist nicht bereit zu helfen.

Wir informieren nun die Öffentlichkeit. Meine eigene Fraktion geht auf Kollisionskurs. Peter Würtz erklärt öffentlich, bei der Finanzierungslücke des Tornado handele es sich um eine unglaubliche Schlamperei, die Apel zu verantworten habe.

Wir haben jetzt eine breite öffentliche Debatte. Ich begrüße das, denn alle Tatbestände sind inzwischen hinlänglich geklärt. Wir

haben seit Jahren zu wenig Geld für die übernommenen Verpflichtungen. Wir mogeln hinsichtlich unserer Verteidigungsanstrengun-
gen gegenüber den Bündnispartnern. Im Jahre 1980 haben wir
eben nicht eine Steigerungsrate der Aufwendungen für Verteidigung von real 2,8, sondern nur von 1,8 Prozent. Im kommenden
Jahr kommen wir nur auf 0,7 Prozent. Dazu kommt menschliches
und organisatorisches Fehlverhalten im Verteidigungsministerium
und bei der »Namma«. Natürlich trage ich für alles die politische
Verantwortung. Die positiven Seiten schreibe ich mir ja auch zu.
Und wenn es das Ziel von SPD-Abgeordneten ist, mich in die
Verantwortung zu stellen, dann haben sie mit mir keine Probleme.
Wenn Peter Würtz und andere meinen »Kopf« fordern: den kön-
nen sie bekommen. Ich bin jetzt wieder ruhig und gelassen, mein
Tablettenkonsum geht zurück. Ich will meine Pflicht tun, laufe
nicht weg. Der Kanzler muß entscheiden, ob ich im Amt bleibe
oder nicht.

Ingrid kommt am Sonntag aus dem Krankenhaus nach Hause.
Wie schön ist es, daß wir nun wieder alle zusammen sind. Was
können die in Bonn uns da überhaupt anhaben? Wir müssen uns
von ihnen noch mehr abnabeln, denn die Ärzte haben uns im
Krankenhaus gesagt, daß ihr Hörsturz die Folge der Bonner Turbulenzen ist. Er kann immer wieder kommen, wenn wir nicht
aufpassen. Und dann wird es schlimmer.

Anfang Dezember spreche ich in Brüssel mit meinem italienischen und meinem britischen Kollegen. Auch sie haben für den
Tornado Finanzierungsprobleme. Ihre Haushaltsregelungen sind
aber so flexibel, daß es nicht so genau darauf ankommt, wann
welche Beträge fällig und verausgabt werden. Es handelt sich
schließlich nicht um Mehrkosten. Es werden nur mehr Flugzeuge
produziert als erwartet. Also zahlen sie früher. Das stört sie nicht so
sehr.

Natürlich sind sie freundlich und wollen mir helfen. Doch wenn
die Streckung der Produktion des Flugzeugs Geld kosten sollte,
dann müssen wir das bezahlen. Damit scheidet diese Möglichkeit
aus. So sind diese Freunde. Als durch die britischen Streiks Mehrkosten entstanden, wurde ein Teil der Kosten internationalisiert,

also auch von uns bezahlt. Unser Pionierbatallion im italienischen Erdbebengebiet kostet uns monatlich zwei Millionen Mark. Doch wenn wir eine Bitte haben, werden wir kühl abgefertigt. Diese Nato-Sitzung ist für mich schwierig genug. Unsere Kasse soll für die Nato-Infrastruktur geplündert werden. Ich muß hart nein sagen. Die USA mahnen für 1981 eine Steigerung unserer Verteidigungsausgaben um real drei Prozent. Ich kann mich ausschweigen, weil wir den Haushalt noch nicht im Kabinett verabschiedet haben.

Die Nato will sich auf eine etwaige russische Invasion in Polen vorbereiten. Die USA möchten am liebsten mit Drohgebärden antworten und Truppen in Stellung bringen. Wieder muß ich gegenhalten, damit das Bündnis nicht den Sowjets einen Vorwand zur militärischen Intervention liefert. Andere Delegationen schweigen bedeutsam. Es wird Zeit, daß diese US-Administration verschwindet. Sie handelt chaotisch und dumm. Aber natürlich wird uns die nächste in der Sache noch härter rannehmen.

Zwischendurch werde ich nach Bonn vor die SPD-Fraktion zitiert. Inzwischen wird offen von Genossen mein Kopf gefordert, während sich die CDU bisher zurückhält. Der unvermeidliche Herr Möllemann fordert eine Expertenkommission für ein neues Rüstungskonzept. Doch ansonsten schweigt sich die FDP aus.

In der Fraktion gibt es eine lange Debatte mit viel Kritik – sie ist ja auch berechtigt –, aber auch viel Solidarität und Hinweise darauf, daß die Namen Schmidt und Leber eng mit dem Tornado verbunden wären.

Der Kanzler schweigt lange, um dann folgendes festzuhalten: a) Auch er ärgere sich maßlos über diesen Skandal, halte mir aber dennoch die Stange. b) Verteidigungsminister Schröder und Willy Brandt hätten 1967 diesen »Vogel« erfunden. c) Auf die Hardthöhe gehöre ein Industriemanager, und alles käme in Ordnung. Schließlich habe er das 1970 mit der Berufung von Ernst Wolf Mommsen vorexerziert. Auf drängende Fragen aus der Fraktion, wie nun der Fall finanziell geregelt werden solle, schweigen Kanzler und Finanzminister. Dafür antworte ich. Das Projekt MRCA-Tornado werde bis heute strikt nach dem Rüstungsrahmenerlaß abgewik-

kelt, den Mommsen vor bald zehn Jahren formuliert habe. Dieser
Erlaß sei für das Chaos mitverantwortlich. Er müsse geändert werden. Um industriellen Sachverstand wolle ich mich bemühen.
Wieder einmal hilft mir Karl Klasen. Er bringt mich mit Manfred Emcke zusammen, der bereit ist, unterstützt von Mitarbeitern
aus dem Hause und von draußen die Verfahrensabläufe, Auftrags-
vergabe, Wirtschaftlichkeit im Bereich des Verteidigungsministeriums kritisch zu untersuchen, mit dem Ziel, bei knapper werdenden Mitteln zu einer besseren Kosten–Nutzen-Relation zu kommen und schlimme Überraschungen à la Tornado zu vermeiden.
Ich bin nicht sicher, ob wir damit weiterkommen. Dennoch muß
der Versuch unternommen werden.

Am Montag vor der Kabinettssitzung, am 16. Dezember, auf
der der Entwurf des Bundeshaushalts 1981 verabschiedet werden
soll, informiere ich den Kanzler, wie ich vorgehen wolle: Falls mir
finanziell nicht geholfen werde, würde ich beim Finanzminister
sofort einen Antrag auf überplanmäßige Ausgaben von 512 Millionen DM für 1980 stellen. Den werde dieser ablehnen. Dann würde
ich einen Antrag auf einen Ergänzungshaushalt über 1,3 Milliarden DM Anfang Januar stellen. Der müsse im Kabinett behandelt
werden. Bei seiner Ablehnung würde ich zurücktreten. Der Kanzler nimmt nicht Stellung.

Am Mittwoch trage ich im Kabinett noch einmal alle Fakten
vor. Die Kabinettsrunde schweigt, und Matthöfer sagt nein zu
meinen Forderungen. Doch nun explodiert Wehner und sagt
Matthöfer und den anderen, daß sie augenscheinlich nicht begrif-
fen, um was es ginge. Schließlich müßten die fälligen Rechnungen
bezahlt werden, auch wenn ich ginge. Jetzt meldet sich der Kanzler zu Wort und stellt fest, man könne sich derzeit keinen Wechsel
im Amt des Verteidigungsministers leisten. Deshalb müsse man
mir helfen.

Der Rest ist dann Hickhack. Wir feilschen um die zusätzliche
Summe, die ich bekommen soll. Ich fordere 1 Milliarde und erhalte 700 Millionen DM. Das ist nicht genug, um unsere Verbindlichkeiten abzudecken. Wir werden um tiefe Einschnitte in laufende Beschaffungsvorhaben nicht herumkommen. Auch der lau-

fende Betrieb der Bundeswehr muß kritisch überprüft werden. Das muß den Widerstand in der Bundeswehr gegen ihren Minister verstärken. Das wird die CDU/CSU auf den Plan rufen. Von meiner eigenen Partei kann ich keinerlei Hilfe oder Rückendeckung erwarten.

Bereits Anfang November bringt Oskar Lafontaine im Parteirat einen von einer Gruppe vorbereiteten Antrag ein, den Verteidigungsetat 1981 um 1 Milliarde DM zugunsten der Entwicklungshilfe zu kürzen. Nur mit Mühe und dank des Einsatzes von Wehner und Schmidt können wir Lafontaine davon abhalten, diesen Antrag zur Abstimmung zu stellen. Der wechselnde Beifall für die einzelnen Redner gibt allerdings einen Vorgeschmack über mögliche Mehrheitsverhältnisse. Der Verteidigungsetat als Girokonto der Nation – das wird in den nächsten Jahren die Parole der Linken in der SPD werden.

Im Parteivorstand stelle ich in dieser Woche eine Entschließung zum 25jährigen Geburtstag der Bundeswehr zu Abstimmung. Ehmke lehnt eine Zustimmung der SPD zum öffentlichen Gelöbnis ab. Vogel macht einen Vermittlungsvorschlag, und wir werden uns einig. Da meldet sich der Kanzler zu Wort, um mitzuteilen, daß er bereits 1970 in seinem ersten Weißbuch das öffentliche Gelöbnis abschaffen wollte. Zitat: »Die Bundesregierung beabsichtigt, dem Deutschen Bundestag vorzuschlagen, das feierliche Gelöbnis der Wehrpflichtigen durch eine förmliche Belehrung über Rechte und Pflichten zu ersetzen.« Geschehen ist zwar nichts. Das öffentliche Gelöbnis blieb. Aber ich stehe nun politisch »im Regen«. Denn natürlich geht es darum, wer die Verantwortung dafür trägt, falls es bei unserem öffentlichen Gelöbnis am 12. November auf dem Bonner Münsterplatz zu Krawallen kommt.

Wochen vorher kündige ich eine umfassende, von mir gewollte Debatte an über das Verhältnis »Bundeswehr und Gesellschaft«, die inneren Strukturen und die Traditionen der Bundeswehr. Doch uns hilft nichts mehr. Die Linke tritt an. In Bad Godesberg findet eine Gegenveranstaltung zum Bonner Münsterplatz statt. Horst Ehmke, Willi Piccyk von den Jusos und Graf Baudissin sprechen. Piecyk sagt dort ohne Widerspruch: »Es muß damit Schluß sein, daß der sozialdemokratische Verteidigungsminister Stück für Stück den Ansprüchen reaktionärer Militärs nachgibt. Der Kampf gegen den Militarismus ist eine Erfahrung und Verpflichtung der Arbeiterbewegung. Wir stehen in dieser Tradition... Demokratie und Frieden können auf Trommelwirbel gerne verzichten. Aber ohne Abrüstung ist es um den Frieden schlecht bestellt.«

Damit sind die Zeichen gesetzt. Auf dem Münsterplatz versammeln sich also Militaristen, die die Abrüstung blockieren. Lügen werden zum Instrument der politischen Auseinandersetzung innerhalb der SPD. Der Kampf um unsere Westbindung, gegen die Nato und die Bundeswehr beginnt. Ulrich de Maiziere, einer meiner in jeder Hinsicht untadeligen Berater, sagt nach den Ereignissen auf dem Münsterplatz:»Vor 25 Jahren hatten wir schon einmal eine Bewegung ›ohne mich‹. Damals ging es um die Abneigung, wieder Soldat zu werden. Heute geht es um die Abneigung gegen unseren Staat. Die Bundeswehr wird nun zum Vehikel für mangelnden Konsens über unsere Verfassungsordnung und unsere Grundwerte.«

Der Abend des 12. November auf dem Münsterplatz wird zu einer Katastrophe. Die Bonner Innenstadt ist von sechstausend Polizisten in eine Festung verwandelt worden. Sie können sicherstellen, daß Wurfgeschosse und Schlagwaffen draußen bleiben. Zwei Stunden lang geht aber ein Pfeifkonzert auf uns nieder. Sie brüllen im Chor »Nieder mit der Bundeswehr«. Aus der Geburtstagsfeier wird eine Farce. Ich lasse mich nicht beeindrucken. Ich halte meine Rede:»Wir hassen niemanden. Wir bedrohen niemanden. Wir greifen niemanden an.« Und:»Ich erwarte von den Wehrpflichtigen keine Begeisterung, keinen Hurra-Patriotismus.« Alles geht in dem unglaublichen Lärm unter. Ich bin froh, als alles vorbei ist.

Zu meinen Problemen mit dem MRCA-Tornado kommen nun neue Schwierigkeiten hinzu. Es ist mein »Starrsinn«, der an dieser Zuspitzung schuld ist. So klingt es aus der SPD-Fraktion. Der Kanzler spart im kleinsten Kreise, wie ich höre, nicht mit deutlichen Worten. Doch ich muß weiter rotieren und versuchen, den Schaden zu begrenzen.

Als endlich Weihnachten ist, bin ich mit den Nerven am Ende. Zu Hause gibt es den üblichen, aber früher so angenehmen Weihnachtsstreß. Er soll mich auch in diesem Jahre auf andere Gedanken bringen. Ich stelle den Weihnachtsbaum auf und schmücke ihn. Erst danach fällt er um, weil er für unseren Tannenbaumfuß zu schwer ist. Das gibt eine Riesenschweinerei. Aber es lenkt wenigstens ab, denke ich. Doch das ist ein Irrtum.

Der *Spiegel* bringt in seiner letzten Nummer 1980 einen Artikel über die vergangene Kabinettssitzung und bleibende, kommende Probleme für mich. Und schon fangen meine Nerven an zu zittern. Das Büro ruft an, um mir mitzuteilen, die Meldung der *Welt* stimme nicht, wir hätten keine unbezahlten Rechnungen zum Jahresende beim Alpha-Jet. Und wieder klappern meine Nerven.

Viele Mitbürger sprechen mich zwischen Weihnachten und Silvester in Heiligenhafen an. Sie wollen mir Mut machen. In Hamburg rufen sie an und versuchen dasselbe. Unsere Weihnachtspost war noch niemals so umfangreich mit vielen guten Wünschen. Und dennoch finde ich auch das eher störend. Denn ich bin wundgescheuert. Mit zunehmendem Ärger in der Politik wächst mir keine Hornhaut. Im Gegenteil, ich werde immer dünnhäutiger. Hinzu kommt das bohrende Fragen, wozu das alles noch gut sein solle? Denn das Ende ist doch klar: Ich kann noch so konzentriert arbeiten. Zukunft ist für mich mit meiner Arbeit nicht verbunden.

Aber jetzt muß ich beweisen, daß meine Reden von der Pflichterfüllung und meiner Bereitschaft zum Einsatz und zum Opfer mehr sind als Sprüche. In vielen schlaflosen Stunden lege ich mich darauf fest, daß Weglaufen nicht in Frage kommt. Auch wenn ich weiß, daß ich in Bonn nur wenig Hilfe und Mitgefühl erwarten kann. Jeder muß seinen Weg gehen und so lange die Last tragen, wie es geht. Dabei bin ich mir der Liebe und Zuwendung meiner Frau sicher.

1981

Mit voller Kraft in die Krise

Hatten wir die Bundestagswahlen des Jahres 1980 erreicht, ohne daß sich bei unseren Wählern die Erkenntnis durchsetzte, daß unser Land in eine tiefe Rezession hineinläuft, so wird diese Einsicht nach der Wahl sehr schnell bestimmend für das politische Klima. Helmut Schmidt sagt: »Die ganze Welt läuft aus dem Ruder.« Und tatsächlich werden alle Industrienationen von den Folgen der zweiten Ölpreisexplosion getroffen. Die Preise galoppieren, die Arbeitslosigkeit explodiert, Riesendefizite lassen die Zinsen steigen. 1980 ist das Leistungsbilanzdefizit der Bundesrepublik mit 28 Milliarden DM dreimal so hoch wie 1979. Auch das hält unsere Zinsen hoch.

Es war falsch, von 1978 bis 1980 zur Ankurbelung der sich in diesen Jahren recht gut selbst tragenden Konjunktur über staatliche Ausgabenprogramme und Steuerverzichte die öffentlichen Kassen zu strapazieren. Jetzt, wo der Zeitpunkt des Handelns da ist, sind die Kassen leer. Jetzt soll der Staatshaushalt konsolidiert werden. Diese prozyklische Finanzpolitik verstärkt den Konjunktureinbruch. Sie erhöht die politischen Spannungen zwischen den beiden Koalitionsparteien, aber auch zwischen dem DGB und der SPD einerseits und der Regierungsmannschaft andererseits. Das Ansehen der Regierung und des Kanzlers sinken, insbesondere deswegen, weil viel gestritten und wenig gehandelt wird.

Mitte Januar sitzen wir im Kanzleramt zusammen – Helmut Schmidt, Karl-Otto Pöhl, Hans Matthöfer, Herbert Ehrenberg, Dieter Haack und die Berater des Kanzlers – um einen Ausweg zu finden. Jeder spürt, daß wir es nicht mehr lange aushalten werden, öffentlich zu erklären, wir hätten keinen konjunkturpolitischen Handlungsbedarf. Der Kanzler und Karl-Otto Pöhl analysieren unsere wirtschaftliche Lage. Stundenlang reden wir miteinander. Ideen und konjunkturpolitische Handlungsmöglichkeiten werden entwickelt, um dann von anderen zerpflückt und schließlich verworfen zu werden. Es ist der verzweifelte Versuch, einen wirtschaftspolitischen Ansatz für die Bekämpfung der nationalen Auswirkungen einer weltweiten Rezession zu finden.

Wir wissen, daß wir die Karre nicht allein aus dem Dreck ziehen können. Das konnten wir auch 1975 und in den folgenden Jahren nicht. Aber wir müssen handeln, um dem wachsenden Pessimismus beizukommen, um Handlungsfähigkeit zu demonstrieren. Doch der Finanzminister ist wie eine Betonwand. Der Kanzler ergreift keine Initiative. Nichts geht. Und wir gehen deprimiert. Es bleibt wohl nur der rigorose Sparkurs, die Abkehr von unserer bisherigen Wirtschafts- und Finanzpolitik, die »Wende«, wie die FDP sie will.

Die Spannungen mit der SPD-Fraktion nehmen zu. Sie fordert die Regierung zum Handeln auf. Die Abschreibungsbedingungen für Investitionen sollen verbessert werden. Eine Investitionszulage wird gefordert. Umschulungs- und Qualifizierungsmaßnahmen für Arbeitslose müssen kräftig ausgebaut werden. Alles das kostet viele Milliarden. Wenige Tage später lehnt der Finanzminister in der Haushaltsdebatte Ende Januar – 1. Lesung des Haushalts 1981 – »aus heutiger Sicht« zusätzliche Ausgabenprogramme ab. Allerdings sollen konjunkturbedingte Steuermindereinnahmen hingenommen werden. Und sie treten schnell ein. Aus den 27 Milliarden DM Neuschulden für 1981, wie sie das Kabinett für diesen Haushalt beschlossen hatte, sind bereits Ende April 33 Milliarden DM geworden. Die Konjunkturlage verschlechtert sich zunehmend.

Da die zweite Ölpreisexplosion als eine zentrale Ursache für die Rezession anzusehen ist, konzentrieren sich die Überlegungen auf die Frage, wie wir unsere große Abhängigkeit vom Ölimport abbauen können. Wenig Streit gibt es über die Förderung der heimischen Kohle und die Notwendigkeit der Energieeinsparung. Als aber Graf Lambsdorff in der Debatte zum Jahreswirtschaftsbericht Ende Februar erneut ein klares Bekenntnis zur Kernkraft abgibt und Ministerpräsident Stoltenberg die volle Unterstützung der Bundesregierung für die Verwirklichung des KKW Brokdorf zusichert, bricht in Teilen der SPD ein Proteststurm los. Dabei sagt der Wirtschaftsminister nichts Besonderes. Daß Brokdorf fertiggestellt werden solle, um dann ans Netz zu gehen, hatte schließlich auch unser letzter Bundesparteitag akzeptiert. Doch Klose, Matthiesen und andere protestieren massiv. Da wird sichtbar, wie weit das unter großen Schmerzen geborene Fünf-Punkte-Programm trägt, das wir nach anhaltenden Beratungen am frühen Morgen des 12. Februar im Parteivorstand beschlossen hatten.

Unter der Überschrift »Unsere Verantwortung. Zur Lage der Partei im Februar 1981« nehmen wir Stellung zu den aktuellen Streitfragen. Einleitend heißt es in dieser Erklärung: »Der Vorstand der SPD bittet alle Mitglieder und Freunde, die nachfolgende Erklärung aufmerksam zur Kenntnis zu nehmen und tatkräftig dazu beizutragen, daß Unklarheiten über den Inhalt sozialdemokratischer Politik ausgeräumt werden.« Und zur Kernenergie steht dort unter Bezugnahme auf die Beschlüsse auf unseren Parteitagen in Hamburg und Berlin: »Wo in einzelnen Regionen zwischen unterschiedlichen energiepolitischen Lösungswegen entschieden werden muß, dürfen wir uns das vom politischen Gegner nicht als eine Frage von Sein oder Nichtsein aufreden lassen. Das gilt auch für Brokdorf. Sowohl der Bau eines Kernkraftwerkes in Brokdorf wie auch der Bau alternativer Kohlekraftwerke mit Wärmekraftkoppelung als Ersatz für Brokdorf stünden in Übereinstimmung mit dem Parteitagsbeschluß der SPD. Es gibt keinen Grund, an dieser Frage die Regierungsfähigkeit und den Willen zur verantwortlichen Gestaltung der Politik aufs Spiel zu setzen. Wenn jemand in diesem Land eine verantwortliche und der Zukunft zugewandte Energiepolitik entwickeln und durchsetzen kann, dann sind es die Sozialdemokraten.« Damit kann jeder wieder seine Meinung vertreten.

Helmut Schmidt macht in dieser langen Sitzung des Parteivorstands eine glänzende Figur. Seine Abrechnung mit Erhard Eppler ist eindrucksvoll. Seine Argumente überzeugen. Und dennoch bleiben sie seltsam wirkungslos. Willy Brandt schweigt. Wehner beschränkt sich auf einige bissige Zwischenrufe. Meine Änderungsvorschläge zum Abschnitt »Den Frieden sichern« kann ich durchbringen. Insofern könnte ich zufrieden sein. Aber ich weiß: Der Konflikt geht weiter.

Willy Brandt selbst relativiert unseren Beschluß, in dem er öffentlich erklärt, der Wert und die Bedeutung dieses Papiers lägen sicherlich unter der Heiligen Schrift. Unseren Beschluß zur Kernenergie bezeichnet er als ein kräftiges »Sowohl als auch«. Da gibt es kein Abrücken von Eppler, der am 9. Februar im *Spiegel* erklärt: »Das Problem heute ist, daß es kein einziges großes Thema gibt, das die Partei integrieren und von der CDU absetzen könnte. Wir haben fast nur Themen, bei denen die Union die Regierung unterstützt, während beträchtliche Teile der Partei wachsende Zweifel haben [Nachrüstung, Brokdorf, Waffenexporte]. Ich weiß nicht, wie lange die Partei mit desintegrierenden Themen leben kann.... Die Partei kommt erst wieder auf die Beine, wenn wieder klar ist, was der eigene unverwechselbare Beitrag zum Frieden ist, wieder klar ist, was Reform in den 80er Jahren bedeutet.«

Auch in der Wirtschafts- und Finanzpolitik bringt dieses Fünf-Punkte-Programm kein Ende der kontroversen Debatte in der SPD. Herbert Ehrenberg fordert, gestützt auf Äußerungen aus der SPD-Fraktion, ein neues Arbeitsbeschaffungsprogramm. Der DGB will dafür bis 1985 zusätzlich 50 Milliarden DM einsetzen. Willy Brandt rechnet mit einem Investitionsprogramm. Helmut Schmidt erklärt mit der Zustimmung von Hans Matthöfer und Graf Lambsdorff, es habe keinen Zweck, mit allgemeinen Konjunkturprogrammen unsere wirtschaftliche Lage beeinflussen zu wollen. Erst als das Frühjahrsgutachten der fünf wirtschaftswissenschaftlichen Forschungsinstitute einen Rückgang unseres Bruttosozialprodukts 1981 um 1,5 Prozent prognostiziert, beschließen wir am 19. April ein 10-Punkte-Programm für Investitionen im Energiebereich. Es wird über eine Anleihe der Kreditanstalt für Wiederaufbau finanziert und soll durch Zinssubventionen aus dem Bundeshaushalt attraktiv gemacht werden. Das ist ein Bonbon für die SPD und sicherlich ökonomisch richtig, wird aber den Gegebenheiten und den Erwartungen an staatliches Handeln nicht gerecht. Besonders der DGB ist mehr als unzufrieden. Nun richten sich alle Erwartungen auf den Monat Juni, in dem die Haushaltsberatungen für 1982 beginnen sollen. Doch bereits vorher wird der Haushalt 1981 notleidend. Anfang Mai wird endgültig sichtbar, daß der Etat 1981 kurz vor seiner Verabschiedung im Deutschen Bundestag in Teilen Makulatur ist. Weil der Finanzminister die Neuverschuldung auf 27 Milliarden DM begrenzen wollte, mußten viele Ressorts Haushaltsansätze hinnehmen, die nicht ausreichen können. Die sich vertiefende Rezession tut ein übriges. Allein der Etat des Arbeitsministers benötigt eine Aufstockung um fast 5 Milliarden DM.

Ich selbst war im Dezember 1980 bei der Verabschiedung des Haushalts 1981 im Kabinett in einer ganz besonderes schwierigen Lage. Die plötzlich aufbrechende Tornado-Lücke in Höhe von 1,3 Milliarden DM für 1980 und 1981 gab mir keine Möglichkeit, für zusätzliches Geld zu kämpfen. Im Gegenteil, wir mußten aus dem engen Etat 1981 noch 250 Millionen als Notopfer Tornado herausstreichen. 700 Millionen DM erhielten wir zusätzlich. 265 Millionen DM blieben offen. Wir haben im ersten Quartal versucht, mit den verminderten Ansätzen auszukommen. Doch beim Treibstoff und der Materialerhaltung ging es nicht. Massive Preissteigerungen und die Abwertung der D-Mark gegenüber Pfund und Dollar machen uns einen Strich durch die Rechnung. Da sitze ich nun mit meinem Versprechen, mit dem Geld auskommen zu wollen.

Der Kanzler ist nicht verfügbar. Über Ostern erholt er sich am Brahmsee, und anschließend ist er in Saudiarabien. Die Lage spitzt sich zu. Wehner ergreift die Initiative und lädt die von Haushaltssorgen geplagten Minister am 3. Mai 1981 in den geschäftsführenden Fraktionsvorstand. Wir listen alles auf. Ergebnis: Die Bundeswehr braucht 1,175 Milliarden DM mehr. Sicherlich eine Summe, die wir weder bekommen noch benötigen. Denn warum soll es auch Ende 1981 keine »Überkipper« in das Haushaltsjahr 1982 geben? Ich erwarte in dieser Debatte einen Kompromiß, hoffe aber zumindest auf eine rationale Erörterung der Grenzen und der

Möglichkeiten einer Nachbesserung unserer Haushaltsansätze für das laufende Jahr. Doch dazu kommt es nicht. Matthöfer und ich geraten kräftig aneinander. Er verweist mich auf den Dienstweg. Und den gehe ich dann und stelle ihm und dem Kanzler meine Forderungen brieflich zu. Eine wilde öffentliche Debatte beginnt bis hin zu der Feststellung, nun müsse ich weg. Ich hätte wohl endgültig die Übersicht verloren. Am 7. Mai kann uns der Kanzler empfangen. Ich soll 420 Millionen DM mehr erhalten und damit alles abdecken. Nach gründlichem Rechnen und einer schlechten Nacht teile ich dem Kanzler in einem Fünf-Zeilen-Brief mit, ich könne seinen Vorschlag leider nicht annehmen und warte auf die Kabinettsentscheidung am kommenden Mittwoch. Lahnstein ruft mich an und sagt mir, der Kanzler sei sehr ungehalten, weil nun wieder Genscher in eine Schiedsrichterrolle kommen könne. Ich weiß, daß mein Verhalten nicht besonders fein und anständig ist. Aber ich bin fast am Ende. Und meine miese Methode hat Erfolg – 850 Millionen DM mehr.

Vor diesem Hintergrund gehen wir im Verteidigungsministerium an die Arbeit, um die Haushaltsberatungen 1982 vorzubereiten. Mein Ziel ist es, dem Kabinett, dem Parlament und damit der Öffentlichkeit bei jeder Gesamtsumme für den Verteidigungshaushalt 1982 sofort klarzumachen, was mit den jeweiligen Geldansätzen noch für eine Landesverteidigung zu machen ist. Es kann und es wird sich nicht wiederholen, daß wir aus einer Mischung von Ignoranz und Kabinettsloyalität erklären, wir würden mit den uns zugewiesenen Beträgen keine Probleme haben. Eigentlich ist mein Ansatz ganz normal. Falls wir aus Gründen der Haushaltskonsolidierung soziale Leistungen abbauen, wird das ja auch sofort sichtbar. Außerdem kommt es nicht in Frage, daß sich Genscher und Schmidt der Bundeswehr und ihres Beitrags im Bündnis rühmen, während ich zuerst im Verborgenen und dann schrittweise öffentlich die Prügel für die Konsequenzen unserer Haushaltskürzungen kassiere.

Bezweifeln muß ich allerdings, ob das Ministerium mitzieht. Setzt es die Weisungen zur Begrenzung der Ausgaben, zur Titelbewirtschaftung wirklich um? Bisher haben die Soldaten ja noch immer erlebt, daß ihnen das Geld nachgeschossen wurde, nach dem sie riefen. Wir müssen diese Mentalität brechen. Aber schaffen wir das?

Ich besuche Anfang Juli eine Panzergrenadierbrigade in Weiden. Der Brigadegeneral erklärt mir, er habe sich überhaupt nicht um die Sparanweisungen seines Inspekteurs zu Beginn des Haushaltsplans 1981 gekümmert. Sie hätten *business as usual* betrieben. Es hätte sich sicherlich kaum jemand politisch leisten können, den Übungsbetrieb seiner Brigade im September zum Stillstand kommen zu lassen. Außerdem seien sie zum Nato-Herbstmanöver »Scharfe Klinge« eingeteilt. Deshalb werde der Sprit schon fließen. Ich bin wütend, weiß aber nun, wie es vor Ort zugeht. Hiehle und ich müssen die Generalität im Herbst auf der Kommandeurstagung verdonnern. Werden sie endlich den Ernst der Lage begreifen?

Die Haushaltsberatungen für 1982 beginnen schon vor der parlamentarischen Sommerpause. Ich habe mich bereits am Sonntag, dem 21. Juni, in Bonn einzufinden, um in einem größeren Kreise im Bundeskanzleramt den Bundeshaushalt 1982 zu besprechen. Ich erwarte das »große Kleeblatt« (Bundeskanzler mit seinen engsten Mitarbeitern plus Ehrenberg, Matthöfer, Apel). Aber zu meiner Überraschung sind ferner ein Dutzend Genossen aus der Bundestagsfraktion anwesend.

Der Bundeskanzler spickt seine einleitenden Bemerkungen mit kräftigen Drohungen über den Fortbestand der Regierung. Die explodierenden EG-Ausgaben kommen zur Sprache und die katastrophale Lage unserer Staatsfinanzen. Diese Einsicht ist nicht neu. Doch dann kommt die Überraschung. Der Finanzminister erklärt, daß die Nettokreditaufnahme auf etwa 26 Milliarden DM im Jahre 1982 begrenzt werden muß, Steuern und Abgaben nicht erhöht werden, von ihm aber derzeit keinerlei Vorschläge zu erwarten sind, wie die fehlenden 17 Milliarden DM durch Einsparungen zu erreichen wären. Der Kanzler will sogar weitere 7 Milliarden DM aus den Haushaltsansätzen herausstreichen lassen, um sie für investive, arbeitsplatzschaffende Ausgaben einzusetzen.

Diese Aufgaben sollen vor allem von einer Arbeitsgruppe der

Fraktion geleistet werden. Ich kann das kaum fassen. Wollen wir
das Grundgesetz außer Kraft setzen und an die Stelle der Richtlinienkompetenz des Kanzlers und der hervorgehobenen Stellung
des Finanzministers kollektive Führungsgremien der Fraktion setzen? Augenscheinlich. Denn anschließend führen die Fraktionsex-
perten das Wort. Da wird in der Sozial-, Agrar-, Steuer- und
Verteidigungspolitik herumgefuchtelt. Eine Querschnittsarbeits-
gruppe der Fraktion unter Leitung von Heinz Westphal übernimmt das Zepter.

Auch ich werde im Laufe dieser Woche vorgeladen. Da sitzen die
Genossen Glombig, Rohde, Würtz, Walther und Westphal und
wollen mir sagen, wie die Bundeswehr auch billiger über die Runden zu bringen wäre. Wir sollen der Arbeitsgruppe erklären, mit
wieviel Geld wir im nächsten Jahr auskommen könnten. Doch ich
mauere eisern. Ich kann mich nicht dem Rückzug des Kanzlers
von der Macht entziehen. Aber wenn jemand meint, ich spielte
dabei auch noch aktiv mit, so irrt sich der. Wir verlangen 3 Milliarden DM mehr als 1981. Ich sage ihnen, was passiert, wenn wir
weniger bekommen. Dann werde ich bei jedem Betrag sagen, was
das konkret für die Einsatzbereitschaft der Bundeswehr 1982 bedeutet. Ich kann nicht mehr jeden Unsinn mittragen. Eine solche
Runde kann mir nicht meine Verantwortung abnehmen.

Am Mittwoch, dem 1. Juli, sind die SPD-Minister vom Kanzler
zum Abendessen eingeladen. Ich sage ein Abendessen mit meinem
dänischen Kollegen ab, den ich in Bonn zu Besuch habe. Dieser
Termin ist wichtiger. Der Kanzler plauscht bei Kochfisch und
Salat über Mitterrand und die hohen Zinsen, auch über den Haushalt 1982. Mir platzt der Kragen, und ich frage ihn, wie er denn
eigentlich für den Haushalt 1982 seine Richtlinienkompetenz handhaben wolle. Er ist unwirsch, weicht aus und malt Männchen.
Doch auch andere haken nach. Und so kommt endlich ein erstes
Gespräch über diese drängenden Probleme zustande. Es entsteht
zwar kaum mehr Klarheit. Aber wenigstens sollen wir vorher mit
Matthöfer reden und am Sonnabend, dem 25. Juli 1981, noch einmal in dieser Runde zusammenkommen, ehe es ernst wird. Das
bietet die Chance, daß wir nicht wie bei den Koalitionsverhand-

lungen wie ein Sauhaufen auf die feste Front der FDP stoßen und
dann wie damals eingehen.

Wie auch immer: Die Fronten in der Koalition verhärten sich.
Während Hans Matthöfer darauf hinweist, daß unsere Volkswirt-
schaft leistungsfähig genug ist, um das soziale Netz erhalten zu
können, fordert Graf Lambsdorff mehr Leistung, weniger Staat,
den Abbau sozialer Errungenschaften. Mit einer Beschneidung des
Wildwuchses sei es nicht getan. Das bringe nur einige hundert
Millionen DM. 1982 müßten aber im Haushalt zweistellige Milliar-
denbeträge gespart werden. Ein Sondergutachten des Sachverständigenrats stützt diese Forderung. Vier der fünf Weisen fordern wie
Lambsdorff Einschnitte in das soziale Netz.

Lambsdorff erklärt am 18. September auf eine Frage der *Bild*-
Zeitung, ob er die Hand dafür ins Feuer legen möchte, daß die
Koalition durchhält:»Ich möchte meine Hände schonen.« Die
Zeichen stehen wieder einmal auf Sturm. Genscher spricht am
20. August 1981 in einem Brief an die Mandatsträger und Mitglieder der Führungsgremien der FDP von der»notwendigen Wende«.
Er fordert weitere Eingriffe in Leistungsgesetze. Es sei allerdings
»möglich«, die Aufgabe mit der SPD zu lösen, denn die Opposition
habe bisher »wenig Konkretes zur Lösung der anstehenden Probleme verlauten lassen«.

In der parlamentarischen Sommerpause wird überall fleißig ge-
werkelt. In der SPD-Fraktion sind die eingesetzten Arbeitsgruppen
an der Arbeit, um die Haushaltsberatungen 1982 vorzubereiten. So
soll die Fraktion frühzeitig in die kommenden schmerzhaften Entscheidungen eingebunden werden. Und ein Stück Arbeitstherapie
ist auch dabei. Auch wir auf der Hardthöhe bereiten uns auf diese
Auseinandersetzung genau vor. Die Erfahrungen des ersten Halb-
jahrs 1981 stecken mir noch in den Knochen. So werden sie sich
nicht wiederholen.

In der Runde der SPD-Minister beim Bundeskanzler am 25. Juli
wird uns die Strategie für den Ablauf der Debatten um den Haushalt 1982 mitgeteilt. Der Bundeskanzler leitet die Verhandlungen
und führt sie zum Ergebnis. Auch deshalb hält er sich am Sonntag
und Montag in den Sitzungen von Parteivorstand, Fraktionsvor-

stand und Fraktion zurück. Willy Brandt und Heinz Westphal
sollen die SPD-Position vertreten und damit die Sparbeschlüsse, die
von einer Arbeitsgruppe der Fraktion ausgearbeitet worden sind.
Matthöfer soll den guten Hausvater spielen und die Vorschläge
vortragen, die inzwischen in seinem Ministerium geboren worden
sind. Als er uns am Sonnabend in der Runde der SPD-Minister
seine Vorstellungen entwickelt, reiben wir uns erstaunt die Augen.
Mit uns hatte er nicht gesprochen. Und so war viel Unsinn produziert worden. Karenztage bei der Arbeitslosenversicherung und bei
der Lohnfortzahlung im Krankheitsfall, die Erhöhung der Heizöl-
und Erdgassteuer, Milliarden von der Renten- und Arbeitslosenversicherung. Wo bleibt eigentlich die gerechte Verteilung der Lasten, vor allem auf die starken Schultern? So bricht über den
armen Matthöfer ein Donnerwetter herein. Stürmisch wird von
ihm die Einführung einer Ergänzungsabgabe verlangt. Die Tabak-
und die Sektsteuer sollen erhöht werden. Dafür soll die Heizöl-
steuer fallen. Mit diesen Forderungen der SPD soll die FDP kon-
frontiert werden.

Am Dienstagmorgen, dem 28. Juli, werde ich zu einem Chef-
gespräch mit Genscher zum Kanzler bestellt. Es geht um die Teilnahme einer deutschen Fregatte im Rahmen eines Nato-Manövers
in der Karibik vor San Juan. Bei dieser Gelegenheit reden wir auch
über den Verteidigungshaushalt. Der Kanzler regt an, ihn um
4,2 Prozent, wie den Gesamthaushalt, steigen zu lassen. Das wären
1,7 Milliarden DM mehr als 1981. Ich fordere, daß mir 320 Millionen DM Zahlungen an die Rentenversicherung erlassen werden,
damit ich dieses Geld für Baumaßnahmen im Bereich der Bundeswehr konjunkturbelebend einsetzen kann. Mit Ehrenberg hatte ich
das gut vorbesprochen und sein Okay erhalten. Am Nachmittag
werde ich überraschend in die Koalitionsrunde geladen. Und siehe
da, nach 90 Minuten gehe ich mit diesem Ergebnis raus, und
Matthöfer ist bei mir eine Milliarde DM mehr losgeworden, als er
eingeplant hatte. Wieder einmal hat mir Herbert Wehner entscheidend geholfen.

Unsere Freude hält aber nicht lange an. Bereits Mitte August
wird unsere Stimmung wieder düster. Als ich vom Segeltörn zu-

rückkomme, hat das Ministerium neue Überraschungen für mich bereit. Erneut fehlt Geld. Und wieder einmal war es niemand gewesen. Ich streiche Beschaffungen, die noch nicht bestellt sind. Ich bestelle die Inspekteure der drei Teilstreitkräfte und teile ihnen in Gegenwart des Generalinspekteurs mit, daß wir den Übungsbetrieb für den Rest des Jahres rigoros zusammenstreichen müssen. Sie murren, aber sie gehorchen. Denn eins ist klar: Das schlimme Theater des Jahres 1981 darf sich nicht wiederholen.

Am Donnerstag, dem 30. Juli, geht im Kabinett alles wieder von vorne los. Die FDP hat in ihrer Fraktion die Ergänzungsabgabe nicht durchbekommen, und schon stirbt sie. So ergeht es auch der Nichtabsetzbarkeit von Bewirtungsspesen von der Steuer. Vor allem aber fehlt der SPD neben einem begrenzten Programm für die notleidende Stahlindustrie das von uns für erforderlich gehaltene Beschäftigungsprogramm. Denn die Verbesserung der degressiven Abschreibung allein hilft der Konjunktur nicht. Ehrenberg, Lambsdorff und Matthöfer werden beauftragt, bis Ende August entsprechende Vorschläge zu machen. Sie bleiben erfolglos, sind Statisten im Sommertheater, in dem Genscher mit dem Brief an seine Parteifunktionäre die Wende in Gang setzt und sich der Eindruck vertieft, die Koalition sei am Ende.

Ende August stehen wir uns in der Koalition genauso uneinig gegenüber wie vor dem Sommerurlaub. Am Sonntag, dem 30. August, werde ich auf 15 Uhr nach Bonn in den Kanzler-Bungalow bestellt. Keiner kann mir sagen, um was es gehen soll. Dort treffe ich außer dem Kanzler Karl Schiller, Dr. Hiß, Karl-Otto Pöhl, Ehrenberg, Matthöfer und die engsten Mitarbeiter Helmut Schmidts. Karl Schiller erklärt uns, warum unsere Handlungsmöglichkeiten sehr eng sind, warum Keynes »out« ist. Pöhl und Matthöfer assistieren. Ehrenberg und ich widersprechen. Wir wollen nicht warten, bis die Arbeitslosigkeit über uns zusammenschlägt. Wir brauchen ein Programm, das die Akzeptanz unserer Sparbeschlüsse für die Gewerkschaften und die SPD erhöht. Aber auch wir wissen natürlich, daß unsere Ideen beim Koalitionspartner auf Granit stoßen. Um 19.30 Uhr gehen wir ratlos auseinander.

Am Montagnachmittag findet eine Sondersitzung des Fraktionsvorstandes statt. Weder Willy Brandt noch Helmut Schmidt wollen vortragen. Also muß der brave Heinz Westphal ran. Respektable Abgeordnete wie Alfred Emmerlich machen deutlich, wie sehr ihnen das alles »stinkt«. Die Koalition ist kein Tabu mehr. Wehner schweigt. Das allgemeine Unbehagen ist mit Händen zu greifen. Doch die Koalitionsverhandlungen sollen weitergehen. Die Koalitionäre kommen am Mittwochmorgen angeschlagen in die Kabinettssitzung. Weniger die Nachtsitzung steckt ihnen in den Knochen als Stil und Inhalt der Verhandlungen mit der FDP. Lahnstein hält die in der letzten Nacht geschlagenen Wunden für nicht heilbar. Westphal möchte am liebsten so schnell wie möglich Schluß machen und denen von der FDP »in den Arsch treten«.

Dann geht es verhalten los. Mir fällt die unerbittliche Härte auf, mit der die FDP ihre Positionen vertritt. Bei Lambsdorff und Genscher fehlt die Kompromißbereitschaft. Man will wohl nicht mehr viel investieren, aber auch keine Schuld für das etwaige Koalitionsende auf sich laden. Wir Sozis sagen uns scheu unter vier Augen: »Es geht zu Ende.« Und niemand ist bedrückt dabei. Keiner aber glaubt es eigentlich auch so recht.

Am Donnerstag kommen wir, nach einer weiteren langen Koalitionsnacht, doch zu einem Ergebnis. Die FDP hat wenigstens teilweise eingelenkt, auch wenn sie mehr durchgesetzt hat als wir. Wären nicht die letzten Tage und Wochen gewesen, man könnte das Ergebnis vielleicht hinnehmen, wenn auch eine spezifisch sozialdemokratische Komponente in der Beschäftigungspolitik fehlt. Dennoch wird es nicht leicht werden, dieses Paket durch die Fraktion zu bringen. Zuviel Porzellan wurde zerschlagen.

Diese »Operation 1982« mit einer Kürzung des Kindergelds, der Erhöhung der Tabak- und Sektsteuer, der Anhebung des Beitragssatzes der Arbeitslosenversicherung, Kürzungen beim Wohngeld und bei der Sparförderung, Einschnitten in die Besoldung, Maßnahmen zur Kostendämpfung im Gesundheitswesen und einer Verbesserung der Abschreibungen für die Unternehmen bringt nicht die durchgreifende Sanierung des Bundeshaushalts 1982. Ende Oktober sagen uns die fünf Forschungsinstitute für 1982 ein reales Wirtschaftswachstum von nur einem Prozent voraus. Der

Haushalt 1982 geht von einem Wachstum von zwei bis zweieinhalb Prozent aus. Nach den neuesten Prognosen werden wir im Jahresdurchschnitt 1,5 Millionen Arbeitslose haben. Neue Haushaltslöcher reißen auf. Das Defizit des Jahres 1981 wächst von 27 auf 38 Milliarden DM.

Die kontroverse Debatte um ein Programm zur Bekämpfung der Massenarbeitslosigkeit bricht erneut mit aller Schärfe aus. Der DGB greift Lambsdorff und die FDP massiv an. Willy Brandt fordert ein Beschäftigungsprogramm. Schmidt und Matthöfer sprechen dagegen. Nun richtet sich die Wut des DGB auch gegen uns. Sein Bundeshauptausschuß bezeichnet Anfang September in einer einstimmig angenommenen Entschließung unsere Beschlüsse als »sozial unausgewogen und beschäftigungspolitisch negativ«. Für den 8. November ruft der DGB in Baden-Württemberg zu einer Protestkundgebung in Stuttgart auf unter dem Motto »Gegen Arbeitsplatzverlust und soziale Demontage, gegen die Sparbeschlüsse der Bundesregierung, für das Recht auf Arbeit«. Franz Steinkühler läßt für die IG-Metall ein Flugblatt verteilen, in dem zum offenen »Widerstand« aufgerufen wird. »Unter dem Vorwand, Mißbräuche zu beseitigen und sparen zu wollen, fährt die Bundesregierung mit einem Mähdrescher über die sozialen Leistungen hinweg. Die geplanten Kürzungen sind ein Anschlag auf den sozialen Besitzstand der Arbeitnehmer.«

Hans Matthöfer wendet sich brieflich an Franz Steinkühler. Er stellt die Politik der Koalition dar. Er ist betroffen von dem Wort »Anschlag«, mit dem Steinkühler »Hinterhalt oder Heimtücke« unterstelle. Steinkühler schlägt zurück. Zur Politik der Koalition sagt er in seinem Brief: »Das ist tendenziell der Weg der Politik der britischen Premierministerin Thatcher, die ihr Land innerhalb von zwei Jahren in die schwerste Krise seiner Geschichte gestürzt hat.« – »Das ist – zusammen mit massiven Aufrüstungsplänen – in der Tendenz die Politik des amerikanischen Präsidenten Reagan, die den sozialen Frieden in den USA und den Frieden des Gleichgewichts des Schreckens gleichermaßen zu gefährden droht.« – »Das ist die Politik der Mehrheit des Sachverständigenrats, die auf soziale Demontage und Umverteilung zugunsten der Reichen hinausläuft.« Es kann nun keinen Zweifel mehr geben: Teile der Gewerkschaften wollen diese Koalition zerstören. Auch deshalb gibt die SPD Stück für Stück und Tag für Tag ihre Regierungsverantwortung preis. Da bleibt auch der Verteidigungshaushalt nicht verschont. Am Donnerstag, dem 22. Oktober, bestellt uns der Bundeskanzler zum Rapport über die Sitzung der Nuklearen Planungsgruppe. Der Generalinspekteur und ich berichten. Der Bundeskanzler ist von den Ergebnissen angetan. Wir sind froh, ihn körperlich frisch und geistig voll präsent zu erleben. Das Gespräch dreht sich auch um die Finanzlage der Bundeswehr. Über die erneut einsetzende Spardebatte sind wir sehr besorgt und bitten den Bundeskanzler, die Bundeswehr zu schonen, weil wir sonst Sorgen um ihre Einsatzbereitschaft haben müßten. Wir möchten auch das Hickhack des Haushaltsjahres 1981 im kommenden Jahr vermeiden. Der Kanzler stimmt uns lebhaft zu. Ohne von uns dazu aufgefordert worden zu sein, diktiert er eine Aktennotiz, in der er festlegt, daß man bei uns wohl schon zu weit gegangen sei. Wir sollen also ungeschoren bleiben. Das Verteidigungsministerium muß seinerseits dafür sorgen, daß wir 1982 nicht erneut einen Nachtragshaushalt fordern.

Am kommenden Montag um 22.30 Uhr klingelt bei mir im Bungalow das Telefon. Es meldet sich Lahnstein. Die Koalitionsverhandlungen zum Haushalt '82 seien nun beendet. Man hätte die Ausgaben für den Haushalt '81 kräftig steigern müssen. Deshalb werde der Haushalt '82 prozentual weniger steigen. Da man aber die Steigerungsrate des Verteidigungsetats an die Steigerungsrate des Gesamthaushalts gebunden hätte, könne das auch Auswirkungen auf den Verteidigungsetat haben. Ich frage nach Größenordnungen. Lahnstein weiß es nicht. Er nimmt an, nun steige der Etat '82 nur noch um 3,7 bis 3,8 Prozent. Also müßten wir rund 170 Millionen DM opfern. Aber es sei ja nichts festgelegt.

Am Dienstagmorgen fliege ich zur Kommandeurstagung. Um 15 Uhr bin ich zurück und finde in der SPD-Fraktionssitzung auf den Tischen eine Information für die Fraktionsmitglieder, nach der der Etat 1982 gegenüber 1981 nur noch um 2,8 Prozent wachse. Der Verteidigungsetat werde entsprechend gekürzt. Ich rechne.

Ergebnis: etwa 600 Millionen DM weniger. Ich frage Matthöfer.
Er sagt mir, die Idee der Kürzung des Verteidigungsetats stamme
vom Kanzler. Ich frage den Kanzler. Er weiß von nichts und geht
auf sein mir gegebenes Versprechen vom letzten Donnerstag nicht
ein. Ich frage Huonker. Er weiß nicht Bescheid, denn er sei während der Koalitionsverhandlungen zu häufig zum Telefon geschickt worden. Willy Brandt kann mir auch keine Auskunft geben.
Am Mittwochmorgen im Kabinett verlange ich Auskunft. Man
will mich abwimmeln. Der Haushaltsausschuß werde schon festlegen, wieviel man bei uns kürzen werde. Ich verlange, daß das
Kabinett seiner Führungsaufgabe gerecht werde. Schließlich
schlägt Genscher vor, 200 Millionen DM zu kürzen. Ich stimme
nicht zu, aber so wird beschlossen. Durch meinen Pressesprecher
gebe ich eine Erklärung ab, die an Eindeutigkeit nichts zu wünschen übrig läßt. Doch auch das kann die Haushaltspolitiker der
SPD nicht beeindrucken. Sie wollen uns noch weiter kürzen. Dann
werde ich eben erneut öffentlich sagen, was das für die Bundeswehr
bedeutet. Wem das nicht paßt, der kann mich ja wegschicken.
Auch dies sage ich ganz offen und ungeniert. Ich lasse mich nicht
mehr durch den Fleischwolf drehen.

Tornado und die Folgen

Beim letzten Popularitätstest der Politiker vor den Bundestagswahlen stehe ich mit + 1,2 unter den SPD-Politikern nach dem Bundeskanzler auf Platz 2. Beim ersten dieser Tests nach den Wahlen
erreiche ich nur noch + 0,2. Zwar haben sich in den letzten Monaten alle SPD-Politiker »abgewertet«. Mein Ansehensverlust gleicht
aber eher einem freien Fall. Mich verwundert das nicht. Seit Monaten heißt es, ich hätte beim Tornado gelogen. Ich hätte mein
Ministerium nicht im Griff. Ich sei ein Militarist und fest im Griff
der reaktionären Militärs, so die einen. Und für die anderen weiche ich vor den Linken zurück, weil ich den Soldaten untersage, an
Dönitz' Beisetzung in Uniform teilzunehmen.

Doch die Finanzprobleme sind für mich am schlimmsten. Für uns sind die mageren Jahre angebrochen, aber die Bundeswehr sitzt auf Plänen und Verträgen fest, die aus den fetten Jahren stammen. Wir müssen unsere Waffenkäufe strecken, verschieben, streichen. Doch auch das hilft nur bedingt. Drosseln wir unsere Käufe, dann steigen die Preise. 300 Leopard 2 weniger sparen 500 Millionen DM brutto, aber nur 240 Millionen netto. Und dann wird auch noch ein Riesengeschrei organisiert. Wir seien nun nicht mehr verteidigungsfähig. Oder: Apel schafft viele neue Arbeitslose. Die Bundeswehr will auch nicht sparen. Und die SPD will nicht mehr das gute Geld für die Bundeswehr ausgeben. Es muß doch auch billiger gehen, sagt der Kanzler.

Ende Januar muß die Fraktion mitten in der Finanzierungskrise um den MRCA-Tornado einen Antrag von 24 SPD-Abgeordneten behandeln, den Verteidigungsetat 1981 um eine Milliarde DM zugunsten der Entwicklungshilfe zu kürzen. Während wir tiefe Einschnitte in die Bewaffnung und den Betrieb der Bundeswehr vorbereiten, weil unsere Finanzdecke vorne und hinten nicht reicht, findet in der größten Regierungsfraktion diese »Kirchentagsdebatte« statt. Die Genossen stützen sich in ihrer Forderung auf Willy Brandt. Der Parteivorsitzende ist es schließlich, der die Welt auffordert, die Mittel für die weltweite Aufrüstung zu kürzen und im Kampf gegen den Hunger einzusetzen. Und das wollen doch unsere 24 Aufrechten auch nur.

Wir können diese Debatte für uns entscheiden. Doch wir sind die Aufrüster, die 24 – unter ihnen Freimut Duve – haben die richtige Moral. Aber so werde ich nie wieder mit ihnen debattieren. Künftig heißt es: Eine Milliarde weniger hat für die Bundeswehr folgende Konsequenzen... Und nun könnt ihr entscheiden. Im übrigen: Eckart Kuhlwein, einer der 24, wird Tage später von Helmut Schmidt zum Parlamentarischen Staatssekretär ernannt. Das hat Fernwirkungen für die politische Moral und Standfestigkeit der Fraktion.

Ich mache mir über mein politisches Ansehen keine Illusionen. »Vom Sonny Boy über den Kronprinzen zum Armleuchter«, so ironisiere ich meine Karriere. Ich weiß auch, warum ich im Amt gehalten werde. Der Bundeskanzler hätte große Schwierigkeiten, einen geeigneten Nachfolger zu finden. Hans-Jochen Vogel geht nach Berlin und denkt nicht daran, sich auf der Hardthöhe seine politische Zukunft zu ruinieren. Jahre später sagt er mir, wie dankbar er mir gewesen sei, daß ich ausgehalten hätte. Immer wieder will ich in diesen ersten Wochen des Jahres 1981 alles hinschmeißen. Doch ich bleibe. Ich will nicht als Gescheiterter gehen. Ich will nicht zu Kreuze kriechen und in der Partei meine bisher vertretenen Positionen aufgeben. Ich will keine Schuld daran haben, wenn die Koalition durch meinen Rücktritt in zusätzliche Schwierigkeiten kommt.

Aber es ist einsam um mich geworden. Wirksame Unterstützung erhalte ich, wenn es um Geld geht, nur von Wehner und Genscher. Der Bundeskanzler schweigt sich aus. Ich kann das gut verstehen. Für ihn bin ich zu einer Belastung geworden. Doch er muß sich entscheiden: rausschmeißen oder unterstützen.

Als der *Stern* am 5. Februar eine wüste Geschichte über mich, mit einem unglaublichen Titelbild, veröffentlicht, ruft mich nur Genscher an, um mir Solidarität und Trost zu verpassen. Willy Brandt macht das auf seine Art. Ich bin wieder einmal in Brüssel als Teilnehmer einer der unvermeidlichen Nato-Sitzungen. Da baut sich ein Ordonanzoffizier vor mir auf und meldet mir, daß mich ein Herr Brandt am Telefon sprechen wolle. Die rauhe Stimme von Willy Brandt meldet sich: »Hans, vergiß nicht, daß du in Bonn Freunde hast, die zu dir stehen... Wann bist du wieder in Bonn? Gut, dann kommst du zu mir in die Baracke, und wir trinken einen Sherry.« Da bin ich wieder etwas froher, auch wenn der Verteidigungsetat wie ein Mühlrad an meinem Hals hängt. Natürlich hat Brandt es leichter. Er kann kostenlos helfen. Der Kanzler hat auf der einen Seite einen verzweifelten Finanzminister und auf der anderen Seite mich. Da ist es schwer klarzukommen.

Besser ist es in diesen Wochen auf der Hardthöhe. Das Team steht noch. Wir stehen dem Verteidigungsausschuß über die Probleme des MRCA-Tornado Rede und Antwort. Am 16. Februar wissen wir, daß wir dazu einen Untersuchungsausschuß bekommen werden. Nachdem ich am Wochenende erneut in Schwierigkeiten komme durch Meldungen, 1982 fehlten für den Tornado weitere 800 Millionen DM, macht Herbert Wehner am Montag im Koalitionsgespräch den Vorschlag, die Koalitionsfraktionen sollten von sich aus zum Thema »Tornado« einen Untersuchungsausschuß fordern, damit wir künftig den Ablauf der Debatte und die Gangart der Auseinandersetzung bestimmen, insbesondere aber den Absichten der Union zuvorkommen. Ich akzeptiere diesen Vorschlag sofort. Schon wenige Stunden später ist alles klar und öffentlich verkündet.

Doch vor dem Beginn der Arbeiten des Untersuchungsausschusses geht es um die Rüstungsklausur. Ich hatte sie bereits weit vor den inzwischen offenbar gewordenen Finanzierungsschwierigkeiten beim MRCA-Tornado im letzten Jahr angekündigt, weil bereits damals klar war, daß sich die Bundeswehr bei der »Runderneuerung« ihrer Waffensysteme übernommen hatte. Nach der Tornado-Pleite war die Klausur um so wichtiger geworden.

Natürlich gibt es im Vorfeld viele Querschläger. Der Inspekteur des Heeres stellt in einem Hintergrundgespräch fest, Einschränkungen für das Heer seien nicht hinnehmbar. Der Inspekteur der Luftwaffe sendet mir einen Aktenvermerk, um mir mitzuteilen, daß der Luftwaffe 1981 300 Millionen DM für den laufenden Betrieb fehlen. Falls diese Summe nicht fließe, sei unsere Luftwaffe nicht mehr voll einsatzbereit. Vor allem aber erhöhe sich dann die Gefahr von Flugzeugabstürzen, weil die Piloten nicht genügend in Übung bleiben. Ich reiche diesen Vermerk an den Generalinspekteur zur sachlichen Überprüfung weiter.

Am Aschermittwoch, dem 4. März, können wir nach wochenlangen intensiven Vorarbeiten unsere dreitägige Klausur beginnen. Natürlich wird das eine schmerzliche Veranstaltung. Neues können wir nicht in Angriff nehmen. Wir müssen vielmehr teilweise einschneidende Kürzungen vornehmen. Unser Ziel ist es, nach einer Bestandsaufnahme für die nächsten Jahre Klarheit darüber zu bekommen, wie wir die zu erwartenden Finanzmittel in Deckung bringen können mit dem militärisch Notwendigen.

Generalinspekteur Brandt und sein Stellvertreter, General Heinz, sind nicht nur loyal und übersehen die Zusammenhänge

zwischen Finanz- und Verteidigungspolitik, sie tragen auch tapfer
meine Last mit. Sie machen ihren Kameraden klar, daß die Einsatzbereitschaft der Bundeswehr nicht schon dann gefährdet ist,
wenn nicht alle Anforderungen der Teilstreitkräfte erfüllt werden,
sie weisen darauf hin, daß wir bereits heute eine der bestausgebil-
deten und -ausgerüsteten Armeen des Westens sind. Sie verschweigen aber auch nicht die Sorgen und Mängel, die wir haben und die
wegen der Mittelknappheit nach der Rüstungsklausur eher zunehmen. Eine einsatzbereite Bundeswehr habe auch künftig ihren
Preis. Und wir alle wissen, daß uns die Ergebnisse dieser Rüstungsklausur nicht nur in der innenpolitischen Debatte, sondern vor
allem in der Nato und in den USA beträchtliche Probleme bereiten
werden.

Nach Abschluß unserer Klausur informieren der Generalinspekteur und ich im Bundeskanzleramt den Kanzler, den Außenminister und den Finanzminister über die Ergebnisse. Wir müssen darauf hinweisen, daß wir trotz massiver Einschnitte um Forderungen
über den Finanzplan hinaus nicht herumkommen werden. Der
Kanzler ist ungehalten. »Dann müssen eben noch mehr Waffen
abbestellt werden.« Und: »Du mußt deine Verantwortung selbst
tragen und nicht auf andere Schultern legen wollen.« Beim Hinausgehen fordert mich Genscher auf, mit ihm »zum Pinkeln« zu
gehen. Dort sagt er: »Keine Sorge, Herr Kollege Apel, wir werden
das so machen, wie Sie es vorschlagen.«

Als ich am kommenden Mittwoch im Kabinett über die Ergebnisse unserer Rüstungsklausur berichte, ist die Wetterlage schon
wieder eine andere. Denn zwischen dem Freitagabend und dem
Mittwochmorgen liegt Genschers Reise in die USA. Er kommt auf
einer großen Wolke des Erfolgs zurück. Doch bei genauem Hinse-
hen sind die Fragen der Lastenverteilung in der Nato und damit
des deutschen Anteils an der gemeinsamen Verteidigung nur ver-
tagt. Man einigt sich über hehre Grundsätze der Außen- und
Sicherheitspolitik, die gut anzuhören sind, aber noch kein politisches oder gar tatsächliches Zur-Kasse-Treten bedeuten. Schließlich, so klingt es treu aus Washington, wolle man ja auch nicht, daß
sich die Verteidigungsminister in die Domänen der Außenminister

einmischten. Und Apel reise ja nun bald zu Weinberger in die USA. Der Kanzler dankt mir für unsere Arbeit. Mehr Geld? Mal sehen!

Die Franzosen reagieren schnell. Deutsch-französische Rüstungsvorhaben seien gefährdet: Roland, das Kampfflugzeug der neunziger Jahre und der gemeinsame Kampfpanzer 90. Wir benehmen uns immer noch wie Nachkriegsdeutschland. Kaum laufen im Kanzleramt Anrufe aus Paris auf, da rotiert die ganze Bürokratie. Ich solle meinen französischen Kollegen anrufen und ihn beruhigen. Ob der wohl mich anrufen würde, wenn er Entscheidungen fällt, die in seine alleinige Kompetenz fallen? Schließlich habe ich Waffensysteme abbestellt, an denen die Franzosen zwar aufgrund gemeinsamer Vorarbeit ein hohes Interesse haben. Aber Verträge werden nicht berührt. Und rein formal bleibt der Kampfpanzer 90 im Spiel. Ich lasse das dem Kanzleramt und auf Arbeitsebene den Franzosen mitteilen. Dennoch sucht mich der französische Botschafter auf. Wir trinken gemeinsam Kaffee, plaudern; das Ergebnis der Rüstungsklausur wird erklärt. Dem Kanzleramt gegenüber gibt es nichts Neues zu berichten. Doch eins lernen sie: Wenn wir noch tiefer einschneiden, dann wird der internationale Lärm unkontrollierbar.

Am 19. März werde ich vor den Untersuchungsausschuß MRCA-Tornado geladen. Um 9 Uhr beginnt es. Ich habe mich sehr gründlich vorbereitet und halte mich eng an meinen schriftlichen Text. Als die Sitzung um 18.15 Uhr geschlossen wird, muß die Opposition einsehen, daß sie keinen ihrer Vorwürfe belegen kann. Die Genossen meinen, ich hätte mich gut geschlagen. Ich aber weiß, daß noch 28 Zeugen gehört werden sollen, also noch lange nicht aller Tage Abend ist.

Der Untersuchungsausschuß dümpelt vor sich hin, das Presseecho wird immer dünner. Das ändert sich allerdings schlagartig kurz vor Pfingsten, als der Inspekteur der Luftwaffe vor dem Untersuchungsausschuß den Eindruck erweckt, als hätte ich bereits im Februar 1980 die Finanzierungsprobleme beim Tornado erkennen müssen. Obendrein stellt er die Haushaltsbeschlüsse und die Ergebnisse der Rüstungsklausur so dar, daß nun die Bundesluftwaffe nicht mehr voll einsatzfähig sei. Dann fährt er in Urlaub, ohne mit mir ein Wort zu wechseln.

Große Mühe haben wir, bis wir anhand unserer Unterlagen den ersten Vorwurf ausräumen können. Schwieriger ist es mit dem Vorwurf, der Bundeswehr fehle Treibstoff. Unsere Haushaltsansätze sind eng, und die Preise steigen weiter. Als der Inspekteur des Heeres öffentlich erklärt, Spritmangel hätte zu erhöhten Unfallzahlen im Manöver geführt – »Spritmangel kann Blut kosten« – machen wir auf der Hardthöhe eine »Treibstoff-Klausur«. Nun relativieren sich die Vorwürfe. Seit 1978 haben wir niemals die von der Nato geforderten 180 Jahresflugstunden erreicht. Dennoch ist nichts passiert. Außerdem halten wir pro Maschine 1,5 Besatzungen in Übung, fast alle anderen Nato-Länder bringen es kaum auf 1,2 Besatzungen pro Kampfflugzeug. Offen bleibt auch, wie hoch die »schwarzen« Treibstoffreserven vor Ort sind, von denen die Inspekteure keine Kenntnis haben.

Doch inzwischen ist längst »die nächste Sau durchs Dorf gelauten«. Die noch von Georg Leber bestellten sechs Fregatten werden unter der Verantwortung der »Bremer Vulkan« als Generalunternehmer von mehreren deutschen Werften gebaut. Die »Bremer Vulkan« ist nun in finanziellen Schwierigkeiten bei diesem Projekt. Mehrere hundert Millionen DM fehlen. Seit Oktober 1980 weiß dies das Bundesamt für Wehrtechnik und Beschaffung in Koblenz, seit Februar dieses Jahres unsere Rüstungsabteilung. Anfragen in dieser Zeit werden mir und Dritten gegenüber stereotyp beantwortet mit der Auskunft, bei den Fregatten sei alles in Ordnung. Bis mir Manfred Emcke in der zweiten Juni-Hälfte den wahren Sachverhalt mitteilt. Ich rufe Staatssekretär Leister. Er bestätigt den Sachverhalt und erklärt sein Verhalten und das seiner Mitarbeiter damit, daß doch noch nichts öffentlich »angebrannt« und unsere Rechtslage gut sei. Ich frage, wie es weitergehen sollte, falls die »Bremer Vulkan« bei halbfertigen Fregatten pleite machen sollte. Das wisse man nicht.

Also werde ich zusammen mit Emcke aktiv. Dieser Fall ist mit dem MRCA-Tornado nicht zu vergleichen. Wir haben mit der »Bremer Vulkan« Verträge abgeschlossen, die – so die klaren und

protokollierten Aussagen der Experten der Rüstungsabteilung –
uns keineswegs in die Verlegenheit bringen, die jetzt aufgelaufenen
rund 300 Millionen DM Mehrkosten für die sechs Fregatten bezahlen zu müssen. Das unternehmerische Risiko für Fehl- oder Kampf-
kalkulationen trägt der Generalunternehmer, die »Bremer Vulkan«. Sie hat im Wettbewerb diesen Auftrag an Land gezogen.
Doch nun geht die Argumentation in Bremen anders herum. Wir
hätten der Werftindustrie unfaire Preise abverlangt, eine Notlage
der deutschen Werftindustrie ausgenutzt. Wir hätten zu viele Änderungen nach Baubeginn nachgereicht.

Das sind natürlich vor allem Ausreden. Wesentlicher ist, daß die
»Bremer Vulkan« kühl in Rechnung stellt, daß es sich die Politiker
in Bremen und Bonn kaum leisten können, fünftausend Arbeitsplätze in Bremen durch einen Konkurs der »Bremer Vulkan«
zu vernichten. Außerdem wollen wir ja fertige Fregatten haben.
Darauf wird frech spekuliert. Dem stellen wir unsere Strategie
entgegen: deutlich die Verantwortung der »Bremer Vulkan« darle-
gen, aber vorsichtig den Fertigbau der sechs Fregatten anpeilen,
falls die Werft »über den Deister« geht. Wenn es eine Lösung
zugunsten der »Bremer Vulkan« geben soll, dann bitte nicht zu
Lasten unseres Etats.

An diesem Fall wird die Arbeitsweise des Verteidigungsministe-
riums sichtbar und die Notwendigkeit einer Reform an Haupt und
Gliedern. Irgendein Referent im Bundesamt für Wehrtechnik und
Beschaffung (BWB) in Koblenz betreut als letzlich Zuständiger und
hoffentlich Sachkundiger dieses Programm. Wollen wir wissen, wie
es im einzelnen steht, muß er gefragt werden. Das geht dann so:
Wieviel von den Mehrforderungen des Generalunternehmens
»Bremer Vulkan« muß das Verteidigungsministerium überneh-
men? Der Generalunternehmer fordert 265 Millionen DM. Der
Referent im BWB ermittelt aufgrund seiner Sachkenntnis 35 Millio-
nen DM und meldet diesen Betrag seinem Vorgesetzten. Der
schlägt vorsichtshalber drauf und meldet dem Präsidenten des
BWB 50 Millionen DM. Der nun seinerseits meldet schriftlich nach
Bonn. Aufgrund seiner Ermittlungen würden 80 Millionen DM zu
Lasten des Verteidigungsministeriums gehen. Und mit solchen ver-

fälschten Informationen sollen wir dann Industriepolitik machen. Gottseidank ist Emcke aufgrund seiner »Nase« und seiner Hartnäckigkeit dahintergekommen. Er hat recht: Dieser Wasserkopf BWB ist viel zu groß und überorganisiert. Hier müssen Änderungen erfolgen.

Anfang November treffen wir uns in der Bremer Landesvertretung, um mit dem Hauptaktionär der »Bremer Vulkan«, einem tatkräftigen jungen Thyssen-Bornemisza, und den Vertretern Bremens zu besprechen, wie wir endgültig klarkommen können. Der Werft fehlen zum Preisstand 12/80 rund 170 Millionen DM, auf die sie gegenüber dem Verteidigungsministerium keinen Rechtsanspruch geltend machen kann. Je 30 Millionen DM werden in den Jahren 1982 bis 1984 benötigt. Der Rest fällt 1985 an. Ich erkläre, daß wir aus unserem Etat zu dieser Deckungslücke nichts beitragen werden. Der Hauptaktionär und das Land Bremen verweisen darauf, daß sie viele Millionen zur Sanierung des Handelsschiffbaus der »Bremer Vulkan« auf den Tisch legen müssen und deshalb zur Finanzierung der Fregatten nichts mehr beitragen können.

Natürlich wissen sie, daß wir fertige Fregatten brauchen und dies nicht möglich ist, wenn die »Bremer Vulkan« in Konkurs geht. Wir gehen davon aus, daß unsere Vorgespräche mit SPD- und CDU-Abgeordneten des Haushaltsausschusses so erfolgreich sein werden, daß die fehlenden 170 Millionen ganz oder überwiegend im Bundesetat außerhalb des Verteidigungshaushalts untergebracht werden können. Wir vereinbaren weitere enge Kontakte und weiteres Stillschweigen und sind sicher, daß sich auch die Abgeordneten weiter einbinden lassen.

Doch zwei Tage später tönt CDU-MdB Peter-Kurt Würzbach laut und öffentlich. Er rückt dieses Fehl in eine Parallele zum Tornado-Problem. Damit sagt er die Unwahrheit, nur um mich wieder einmal madig zu machen. Sofort beschließe ich, nun hart zu kontern und die Fakten auf den Tisch zu legen. Der Widerstand ist groß. Emcke widerspricht. Die Werft sieht ihre Kreditwürdigkeit gefährdet. Ich solle doch meinen Buckel für eine gute Sache hinhalten. Doch das gibt es mit mir nicht mehr. Und plötzlich geht es auch anders. Die Werft nimmt Würzbach massiv an und gibt in ihrer Verlautbarung zu, daß Ansprüche in der genannten Höhe an das Verteidigungsministerium tatsächlich nicht bestehen.

Man müßte eigentlich annehmen, daß nun jedermann klar ist, wie wichtig und wie richtig die Forderung des Bundeskanzlers war, industriellen Sachverstand auf die Hardthöhe zu bringen. Manfred Emcke ist für uns ein Glücksfall, sein Engagement zu bewundern. Wir brauchen rund 100000 DM, um unseren *one-dollar-man* fest zu etablieren. Eine gute »Investition«. Und dennoch habe ich beträchtliche Schwierigkeiten, die SPD-Haushälter zu überzeugen. Besonders Brigitte Traupe sperrt sich und kostet uns einmal mehr sinnlos Zeit und Kraft.

Ende September legt Manfred Emcke seine Vorschläge zur Reform der inneren Struktur unseres Ministeriums vor. Bevor wir sie öffentlich vorstellen, gehen wir zum Bundeskanzler, um ihm Einblick zu geben. Drei Stunden lang debattiert er mit uns konzentriert, begreift unglaublich schnell und beweist sein großartiges Gedächtnis. Am Tag darauf tagt das Kabinett auf der Hardthöhe. Und wieder ist der Kanzler allen überlegen. Doch eins wird klar: es bedarf noch einer enormen Anstrengung, um wenigstens Teile dieser Vorschläge in die Realität umzusetzen. Das öffentliche Dienstrecht, das Personalvertretungsrecht, die politischen Strukturen stellen Bollwerke des Widerstands dar, die ich keineswegs unterschätze.

Emcke und ich gehen in die Arbeitsgruppe »Haushalt und Verteidigung« der Koalition. Auch sie wird von Emcke informiert. Eine stupide Debatte schließt sich an. So empfindet das wenigstens Emcke. Ich bin wohl schon zu abgestumpft, um mich über das Niveau aufregen zu können. Am nächsten Morgen bekommt Emcke einen wütenden Anruf von Sepp Hort, dem Vorstand von Messerschmidt-Bölkow-Blohm, der ihm vorwirft, er habe in dieser Runde geschäftsschädigend über MBB geredet. In der Tat hatte Emcke in dieser Runde darauf hingewiesen, daß MBB in einem so hohen Maße von öffentlichen Aufträgen lebe, daß dieser Firma längst die Fähigkeit abhanden gekommen sei, sich im Wettbewerb und damit im Markt kostengerecht zu behaupten. Das und eine schlechte Vertragsgestaltung des Verteidigungsministeriums führe dazu, daß der Steuerzahler das Produkt beträchtlich zu teuer bezahle.

Sepp Hort, CSU-Aktivist, scheut auch nicht davor zurück, seine Informationsquelle offenzulegen: den SPD-MdB Peter Würtz. Ich rufe ihn an. Er bestätigt alles. Brieflich beschwere ich mich bei Wehner. Er gibt mein Schreiben an Jahn weiter. Ein »Versöhnungstermin« soll anberaumt werden. Vor einigen Jahren hätte die Fraktion einen solchen Mann ohne Zögern aus dem entsprechenden Ausschuß zurückgezogen und ihm eine scharfe Rüge erteilt.

Unser Stern verblaßt

Noch deutlicher als in der Wirtschafts- und Finanzpolitik macht die sicherheitspolitische Debatte des Jahres 1981 deutlich, daß die SPD die Regierungsfähigkeit mehr und mehr einbüßt. Geht es beim Streit in der Wirtschafts- und Finanzpolitik um Grenzen und Möglichkeiten der Bekämpfung der Rezession und einer an Härte zunehmenden Auseinandersetzung mit der FDP, so wollen sich wachsende Teile der SPD in der Sicherheitspolitik schlicht und einfach von der Politik der Koalition »abseilen«. Die erstaunliche Geschwindigkeit dieses Erosionsprozesses hat natürlich auch etwas mit unserer offenkundigen Handlungsschwäche bei der Bekämpfung der Massenarbeitslosigkeit zu tun. Wenn diese tragende Säule des Ansehens des Bundeskanzlers und seiner Regierung bricht, dann gibt es für viele Sozialdemokraten immer weniger Grund, uns bei der Verteidigung des Nato-Doppelbeschlusses beizustehen. Der Kanzler aber ist vor allem ein Synonym für unsere Sicherheitspolitik und unsere Mitgliedschaft in der Nato.

Unübersehbar nimmt die politische Leistungskraft von Herbert Wehner ab. Helmut Schmidt scheint die sich daraus ergebenden Gefahren deutlich zu erkennen. Mir sagt er Anfang des Jahres, ich würde noch in diesem Jahre bei den fälligen Neuwahlen im November Fraktionsvorsitzender. Dieses Spiel wird sich im Laufe des

Jahres wiederholen. Der Kanzler ruft uns über Kiel-Radio während unseres Segeltörns an. Nun passiere es. Als ich wieder in Bonn bin, sagt mir Schmidt, Brandt und selbst Wehner wären für mich. Es soll zu einem Gespräch unter vier Augen mit Wehner kommen. Die Öffentlichkeit erfährt davon. Aus der Fraktion kommt Protest, nicht nur von links. Und ohne Vorwarnung höre ich dann ein NDR-Interview mit Wehner. Er sei und er bleibe Fraktionsvorsitzender.

Wehner spricht wiederholt öffentlich von der drohenden Spaltung der SPD. Willy Brandt droht Ende Februar mit seinem Rücktritt, als Wehner wenige Tage nach der Verabschiedung des Fünf-Punkte-Programms am 12. Februar im Parteivorstand zur Frage der drohenden Spaltung feststellt: »Die Gefahr ist noch nicht beseitigt«. Und tatsächlich hatte diese Sitzung nichts bewirkt. Im »Haus« der SPD will niemand mehr für Ordnung sorgen.

Natürlich hat sich der Bundeskanzler mit seinen Plänen, deutsche Panzer nach Saudiarabien zu liefern, und dem U-Boot-Export nach Chile in unnötige Schwierigkeiten gebracht. Der Widerstand gegen diese Vorhaben ist so groß, daß sie aufgegeben werden müssen. Wenn es aber dem Bundesvorstand nicht gelingt, den Bundestagsabgeordneten Hansen auszuschließen, der Schmidt »politische Schweinereien« und »Geheimdiplomatie gegen das eigene Volk« vorwirft, dann werden alle Schleusen geöffnet.

Aber so ist es. Anfang Februar läßt der Bundesvorstand Hansen mit einer scharfen Rüge davonkommen, denn Hansen vertrete eine Minderheitsmeinung. Die Linke hatte bundesweit mobilisiert. Hunderte von Solidaritätsadressen gehen für Hansen ein, auch aus Hamburg-Nord. Das ist mein Kreisverband, der gleichzeitig mit Akribie gegen mich ein Parteiordnungsverfahren betreibt, das eine bayerische Parteigliederung angestrengt hatte. Grund: parteischädigendes Verhalten, weil ich durch die Anordnung öffentlicher Gelöbnisse grob gegen die antimilitaristischen Traditionen der Partei verstoßen hätte.

Das ist die Masche, mit der in diesen Wochen gegen mich Stimmung gemacht wird. Anfang Januar berichtet der neue Bundespressesprecher Kurt Becker, der Verteidigungsminister habe im

Kabinett Befürchtungen geäußert, daß in der Bundesrepublik die pazifistischen Strömungen zunähmen und sowohl im Westen wie im Osten Zweifel an der Standfestigkeit unseres Landes hinsichtlich des Nato-Doppelbeschlusses laut würden. Becker wird von Journalisten gebeten, meine Befürchtungen über den wachsenden Pazifismus näher zu erläutern. Dazu erklärt sich Becker außerstande. Also tun das die Journalisten selbst. Teile der Partei »springen im Dreieck«.

Ende Januar erscheint in der Zeitschrift *Konkret* ein Aufruf, in dem festgestellt wird, daß ich »durch militärische Demonstrationen, Paraden, Ordensverleihungen und öffentliche Gelöbnisse den Ungeist des Militarismus heraufbeschwöre«. Unterzeichner sind neben anderen Heide Simonis, Hajo Hoffmann, Günther Jansen. Auf dieser Linie liegt eine Erklärung aus der Berliner SPD von Jürgen Egert und Pastor Albertz. Wieder einmal wird mein Rücktritt gefordert.

Wir mühen uns in diesen Wochen auf der Hardthöhe ab, die von mir Ende 1980 angekündigte große Debatte über die Tradition in der Bundeswehr vorzubereiten. Sie wird eingeleitet durch meine Entscheidung zur Beisetzung von Karl Dönitz. Der Oberbefehlshaber der Kriegsmarine unter Hitler war kurz vor Weihnachten gestorben. Meine Vorgänger im Amt hatten bereits entschieden, daß ihm bei seiner Beisetzung militärische Ehren zu versagen seien, allerdings offengelassen, ob es Soldaten der Bundeswehr erlaubt sein solle, den Beisetzungsfeierlichkeiten in Uniform beizuwohnen. Wochen vor dem Tode Karl Dönitz' wurde mir diese Frage zur Entscheidung vorgelegt. Der Generalinspekteur empfahl, Uniform zuzulassen; Staatssekretär Hiehle schloß sich diesem Votum an. Ich war damit nicht einverstanden, und so hatten wir nach einigem Hin und Her festgelegt, es solle in einem Befehl nach dem Ableben von Dönitz festgelegt werden, das Tragen von Uniform sei nicht erwünscht.

Am Wochenende habe ich Zeit, über diesen »Vorrats-Beschluß« nachzudenken und komme zum Ergebnis, das sei wieder einmal ein Kompromiß, mit dem die Militärs prima leben könnten, der aber auf meinem Buckel ausgetragen würde. Die Soldaten könnten machen, was sie wollen. Die bei der Beisetzung in Uniform Anwesenden könnten sich brüsten, »tapfer« zu sein, ohne dafür etwas zu riskieren. Den Ärger aber hätte allein ich. Und so entscheide ich: Uniformverbot.

Als Dönitz stirbt, bleibt es in den ersten Tagen ruhig. Die Bürger haben in diesen Tagen andere Sorgen, als sich mit dem Uniformverbot des Ministers auseinanderzusetzen. Doch dann setzt eine Welle von Zuschriften ein, die unvorstellbar ist. Erhalte ich zur Tornado-Krise insgesamt nur etwa 10 Zuschriften, so sind es zu Dönitz und meinem Verbot schon nach wenigen Tagen mehr als tausend Briefe. Das bewegt unsere Bürger. Es gibt eine Reihe von Briefen, die so eindeutig neofaschistisch sind, daß wir sie beiseite legen können. Aber Hunderte von Briefen müssen ernst genommen werden. Dönitz habe nur seine Pflicht getan, mit seiner Kriegsmarine am Ende des Zweiten Weltkriegs Millionen von Ostpreußen vor den Russen gerettet. Es sei deshalb eine Schande, diesem Manne die letzten militärischen Ehren zu verweigern.

Viele hundert Male unterschreibe ich unsere Antwort. Darin heißt es unter anderem:

1. Großadmiral Karl Dönitz verkörpert 12 Jahre nationalsozialistischer Herrschaft. Er war nicht nur Soldat. Dies mag auch Verstrickung gewesen sein, es bleibt gleichwohl eine Tatsache. Dönitz hat in Wort und Schrift nie Zweifel daran gelassen, daß er sich mit den Zielen des Nationalsozialismus identifizierte.

2. Soldatische Pflichterfüllung und militärische Tüchtigkeit sind nicht zu trennen von den politischen Zielen, denen sie dienen. Für viele mag zutreffen, daß sie über Hitlers Ziele getäuscht wurden und den verbrecherischen Charakter der Führung des Dritten Reiches nicht erkannten. Für den Oberbefehlshaber eines Wehrmachtteils kann dies nicht gelten. Er muß sich daran messen lassen, ob und wieweit er zu politischer Einsicht fähig und seiner politischen Mitverantwortung gewachsen war.

3. Der Nationalsozialismus hat soldatische Tugenden, vor allem den Gehorsam, zu verbrecherischen Zwecken mißbraucht. Ein Oberbefehlshaber kann sich deshalb nicht durch Berufung auf

seine Gehorsamspflicht von seiner Verantwortung lösen. Großadmiral Dönitz war zu seinen Lebzeiten außerstande, sich mit
seiner Position gegenüber den Nationalsozialisten und dem
Widerstand kritisch auseinanderzusetzen.

4. Das Uniformtragen bei der Teilnahme an den Beisetzungsfeierlichkeiten des Großadmirals Dönitz wurde von mir auch aus
politischer Verantwortung untersagt. Soldaten waren vor politischen Mißdeutungen zu schützen... Es konnte von mir nicht
zugelassen werden, daß unsere Bundeswehr wegen der Teilnahme einzelner Soldaten in Uniform an den Beisetzungsfeierlichkeiten weltweit Zweifeln an ihren festen demokratischen und
republikanischen Bindungen ausgesetzt wird. Unsere Bundeswehr und ihre Soldaten sind Teil unserer Gesellschaftsordnung.
Karl Dönitz ist für sie kein Vorbild.

Die veröffentlichte Meinung stützt meine zu Dönitz bezogene Position. Ich erfahre, daß es in der Bundeswehr auch beträchtliche
Vorbehalte gegen meine Entscheidung gibt. Dennoch bleibe ich
bei der Vorbereitung unserer Debatte über die Tradition der Bundeswehr auf meiner Linie.

Kurz vor Beginn dieser Debatte muß ich erneut korrigierend
eingreifen. Studenten an der Bundeswehrhochschule Hamburg bereiten eine Ausstellung über die Militärdiktatur in Bolivien vor.
Man läßt sie gewähren, bis plötzlich der Präsident der Hochschule
dazwischenfährt und alles verbietet. Eine politische Demonstration
drohe, so sagt er. Paragraph 15 Soldatengesetz würde verletzt werden. Ehe daraus politischer Eklat wird, schalte ich mich ein, lasse
die Ausstellung zu, halte selbst die Rede.

Wir wollen keine unpolitischen Studenten an unseren Bundeswehrhochschulen, keine unpolitischen Soldaten. Aber wir wollen
auch keine politisierende Bundeswehr. Meine Rede macht deutlich, daß es keine klar definierbaren Grenzen für die politischen
Aktivitäten des Staatsbürgers in Uniform gibt. Es darf natürlich
nicht dazu kommen, daß die Bundeswehr ihren Auftrag vergißt,
Befehl und Gehorsam in Frage gestellt werden, wir die Armee mit
einer Volkshochschule verwechseln. Aber wir müssen uns den

großen gesellschaftlichen Strömungen stellen. Das verlangt viel von der Bundeswehr, insbesondere dann, wenn die Gesellschaft ihr spröde die kalte Schulter zeigt. Die Gefahr ist groß, daß sich beide voneinander zurückziehen, die Berührungsangst zunimmt; daß sich die Bundeswehr eine Bunkermentalität zulegt, ihre ureigensten Traditionen pflegt und daß sie von ihrer Umwelt nicht mehr verstanden wird. Das darf nicht passieren.

Mit einiger Sorge sehe ich unserer zweitägigen großen Debatte über die Bundeswehr, ihre Stellung in unserer Gesellschaft und ihre Tradition unter dem Thema »Soldat und Gesellschaft« Ende April entgegen. Doch das Experiment gelingt. Das öffentliche Echo ist in Ordnung, die viele Arbeit hat sich gelohnt. Seit Januar habe ich viele Stunden in die Vorbereitung dieser Tagung gesteckt. Eigentlich stand mir damals überhaupt nicht der Sinn danach. Alleingelassen und kurz vor meinem möglichen politischen Ende sollte ich über eine Tagung nachdenken, die eher periphere Probleme der Bundeswehr aufarbeiten sollte, auch wenn sie für viele zentrale Bedeutung haben und zum Kristallisationspunkt des Widerstands gegen die Bundeswehr geworden waren. Doch festgehalten hatte mich an dieser Vorbereitung mein Wille, erst dann zu gehen, wenn die Probleme, die auch durch mich oder während meiner Amtszeit entstanden waren, aufgearbeitet sind.

Natürlich haben wir nun keineswegs alle Probleme bewältigt. Aber es ist schon ein großartiges Ergebnis, daß zwei Tage lang die unterschiedlichsten Standpunkte und Organisationen offen und ohne unnötige Schärfe miteinander ringen. Es wird deutlich, daß viele Fragen der Jungen an die Bundeswehr, an ihre innere Struktur und ihre Tradition exemplarisch sind für die Attitude der Jugend gegenüber unserem Staat und seinen Institutionen. Erstaunlich ist, wie sehr es sich die Vertreter der CDU und der Jungen Union im Status quo gemütlich machen. So werden wir der Bundeswehr nicht gerecht. Auch sie lebt im Wandel der Zeit. Führung heißt für mich, auch in der Bundeswehr diesen Wandel zu ermöglichen.

Bemerkenswert ist aber, wie sehr der Generalinspekteur und die Inspekteure von Heer und Marine, wie aber auch unsere Jugendoffiziere und Vertrauensleute mitwirken. Die Älteren stellen ihre liberal-konservative Grundhaltung mit Überzeugung dar. Anpassen: nein; Veränderungen: wenn geboten, mit Vorsicht ja. So können viele Vorurteile abgebaut werden. Die Stärke der Demokratie, die Überlegenheit des Dialogs beweisen sich erneut gegenüber stupiden Anordnungen.

Nun beginnt die Arbeit. Wir werden die Fragen des Traditionsverständnisses und der Traditionspflege neu durchdenken. Friedenssicherung als Existenzgrund der Bundeswehr, als prägendes Element für das Selbstverständnis des Soldaten wie auch für die Traditionspflege der Bundeswehr muß Dreh- und Angelpunkt unserer Arbeiten werden. Wir werden am feierlichen Gelöbnis der wehrpflichtigen Soldaten festhalten. Der große Zapfenstreich soll überarbeitet werden. Wir werden die Rechte der Vertrauensmänner stärken. Wir wollen Partizipation überall dort durchsetzen, wo das ohne Beeinträchtigung des Auftrags der Bundeswehr möglich ist.

Natürlich haben wir in diesen zwei Tagen keine Entscheidungen getroffen. Dennoch war dies keine Schauveranstaltung, wie der Juso-Boß Pieczyk und der CDU-Abgeordnete Dallmeyer meinen.

Am Montag der nächsten Woche, dem 27. April, mache ich einen Truppenbesuch in Wentorf. Draußen liegt das Land im Frühlingssonnenschein. Es hat lange nicht geregnet, Staub bedeckt den kleinen Standortübungsplatz. Die Wehrpflichtigen kommen aus Hamburg und Umgebung, vor allem aber aus Nordrhein-Westfalen. Außerhalb der militärischen Anlagen deutet nichts darauf hin, daß wir weniger als 20 Kilometer von der Grenze zum Warschauer Pakt entfernt sind. Drinnen soll unseren jungen Wehrpflichtigen im Gelände der militärische Ernstfall, im Unterricht der Sinn des Militärdienstes beigebracht werden. Ein schwieriges Unterfangen. Wo ist denn nun eigentlich der böse Feind? Dahinten in etwa 20 Kilometern Entfernung?

Im Gelände kann das alles ja noch Spaß machen: Häuserkampf wird geübt. Mit Geschrei und wildem Geschieße wird ein Haus vom Feind gesäubert. Mit Hilfe des Schwabenspießes wird in den ersten Stock eingedrungen. Das ist sportlich und auch wie in einem

Western. Wem kommt wohl der Gedanke, wie viele Tote allein diese Aktion im Ernstfall hätte? Für die jungen Leute sind solche Überlegungen zu weit weg. Selbst ihre Unterführer und Offiziere sind wesentlich jünger als ich.

Im staatsbürgerlichen Unterricht tun sich die jungen Soldaten in Wentorf viel schwerer. Der Hauptmann gibt sich wacker Mühe, ihnen den Sinn der friedenssichernden Aufgabe der Bundeswehr zu erklären. Die jungen Leute machen mit. Doch das Ergebnis kann nicht toll sein. Draußen scheint die Sonne, und jenseits des Kasernenzauns läuft der Feierabendverkehr. Nach 15 Monaten gehen sie und sind froh darüber, den ganzen Unsinn hinter sich zu haben.

Die Soziologen und Psychologen sagen, wir verdrängten bewußt die Gefährdungen unseres Lebens und damit auch die latente Gefährdung unseres Friedens. Viele von uns wollen über die Bedingungen des Friedens in unserer Zeit nicht nachdenken. Aber diese jungen Menschen verdrängen gar nichts. Sie kennen unsere Welt nicht anders. Für sie ist der Friede nicht gefährdet. Sie tun ihren Dienst, weil sie in ihrer großen Mehrheit nicht anecken wollen. Sie sind nicht duckmäuserisch und sagen mir sehr wohl, wo sie der Schuh drückt: zu weit von zu Hause weg, zu wenig Wehrsold, die Züge am Wochenende für ihre Heimfahrten zu voll. Die ZDLer – die Zivildienstleistenden – werden verachtet und beneidet zugleich. So sieht der Alltag der Bundeswehr aus. Auch das ist ein wichtiger Beitrag zum Thema »Soldat und Gesellschaft«.

Doch die Gegner unserer Sicherheitspolitik innerhalb wie außerhalb der SPD haben längst ihr Spielfeld gewechselt. Sie treten gegen den Nato-Doppelbeschluß an. Er muß fallen. Eine große Zahl sozialdemokratischer Bundestagsabgeordneter, unter ihnen Heide Wieczorek-Zeul, unterzeichnen den Krefelder Appell, in dem die Bundesregierung aufgefordert wird, ihre Zustimmung zur Stationierung der amerikanischen Mittelstreckenwaffen zurückzuziehen. Die Mitglieder der Bundesregierung aus Baden-Württemberg – Andreas von Bülow, Volker Hauff, Gunter Huonker, Rainer Offergeld – stimmen im Landesvorstand der SPD einer Entschließung zu, die die SPD auffordert, auf dem nächsten Bundesparteitag ihr Votum zum Nato-Doppelbeschluß zu überprüfen. Helmut

Schmidt erkennt, wie die Haltung der SPD in dieser Frage ihn international schwächt und die Koalition mit der FDP gefährdet. Ende März erklärt er, wenn er sich entscheiden müsse zwischen dem Frieden in der Partei und dem Wohle des Volkes, müsse er den Weg wählen, der die Zukunft und das Leben der Bürger sichere.

Helmut Schmidt kämpft. Nachdem er am Wochenende zweimal öffentlich darauf hingewiesen hatte, daß ein Nein der SPD zum Nato-Doppelbeschluß seinen Rücktritt zur Folge haben würde, bezieht er am Montag und Dienstag, dem 18. und 19. Mai, im Parteivorstand und im Parteirat klar Stellung. Er ist ein begnadeter Demagoge, zieht alle Register und große Mehrheiten hinter sich. Im Vorstand leisten Erhard Eppler massiv und Oskar Lafontaine taktierend Widerstand. Alle anderen stimmen entweder zu oder schweigen.

Bemerkenswert ist Eppler. Er kann nicht lachen, ist selbstgerecht und ohne Kompromißbereitschaft. Sicherlich kann er junge Leute faszinieren, denn er hat einen scharfen, analytischen Verstand. Aber wie einst Jochen Steffen hat er nur Lösungen anzubieten, die – wenn nicht sowieso verschwommen – außerhalb des derzeit politisch Realisierbaren liegen. Anders Lafontaine. Er sieht aus wie ein ganz schlauer Bauer. Und das ist er auch. Ich nehme ihm nicht ab, daß er vor Sorge um die Gefährdung des Friedens durch die Mittelstreckenrüstung zum Widerstand getrieben wird. Hier hat ein Machtpolitiker einen Acker gefunden, den zu bestellen reichen Lohn verspricht. Er hat sich gut informiert und redet im Parteivorstand viel. Wie Helmut Schmidt ist er ein mitreißender Demagoge.

Gut eine Woche später billigt der Deutsche Bundestag mit Mehrheit die Sicherheitspolitik der Koalition. Der Absatz: »Der Bundestag unterstützt die Bundesregierung bei der konsequenten und zeitgerechten Verwirklichung des Nato-Doppelbeschlusses. Er unterstreicht, daß der Westen den Bedarf an Mittelstreckenraketen der Nato im Lichte konkreter Verhandlungsergebnisse prüfen wird«, findet auch die Zustimmung der Opposition. Von der SPD-Fraktion gibt es vier Nein-Stimmen und sechs Enthaltungen.

Doch der Erosionsprozeß ist bereits viel weiter gegangen, als es diese Abstimmungsergebnisse zeigen. Vor Monaten war ich von den Veranstaltern des 19. Evangelischen Kirchentages in Hamburg eingeladen worden, an einer Podiumsveranstaltung über Friedenssicherung teilzunehmen. Wochen vorher wird massiv gefordert, mich wieder auszuladen. Die Kirchentagsleitung – Erhard Eppler ist ihr Präsident – hat nicht den Mut, diesem Druck nachzugeben. So kommt es am 19. Juni zu einer denkwürdigen Veranstaltung.

Die Halle ist seit Stunden von radikalen Friedensfreunden besetzt. Viele von ihnen haben sich verkleidet. Faule Eier und Blutbeutel liegen bereit. Bischof Scharf leitet ein. Er nimmt Partei für die vielen, die unsere Sicherheitspolitik bekämpfen. Und dann kommt der Satz, der mich im Innersten trifft: »Wir dürfen denen, die anders urteilen als wir, nicht bestreiten, daß sie gute, ehrliche Christen sein wollen.«

Während meiner Rede kommt es zu anhaltenden Tumulten. Die bereitgelegten Wurfgeschosse fliegen. Es ist eine »Bombenstimmung« auf der christlichen Friedensfete. Warum habe ich mir eigentlich soviel Mühe bei meiner Vorbereitung gemacht? Der Haß schlägt über mir zusammen. Doch weich klopfen sie mich nicht.

Und dann kommen die Briefe. Genossen schreiben an die Hardthöhe, an den »Bundesvernichtungsminister«. Ob sie das wohl alles glauben, was sie da zusammenschreiben? Auf so etwas zu antworten hat keinen Sinn.

Anfang November soll ich in der Hamburger Jacobi-Kirche im Rahmen einer Vortragsreihe über die Bergpredigt reden. Ich warne Hauptpastor Mohaupt und verweise auf meine Erfahrungen auf dem Kirchentag. Doch wir beide wollen uns davon nicht beeindrucken lassen. Wie legen fest: Leisler Kiep und ich sollen reden über Matthäus 5.9. »Selig sind, die Frieden stiften, denn sie werden Gottes Kinder heißen.«

Diesmal komme ich erst gar nicht zum Reden. Die Kirche ist voller Transparente: »Apel, Genscher, Helmut Schmidt, wir machen Euren Krieg nicht mit« oder »Heute will er predigen, morgen uns erledigen«. Den Rest erledigen die vielen Trillerpfeifen. Wir singen einen Choral, und die Veranstaltung ist beendet. Der Haß ist groß. Der Studentenpfarrer Alexander Kaestner erklärt: »Eine

Kirche, die es zuläßt, daß Apel über die Seligpreisung spricht, kann sich auf alles berufen, nur nicht auf Jesus Christus.« Der Hamburger Arbeitsrichter und prominente Sozialdemokrat Dirk Nordmann-Bromberger erklärt öffentlich:»Apel ist ein Mann, bei dem jedes zweite Wort eine Lüge ist.«

Der Haß springt über. Unsere Tochter Ingrid, die in Bonn studiert, meldet sich bei den Bonner Jungsozialisten zur aktiven Mitarbeit an. Vor ihrer Aufnahme wird ihr schriftlich die Frage vorgelegt, ob sie etwa mit mir verwandt sei. Das ist Sippenhaft in der SPD. Monate später, bereits im Jahre 1982, bittet meine Tochter Hanne – auch für ihre Mitschülerinnen – eine Lehrerin, eine Klassenarbeit zu verschieben. Antwort:»Hanne, du kannst überhaupt nichts erbitten. Dein Vater tritt schließlich für den Nato-Doppelbeschluß ein.« Eine Beschwerde beim Hamburger Schulsenator verläuft im Sande. Ein Gelöbnis in einem Metall-Betrieb in der Pfalz wird von der örtlichen IG-Metall, der Betriebsleitung und der Bundeswehr verabredet. Die Gewerkschaftszentrale läuft Sturm. In der *Welt der Arbeit* werde ich als»Schreibtischtäter« bezeichnet. Meine Eignung als Gewerkschaftsmitglied, auch als Sozialdemokrat, wird bestritten. Ich wehre mich. Meine Frau will, daß wir aus der Kirche und ich aus der Gewerkschaft austrete.

Auch in der Parteispitze haben wir es mit deutlichen Erosionserscheinungen zu tun. Mitte Juli erklärt Hans-Jochen Vogel, wenn es zur Aufstellung von Pershing II und Marschflugkörpern in Westeuropa komme, erhöhe das die Kriegsgefahr.»Eine universale Apokalypse scheint nicht mehr unvorstellbar.« Mitte Oktober schreibt der *Stern* über Vogel:»Der Vogel mausert sich. Durch Verständnis für die Friedensbewegung profiliert sich Hans-Jochen Vogel auch in linken Parteikreisen.« Vogel:»Wir brauchen eine ganze Menge der Gedanken Erhard Epplers.« Das sagt er nach den massiven Angriffen Epplers gegen unsere Sicherheitspolitik auf der Friedenskundgebung am 10. Oktober in Bonn vor 250000 Teilnehmern. Vogel springt, wie viele andere, auf den fahrenden Zug. Und dafür gibt es Gründe.

Für Helmut Schmidt ist die Teilnahme Epplers an der Friedenskundgebung eine Art Kriegserklärung. Zuerst fordert er Willy

Brandt brieflich auf, das Auftreten Epplers zu unterbinden. Am 29. September, zwei Tage nach der schweren Niederlage der SPD bei den Kommunalwahlen in Niedersachsen, spricht er dazu in der Fraktion in einer Art, die brutal ist. Nun wird auch dem letzten über die Medien klar, daß der 10. Oktober für den Kanzler eine Herausforderung ist, die er nicht hinnehmen will. Nur gewinnen kann er nicht mehr. Brandt folgt ihm nicht, Wehner schweigt. Im Gegenteil, nun wird diese Kundgebung erst richtig interessant. Nach Schmidts Rede unterschreiben über 50 SPD-Abgeordnete eine Erklärung, daß sie die Veranstaltung am 10. Oktober begrüßen. Begrüßen sie damit auch die gegen die Sicherheitspolitik ihrer Regierung gerichteten Angriffe der Organisatoren? Gottseidank sind diese Fünfzig wenigstens so intelligent, daß sie auch 16 FDP-Abgeordnete zu einer entsprechenden Erklärung veranlassen. Das stopft wenigstens für dieses Mal Genscher das Maul.

Eppler ist Mitunterzeichner einer großen Zeitungsanzeige. In ihr wird die Apokalypse beschworen und der Regierung Bruch ihres Amtseids vorgeworfen. Wischnewski und ich setzen uns in der Vorstandssitzung auch mit den Ausführungen Epplers auf der Bonner Friedensdemonstration auseinander. Wir sagen ihm, er wolle diese Koalition beenden und Helmut Schmidt stürzen. Willy Brandt beschreibt die Malaise der SPD, ohne Position zu beziehen. Herbert Wehner meldet sich erst am Ende der Debatte zu Wort, um aus der am 9. Oktober vom Bundestag angenommenen Entschließung zur Bonner Friedensdemonstration zu zitieren. Hans-Jochen Vogel bittet Erhard Eppler, nicht am Friedenswillen der Genossen in der Bundesregierung zu zweifeln. Andererseits sei Eppler ein wichtiges Bindeglied zwischen der kritischen Jugend und der SPD. Da gibt es beifälliges Nicken. Politisch führen diese Eiertänze nicht weiter.

Helmut Schmidt ist schwerkrank. Ich schreibe ihm einen langen, persönlich gehaltenen Brief. Er soll ihm helfen und Mut machen. Er tut mir leid, denn ich sehe ja, wieviel schneller nun die Zeit über ihn weggehen wird. Die Partei und viele ihrer Repräsentanten sind schon längst in der Post-Schmidt-Ära. Willy Brandt läßt im Parteivorstand einen läppischen maschinegeschriebenen

Brief mit Genesungswünschen kreisen, den wir alle unterschreiben. Schmidt muß das als Hohn empfinden.

Um den Kanzler wird es politisch einsam. Da sind nur noch wenige, die zu ihm halten. Aber hat er auch selbst genügend dazu getan, um seine Mannschaft zu motivieren? Sind seine wahren politischen Freunde stets sicher, von ihrem Vormann nicht doch allein »im Regen« stehengelassen zu werden? Er will, daß wir seine Last mittragen. Das ist selbstverständlich. Aber trägt er auch die Last anderer mit? Spürt er überhaupt, was in dem anderen vorgeht?

Am Dienstag, dem 8. September, teilt mir Antje Huber in der Fraktionssitzung streng vertraulich mit, sie habe dem Kanzler brieflich ihren Rücktritt erklärt. Diesem Brief seien Gespräche mit Wehner und Rau, aber natürlich auch mit Schmidt selbst vorausgegangen. Sie hätte immer nur die Prügel zu ertragen, zum Beispiel jetzt bei der linearen Kürzung des Kindergeldes, aber Befugnisse hätte sie überhaupt nicht. Und nun sei es eben aus! Länger lasse sie sich von Schmidt nicht mehr vorführen.

Ich bin entsetzt und spreche sofort den Bundeskanzler an. Er scheint an dieser Angelegenheit nicht mehr interessiert zu sein. Ich weise ihn darauf hin, daß sie Mitglied des Parteipräsidiums sei, stellvertretende Landesvorsitzende von Nordrhein-Westfalen, die einzige Frau im Kabinett; daß unser Ansehen einen weiteren Sprung erhielte, wenn nach den schlimmen Turbulenzen der letzten Wochen nun ein Minister über die Sparbeschlüsse ginge. Er ist einverstanden, daß ich noch einmal versuche, Antje Huber umzustimmen. Also sause ich los. Zwei Stunden höre ich geduldig zu. Ich tröste sie, mache ihr deutlich, was ihr Rücktritt für sie, aber auch für die SPD bedeuten werde. Schließlich habe ich sie soweit. Wenn es Aussicht gebe, ihr auch echte Befugnisse zu übertragen, die allerdings nur von Ehrenberg kommen könnten, dann würde sie bleiben.

Ich fahre ins Kanzleramt und bitte den Bundeskanzler, ein Dreiergespräch Huber, Ehrenberg, Kanzler anzuberaumen, um das zu versuchen. Er will nicht. Ich soll bei Ehrenberg dafür sorgen, daß der für die Huber etwas nachläßt. Also fahre ich in den Parteivorstand, hole Ehrenberg aus einer Sitzung des sozialpolitischen Arbeitskreises heraus und rede mit ihm. Er begreift die Lage und ist bereit, seine Zuständigkeit für die Zivildienstleistenden abzugeben. Nun kann ich den Kanzler informieren. Am Donnerstag um 8.30 Uhr sitzen die Drei zusammen, und es klappt. Antje Huber bleibt. Der Kanzler sagt mir im Plenum, ich hätte das »fabelhaft« hinbekommen. Er verspricht Antje Huber, daß sie Bundesministerin bliebe, also bei einer etwaigen späteren Kabinettsumbildung nicht abgelöst werde.

Unsere Sicherheitspolitik im internationalen Härtetest

Während sich in der Bundesrepublik eine gespenstische Debatte entwickelt, und der Eindruck entsteht, die Mehrheit unserer Bürger wolle nicht nur den Nato-Doppelbeschluß kippen, sondern auch die westliche Allianz und vor allem unsere Bindung an die USA in Frage stellen, tritt in den Vereinigten Staaten die Reagan-Administration ihr Amt an. Sie will die unter Carter entstandenen Zweifel an der amerikanischen Weltgeltung ausräumen. Militärische Stärke wird zum Ziel an sich, die Verteidigungsausgaben werden massiv gesteigert. Ronald Reagan bezeichnet die Sowjetunion als »reign of evil«, als Herrschaft des Bösen. Der Friedensbewegung werden immer neue Stichworte geliefert, die sie begierig aufsaugt, um ihren Antiamerikanismus bis zum hysterischen Crescendo zu steigern. Und die SPD ist zunehmend dabei.

An diesen Hetzkampagnen kann und will ich mich nicht beteiligen. Ich muß mithelfen, das Bündnis zusammenzuhalten und auf die amerikanische Politik, auch auf ihre verbalen Exzesse, dämpfend einwirken. Das ist aber nur dann möglich, wenn ich den USA nicht öffentlich »Ohrfeigen« verpasse. Ich muß den anhaltenden Streit um unseren Verteidigungetat so darstellen, daß das Bündnis und die USA davon überzeugt bleiben, daß unsere Bundeswehr einsatzbereit ist. Massive Mehrforderungen sind abzuwehren. Ich muß den Nato-Doppelbeschluß ohne Wenn und Aber verteidigen und mithelfen, die Amerikaner davon zu überzeugen, daß er nicht nur ein Nachrüstungsbeschluß ist, sondern auch ein Angebot zur Rüstungsbegrenzung enthält. Ich kann mich nicht bei meiner Partei angenehm machen. Das verstehen viele nicht. Auch deshalb bläst mir der Wind ins Gesicht.

Als ich Ende März im Anschluß an Genscher in die USA reise, um zum ersten Male mit Außenminister Haig, Verteidigungsminister Weinberger und Vizepräsident Bush zusammenzutreffen, wird der große Krach erwartet. Doch es kommt anders. In Washington wird das ganz große Protokoll bemüht. Ich werde wie ein »rohes Ei« behandelt. Wir demonstrieren die deutsch-amerikanische Einigkeit. Doch warum ist es so gut, ohne massive Forderungen der Amerikaner und damit ohne öffentlichen Ärger, abgegangen? Natürlich waren wir bestens vorbereitet. Der Generalinspekteur hat seinen Part vorzüglich gespielt. Und zumindest Al Haig weiß, daß es mir an Selbstbewußtsein nicht mangelt.

Aber das allein hätte noch nicht gereicht. Die amerikanische Administration ist noch nicht voll im Bilde. Es herrscht harter Wettbewerb zwischen den einzelnen Ressortchefs. Und Verteidigungsminister Weinberger will eben auch gut Freund sein mit seinem deutschen Kollegen, wie Haig und Genscher. Sie wollen nicht in den Fehler der Carter-Administration verfallen und gleich zu Beginn mit allem Streit anfangen. Zumindest der Außenminister kennt die europäische Szenerie sehr gut und damit auch unsere Position und unsere Forderungen nach Fortgang der Rüstungskontrollpolitik. Die Qualität unserer Bundeswehr im Vergleich zu fast allen anderen Armeen des Westens ist nicht zu bestreiten. Wir hätten uns im übrigen nicht gescheut, notfalls über die unübersehbaren Mängel der US-Streitkräfte zu reden.

Aber der Ärger kommt natürlich noch. Die Bundesregierung hat den Amerikanern den »wartime host nation support« zugesagt. Im Spannungsfall sollen die Soldaten von sechs US-Divisionen eingeflogen werden. Ihre Waffen und Geräte werden vorher in Europa eingelagert. Wir sollen den Bau der Depots und das Personal bezahlen. Kosten: 1 Milliarde DM, fällig ab 1983. Über die Kostenteilung muß noch geredet und damit gestritten werden.

Die Amerikaner fordern von uns finanzielle Unterstützung für ihre Truppen in der Bundesrepublik von der Kasernenerneuerung über bessere Wohnungen bis hin zu Sozialtarifen bei der Bundesbahn. Genscher hat diesen Streitpunkt an mich weitergegeben. Und ich reiche ihn an Genscher zurück. Denn der Finanzminister ist intern und der Außenminister nach außen zuständig. Wir können und dürfen diese Forderungen (10 bis 12 Milliarden DM) nicht erfüllen, schon um keine Präjudizfälle zu schaffen.

Es ist natürlich ernsthaft zu bezweifeln, daß die USA ihr gigantisches Aufrüstungsprogramm durchhalten können. Massive Steuersenkungen zugunsten der Wohlhabenden, scharfe Einschnitte in ihr soziales Netz bei gleichzeitiger massiver Steigerung der Verteidigungsausgaben – das reimt sich politisch schwerlich zusammen. Für uns ist das kein Vorbild. Ich habe das in Amerika deutlich gesagt. Wenn diese Politik scheitert, wird noch mehr Geld von uns gefordert werden. Auch deshalb müssen wir nachdrücklich auf Rüstungskontrollverhandlungen drängen.

Anfang April tagt die Nukleare Planungsgruppe in Bonn. Wir rechnen mit massiven Protesten und Demonstrationen. Die Militärs haben die Hardthöhe in eine Festung verwandelt. Doch die Demonstranten kommen nur spärlich. Viel Lärm um nichts.

Das gilt auch für die Veranstaltung selbst. Der Finanzminister hatte uns lediglich 200000 DM genehmigt. Wir hatten also vieles mit Bordmitteln zu machen, von der Küche auf der Hardthöhe bis hin zum bunten Programm. Das ist uns gelungen. Und so wird die Tagung zu einem Erfolg. Denn der gesellschaftliche Rahmen spielt die zentrale Rolle. Leicht könnte man diesen Teil unserer Nato-Aktivitäten am Rande unserer Tagungen in Brüssel absolvieren. Doch das geht nicht. Nicht umsonst heißt die NPG im Bündnis-Jargon »Nato Pleasure Group«. Amüsieren will man sich, reisen und dinieren.

Immer schwieriger wird es, unsere Politik mit der der Amerikaner auf einen Nenner zu bringen. Sie wollen ihre neuen Mittelstreckenwaffen bei uns Ende 1983 stationieren, aber verabredeten Verhandlungen zur Rüstungskontrolle möglichst lange aus dem Weg gehen. Das hat auch etwas damit zu tun, daß sie ihre Position

zu Salt noch nicht geklärt haben. Aber insgesamt gehen sie von
einer Position aus, die wir nicht akzeptieren. Die Sowjets sollen in
Polen auf jede innere Einmischung verzichten – dann kann auch
über Rüstungskontrolle verhandelt werden. Einig sind wir uns darüber, daß eine gewaltsame Intervention in Polen das Ende der
Entspannungspolitik bedeuten würde und dann auch Verhandlungen über Rüstungskontrolle nicht mehr möglich wären.

Aber so weit ist es noch nicht, und deshalb wollen wir jetzt
verhandeln. Nur so können wir der sowjetischen Propagandaoffen-
sive widerstehen und liefern nicht den Vorwand, die Nato mische
sich in Polen ein. Die USA aber sind blind für diese politisch-
taktischen Gebote. Ich interveniere im Namen der Europäer so
lange, bis wir wenigstens im Protokoll der Sitzung eine Position der
Nato formulieren können, die unseren Interessen entspricht. Es
wird verabredet, daß die Verhandlungen über die Mittelstreckenwaffen im Rahmen des Salt-Prozesses zu führen sind. Da wir aber
die Amerikaner nicht zwingen können, die Verhandlungen mit der
UdSSR aufzunehmen, sind wir nur auf dem Papier ein Stück weiter.

Die Flitterwochen mit Weinberger dauern nur kurze Zeit. Anfang Mai treffen wir uns in Brüssel zur Frühjahrstagung der Nato.
Zuerst werden uns vom Chef des militärischen Nachrichtendienstes
des Pentagon Satellitenfotos und Statistiken über das massive An-
wachsen der sowjetischen Kriegsmaschinerie vorgeführt. Der Vorsitzende des Nato-Militärausschusses, Admiral Falls aus Kanada,
folgert daraus auch öffentlich, daß unsere Abschreckung und Verteidigungsfähigkeit immer brüchiger wird. Und dann präsentiert
Weinberger die Rechnung.

Wieder einmal muß ich den europäischen Widerstand organisieren und anführen. Und es gelingt: Wir können die überzogenen
Mehrforderungen der Amerikaner auf ein akzeptables Maß begrenzen. Der niederländische Verteidigungsminister bedankt sich
bei mir. In Bonn indes werde ich weiter geprügelt.

Nun wird das Klima zwischen Weinberger und mir eisig. Er
mag es nicht, wenn ihm seine politischen Grenzen gezeigt werden.
Reagan und er geben den Zweifeln am Nato-Doppelbeschluß

reichlich Nahrung und Argumente. Ich muß die »Klappe halten« und darf ihnen öffentlich nicht sagen, was ich davon halte. Im Gegenteil. Um auf Weinberger im Interesse unserer Sicherheitspolitik einwirken zu können, muß ich ihre Äußerungen so werten, daß sie harmloser erscheinen, als sie sind. Auch das macht mich zum Buhmann.

Die Debatte um den Nato-Doppelbeschluß nimmt auch in Bonn immer groteskere Formen an. Anfang Juli reist Willy Brandt auf Einladung von Breschnew nach Moskau. Schon im Vorfeld kommt es zu Kontroversen. Seine Reise teilt selbst die Kabinettsmitglieder in Brandt-Anhänger und Schmidt-Fans. Dabei sind die Meinungsverschiedenheiten zwischen Schmidt und Brandt so groß nicht. Brandt findet es gut, daß bei Verhandlungsbeginn auch ein Moratorium, wie von Moskau vorgeschlagen, denkbar wird: Die Sowjets stellen keine neuen SS-20 auf. Die Amerikaner können mit ihren Vorbereitungen – Produktion, Bau der Stellungen – fortfahren, aber noch nicht stationieren. Brandt will die SPD um diese Klippe ihrer Regierungsfähigkeit lotsen. Schmidt hat Genscher im Kreuz und befürchtet wohl auch zu Recht, daß dann die USA den ganzen Krempel hinschmeißen – Anzeichen dafür gibt es – und uns die Schuld zuweisen. Auch dann ist die Koalition am Ende.

Ich spreche mit Willy Brandt, nachdem eine Woche öffentlichen Theaters über seine Moskau-Reise vorüber ist. Sachlich kommt nichts Neues raus. Aber man spürt, daß sich da etwas aufbaut. Wollen unsere altgewordenen Vorderleute noch führen? Oder nur noch recht behalten? Zum Führen gehören auch Bereitschaft zum Kompromiß und Solidarität miteinander. Schmidt, so Willy Brandt, habe ihm gegenüber den Eindruck erweckt, auch er sei recht zufrieden über das Ergebnis seiner Moskau-Reise. Und dann werde plötzlich im Kabinett ganz anderes geredet. Willy Brandt: »Ich laß mir doch nicht auf den Kopf scheißen.« Wir müssen am 27. Juli im Parteivorstand eine Erklärung beschließen, die wenigstens verbliebenes Porzellan vor Zerstörung bewahrt. Das schlage ich Willy vor. Aber kann uns das noch weiterhelfen?

Die Nukleare Planungsgruppe tagt Mitte Oktober in Schottland zu einer Zeit, da die Verwirrung der Geister diesseits und jenseits des Atlantiks riesengroß ist. Reagan macht Ausführungen zur Nato-Strategie der Abschreckung, die nicht nur irreführend und damit Wasser auf die Mühlen der Nachrüstungsgegner sind. Sie offenbaren auch ein intellektuelles Niveau, das mir angst macht. Denn schließlich ist er der Führer der westlichen Welt. Bei den Europäern sieht es indes nicht besser aus. Da sitzen die Verteidigungsminister und denken nur daran, wie sie die Arbeit der NPG so gestalten können, daß möglichst wenig von dem, was sie zur Sicherung des Gleichgewichts im atomaren Bereich tun müssen, nach außen an die Ohren ihres jeweiligen Wahlvolkes gelangt. Aus der Nuklearen Planungsgruppe wird eine Versammlung der Verschreckten. Die Europäer werden sich noch wundern, wohin sie mit dieser Politik kommen, auch wir Deutschen.

Der Nato-Doppelbeschluß gibt uns ein deutliches Maß an Mitwirkung, vor allem bei den von uns gewollten Verhandlungen zur Rüstungsbegrenzung im Mittelstreckenbereich. Aber natürlich um den Preis einer etwaigen Stationierung dieser Waffen auf unserem Boden. Dabei sind wir längst nicht mehr im Stadium der atomaren Unschuld. Viele tausend Atomwaffen lagern bereits auf unserem Territorium. Wenn wir den Doppelbeschluß kippen, werden wir damit keineswegs frei von atomaren Gefahren.

Die Amerikaner haben uns in Schottland ihre Alternative vor Augen geführt. Sie werden 3000–4000 Marschflugkörper auf U-Booten und Überwasserkriegsschiffen stationieren. Die Sowjets werden ihre Gegendrohung mit ihren SS-20 und Backfire-Bombern weniger gegen diese Waffenträger, sondern vielmehr gegen die strategischen Ziele in Europa richten. Für uns würde sich von der Bedrohung her kaum etwas ändern. Nur unser Einfluß würde verloren gehen, insbesondere auf den Beginn und den Fortgang der Rüstungsbegrenzungsverhandlungen.

Weinberger kommt uns in Schottland weit entgegen. Ich habe daran – als Wortführer der Europäer (außer Englands) – einen nicht unwesentlichen Anteil. Die Briten folgen jedem amerikanischen Verbalradikalismus, wenn er nur kein Geld kostet. So haben wir im Kommuniqué festgeschrieben, daß die USA nicht nach Überlegenheit streben, die Regionalisierung eines atomaren Kriegs auf Europa ausgeschlossen bleibt und daß wir der Sowjetunion Verhandlungen anbieten mit dem Ziel der Null-Lösung. Weinberger sagt mir, daß er auch in den USA für diese Null-Lösung werbe, während das State Department trotz anderslautender öffentlicher Einlassungen Al Haigs dagegen sei. Ich dürfe das aber niemandem sagen, weil er sonst in den USA Schwierigkeiten bekäme. Der Bundeskanzler ist mit diesem Ergebnis der Nuklearen Planungsgruppe sehr zufrieden.

Ende November kommt Breschnew nach Bonn. Am Montag, dem 9. November, lädt der Bundeskanzler Willy Brandt, Herbert Wehner, Egon Bahr, Horst Ehmke, Hans-Jürgen Wischnewski und mich zu einem Gespräch ein, um dieses Treffen vorzubereiten. Dabei entwickelt er eine neue Verhandlungslinie. Er will Breschnew sagen, was verhandelt werden soll: SS-20 gegen Pershing. Die Cruise missiles sollen rausfallen, weil die Sowjetunion hier bereits über eine große Zahl luftgestützter Marschflugkörper verfüge. Die SS-4 und SS-5 sollen auch draußen bleiben, weil sie veraltet sind.

Ich weise darauf hin, daß der Bundeskanzler mit einem solchen Vorschlag die verabredete Verhandlungsposition des Westens verändern würde. Das müßte nicht nur bei der Sowjetunion Zweifel über unseren festen Willen aufkommen lassen, an beiden Seiten des Nato-Doppelbeschlusses festzuhalten. Auch auf unsere westlichen Alliierten und auf Genscher würde das wirken, denn verheimlichen ließe sich dieser Vorschlag des Kanzlers gegenüber Breschnew nicht. Außerdem würde es merkwürdig wirken, wenn vor allem die Pershings in den Mittelpunkt der Verhandlungen gestellt würden. Das müsse den Eindruck erwecken, wir wollten so schnell Ergebnisse über ein stark verengtes Verhandlungsmandat, damit wir nicht Ende 1983, wie verabredet, die 108 Pershing II akzeptieren müßten. Schließlich könne ich überhaupt nicht verstehen, wieso ausgerechnet in Bonn wenige Tage vor dem Verhandlungsbeginn in Genf neue Positionen eingeführt werden sollten.

Wehner sagt in dem zweieinhalb Stunden dauernden Gespräch kein Wort. Alle anderen können sich mit diesem Vorschlag des Kanzlers nicht anfreunden. Horst Ehmke will für die Pershing II Ende 1983 Marschflugkörper bei uns stationiert sehen. Ich wende

ein, daß er dazu den Nato-Doppelbeschluß ändern müsse. Willy
Brandt und Egon Bahr konzentrieren sich auf die Frage, wie wir in
18 Monaten Verhandlungen in Genf ein solches Zwischenergebnis
erreichen können, daß Ende 1983 ein Verschieben der Stationierung der Mittelstreckenraketen auf westlicher Seite möglich werde.
Den Begriff »Moratorium« müsse man wegen seiner politischen
Vorbelastung möglichst vermeiden.

Willy Brandt berichtet von seinem letzten Moskau-Besuch:
Breschnew sei nicht mehr dialogfähig. Er verlese nur langatmige
Sprechzettel und könne auf Gegenäußerungen nur mit neuen
Sprechzetteln antworten, auch wenn diese den angesprochenen
Sachverhalt nicht voll träfen. Er empfehle, über Fragen an Bresch-
new zu versuchen, mehr Klarheit über die sowjetischen Absichten
zu gewinnen und auf diese Weise eigene Positionen sichtbar zu
machen.

Der Kanzler läßt seinen Vorschlag fallen. Er ist sicherlich nur
geboren worden, um aus der schrecklichen Sackgasse herauszukommen, in der wir uns befinden. Versuchen wir, den Nato-Doppelbeschluß zu verändern, dann werden unsere westeuropäischen
Partner, insbesondere die künftigen Stationierungsländer, mit dem
Hinweis auf uns schleunigst von der Fahne gehen. Wir wären die
Schuldigen und die Bonner Koalition beendet. Halten wir an ihm
fest, dann wird uns unsere eigene Partei Ende Dezember 1983 die
Beine wegschlagen, falls eine westliche Nachrüstung unvermeidlich
wird. Helmut Schmidt ergreift noch einmal das Wort. Die USA
hätten bei Salt II so miserabel verhandelt, daß dadurch die Grau-
zone im Mittelstreckenbereich und die sowjetische Überlegenheit
entstanden sei. Er hätte Schlimmeres verhütet. Er sei der Vater des
Doppelbeschlusses. Ohne ihn hätte es nur einen Nachrüstungsbeschluß gegeben. Starke Worte in Richtung Washington und Moskau folgen. Alles, was er sagt, stimmt. Aber mehr als ein Ausbruch
politischer Ohnmacht ist das nicht.

Als wir uns Anfang Dezember in Brüssel zur Nato-Herbsttagung
treffen, wird deutlich, daß es mehr als unsicher ist, ob die Niederlande und Belgien ihre bedingt gegebenen Stationierungszusagen
einlösen werden. Mein italienischer Kollege hat bereits einmal öf-

fentlich davon gesprochen, daß Italien bei diesen neuen, auf italie-
nischem Boden zu stationierenden Mittelstreckenwaffen einen
»zweiten Schlüssel« fordern werde, der Einsatz dieser Waffen also
nur mit dem vollen Einverständnis der italienischen Regierung
möglich sei. Unter vier Augen stellt mir mein britischer Kollege die
Situation in England dar und besteht darauf, daß nichts aufgeschrieben und weitergesagt wird: Natürlich sei die Linke gegen die
Stationierung. Aber das sei nicht das eigentliche Problem. England
habe eine nationale Atomstreitmacht mit entsprechendem nationalen Verfügungsrecht. Und deshalb sei es eigentlich für ihn und
viele seiner politischen Freunde unabdingbar, für die auf britischem Boden zu stationierenden amerikanischen Mittelstreckenwaffen einen »zweiten Schlüssel« zu fordern. Sonst sei eine Stationierung in seinem Lande schwerlich durchzusetzen. Er möchte
auch uns für derartige Pläne gewinnen. Er begründet sie mit der
nationalen Souveränität. Doch bereits heute stehen auf britischem
Boden amerikanische Bomber des Typs F 1 1 1, deren atomare Verwendung bis in die UdSSR durch kein britisches Veto blockiert
werden kann.

Was soll das also alles? Es geht ihm entweder darum, dem wachsenden Mißtrauen, auch in England, gegenüber der US-Politik
gerecht zu werden und uns dabei mit vor den Karren zu spannen
oder aber Bedingungen zu formulieren, die die Stationierung erschweren oder gar unmöglich machen. In jedem Falle sehe ich
nicht, wie wir in unserer exponierten Lage einen »zweiten Schlüssel« für Waffen fordern können, die von unserem Land aus auch
die Sowjetunion bedrohen.

Was bleibt uns? Wir müssen in den Verhandlungen für eine
Null-Lösung oder ein Ergebnis eintreten, das dieser Ideallösung
nahekommt. Sind aber die beiden Supermächte bereit, so zu verhandeln, daß sich dieses Ergebnis erreichen läßt? Kann die Bundesrepublik und ihr Kanzler genügend Einfluß nehmen? Ist die
Koalition überhaupt noch stark genug, um innen- und außenpolitisch Führungskraft zu beweisen?

Als Minenhund in Hamburg

In Hamburg stehen die Zeichen schon länger auf Sturm. Bürgermeister Klose hatte nach unserem großen Wahlsieg bei den Bürgerschaftswahlen im Juni 1978 einmal mehr seine politische Position geändert. Galt er bis dahin als ein »Rechter«, so bezieht er nach dieser Wahl in seiner Personalpolitik, aber auch in Sachfragen Positionen, die ihn in Hamburg wie in Bonn immer wieder in Kollision mit den zu dieser Zeit noch mehrheitlichen Überzeugungen bringen. Das gilt nicht nur für die Kernenergie und damit für die Frage, ob das Kernkraftwerk Brokdorf weitergebaut werden soll.

In einem Jahr wird die Hamburger Bürgerschaft gewählt. Auch aus diesem Grund hatte der Landesvorstand der Hamburger SPD Ende Mai auf einer sonntäglichen Sondersitzung zehn Stunden lang den »Schulterschluß« geübt, um mit Hans-Ulrich Klose an der Spitze erfolgreich Wahlkampf führen zu können. Allerdings blieb bei den »Rechten« viel Ratlosigkeit zurück. Wie sollte man mit Kloses letzter Eskapade fertig werden, notfalls die Hamburger Elektrizitäts-Werke (HEW) zu verstaatlichen, wenn sie an Brokdorf festhalten sollten. Weder die Rechtsgrundlagen in seiner Argumentation stimmen, noch kann das Geld beigestellt werden. Ich treffe Kultursenator Tarnowski in der Oper, spreche mit Finanzsenator Steinert. Sie halten das für wohlüberlegte Schachzüge, mit denen Klose seinen festen Willen beweisen will, um am Ende vor den »bösen« Realitäten zu kapitulieren.

Das kann ich nachvollziehen, hatte Klose mir doch vor einigen Wochen in Bonn seine Strategie für seine Wiederwahl im nächsten Jahr bei den Bürgerschaftswahlen vorgeführt: Platzt in Bonn vorher die Koalition, dann kann er in Hamburg die FDP-Stimmen einsammeln. Anderenfalls müssen Genscher und Schmidt für ihn *nolens volens* Wahlkampf machen, damit sie über seinen Wahlerfolg in Bonn weitermachen können. Deswegen müsse er sich nicht politisch einbinden lassen.

Am Montagmorgen nach der Klausursitzung tritt Klose zurück. Seine linken Truppen sind nicht vorgewarnt; sie müssen mühsam

zusammengetrommelt werden. Als wir um 17 Uhr in das Parteihaus zur Sondersitzung des Landesvorstands kommen, wird für
Klose demonstriert. Der NDR meint, der angeschlagene Hans Apel
könne sicherlich nicht in Hamburg Bürgermeister werden. Ich
halte mich aus allem raus, denke nicht daran, zu Kloses Rücktritt
Kommentare abzugeben.

Eine Woche später werde ich nachts um ein Uhr in meinem
Bonner Ministerbungalow aus dem Schlaf geklingelt. Die Lage in
Hamburg sei so verfahren, sagen sie mir, daß mich der Landesvorstand einstimmig bitte, als »Formateur« einen neuen Bürgermeister zu finden. Ich dürfe mich allerdings nicht selbst »finden«. Mir
bleibt nichts anderes übrig, als »ja« zu sagen.

In Bonn fange ich an. Ausgiebig spreche ich mit Anke Fuchs.
Sie, als die Tochter von Paul Nevermann, einem der Vorgänger
Kloses, kennt die Stadt. Sie ist tüchtig und kann sich durchsetzen.
Doch sie will nicht. Ich spreche mit Helmut Rohde – Fehlanzeige.
Hier in Bonn gibt es nur einen möglichen Kandidaten: Klaus von
Dohnanyi. Aber was für ein Theater mit diesem Mann. Kaum
habe ich das Amt des »Formateurs« übernommen, lese ich in der
Süddeutschen, daß Dohnanyi aussichtsreichster Anwärter auf das
Hamburger Amt sei. Im Plenum des Bundestages spricht er mich
an und verlangt von mir ein Dementi. Ich lehne das ab, denn
schließlich stamme diese Zeitungsente nicht von mir. So demen-
tiert er also höchstpersönlich.

In Hamburg sage ich den Genossen, Dohnanyi stehe nicht zur
Verfügung. Sie behaupten, sie wüßten es besser und fordern mich
auf, ihn noch einmal anzusprechen. Ich tue das, und Dohnanyi
erklärt mir, natürlich stünde er im Ernstfall zur Verfügung. Also
verhandle ich weiter, abwechselnd in Bonn und in Hamburg.

Dabei lerne ich meine Hamburger Partei ganz neu kennen. Ich
berichte unserer Bürgerschaftsfraktion über den Stand meiner Bemühungen. Die Personaldebatte kommt nicht in Gang, es wird
eine Unterbrechung der Sitzung beantragt. Vom Präsidium wird
mitgeteilt, in welchen Räumen sich die Linken und die Rechten zu
getrennten Beratungen treffen. Eine dritte Gruppe um Eugen
Wagner hat ihren eigenen Treff. So wühle ich mich durch die

politischen Katakomben der Hamburger SPD, rede mit den Vertretern der einen, der anderen und der dritten Gruppe. Natürlich gibt es Meinungsverschiedenheiten, die auf Grundüberzeugungen zurückgehen. In der Kommunalpolitik können sie aber kaum zum Tragen kommen. Und so verkümmern sie zu eiskalten personalpolitischen Seilschaften. Entweder Alfons Pawelczyk oder Klaus von Dohnanyi – das ist am Ende meine Alternative. Pawelczyk ist solider. Er zögert, weil er den massiven Widerstand der Linken fürchtet. Wenn er als Bürgermeister die nächsten Wahlen in Hamburg verliert, triumphieren die Linken und übernehmen die Partei. Also: Klaus von Dohnanyi.

Am Dienstagvormittag, dem 9. Juni, rufe ich ihn an und sage ihm, es liefe nun auf ihn zu. Er sagt mir, er müsse schleunigst mit mir sprechen. Ich biete ihm ein telefonisches Gespräch am gleichen Tage an oder ein persönliches Gespräch am Mittwochmorgen in Bonn. Er will sich wieder melden, tut das aber nicht. Anschließend rufe ich Willy Brandt an. Er versichert mir, daß er Dohnanyi noch am Dienstag sprechen würde. Glotz habe auch schon mehrfach mit ihm geredet. Es ginge schon alles in Ordnung. Am Mittwochmorgen suche ich Dohnanyi telefonisch von Hamburg aus. Er soll auf Sylt sein. Ich bitte die Haushälterin vor Ort, Dohnanyi möge mich gegen 11.30 Uhr in Bonn anrufen. Da das nicht geschieht, rufe ich gegen 13 Uhr erneut die Sylter Nummer an. Die Haushälterin sagt mir, er sei am Strand und habe meine Telefonnummer mitgenommen.

Um 16 Uhr beginnt die Präsidiumssitzung der SPD in Bonn. Ich gebe meinen Bericht und empfehle eine Presseerklärung. Willy Brandt geht vor die Fernsehkameras und erklärt, warum wir Dohnanyi bitten, nach Hamburg zu gehen. Um 23 Uhr bin ich wieder an der Elbe. Dohnanyi ruft an und protestiert. Ich hätte ihn überfahren. Das Präsidium hätte nicht beschließen dürfen, vor allem keine öffentlichen Erklärungen abgeben dürfen. Er sei noch keineswegs entschieden. Ich lasse mich auf nichts mehr ein und fordere ihn auf, am folgenden Tag um 14.00 Uhr mit Peter Glotz und mir in Hamburg im Gästehaus des Senats zusammenzutreffen.

Und es gibt keine Probleme. Klaus von Dohnanyi erscheint. Der Rest ist Seelenmassage. Gegen 17 Uhr gehen wir gemeinsam in den Landesvorstand. Eigentlich sollte es nur eine kurze Vorstellung des neuen Bürgermeisters werden. Aber dann gibt Dohnanyi von sich aus eine Art Regierungserklärung ab und fordert die Genossen auf, darüber mit ihm zu debattieren. Er ist brillant und in der Brokdorf-Frage recht fest und eindeutig. Dafür prügelt er ungefragt und ohne Not auf den Nato-Doppelbeschluß ein. Eine gekonnte Vorstellung. So wird er fast einstimmig gebeten, bei uns Bürgermeister zu werden.

Fast unbemerkt verlasse ich diese Sitzung. Der Mohr hat seine Schuldigkeit getan. Und Hamburg hat einen neuen Bürgermeister. Glänzend ist er. Er wird verlorenes Terrain zurückholen können, wenn die Partei mithilft. Aber wird er in schwierigen Situationen stehen? Wird er kämpfen? Wird er die trockene kommunale Materie auf Dauer mögen? Wir werden sehen.

Unsere Sicherheitspolitik – ein Randproblem?

Bereits Anfang des Jahres beginnen wir mit der Arbeit an einem Leitantrag zur Sicherheitspolitik für unseren Bundesparteitag im April in München. Die Signale aus vielen unserer Landesverbände sind eindeutig: Europa als atomwaffenfreie Zone, ein Moratorium, ja die Ablehnung jeder Stationierung amerikanischer Mittelstrekkenwaffen, werden gefordert. In unserer Bonner Arbeitsgruppe können wir solche Forderungen vermeiden, aber um den Preis, daß wir mit der Zustimmung des Bundeskanzlers unsere Entscheidung über die Erfüllung des Nato-Doppelbeschlusses auf einen Sonderparteitag im Herbst 1983 vertagen.

Einerseits ist das taktisch richtig. Denn nur so kommen wir in diesem ohnehin so schwierigen Jahr 1982 wenigstens in der Sicherheitspolitik über die Runden. Andererseits wird es immer deutlicher, welche Garotte wir uns mit dem Doppelbeschluß um den Hals gelegt haben. Aus einer vor Jahren militärisch und politisch gebotenen Modernisierung der eurostrategischen Waffen zum Erhalt des Gleichgewichts und zur Sicherung unserer Bündnisstrategie der *flexible response* wird nun eine Affäre, die nicht nur unsere Bündnisfähigkeit in Frage stellt, sondern auch den Koalitionszusammenhalt gefährdet. Denn wer kann bis Ende 1983 an die Verwirklichung der Null-Lösung glauben?

Die Sowjetunion wird kaum so verhandeln, daß sie bis zu diesem Zeitpunkt den überwiegenden Teil ihrer SS-20 zur Verschrottung anbietet. Nicht zuletzt die Instabilitäten im eigenen Machtbereich begrenzen, wenn überhaupt vorhanden, ihre Spielräume. Wir aber haben unsere Definition von Null-Lösung so weit getrieben, daß sie bereits heute unrealistisch ist. Von uns gezüchtete Illusionen engen unseren Handlungsspielraum innenpolitisch wie innerparteilich, insbesondere aber außenpolitisch weiter ein. Unsere auf internationalem Parkett gemachten Aussagen und Zusagen entsprechen immer weniger unseren innenpolitischen Möglichkeiten. Selbst eine CDU-geführte Regierung hätte große Schwierigkeiten bei der Durchsetzung des Nato-Doppelbeschlusses in seinen beiden Teilen. Denn eine SPD außerhalb der Regierungsverantwortung würde das antiatomare »Feuer« noch viel stärker schüren, als das bisher schon der Fall ist. So kann es über 572 neue US-Mittelstreckenwaffen zu politischen Instabilitäten in Europa kommen, die weder heute kalkulierbar sind noch dem militärischen Wert dieser neuen Waffen entsprechen.

Sehr viel schwieriger ist es, in unserem Leitantrag zur Sicherheitspolitik Formulierungen zu vermeiden, die uns außenpolitisch in Schwierigkeiten bringen und uns innenpolitisch in die Nähe der »Grünen« und der Friedensbewegung rücken. Es gelingt mir, Formulierungen herauszuboxen wie: »Die Protestbewegung, die sich in der neuen Friedensbewegung zusammenfindet, ist Ausdruck der Verzweiflung und der Zweifel, ob die herkömmliche Politik in der Lage ist, den Frieden auf Dauer zu sichern.« Das glückt aber auch nur deshalb, weil sich Anfang des Jahres die Debatte über die weitere Entwicklung in Polen zuspitzt.

Am 13. Dezember 1981, am letzten Tag eines dreitägigen Besuchs von Helmut Schmidt in der DDR, war in Polen das Kriegsrecht ausgerufen worden. Die Bundesregierung hatte sich in ihren öffentlichen Stellungnahmen merklich zurückgehalten, denn nun waren die Reste unserer Entspannungspolitik in Gefahr. Diese Zurückhaltung, deutliche Kritik des Bundeskanzlers an Reagans Politik und die allgemeine Stimmungslage in unserem Land hatten uns im westlichen Bündnis isoliert. Da durfte der Leitantrag keine neuen Probleme erzeugen. Meine Genossen verstehen das.

In der SPD wird allerdings um so kräftiger darüber gestritten, wie die Entwicklung in Polen zu beurteilen sei und wie der Westen darauf reagieren solle. Viele in Partei und Fraktion glauben, nun könne man so richtig loslegen. Krach mit Reagan, Distanz zu Mitterrand, beifälliges Nicken aus Moskau – das hält keine Regierungspartei lange aus. Einmal mehr hilft uns die Opposition. Die FDP und insbesondere ihr Vorsitzender können gar nicht anders, als sich mit uns zusammen diesem erneuten Sturmangriff der kalten Krieger zu widersetzen. Sie sagen »Polens Freiheit« und meinen »Ende der Entspannungspolitik«.

In der Kabinettssitzung am 13. Januar weise ich mit aller Vorsicht auf unsere Isolierung hin und mache darauf aufmerksam, daß unsere Ostpolitik so viel wert ist, wie sie im westlichen Bündnis an Widerlager findet. Verbalradikalismen müßten deshalb aufhören. Ich warne vor der Illusion, unsere nationale Ostpolitik könne die bestehenden Machtkonfigurationen aufbrechen. Der Bundeskanzler stimmt mir ausdrücklich zu. Der Vize-Kanzler zieht mich nach der Kabinettssitzung in ein freies Zimmer, um mir unter vier Augen Elogen zu machen und mir nicht gerade bedeutende Details der aktuellen Situation mitzuteilen.

Schwierig wird für Schmidt die Debatte mit der eigenen Fraktion und, über die Medien, mit der Partei. Nun muß erklärt und begründet werden, warum in den Kommuniqués mit Reagan vom 5. Januar und bei den Nato-Außenministern am 11. Januar so eindeutige Positionen akzeptiert wurden, die unsere bisherige Haltung korrigieren. Teile der Fraktion wollen diesen Schwenk in Richtung Reagan nicht. Sie möchten die Kommuniqués von Washington und Brüssel in einem Entschließungsantrag »nicht begrüßen«. Es muß abgestimmt werden. Wir gewinnen nur knapp. 57 Genossen – eine Rekordzahl – stimmen dagegen. Auch die Feststellung der »Reformunfähigkeit des Kommunistischen Systems« in eben diesem Antrag kann nur in einer kontroversen Abstimmung durchgesetzt werden. Der Abschied von Illusionen fällt schwer. Im Plenum übergießt der Bundeskanzler die Opposition mit massiver Polemik. Redner von der Union jaulen auf wie getretene Hunde. Das Plenum kocht. Und unsere Fraktion ist zufrieden.

Unser Botschafter in Moskau, Meyer-Landrut, berichtet mir am 11. Februar in Bonn über Perspektiven für die Rüstungskontrollpolitik aus seiner Sicht. Ergebnis: Hoffnungslos. Die USA lehnen die Aufnahme der Salt/Start-Verhandlungen über die interkontinentalen Atomwaffen ab, solange die Sowjets nicht in Polen die volle Rückkehr zur Situation vor dem 13. Dezember 1981 zulassen. Meyer-Landrut schließt aus einem Gespräch mit US-Botschafter Hartmann in Moskau, daß die USA fest davon überzeugt waren, daß der politisch-ökonomische Prozeß in Polen das Land aus dem sozialistischen Verbund herausgeführt hätte. Deshalb die massive, überzogene Reaktion Washingtons. Ich will das nicht glauben. Für mich geben die Entwicklungen in Polen den USA lediglich einen Schlagstock in die Hand, mit dem sie unbotmäßige europäische Alliierte prügeln können. Er aber bleibt überzeugend bei seiner Meinung.

Daraus folgt dann allerdings, daß die USA nicht mit gewissen Erleichterungen in Polen zufrieden sein und damit auch nicht schon bald die Salt/Start-Verhandlungen aufnehmen werden. Das aber verringert die Chance auf Verhandlungserfolge bei den Genfer Verhandlungen zur Begrenzung der Mittelstreckenwaffen mit dem Ziel einer Null-Lösung. Nur Verhandlungen bei Start geben der Sowjetunion eine gewisse Gewähr, daß sie nicht über ein etwaiges Hochfahren der amerikanischen Nuklearrüstung im strategischen Bereich ausgehebelt wird. Schließlich bereiten die USA eine Cruise-missiles-Aufrüstung mit mehreren tausend Flugkörpern vor, die, auf Über- und Unterwasserschiffen stationiert, für die Sowjetunion eine zusätzliche Bedrohung darstellen.

Die Sowjets, so Meyer-Landrut, wollten verhandeln und auch Ergebnisse erzielen. Nur noch eine Minderheit setze auf die deutsche Friedensbewegung zur Verhinderung der Durchführung des Nato-Doppelbeschlusses. Die Klügeren wüßten, daß ein derartiger Erfolg ein Danaer-Geschenk darstelle, da dann eine andere deutsche Bundesregierung in Bonn zusammen mit den USA und wohl auch mit Frankreich eine ganz andere Politik betreiben werde. Ihre wachsenden ökonomischen und sozialen Spannungen im eigenen Machtbereich führten den Kreml zu Überlegungen der Rüstungsbegrenzung. Aber er sehe nicht, wie angesichts der Zuspitzungen zwischen Ost und West ein Ansatz für zeitgerechte Lösungen zu finden sei, die ein neues Wettrüsten, vor allem im

Bereich der Nuklearwaffen kürzerer Reichweite, verhindern könnten. Das ginge nur, wenn wir die Kraft hätten, mäßigend Einfluß auf die Politik der USA zu nehmen, insbesondere aber den Beginn der Salt/Start-Verhandlungen zu ermöglichen.

Natürlich wird sich Westeuropa wehren, wenn die USA ihre Verbündeten in eine unsinnige Politik der Strafen und Sanktionen einbeziehen wollen. Da können die Amerikaner Zeter und Mordio schreien. Das Erdgas-Röhrengeschäft wird durchgezogen. Die französische Position ist eine wesentliche Voraussetzung dafür, daß wir mit unserer klaren und festen Haltung durchkommen. Andererseits sehe ich nicht, daß uns Frankreich im Bereich der Rüstungskontrolle im nuklearen Bereich Hilfestellung geben will. Als ich Anfang Februar in Paris mit meinem französischen Kollegen Hernu über das weitere Schicksal des deutsch-französischen Kampfpanzers verhandle, benutzt er diese Gelegenheit, um offiziell gegen eine Passage in unserem sicherheitspolitischen Leitantrag zu protestieren, in der wir uns dafür aussprechen, beim nuklearen Gleichgewicht in Europa auch die britischen und die französischen Systeme zu berücksichtigen. Dieselben Vorwürfe werden uns in einer schriftlichen Stellungnahme der US-Botschaft in Bonn gemacht. Vor allem unsere Absicht, erst auf einem Sonderparteitag im Herbst 1983 unsere Haltung zur Nachrüstung festzulegen, unterminiere die amerikanische Verhandlungsposition. Damit schließt sich der Kreis. Um des politischen Überlebens willen schließen wir mit unserer Partei Kompromisse, die uns international schwächen und mit dazu beitragen, den USA Vorwände zu liefern, die Rüstungskontrollverhandlungen zu verzögern.

Ich komme in eine sehr schwierige Lage. Einerseits muß ich klarmachen, daß unsere Bindung an das westliche Bündnis trotz aller Proteste im eigenen Land fest und unverrückbar ist, wir aber darauf bestehen müssen, daß an der Fortsetzung der Entspannungspolitik festgehalten wird, auch angesichts der Ereignisse in Polen und Afghanistan. Auf der Wehrkundetagung in München sage ich am 13. Februar vor illustrem Publikum und im Beisein von Weinberger: »Bei alldem darf aber nicht vergessen werden, daß der Westen unklug handelte, würde er auf Entspannung verzichten wollen. Denn nur in einem von Entspannung geprägten politischen Umfeld werden die Kulissen des Kalten Krieges weggeräumt werden können, die den Völkern in Ost und West den Blick für die tatsächlichen Unterschiede kommunistischer und westlicher Lebensweise verstellen könnten.... Ohne den Willen zur Entspannung ginge auch die Einsicht verloren, daß Sicherheit sich nur unvollkommen durch immer größere Rüstungsanstrengungen garantieren läßt, während sie effektiver, vernünftiger und auch billiger durch begrenzende Absprachen zwischen den beteiligten Mächten zu organisieren ist. Entspannungspolitik ist Teil einer umfassenden westlichen Strategie, die nicht nur aus deutschem Interesse geboten ist... Nicht zuletzt aber dient die Entspannung dem Frieden in der ganzen Welt; denn ohne den europäischen Stützpfeiler von Entspannungspolitik würde es in anderen Teilen der Welt noch düsterer aussehen, als es ohnehin schon der Fall ist.«

Ich ernte breiten Widerspruch von den Teilnehmern aus den USA und natürlich auch von der deutschen Opposition. Senator Tower wirft mir eine »nostalgische Sehnsucht nach Entspannung« vor. Für die CDU ist »Entspannung ein intellektuell unehrliches Wort«. Das hören die Amerikaner gern.

In Bonn nehmen die Warnungen und Mahnungen des Außenministers über den sicherheitspolitischen Kurs der SPD und einzelne Äußerungen des Kanzlers zu. Noch sind seine öffentlichen Äußerungen vorsichtig, eher apokryph formuliert. Am 3. März geht er in unserer Kabinettssitzung voll zur Sache. Wir diskutieren über unsere Teilnahme an der sinnlosen Sanktionspolitik der USA. Der Widerstand gegen Kontingentsbegrenzungen und Entliberalisierungsschritte gegenüber sowjetischen Industrieexporten in die Bundesrepublik ist groß. Auch Lambsdorff ist sehr zurückhaltend. Nur Genscher will. Er hat diese EG-Sanktionen, an denen die anderen OECD-Länder nicht teilhaben, mit erfunden und will davon jetzt nicht ablassen, weil es sonst zu falschen Signalen in Richtung USA käme. Genscher: »Wir dürfen unsere richtige Außenpolitik nicht fortwährend mit Kunstfehlern belasten.« Er meint dabei Äußerungen und Stellungnahmen des Kanzlers in Richtung USA in den letzten Wochen.

Ich widerspreche ihm sofort und wohl auch recht massiv. Zwar muß auch ich bezweifeln, ob einige der halböffentlichen Äußerungen unseres Kanzlers notwendig sind. Doch wenn Genscher meint, unsere Außenpolitik monopolisieren zu können, dann irrt er sich. Im Kabinett reagiert er auf mich eher zurückhaltend. Aber kurz danach treffen wir uns im Klo. Und da fällt er in Gegenwart von Landwirtschaftsminister Ertl über mich her: »Mein Herr, sehen sie eigentlich nicht, daß der Kanzler um unsere richtige Politik immer wieder Scheiße schmiert, die ich dann mühsam wieder abkratzen kann. Meinen Sie, daß mir das Spaß macht? Wie lange soll das eigentlich noch gutgehen?« So habe ich Genscher noch nie erlebt. Er greift das Projekt des deutsch-französischen Kampfpanzers auf: »Unerhört, wie der Kanzler die Notwendigkeit dieses Projekts begründet. Er redet ja so, als solle dieser Panzer gegen die USA eingesetzt werden. Seine Überheblichkeit gegenüber den USA wird zu einem Problem.« Dann ist unsere Klo-Klausur vorüber.

Breschnew macht einen weiteren Vorstoß. Erneut bietet er bei den Mittelstreckenwaffen ein Moratorium an. Die Reaktion in der westlichen Öffentlichkeit ist recht positiv. Dieses Echo wirkt auch in die Sitzung der Nuklearen Planungsgruppe hinein, die Ende März in Colorado Springs tagt. Da erklären die Verteidigungsminister einmütig, daß die Überlegenheit der Sowjetunion im Bereich der Mittelstreckenwaffen zugenommen habe. Sie bekennen sich zum Nato-Doppelbeschluß und seiner Verwirklichung in beiden Teilen. Die ganze bei diesen Anlässen übliche Kommuniqué-Rhetorik wird abgespult. Auch der neueste Breschnew-Vorschlag ändert nichts an der Überlegenheit der Sowjetunion.

Und dennoch werden einige Nato-Partner knieweich. Griechenland läßt sich durch einen Staatssekretär vertreten. Er gibt eine Erklärung zu Protokoll, die Griechenland von allem freizeichnet, auch von einer etwaigen negativen Bewertung der letzten Vorschläge Breschnews. Dänemark stimmt ebenfalls nicht zu. Jörgensen sendet seinem Verteidigungsminister einen »Maulkorb«. Für Dänemark finden wir einen Ausweg: Es stimme nicht zu, weil die Bewertung dieses Vorschlags in die Kompetenz der Außenminister gehöre. Holland, von Norwegen unterstützt, schlägt für unsere

Stellungnahme einen Satz vor, der zwar objektiv keine positive Bewertung des Breschnew-Vorschlags ausdrückt, aber für die Öffentlichkeit so klingen soll. Wir lehnen das ab. Schließlich einigen wir uns darauf, daß der Vorschlag in unserer Stellungnahme nicht besonders erwähnt wird, wir aber die generellen Vorbehalte gegen alle bisherigen Vorschläge der UdSSR im Mittelstreckenbereich aufzeigen: ihre Überlegenheit, die Mobilität der SS 20, ihre Reichweite. So werden wir uns schließlich ohne Griechenland und Dänemark einig. Aber wir wissen nun auch: Die Nato steckt in einer schweren Krise.

In einem bilateralen Gespräch am Rande dieser Konferenz habe ich mit Weinberger keine Probleme. Er hat meine klare Haltung zum Nato-Doppelbeschluß registriert. Akute Streitfragen haben wir nicht. Für die Linken zu Hause eine neuerliche Bestätigung, daß ich der kalte Krieger bin. Ihr Argwohn steigt. Und die Opposition hat mich weiter im Visier. Stunden nach meiner Rückkehr drischt sie im Bundestag auf mich ein und verlangt einmal mehr meinen Rücktritt anläßlich der Abschlußdebatte zum Bericht des Untersuchungsausschusses MRCA-Tornado. Ich keile zurück und werde diesmal von den Verteidigungspolitikern der Koalition unterstützt. Ich bin todmüde, und so gleitet das meiste an mir ab. Immerhin bin ich aus dieser Tornado-Kiste besser rausgekommen, als ich es erwarten konnte. Und Lorbeeren kann man auf diesem Posten sowieso nicht erwarten.

Mitte Juni findet in Bonn – begleitet von einer großen Friedensdemonstration – der Nato-Gipfel statt, ohne Verteidigungsminister. Mein britischer Kollege Nott hatte bei den letzten deutschbritischen Konsultationen Mitte März in Chequers versucht, das zu ändern. Er meint, die Verteidigungsminister sollten entgegen der bisherigen Absicht am Nato-Gipfel im Juni in Bonn teilnehmen, schließlich sei die Nato ein Verteidigungsbündnis. Der Kanzler ist dagegen. Bei diesem Treffen wolle man sich schließlich nicht mit den Niederungen der Details der Verteidigungspolitik beschäftigen. Frau Thatcher fragt mich. Ich sage ihr, daß mein Bedarf an Konferenzen längst gedeckt sei. Ich könne auf meine Teilnahme gut verzichten. Sie hakt nach: wie ich mich entscheiden

würde, wenn ich Kanzler wäre und Schmidt Verteidigungsminister
wäre. Meine Antwort: »Dann müßte dieser Mann unbedingt
mit.« Gelächter. Aber es bleibt bei unserem Ausschluß. Und ich
finde das gut.

Die »Bonner Erklärung« dieses Nato-Gipfels spricht sich für ein
stabiles Kräftegleichgewicht auf möglichst niedrigem Niveau aus.
Es sollen substantielle und ausgewogene Ost/West-Beziehungen
mit dem Ziel einer wirklichen Entspannung entwickelt werden.
Reagan spricht von dem Ziel tiefer Einschnitte in das nukleare
Potential der beiden Blöcke. Doch diese Postulate, noch ohne realen Inhalt, erreichen unsere Genossen nicht mehr.

Es wird höchste Zeit, auch in unserem Lande mit den Vorbereitungen zur Aufnahme der Ende 1983 zulaufenden amerikanischen
Mittelstreckenwaffen zu beginnen. Für die Marschflugkörper muß
neu gebaut werden. Wenn der in Zusammenarbeit mit den USA
und der Nato ausgewählte Standort in dieser innenpolitisch aufge-
heizten Stimmung zu früh bekannt wird, muß das Reaktionen der
Friedensbewegung auslösen, wie wir sie noch von Gorleben in
Erinnerung haben. Wir beschließen im Bundessicherheitsrat, die
nun beginnenden Planungsarbeiten unter einem Decknamen an-
laufen zu lassen, aber vorher den Ministerpräsidenten von Rheinland-Pfalz und dann auch die drei Fraktionsvorsitzenden im Bundestag zu unterrichten.

Der Generalinspekteur, Staatssekretär Hiehle und ich unterziehen uns Anfang Juli dieser Aufgabe. Wir fliegen nach Mainz zu
Bernhard Vogel. Er ist ein aufmerksamer Gastgeber und Zuhörer.
Vogel ist bereit, einen Stationierungsort der neuen Mittelstreckenwaffen in seinem Land zu akzeptieren. Er stellt nicht die erwartete
Frage: Warum eigentlich bei mir und nicht in Hessen oder anderswo? Wir verabreden äußerste Geheimhaltung, wohl wissend,
daß die Vergabe des Planungsauftrages über das Landesfinanz-
ministerium an die örtliche Bauverwaltung trotz Decknamen beträchtliche Risiken öffentlicher Information beinhaltet. Für diesen
Fall verlangt er die volle Rückendeckung durch die Bundesregierung. Ich sage ihm das selbstverständlich zu.

Wir unterrichten die Fraktionsvorsitzenden und fangen bei Herbert Wehner an. Immer noch beeindruckend, wenn auch körperlich behindert durch seine Krankheit, hört er sich unsere Ausführungen an. Er stellt kaum Fragen, redet nichts Unnötiges. Er erwartet von uns, daß wir die Geheimhaltung wahren, auch gegenüber den Abgeordneten, nimmt das Wissen um diesen unabweisbaren Schritt auf seine Schultern. Mischnick ist redseliger. Er stellt uns viele Fragen, insbesondere die, was er denn nun eigentlich mit diesem Wissen anfangen solle. Er empfiehlt uns, im Laufe der Haushaltsberatungen wenigstens einen sehr begrenzten Kreis von Abgeordneten im Haushalts- und im Verteidigungsausschuß zu unterrichten oder, wenn wir das nicht wollen, die Information im Gemeinsamen Ausschuß zu geben. Wir sagen, wir wollten das überlegen. Aber vor der Türe sage ich meinen Begleitern: »Kommt nicht in Frage.«

Helmut Kohl bietet uns erst einmal ein Glas Wein an und schwätzt und schwätzt. Wir müssen die Bilder an den Wänden seines Büros bewundern. Im Vorzimmer quäkt bei offener Tür ein laufender Fernseher mit einer Fußball-Übertragung. Es ist für uns nicht leicht, zur Sache zu kommen. Als wir endlich vortragen können, erkennt er sofort die politische Relevanz dieser Angelegenheit für die Landtagswahlen in Rheinland-Pfalz. Er fordert deswegen von uns absolutes Stillschweigen gegenüber den Abgeordneten. Er nehme das schon auf seine Kappe als Fraktionsvorsitzender. Als wir sein Büro verlassen haben, sage ich: »Und dieser Mann soll Kanzler der Bundesrepublik Deutschland werden?« Ich merke, daß auch meine Begleiter mit dieser Möglichkeit ihre Probleme haben.

Durch die Krise zur »Wende«

Im Jahre 1982 erreicht die Rezession ihren Tiefpunkt. Wir wollen daran nicht glauben, denn die Prognosen der letzten 18 Monate hatten uns immer wieder die Wende zum Besseren angekündigt, ohne daß dann die konjunkturelle Entwicklung diesen Erwartungen entsprach. Hinzu kommt die festgefahrene Situation in der Koalition. Die Haushaltsdebatte im Deutschen Bundestag Mitte Januar liefert ein deutliches Zeugnis der politischen Selbstblokkade: ein Beschäftigungsprogramm, finanziert durch eine Erhöhung der Nettokreditaufnahme – abgelehnt von der FDP und dem sozialdemokratischen Finanzminister; seine Finanzierung durch eine Ergänzungsabgabe – abgelehnt von der FDP; das erneute tiefe Hineinschneiden in den Sozialhaushalt zur Haushaltskonsolidierung und zur Finanzierung erhöhter investiver Ausgaben des Staates – abgelehnt von der SPD. Es gibt allerdings einen zentralen Unterschied zwischen den beiden Koalitionsparteien: Während die FDP sehr genau weiß, was sie wirtschafts- und finanzpolitisch will, fehlt den Sozialdemokraten ein sie einigendes Konzept.

Anfang Februar legt die Bundesregierung zusammen mit dem Jahreswirtschaftsbericht die »Gemeinschaftsinitiative für Arbeitsplätze, Wachstum und Stabilität« vor. Sie gewährt für 1982 eine zehnprozentige Investitionszulage, soll dem Mittelstand helfen, fördert Investitionen im Umweltschutz sowie die berufliche Ausbildung und Umschulung von arbeitslosen Jugendlichen. Mitte 1983 soll die Mehrwertsteuer angehoben werden. 1984 werden die Rentner an den Kosten ihrer Krankenversicherung beteiligt. Helmut Schmidt verbindet die Abstimmung über dieses Programm mit der Vertrauensfrage. Der Kanzler erwartet von dieser Abstimmung eine Stärkung seiner Position und eine Disziplinierung der SPD und des Herrn Genscher. Das aber ist ein Irrtum.

Gewerkschaften und SPD sind mit dem Umfang, aber auch mit dem Inhalt des beschlossenen Programms nicht einverstanden. Der DGB protestiert postwendend. Ich kann die Unruhe wenigstens teilweise dadurch kanalisieren, daß ich für unseren Münchner Bundesparteitag in meiner Eigenschaft als Vorsitzender der wirtschafts- und finanzpolitischen Kommission unseren Leitantrag zur Wirtschaftspolitik sehr breit erarbeiten lasse. Ich beziehe die Gewerkschaften, die Sozialpolitiker, die Arbeitsgemeinschaft für Arbeitnehmerfragen in unsere Arbeit, so gut es geht, mit ein. So entsteht ein Antrag, der sozialdemokratisches Profil zeigt, ohne der FDP unnötig zu nahe zu treten.

Und dennoch: Während einer Veranstaltung in Wilhelmshaven am 16. Februar ruft mein Büro aus Bonn an. Staatssekretär Lahnstein bitte mich, am nächsten Morgen auf Genscher im Kabinett zuzugehen und mich bei ihm wegen unseres Leitantrags zur Wirtschafts- und Finanzpolitik zu »entschuldigen« und ihm klarzumachen, daß er nicht gegen die Koalition und die FDP gerichtet sei. Ich schäume vor Wut und denke natürlich nicht daran, dieser Aufforderung nachzukommen. Schließlich kann die SPD unter meinem Vorsitz immer noch die Wirtschaftspolitik formulieren, die sie für richtig hält. Im Unterschied zur Sicherheitspolitik können sich die Koalitionsparteien in diesem Bereich unterschiedliche Positionen leisten. Hier sind wir nicht in der Gefahr, durch eine kontroverse Debatte unsere außenpolitische Handlungsfähigkeit und unsere Allianz mit dem Westen zu gefährden.

Der Leitantrag passiert anstandslos den Parteivorstand und die Antragskommission, wird dann aber buchstäblich über Nacht am 18. April unmittelbar vor dem Parteitag von Wolfgang Roth und einigen anderen gekippt. Er sei zu verwaschen und stelle die sozialdemokratische Position nicht eindeutig genug dar. Willy Brandt deckt diese Operation. Der Parteivorstand und die Antragskommission lassen wenigstens einige Abschnitte des ursprünglichen Antrags »am Leben«. Aber die Verbalradikalisten siegen. Wolfgang Roth wird wieder in den Parteivorstand gewählt. Und die FDP kann mit breiter Zustimmung der Presse auf uns einschlagen. Graf Lambsdorff erklärt: »Unsere Partei, unsere Bundestagsfraktion, unsere Mitglieder der Bundesregierung werden sich an dem langen Marsch, der von München in die Rumpelkammer des Investitionsdirigismus führen soll, ganz gewiß nicht beteiligen.«

Der Konflikt mit dem DGB spitzt sich weiter zu. Der von der Krise um die Neue Heimat schwer getroffene Vorsitzende Heinz Oskar Vetter schlägt beim Abschied aus seinem Amt zu. Mitte April erklärt er im *Stern*: »Sehen Sie sich doch die angeblich sozialdemokratisch geführte Bundesregierung an? Die SPD verliert an Profil, sie wird blasser.« Und: »Vielleicht gehört es sogar zu meinen Fehlern, die sozial-liberale Koalition mitgetragen zu haben.« Am 21. April sagt er zu *Bild*: »Es hat den Anschein, als ob Kanzler

Schmidt nicht mehr die Regierungsgewalt über die Wirtschafts-
und Beschäftigungspolitik hat.« Die liege jetzt bei Lambsdorff und
beim rechten Flügel der FDP.

Zu einer weiteren Auseinandersetzung kommt es, als Helmut
Schmidts Pläne einer Kabinettsumbildung bekannt werden. Die
Gewerkschaften fordern, daß Herbert Ehrenberg bleibt. Sie lehnen
»Menschenopfer auf dem Altar der Koalition ab«, obwohl sie vorher auch Herbert Ehrenberg immer wieder wegen der Einschnitte
in unser soziales Netz massiv angenommen hatten. Doch das politische Problem dieser Kabinettsumbildung liegt in der ihr vorausge-
henden quälenden öffentlichen Debatte.

Am Sonntag, dem 28. März, werde ich zu einem privaten Gespräch nach Langenhorn zum Kanzler gebeten. Helmut Schmidt
teilt mir seine Vorstellungen zur Kabinettsumbildung mit. Er fragt
mich, ob ich mit Wischnewski wechseln wolle. Er ginge für mich
auf die Hardthöhe, ich würde dann Vorsitzender des außenpolitischen Arbeitskreises der SPD-Bundestagsfraktion. Das erhöhe
meine Chancen für die Wehner-Nachfolge. Ich will das nicht. Wir
verabreden absolutes Stillschweigen. Anfang April steht aber dennoch alles in den Zeitungen.

Horst Ehmke will nicht ins Kabinett. Er verfahre nicht nach
dem Prinzip »Die Ratten betreten das sinkende Schiff«. Die Presse
weidet sich an diesem Thema. Antje Huber will ihrer baldigen
»Hinrichtung« nicht untätig zusehen. Ich rede ihr in einem langen
Telefongespräch am 6. April gut zu. Doch als ihr der Kanzler
24 Stunden später klarmacht, daß sie entgegen seinen Zusagen vor
etwa sechs Monaten in die Kabinettsumbildung einbezogen werde,
wirft sie sofort den Bettel hin. Am Abend will ich sie trösten. Lange
reden wir miteinander. Sie braucht jetzt einige Tage Ruhe, und
dann werden wir weitersehen.

Am 16. April treffe ich Herbert Ehrenberg. Ihm hatte der Kanzler kurz vor Ostern gesagt, daß er sich trotz des Widerstands des
DGB vorbehalten müsse, auch ihn in die Kabinettsumbildung miteinzubeziehen. Ehrenberg erzählt mir von einem Gespräch mit der
Spitze des DGB und führenden Genossen aus der Gemeinwirt-
schaft. Dort sei über den sichtbaren Realitätsverlust des Kanzlers

gesprochen worden. Er rechne noch auf Hilfe Verbündeter, die er längst nicht mehr habe.

Als die Kabinettsumbildung endlich am 28. April beschlossen ist, will ich Herbert Ehrenberg am 29. April anläßlich seiner Verabschiedung in seinem bisherigen Ministerium dazu bringen, anstelle von Heinz Westphal, seinem Nachfolger im Amte, in der Fraktion für den nun freigewordenen Posten des Vorsitzenden des Arbeitskreises »Steuern und Finanzen« zu kandidieren. Helmut Schmidt hatte mir vorher dafür seine Zustimmung gegeben. Und Heinz Westphal will darüber mit Herbert Wehner reden. Doch Ehrenberg, tief getroffen, will nicht. Ich kann das verstehen. Dennoch ist seine Haltung falsch. Wir müssen jetzt beginnen, die Positionen für die Zeit danach zu besetzen. Und da ist seine Verletztheit fehl am Platze. Wir müssen Gegengewichte setzen. Sonst wird die Partei eine Beute der Linken. Dabei können wir nicht auf Hans-Jochen Vogel rechnen. Spätestens seit seinem massiven Eintreten vor und auf dem Parteitag für Erhard Eppler wissen die »Seeheimer«, daß ihr Vormann die Seiten wechselt.

Am Ende dieser fast einen Monat dauernden Operation »Kabinettsumbildung« ist klar, daß sie nur Kraft und Ansehen gekostet hat. Bei denen, die als »Seeheimer« die eigentlichen Stützpfeiler der Politik von Helmut Schmidt sind, bleiben tiefe Wunden nach. Am 4. Mai verabschiedet sich unser bisheriger Pressesprecher Kurt Becker von mir. In einem langen Gespräch sagt er mir, daß die vielen Schwächen und Pannen unserer Regierungsarbeit auch darauf zurückzuführen seien, daß der Kanzler sehr viel kränker gewesen sei, als das bekannt und dem Kanzler selbst bewußt gewesen wäre. Becker geht mit großer Loyalität und mit Respekt vor dem Kanzler aus dem Amt. Er sei zufrieden und dankbar, daß er am Ende seiner beruflichen Karriere dem Kanzler und unserem Gemeinwesen hätte dienen können.

Nach der Kabinettsumbildung soll ein neuer Anfang gemacht werden. Jeden Mittwoch vor der Kabinettssitzung treffen sich künftig die sozialdemokratischen Kabinettsmitglieder um acht Uhr zum gemeinsamen Frühstück im Kanzlerbungalow. Der Kanzler will künftig jeden möglichen Konflikt zwischen SPD-Ministern

rechtzeitig ausräumen. Wenn das die Einsicht des Kanzlers aus-
drücken soll, daß nur ein motiviertes Team gut spielt, dann kann
noch vieles besser werden. Offen dabei ist allerdings, ob wir nicht
bereits zu viel Terrain verspielt haben, ob die FDP überhaupt noch
ernsthaft will. Wenn selbst Mischnick unter vier Augen die Hamburger Bürgerschaftswahlen als Schicksalswahlen bezeichnet und
Baum mir gegenüber genauso redet, dann wird deutlich, wohin die
Reise gehen kann. Wenn wir nach der deutlichen Niederlage bei
den Landtagswahlen in Niedersachsen am 21. März nun auch in
Hamburg einbrechen, wird es für uns in Bonn noch schwieriger.

Der Wahlkampf in Hamburg läuft miserabel. Die Partei ist nicht
motiviert. Immer wieder erlebe ich, daß mich die Genossen in
meinen vielen Einsätzen im Wahlkampf allein agieren lassen. Ortsvereine der Partei lehnen es ab, den Werbeprospekt des Bürgermeisters zu verteilen, weil er für das Kernkraftwerk Brokdorf eintritt.
Die Bonner Politik liefert für uns keinen Aufwind, im Gegenteil.
Und so kassieren wir am 6. Juni ein schlimmes Wahlergebnis. Die
CDU wird stärkste Fraktion, die Grün-Alternative Liste zieht in die
Bürgerschaft ein, die FDP bleibt draußen. Die Genossen wollen
noch einmal wählen lassen. Vorher müsse aber in Bonn die sozial-
liberale Koalition beendet werden. Die Partei will in Hamburg
regieren, und dazu braucht sie in Bonn ein klares Feindbild.

Eine gute Woche später, am 16. Juni, gehen wir in die Haushaltsberatungen für den Bundeshaushalt 1983. Die Kabinettsver-
handlungen werden immer wieder durch Beratungen der Koalitionäre unterbrochen. Wir kommen nicht voran. Am 17. Juni beschließt die FDP in Hessen auf einem Sonderparteitag ihre
Koalitionsaussage für die Landtagswahlen am 26. September: Sie
wollen mit der CDU zusammengehen. Erst am 30. Juni können wir
im Kabinett den Bundeshaushalt 1983 beschließen. Der Kanzler
hatte in der Zwischenzeit immer wieder mit seinen Ministern gesprochen. Er ist an diesem Tag in blendender Verfassung; macht
Einsparvorschläge, stellt die Konjunkturlage dar, präzise und
überzeugend. Es ist deutlich zu spüren, daß Genscher und vor
allem Lambsdorff eine Einigung über den Haushalt 1983 nicht
wollen. Immer wieder haken sie ein. Doch Schmidt und der über-

ragende Mischnick ziehen den Etat durch. Genscher resigniert. Lambsdorff schweigt verbiestert. Baum ist zufrieden. Doch der Streit um die Wirtschafts- und Finanzpolitik geht unvermindert weiter. Vetters Nachfolger als DGB-Chef, Ernst Breit, nennt die Beschlüsse des Bundeskabinetts »beschäftigungspolitisch verfehlt und sozial unausgewogen«. Er fordert staatliche Maßnahmen zur Bekämpfung der Arbeitslosigkeit. Sie sollen durch eine Ergänzungsabgabe für höhere Einkommen und durch eine Arbeitsmarktabgabe finanziert werden. Am 7. Juli beschließt der Bundesausschuß des DGB für den Herbst geeignete Maßnahmen, um zur Unterstützung seiner Forderungen Druck auf die Abgeordneten der SPD ausüben zu können. Für IG-Metall-Chef Eugen Loderer sind mit den einseitigen Sparbeschlüssen die Grenzen des Tragbaren erreicht. Von einem »heißen Herbst« wird gesprochen, den der DGB organisieren wolle. Graf Lambsdorff kündigt gravierende Forderungen nach weiteren Einschnitten in das soziale Netz an. Nach den massiven Protesten des DGB kann er sicher sein, daß nun für die SPD das Ende der Fahnenstange erreicht ist. Der *Bild*-Zeitung sagt er am 31. August: »Der hessische Wähler entscheidet, was er von einem Wechsel der FDP in eine andere Koalition hält. Das würde für uns in Bonn eine wichtige Erkenntnis sein.«

Doch auch führende Sozialdemokraten wollen nicht mehr. Hatte Hans-Jochen Vogel bereits vor Monaten erklärt: »Wer mit den ›Grünen‹ sympathisiert, ist kein Aussteiger; die wollen die Industriegesellschaft nicht abschaffen, sondern sie verändern«, so rät er der Partei Mitte Juli, wenn auch von ihm anschließend dementiert: Er wisse aus eigener Erfahrung, daß man sich leichter fühle, wenn man Gepäck abwerfe. Er empfiehlt der SPD, sich zu überlegen, ob sie die Regierung noch bestreiten könne. Die Partei verliere ihr Selbstbewußtsein, wenn sie immer nur abwehre. Sie müsse vielmehr Wert darauf legen, daß sie in ihrer Politik auch Perspektiven entwickle und aufzeige.

In diesen Tagen erklärt Oskar Lafontaine: »Die SPD muß raus aus der Regierung in Bonn. So wie die Dinge liegen, ist die Regeneration der Partei nur in der Opposition möglich.« Als er »Pflichtgefühl, Berechenbarkeit, Machbarkeit, Standhaftigkeit«, auf die sich

Helmut Schmidt beruft, als »Sekundärtugenden« bezeichnet – »ganz präzis gesagt: Damit kann man auch ein KZ betreiben« – bricht ein Proteststurm los. Lafontaine dementiert und verklagt die *Bild*-Zeitung – mit Erfolg. Aber die schlimme Wirkung bleibt.

Neben meinen vielen Einsätzen im hessischen Landtagswahlkampf, bei denen es hoch hergeht, findet die Bonner Kabinettsarbeit nach unserem Sommerurlaub in einer merkwürdig entrückten Stimmung statt. Genscher ist seltsam bedrückt und geistig abwesend. Baum sagt mir, der alte Spruch gelte eben nicht immer, daß dort, wo ein Wille, auch ein Weg sei. Sie warten auf unsere Fehler. Wir sollen den Kanzler »morden« oder die Koalition aufgeben. Nur Lambsdorff weiß, was er will: den Bruch. Das zeigt er uns bei jeder Gelegenheit. Dagegen bietet Genscher, auch in privaten Gesprächen, eher ein Bild des Jammers. Die Sozialliberalen wollen bleiben, Lambsdorff und seine Clique wollen wechseln, Genscher wartet ab.

Am Sonntag, dem 12. September, ruft mich der Kanzler in Hamburg an. Wir sprechen über das Lambsdorff-Papier. Dieses »Konzept für eine Politik zur Überwindung der Wachstumsschwäche und zur Bekämpfung der Arbeitslosigkeit« sei eine unglaubliche Provokation. Er fordert mich auf, am Montag im Bundesvorstand massiv Stellung zu nehmen. In dieser Sitzung formulieren Wolfgang Roth, Herbert Ehrenberg, Peter Glotz und ich eine Erklärung, die bei aller Härte in der Sache und der klaren Darstellung der Position der SPD nüchtern und ohne Polemik ist. Die Fraktion übernimmt diese Position. Willy Brandt fordert den Grafen zum Rücktritt auf. Der Kanzler zweifelt an Lambsdorffs analytisch-ökonomischem Verstand.

Am Mittwochmorgen, acht Uhr, Ministerfrühstück der Sozis beim Kanzler. Er bittet um unseren Rat zur heutigen Entlassung des Wirtschaftsministers aus dem Kabinett. Betroffenes Schweigen. Ich halte als erster und massiv dagegen: Wegen eines miesen Papiers wollten wir die Koalition beenden – und das solle vor der Geschichte Bestand haben? Wollen wir die FDP gewaltsam mit ihrem Grafen in eine zwangsläufige Solidarität treiben und damit ihren Erosionsprozeß beenden? Der Graf müsse ins Unrecht gesetzt werden, kuschen oder selbst gehen. Zögernd stimmen mir alle redenden SPD-Minister zu. Der Kanzler ist unzufrieden, aber am Ende folgt er unserem Rat. Erst später erfahre ich, daß ihm Brandt und Wehner empfohlen hatten, den Grafen wegen seines immerhin vom Kanzler selbst angeforderten Papiers zu feuern. Die Alten sind schwachsinnig. Natürlich ist diese Koalition nicht zu retten. Aber wir müssen doch vor der Geschichte bestehen können und solange wie möglich die Initiative behalten.

Am Mittwoch und am Donnerstag läßt sich der Kanzler im Bundestag bei den Haushaltsberatungen nicht blicken, obwohl die Union immer wieder diese Mißachtung des Parlaments moniert. Am Donnerstag kriechen Unruhe und Nervosität durch das Plenum, obwohl zwischendurch auch ein eher koalitionsfriedliches Klima aufkommt. Ich rede lange mit Genscher. Er greint, weil der Kanzler ihm seine Koalitionstreue nicht glauben will. »So dumm bin ich doch nicht, daß ich vor Journalisten im Ruderclub offen und laut sage, ich würde den Kanzler über den Etat '83 gargrillen.« Genscher hält eine kurze Rede, die mehrfach rauschenden Beifall bei der CDU/CSU auslöst. Und dann sagt mir »Ben Wisch« unter vier Augen, morgen werde der Kanzler Neuwahlen fordern. Ich bin froh, denn so haben wir endlich wieder das Gesetz des Handelns gewonnen. Und Genschers Fahrplan geht nicht auf.

Dieser Freitag, der 17. September 1982, wird in die Geschichte unseres Landes eingehen. Der Kanzler hält eine eindrucksvolle Rede. Er erklärt die Koalition für beendet, weil ein Teil der FDP-Führung ihre erfolgreiche Fortsetzung unterminiert habe. Zögernd bekommt er von einzelnen FDP-Abgeordneten hin und wieder Beifall. Sie haben Tränen in den Augen. Sie fühlen sich von Genscher verraten und von Schmidt im Stich gelassen. 18 von ihnen stimmen nach Schmidts Rede gegen ein Konstruktives Mißtrauensvotum.

Die Partei ergreift ein Hochgefühl. Einstimmig billigt der Parteirat die Entscheidung Helmut Schmidts. Doch der Katzenjammer wird schon noch kommen.

Das Haus wird bestellt

Seit Monaten weiß ich, daß unsere Regierungszeit zu Ende geht. Ich spüre immer häufiger, daß ich mich überfordere. Mein Herz bereitet mir Schwierigkeiten, meine Schlafprobleme lassen mich immer öfter zur Tablette greifen. Dennoch mache ich weiter, als sei alles in bester Ordnung. »Und wenn ich wüßte, daß morgen die Welt untergeht, würde ich heute einen Apfelbaum pflanzen«, soll Martin Luther gesagt haben.

Anfang Mai wette ich mit Botschafter Wieck um eine Flasche Champagner, daß dies die letzte Nato-Tagung sei, an der ich teilnähme. Nach unserem Segelurlaub bringen meine Frau und ich unsere kleine Bonner Wohnung auf Vordermann, damit ich keine Nacht länger, als meine Amtszeit dauert, auf der Hardthöhe bleiben muß. Unsere Tochter Ingrid, die in dieser Wohnung lebt, geht im Herbst zum Studium nach Frankreich. Das paßt gut. In unserem Hamburger Reihenhaus schaffen wir zusätzliche Möglichkeiten für die Aufnahme von Büchern und Akten. Wir sind auf das Ende vorbereitet.

Und dennoch arbeite ich in diesen neun Monaten hart. Da sind nicht nur die vielen täglichen Arbeiten im Ministerium, in der Fraktion und im Bundestag, im Wahlkreis und in der Partei, in der Bundeswehr und in der Nato zu erledigen. Ich will mein Haus bestellen und alle angefangenen Arbeiten abschließen. Und ich habe Glück. Die Turbulenzen des Jahres 1981 im Bereich der Finanzierung der Bundeswehr wiederholen sich in diesem Jahre nicht.

In einem Gespräch mit Willy Brandt rege ich an, daß die SPD ein Forum »Bundeswehr« veranstaltet, um den Gesprächsfaden neu zu knüpfen und Mißverständnisse auszuräumen. Brandt stimmt zu. Unsere Veranstaltung am 11. März im Ollenhauer-Haus wird auch deshalb gut, weil er eine gute Rede hält. Er bekennt sich ohne Wenn und Aber zur Bundeswehr und nimmt sie gegen Anfeindungen in Schutz. Er unterstreicht als eine Grundlage unserer sicherheitspolitischen Konzeption die »Sicherung eines annähernden Gleichgewichts und Aufrechterhaltung der militäri-

schen Fähigkeit zur Abschreckung bei konsequenter Verfolgung
einer Politik des Gewaltverzichts und der Entspannung«. Brandt
lehnt das Streben nach einseitiger Überlegenheit ebenso ab wie
eine Politik der einseitigen Abrüstung. »Eine nachhaltige Verschiebung des militärischen Gleichgewichts zu unseren Ungunsten
würde zu mehr Instabilität und damit zu weniger Sicherheit führen.« Vorsichtig geht er auf ein etwaiges sowjetisches Angebot eines
Moratoriums ein, ohne sich festzuzurren. Er ist dafür, solche Angebote genau auszuloten. Unsere Haltung zur Friedensbewegung
beschreibt er so, daß damit auch die Soldaten der Bundeswehr
leben können. Da habe ich es leicht, in meinem Beitrag deutlich zu
machen, daß meine Überzeugungen auf der Linie der Mehrheits-
meinung unserer Partei liegen.

Aber dringen derartige Veranstaltungen und ihre Aussagen
überhaupt noch in die Köpfe der vielen Sozialdemokraten draußen
im Lande? Nehmen sie überhaupt noch die Bedingungen, die Voraussetzungen unserer Sicherheits- und Entspannungspolitik in dieser Zeit zur Kenntnis? Ich werde im Rahmen des Landtagswahl-
kampfes in Niedersachsen gebeten, in Winsen an der Luhe zu
reden. Die örtliche SPD lehnt es ab, mich auftreten zu lassen. Auch
in der Stadt Buchholz bin ich nicht willkommen. Schließlich darf
ich in Buxtehude auftreten. Die Genossen nehmen mich massiv an.
Ich sei ein Strohmann von Reagan, sagt ein Juso. Nur Eppler
könne die Partei noch retten, meinen andere.

Auch wenn die schlimmen Übertreibungen in der friedenspoliti-
schen Debatte des letzten Jahres wenigstens in Bonn etwas zurückgehen, kann ich nicht übersehen, daß die SPD in der Sicherheitspolitik nicht belastbar ist und insofern ihre Regierungsfähigkeit
bereits verloren hat. Als ich Ende Juni den Bericht der Langzeitkommission über die mittelfristigen Probleme der Bundeswehr und
ihre möglichen Lösungen vorlege, wird das sehr deutlich. Ich bezweifle, ob wir auf Dauer die Bundeswehr auf der jetzigen Soll-
stärke von 495000 Soldaten halten können. Dies sei schließlich
keine magische Zahl. Dennoch müsse in der zweiten Hälfte dieses
Jahrzehnts die Dauer der Wehrpflicht von 15 auf 18 Monate erhöht werden. Wir müßten ernsthaft, auch verfassungsrechtlich,

prüfen, ob wir den freiwilligen Einsatz von Frauen in nichtkämpfenden Verbänden bei voller Chancengleichheit mit den Männern
wollten.

Da bricht der Zorn aus. Wir müßten die Vorgaben der Nato und
die Strategie der Nato ändern, dann ginge es auch anders. Und
wenn ich ihnen entgegenhalte, daß es dazu eines einstimmigen
Nato-Beschlusses bedürfe, dann wird wenigstens eingewandt, daß
wir doch solche Festlegungen für 1986/88 jetzt nicht treffen sollten.
Norbert Gansel spricht für viele, wenn er bei der Vorstellung des
Berichts der Langzeitkommission im außenpolitischen Arbeitskreis
der Fraktion Ende Juni sagt: »Warum mußt du kurz vor Ende
unserer Regierungszeit noch solche uns später störenden Festlegungen treffen?« Als könnte man Regierungsverantwortung so einfach
ablegen und unbequeme Wahrheiten verschleiern! Daß auch die
FDP auf mich einschlägt und den Bericht als »Dokument der Hilflosigkeit« bezeichnet, wundert mich nicht. Auch für sie ist die
Koalition am Ende.

Beinahe hätte mir die Hardthöhe noch kurz vor Torschluß ein
weiteres faules Ei ins Nest gelegt. Im November 1976 unterzeichnete der damalige Staatssekretär Fingerhut ein Regierungsabkommen mit den USA zum Katastrophenschutz bei Unfällen in Atomwaffenlagern und bei Diebstählen dieser Waffen. Augenscheinlich
dachte damals niemand darüber nach, wie ein solches Abkommen
inhaltlich ausgestaltet werden solle. Die etwa 90 Lagerstätten atomarer Sprengköpfe sind scharf bewacht. Wird ein »Nuke« dennoch
gestohlen, dann muß gefahndet werden. Auf jeden Fall kann ihn
niemand ohne die aus Washington notwendigen Codes zum Zünden bringen. Damit sind erpresserische Aktionen mit Hilfe entwendeter atomarer Sprengköpfe nicht möglich. Nuklearwaffen sind
nur dann eine Gefährdung, wenn sie bei einem Lufttransport verlorengehen, platzen und radioaktives Material austritt. Dagegen
ist prophylaktisch wenig zu machen.

Seit 1976 wird mit dem Bundesinnenminister und den Kollegen
der Länder verhandelt. Man will den Innenministern die Örtlichkeiten nennen, an denen die »Nukes« liegen. Sie müßten diese
Information natürlich an die Landratsämter weitergeben. Damit

wäre ein zentraler Grundsatz unserer Politik aufgegeben: auf keinen Fall die Depots der bei uns lagernden Nuklearwaffen bekannt-
zugeben. Chemische Waffen und konventionelle Munition sind
echte Gefährdungen für ihre Umwelt,»Nukes« dagegen sehr viel
weniger. Um die Informationen an die Länder weitergeben zu
können, wird mühsam bei den Amerikanern erreicht, daß der
Geheimhaltungsgrad für die Depots nuklearer Waffen und Munition zurückgestuft wird. Kurz vor der Sommerpause, mitten hinein
in eine aufgeregte öffentliche Debatte, sollen diese nun quasi öffentlich bekanntwerden.

Jetzt erst wird der Minister instruiert: Die Verantwortung für
die Weitergabe dieser sensitiven Information mit den daraus mög-
licherweise erwachsenden Folgen müsse natürlich der Minister tragen. Ich stoppe das Ganze sofort und erhalte dazu auch die Abseg-
nung des Bundessicherheitsrats. Der Innenminister protestiert.
Schließlich habe man die Länderinnenminister in längeren Verhandlungen»neugierig« gemacht. Nun müsse auch etwas kommen. Mit mir allerdings nicht. Die Sache werden wir»totverhan-
deln«. Es reicht, daß wir in einigen Monaten unvermeidlich den
künftigen Standort der Marschflugkörper in der öffentlichen Debatte haben werden mit den sich daran anschließenden Demonstrationen und Belagerungen.

Im Ministerium ist ein Mordskrach fällig. Da wursteln hohe
Beamte und Offiziere jahrelang in einem hochsensitiven Bereich
herum, informieren nicht ein einziges Mal ihre politische Leitung.
Sie machen sich angesichts der sich zuspitzenden öffentlichen Debatte überhaupt keine Gedanken darüber, was sie anrichten können. Sie sind nicht böswillig, sie sind einfach borniert. Das ist
lebensgefährlich für jeden Minister, aber auch für unser Land.

Mitte Juli beginnt unser sommerlicher Segeltörn. Diesmal wollen wir die Insel Fünen umsegeln. Auch in diesem Jahre begleitet
uns eine Segelyacht aus dem Ausbildungszentrum für See-Offi-
ziere. Bonn ist weit. Mehrfach kochen und essen wir gemeinsam.
An Land machen wir Fußmärsche, um uns auch zu bewegen.
Immer wieder spielen wir am Strand Fußball.

Hatte uns der dänische Verteidigungsminister Paul Soegaard im

Jahr davor in Kopenhagen den Hafen und die Basis der dänischen Marine geöffnet, damit wir die überfüllten Marinas der dänischen Hauptstadt vermeiden konnten, so begrüßt er uns in diesem Jahre in Kerteminde. Einen ganzen Tag lang lädt er uns ein. Wir essen gut. Er zeigt uns die herrliche Insel Fünen. Abends in seinem Haus in Odense sprechen wir über unsere Probleme, die wir als Verteidigungsminister einer sozialdemokratischen Regierung in unseren beiden Ländern haben. Auch dieser Mann weiß, daß für ihn und seine Partei die Zeichen in Richtung Opposition stehen.

Es ist erstaunlich und neu für mich, daß es mich nach unserer Rückkehr nicht sofort nach Bonn zieht. Ich habe Sehnsucht nach meinen Kindern. Viele kleine Probleme laden sie bei uns ab. Und ich will die neue Mannschaft des FC St. Pauli kennenlernen, ehe ich in Bonn ins Geschirr für die letzten Runden gehe.

Wieder in Bonn, kann ich letzte Hand anlegen, um die in der Regierungserklärung 1980 angekündigte und vor der Sommerpause im Konzept dargestellte Ausweitung der Rechte der Vertrauensmänner unserer Soldaten in die Ressortabstimmung und anschließend in die Gesetzgebungsarbeit zu bringen. Wir haben damit unser Versprechen eingelöst.

Anfang September können Manfred Emcke und ich unsere nun ausgereiften, detaillierten Vorstellungen zur Neuordnung der Hardthöhe und der Einführung eines Systems des »Controlling« vorlegen. Dabei hat uns die Unternehmensberatung McKinsey unterstützt und beraten. Ziel ist, die Führungsspitze des Ministeriums jederzeit über alle wichtigen Vorgänge und Vorhaben, insbesondere im Rüstungsbereich, direkt und ohne Zeitverzug zu unterrichten. Es soll sichergestellt werden, daß die Finanzmittel des Verteidigungsministeriums bestmöglich genutzt werden und sich finanzielle Fehlentwicklungen, wie sie bei der Produktion des MRCA-Tornado auftraten, nicht wiederholen können. Ausgangspunkt für Manfred Emckes Vorschläge ist: »Ohne erheblich verbesserte Instrumente der Planung, Steuerung und Kontrolle kann die Leitung des Ministeriums ihrer Verantwortung nicht gerecht werden.« Er weist darauf hin, daß eine der Größe und dem Umsatz des Verteidigungsministeriums entsprechende Organisa-

tion der Privatwirtschaft mit einer großen Anzahl von Vorstands-
mitgliedern geführt werden würde. Der Minister sei, nicht zuletzt
wegen seiner politischen Verpflichtungen, überhaupt nicht in der
Lage, zusammen mit seinen Staatssekretären diese Groß-Organisa-
tion effektiv zu steuern und zu führen.

Im Mittelpunkt seiner Vorschläge steht eine Verlagerung oder
Projektbearbeitung in die nachgeordneten Ämter der Bundeswehr
und die Einführung eines durchgehenden Controlling-Systems mit
einem Staatssekretär an der Spitze. Er ergänzt die Arbeit der Militärs und kürzt die Informationswege erheblich ab. Er sorgt dafür,
daß die Bundeswehr ihre Beschaffung und ihre Vorratshaltung
strafft, auf das Wesentliche konzentriert und so das vorhandene
erhebliche Einsparungspotential effektiv nutzt. Beträchtliche Einsparungen werden auch im Personalbereich möglich. Insgesamt
geht es nicht um »Kontrolle«, sondern um Planung, Steuerung
und Überwachung der Abläufe, auch um rechtzeitig Abweichun-
gen und mögliche Pannen zu erkennen. In meiner Stellungnahme
unterstreiche ich, Emckes Vorschläge seien auch wichtig für eine
wirkungsvolle parlamentarische Kontrolle unseres Ministeriums.
Denn das Parlament brauche Fakten, keine sich zu häufig ändern-
den Aussagen über Kosten, Bedarf und Abläufe der Hardthöhe.

Noch schwieriger wird es für mich, kurz vor Toresschluß die
neuen Traditionsrichtlinien der Bundeswehr durchzusetzen. Seit
April 1981 hatten wir gemeinsam daran gearbeitet, den Traditions-
erlaß von 1965 durch neue Traditionsrichtlinien für die Bundeswehr zu ersetzen. Der alte Erlaß hat eine schwülstige Sprache,
findet keine klare Abgrenzung zur NS-Zeit, ist historisch unrichtig
und sagt nichts zur eigentlichen Funktion und Tradition der Bundeswehr: im Rahmen unseres Grundgesetzes den Frieden zu sichern. Die Arbeiten sind schwierig und zeitraubend. Immer
wieder muß ich mich zugleich drängend und orientierend einschalten. Am 7. September schließlich stimmt der militärische Führungsrat den neuen Richtlinien zu.

Für den 20. September verabrede ich mit dem Generalinspekteur eine Pressekonferenz, auf der wir das Ergebnis unserer gemeinsamen Arbeit vorstellen wollen. Ich wähle diese Woche, weil

ich eine solch wichtige Sache nicht in die Turbulenzen der Zeit nach den Hessen-Wahlen bringen will. Ich will dieses wichtige Anliegen noch vor dem Auseinanderbrechen der Koalition unter Dach und Fach bringen. Dabei gehe ich das Risiko ein, großen Ärger mit dem Verteidigungsausschuß zu provozieren, weil ich vor seiner Unterrichtung mit einem wesentlichen, die Bundeswehr betreffenden Vorhaben an die Öffentlichkeit gehe.

Um diese Gefahr zu verringern, lade ich die Mitglieder des Verteidigungsausschusses der Koalition für Freitag, den 17. September, zum Frühstück auf die Hardthöhe ein. Das wird eine denkwürdige Stunde. Wir alle wissen, daß gegen 11 Uhr im Plenum des Bundestages Helmut Schmidt die Koalition beenden wird. Und dennoch beraten wir sachgerecht und solidarisch. Wir erhalten von FDP wie von SPD nur Zustimmung und die Ermunterung, am kommenden Montag auch nach dem Ende der Koalition vor die Presse zu treten. Die FDP verspricht, am Montag eine positive Stellungnahme abzugeben. Möllemann: »Ein so gutes Ergebnis erzielen wir nie wieder.« Wir einigen uns darauf, daß die neuen Traditionsrichtlinien am 20. September in Kraft treten werden.

Die wesentlichen Elemente und Neuerungen sind unter anderem:

- Maßstab für die Tradition der Bundeswehr ist nicht mehr allein deren Auftrag, sondern Geist und Toleranzbreite unseres Grundgesetzes.
- Traditionspflege der Bundeswehr will die Wertgebundenheit und das demokratische Selbstverständnis darstellen.
- Traditionsbewußtsein kann für eine pluralistische Gesellschaft, die sich auch in unseren Streitkräften widerspiegelt, nicht verordnet werden. Traditionsbewußtsein muß sich entwickeln, muß wachsen. Deshalb sind die Richtlinien Orientierungshilfen und geben einen Rahmen für die Entfaltung von Tradition vor. Sie zeigen auch Grenzen auf, die bei aller Pluralität nicht überschritten werden dürfen.
- Friedensbewahrung muß auch das Traditionsverständnis und die Traditionspflege der Bundeswehr prägen. Diese Bindung

verbietet die Verherrlichung von Krieg und Waffen. Krieg ist für uns ein Akt der Notwehr.

– Dem Grundwert der Humanität wird besondere Bedeutung zuteil. Menschlichkeit muß in der Tradition der Bundeswehr einen bevorzugten Platz haben. Sie bewährt sich vor allem in schweren Zeiten. Die Bindung soldatischer Werthaltungen an politische Ziele, Systeme und Normen setzt die Achtung und Bewahrung des Grundwertes der Humanität voraus.

– Es gibt keine ungebrochene militärische Traditionslinie. Deshalb werden auch Fahnen und Standarten von Truppenteilen ehemaliger deutscher Streitkräfte in der Bundeswehr nicht mitgeführt oder begleitet.

– Wehrpflichtarmee in der Demokratie, Verteidigungsauftrag und Integration im Bündnis fordern die Bundeswehr auf, ihre eigene Tradition zu bilden und die von ihr bereits gepflegten Traditionen weiter zu pflegen. Diese Traditionselemente sind unverwechselbare Markenzeichen unserer Streitkräfte.

Am Sonntag, dem 19. September, ruft mich der Generalinspekteur an, um mir mitzuteilen, daß er und seine Kollegen im militärischen Führungsrat nicht mehr mitspielen möchten bei der Verabschiedung der neuen Traditionsrichtlinien. Begründung: Sie würden von der Truppe nicht angenommen werden. Auf meine Frage, wieso sie das erst jetzt feststellen, wird er unsicher. Ich sage ihm auf den Kopf zu, daß sich die führenden Soldaten augenscheinlich ihrem neuen Minister anbiedern wollen. Ich jedenfalls würde unsere gemeinsame Arbeit nicht im Stich lassen und notfalls allein vor die Presse treten. So kommt der Generalinspekteur am Montag zur Pressekonferenz. Erleichtert ist er, als er feststellt, daß das begrenzte Presseecho – das Bonner Theater schlägt alles tot – besser ist, als von den Militärs erwartet.

Die Absetzbewegungen sind gewaltig, wenn auch unkoordiniert. Mit Interesse verfolge ich das Verhalten meines alten Weggefährten bereits aus den Zeiten im Finanzministerium, des Staatssekretärs Hiehle. Sein Verhalten mir gegenüber ändert sich täglich. Wenn er überzeugt ist, er müsse gehen, läßt er sich bei mir sehen.

Wenn seine Hoffnung steigt, er könne bleiben, dann ist er unsichtbar. Während unserer letzten Plenarsitzung müssen seine Chancen wieder gut gewesen sein. Denn er kommt nicht auf die Regierungsbank, obwohl wir dort verabredet sind. Als der Kanzler offiziell auf der Hardthöhe Abschied nimmt, steht er demonstrativ abseits.

Zwei von den hohen Militärs sagen mir gute, persönliche Worte – der Insepkteur des Heeres, General Glanz, und der stellvertretende Generalinspekteur, General Heinz. Mich wundert das nicht. Dafür kommen viele Mitarbeiter mit Tränen in den Augen, um Adieu zu sagen. Wir packen unsere Siebensachen. Mein Büro und meine Dienstwohnung sind geräumt. Bleibt mir noch die Zeremonie bei Fackelschein und Zapfenstreich. Ich verlasse die Hardthöhe, nach außen gelassen und heiter, im Inneren tiefer getroffen, als ich es mir erlaubt hatte.

1. Oktober 1982 bis 6. März 1983

Hans-Jochen Vogel übernimmt die Führung

In den Jahren seiner Kanzlerschaft hatte Helmut Schmidt immer wieder einmal in Hintergrundgesprächen einen »Kronprinzen« ins Spiel gebracht. Ernst war das von ihm kaum gemeint. Die Vorstellung, es würde nach ihm ein Sozialdemokrat an die Schalthebel der Macht kommen, der seinem politischen Erbe gerecht werden könne, war ihm sicherlich fremd. Eine treffende Karikatur zeigt Helmut Schmidt als Känguruh, das in seinem Beutel sein Junges mit sich herumträgt: einen kleinen Helmut Schmidt. Auch Herbert Wehner hatte in diesen Jahren immer wieder seinen Rückzug vom Amt des Fraktionsvorsitzenden angekündigt. Doch stets blieb er – und ich damit auf der Hardthöhe.

In diesem Moment des Zusammenbruchs der alten Strukturen und der sozialliberalen Koalition muß die SPD nicht nur den politischen Neuanfang versuchen, sie muß gleichzeitig auch ihre politische Führung auswechseln. Nur Willy Brandt bleibt, zur Führung immer weniger bereit und in der Lage. Die markanten Vertreter des Anti-Schmidt-Kurses können in dieser prekären Lage nicht oder noch nicht den Griff nach der Macht wagen, hatten sie doch das Ende dieser Ära sozialdemokratischer Politik mit herbeigeführt. Erhard Eppler reicht es, die Partei nach seinem Bilde zu formen. Oskar Lafontaine kann warten. Die Vertreter der vergangenen Zeit – Apel, Matthöfer – haben sich in ihren Ämtern verschlissen. Die von ihnen vertretene Politik scheint gescheitert zu sein. Und so bleibt es bei dem letzten Nothelfer, Hans-Jochen Vogel. Auf ihn läuft alles zu. Er kann es sich sogar leisten, mit

seiner Bereitschaft zur Amtsübernahme in Bonn zu kokettieren
und den Eindruck zu erwecken, er bliebe gern in Berlin. Dabei
wissen viele, wie unruhig und nervös er in Berlin auf seinen Ruf
nach Bonn wartet. Vogel hat sich auf diesen Moment gut und seit
Jahren vorbereitet. Ohne die Loyalität zu Helmut Schmidt sichtbar zu verletzen, trägt er nach der Meinung einiger »Seeheimer«
lange vor seiner Zeit in Berlin auf zwei Schultern. Er nennt das
»Brücken schlagen«. Vor allem hütet er sich davor, zu den großen
Streitfragen Position zu beziehen. Als Justizminister trägt er im
Bundessicherheitsrat alle Beschlüsse, insbesondere zum Nato-Doppelbeschluß, mit. Nach außen schweigt er. Am 16. Juni 1980 fragt
ihn der *Spiegel*: »Obwohl Sie zunehmend an Respekt in der Partei,
in der Regierung gewonnen haben, hat man das Gefühl, daß Sie
sich in letzter Zeit im Streit um so wichtige Fragen wie Sicherheits-
und Entspannungspolitik öffentlich zurückgehalten haben. Warum
diese Bescheidenheit?«

Vogel: »Ich glaube, es wäre gar nicht hilfreich für das, was wir
gemeinsam wollen, wenn der Justizminister die Entspannungspolitik oder die Friedenspolitik mit öffentlichen Kommentaren begleiten würde.«

Der *Spiegel* stößt nach: »Nicht der Justizminister, aber das Vor-
stands-, das Präsidiumsmitglied?« Doch Vogel bleibt in Deckung.
Es sei denn, daß er andeutet, daß er denen helfen möchte, die nicht
so ganz hineinpassen. Zum Streit um die Wirtschafts- und Finanzpolitik muß er nicht Stellung nehmen, weil er davon nichts versteht.

Er baut Brücken zu Erhard Eppler und seinen Freunden. In
einer Bewertung unseres Berliner Parteitages Ende 1979 sagt er:
»Die Aufmerksamkeit, mit der dort auf Erhard Eppler auch jene
gehört haben, die seinen Folgerungen nicht in allen Punkten zustimmen, ist ein nicht zu übersehendes Zeichen.« Er bleibt Vormann des Seeheimer Kreises, der Stammtruppe der Schmidtschen
Politik, und setzt immer wieder auf seine Hausmacht. Andererseits
genügen sparsame Äußerungen und Gesten, um ihm Zuspruch
und Unterstützung aus dem linken Lager zu bringen. Kurz nach
der Bundestagswahl 1980 schreibt die *Stuttgarter Zeitung* über Vogel:

»Er hat sich hinter dem Rücken von Helmut Schmidt schrittweise als dessen reformatorischer Gegenpol profiliert.« In diesen Tagen sagt Erhard Eppler nach einer vernichtenden Kritik an Helmut Schmidt, von dem er nichts mehr erwartet, vor allem keine geistige Führung: »Ich könnte mir Vogel durchaus als Kanzler vorstellen, übrigens erst seit zwei Jahren.«

Vogel geht im Januar 1981 nach Berlin. Viele meinen, nun einen anderen Hans-Jochen Vogel zu erleben. Mitte 1981 sagt er auf einem Parteitag in Hessen-Süd: »Wir müssen weg vom Wohlstandsdenken, das den Blick auf Wesentliches, auf Humanes, auf die Qualität verstellt.« Er schildert das Ausmaß des Unheils, das aus einem Nuklearkrieg über uns kommen könnte. Er nimmt die Ängste über die Kernenergie auf. »Und die Fragen an die Politik werden drängender. Mit den bisherigen Antworten werden wir nicht mehr lange zurechtkommen.« Das findet nicht nur in Hessen-Süd große Zustimmung, auch wenn Vogel keine eigenen Antworten gibt. »Dafür brauchen wir eine ganze Menge der Gedanken Erhard Epplers, aber dafür brauchen wir ebenso die Erfahrungen, den Realitätssinn, das Stehvermögen und die Entscheidungskraft Helmut Schmidts.« So bindet er Unvereinbares zusammen und steht für alle denkbaren Fälle bereit. Hans-Jochen Vogel kann sich als Berliner Politiker aus den Bonner Turbulenzen heraushalten. Er weiß, daß die Partei ihn braucht. Als die Partei ihn ruft, zeigt er, was in ihm steckt.

In Bonn hoffen wir in diesen ersten Tagen nach der »Wende« immer noch, daß uns Helmut Schmidt in den nächsten Wahlkampf führen wird. Sein Ansehen in unserem Volk ist ungebrochen, ja noch einmal sprunghaft angestiegen. Natürlich geht es auch um die politischen Inhalte unserer Politik, die nur mit Helmut Schmidt in einer gewissen Kontinuität gehalten werden können. Schmidt kann und will sich nicht sofort entscheiden. Bei einem Abschiedstreffen der SPD-Minister am Dienstag, dem 5. Oktober, wird aber bereits deutlich, daß er eigentlich nicht will.

Neben Egon Franke und seinen Freunden sind es nicht zuletzt die Linken, die ihn wieder ins Gefecht schicken wollen. Helgrid

Fischer-Menzel, die Parteivorsitzende in Hamburg-Nord, fordert: »Helmut muß antreten!« Ebenso Günter Jansen, der Landesvorsitzende in Schleswig-Holstein. Die ihn mit demontiert haben, wollen jetzt seine Popularität einsetzen, ohne daß sie seine Politik wollen. Ein Zugpferd, das am 6. März 1983 seine Pflicht und Schuldigkeit getan hätte.

Anfang Oktober stimmen wir im Landesvorstand der SPD Neuwahlen zur Hamburger Bürgerschaft für den 19. Dezember 1982 zu. Und wieder geht es vor allem darum, Helmut Schmidt einzuspannen, ihn, wenn er denn im März 1983 nicht mehr will, wenigstens vom Nein solange abzuhalten, bis wir in Hamburg gewählt haben. Das gelingt zwar nicht. Aber Schmidts Ansehen in der Stadt ist riesengroß. Noch am 6. Juni hatte die Parole der SPD »Hamburg läßt Helmut nicht im Stich« nichts bewirkt. Wir kassierten eine vernichtende Niederlage. Am 19. Dezember erhalten wir bei den Bürgerschaftswahlen die absolute Mehrheit.

Nur Willy Brandt ist schon ein Stück weiter. Anfang Oktober denkt er laut darüber nach, ob nicht Hans-Jochen Vogel anstelle von Helmut Schmidt stellvertretender Parteivorsitzender werden solle. Wenig später verkündet er als Wahlziel der SPD eine Mehrheit links von der Union. Das heißt natürlich auch, daß der Flügel in der SPD, der die Politik Helmut Schmidts vertritt, zumindest neutralisiert werden muß, wenn dieses Ziel nicht durch massive innere Widerstände in der Partei gefährdet werden soll.

Am Sonnabend, dem 16. Oktober 1982, lade ich mich bei Helmut Schmidt in Hamburg ein, um einen letzten Versuch zu starten, ihn zur Spitzenkandidatur zu bewegen. Doch es ist nichts zu machen. Er will seinen guten Abgang nicht gefährden und sieht auch keine Chance, daß wir wieder Regierungsverantwortung übernehmen. Er denkt an die verbleibenden Jahre seines Lebens. Enttäuschung und Groll über Brandt kommen hinzu. Man erreicht ihn nicht mehr. Als wir sein Haus verlassen, bin ich deprimiert und stocksauer. Aber meine Frau, die das alles schweigend mitangehört hat, sagt: »Siehst du eigentlich nicht, daß dieser Mann sehr krank ist. Er kann nicht mehr. Ihr müßt ihn zufriedenlassen.«

Am 26. Oktober tritt Helmut Schmidt vor die SPD-Bundestags-fraktion. Seine Rede ist eindrucksvoll. Die Quintessenz seiner Ausführungen lautet: Ich stelle mich nicht zur Verfügung, weil ich die von mir für richtig erkannte Politik nicht mit dieser SPD vollziehen kann. Auch mit Rücksicht auf meine Gesundheit kann ich mich diesem Abnutzungsprozeß nicht unterwerfen. Er nennt die Kontroversen: den Nato-Doppelbeschluß, die Kernenergie. »Mir ist klargeworden, daß manche Genossen die vorgenannten Kontroversen lediglich vorübergehend zurückstellen wollen.« Dann spricht Willy Brandt. Kein Wort verliert er über die Verdienste von Helmut Schmidt.

Am Donnerstag, dem 28. Oktober, ruft mich Jochen Vogel aus Berlin an. Ich versichere ihm meine loyale und ungeteilte Unterstützung und Mitarbeit. Am Freitag begrüßen wir unseren neuen »Boß« im Parteivorstand. Also, auf geht's. Wir müssen nun zusammenstehen und das Beste aus dieser neuen Lage machen.

Wenige Tage später empfängt Vogel Ehmke und mich in der Baracke in Johannes Raus Büro. Wir erhalten um 18 Uhr Wasser zu trinken. Uns wird mitgeteilt, daß bis 19 Uhr Zeit sei. Wir werden abgemahnt und abgefragt. Wir sollen nicht sagen, daß Vogel im Falle des Wahlverlustes in Bonn als Oppositionsführer agieren wolle. Er werde das zwar so machen. Aber sagen dürfe und wolle er das nur selbst. Wir widersprechen. Auf Fragen müßten wir schließlich sagen, daß in diesem Falle keiner von uns beiden Kandidat sei.

Vogel teilt uns mit, daß er sich Senioren-Sachverstand zulegen werde: Carl Friedrich von Weizsäcker, Karl Schiller, Karl Hauenschild. Er fragt uns, ob wir eine Frau wüßten. Ich empfehle Käte Strobel; das wird akzeptiert. Schließlich fragt er uns, ob er sich eine »Mannschaft« zulegen solle. Ehmke ist dagegen, ich bin dafür, weil das Vogel politisch und praktisch entlasten könne. Die Frage bleibt offen und soll mit den beiden Altbundeskanzlern besprochen werden. Er befragt uns nach Auslandsreisen, wir raten ihm ab. Ich empfehle, die EG-Kommission nach Bonn wegen der Gefahren des weltweiten Protektionismus einzuladen. Das gebe auch Fernsehzeit. Vogel weiß, daß ihm viel Wissen im Bereich der Wirtschafts-

und Sicherheitspolitik fehlt. Das will er sich jetzt erarbeiten. Und dann werden wir entlassen, die nächsten Genossen sind bereits bestellt.

Am 17. Dezember diskutieren wir bis tief in die Nacht hinein im Parteivorstand unser Wahlprogramm. Da werden Vogels Stärken sichtbar: ein heller Verstand, ein gutes Gedächtnis, Formulierungsstärke und Kompromißfähigkeit. Er ist unbestritten die Nummer eins. Es wird sich ein- und untergeordnet. Allerdings um den Preis, daß sich alles nach links beziehungsweise »grün« bewegt. Beim Nato-Doppelbeschluß wird die Kontinuität nur noch verbal gehalten. Wir formulieren so lange, bis auch Erhard Eppler mitziehen kann. Gut für die Partei, schlecht für die Sache. Was machen wir eigentlich, wenn wir am 6. März 1983 die Wahlen gewinnen sollten?

Neuer Start

Der Umzug mit 30 Kartons von der Hardthöhe in ein Büro im Tulpenfeld, das eigentlich den Europaabgeordneten Heinz Oskar Vetter und Dieter Schinzel zusteht, ist vorbei. Ich sitze in meinem Büro und bereite mich auf die Debatte zur Regierungserklärung in der nächsten Woche vor. Dem Verlorenen nachzuweinen, hat keinen Zweck. Die Arbeit ist mühselig. Ich hole meine Bücher selbst aus der Bibliothek und beziehe ansonsten meine »Weisheiten« aus den Zeitungen. Das macht mir alles nichts aus, denn arbeiten will ich ja gern.

Nicht sicher bin ich, ob ich mich wirklich in die Debatte einschalten soll. Werde ich diesen Test so bestehen, wie jene das erwarten, die mich gegen Horst Ehmke in den von ihm bereits vom Zaune gebrochenen Wahlkampf um den Fraktionsvorsitz schicken wollen? Bin ich vor allem bereits in der inneren Verfassung, die eine der Voraussetzungen ist, um in einer solchen Debatte gelassen und damit wirksam bestehen zu können? Ich fürchte nein. Tagsüber ist alles in Ordnung, aber nachts kommen doch die schwarzen Gedanken. Mein Verstand sagt mir, daß ich dazu keinen Grund habe, aber meine Nerven kümmern sich nicht darum. Ich muß darüber hinwegkommen. Und dabei hilft mir keiner.

In Hamburg die kleinen Krisen. Hanne kommt weinend aus der Schule. Einer ihrer Lehrer ist mit Häme über sie hergefallen:»Nun ist dein Vater endlich arbeitslos.«

Ich halte im Plenum meine erste Rede nach der »Wende«. Jetzt bin ich wieder da, wo ich vor einem Jahrzehnt war. Sic transit gloria mundi. Aber immerhin habe ich einen Nagel eingeschlagen.

Bei Jochen Vogel und seiner Entourage bin ich derzeit gut gelitten. Ich störe ihn bei der Abfassung der Kieler Erklärung (Redakteure Glotz, Lahnstein, Schmude und ich) nicht durch Formulierungen in der Sicherheitspolitik. Während unserer Parteivorstandsklausur in Kiel debattiere ich in seinem Sinne und dränge mich auch nicht vor. Er kommandiert mich am kommenden Montag zu einer Wirtschaftskonferenz mit Gewerkschaften und Kammern nach Berlin. Ich pariere. Und so werde ich auch zu einem der Redakteure für unser Wahlprogramm ernannt, das wir am 21. Januar 1983 in Dortmund verabschieden wollen.

Mir macht diese dienende Funktion nichts aus. Ich will und ich kann arbeiten. Aber tiefe innere Zweifel beherrschen mich über unseren neuen politischen Kurs. Was sagen die Wähler dazu? Versammlungen sind nicht typisch. Aber an diesem Wochenende an den Info-Ständen in Bergstedt und Volksdorf schlägt doch der SPD vieles an negativer Stimmung entgegen. Die Bürger sind unwirsch, daß sie in Hamburg schon wieder wählen sollen. Klaus von Dohnanyi »eiert« öffentlich herum. Er weiß, nicht, was er will. Wohin soll die politische Reise gehen? Vogel ist intelligenter, beherrschter und klarsichtiger. Aber beide wollen eine andere SPD als ich.

Alle machen Mimikry und passen sich an, auch ich. Aber soll ich so meine politische Arbeit fortsetzen, kann ich dadurch Schlimmeres verhindern? Es ist genauso gekommen, wie ich es immer befürchtet habe. Kaum sind wir in der Opposition, schon beginnen die Dämme zu brechen. Das schlechtere, weil bequemere Argument verdrängt das bessere, weil unbequemere. Oder bin ich nur verholzt und nicht mehr lernfähig?

Werner Nagel, MdB, Betriebsratsvorsitzender und stellvertretender Aufsichtsratsvorsitzender der Motorenwerke Mannheim, will mich für seine Firma als Vorstandsmitglied für den Vertrieb anheuern. Wir leeren eine gute Flasche Wein. Aber schließlich sage ich nach gründlichem Nachdenken nein. In dieser Situation darf keiner von Bord gehen. Nun geht es um unsere SPD. Zufrieden aber bin ich nicht. Irgendwo treibt es mich hin. Politik fängt an, mich zu langweilen. Ich muß aufpassen, daß das nicht sichtbar wird. Die Flucht ins Privatisieren wird mir auf keinen Fall gelingen. In die freie Wirtschaft zieht mich nichts. Also muß ich weitermachen.

Das Gute daran vielleicht ist, daß man das alles mit seiner Frau und sich selbst allein austragen muß. Wie sollen die anderen verstehen, weshalb ich bei guter materieller Absicherung, interessanter Vergangenheit und nicht perspektivloser Zukunft so »quengelig« sein kann. Die denken doch nur, man könne es nicht verwinden, von den Hebeln der Macht verbannt zu sein, nicht mehr im Rampenlicht zu stehen. Und der Arbeitsentzug ist es auch nicht allein, obwohl er sicherlich die eigenen Defizite aufdeckt und die Frage nach dem Sinn des Lebens stark werden läßt. Vielleicht ist es gut, daß ich in dieser Krise bin. Denn durch muß ich da. Und dann geht es weiter. Aber einsam sind wir!

Ich muß auch aufgrund meiner Erfahrungen mit mir in der Weihnachtszeit fürchten, daß ich nicht mehr aufhören kann, Arbeit als den eigentlichen Sinn meines Lebens anzusehen. Wir sind bei unseren Wanderungen zwischen den Festtagen in und um Heiligenhafen am Leuchtturm von Westermarkelsdorf vorbeigekommen. Der Leuchtturmwärter buddelt bei mildem Winterwetter in seinem Garten. Ich meine, das sei ein Altersjob für mich. Meine Frau: »Ja, für einen halben Tag!«

Um so stärker geht mir eine Bemerkung von Egon Bahr kurz vor den Weihnachtsferien nach. Wir hatten uns in einem Gespräch unter vier Augen bemüht, persönliche, aber auch politische Meinungsverschiedenheiten auszuräumen. Dabei meinte er, ich hätte ursprünglich alles gehabt, was einen Politiker zu einer großen Hoffnung werden ließe. Aber bis heute blieben bei mir zwei große

Mankos nach: meine Flapsigkeit und mein fehlendes letztes Engagement. Das mit der Flapsigkeit stimmt ja. Immer wieder mache ich mir aus Freude an schnellen, oft verletzenden Bonmots unnötig Ärger.

Das fehlende Engagement bezieht Bahr darauf, wie ich mich von der Hardthöhe gelöst habe. Hier hat mir auch Willi Berkhan Vorwürfe gemacht. Doch wie soll ich an einer Sache festhalten, die mir durch den Regierungswechsel aus der Hand genommen worden ist? Wollen sie nicht erkennen, wie mir bereits vorher auch von seiten vieler Genossen die Wurzeln auf der Hardthöhe abgeschlagen wurden? Da hilft doch nur ein radikaler Neuanfang und der Versuch, dabei neu Wurzeln zu schlagen. Ich werde im übrigen länger und tapferer zu den Belangen des westlichen Bündnisses stehen als viele von denen, die bisher so lauthals die Sicherheitspolitik der sozialliberalen Koalition gepriesen haben.

Aber eins stimmt: Mein politisches Engagement hört dort auf, wo ich andere existentielle Verpflichtungen meines Lebens verletze. Ich bin nicht bereit, meine Ehe, die Restbestände meines Familienlebens für die Politik zu opfern. Ich kann und ich will nicht mein Hamburger Leben und meine Hamburger Verpflichtungen voll dem Bonner Engagement unterordnen. Ich kann doch nicht die Basis meines Lebens zerstören, auf der alles ruht.

Nach Weihnachten beginnt die heiße Phase des Wahlkampfs. Mit Vogel mache ich ganz unterschiedliche Erfahrungen. Er kann locker sein, Autorität vermitteln, Verhandlungen auf den Punkt führen. Er bringt die verluderte Fraktion und die Baracke auf Trab. Sein Führungsstil ist allerdings schlimm. Er behandelt seine Mitarbeiter und Mitstreiter wie Knechte. Politische Zielvorgaben kommen von ihm nicht. In meiner ersten Rede für die Fraktion nach der Wende sage ich in Richtung Genscher, er verwechsle Politik und Meteorologie. Er will eben nicht politisch gestalten, notfalls auch hart am Wind segeln; er folgt dem Wetter, stellt es dar und paßt sich an. Aber ist Vogel nicht genauso? Entweder fehlen ihm politische Visionen und damit Zielvorgaben, oder er folgt der Mehrheit, weil er nicht kämpfen mag. Politisch kommt es auf das gleiche heraus.

Ich werde eines von 14 Mitgliedern seiner Regierungsmannschaft. Doch die Zuordnung ist merkwürdig unklar. Apel, Bahr, Ehmke und Wischnewski sollen sich mit der Friedens-, Außen-, Europa-, Verteidigungs- und Rüstungspolitik befassen sowie mit den Fragen der Zusammenarbeit mit den Entwicklungsländern. So steht es in der Presse. Am Montag, dem 24. Januar, ist in Bonn Mannschaftstreffen und öffentliche Vorstellung dieses Teams.

Ihr geht eine Vorbesprechung von uns vieren mit Vogel voraus. Vogel macht uns klar, daß er keinen von uns für geeignet hält, Außenminister zu werden. Er verschweigt uns, welchen Maßstab er anlegt. Egon Bahr ist von uns der einzige, dem Vogel voll vertraut. Er soll die Rüstungskontrolle und das Innerdeutsche machen. Wischnewski soll Wörner, aber ohne Rüstungskontrolle, abdecken. Ehmke soll Außenpolitik in Abstimmung mit Vogel machen. Und ich soll mich um Europa kümmern. Ich weise das sofort zurück und sage Vogel, daß ich unter dieser Bedingung niemals in seine Mannschaft gegangen wäre. Er wird ungnädig. Und mir ist es schließlich wurscht. Wir sind ja sowieso nur Garnitur für ihn.

Vogel fordert mich auf, mit ihm nach Brüssel zur EG zu reisen. Ich sage nein. Ich müßte eine pressewirksame Grubenfahrt mit Adolf Schmidt, dem Vorsitzenden der IG Bergbau und Energie absagen und käme mit einer bereits plakatierten öffentlichen Versammlung in meinem Wahlkreis nicht klar. Der Kanzlerkandidat nimmt mir das persönlich übel, wie mir das sein »Bürochef« Frank Dahrendorf auf dem Hamburger Parteitag am Freitag sagt. Ich kann es nicht ändern. Schließlich habe ich bereits sehr frühzeitig meine Wahlkampftermine festgelegt. Und Knecht von Vogel bin ich sowieso nicht.

Es ist wie eh und je. Mein Terminkalender ist übervoll. Ich rase im Dienstwagen des BKA durch die Republik und haste von Termin zu Termin. Vormittags Betriebsbesichtigungen, Infostände; mittags Essen mit Presse oder Betriebsräten; nachmittags Seniorentreffen; abends zwei öffentliche Veranstaltungen, meistens gut besucht. Ich vermisse weder die Flüge mit der Bundeswehr noch die intellektuelle Begleitung durch das Ministerium. Aus der Opposition heraus ist Wahlkampf einfacher. Wir leben vor allem von den

Fehlern der Regierung, und das nicht schlecht. Viele Bürger meinen, wir könnten ab dem 6. März wieder regieren. Das öffnet viele
Türen, die sonst geschlossen geblieben wären. Aber ich spüre, wie
die Stimmung nachläßt. Wir können nicht gewinnen.

Interessante Erfahrung: Ich erhalte von den Genossen wieder
Beifall, in Andernach sind es bald schon Ovationen. Werner Klein,
der Fraktionsvorsitzende der SPD im Rheinland-pfälzischen Landtag, sagt hinterher zu mir: »Du hast eine gute Rede gehalten.
Hätten die Genossen dir vor sechs Monaten mit soviel Beifall zur
Seite gestanden, dann wäre Helmut Schmidt heute noch Bundeskanzler.« Wie wahr! Aber die SPD liebt eben das Opponieren. Ich
helfe Ingrid Matthäus-Maier in ihrem Wahlkreis und bei ihren
öffentlichen Auftritten. Sie hat fleißig geübt. Das »Du« und das
»Genosse« geht ihr ebenso flink und flüssig über die Lippen wie der
Schlachtruf »Wir Sozialdemokraten!« Sie ist sicherlich eine wert-
volle Bereicherung für unsere weitere politische Arbeit.

Überall sagen sie mir, ich müsse wieder als Verteidigungsminister auf die Hardthöhe. In Witten an der Ruhr überreichen mir die
Genossen ein Eisenbahn-Hinweisschild, auf dem verkündet wird,
der IC »Hans Dampf« führe von Hamburg nach Bonn-Hardthöhe.
Vergessen haben sie, wie sie mir noch vor sechs Monaten politisch
nachgestellt haben. Vielerorts wird auch heute noch der Verteidigungsetat als Girokonto der Nation angesehen. Dies ist überhaupt
der Wahlkampf der Vergeßlichkeit. Ob der Wähler das honoriert?

Als ich am Donnerstag, dem 6. Januar, nach Bonn fliege, treffe
ich im Flugzeug Frank Dahrendorf. Wir reden auch über die Senatsbildung in Hamburg. Klaus von Dohnanyi sucht einen Finanzsenator, da sich Jürgen Steinert in Richtung Privatwirtschaft
verändern will. In Hamburg findet er nur Wolfgang Curilla, und
den will die »Viererbande« (Pawelczyk, Lange, Voscherau, Wagner) nicht. Außerhalb Hamburgs kann er bisher nur Körbe erhalten. Dahrendorf fragt mich, ob ich nicht ins Spiel gebracht werden
möchte. Ich winke ab. Wir beide werden uns schnell einig: mit
oder unter Dohnanyi zu arbeiten, ist keine einfache Sache. Zu viele
schillernde Ideen, zu wenig Führungswille. Und dann wird eben
vieles auf dem Buckel des Finanzsenators ausgetragen.

Am Freitag in Bonn ruft mich Dohnanyi an: Er müsse mich am Wochenende wegen seiner Senatsbildung dringend sprechen. Wir treffen uns am Sonntagabend gegen 20 Uhr bei ihm am Leinpfad 22. Ich im Rollkragenpullover, er mit Schlips und Kragen im dunklen Anzug. Klaus sitzt auf einem großen hellen Plüschsofa und zelebriert Weltmann mit eindrucksvollen Gesten. Er kommt schließlich zur Sache und schildert mir seine Probleme, einen neuen Finanzsenator zu finden. Ich solle doch mitsuchen. Ich verspreche ihm das. Und dann stehen Ingrid und ich nach 45 Minuten vor der Tür im Hamburger Nieselregen. Wir fragen uns, was das sollte. Hat er nicht den Mut gehabt, mich selbst zu fragen? Hat er das überhaupt vorgehabt? Soll ich nur als Alibi dafür herhalten, daß außerhalb Hamburgs niemand zu finden ist? Wir fahren kopfschüttelnd nach Hause.

Der Raketenwahlkampf

Gut zwei Wochen nach der »Wende« nehme ich an der deutschsowjetischen Konferenz der Friedrich-Ebert-Stiftung über Ost/West-Beziehungen und europäische Sicherheit teil. Die Veranstaltung – als wir noch fest in der Bundesregierung verankert waren – sollte den sicherheitspolitischen Dialog zwischen den Sowjets und uns unter Einbeziehung der Generalität beider Länder eröffnen. Mit den Amerikanern führen wir derartige Treffen seit Jahren durch.

Trotz der veränderten Situation wollen die Sowjets kommen. Also findet diese Veranstaltung statt. Mit der Generalität auf unserer Seite ist es allerdings nicht weit her. Nur General Tandecki kommt, der klügste Kopf auf der Hardthöhe. Altenburg bleibt lieber weg. Er hofft wohl, auch bei Wörner Generalinspekteur zu werden.

Nach einer Einführung durch Willy Brandt halte ich das erste Referat über »Ziele, Prinzipien und Voraussetzungen von Friedens- und Sicherheitspolitik in Europa«. Ich beziehe ausdrücklich die Probleme der Entwicklungsländer mit ein in unsere europäische Sicherheit und versuche, auch die Interessen der UdSSR, ihre Forderungen an uns zu würdigen. Aber eins mache ich deutlich: »Für uns ist die Westintegration unverzichtbar. Wenn wir über Gleichgewicht reden, kann es für uns kein militärisches Abkoppeln von den USA geben, weder im konventionellen noch im nuklearen Bereich. Unsere Sicherheit, unsere Sicherheitspolitik muß jede Tendenz des Abkoppelns, ob sie nun aus dem westlichen Bündnis heraus durch Strategiedebatten entstehen könnte oder aber in Rüstungskontrollverhandlungen droht, ablehnen.«

Eins wird in diesen zwei Tagen sehr deutlich: Beide Supermächte sind so aufeinander fixiert und ineinander verkeilt, daß ihnen europäische Sicherheitsinteressen und europäische Forderungen nur insofern nahezubringen sind, als ihnen daraus Vorteile im Kampf mit der anderen Supermacht erwachsen könnten. Wir Europäer machen uns etwas vor. Bei den Genfer Verhandlungen über die Mittelstreckenwaffen bewirken wir durch unsere Meinung und unsere Position kaum etwas. Wir sind für beide vor allem politisches und militärisches Glacis. Und nur die Angst oder die Hoffnung, es zu gefährden bzw. zu festigen, kann Moskau oder Washington wirklich bewegen.

Der sicherheitspolitische Burgfrieden in der SPD hält nicht lange. Egon Bahr fordert bereits Anfang November in der vom Parteivorstand eingesetzten Arbeitsgruppe »Neue Strategien«, daß Atomwaffen nur noch in den Ländern stationiert werden dürfen, die Eigentümer dieser Waffen sind. Das richtet sich auch gegen den Nato-Doppelbeschluß und führt zwangsläufig zur Abkopplung von den USA. Deshalb widerspreche ich ihm. Ich trete für ein konventionelles Gleichgewicht in Europa ein, ohne auf die nukleare Komponente als Element der Abschreckung und der Ankoppelung an die USA zu verzichten.

Wenige Tage später nimmt Egon Bahr Wörner nach Äußerungen von ihm in Washington aufs Korn und erklärt, das Nein der SPD zum Nato-Doppelbeschluß sei nähergerückt. Karsten Voigt und Jochen Vogel hängen sich, wenn auch zurückhaltend, dran. Helmut Schmidt, darauf angesprochen, sagt mir, er habe mit alledem nichts mehr zu tun.

Die Zeitungen schreiben von einem Abrücken der SPD vom Nato-Doppelbeschluß. Wir sind in Gefahr, die Kontinuität unserer Sicherheitspolitik zu verlassen. In unserer Obleutebesprechung des außenpolitischen Arbeitskreises nehme ich Egon Bahr massiv an. Er habe überhaupt nicht das Recht, solche Erklärungen für die SPD abzugeben und unsere Kontinuität in der Außen- und Sicherheitspolitik in Zweifel zu ziehen. Außenpolitiker wie Hans-Jürgen Wischnewski schweigen. Egon Bahr verspricht, seine Aussagen zu relativieren. Das tut er dann auch in einem Beitrag für den SPD-Pressedienst. Aber den Pflock hat er eingeschlagen.

Viele Genossen müssen bei ihren Nominierungskonferenzen dem Nato-Doppelbeschluß abschwören, wollen sie wieder für den Bundestag aufgestellt werden. Sie erzählen das voller Verbitterung. Aber wir sind eben völlig führungslos. Schmidt und Wehner beteiligen sich nicht mehr an unserer politischen Alltagsarbeit, Vogel ist nur partiell präsent, Brandt über den Wolken. Auf unserem kleinen Parteitag am 19. November in Kiel beschließen wir eine Kurzfassung jener 12 Punkte, die uns Helmut Schmidt Anfang Oktober als ein programmatisches Vermächtnis hinterlassen hatte. Sein klares Bekenntnis zu beiden Teilen des Nato-Doppelbeschlusses fällt weg.

Am Dienstag, dem 23. November 1982, haben wir im außenpolitischen Arbeitskreis der Fraktion eine wichtige Debatte mit dem Hauptziel, unsere Haltung zum Nato-Doppelbeschluß zu erörtern. Wehner und Brandt schweigen sich dazu aus. Helmut Schmidt redet sehr lange und entwickelt erstaunliche Thesen. Die Bundeswehr sei in der Lage, binnen drei Tagen 1,2 Millionen Soldaten zu mobilisieren. Wir könnten im Nato-Verbund den Russen konventionell in Europa monatelang widerstehen. Er sei als Soldat dabeigewesen, wie die deutsche Wehrmacht die Russen trotz ihrer damaligen numerischen Überlegenheit bis nach Leningrad und Moskau zurückgedrängt hätte. Wir benötigten keineswegs die vielen atomaren Waffen auf seiten der Nato. Unsere Strategie der *flexible response* sei obsolet.

Ich weise darauf hin, daß ein monatelanger konventioneller Krieg in Europa für uns das Ende bedeutete. Für die USA und Sowjetunion würde ein solcher Krieg wieder kalkulierbar werden, weil ihr Heimatland dem Risiko der Zerstörung nicht mehr ausgesetzt wäre. Die Strategie der Kriegsverhinderung könnte zu einer Strategie der Kriegsführung werden. Für uns würde das auch das Abkoppeln von den USA bedeuten können. So sehr auch ich am Zurückdrängen der atomaren Abschreckung hinge, so wenig könne ich im Interesse der Kontinuität unserer Sicherheitspolitik und ihrer Glaubwürdigkeit so schnell und leichtfüßig derartigen Analysen zustimmen.

Die Experten der Fraktion sagen mir hinterher, ich sei sehr höflich mit Helmut Schmidt umgegangen. Die Linken, so Peter Conradi, triumphieren. Nun sei doch aus berufenem Munde klargeworden, daß der Nato-Doppelbeschluß überflüssig sei. Im Gespräch mit Schmidt unter vier Augen werde ich deutlicher. Wie könne er eigentlich so mit allen während seiner Kanzlerschaft erstellten Kräftevergleichen umgehen? Antwort: »Die stimmen sowieso alle nicht.« Wie könne er eigentlich sieben Wochen nach seinen 12 Thesen im Bundestag denen Argumente liefern, die schon immer gegen den Nato-Doppelbeschluß Sturm gelaufen hätten? Antwort: Egal. Wir beide müßten weiterreden.

Ich kämpfe unverdrossen, um in unserem Wahlprogramm die Kontinuität unserer bisherigen Sicherheitspolitik zu wahren. Dafür tritt auch Erhard Eppler ein. Er will den Nato-Doppelbeschluß erst dann »töten«, wenn er dran ist. Glotz und andere möchten dagegen bereits heute deutlich machen, daß die SPD ihn im Herbst 1983 kippen wird. Es wird bis zum 6. März noch gerade eben reichen, die Partei an unseren Münchener Beschlüssen festzuhalten. Wir können froh sein, wenn wir am Ende mit einem Stationierungsmoratorium davonkommen. Wer will sich eigentlich noch in die Bresche werfen, wenn unsere »Vorturner« so eindeutige Zeichen setzen?

Auf unserem Wahlparteitag in Essen am 21. Januar 1983 beschließen wir zur Sicherheitspolitik Formulierungen, die hinnehmbar sind, aber unser Reiseziel deutlich machen. Die Entscheidung über den Nato-Doppelbeschluß wird auf den Herbst verschoben. Aber die Verantwortung für ein etwaiges Scheitern der Genfer Verhandlungen über die Mittelstreckenwaffen wird bereits deutlich lokalisiert: Moskau habe sich ein Stück in die richtige Richtung bewegt. Nun seien die USA dran.

Wir machen die Bundestagswahlen am 6. März 1983 zum Plebiszit über den Nato-Doppelbeschluß. Hans-Jochen Vogel sagt in Dortmund: »Herr Kohl hat im November 1982 in Washington öffentlich erklärt, er wolle vom Wähler die Vollmacht, der Stationierung der Raketen zustimmen zu können. Ich bitte den Wähler um die Vollmacht, ja um den Auftrag, im Namen der Bundesrepublik alles zu tun, damit die Stationierung von Raketen überflüssig wird.« Der »Raketenwahlkampf« ist nun auch offiziell von uns eröffnet.

Vogels Rede auf dem Parteitag, ein Meisterwerk, das der Partei Schwung gibt, ist im Bereich Sicherheitspolitik getragen von Emotion und ohne die ausreichende Nüchternheit. Das läßt sich kaum wieder einfangen – falls das überhaupt noch jemand will außer mir. Bahr und Brandt bestimmen Vogels Grundposition in der Sicherheitspolitik. Er sagt das, was die Partei in dieser Situation hören will. Kleine Hintertüren, eigentlich eher Tapetentüren, bleiben offen. Aber mit dem Kern unserer bisherigen Sicherheitspolitik hat das trotz aller Bekenntnisse zum Bündnis nicht mehr viel zu tun. Da nimmt es nicht wunder, wenn uns Mitterrand am 19. Januar im Plenum des Bundestages sagt, was er von den Genfer Verhandlungen über Mittelstreckenwaffen hält und eindeutig die CDU/CSU-Position bezieht. Frankreichs Position ist vor allem an seinen nationalen Interessen orientiert. Daß man sich dort und anderswo Sorgen über die Entwicklung der sicherheitspolitischen Position der SPD macht, ist für mich mehr als verständlich.

Auf der 20. internationalen Wehrkundetagung in München am 12. und 13. Februar 1983 spreche ich zum Thema »Braucht die Nato eine andere Strategie?« Ich zeige Möglichkeiten auf, die Überlast des Nuklearen in unserer Strategie der Abschreckung zu verringern, und setze mich kritisch mit den allzu einfachen Formeln atomwaffenfreier Zonen auseinander. Schließlich verweise ich auf die schwindende Akzeptanz unserer Verteidigungsstrategie, die demokratisch legitimierte Politiker nicht so ohne weiteres übersehen können. Meine Botschaft indes nimmt niemand so recht zur

Kenntnis. »Aber hüten wir uns vor einer Gefahr: Auch die Demokratie bedarf der politischen Führung. Es kann und darf nicht so sein, daß in Lebensfragen eines Volkes oder in diesem Falle einer Gemeinschaft von Völkern opportunistischen Strömungen nachgegeben wird, die im Ergebnis unserer Interessenlage nicht entsprechen: Frieden und Freiheit zu sichern. So sehr Emotion Teil des menschlichen Zusammenlebens ist – der Mensch ist eben nicht der *homo rationalis*, für den ihn die Aufklärung gehalten hat –, so wenig dürfen wir uns bei Fragen, bei denen es tatsächlich um ›Tod und Leben‹ geht, von Gefühlen davontragen lassen. Wir müssen unsere eigene Situation nüchtern einschätzen, die Bedrohungen des Friedens klar erkennen und daraus unsere Konsequenzen ziehen.«

Das Interesse der Teilnehmer konzentriert sich vor allem auf Egon Bahr. Er stellt fest: Auch wenn wir keine Mittelstreckenraketen hätten, die UdSSR aber SS-20 behielten, könnten sie uns niemals politisch erpressen. Denn dazu gehörten stets zwei – einer, der sich erpressen ließe, und der Erpresser. Wir würden uns aber nicht erpressen lassen. So einfach ist das. Karl Kaiser nimmt Bahr an: Erst würde die Angst vor dem atomaren Holocaust geschürt – lieber rot als tot – und dann würde jede atomare Drohung an der bundesdeutschen Bevölkerung »abprallen«. Diese politische Logik könne er nicht verstehen. Bahr verläßt die Tagung. Aber sein Spiel geht weiter.

Ich stehe mit meiner Überzeugung ziemlich allein. Bei der CDU stößt mich ihre Art und Weise ab, wie sie mit Andersdenkenden umgeht. Fast alle sind wirklich Kalte Krieger; ihnen fehlt der Wille zur Entspannung. Sie setzen vor allem auf Rüstung und Militär. Damit sind wir in der Gefahr, daß eine vernünftige Sicherheitspolitik zwischen den Bahrschen Illusionen und der christdemokratischen Kraftmeierei unmöglich wird.

In der Wirtschafts- und Finanzpolitik geben wir uns redlich Mühe, unser Konzept des Kampfes gegen die Massenarbeitslosigkeit und die soziale Ungerechtigkeit zu formulieren. Das ist so schwer nicht, denn die Beschlüsse des Münchner Parteitages sind ja gültig. Eine von Wolfgang Roth geleitete Arbeitsgruppe entwickelt ein Beschäftigungsprogramm von etwa zehn Milliarden DM. Unsere offene finanzpolitische Flanke schließen wir mit dem Schlagwort vom »Kaputtsparen«. Der neuen Regierung werfen wir vor, sie verschärfe durch ihre überzogene Sparpolitik die Wirtschaftskrise und erhöhte die Zahl der Arbeitslosen. Auch hier hoffen wir auf die Vergeßlichkeit der Wähler. Schließlich hatte uns der DGB wegen unserer aus seiner Sicht unsozialen Sparpläne einen »heißen Herbst« versprochen, hatte in den letzten Jahren eine Runde der Haushaltskonsolidierung die andere gejagt. Natürlich betreibt die neue Koalition eine viel massivere Umverteilung, und wir standen unter dem Druck unseres Koalitionspartners. Aber waren wir nicht gerade vor wenigen Wochen an der Lösung der drängenden Fragen der Wirtschafts- und Finanzpolitik gescheitert?

Die Wähler wollen der gegenwärtigen Koalition einen Vertrauensvorschuß geben: »Man kann doch nicht alle sechs Monate eine neue Regierung haben.« Aber Vertrauen ist weder in deren noch in unsere Wirtschafts- und Finanzpolitik vorhanden. »Neue« Konzepte werden verlangt. Schon reden die ersten Sozis auf meinen Versammlungen über Planwirtschaft. Und wir schlagen auf der Steuerbelastungsseite unerbittlich zu: Ergänzungsabgabe, Begrenzung des Ehegattensplittings, Abschaffung der Kinderbetreuungsbeträge sollen unser Programm finanzieren. Das ist »Overkill« für die besser verdienenden Arbeitnehmer und Selbständigen. Auf meine Einwände höre ich nur, jetzt ginge es vor allem um den Schulterschluß mit dem DGB.

Es liegt nicht an der Borniertheit der Wirtschafts- und Finanzpolitiker, daß dieser Wahlkampf zu einem »Raketenwahlkampf« wird. Wir können keine überzeugenden Alternativen vorlegen, die vor dem Hintergrund unserer jüngsten Vergangenheit glaubwürdig sind. Der FDP-Abgeordnete Cronenberg stellt dazu im Plenum des Deutschen Bundestages fest: Vor der Wende wären die Lieblingsvokabeln der CDU/CSU die Worte »unseriös« und »unsolide« gewesen. Die aber hätte nun die SPD gepachtet. »CDU und SPD hatten es ganz einfach. Die mußten nur ihre Redemanuskripte austauschen.« So etwas sitzt.

Aber wir machen auch handwerkliche Fehler. Vogel spricht davon, daß die SPD nach ihrem Wahlsieg eine etwaige Kapitalflucht mit einer Devisenbewirtschaftung und Kapitalverkehrskontrollen beantworten werde. Manfred Lahnstein ist dagegen. Dafür bringt er eine Zinsbesteuerung ins Spiel, die flugs von unseren politischen Gegnern in eine Sparbuchsteuer umgefälscht wird. Dagegen wendet sich Hans-Jürgen Krupp, Vogels designierter Wirtschaftsminister. Das alles wirkt wenig überzeugend und kompetent.

Auch im Bereich der Kernenergie beginnt unser Ausstieg aus der bisherigen Politik. Als erster fällt der Schnelle Brüter in Kalkar. Zu ihm sagen wir auf unserem Dortmunder Wahlparteitag nein. Zur Kernenergie beschließen wir noch zurückhaltend: »Die Zukunft der Kernenergie hängt zunächst ab von der tatsächlichen Lösung der Entsorgungsprobleme. Am Ende dieses Jahrzehnts ist der Betrieb von Kernkraftwerken immer weniger zu verantworten, wenn keine Entsorgung im Inland oder neue gesicherte Entsorgungsmöglichkeiten im Ausland nachgewiesen werden.«

Am Sonnabend, 12. Februar, stehe ich drei Stunden an den Infoständen der SPD Hamburg-Nord am Goldbekplatz und am Winterhuder Marktplatz. Es schneit ununterbrochen. Vielleicht drückt auch das die Stimmung. Doch die Wähler sind lange nicht so freundlich wie vor den Bürgerschaftswahlen am 19. Dezember 1982. Die, die gegen uns sind, sind stark emotionalisiert. Für sie haben wir unser Land ruiniert und müssen nun um jeden Preis von der Macht ferngehalten werden. Die Behauptung der CDU/CSU, viele Unternehmer würden ihre Aufträge stornieren, falls wir am 6. März die Nase vorne haben sollten, zeigt Wirkung. Unsere Antworten zur Bekämpfung der Arbeitslosigkeit sind nicht besonders eindrucksvoll. Die Wähler werfen vor allem die Frage auf, warum wir das nicht alles während unserer Regierungszeit gemacht haben. Der Hinweis auf die Bremser in der FDP hilft wenig. Schließlich sei Helmut Schmidt Kanzler gewesen. Verheerend wirken die Äußerungen Lahnsteins zur Besteuerung der Zinsen auf Sparguthaben. Ich muß mich überall dazu äußern. Zuhause steht das Telefon nicht still.

Die Bundestagswahl ist verloren. Das spüren Ende Februar viele Genossen. Wir haben unser Pulver zu früh verschossen. Was wir jetzt noch nachlegen, verschlechtert unsere Lage. In der Frage des Nato-Doppelbeschlusses hat uns Egon Bahr unter aktiver Mitwirkung von Hans-Jochen Vogel so weit gebracht, daß die einseitigen Thesen der »Grünen« hoffähig erscheinen, ohne daß wir dort Stimmen abwerben können. Dafür verlieren wir an Glaubwürdigkeit in der Mitte. Immer mehr Bürger sagen mir bei den Hausbesuchen, auch ich könne doch nicht mehr mit dem einverstanden sein, was hier von unserer Partei vertreten werde.

In der Wirtschafts- und Finanzpolitik sind wir vollends in der Defensive. Lahnsteins »Griff zu den Zinsen« läuft und läuft. In der ARD-Debattenrunde zur Wirtschafts- und Finanzpolitik müssen Krupp und er reichlich schwach gewesen sein. Aber sie sind eben keine Politiker, die mit Typen wie Lambsdorff und Stoltenberg Schritt halten können. Und unsere Kampagne ist zu statisch. Wir sind immer noch bei BAföG und Mieten, wo doch Kohl und die anderen längst beim Aufschwung sind. Noch eine Woche müssen wir uns quälen. Doch die Genossen haben ihren Siegesschwung verloren. Und das überträgt sich am stärksten auf die Wähler.

Die Strategie der CDU/CSU war sehr gut. Zusammen mit den Verbänden und der Wirtschaft haben sie uns einen Wahlkampf hingezaubert, der in fünf Monaten von der Erblast zum Wirtschaftsaufschwung geführt hat. Dem hatten wir nichts entgegenzusetzen. Wir blieben beim FDP-Verrat und der Ellbogengesellschaft hängen, und haben den rasanten Themenwechsel nicht mitvollziehen können. Wir sind eben eine charmante Amateurtruppe.

Jochen Vogel hat unsere Position zum Nato-Doppelbeschluß weiter verschoben. Nur in dieser Frage haben wir ein klares, wenn auch nur begrenzt glaubwürdiges Profil. Sein großer Fernsehauftritt zusammen mit Kohl, Genscher und Strauß hat ansonsten nichts bewirkt. Aber die Langzeitwirkungen dieser Politik liegen fest. Wir werden in der Sicherheitspolitik zu unsicheren Kantonisten. Nur eins bleibt festzuhalten: Dies war Vogels Wahlkampf. Themen und Inhalte hat er bestimmt. Seine Mannschaft war nur Garnitur. Wir haben ihm öffentlich nicht widersprochen. Und nun warten wir auf das Ergebnis.

6. März 1983 bis 31. Dezember 1983

Die SPD in der Opposition

Meine Frau hatte auf ein Patt zwischen den beiden großen Parteien getippt, und ich war sicher gewesen, vorne würde bei uns eine Drei stehen. Ich habe meine Wette gewonnen und meinen Wahlkreis gerade noch mit 3000 Stimmen Vorsprung gehalten. Wenn wir in den vier Jahren Opposition nicht besser werden – und das ist keineswegs sicher –, wird meine parlamentarische Arbeit durch Abwahl enden. Ich wechsle dennoch nicht den Wahlkreis, obwohl mir Helmut Schmidt nach der Wahl seine Nachfolge in Hamburg-Bergedorf angeboten hat.

Im Bundesvorstand, wie dann auch im Fraktionsvorstand und in der Fraktionssitzung am Montag und am Dienstag, ist die Regie perfekt. Zuerst redet Willy Brandt eindringlich und endet mit der Forderung, jetzt nicht in Manöverkritik einzutreten. Das würde nach außen dringen und unsere Chancen bei den Landtagswahlen in Schleswig-Holstein beeinträchtigen. Außerdem müßte unsere Analyse auf Fakten basieren, und die würden erst später vorliegen. Er schlägt vor, Jochen Vogel noch in dieser Woche zum Fraktionsvorsitzenden zu wählen. Herbert Wehner ist schon vergessen; er wird kaum noch erwähnt. Jochen Vogel nimmt die Wahlniederlage auf sich, ohne in seiner Wahlanalyse Schuld bei sich zu suchen. Im Gegenteil: Vor acht Monaten hätte die Partei bei den Meinungsumfragen noch 29 Prozent erhalten. Er hätte uns immerhin auf 38 Prozent gebracht. Er erklärt sich trotz mancher Bedenken bereit, die Bürde des Oppositionsführers auf sich zu nehmen. Er wisse als einziger aufgrund seiner Berliner Erfahrungen, wie man in der Opposition mit den Grünen fertig werde. Wenn wir ihn aber wählten, müßten wir ihm auch folgen. Das sei im Interesse der SPD dringend geboten. Schließlich sei er der letzte unbeschädigte, bundesweit vorzeigbare Sozialdemokrat. Dann spricht Helmut Schmidt. Er lobt Vogel, bezeichnet seinen Einsatz und sein Wahlergebnis als eindrucksvoll und bindet den Sack zu, indem er der Partei empfiehlt, Vogel an seiner Stelle auf dem nächsten ordentlichen Parteitag zum stellvertretenden Parteivorsitzenden zu wählen. Obwohl nun alles klar ist, reden wir im Parteivorstand noch eine Zeitlang um den heißen Brei herum, ohne daß sich irgend jemand diesen Vorgaben entzieht. Wo wäre auch eine Alternative in Sicht? Man empfiehlt sich dem neuen Mann, so gut man kann.

In der Fraktionssitzung am Dienstag geht es dann noch schneller. Nach den Berichten aus dem Parteivorstand stellt Jürgen Schmude den Antrag, auf eine Debatte zu verzichten, und das wird so auch beschlossen. Wer mag schon widersprechen, wenn der neue Boß keine Debatte will. Aber erstaunlich ist das alles schon: Da verlieren wir ein Zehntel unserer Mandate und jede Hoffnung auf politischen Einfluß in der Republik, da gibt es personell eine große Wende in der SPD, und alle halten die Klappe, ducken sich, jeder hofft für sich auf bessere Zeiten.

In den Kungelkreisen geht es lebhafter zu. Wir hören von der PL, der parlamentarischen Linken, daß sie nach ihren Sondierungen mit dem, was Vogel personell vorschlagen werde, sehr zufrieden sei. Von acht stellvertretenden Fraktionsvorsitzenden sollen zwei aus dem Seeheimer Kreis sein: Anke Fuchs und ich. Mindestens vier gehören zur PL: Herta Däubler-Gmelin, Horst Ehmke, Alfred Emmerlich, Wolfgang Roth. Zwei Genossen können wir bei gutem Willen als neutral ansehen: Volker Hauff, Jürgen Schmude. Vogel sagt uns, daß die Fraktionsmehrheit im Interesse der Integration Opfer bringen müsse. Er tut so, als ginge es um personelle Opfer. Tatsächlich aber geht es um politische Inhalte, um eine Neuorientierung der SPD. Deren Notwendigkeit sehe ich nicht ein. Grüne und SPD haben zusammen 44 Prozent der Stimmen erhalten, FDP und CDU/CSU 56 Prozent. Ich werde in diesen Tagen

nicht müde, öffentlich dafür zu werben, die SPD politisch in der
Mitte zu halten. Was nützte es uns, den Grünen Stimmen abzuja-
gen? Die Mehrheit bliebe bei den anderen. Vogel aber sieht kommende oder bereits vorhandene grün-alternative Mehrheiten in
der SPD. Das wird bereits bei den Personalentscheidungen demonstriert.

Ich werde, wenn auch mit weniger Stimmen, zum stellvertretenden Fraktionsvorsitzenden und damit zum finanzpolitischen Sprecher der Fraktion gewählt. Jetzt aber ist Vogel an der Reihe. Er hat
auf der ganzen Linie gesiegt. Damit liegt die Pflicht zur politischen
Führung bei ihm. Er muß jetzt Vorgaben machen, die die Partei
voranbringen. Es reicht eben nicht, ein effizienter Fraktionsvorsitzender zu sein; technisch hat er den Laden wirklich im Griff, eine
Labsal nach dem Wehnerschen Chaos.

Die Grünen ziehen in den Bundestag ein. Sie machen ein Hap-
pening daraus, aber der grüne Klamauk im Plenum des Bundestages ist weniger eindrucksvoll, als wir erwartet hatten. Die Blumen
stehen traurig im Saal herum. Mich stört, daß sie rechts von uns
sitzen, aber das will die Mehrheit der Führung der SPD-Fraktion
so. Links von uns gäbe es nichts, und das müsse auch im Plenum
dokumentiert werden. Als wenn es für uns nicht zentral darauf
ankommt, in der Mitte verlorengegangene Stimmanteile zurückzugewinnen. Nur Wolfgang Roth und ich streiten im Geschäftsführenden Vorstand für diese Position. Alle anderen sehen das anders.
Die Grünen selbst hätten lieber ganz links gesessen. Dafür übernehmen wir aber, wenigstens verbal, andere Forderungen der Grünen. Wir fordern fünf Vizepräsidenten, einen für die Grünen,
haben aber keine Chance, das gegenüber der CDU/CSU durchzusetzen. Dann sind wir für vier, um unsere beiden Vizepräsidenten
nicht zu gefährden. Wir sind zwar nicht wie die Grünen für einen
»Frauenausschuß«, einen für Abrüstung und einen für Umweltfra-
gen, stellen aber den Antrag, der Ältestenrat möge prüfen, wie
diese Querschnittsaufgaben im 10. Deutschen Bundestag ange-
packt werden können. Die Grünen mögen Vogel. Auf ihn gehen sie
zu, sagen freundlich »Grüß Gott«. Wir, die »Rechten«, sind für die
Grünen Luft. Als wir über eine Rede von Frau Potthast lachen, die

über millionenfache Vergewaltigungen in den deutschen Ehen und auch in den Ehen der Abgeordneten poltert, springt Vogel auf und herrscht uns an, wir sollten freundlicher zu den Grünen sein und auch nicht mit versteinerten Gesichtern rumsitzen, wenn sie reden. »Der spinnt wohl«, ist der durchgängige Kommentar. Und: »Ein Glück, daß wir mit denen keine parlamentarische Mehrheit haben.«

Im Plenum schlagen wir uns in diesen ersten Wochen nach der Bundestagswahl nicht schlecht. Wir arbeiten an Vogels Reden mit, aber natürlich entscheidet er am Ende selbst, was er von unseren Anregungen übernimmt. Wir Finanzpolitiker haben mit ihm allerdings ein kaum lösbares Problem: Er legt seine Argumentation fest. Und wir sollen dann die Zahlen nachliefern, die diese Behauptungen abstützen und beweisen. Wenn nun aber die Statistik und ihre Zahlen das nicht hergeben, wird er ungnädig. Das kümmert mich wenig. Fakten lassen sich nicht beliebig manipulieren.

Vogel hat es mit der Motivation der Fraktion nicht leicht. Als wir Ende April nach Vorarbeit in den Arbeitskreisen unsere Aktionen und unsere Politik in den vor uns liegenden Monaten diskutieren, zeigt sich, daß Vogel ein effizienter Vorsitzender ist. Er führt die Debatte straff und auf den Punkt. Aber dennoch wird sichtbar, wie wenig »Zug« in der Fraktion ist. Eher lustlos wird diskutiert. Noch haben wir keinen Kurs für unsere Oppositionsrolle gefunden. Es wird nicht leicht werden, konstruktive Positionen zu formulieren, die realistisch sind und auch finanzierbar. Zu sehr haben sich die Genossen daran gewöhnt, daß andere vordenken und sie nur nachkauen oder kritisieren müssen. Viele sind auch frustriert und enttäuscht darüber, daß sie bei der Postenvergabe in der Fraktion übergangen wurden. Die Neigung zum politischen Hobby und zum Privatisieren nimmt zu. Vogel müßte eigentlich die Kraft haben – sein Ansehen ist groß –, den politischen Willen der Fraktion zu aktivieren, zu bündeln.

Er aber hat eine fatale Neigung zu einer Bürokratisierung, die jede Spontaneität erschlägt. Die Politik wird in das Korsett von Aktenvermerken und geregelten Instanzen gepreßt. An die Stelle des Chaos tritt die starre Ordnung. Viel Politik und viel Engagement bleiben auf der Strecke. Ich soll Anfang Juni in Bonn über ein Gespräch in Berlin zwischen den Genossen unserer Haushaltsgruppe und den Berliner Haushältern berichten. Natürlich soll das schriftlich geschehen. Ich lasse den angeforderten Bericht durch einen meiner Mitarbeiter abfassen. Und schon gibt es Ärger. Im übrigen: Was gibt es da zu berichten? Wir sind hier wie dort in der Opposition und können uns nur wechselseitig Mut machen und uns gegenseitig auf die Schulter klopfen. Aber Vogel will den Vorgang. Neue Fragebogen werden entworfen. Nach jedem Gespräch soll ein DIN-A4-Bogen ausgefüllt werden, wer teilgenommen hat, was zur Sprache gekommen ist, wann und wie lange wir geschwätzt haben. Datum, Unterschrift. Vogel und ich geraten in der Obleutebesprechung aneinander. Er hält diesen Bürokratismus für Politik, ich für Unsinn. Vogel: Da gäbe es eben Leute, die hätten sich nicht immer unter Kontrolle. Meine Replik: Davon könne er ja ein Lied singen.

Eine Woche später versuchen wir, wieder auf einen Nenner zu kommen. Nach der Sitzung des Geschäftsführenden Fraktionsvorstands will Jochen Vogel überraschend mit mir essen gehen. Also trabe ich hinter ihm her ins Bundestagsrestaurant. Ich bestelle mir einen Tafelspitz und ein Kölsch, er sich einen Salatteller und ein Wasser. Da sitzen wir nun und schweigen uns an. Dann beginnt sein Abfragen: Wie ich die Genfer Verhandlungen einschätze, wie wir die Gemeindefinanzen stärken könnten. Ich antworte brav. Inzwischen haben wir unser Essen hinuntergeschlungen. Zwanzig Minuten sind um. Jeder zahlt und geht seiner Wege. Keiner hat sein Visier hochgeklappt. Um was ging es Vogel nun wirklich? Um Informationen? Wohl kaum. War es der Versuch, mit mir in Kontakt zu kommen? Vielleicht. In jedem Fall ohne jeden Erfolg. Er kann nicht aus sich herausgehen. Er sitzt da wie ein Zollstock, kann nicht lachen und ist froh, wenn er wieder allein in seinem Büro sitzt und über seine Bürokratie mit uns verkehrt. Aber so erfährt er auch nicht, um was es wirklich in der Fraktion geht, was die Genossen bewegt, was sie von ihm erwarten, wohin nach ihrer Meinung die Reise gehen sollte. Und ich sage das auch nicht, schließlich hat er mich nicht danach gefragt. Übermäßig unbeliebt

will ich mich bei ihm auch nicht machen, dazu hänge ich zu sehr
an meiner Arbeit und meiner Position. Und ohne Vogel geht es
nicht. Wir haben es schwer, in der Sozial-, der Wirtschafts- und Finanzpolitik Fuß zu fassen. Das liegt nicht nur an den von der
Sache her vorgegebenen Meinungsunterschieden. Es liegt vor
allem daran, daß wir personell nicht so gut ausgestattet sind, insbesondere aber Autorität nicht vorhanden ist oder nicht akzeptiert
wird. Opposition ist ein hartes Brot. Aber entscheidender ist die
Versuchung, sich opportunistisch den Gruppenegoismen zu öffnen,
in der abwegigen Annahme, so könnten Mehrheiten bei Parla-
mentswahlen gewonnen werden. Für uns ist dieser Weg um so
weniger möglich, als die Bürger noch ganz genau wissen, daß auch
wir angesichts leerer Kassen soziale Besitzstände angegriffen
haben. Sie wissen, was die Stunde geschlagen hat. Und wer ihnen
Versprechungen macht, ist trotz des Beifalls der Verbände eher
suspekt als wählbar. Und dennoch ist den Genossen nicht beizu-
bringen, daß uns Opportunismus nicht zurückbringt an die Schalthebel der politischen Macht. Wenn wir kein klares Profil zeigen,
bleiben wir auf Dauer dort, wo wir dann auch hingehören, in der
Opposition.

Die Bundesregierung beschließt die bereits von uns geplante
Erhöhung der Mehrwertsteuer. Der Bund erhält daraus Mehreinnahmen von 4 Milliarden DM. Sie sollen über Steuererleichterungen zurückgegeben werden. Wir lehnen einheitlich die Verschwen-
dung dieser Mehreinnahmen für die Senkung der Vermögensteuer
und einer Reihe von Abschreibungsverbesserungen ab. Aber dann
ist es mit unserer Einheit auch schon vorbei. Roth und ich wollen
diese Beträge zur Bekämpfung der Arbeitslosigkeit einsetzen. Anke
Fuchs erklärt öffentlich, damit sollte die Sozialpolitik so finanziert
werden, daß die Kürzungen der Koalition überflüssig werden. Das
Land Hessen fordert im Bundesrat eine Verbesserung des Arbeit-
nehmerfreibetrags und der Kilometerpauschale. Bremen will gar
nichts, diese Mittel sollen zur Senkung der Nettokreditaufnahme
eingesetzt werden. Ich versuche, dieses Sammelsurium auf einen
Nenner zu bringen. Denn am Donnerstag, 18. August, muß ich

nach einer Pressekonferenz Stoltenbergs unsere Position darstellen. Ich habe keinen Erfolg. Dennoch läuft meine Pressekonferenz und ist ihr Echo besser, als ich erwartet hatte. Aber das liegt vor allem auch daran, daß kaum jemand bisher die Vielfalt und Widersprüchlichkeit unserer Positionen zur Kenntnis nimmt. Außerdem vertrete ich kurzentschlossen meine Meinung und damit Positionen, die keineswegs so ohne weiteres bei uns mehrheitsfähig sind. Die Journalisten merken das nicht. Aber Stoltenberg ist nicht so dumm und faul, er wird uns im Plenum schon ein Licht aufstecken.

Die meisten Probleme habe ich mit Anke Fuchs und unseren Sozialpolitikern. Sie erklären schlicht, wir müßten alle Kürzungen der Koalition in der Sozialpolitik ablehnen. Andere sozialdemokratische Alternativen zur Regierungspolitik gebe es nicht. Wenn das Geld nicht reiche, müßten wir entweder die Beiträge erhöhen oder aus dem Bundeshaushalt, also über eine Erhöhung der Nettokreditaufnahme, zahlen. Ich rede mit Anke unter vier Augen, denn diese Position ist angesichts der allgemeinen Haushaltslage unseriös und nicht durchzuhalten. Doch sie schaltet auf stur: »Der Sozialstaat ist ein Verfassungsgebot.« Als wenn es darum ginge. Oder: »Wenn wir wieder Vollbeschäftigung haben, sind wir alle Finanzierungssorgen los.« Oder: »Wenn ihr die Steuerrückstände schärfer eintreibt, können wir auch unsere Sozialpolitik bezahlen.« Sie weiß sicherlich, daß uns diese Sprüche nicht weiterhelfen. Aber sie will sich, die Sozialpolitiker und die SPD nicht überfordern. Warum Flagge zeigen, wenn wir doch auf Jahre in der Opposition bleiben. »Eigene Sparvorschläge erleichtern der Regierung das Handwerk. Sie kann dann auf uns verweisen.« So kann man natürlich auch Politik machen, aber eben kein verlorenes Ansehen zurückgewinnen. Und deshalb muß ich diese Auseinandersetzung führen.

Auch in der Wirtschaftspolitik haben wir es schwer. Wir prangern die zunehmende Massenarbeitslosigkeit an. Doch unsere Rezepte sind blaß und ohne klare Konturen. Das liegt natürlich auch daran, daß die Partei weitgehend von der Debatte um den Nato-Doppelbeschluß in Atem gehalten wird. Wesentlicher sind aber die inneren Widersprüche, die es uns schwer machen, ein griffiges Konzept der SPD zu formulieren. Ein Teil der Linken steht der Marktwirtschaft und ihren Gesetzen mehr als kritisch gegenüber. Nicht mehr die Verstaatlichung ist ihr Schlüssel zum gesellschaftlichen Fortschritt, die Investitionslenkung in ihren unterschiedlichen Ausprägungen soll die Unternehmerentscheidungen und die Ergebnisse des Marktgeschehens so korrigieren, daß die gesellschaftspolitisch gewünschten Ergebnisse erreicht werden.

Keynesianer wie Ehrenberg und wohl auch Roth sind sicherlich Marktwirtschaftler. Sie wollen der Arbeitslosigkeit durch große Beschäftigungsprogramme zu Leibe rücken. Die Finanzierung interessiert sie weniger. Zusätzliche beträchtliche Staatsdefizite müssen notfalls hingenommen werden. Und dann sind da noch die Steuer- und Finanzpolitiker. Wir wissen, daß wir die Staatsverschuldung begrenzen müssen. Steuersenkungen können der Konjunkturentwicklung guttun, wenn sie Kaufkraft und wirtschaftliche Produktivität freisetzen. Schließlich reden uns auch noch die Gewerkschaften drein, nicht nur mit ihrer Forderung nach der 35-Stunden-Woche.

All das muß dazu führen, daß unsere wirtschaftspolitischen Vorstellungen ein wenig von allem enthalten und nicht so einfach und damit einleuchtend aussehen wie die Konzepte der Regierung. Damit sind sie nicht falsch. Und Unsinn könnten wir in der Regierungsverantwortung sowieso nicht durchsetzen. Aber sie sind nicht die große Alternative zum Konzept der Regierung. Dabei ist dieses auch nicht gerade eindeutig. Sie kürzen mehr, als wir es gewagt hätten. Aber es ist kein sozialpolitischer Kahlschlag; sie machen ihrer Kundschaft Steuergeschenke, aber viel weniger, als wir behaupten. Ihre Haushaltskonsolidierung ist tatsächlich geringer als die Koalition behauptet, ihre Schulden höher, als sie es gerne hätte. Das ist keineswegs die brutale Wende, wie wir immer behaupten.

Anfang Oktober trifft sich der Bundesvorstand zu einer zweitägigen Klausurtagung, dreißig Autominuten von Bonn entfernt. Wir freuen uns wie Kinder über die Wahlergebnisse in Bremen und Hessen. Für Willy Brandt ist das schon die Trendwende. Glaubt er das wirklich? Wir führen eine detaillierte Debatte zur Wirtschafts- und Beschäftigungspolitik. Viel Kluges wird geredet. Aber es wird sichtbar, daß wir außer wohlklingenden Thesen und Teileinsichten noch wenig Antworten haben. »Versöhnung von Ökologie und Ökonomie«, Verkürzung der Arbeitszeit, eine neue Industriepolitik, ein »Marshall-Plan« für die Dritte Welt. Die Überschriften sind da, noch fehlen die Inhalte. Es wird viel Arbeit kosten, daraus ein schlüssiges Konzept sozialdemokratischer Wirtschaftspolitik zu machen.

Im Präsidium der Partei sitzt niemand, der von Wirtschafts- und Finanzpolitik eine Ahnung hat. Im Parteivorstand sind wir bei vierzig Mitgliedern gerade zu dritt, Roth, Ehrenberg und ich. Draußen im Lande sieht es nicht viel besser aus, auch wenn uns eine Reihe von Professoren unterstützen. Nur fehlt ihnen die politische Erfahrung und die Einsicht dafür, was wir den Wahlbürgern vermitteln können und was nicht. Da ist es kein Wunder, daß nostalgisch an die Zeit von Karl Schiller gedacht wird. Er könnte heute allerdings angesichts unserer Lage auch nicht mehr bewirken und der SPD ein griffiges, die Wähler überzeugendes Profil geben. Die Wähler werden uns erst dann wieder wirtschaftspolitische Kompetenz bescheinigen, wenn die Regierung abgewirtschaftet hat. Dann kann ein neuer Mann für uns dieses Feld auch personell besetzen und sich als SPD-Wirtschaftspapst feiern lassen.

Finanzpolitischer Sprecher der Fraktion

Nun bin ich also als stellvertretender Fraktionsvorsitzender für die Finanzpolitik zuständig. Ich gebe auch schon Statements für die Fraktion ab, die unsere Mitarbeiter vorfabrizieren. Doch wann ich ein Büro bekomme, das mich selbst funktionsfähig macht, bleibt offen. Schon sechs Monate hocke ich im Büro von Heinz Oskar Vetter. Die Kisten sind immer noch nicht ausgepackt. Zwischen meinem provisorischen Büro und den Büros der Mitarbeiter des Arbeitskreises Finanzen der Fraktion liegt ein Fußmarsch von fünf Minuten. Am wichtigsten ist aber, daß ich jetzt wieder mit der Chance auf Echo zu allgemeinpolitischen Fragen Stellung nehmen

kann. In Interviews in der *Bunten* und im *Hamburger Abendblatt*
reklamiere ich für die SPD eine Politik der Mitte. Die Linken
motzen. Für sie bin ich »Canale Grande II«. Damit wollen sie mir
ein konservatives Etikett aufkleben und mich als Nachfolger von
Egon Franke diskreditieren. Mich stört das nicht. Finanzpolitiker
müssen konservativ sein. Sie müssen auf das Geld aufpassen. Die
SPD verwechselt zu häufig Progressivität mit Schuldenmachen.

In diesen Tagen meldet sich das Bundeskriminalamt bei mir. Ich
werde gefragt, ob ich weiter bewacht und von Polizisten begleitet
werden wolle. Als ich nach dem Sinn dieser Frage forsche, wird mir
gesagt, akut gefährdet sei ich nicht mehr. Aber für viele Politiker sei
die Bewachung ein solches Statussymbol, daß das BKA darauf im
Rahmen seiner Möglichkeiten Rücksicht nehmen wolle. Derartige
Probleme habe ich nicht. Und so vereinbaren wir, die Bewachung
zum 1. Mai zu beenden. Das paßt am besten in den Dienstplan des
BKA. Und die Begleitung für unsere Frankreichreise in den Osterferien soll an der Grenze der Bundesrepublik enden.

So verschwinden die letzten Privilegien vergangener Zeit. Aber
was vorbei ist, ist vorbei. Nachtrauern ist Unsinn. Doch jetzt muß
ich mich wieder um alles selbst kümmern. Nirgends wartet ein
fahrbarer Untersatz auf mich. Wir sind allein. Die vielen Jahre mit
Herrn Pesch und den anderen Polizisten haben sie zu wohlgelitte-
nen Begleitern, zu Freunden und Helfern werden lassen. Wieder ist
auf Liebgewordenes zu verzichten, ein neuer Lebensabschnitt beginnt. In Frankreich sammeln wir neue Erfahrungen. Kein Hotel
ist vorbestellt. Kartenlesen ist wieder gefragt. Und dennoch sind
wir zufrieden. Wir können selbst beschließen, wann wir losfahren,
auch kurzfristig unsere Reiseziele ändern. Nur die vielen deutschen
Touristen spielen da nicht mit. Noch kennen sie mich vom Fernsehen her.

Erst Ende April ist die Bundestagsverwaltung in der Lage, mir
ein neues Büro auf der zwölften Etage des »Langen Eugen« inmit-
ten der Fraktionsmitarbeiter und der Abgeordneten des SPD-Ar-
beitskreises »Öffentliche Finanzwirtschaft« zuzuweisen. Ich bin
froh, aus dem Hochhaus Tulpenfeld wegzukommen – dort sitzen
die Grünen. Mehrfach habe ich einzelnen Abgeordneten von ihnen

freundlich »Guten Tag« gesagt. Aber sie schauen mich nur finster an. Einmal wenden sich vier bei meinem Gruß sogar demonstrativ ab. Ich bin für sie augenscheinlich ein Bösewicht, mit dem man nicht einmal per Gruß verkehrt.

Die sachlichen Probleme meiner neuen Arbeit sind beträchtlich. Dreizehn Jahre haben Sozialdemokraten den Finanzminister gestellt. Alex Möller, Karl Schiller, Helmut Schmidt, ich, Hans Matthöfer, Manfred Lahnstein. Da können wir nicht so tun, als hätten wir mit den Problemen der Gegenwart nichts zu tun, und eine kompromißlose Opposition fordern. Andererseits sind da die vielen Volksbeglücker in der SPD, die nicht begreifen wollen, daß die Zeiten der großen sozialen Wohltaten vorbei sind. Die Kassen sind leer. Da sind auch unsere Wähler, die im Berufsleben stehen und unter der wachsenden Abgabenlast stöhnen. Die Koalition sagt: »Leistung muß sich wieder lohnen.« Dagegen polemisieren wir. Ist die gesellschaftliche Leistung eines Unternehmers höher zu bewerten als die einer Krankenschwester? Für mich steht fest: »Arbeit muß sich wieder lohnen.« Denn Nichtstun oder Schwarzarbeit dürfen nicht attraktiver sein als ehrliche Arbeit auf Lohnsteuerkarte. Aber auch hier habe ich in der Partei Probleme. Denn viele Genossen, auch die Finanzminister der von uns regierten finanzschwachen Länder, wollen überhaupt keine Steuersenkungen und lieber alles Geld in der Kasse behalten.

Aber auch in Details gibt es Schwierigkeiten. Natürlich fordern wir von Stoltenberg den Abbau der staatlichen Subventionen. Kohle, Stahl, Werften dürfen davon aber nicht betroffen werden. Er soll seine Klientel schröpfen. Daran denkt er natürlich nicht. Wir fordern die Konsolidierung der Staatsfinanzen, aber bitte nicht zu Lasten der sozial Schwächeren. Wir bestehen auf einem Beitrag des Bundeshaushalts zum Kampf gegen die wachsende Arbeitslosigkeit. Private und öffentliche Investitionen müssen wieder wachsen. Das ist leichter gefordert als realisiert. Am meisten profitieren wir von den Fehlern der Koalition und den großmäuligen Versprechen der CDU/CSU in ihrer Oppositionszeit, die sie nun nicht halten können.

Angesichts der objektiven Schwierigkeiten ist es nicht verwun-

.derlich, daß es in unserem Arbeitskreis keine Freiwilligen gibt, als es in der Debatte zur Regierungserklärung des Bundeskanzlers Anfang Mai darum geht, auf Stoltenberg zu antworten. Ich soll das machen, so wollen es alle, auch die Linken. Das ist nicht Ausdruck von Liebe, Zuneigung oder politischer Vernunft, es ist vor allem die Einsicht, wie schwer es sein würde, gegen Stoltenberg anzukommen. Und das will man lieber dem Vorturner überlassen. An guten, wenig verwendbaren Ratschlägen wird nicht gespart. Ich schlage im Plenum einen ruhigen und gelassenen Ton an. Gekreische ist nicht telegen, das mögen die Leute in ihrer Wohnstube nicht. Und was bleibt dann noch? Angesichts einer dreizehnjährigen sozialdemokratischen Finanzpolitik dürfen wir nicht so tun, als hätten wir mit der Gegenwart nichts zu schaffen. Hervorzuheben ist aber die Komplizenschaft der Union über den Bundesrat; denn schließlich hatte die CDU/CSU in den dreizehn Jahren sozial-liberaler Koalition im Bundesrat stets eine Mehrheit, die uns zwang, mit ihnen meist kostentreibende Kompromisse zu suchen. Am wirksamsten ist der Teil meiner Rede, in dem ich Anspruch und Wirklichkeit Stoltenbergscher Finanzpolitik gegenüberstelle. Und schließlich biete ich unsere Kooperation an, um die drängenden Probleme zu lösen. Die Fraktion ist zufrieden, die Pressereaktion einigermaßen.

Wenige Tage später frühstücke ich mit Stoltenberg und Staatssekretär Obert. Neues erfahre ich nicht. Aber das Klima wird verbessert. Noch kann er fast unbeschwert Haushälter spielen, kürzen und Etatansätze streichen. Er hat eine zentrale Machtposition. Wenn ich bedenke, was die Gewerkschaften bei unseren bescheidenen Einsparungen aufgeführt haben und wie kleinlaut sie jetzt sind, dann begreife ich, was sich verändert hat. Und die Bürger wollen dem strengen Hausvater Stoltenberg glauben, wenn er sie nun für vorangegangenes Über-die-Verhältnisse-Leben straft. Da können die Sozis viel lamentieren. Haben sie nicht die ganze Misere erzeugt? Das ist auch das Briefecho auf meine Plenarrede. Davon kann die Regierung länger leben, als uns lieb ist. An den Kragen geht es ihr allerdings dann, wenn der Aufschwung ausbleibt. Und selbst dann, so Infas bei einem Vortrag vor dem Seeheimer Kreis, ist eine Mehrheit links der CDU nicht in Sicht. Wir brauchen den langen Atem.

Am Mittwoch, dem 29. Juni, bin ich für 8.30 Uhr mit Arthur Burns, dem US-Botschafter in Bonn, zum Frühstück verabredet. Zu meinem Erstaunen sind wir nur zu zweit. Burns will, daß ich ihn mit »Arthur« anrede. Schließlich kennen wir beide uns seit meiner Zeit als Finanzminister und seiner Tätigkeit als Chef der amerikanischen Zentralbank. Doch ich kann diesen Mann nicht mit seinem Vornamen anreden. Wir reden miteinander bis nach zehn Uhr. Natürlich geht es um die weltweite Wirtschaftslage. Burns ist nicht optimistisch. Er sieht zwar das Wirtschaftswachstum in den USA, hält es aber für ausgeschlossen, daß vor den nächsten Präsidentenwahlen das US-Haushaltsdefizit merklich verringert wird. Und deshalb wird es eben nicht zu Zinssenkungen kommen, im Gegenteil. Es steht zu befürchten, daß die laufende Konjunktur die Nachfrage nach Krediten ausweitet. Das treibt dann die Zinsen, und der Aufschwung könnte abbrechen.

Aber viel stärker treibt ihn die Haltung der SPD in der Sicherheitspolitik um. Augenscheinlich hatte er geglaubt, Helmut Schmidt als Bundeskanzler sei ein Garant dafür, daß die Sozialdemokraten die Nachrüstung mittragen würden. Auf meine Nachfrage sagt er, notfalls hätte man doch mit allen Stimmen von CDU/CSU und FDP und einem größeren Teil der SPD-Stimmen im Bundestag operieren können. Da wird mir deutlich, wie wenig Burns in der Lage ist, die inneren Strukturen und Kraftfelder unserer Parteiendemokratie und einer Koalition zu verstehen. Augenscheinlich übersieht er, daß die SPD schon seit den Wahlen des Jahres 1980 ihren Abschied von der bisherigen Sicherheitspolitik suchte, was nur durch die Regierung verdeckt wurde.

Arthur Burns ist über die Rasanz der Positionsveränderung der SPD seit dem 1. Oktober 1982 verwirrt. Die amerikanische Beobachtungsgabe ist schwach. Vogel, »such a nice and decent man«, habe wirklich ein schweres Erbe übernommen. Aber er sei eben auch nicht bereit, in der Sicherheitspolitik Führung in der SPD zu übernehmen. Ob diese Erkenntnis auf Burns eigenem Mist gewachsen ist, kann durchaus bezweifelt werden.

Zum ersten Male segeln wir in den Sommerferien ohne Begleitung durch die Bundesmarine und das BKA. Nun müssen wir wesentlich vorsichtiger sein, denn wenn einer von uns außenbords geht, hat der andere, ohne Hilfe Dritter, fast unlösbare Probleme, ihn wieder aus dem Wasser zu holen. Das Schiff meines Freundes Herbert Wesseler ist stets außer Ruf- und Sichtweite. Unsere Begleiter fehlen uns auch an Land. Nun ist es mit dem Fußballspielen endgültig vorbei. Und so lustig ist es im Hafen auch nicht mehr.

Als Ziel haben wir die schwedische Insel Öland ausgesucht. Wir wollen Herbert Wehner nachträglich zum Geburtstag gratulieren. Das Wetter ist mies. Immer wieder liegen wir wegen Starkwind fest. Bereits in Karlskrona reden wir darüber, ob wir nicht lieber umkehren sollen. Schließlich muß jede Meile weiter nach Norden auch wieder zurückgesegelt werden. Aber wir bleiben hart.

Vor Kalmar haben wir im Unwetter Probleme mit dem Motor, und Hilfe kommt – wie kann es anders sein? – von einem ehemaligen Elektriker der Hamburger Bundeswehrhochschule. Mein Helfer: »Mit dem Mundwerk seid Ihr Politiker ja gut, aber im Praktischen hapert es.« Wie recht der Mann nur hat. In Hamburg ist eine gute Flasche Whisky fällig. Endlich haben wir Borgholm auf Öland erreicht. Ich krame Wehners Telefonnummer raus und rufe an. Doch es klappt nicht mit der Verbindung. Am Abend gegen zehn Uhr erreiche ich dann doch noch Greta. Greta: »Herbert ist schon im Bett.« Und so lasse ich Herbert grüßen. Greta will wohl nicht, daß wir Herbert sehen. So hieß es ja schon in Bonn: Greta schirmt Herbert ab. Pech gehabt. Nun heißt es, mehr als 300 Seemeilen bei miesem Wetter zurückzusegeln. Erst Jahre später erfahre ich, daß Herbert Wehner am nächsten Morgen einen Riesenkrach geschlagen hat, als ihm Greta von meinem Anruf erzählt hat. »Da will mich endlich mal einer besuchen, den ich mag, und du jagst ihn weg.« Dann haben sie im Hafen von Borgholm nach uns gesucht, vergeblich.

Ab Mitte August hat mich der Alltag wieder. Im Wahlkreis gibt es viel zu tun. Immer mehr Bürger bitten mich um Hilfe für die Ausreise ihrer Verwandten aus der DDR. Der Bonner Herbst verlangt von mir mindestens zwei Reden. Die eine wird in der ersten

Sitzungswoche fällig, wenn ich als Sprecher der Opposition auf den Finanzminister antworte, der den Bundeshaushalt 1984 einbringt. Die zweite Rede ist in der dritten Lesung des Bundeshaushalts zu halten, unsere Stellungnahme zur aktuellen Finanzpolitik der Regierung und des zuständigen Ministers. Die zweite Rede ist kürzer und macht auch weniger Arbeit. Am 7. September ist das »Ei« gelegt. Meine mehr als einstündige Erwiderung auf die Einbringungsrede von Stoltenberg zum Bundeshaushalt 1984 liegt hinter mir, es geht mir wieder besser. Obwohl mir das sicherlich kaum jemand anmerkt, bin ich vorher immer ungeheuer aufgeregt. Die Rede stand bereits vor dem Beginn der Haushaltsklausur unseres Arbeitskreises. Viel Neues kam nicht mehr dazu. Am Dienstagabend schickte mir Stoltenberg seinen Redetext vorab; wir müssen lediglich einige Passagen leicht verändern, kein Wunder, seine Argumente sind uns ja bekannt.

Das Echo ist gut. Die Presse spricht von einer wirtschaftspolitisch bemerkenswerten Rede. Die Fraktion ist zufrieden. Stoltenberg fühlt sich auf den Schlips getreten und muß sich noch einmal im Plenum kleinkariert äußern. Helmut Schmidt meint, Inhalt und Vortrag seien gut und eindrucksvoll. Jochen Vogel moniert, daß ich ihm diese Rede nicht vorher gezeigt hätte. »Vier Augen sehen mehr als zwei.« Sein Argument, auch er gebe mir doch vorher seine Texte, geht fehl. Er will mich doch nur dazu bringen, für ihn zu arbeiten. Helfen kann er mir aber nicht, weil er nichts von Wirtschaftspolitik und Finanzpolitik versteht. Zur dritten Lesung des Haushalts 1984 rede ich am Freitagmorgen, 9. Dezember. Es ist eine meiner besten Reden. Ich nehme die widerspruchsvollen Positionen im Regierungslager zur Tarifreform, zu den Gemeindefinanzen, zum Subventionsabbau auseinander. Die Fraktion geht voll mit. Horst Ehmke gratuliert mir. Aber die Zeitungen haben keine Lust mehr, viel zu berichten. Die Kommentatoren haben ihr Urteil schon gebildet. Und es ist nicht gut.

Neben der laufenden Arbeit in Parlament, Wahlkreis und außerhalb Bonns geht es in der Zeit zwischen den Lesungen des Bundeshaushalts um die Gemeindefinanzen. Bereits zu unserer Regierungszeit hatten wir immer wieder unsystematisch an der

Gewerbesteuer herumgeschnippelt und damit insbesondere den finanzschwachen Städten und Gemeinden zusätzliche Probleme beschert. Unser Bubenstück war die Abschaffung der Lohnsummensteuer im Jahre 1979. Damals gab Matthöfer allen Gemeinden für einige Jahre eine Art Finanzausgleich aus der Bundeskasse und damit auch denen, die überhaupt keine Lohnsummensteuer kannten. So wurden in der Tat die Unterschiede in der Finanzausstattung der Kommunen noch gravierender. Die anhaltende Strukturkrise tat ein übriges. Die Einnahmen gingen drastisch zurück, die Ausgaben für die Sozialhilfe explodierten. Während Böblingen, Stuttgart und andere südwestdeutsche Städte kaum finanzielle Probleme haben, sind fast alle Kommunen an der Ruhr oder in Ostfriesland so gut wie pleite. Wenigstens in der Opposition wollen wir, wenn auch zu spät, ein sozialdemokratisches Konzept einer Gemeindefinanzreform vorlegen.

Seit dem Frühjahr dieses Jahres arbeite ich mit einigen Genossen aus der Fraktion und der Kommunalpolitik an diesem Konzept. Wir kommen nach einer Reihe von Sitzungen auf einen Nenner: Die Gemeinden erhalten einen Prozentpunkt mehr an dem Aufkommen aus der Lohn- und Einkommensteuer. Wir wollen die Kürzungen der Koalition im Bereich der Gewerbesteuer rückgängig machen. Und: Wir wollen die freien Berufe der Gewerbesteuer unterwerfen. Denn es ist nicht einzusehen, daß ein kleiner Maurermeister, ein Handelsvertreter Gewerbesteuer zahlen muß, während Architekten, Steuerberater, Anwälte, Ärzte befreit sind. Wir halten unsere Pläne unter der Decke, denn wir wollen während des Wahlkampfes in Hessen und Bremen die Pferde nicht scheu machen.

Am 26. September beginnt dann im Fraktionsvorstand die Debatte zur Sache. Lambsdorff läßt grüßen: So viele FDP-Argumente habe ich auch von den Linken noch niemals in der SPD-Fraktion gehört. Die Besteuerung der freien Berufe sei verfassungswidrig. Sie hätten kein Gewerbe (aber der Handelsvertreter hat eins). Wir dürften uns mit dieser Gruppe nicht anlegen (300000 Menschen, die steuerlich privilegiert sind, mehrheitlich hohe Einkommen erzielen und die Infrastruktur der Kommunen sehr wohl in Anspruch nehmen). Wir hätten sowieso keine Chance, unsere Pläne zu realisieren, und sollten deshalb die Finger davon lassen. Ich erwarte, daß mir Jochen Vogel beispringt. Seit Monaten halte ich ihn über den Gang unserer Beratungen auf dem laufenden und hole Schritt für Schritt seine Zustimmung ein. Er selbst geht in öffentlichen Reden gegenüber den Kommunen Engagements ein und argumentiert bereits mit unseren Plänen. Aber er schweigt nicht nur zu den massiven Angriffen, sondern setzt ihnen auch noch ein i-Tüpfelchen auf. Ein Vorstandsmitglied: »Mit diesen Vorschlägen werden wir Aufsehen erregen.« Vogel: »Sehr wahr, aber nur negativ.« Da ziehe ich wütend unsere Vorschläge zurück. Wir überarbeiten sie so, daß der kleine Selbständige nicht zur Gewerbesteuer herangezogen wird; der kleine Landarzt soll nicht zahlen, wohl aber der Arzt mit umsatzstarker Praxis. Am 23. Oktober gehen wir mit unserem Projekt in die Vollversammlung der Fraktion. Nach vielen Stunden Debatte setze ich mich durch. Schließlich geht es auch um mein politisches Ansehen in der Fraktion. Nur Hilfe von Vogel gibt es auch diesmal nicht.

Mitte Sepember können meine Frau und ich nach vielen Jahren Zwangspause, bedingt durch meine Tätigkeit auf der Hardthöhe, unsere Verwandten in der DDR besuchen. Ingrid hat Angst vor der DDR. Nur widerwillig ist sie bereit, dieses fremde Land zu besuchen. Mich dagegen fasziniert dieser Staat und seine erzwungene Gesellschaftsordnung. Bei der Einreise läßt man uns wie alle Bundesbürger am Grenzkontrollpunkt Wartha warten, bis man mich erkennt. Dann geht alles sehr schnell. Bei unseren Autofahrten von Bösenrode über Naumburg mit seinem Dom nach Röthenbach und von Röthenbach über Dresden zur Grenze nach Wartha folgt uns der Stasi mit zwei Wartburgs. Fahre ich in eine Sackgasse, so sitzen sie mit drin. Auf mein Hupen und Winken schauen sie demonstrativ weg. Als ich auf einer Fernverkehrsstraße plötzlich wende und auf eine Landstraße fahre, können sie nicht folgen und verlieren mich. Bald aber haben sie mich wieder, denn sie wissen ja, wo ich hin will. Bei der Ausreise bin ich vom Stasi bereits avisiert und kann ohne die geringste Kontrolle die DDR-Barrieren durchfahren.

Unsere Verwandten wissen durch das Westfernsehen über uns so gut Bescheid, wie das mit diesem Medium möglich ist. Sie sind DDR-Bürger und wollen das auch bleiben. Aber sie wollen besser leben und hin und wieder reisen. Sie sind stolz auf die Leistungen ihres Landes. Und deutsch sind sie, viel mehr als wir. Es ist nicht immer leicht für mich, alles das richtig einzuordnen und zu verstehen, was sie uns in den langen Gesprächen sagen. Das ist eine fremde Welt für uns, trotz ihrer Nähe.

Die Bürger der DDR erkennen mich. Überall werde ich freundlich angesprochen. Am Sonntag stehen Pastor und Kirchenvorstand nach dem Gottesdienst vor ihrer Kirche. Sie zeigen mir die Kirche, die Orgel spielt für mich einen Choral. Dann diskutieren wir über Kirchenbesuch hüben und drüben. Ein wildfremder Mann steigt aus einem Auto und stellt sich als der Vorsitzende des Lutherkomitees des Kreises Sangerhausen vor. Er besteht darauf, mir die Gedächtnismünze zum Lutherjahr zu überreichen. Immer wieder werde ich fotografiert, muß Hände schütteln und Autogramme geben, selbst in Dresden, wo das Westfernsehen nicht hinkommt. Hier wollen wir unseren Zwangsumtausch verbrauchen. Mit großer Mühe gelingt uns das. Wir erstehen nach Schlangestehen drei Romane von DDR-Autoren und 1,5 l Korn für 49 Mark. Ingrid ist froh, als sie wieder im Westen ist.

Verwirrende Meldungen erreichen mich von Willy Brandt. Am 10. und 11. Oktober tagt die Fraktion im Ruhrgebiet mit Schwerpunkt Dortmund. Zum Abschluß gibt es einen »gemütlichen« Bierabend in der Schwemme der Westfalenhalle. Ich treffe Willy Brandt. Er zieht mich beiseite. »Die Gräfin Dönhoff hat angerufen. Du mußt in Berlin anstelle von Ristock kandidieren, sagt sie. Denn nur du hast eine Chance, meint sie, nach dem Weggang von Weizsäcker Berlin zu gewinnen.« Und was soll ich mit dieser Information anfangen? Das weiß Willy auch nicht. Ende der Durchsage meines Parteivorsitzenden.

Am Montag, 7. November, spricht mich Willy Brandt im Fraktionsvorstand an. Er fragt mich, ob ich bereit wäre, 1986 in Niedersachsen anstelle von Karl Ravens gegen Albrecht anzutreten. Ich sage ihm, neu sei diese Idee nicht. Ich sei aber nicht arbeitslos, und

Bewerbungsschreiben schriebe ich auch nicht. Doch wenn die Partei mich auffordere, stünde ich zur Verfügung. Ihm genügt diese Auskunft, und das Gespräch ist beendet. Tage drauf heißt es, ich solle Niedersachsen vergessen. Gerhard Schröder sei finster entschlossen zu kandidieren. Und ihn könne man nur noch stoppen, wenn Willy Brandt ein Machtwort spreche. Das aber sei nicht zu erwarten. Schröder habe erklärt, er wisse wohl, daß er 1986 nicht gewinnen könne. Aber vor 1991 liefe auch nichts für die SPD in Bonn. Zu diesem Zeitpunkt seien dann aber die Vogels, Ehmkes und Apels endgültig passé. Und dann kämen sie nach Bonn zurück, um die Macht in der Partei zu übernehmen. So hätten Engholm, Lafontaine, Hugo Brandt und er das abgesprochen. Und dieser fällige Machtwechsel müsse bereits in den Jahren vorher eingeleitet werden.

Die Seeheimer –
Neubeginn oder Anfang vom Ende?

Wenige Tage nach den verlorenen Bundestagswahlen trifft sich der Seeheimer Kreis, um über die politische Lage nach dem 6. März zu reden. Wir wissen, daß bereits in den letzten Monaten politisch viel in Bewegung gekommen ist. In der Sicherheitspolitik sind wir von unseren Positionen abgerückt. Eine entsprechende Entwicklung droht uns in der Energiepolitik, insbesondere in unserer Haltung zur Kernenergie. Die Grenzen zu den Grünen werden unklarer. Auf Vogel – den Begründer dieses Kreises – können wir nicht mehr rechnen. Anke Fuchs, Annemarie Renger, Egon Franke, Herbert Ehrenberg, Hermann Rappe, Manfred Schulte und ich kommen in einem Vorgespräch zum Ergebnis, wir sollten diese Themen erst dann anpacken, wenn das in der Fraktion und in der Partei geboten sei. Dann aber müßten wir nach gründlicher Vorbereitung klar Stellung beziehen. Sie bitten mich, die Seeheimer nach außen zu vertreten. Und so werde ich in den Zeitungen zum neuen Chef der Kanalarbeiter, was nun wirklich Unsinn ist. »Geheimbündelei« hat keine Zukunft mehr. Es geht um politische

Inhalte, um Einfluß auf ihre Gestaltung. Und das kann auch mit offenem Visier geschehen. Um so mehr, als die Rückkehr in die politische Macht für die SPD den langen Atem verlangt.

In diesen Tagen geht es vor allem um Personalfragen. Und Entscheidungen über Personen sind gleichzeitig auch immer Entscheidungen über politische Inhalte. Am 15. März stellt uns Vogel im Seeheimer Kreis vor etwa sechzig MdBs seine neue Struktur für die Fraktionsspitze vor. Acht stellvertretende Vorsitzende mit Sachkompetenz, eine Art Schattenkabinett. Über Namen wird nicht gesprochen. Vogel sagt uns, er werde politische wie landsmannschaftliche Überlegungen miteinbeziehen. Und: Die Mehrheit der Fraktion müsse der Minderheit um der Integration willen entgegenkommen.

Als dann aber seine Vorschläge bekannt werden, reiben wir uns erstaunt die Augen. Von seinen acht Stellvertretern sollen allein drei aus Baden-Württemberg kommen und zwar aus dem linken, wenn auch reformierten Eppler-Flügel, und zwei aus dem Seeheimer Kreis: Anke Fuchs und ich. Und darum geht es: Die Mehrheit – falls wir noch eine sind – soll stillhalten, die linke Politik wird personell festgeschrieben. Das können und wollen wir nicht hinnehmen. Wir fühlen uns von Vogel hintergangen. Denn wenn er mit uns offen geredet hätte, wäre es sicherlich möglich gewesen, ein Personaltableau zu finden, das einvernehmlich beschlossen werden könnte.

Im Fraktionsvorstand gibt es aus unseren Reihen drei Gegenkandidaten. Herbert Ehrenberg gegen Wolfgang Roth, Willfried Penner gegen Alfred Emmerlich, Waltraud Steinhauer gegen Herta Däubler-Gmelin. Hier im Fraktionsvorstand können wir uns durchsetzen. Doch viel bedeutet das nicht. Jochen Vogel hält sich mit Kommentaren zurück. Um so wilder schreien die Linken. Wir hätten den Integrationskurs aufgekündigt. Und verantwortlich sei ich. Das ist falsch, es geht um die Zukunft der SPD, und die liegt nicht links von uns. Aber eins ist klar: Wir werden ein von den Linken inszeniertes Theater in den Medien erleben, mit dem Ziel, uns garzukochen. Denn erst die Fraktionssitzung der nächsten Woche wählt abschließend.

Genauso kommt es. Mit Hilfe des Fraktionsapparats und unserer Pressestelle wird bundesweit Stimmung gemacht nach dem Motto: Die Kanalarbeiter stören den Integrationskurs Vogels; sie wollen Vogel demontieren. Eine Rede Helmut Schmidts vom 8. März vor der Bundestagsfraktion wird im SPD-Pressedienst am 17. März im Auszug so abgedruckt, als wenn Schmidt Vogel massiv unterstützt und uns zurechtweist. Glotz will vermitteln, ohne Erfolg. Die Presse übernimmt weitgehend die Version der Linken. Im Parteivorstand am Sonnabend, dem 19. März 1983, in Berlin spricht Willy Brandt von einem verheerenden Eindruck, den unsere Aktion erzeugt hätte. Ich widerspreche ihm, andere hätten diesen Eindruck erzeugt. Wir hätten geschwiegen. Jochen selbst hätte unsere Vorschläge am Donnerstag, dem 17. März, auf einer Pressekonferenz als ein »alternatives Integrationsangebot« bezeichnet. Und Wahlen seien doch nicht a priori »verheerend«. Vogel stimmt mir zu, sagt aber, daß er natürlich für seine Personalvorschläge eintrete.

Im Parteirat am Sonntag geht es zur Sache. Vogels Analyse macht ihn zum Sieger der Wahlen. Nur er sei in der Führungsspitze noch unbeschädigt. Er erwarte Gefolgschaft, auch bei seinen Personalvorschlägen. Pogromstimmung breitet sich aus. Für Jürgen Egert bin ich ein »Übeltäter«, für Helmut Rohde ein »Stammtischpolitiker«. Die Linken loben Vogel und nehmen vor allem mich aufs Korn. Nur vereinzelt wagt man, mir zuzustimmen. Dann gehe ich zu Vogel und sage ihm, ich müsse jetzt leider weg und könne mir seine Replik nicht anhören. Er meint, ich hätte sein Vertrauen mißbraucht. Ich entgegne, daß ich nicht »auf seinem Ticket kandidieren« werde. Als ich den Saal verlasse, spricht er mich an. Er brauche mich, ich musse ihm die Finanzpolitik ma chen. Ich sage, ich würde das alles überschlafen. Eine makabre Situation: Da tagen wir in Berlin, um der fünfzigsten Wiederkehr des Tages des Ermächtigungsgesetzes zu gedenken, und dann diese Debatte.

In der Fraktionssitzung der nächsten Woche setzt sich Vogel durch. Allerdings nur dort, wo er zusammen mit Willy Brandt massiven Druck macht, bei den stellvertretenden Fraktionsvorsitzenden. Im Fraktionsvorstand insgesamt haben wir eine komfortable Mehrheit. Aber ich verstehe auch die Mehrheit der Fraktion. Wenn so argumentiert wird, als hinge an dieser Wahl die Zukunft unserer Partei, dann wird nachgegeben. Willy Brandt räumt uns zwar ein formales Wahlrecht ein, wir müßten aber Vogels Willen folgen. Vogel schaltet Johannes Rau ein. Er bearbeitet am 20. März gegen 23.00 Uhr per Telefon in Wuppertal Penner so lange, bis dieser von seiner Kandidatur zurücktritt. Vogel würde alles hinschmeißen, wenn er sich nicht durchsetzen sollte. Wir beschließen darauf, unsere Kandidaturen zurückzuziehen, wenn das stimmen sollte. Ich rufe Vogel an. Er bestreitet, dieses Junktim herstellen zu wollen. Ich teile ihm dennoch unsere Absicht mit, damit er vorgewarnt ist. Hermann Rappe und ich reden noch einmal direkt mit Vogel, um einen Kompromiß zu suchen. Umsonst. Er behandelt uns von oben herab. Fraktionsführung nach Gutsherrenart. Und da knicken auch wir ein. Ehrenberg und Waltraud Steinhauer treten zwar an, werden aber nicht gewählt. Anke Fuchs und ich kandidieren. Wir wollen schließlich wieder in der Fraktionsspitze mitmachen. Ich bekomme trotz meiner Gegenrede in der Fraktion zu Vogel – ich reklamiere unser Wahlrecht und setze mich mit der Pressearbeit der Fraktion in den letzten Tagen kritisch auseinander – ein passables Ergebnis. Anke Fuchs und Schmude liegen bei fast 160 Stimmen, ich ohne Gegenkandidaten um 140 Stimmen. Doch eins ist jetzt klar: Diese Tour läßt sich nicht beliebig wiederholen. Sichtbar wurde, daß auch Vogel nicht beliebig Spielraum hat, eine wichtige Schlacht aber haben die Seeheimer verloren.

Diese Niederlage hat auch bei uns Seeheimern Folgen. Zum erstenmal nach den Bundestagswahlen wollen wir unsere Freunde bundesweit für den 16. Mai einladen, über die Ursachen des Wahlergebnisses und die daraus zu ziehenden Schlußfolgerungen sprechen. Auch Anke Fuchs soll diese Einladung mit unterzeichnen. Sie will das nicht; sie wolle ihre politische Karriere nicht gefährden. Ich bin von ihr schwer enttäuscht. Doch ich muß bedenken, daß sie ein Stück jünger ist als ich und von ihrem politischen Leben noch etwas erwartet.

Die Zusammenkunft in Seeheim bringt nicht viel Neues. Nun wissen wir genau, warum wir die Wahlen verloren haben. Die Raketen haben die Mehrheit der Wähler wesentlich weniger interessiert als die wirtschaftliche Lage und ihr ganz persönliches Wohlergehen. Und hier hätte es uns eben an Kompetenz und Glaubwürdigkeit gefehlt. Infas widerlegt auch Willy Brandts Postulat einer Mehrheit links von der CDU, sie sei völlig unrealistisch. Die SPD müsse in die Mitte zurück, sonst bliebe sie auf Dauer in der Opposition.

Spannender ist unsere zweite Zusammenkunft im Lufthansa-Schulungszentrum in Seeheim am 2. September. Hans-Jochen Vogel ist anwesend. Unser Hauptthema ist das Verhältnis SPD/Grüne. Vier Genossen aus den Landtagsfraktionen Berlins, Hamburgs, Niedersachsens und Hessens stellen uns dar, welche Erfahrungen sie in ihren Landtagen mit den Grünen machen. Am klarsten und eindrucksvollsten äußert sich Henning Voscherau aus Hamburg. Er verweist auf den inneren Zustand der SPD, der es nicht mehr zuläßt, eindeutige sozialdemokratische Positionen zu beschließen. Das aber wäre die Voraussetzung dafür, um sich von den Grünen abzugrenzen, mit ihnen politisch umgehen zu können. Das Problem, das uns die Grünen aufgeben, sei nicht zuletzt ein Problem des inneren Zustands der SPD. Und es wird in der Diskussion deutlich, daß es keine auf Dauer angelegte Zusammenarbeit zwischen Grünen und SPD geben kann, solange Grüne und Friedensbewegung Demokratie und Gewaltfreiheit nicht uneingeschränkt akzeptieren. Es sei ihr Ziel, die SPD politisch zu verändern oder sich an ihrem Wählerpotential zu mästen.

Vogel hingegen erklärt uns, warum für ihn die Friedensbewegung Bündnispartner sei. Erst Grüne und Friedensbewegung hätten uns die Probleme »Frieden« und »Umwelt« deutlich gemacht. Er sieht keine Chance, die Partei in der Friedenspolitik gegen ihren Willen zu führen. Seine Ausführungen werden durch Zwischenrufe unterbrochen. Der Schlußbeifall ist mau. In der Pause zum Abendbrot sagen Genossen aus der Provinz: »Vogel ist der Ollenhauer der 80er Jahre.« Und sie verlangen von mir zu antworten.

Ich tue das mit aller Behutsamkeit und versichere Vogel, daß wir ihn brauchen und unterstützen wollen. Aber ich widerspreche ihm: Die Friedensbewegung will einseitig abrüsten; sie erklären die Kriegsdienstverweigerung für moralisch höherwertig, ja geboten; sie wollen die Verteidigungsfähigkeit und unser atlantisches Bündnis schwächen. Wenn das unsere Bündnisgenossen sind, dann haben wir unsere Position verändert, und das will ich nicht. Wie wollen wir eigentlich in der atlantischen Gemeinsamkeit bleiben, wenn wir mit forensischer Schläue wahrheitswidrig behaupten, wir müßten zum Vollzug des Doppelbeschlusses nein sagen, weil die USA für den Mißerfolg in Genf verantwortlich seien? Wie können wir denen erfolgreich entgegentreten, die aus der Nato raus wollen, wenn die SPD die Sicherheits- und Außenpolitik der USA verteufelt? Wieso dürfen wir auf Führungswillen verzichten? Das Ja der SPD zur Nato muß unbezweifelbar bleiben. Der Partei muß man also klarmachen, daß es eben nicht nur um Frieden, sondern auch um Menschenrechte und um Freiheit geht. Der Beifall ist riesengroß. Jochen Vogel schweigt. Nun wissen wir, wo wir stehen. Und es ist wohl auch kein Zufall, daß in der Woche drauf der »Sprecherrat« der PL, Heide Simonis, Klose und Peter, bei mir vorstellig wird. Sie wollen mit mir über Seeheim sprechen; wir würden den Frieden in der SPD stören.

Der Druck nimmt weiter zu. Als sich die Seeheimer Ende September in Bonn treffen, um in einer ersten Runde unsere Haltung und unsere Argumentation zum Nato-Doppelbeschluß zu besprechen, sind wir gerade noch zwanzig Parlamentsmitglieder. Wir laden unsere Genossen zu einer Besprechung zum Nato-Doppelbeschluß auf dem Kölner Parteitag ein. Wir sind kaum noch fünfzig, davon etwa dreißig Delegierte. Und auch hier will und kann sich kaum noch jemand exponieren. Serienweise knicken sie ein vor dem Druck der Basis. Und was wird nun aus Seeheim? Ich fürchte, dieses Jahr 1983 hat uns den Rest gegeben.

Der Nato-Doppelbeschluß wird abgelehnt

Es kann nach der verlorenen Bundestagswahl keinen Zweifel mehr daran geben, daß die SPD zum Nato-Doppelbeschluß nein sagen wird, es sei denn, die Genfer Verhandlungen kommen zu einem Ergebnis, das die Nachrüstung der Nato mit US-Mittelstreckenwaffen vermeidet. Selbst ein von den Supermächten ausgehandeltes Zwischenabkommen, das eine begrenzte westliche Nachrüstung zuließe, wäre für die SPD kaum hinzunehmen. Viele Faktoren führten die SPD zu dieser Kurskorrektur in ihrer Sicherheitspolitik. Der wichtigste Anstoß kommt aus der Friedensbewegung und von ihren Wortführern in der SPD. Sie spielen die sowjetische Bedrohung herunter, feiern unkritisch die sowjetischen Vorschläge bei den Genfer Verhandlungen und sehen alle Schuld bei den Amerikanern. Bereits am 27. März fordert Lafontaine den Austritt aus dem Bündnis. Wenig später spricht er von einem Generalstreik, um die Nachrüstung abzuwenden. Das im Artikel 20 unseres Grundgesetzes genannte Widerstandsrecht gegen Versuche, unsere demokratische Grundordnung zu beseitigen, wird reklamiert.

Die Stellungnahmen der Parteiführung zu diesen Forderungen kommen stets nur nach einer Zeit des Zauderns auf den Markt und sind wenig präzise. Denn einerseits müssen diese Positionen von der SPD ferngehalten werden, will sie nicht ihr Gesicht und ihre politische Zukunft verlieren. Andererseits sind diese Forderungen die radikal zu Ende gedachten Konsequenzen der Äußerungen führender Sozialdemokraten. Die Ablehnung des Nato-Doppelbeschlusses ist aber vor allem auch ein Vehikel, um die bisherige Mehrheit in der SPD abzulösen. Eine neue Politik braucht neue Politiker. Der Opportunismus grassiert und schwemmt den Widerstand weg. Das wird selbst Erhard Eppler zu viel. Er sieht die Glaubwürdigkeit der SPD gegenüber der Friedensbewegung in Gefahr.

Die SPD will dieses Thema loswerden. In der SPD hatte es niemals ein größeres Interesse an den Fragen der Sicherheitspolitik gegeben; entweder verließ man sich mehr oder minder blind auf die Weisheit der Handvoll Experten in diesem Bereich, oder man war dagegen. Das ist man auch jetzt. Schluß mit der ganzen Nachrüstungsdebatte. Wir sagen nein und sind dann frei für unsere eigentlichen Aufgaben in der Politik: soziale Gerechtigkeit, Kampf der Massenarbeitslosigkeit, Mitbestimmung. Und allein schon aus diesem Grunde wäre es auch Helmut Schmidt nicht gelungen, die SPD zur Nato-Nachrüstung zu bringen.

Vogel spielt in diesen Monaten der Debatte um den Nato-Doppelbeschluß keine Rolle. Willy Brandt sagt dagegen während unserer Fraktionsklausur zur Sicherheitspolitik am 1. Juni: »Wenn ich im Dezember 1979 gewußt hätte, wie sich die Dinge weiterentwickeln, hätte ich mich schon damals dem Nato-Doppelbeschluß entgegengestellt.« Die Amis hätten Salt II nicht ratifiziert, kriegerische Töne angeschlagen und in Genf keine ernsthaften Verhandlungsangebote gemacht. Kein Wort darüber, daß der Auslöser des Nato-Doppelbeschlusses, die sowjetische SS-20-Rüstung, in diesen Jahren konsequent fortgesetzt worden ist. Als ein Fraktionskollege Willy Brandt dazu befragen will, hat er die Fraktionsklausur längst verlassen. Mitte September kommt Willy Brandt während unserer Fraktionssitzung auf dieses Thema zurück; er habe eigentlich seit Ende 1979 ernste Vorbehalte gegen den Nato-Doppelbeschluß gehabt und sich politisch nur deshalb anders verhalten, weil das die Loyalität gegenüber Kanzler Schmidt verlangt hätte. Falls die Supermächte in Genf einen Kompromiß fänden, dürften Pershings auf westlicher Seite nicht dabei sein. Diese Position ist genauso töricht wie die von Dregger und der CDU/CSU, die bei einem Kompromiß in Genf, bei einer begrenzten Nato-Nachrüstung, in jedem Falle Pershings dabei haben wollen. Ich erkläre dazu im *heute-journal* des ZDF, die SPD sei nicht die dritte Weltmacht. Wenn die beiden Supermächte ein von beiden Seiten unterzeichnetes INF-Abkommen schließen sollten, müsse es von der SPD akzeptiert werden, das Faktum eines erfolgreichen Rüstungskontrollabkommens sei wichtiger als ihr Inhalt.

Spüre ich bei Willy Brandts Nein den festen Willen, die Partei zusammen- und politikfähig zu halten – »In der Politik bleiben, heißt auch, die Bedenken der Bevölkerung anzunehmen« –, so gibt mir Egon Bahr große Probleme auf. Am Dienstagabend, dem

19. April, spricht Berni Rogers, der ranghöchste Nato-General, bei der Friedrich-Ebert-Stiftung. Bahr ist erster Diskussionsredner. Die USA hätten schuld daran, daß wir bei den Genfer Verhandlungen nicht weiterkommen, sie hätten Salt II nicht ratifiziert, 18 Monate bis zum Verhandlungsbeginn vertan und das sowjetische Angebot eines Moratoriums nicht angenommen. Ehmke und Karsten Voigt sind gar nicht erst gekommen. So muß und will ich wieder ran. Nicht einmal ihr einseitig verkündetes Moratorium hätten die Sowjets eingehalten. Sie wollten uns mit ihren Vorschlägen sogar an der Vorbereitung einer etwaigen Stationierung hindern. Ihren Aufbau von SS-20 jenseits des Urals wollten sie nicht beenden.

Gut zwei Wochen später kommt die Arbeitsgruppe »Neue Strategien« unter Egon Bahrs Vorsitz zusammen, dabei sind Graf Baudissin, Klaus von Schubert, Horst Ehmke, Karsten Voigt, Alfons Pawelczyk. Das eigentliche Problem ist immer wieder Bahr. Er will eine andere Strategie und damit eine andere Nato. Auf jeden Fall würde sein Konzept eines atomwaffenfreien Zentraleuropas dazu führen, die USA schrittweise aus Europa rauszudrängen. Mit scheinbar zwingender Logik vertritt er seine Positionen und nötigt uns so zu großen Anstrengungen. Das Schlimme ist, daß er über den *Vorwärts* ungehinderten Zugang zur Partei hat, die seine Ideen wie Zucker schleckt. Daran wird dann auch unser Strategiepapier für den nächsten Parteitag wenig ändern.

Am 23./24. Juni tagt in Bonn wieder einmal der deutsch-amerikanische Workshop zur Sicherheitspolitik. Perle, Nitze und Dean referieren. In der Diskussion hören sie die übliche SPD-Litanei, die unser Nein zur Nato-Nachrüstung vorbereiten und begründen soll. Und so weist Paul Nitze uns nach, daß es die Sowjets sind, die sich bisher nur taktisch bewegt haben. Perle meint, daß wir sowieso Nein sagen würden, auch wenn die Amis ihrerseits auf die Pershing verzichten würden. Immerhin sagt Egon Bahr, daß die SPD ein Abkommen akzeptieren würde, auf das sich die beiden Supermächte einigen würden, auch wenn das zu einer bestimmten Nachrüstung in der Bundesrepublik führen würde. Das ist erstaunlich, aber belanglos. Es kommt vor dem 15. November 1983 zu keinem Abkommen.

Im Parteivorstand am nächsten Montag legt Lafontaine los. Selbst ein Zwischenabkommen zwischen den beiden Supermächten mit einer nur begrenzten Cruise-missile-Nachrüstung müsse massiv abgelehnt und bekämpft werden. Vogel argumentiert nicht in der Sache, sondern kritisiert, wie wir miteinander umgehen und daß die Partei zusammenbleiben müsse. Nur über das Wie sagt er nichts. Fairerweise muß ich allerdings berücksichtigen, daß die SPD politische Führung kaum ertragen würde. Aber wenn wenigstens erkennbar würde, was Jochen Vogel will, wo er steht, wäre das ja schon eine große Hilfe. Aber genau das ist nicht von ihm zu erreichen. Dagegen sind Ehmke und Voigt Heroen. Sie suchen nach einer Brücke, um das Nein der SPD zur Nachrüstung im Herbst dieses Jahres so glaubwürdig wie möglich zu machen, ohne unsere feste Bindung an die Nato zu gefährden. Und so wachsen mir neue Alliierte zu.

Das Eintreten für ein Ja zur Stationierung wird immer gefährlicher, kann zum politischen Selbstmord führen. So einfach dürfen wir es den anderen nicht machen. Die nächste Verteidigungslinie, »Nato«, muß gehalten werden. Norbert Gansel fordert: Die Befürworter des Nato-Doppelbeschlusses müßten auch weiter zu ihm stehen und beim Scheitern der Verhandlungen für die Nachrüstung eintreten. Das könnte denen so passen: Auf diese Weise könnte man sich der letzten Rechten entledigen und selbst die Kompromißformel »Nachrüstung nein, Nato ja« durch den Parteitag bringen. Doch die Linke muß mit ran. Denn wenn wir politisch an der Nachrüstung sterben, haben sie die Partei in der Hand. Wenn wir klug sind, desintegriert sich über unser Bekenntnis zur Nato die Linke, und neue Mehrheiten derer, die uns unverbrüchlich im westlichen Lager halten wollen, sind möglich. Und nur das gibt der Partei eine politische Zukunft.

Oder denke ich nur so, um meine eigene politische Zukunft nicht zu gefährden, suche ich nach einem Ausweg, um ein Ja zur Nachrüstung vermeiden zu können? Ich will, daß die Seeheimer heil über die Runden kommen. Aber die sagen, Kohl werde es schon richten und uns die Last der Nachrüstung abnehmen.

Helmut Schmidt ist meistens unterwegs. Nur selten nimmt er an unseren Arbeiten teil. Aber er läßt uns teilhaben an seinen Erfahrungen. Ich erhalte von ihm Anmerkungen über seine vielfältigen Gespräche in den USA, Japan und Saudiarabien. Auf dem Verteiler stehen nur Willy Brandt und Hans-Jochen Vogel. Da ich aber auch das Konvolut erhalte, wird es wohl weiter gestreut sein. Ich finde in diesem Papier den Satz, »daß die deutsche Singularität bei Pershing ein Fehler gewesen sei, der durch Rücksichtnahme auf Genscher und Apel geduldet worden sei.« Ein starkes Stück! Ich schreibe ihm mit Durchschlägen an Brandt und Vogel und weise diese Feststellung mit dem Hinweis auf die enge Abstimmung mit ihm in allen Fragen des Nato-Doppelbeschlusses zurück.

Wir reden unter vier Augen über die Singularisierung der Bundesrepublik bei der Aufstellung der Pershing, der auschließlichen Stationierung dieser Waffen in unserem Land. Ich mache ihn erneut darauf aufmerksam, wie sehr er damals auch in den Einzelheiten des Doppelbeschlusses die politische Führung hatte, daß die Entscheidung zur Modernisierung der amerikanischen Mittelstreckenwaffen bereits auf dem Nato-Gipfel im Frühjahr 1978 gefallen war. Ich erinnere ihn daran, daß der Bundessicherheitsrat am 13. Juni 1979 mit seiner Stimme und der von Vogel und mir der Stationierung der Pershing auf deutschem Boden zugestimmt habe. Er hört sich das alles an, doch es bewegt ihn nicht. Das mit der Pershing war ein Fehler. Dabei bleibt er. Vielleicht hat Schmidt sogar recht, aber was sollen wir heute damit anfangen?

Öffentlich, im Parteivorstand und in der Fraktion steht Helmut Schmidt wie eine Eins. Er läßt sich auf nichts ein und sagt mehrmals, er lasse sich von niemandem einbinden. Er stellt die Genesis des Nato-Doppelbeschlusses und die mehrfachen Wortbrüche Moskaus dar. Die Sowjets hätten im Mai 1978 in der Bonner Erklärung für Gleichgewicht plädiert, aber die SS-20-Rüstung fortgesetzt. Sie hätten Ende 1979 erklärt, es gäbe keinen Nachrüstungsbedarf für den Westen. Und dann hätten sie weitergerüstet. Er erklärt uns, wie er in den letzten Jahren auf beide Seiten eingewirkt habe. Sein Ziel sei das konventionelle Gleichgewicht in Europa, das den Verzicht auf den Ersteinsatz von Atomwaffen möglich mache. Doch immer weniger Genossen wollen seiner Argumentation folgen.

Mitte September spreche ich mit Helmut Schmidt über die letzten Wochen, die uns noch vom SPD-Sonderparteitag trennen. Er
bereitet für unseren Parteitag eine große Rede zur Einleitung der
Raketendebatte vor, und wenn es nach einem Fehlschlag der Verhandlungen ein Nein der Partei zur Nachrüstung geben werde,
werde er dort wie im Bundestag für die Nachrüstung stimmen. Ich
versuche, ihm die Idee einer Einleitungsrede auszureden. »Dann
kommen all die kleinen Kläffer und pissen dich an. Rede zum
Schluß und begründe dein dissenting vote.« Das lehnt er katego-
risch ab. Das sei seine letzte große politische Rede, die in den 90er
Jahren den Anknüpfungspunkt für eine neue SPD geben werde.

So finde ich auch keine Gnade mit meiner Überlegung: Wir
sorgen dafür, daß die Entschließung der SPD in einem ersten Teil
den Doppelbeschluß erneut bekräftigt, weil nur er die beiden Supermächte an den Verhandlungstisch gebracht hat. Wir fordern in
einem zweiten Abschnitt die begrenzte Fortdauer der Verhandlungen und lehnen deshalb die beginnende Stationierung zu diesem
Zeitpunkt ab. In einem dritten Abschnitt geben wir ein unzwei-
deutiges Bekenntnis zur Nato ab. Schmidt will das nicht. Die Zeit
des Taktierens sei vorbei. Und er hat recht. Ich berede meine
Ideen vorsichtig mit Horst Ehmke. Er lehnt glatt ab. Es gebe für
die SPD nur ein klares Nein zur Stationierung. Und dazu müsse
dann auch ich Stellung nehmen. Ich rede mit Erhard Eppler. Es
ginge nicht um mich. Ich hätte keine Angst mehr um meine politische Zukunft. Aber ich hätte weder Lust, meine Selbstachtung zu
verlieren noch durch mein Abstimmungsverhalten zum Kronzeugen der CDU gegen die SPD zu werden. Wir reden lange ohne
Ergebnis. Erhard Eppler genießt meine Schwierigkeiten. Mir wird
übel. Soll ich mich aus Angst um meine Zukunft politisch prosti-
tuieren?

Das Bonner Theater nimmt seinen Lauf. Die Pershing wird zu
einer »Enthauptungswaffe«, mit der die USA die UdSSR zielgenau
in ihren politischen Schaltzentralen handlungsunfähig machen
können. Deshalb dürfe diese Waffe auf keinen Fall bei uns stationiert werden. Die Emotionen schlagen höher, auch in meinem
Wahlkreis. Dort wie wohl fast überall diskutiert die Partei so, als

stünde uns der atomare Schlagabtausch nach der Stationierung unmittelbar bevor. Reihenweise fordern die Gliederungen der SPD den völligen Ausstieg aus dem Nato-Doppelbeschluß. Aus dem geordneten Rückzug von den bisherigen Positionen wird die heillose Flucht. Nun kommen unsere Wortführer selbst in Schwierigkeiten. Es ist doch nur logisch, wenn die jungen Leute alle Arten von Aktionen wollen, wenn die Pershing eine solch tödliche Gefahr darstellt. Von uns hören sie dagegen, das Widerstandsrecht des Grundgesetz-Artikels 20 könne keine Anwendung finden. Eine Volksbefragung gebe unsere Verfassung nicht her. Sie mache auch keinen Sinn, denn dann könne die Regierung die Fragen so formulieren, daß sie eine plebiszitäre Zustimmung zur Stationierung erhalte. Doch die Stationierung müsse friedlich, aber gewaltfrei verhindert werden. Das alles kann der SPD nicht nützen. Glaubwürdigkeit ist in der Politik ein zu hohes Gut, als daß mit ihr so umgesprungen werden darf.

Die Verwirrung ist groß. Mitte Juni legt Peter Glotz Empfehlungen einer Arbeitsgruppe für die Kontakte der Partei zur Friedensbewegung und für gemeinsame Aktionen vor. Die SPD wird Teil der Friedensbewegung und stellt ihre Büros und ihre administrativen Kapazitäten zur Verfügung. Sie kämpft gegen die »Kriegsmedizin« und den »Wehrkundeunterricht« in der Bundesrepublik. Gewaltfrei soll es sein, Konflikte mit der Bundeswehr sollen vermieden werden. Im Fraktionsvorstand gehe ich gegen dieses Papier, wie Herta Däubler-Gmelin meint, »mit der Brechstange vor«. Ich verlange von Willy Brandt, daß diese Richtlinien nicht vom Präsidium, sondern vom Parteivorstand verabschiedet werden. Das Präsidium sei nur ein geschäftsführender Vorstand. Willy weicht aus. Der Parteivorstand tage erst am 27. Juni, und so lange könne die Partei nicht warten. Wir fordern daraufhin eine Sondersitzung des Parteivorstands für den 17. Juni. Als ich gegen 22 Uhr in meine Wohnung komme, finde ich einen Brief von Peter Glotz vor mit den vom Präsidium aufgrund der Debatte im Fraktionsvorstand neugefaßten Empfehlungen. Sie sind schon wesentlich besser, und am Dienstag in der Fraktionssitzung ist der Text noch einmal verbessert. Nach der Präsidiumssitzung hatte es im Gewerkschaftsrat noch mehr Zunder gegeben. Alle Teilnehmer berichten, daß Vogel bei der Redaktion des Textes kräftig mitgeholfen habe. Aus »Stärkung der Friedensbewegung« wird »Stärkung des Friedensgedankens«. Die »technische Hilfe« der SPD für die Friedensbewegung verschwindet aus diesem Papier, auch die Passage zum Widerstand gegen den Wehrkundeunterricht – eine DDR-Einrichtung, die es bei uns nicht gibt. Aus dem »Bündnispartner« Friedensbewegung wird nach Vogels Vorschlag: »Die SPD betrachtet die Friedensbewegung nicht als Gegner, sondern als mitunter unbequemen, manchmal die Grenzen zwischen Wunsch und Wirklichkeit überschreitenden Bundesgenossen.«

Ich erkläre dazu vor der Fraktion, um was es mir geht: »Wir dürfen die Friedensbewegung bei ihrem friedlichen Protest nicht allein lassen. Aber wir müssen aufpassen, daß wir anschließend nicht als neutralistisch-pazifistische Partei übrigbleiben.« Ansonsten mag das Papier so bleiben, wie es ist. Wir Seeheimer müssen nicht mehr massiv einsteigen, obwohl wir uns kurzfristig darauf vorbereitet hatten.

Wir kommen dem Ende unseres Leidensweges näher. Die Partei beschließt, Delegationen in die Hauptstädte der wichtigsten Nato-Verbündeten zu entsenden, um dort die SPD-Position zu erläutern. Und so machen sich am 28. Oktober Manfred Schulte und ich auf, um in Paris den politischen Parteien außer den Kommunisten und dem Außenminister Cheysson wie meinem früheren Kollegen Hernu die Position der SPD zur Nachrüstung nahezubringen. Ein wirklich kurioses Unterfangen, denn Schulte und ich können mit der SPD-Position immer weniger anfangen. Die Franzosen bringen für unsere Position kein Verständnis auf. Und dennoch wird diese Reise für uns zu einem wichtigen Ereignis. Es geht für die Franzosen längst nicht mehr um die Fragen der Nachrüstung im waffentechnischen Sinne, sondern darum, ob die SPD *nolens volens* zum Helfershelfer sowjetischer Politik wird. Die französischen Politiker sind der Ansicht, daß die UdSSR über die Friedensbewegung die Nato zu einem Papiertiger machen will; die Aufstellung auch nur einer amerikanischen Mittelstreckenwaffe solle verhindert werden, und langfristiges Ziel sei, Westeuropa und die USA zu entkoppeln.

Natürlich sind die Franzosen vor allem und zuerst Nationalisten. Sie teilen die Verfügungsgewalt über ihr Atompotential mit niemandem. Sie wollen eine Kette von US-Mittelstreckenwaffen in der Bundesrepublik gezogen sehen, die ihre Sicherheit und damit ihre Unabhängigkeit erhöht. Dennoch wissen sie, daß sie mittelfristig gar nicht darum herumkommen, ihr Potential in Rüstungsbegrenzungsabkommen mit einzubringen. Aber jetzt beißen sie sich lieber die Zunge ab, als auch nur ein Jota nachzugeben.

Ich bringe ein Stationierungsmoratorium in die Debatte ein, um ein Zwischenabkommen mit einer begrenzten Nachrüstung des Westens zu erreichen. Wenn die UdSSR das blockiere, sei wenigstens klar, an wem die Verhandlungen scheitern. Die Franzosen lehnen das als Gedankenspiel ab. Wir würden nach eindeutiger Verweigerung einer Einigung durch die UdSSR, nicht über die Hürde der dann fälligen Nachrüstung kommen.

Vogel beruft sich neuerdings wiederholt auf Ollenhauer: »Ollenhauer sagt bei solchen Anlässen: Das halten wir auch noch aus, oder: Da müssen wir durch.« Er bekniet mich, ich möge doch auch mit Nein stimmen. Mein Abstimmungsverhalten wird von zwei Vorgaben geprägt: Ich bin kein Opportunist, und zum Kronzeugen der Union gegen meine eigene Partei werde ich auch nicht.

Es ist draußen im Lande hinlänglich bekannt, wer von den Sozialdemokraten sich noch nicht in die Front der Nein-Sager eingereiht hat. Auf sie wird besonders Druck ausgeübt. Schließlich drohe uns nach der Stationierung der Krieg, mindestens aber, so Willy Brandt, eine Eiszeit in den Beziehungen zwischen Ost und West. Da müssen alle ran: Kirchenleute, Naturschützer, Ärzte. Jeder ist aufgerufen, sich dem drohenden Unheil entgegenzustellen. Der DGB-Bundesvorstand fordert alle Abgeordneten auf, gegen die Nachrüstung zu stimmen, und ermahnt seine Mitglieder, ihre MdB entsprechend zu bearbeiten. Der DGB lenkt damit auch von der Neuen Heimat ab. Ich gehe jetzt meinen Weg allein. Die vielen Briefe, die anständig und besorgt geschrieben sind, werden genauso beantwortet. Der Rest fliegt in den Papierkorb. Telefonanrufe werden kühl beantwortet. Meine Partei in Hamburg-Nord bereitet ihr Scherbengericht über mich vor. Das ist bitter.

Es zeigt sich erst in der Antragskommission, was die Partei von uns erwartet. Das geht weit über das hinaus, was die Bonner Parteispitze will. Bis auf eine Einfügung, die Vorleistungen als Teil unserer Sicherheitspolitik fordert, können wir alle weiteren Verbalradikalismen abwehren, aber nur dadurch, daß wir auf den nächsten ordentlichen Parteitag verweisen, der das Thema »Nato-Strategie« aufgrund des Zwischenberichts unserer Strategiekommission diskutieren soll. Aber wohin die Reise geht, ist klar. Da können auch die Formulierungen unseres Leitantrags nichts daran ändern. Erst im Parteivorstand gelingt es uns, die Antiamerikanismen aus dem Leitantrag herauszustreichen.

Im Parteivorstand am Mittwoch, 16. November, und im Parteirat am Donnerstag geht es anständig zu. Dafür sorgt schon Willy Brandt. Aber der Opportunismus grassiert. Holger Börner, mein Dauernachbar im Parteivorstand, will kaum mit mir reden. Ich soll seine Landesparteitagsrede lesen, wenn ich wissen will, wo er steht. Ohne sich zu Wort zu melden, stimmt er mit der Mehrheit. Koschnick kommt erst gar nicht. Dohnanyi erklärt mir, daß meine Position unnötig und falsch sei. Er will mir beweisen, daß auch ich ohne Gesichtsverlust mit Nein stimmen könne. Auch Herbert Ehrenberg und Anke Fuchs stimmen mit Nein. Und so bleiben fünf Genossen übrig: Georg Leber, Hans Matthöfer, Helmut Schmidt, Hans-Jürgen Wischnewski und ich.

Am Donnerstagabend sitze ich noch mehr als zwei Stunden über Schmidts Parteitagsrede und korrigiere sie. Sie ist ein eindrucksvolles Dokument zur Sicherheitspolitik der SPD. Nur diesen Parteitag trifft er damit nicht mehr. Er sagt am 19. November in Köln: »Ich halte in klarer Erkenntnis von Versäumnissen beider Großmächte am Doppelbeschluß vom Dezember 1977 auch heute fest, ... weil ich darin unverändert ein wirkungsvolles Instrument zur Herstellung des Gleichgewichts durch Begrenzung und zum schrittweisen Abbau von eurostrategischen Nuklearwaffen sehe ... Wenn die östliche Supermacht solidarisches Verhalten ihrer Verbündeten erzwingen kann (wobei zum Beispiel weder Honecker noch Kadar noch Schiwkow zusätzliche nukleare Raketen auf dem Boden ihrer Staaten stationiert sehen möchten), so muß der Westen die nötige

Solidarität mit der westlichen Führungsmacht freiwillig aufbringen. (An dieser Stelle fehlt Beifall, Genossinnen und Genossen.)« Dagegen fällt die Rede von Hans-Jochen Vogel ab. Die Verantwortung für das Scheitern der Verhandlungen liegt auch für ihn bei den USA. Er sagt: »Ich vermag der Stationierung nicht zuzustimmen... Zur Begründung mache ich mir nicht die Argumente der Genossinnen und Genossen zu eigen, die die maßgebenden Beschlüsse schon in Berlin und München abgelehnt haben. Ich respektiere sie und ich füge hinzu: Die Schärfung unseres Bewußtseins für die im wahrsten Sinne des Wortes existentiellen Gefahren, die mit der Fortsetzung des nuklearen Wettlaufs verbunden sind, der immer stärkere Ruf nach der Beendigung dieses Wahnsinns hat nicht zuletzt von dort seinen Ausgang genommen.« Menschlich wieder Willy Brandt, er fordert von der Basis Respekt für die Minderheit und nennt mich namentlich, schüttelt mir demonstrativ vor dem Parteitagsplenum die Hände. Nur Helmut Schmidt bleibt ausgeschlossen. Ein schlimmer Parteitag mit Fernwirkungen.

Nun geht es darum, die Debatte im Bundestag vorzubereiten. Bereits vor Wochen hatte ich Helmut Schmidt davon überzeugt, daß wir keineswegs mit der Koalition stimmen dürften. Das könnten wir der SPD nicht antun. Außerdem würden wir dadurch dokumentieren, daß Kohl und Genscher alles in ihren Kräften Liegende getan hätten, um zu einem Verhandlungserfolg in Genf zu kommen. Davon könne aber nicht die Rede sein. Wir verständigen uns, dem Koalitionsantrag nicht zuzustimmen und uns beim Antrag der SPD der Stimme zu enthalten. Schließlich sei unsere Position auf unserem Sonderparteitag deutlich genug geworden.

Wir verhalten uns gegenüber unserer eigenen Partei so nobel, wie es überhaupt geht und mit unserer Selbstachtung gerade noch vereinbar ist. Wird die Partei das honorieren? Das ist zu bezweifeln. Wenn wir am Ende doch noch 25 SPD-MdB sind, die gegen den Stachel löcken, dann deshalb, weil der Gegendruck über die Medien kommt. Helmut Schmidt sei ganz allein mit wenigen Getreuen. Die Partei verlasse ihn. Hans-Jochen Vogel sagt, die Zahl der »Dissidenten« dürfe 25 nicht übersteigen. Mit 26 hätten wir Fraktionsstärke, und das ginge nicht. Das ist Unsinn, soll aber wohl einen Damm bauen. In der außerordentlichen Sitzung des Geschäftsführenden Fraktionsvorstandes sollen wir die Erklärung zur Abstimmung von 21 »Dissidenten« besprechen. Und schon geht es los. Emmerlich will diesen und jenen Satz geändert wissen. Der nächste mäkelt weiter. Da explodiere ich: Seit wann redigieren Dritte die Erklärungen frei gewählter Abgeordneter? Die Sitzung endet ziemlich abrupt. Auch das ist interessant: Während die Rechten bereit sind, sich in ihre Angelegenheiten hineinredigieren zu lassen, geben einige Linke im Plenum schriftliche Erklärungen ab, die niemand vorher sieht. Und das geht dann ohne Kritik durch. Nur eine Freude bleibt: Willy Brandt verpaßt die Abstimmung über den Koalitionsantrag und stimmt damit nicht wie ich gegen die geforderte Ermächtigung zur Raketenstationierung.

Am Mittwoch nach der Abstimmung im Plenum die Nachlese im Geschäftsführenden Vorstand. Ich erkläre Vogel, daß sich einige »Rechte« gelackmeiert fühlten, weil sie ihr bedingtes Ja zum Fraktionsantrag nicht hätten erklären können. Er hätte ihnen das ausgeredet, dagegen hätten die Linken ihre Erklärung zur Abstimmung abgeben können. Er wird wütend, ich bleibe ganz ruhig. Ich sage ihm, ich sei nicht von ihm ernannt, sondern gewählt. Wenn er meine, mit mir nicht mehr zusammenarbeiten zu können, dann solle er das sagen. Alle ziehen die Köpfe ein. Aber Vogel, kalkweiß, entschuldigt sich, ich ebenfalls. Der Zwischenfall scheint beigelegt, aber ich weiß, Vogel ist nachtragend. Er mußte in die Schranken gewiesen werden, auch wenn er sichtbar unter den Zwängen leidet, die ihm sein Amt aufbürdet. Wir verabreden ein Gespräch unter vier Augen.

Das findet am 14. Dezember statt. Hans-Jochen Vogel zeigt sich zufrieden. Die Meinungsumfragen weisen nach der Debatte um den Nato-Doppelbeschluß nur einen Rückgang für die SPD um gut einen Prozentpunkt aus. So preiswert ist die Abkehr der SPD von der Sicherheitspolitik Helmut Schmidts zu haben. Er will nun die Partei zu neuen Ufern führen, den Streit um die Raketen beenden. Wir, die Minderheit, müßten uns in die Arbeit der SPD voll einbringen. Wir müßten die bei uns spürbare Neigung zur Resignation überwinden. Ich sage ihm, daß ich keineswegs resigniere.

Auch ich hoffte, daß wir nun nach dem Streit um die Raketen wieder nach vorn blicken könnten. Dabei müsse allerdings unsere Nato-Treue und unsere Westbindung unbezweifelbar bleiben. Sorgen mache mir das undurchsichtige Spiel Egon Bahrs. Das allein könnte mich dazu bringen, erneut öffentlich Alarm zu schlagen.

Vogel spricht über sich und seine Probleme. Wir hätten ihn gerufen, wir müßten ihm helfen, diese Last zu tragen. Seine oft bespöttelte Genauigkeit und sein dauerndes Antreiben hätten aus der Fraktion eine funktionsfähige Einheit gemacht. Nach diesen schrecklichen Wochen ginge es mit der SPD wieder voran, wenn alle mithelfen. Das verspreche ich ihm.

1984

Das Berliner Abenteuer

Am 11. Januar fliege ich mit der Acht-Uhr-Maschine von Hamburg nach Berlin. Die von der Bundestagsfraktion eingesetzte Arbeitsgruppe »Berlin« soll die Berliner Probleme so mit unserer Bonner Arbeit verknüpfen, daß wir auch als Opposition im Bund der Stadt helfen können. Natürlich soll dabei auch etwas für die Berliner SPD herauskommen, die sich im Frühjahr 1985 den Wählern stellen muß. Der Vorsitzende dieser Arbeitsgruppe heißt nur deshalb Hans Apel, weil Hilfe für Berlin stets etwas mit Geld zu tun hat und ich in Bonn Stoltenbergs Gegenüber bin. Die Mitglieder unserer Arbeitsgruppe vertreten die anderen für die Stadt wichtigen Bereiche wie Wirtschaft, Wohnungsbau, Verkehr, Soziales.

Anfang Februar spricht mich Bundesgeschäftsführer Peter Glotz an, auch im Namen von Hans-Jochen Vogel, wie er sagt. »Wir können doch nicht Alois Pfeiffer nach Brüssel in die EG-Kommission entsenden. Und politisch haben wir als SPD auch nichts davon. Wenn wir dich mit deinen Fähigkeiten vorschlagen, kann Kohl nicht nein sagen. Und du kehrst 1987 in unsere Regierungsmannschaft zurück.« Ich telefoniere mit Ingrid. Sie will aus Hamburg nicht weg. Nach vierundzwanzig Stunden Bedenkzeit sage ich nein. Ich weiß zu genau, was da in Brüssel auf mich wartet; vor allem Langeweile. Geld ist kein Gesichtspunkt. Außerdem habe ich in Bonn und in der Partei meine Rolle zu spielen.

Am 25. Februar fliege ich mit meiner Frau nach Teneriffa, in die Sonne. In Bonn ist Karneval, und da können wir für zwei Wochen weg. Ein reines Vergnügen werden diese Urlaubstage allerdings

nicht. Denn die deutschen Rentner im kanarischen Winterexil stürzen sich reihenweise auf uns und wollen mir zumindest guten Tag
sagen. Aber Ingrid meint, das sei doch ein prima Wahlkampf ohne
anstrengende Versammlungen. »Blicke fröhlich drein und sei nett
zu den Leuten.« Mir bleibt ja sowieso nichts anderes übrig.

Aber es kommt noch besser. Das Telefon im Hotel klingelt.
Hans-Jochen Vogel ruft aus dem bayrischen Wahlkampf an. Er
spricht über Autotelefon, redet deshalb konspirativ: Ein gewisser
Harry mache mit seiner Firma Konkurs. Und nun zöge er sich ins
Privatleben zurück, das schaffe Probleme. Ich unterbreche ihn:
»Ich weiß schon Bescheid, die stellen Alufenster her.« Vogel: »Und
nun brauchen wir einen Neuen. Und zwar schnell. Peter Ulrich
ruft dich an, dann sage, ob du bereit bist. Nur du kommst in
Frage.« Da ist es mit unserem Urlaubsfrieden endgültig vorbei.
Ingrid und ich reden immer wieder darüber. Soll ich, soll ich
nicht? Sie ist eher dafür, die Partei könne das verlangen. Ich will
nicht. Denn die Sache ist hoffnungslos. Peter Ulrich, der Berliner
Landesvorsitzende, ruft an. Wir reden nicht zur Sache. Am
10. März wird in Bonn alles weitere besprochen, so lautet unsere
Verabredung.

Am Dienstagmorgen, dem 5. März, setze ich von Teneriffa aus
über mein Bonner Büro eine Notiz an Vogel ab, in der ich ihm
deutlich mache, wie wenig ich bereit sei, nach Berlin zu gehen. Ich
habe nicht vor, mein politisches Leben als Oppositionsführer in
Berlin zu beenden. Am Donnerstag klingelt um 7 Uhr 45 das
Telefon, der SFB. Ristock trete heute zurück, ich solle sein Nachfolger werden. Ich stelle mich dumm und habe damit Erfolg. Aber
das hält nur einige Stunden. Als wir um 20 Uhr 45 in Hamburg-
Fuhlsbüttel landen, lauern beide Fernsehanstalten und eine Reihe
von Journalisten auf mich, um mich zum Thema »Berlin« zu
vernehmen. Ich lasse mich nicht festnageln, aber mache doch
deutlich, daß ich »Parteisoldat« bin und mich nicht einfach über
Wünsche und Notwendigkeiten der Partei hinwegsetzen könne.
Das war wohl schon zuviel. Denn daraus wird in den *Tagesthemen*:
»Apel ist bereit.« Und schon rollt in West-Berlin bei allen Rechten
und der Mitte der Partei die Welle der Hoffnung.

Am Freitagmittag bin ich in Bonn bei Vogel und treffe dort auch Peter Ulrich. Wir reden zwei Stunden lang. Aber der Druck wird größer. »Wenn wir in Berlin nicht gut abschneiden, wirft das schwere Schatten auf die Landtagswahlen in Nordrhein-Westfalen und im Saarland.« Und nur ich könne diese Gefährdungen verhindern. Mit mir hätten wir in Berlin eine echte Chance … Ich lasse mich nicht festlegen und bitte mir Bedenkzeit aus. Aber auch das – natürlich von den anderen akzeptiert – hilft mir nicht weiter, sondern bindet mich endgültig ein. Am Sonnabend rollt eine Telefonwelle ohnegleichen. Mit den Journalisten werde ich noch fertig, aber die vielen Gutmeinenden lassen sich so ohne weiteres nicht abspeisen. Mama hatte der *Bild*-Zeitung einige Sätze gesagt, etwa so: »Ich will nicht nach Berlin; meine Tochter Hanne braucht mich auch noch.« Und daraus wird dann in der *Bild*-Zeitung am Sonnabend die Schlagzeile: »Ingrid: Hans, bleibe in Hamburg.« Aus Berlin kommen sehr unterschiedliche Signale. Klaus Bölling rät mir massiv zu. Nils Diederich berichtet mir, wie die Linken auf den Barrikaden stehen und alles tun wollen, um mein Kommen zu verhindern. »Nato-Apel no«, heißt die Parole. Helmut Schmidt sagt: »Du mußt das machen. Du wirst es schaffen.«

Am Sonntag lege ich für Stunden den Hörer neben das Telefon, ich muß arbeiten. Ich muß vor der Freiburger Montagsgesellschaft über Finanzpolitik reden. Als ich erneut mit Peter Ulrich spreche, weiß ich endgültig, nun bin ich schanghait. Das ist nicht mehr zu verkennen. Nur einer meldet sich überhaupt nicht: Willy Brandt.

Die folgende Woche ist verrückt. Drei Tage Wahlkampf in Baden-Württemberg, Rheinland-Pfalz und Bayern lassen sich nicht mehr absagen. Also sause ich durch die Lande und lasse mich als künftiger Bürgermeister von Berlin begrüßen. Wildfremde Leute sprechen mich an und wünschen mir für Berlin viel Glück. Auch viele Briefe kommen. Für die Leute ist das alles so einfach, dabei wird es knochenhart werden. Eigentlich spricht fast alles für Diepgen und die CDU: ein Berliner Junge, Amtsbonus, Bonner Hilfe, das Forum »Abgeordnetenhaus«. Aber ein Zurück gibt es nicht mehr. Am Dienstag unterbreche ich meine Wahlkampftournee und treffe in Berlin mit der Fraktion und dem Landesvorstand zusammen. Zur Sache rede ich nicht. Erst einmal will ich jeden Bezirk besuchen und mich von der Senatsverwaltung instruieren lassen. Aber ich mache einiges klar: Meine politischen Überzeugungen würde ich nicht an der Berliner Garderobe abgeben; ich sei der Kandidat der SPD und würde mich an Flügelkämpfen nicht beteiligen; auf eine Koalitionsaussage ließe ich mich vor dem Wahlkampf überhaupt nicht festlegen. Das alles freundlich vorgetragen, aber glashart.

Die Linken aber wollen keinen Legionär, sondern eine Berliner Lösung. Ich frage sie, warum sie die nicht fänden. Schließlich hätte ich in Berlin nicht meine Bewerbungsunterlagen eingereicht. Sie kündigen mir an, sie würden mich nicht wählen. Ich verspreche ihnen einen »Freßkorb« von meiner Frau, wenn sie ihr die Freude machten, nicht nach Berlin zu müssen. Die anschließende Pressekonferenz läuft gut. Das Presseecho ist freundlich. Nur die Linken mokieren sich, ich sei ein Chauvi und ein Macho, schlimmer noch als Eberhard Diepgen.

Bei Harry Ristock sind die Linken versammelt. Sie wollen mich anmachen, wissen aber eigentlich nicht so genau, wie sie es anfangen sollen. Denn über den Nato-Doppelbeschluß kann mit mir nicht gestritten werden. Sie lassen ihrem Unmut freien Lauf, auch gegen Ristock, der für mich ist, mich sogar »erfunden« haben will. Ilse Reichel und die »Damenriege« allerdings haben ein Thema: Ich würde mit meinen flotten Sprüchen die Gefühle der emanzipierten Frauen verletzen, von dort hätte ich keine Stimme zu erwarten. Immer wieder kommen sie darauf zurück, ich hätte gesagt, meine Frau entschiede alles, ich dagegen über Krieg und Frieden. Meine Selbstironie können sie nicht sehen. Der stellvertretende Kreisvorsitzende von Kreuzberg meint, seine Genossen würden für mich nicht einen Finger krumm machen. Ich sage ihm, dann würden Ingrid und ich allein durch Kreuzberg wandern, natürlich mit Journalisten, und jedermann erzählen, die Partei wolle mich nicht. Mal sehen, wie lange die Kreuzberger SPD das aushielte. Da glotzt er mich an. Aber er weiß, daß es mir trotz aller Freundlichkeit todernst ist. Und das ist für sie etwas Neues. Die Spielchen und kleinen Geschäfte sind vorbei.

Am folgenden Wochenende sitze ich in Hamburg am Schreibtisch und lese Berge von Papier über Berlin. Fröhlich kann ich dabei nicht werden. Die wirtschaftliche Lage dieser Stadt ist ernster, als viele wahrhaben wollen. In den deutsch-deutschen Beziehungen, den Kontakten zwischen den beiden Berlins entdecke ich viele Illusionen – der Traum von einer neuen Metropole. Am Montag, 19. März, stelle ich mich auf zwei Kreisdelegiertenversammlungen, in Spandau und Neukölln, vor. Ich lehne es ab, auf weitere zehn Kreisdelegiertenversammlungen zu gehen. Es geht weder terminlich noch beabsichtige ich, Klinken zu putzen. Inzwischen haben die Linken einen Gegenkandidaten aufgestellt, Alexander Longolius. Die Berliner Parteiführung erklärt, das habe nichts zu bedeuten, Longolius sei nur Zählkandidat. Die Abstimmungsergebnisse sind jedenfalls eindeutig, einmal 78, das andere Mal 88 Prozent der Stimmen für mich in allerdings »rechten« Kreisen. Nun kommt alles auf den Landesparteitag an, auf dem Longolius und ich zur Wahl stehen werden.

Meine Rede für den Berliner Parteitag am 31. März fordert viel Arbeit, Zuarbeit habe ich dabei nicht. Die Genossen aus der Stadt geben mir massenhaft bedrucktes Papier, mit dem ich wenig anfangen kann; es ist schwer, die vielen Details der Stadtpolitik so zu ordnen, daß daraus ein schlüssiges und zündendes Konzept wird. Einfacher habe ich es mit der Darstellung und der Bewertung der Bonner Politik mit ihren Auswirkungen auf Berlin. Jochen Vogel gibt mir Ratschläge: Ich solle in Berlin erklären, daß ich nun nach der Abstimmung zum Nato-Doppelbeschluß auf unserem Kölner Parteitag trotz meiner Nein-Stimme voll auf der Parteilinie stehe und die Nachrüstung ablehne. Ich lehne das ab, obwohl er mehrfach nachhakt. Vogel ist damit einverstanden, daß ich trotz meiner Kandidatur in Berlin erneut als stellvertretender Fraktionsvorsitzender in Bonn kandidiere. Das gibt mir die notwendige politische Basis, um von Bonn nach Berlin zu wirken. Und er teilt mir Willy Brandts Sorgen mit: Wer soll künftig Stoltenberg gegenübertreten, wer soll die Seeheimer und die Kanaler als notwendiges Gegengewicht zu den Linken führen und aktionsfähig halten?

Meine Rede auf dem Parteitag ist nicht besonders, das Abstimmungsergebnis auch nicht. Ich werde mit 158 gegen 80 Stimmen nominiert, das sind weniger als zwei Drittel der Delegierten. Schlimmer ist dagegen die Debatte. Die Linken haben sich formiert und treten auf dem Parteitag massiv gegen mich an: Ich sei ein »Politiker von vorgestern«, ich stünde für die gescheiterte Politik Helmut Schmidts; für Genossinnen bin ich ein Mensch, den »die Frauen nicht wählen können«. Unterstützung gibt es nur mit dem Argument, mit mir seien die Wahlen eher zu gewinnen. In Schutz genommen werde ich nicht; es geht nur um die Nützlichkeit des Kandidaten.

Die Rede von Alexander Longolius ist wesentlich wirkungsvoller als meine, ist bis zur letzten Kleinigkeit ausgefeilt. Da waren Profis am Werk. Seine feierliche Absage an jede Art von Koalition mit der CDU zielt zwar in das Herz des Durchschnittsdelegierten, ist aber mehr als unvorsichtig. Wer weiß, was das Wahlergebnis uns alles an Problemen bescheren kann! Ich bleibe fest, sowohl beim Nato-Doppelbeschluß wie bei der positiven Bewertung der Arbeit der sozial-liberalen Koalition. Herbert Wehner, der zur Unterstützung nach Berlin gekommen ist, sitzt schweigend dabei, ebenso Jochen Vogel. Willy Brandt hatte mir schon am Dienstag in der Fraktionssitzung die Hand gedrückt mit dem Satz: »Wir müssen mal miteinander reden.« Das wollen viele. Ob sie auch mit anpakken? Die Sympathien sind überall groß.

Aber reicht das, hält das an? Wie werden wir mit der konzentrierten Macht des politischen Gegners fertig? Wenn ich alles in Rechnung stelle, bin ich sicher, daß diese Wahlen nicht zu gewinnen sind. Bestenfalls ist ein Patt nach Hessen-Art möglich – und dann steht die Partei vor einer Zerreißprobe, denn ein von der Alternativen Liste tolerierter Senat unter meiner Führung ist für mich nicht denkbar und Gift für die Stadt. Dann kommt nur eine große Koalition in Betracht, hoffentlich zu unseren Bedingungen. Deshalb wird es auch keinerlei Koalitionsaussage vor den Wahlen geben. Das habe ich bereits mit aller Klarheit auf dem Landesparteitag erklärt. Und das stört sie natürlich auch: Die Entschiedenheit meines Führungsanspruchs. Bis zum Wahltag müssen sie wohl parieren, aber dann?

Am Dienstag, 3. April, treffe ich Willy Brandt in seinem Büro im Bundeshaus. Ich will ihn davon unterrichten, daß die Seeheimer Rolf Böhme für die Wahl in den Parteivorstand vorschlagen wollen. Er hält das nicht für klug, weil wir schon zuviel Baden-Württemberger im Parteivorstand haben. Doch dann reden wir über Berlin. Man hatte ihn telefonisch in Südfrankreich aufgestöbert und ihn gebeten, bei mir zu intervenieren, damit ich nach Berlin ginge. Er habe das aber nicht getan, denn er hätte mir guten Gewissens nicht zuraten können. Ich könne zwar in Berlin die SPD zur stärksten Fraktion machen, es sei zwar dringend nötig, daß die SPD wenigstens in einem Bundesland mit der CDU in eine große Koalition ginge. Aber wie sei das durchzusetzen? Außerdem brauche man mich in der Bonner Fraktionsspitze, in der Finanzpolitik als Gegenspieler zu Stoltenberg und mit den Seeheimern als Gegengewicht zur Parteilinken. Er hätte mich gern in der Kommission für unser neues Grundsatzprogramm gesehen. Aber wie wolle ich nun zusammen mit Eppler und ihm das Godesberger Programm neu schreiben?

Wie soll ich ihm Antwort geben? Mir ist das Herz schon schwer genug. Die Linken lassen an mir ihre Ressentiments ab, den Rechten soll ich die Wahlen gewinnen. Und deshalb sage ich meinem Parteivorsitzenden, daß ich natürlich nicht in Berlin als Oppositionsführer bleiben werde. Er stimmt mir zu, sagt aber: »Immer daran denken, niemals davon reden.«

Am Mittwoch treffe ich die Berliner Parlamentsjournalisten, die sogenannte Rathauskolchose. Reine Provinz. Sie kennen nur ihr kleines West-Berlin und seine kommunalen Probleme. Daß die EG-Agrarpolitik und ihre neuen Finanzlasten für unser Land sich genauso in West-Berlin auswirken wie die Budgetpolitik der USA, ist für sie ohne Belang. Ich werde von Eberhard Diepgen empfangen. Eigentlich ist er gut für diese Stadt, er ist selbstbewußt, offen, sympathisch. Und dann fünfundvierzig Minuten »Stadtgespräch« im 3. Fernsehprogramm. Das läuft gut, denn so etwas kann ich. Der Springerschen *Morgenpost* fällt nur ein, daß der Sunnyboy Apel demnächst auch klare kommunale Konturen zeigen müsse. Am nächsten Morgen frühstücke ich mit Dietmar Staffelt, dem Kreisvorsitzenden von Tempelhof, einem sympathischen Linken, und schon habe ich in Tempelhof einen Wahlkreis, der zu holen ist. Die CDU hält ihn derzeit mit einem Vorsprung von 1500 Stimmen. Mitte April haben Ingrid und ich unseren ersten großen Berlin-Einsatz. Wir wollen an zwölf Wochentagen die zwölf Berliner Bezirke besuchen, vor Ort die Probleme der Stadt erfassen, Vorurteile abbauen. Das sind anstrengende Tage. Ladenzeilen, Wochenmärkte, Altersheime, Betriebe werden besucht. Immer viele Neugierige, die uns sehen und mit uns reden wollen. Abends Versammlungen und Empfänge. Vor Mitternacht kommen wir nicht ins Bett, sind fix und fertig. Das Interesse der Journalisten ist zunächst groß, flaut dann aber deutlich ab. Mit den Berlinern habe ich keine Probleme, sie mögen meine Art. Doch es ist alles schrecklich improvisiert und lebt ausschließlich von meiner Schlagfertigkeit, die ich bei meiner begrenzten Sachkompetenz in Fragen Berlin auch brauche. Wir erhalten viel Beifall, Blumen, kleine Geschenke. Schrittweise werden wir beide vereinnahmt, müssen immer wieder versichern, daß wir in Berlin bleiben wollen; wir spüren schon die psychologischen Ketten.

Die Genossen vor Ort geben sich alle Mühe. Sie wollen mit ihrer Partei und mit mir Erfolg haben. Mit ihnen könnten wir auch in Berlin glücklich werden. Aber je höher die Genossen in der Hierarchie angesiedelt sind, um so kühler wird es. Sie halten sich einen Spitzenkandidaten fürs Grobe. Er soll ihnen den Erfolg bringen, sich aber in ihre Interna nicht einmischen. Und zuviel Engagement soll er von ihnen auch nicht fordern; das Mandat über den Listenplatz ist ihnen sicher. Am 19. April erhalte ich eine erste Einschätzung unserer Wahlkampfkonzeption. Das Papier verdient diesen Namen nicht, es spiegelt eigentlich nur das wider, was die CDU mit uns vorhat: Trennung von Apel und SPD, Sachkompetenz gegen eine abgewirtschaftete SPD, Berliner gegen Zugereisten... Tendenz: »wenig Chancen«. Wir dagegen wollen den Sozialabbau der Bonner Koalition anprangern und unsere Kompetenz in der Wirtschaftspolitik herausstreichen.

Genau das ist aber fast wirkungslos. Der CDU-Senat leistet keine schlechte Arbeit, zumindest verkauft er sich vorzüglich. Zudem dreht sich in Berlin alles nur um das Geschehen innerhalb der Mauern. Die Bonner Politik und gar die Weltwirtschaft sind weit weg. Ende April rede ich im Presseclub am Kudamm mit Berliner Wirtschaftsjournalisten. Sie interessieren sich nicht für die Probleme der EG, die Schuldenkrise der Dritten Welt. Selbst die vielbeachtete Alternativszene ist kaum besser. Da lebt man in gesellschaftlichen Nischen; das geht, weil die Staatsknete fließt und die Umwelt sie direkt oder indirekt mitträgt. Das erinnert eher an ein Indianerreservat als an einen Aufbruch zu neuen Ufern. Die Bosse, die ich treffe, sind fast alle aus Westdeutschland, sie sind sympathisch, oft auch energisch und tüchtig. Karriere können sie als bessere Filialleiter ihrer westdeutschen Konzerne in Berlin nicht machen. Ihr Berlin-Bild ist entsprechend.

Ich rede stets über Geld und davon, daß auch eine Oppositionspartei nicht mehr versprechen kann, als zu finanzieren ist. Überall ist das eine Binsenweisheit, nicht so in Berlin. Aufgrund der vielfältigen Unterstützung muß man sich über die Finanzen kaum Sorgen machen. Und das hat man längst verinnerlicht.

In der Friedenspolitik ist es noch schwieriger. Der größere Teil der Berliner und fast alle Zeitungen klammern sich unkritisch an die Westalliierten und ihre Rechte als Berliner Schutzmächte. Kritik an den USA ist ein Sakrileg. Der britische und der amerikanische Stadtkommandant halten hof. Sie empfangen mich zu Antrittsbesuchen. Früher haben die Generale vor mir Meldung gemacht, heute fragen sie mich aus wie einen Abiturienten. Auf der anderen Seite die »Friedensbewegten«, die die Realitäten der geteilten Stadt kaum noch erkennen. In der Heilig-Kreuz-Gemeinde in Kreuzberg wird mir eine Sicht von Christentum und Friedensbewegung in der DDR vorgetragen, die mir die Sprache verschlägt, die DDR und die Aktionsmöglichkeiten der Christen dort werden geradezu verklärt. Aussteigen aus den westlichen, eigentlich auch aus den traditionell christlichen Bindungen, das ist die Parole. Da habe ich es schwer, eine Position verständlich zu machen, die unsere feste Bindung an den Westen und die Nato verbindet mit dem Maß an Selbstbewußtsein, das man in Berlin gegenüber den Alliierten braucht, um auf Dauer als Politiker bestehen zu können.

Ich beginne mich um meine Regierungsmannschaft zu kümmern. Ein Gespräch mit Edzard Reuter führt zu keinem Ergebnis. Er ist auch nicht bereit, als wirtschaftspolitischer Berater zu fungieren. Also suche ich weiter. Ich denke an Olaf Sund, den früheren Sozialsenator im Kabinett Vogel. Er erzählt mir viel aus seiner Berliner Zeit, und mir wird klar, warum er nicht will. Offiziell heißt es allerdings, er müsse Präsident des Landesarbeitsamtes in Nordrhein-Westfalen bleiben. Ich treffe mich mit Hilmar Hoffmann in Frankfurt. Wir arrangieren das Ganze so, daß kein Verdacht aufkommen kann, der Frankfurter Kulturdezernent denke an ein neues politisches Amt. Er schildert mir, wie gut er mit dem CDU-Oberbürgermeister Wallmann klarkomme. Er hält mich hin und gibt mir dann einen Korb. Da beschließe ich, diese Frage erst einmal beiseite zu legen.

Am Mittwoch, dem 9. Mai, soll ich Jochen Vogel und den Ost-Berliner Anwalt Wolfgang Vogel im Hause von Dieter Schröder treffen. Ich komme zu früh. Vogel und Vogel studieren Akten, und ich werde hinauskomplimentiert. So lerne ich eine neue Facette Berlins kennen: Schröder, gut bezahlt, bewohnt ein unter Milieuschutz gestelltes Reihenhaus für 400 DM Miete. Das ist weit unter den in Berlin üblichen Sozialmieten. Die kaum möblierte Wohnung, die ich wohl mieten werde und die Anke Brunn gehört, wird mindestens 1200 DM kosten. Ich frage den ebenfalls eingeladenen Harry Ristock, was ich davon halten solle. Er sagt: »Finger weg, das ist ein heißes Eisen.« Sonst würde ich vielen Wählern zu nahetreten und auch manchen führenden Genossen. Nicht einmal die CDU wage das anzutasten. 1991 liefe ja die Mietpreisbindung sowieso aus, dann würde sich dieses Problem von selbst erledigen. Aber auf diese Ungerechtigkeit zu schimpfen, natürlich nur piano, empfehle sich für einen Sozi.

Schließlich werden wir zum Abendessen zugelassen. Vogel-Ost ist ein angenehmer Mensch, an die 60 Jahre alt. Ihm muß es gutgehen. Für ihn gibt es keinerlei Beschränkungen: Urlaub in Österreich, Datscha auf Rügen, Westgeldkonto. Er wägt seine Worte und betrachtet mich prüfend. Aber zum Reden kommen wir nicht viel, das besorgen andere. Vogel-West erzählt von seinen

Zusammenkünften mit Tschernenko und Honecker. Ristock will erreichen, daß in der DDR mit Westhilfe kleine Hotels gebaut werden, damit die West-Berliner dort übernachten können. Vogel-Ost winkt ab. Alles, was nach Wiedervereinigung riecht, ohne daß die Präsenz der Amis nachhaltig geschwächt wird, kommt nicht in Frage. Mir sagt Vogel-Ost, man sei in Ost-Berlin neugierig auf mich. Wann ich denn kommen wolle? Ich halte mich bedeckt. Erst einmal geht es nach Amerika, wie ich es mit Arthur Burns am 3. Mai in Bonn verabredet habe. Erst anschließend kann ich in die DDR fahren.

Immer deutlicher wird die inhaltliche Leere unseres Wahlkampfs. In einem Interview mit dem *Spandauer Volksblatt* habe ich die fünf Punkte formuliert, die unsere politische Arbeit und damit auch unsere parlamentarische Arbeit nach den Wahlen bestimmen: eindeutige Westbindung, Weiterentwicklung unserer Gesellschaftsordnung zu mehr Gerechtigkeit, Ablehnung jeder Gewalt, klares Bekenntnis zum Parlamentarismus, Partnerschaft mit den Ausländern in der Stadt. Aber das ist kein Wahlprogramm, vielmehr der Versuch der Eingrenzung der anhaltenden Koalitionsdebatte in Berlin. Wer hören kann, versteht allerdings auch, daß ich damit eine Koalition mit der AL ausschließe.

Ich bitte die Berliner Genossen, mit mir so schnell wie möglich die heiße Phase des Wahlkampfes zu konzipieren. Die Ergebnisse dieser *briefings* sind mehr als mager. Am 1. Juni treffen wir uns frühmorgens im Rathaus Schöneberg zum Thema sozialdemokratische Jugendpolitik. Es erscheinen vier Genossen, Knut Nevermann, ein Genosse aus der zuständigen Senatsverwaltung, ein Genosse aus Kreuzberg und später ein Lehrer. Und dann geht das Palaver los. Vorarbeit war nicht geleistet. Wir kommen zu keinem Ergebnis. Ich beschwere mich beim SPD-Landesvorsitzenden Peter Ulrich. Er versteht mich nicht: Es genüge doch, daß Berlins SPD einen tüchtigen Spitzenkandidaten habe.

Noch schlimmer ist die Besprechung zu Mieten und Wohnen. Da widersprechen sich die Genossen massiv. Keine Antwort auf die aktuellen Fragen. Und die wollen gegen den durchaus effizienten CDU-Senat antreten, der kurzerhand 100 Millionen DM Steuer-

mittel in die Hand nimmt, um die schlimmsten Auswüchse der
Mietpreissteigerungen zu mildern. Und unsere Genossen stehen
atemlos und staunend daneben. Gerd Schneider, der Fraktionsgeschäftsführer der Abgeordnetenhausfraktion, erklärt mir kühl:
»Das ist dein Problem. Du hast dich eben vier Jahre zu früh bei uns
beworben.« Die Rechten haben jemand gefunden, der die Last
trägt. Mir wird berichtet, was die Linken mit Alexander Longolius
besprechen: Apel besorgt uns eine rechnerische Mehrheit mit der
AL. Dann weigert er sich, sich von ihnen zum Regierenden Bürgermeister wählen zu lassen, und geht. Der Weg ist frei, Longolius
übernimmt die Macht, Berlin wird rot-grün regiert.

Ich suche einen Wahlkampfmanager. Jeder hat einen anderen
Grund, warum er diese Aufgabe nicht übernehmen kann. Und so
bleibt es bei der Ineffizienz der SPD-Zentrale in der Müllerstraße.
Wir brauchen intellektuelle Hilfe im Wahlkampf. Ich soll Helmut
Schmidt darum bitten, einen seiner Leute für neun Monate abzu-
stellen. Nun soll ich also auch noch die Wahlkampfmannschaft
beibringen.

Ich bin deprimiert und nervös, meine Kondition läßt spürbar
nach. Hinzu kommt, daß die gemietete Wohnung in Friedenau so
unglaublich verdreckt ist, daß wir nicht einziehen können. Eigentlich müßte ich aussteigen. Doch das geht nicht, wir müssen da
durch. Neun Monate sind noch zu bewältigen. Die Müllerstraße
schickt mir den Entwurf eines Wahlprogramms zu, das am 4. Juni
im Landesvorstand behandelt werden soll. Niemand hat mit mir
darüber gesprochen. Nun wird es Zeit, daß ich aufräume; am
4. Juni muß alles auf den Tisch.

Rot-grünes Bündnis in Berlin?

In Hessen läßt sich Holger Börner mit den Grünen ein. Das und
die mageren Ergebnisse bei der Europawahl im Juni schaffen neue
Probleme. Im Parteivorstand in Bonn spricht mich Johannes Rau
an. Er bittet mich, auf jeden Fall klarzumachen, daß es in Berlin
nicht auch zu einem rot-grünen Bündnis kommen werde. Wenn
nach den Wahlen am 10. März 1985 in Berlin und im Saarland

Rot/Grün Trumpf sei, würden bei seinen Landtagswahlen die Stammwähler der SPD scharenweise zur CDU abwandern, und er würde die Wahlen verlieren. Aber auch ohne dies muß ich mich äußern. Zu deutlich sind die möglichen Vergleiche zwischen Börner und mir. Wir beide gehören zum konservativen Flügel der SPD. Und dennoch hat Holger Börner seine berühmt-berüchtigte »Dachlatte«, mit der er die Grünen bedrohen wollte, für den Brükkenbau zu ihnen eingesetzt. Da traut man auch mir nicht mehr so recht über den Weg.

Ich zitiere Willy Brandt, daß das Wiesbadener Modell weder für den Bund noch für Berlin Vorbild sein kann. Berlin liege im Schnittpunkt der Ost/West-Problematik; wir seien einbezogen in die Sicherheits- und Außenpolitik unseres Landes. Ich verweise auf die fünf Punkte und schließe eine Koalition mit der AL aus. Und schon geht das Theater los. Der Parteikreis Zehlendorf schreibt einen bitterbösen Brief und verlangt eine Korrektur meiner Position. Schöneberg teilt mir dasselbe mündlich mit. Die Kreisdelegiertenversammlung Spandau beschließt einen Antrag für den Landesparteitag, der eine große Koalition definitiv ausschließt. Da gibt es für mich nur eine Antwort: »Wenn der Spandauer Antrag vom Landesparteitag beschlossen wird, müßt Ihr Euch einen neuen Spitzenkandidaten suchen.« Und so empfiehlt die Antragskommission die Behandlung dieses Antrags nach den Wahlen. Aber bei vielen Genossen bleibt eine Mordswut auf mich zurück. Die Partei weiß nicht, was sie will. Die einen wollen mit der AL, die anderen wollen das nicht. Mit der CDU will keiner. Und daß ich einen festen Willen habe, stört alle.

Am Freitag, 29. Juni 1984, eröffne ich den Landesparteitag der Berliner SPD mit einer Rede zur Wirtschaftspolitik. Das Echo ist mehr als mäßig. »Wortgeklingel« schreibt das *Spandauer Volksblatt*. »Da ist kein Funke übergesprungen«, meint die Korrespondentin des *Tagesspiegels*. Ich bin selbstkritisch genug. Aber diese Rede war besser als ihr Ruf. Natürlich fehlte ihr in Teilen der Berliner Bezug. Aber wo sollte der denn auch herkommen? Nach einem ergebnislosen Brainstorming mit Berliner Genossen zur Vorbereitung der Rede bat ich Klaus Riebschläger, mir zuzuarbeiten. Er schickte

mir einen Haufen Papier – Bücher, die ich lesen sollte. Zu mehr
hatte er keine Zeit. Von anderen kam überhaupt nichts. Das Manuskript gebe ich Klaus Bölling, damit es in Berlin nachgearbeitet
werden kann, doch es kommt nichts Neues hinzu. Bölling hinterher
über meine Rede: »Sie war wohl ein bißchen dröge.« Kein Wort
der Ermunterung. »Die Berliner Partei ist eben anspruchsvoll«, so
Klaus Riebschläger. Davon ist allerdings in der Parteitagsdebatte
wenig zu merken. Nur die Berlinförderung kann die Gemüter vorübergehend in Wallung bringen.

Schon bei meinem Besuch in Schöneberg war ich mit den Genossen wegen des kommunalen Wahlrechts für Ausländer aneinander-
geraten. Ich bin aus taktischen Gründen dagegen. Unsere Stammwähler dürfen nicht den Eindruck gewinnen, Türken und deren
Interessen würden uns mehr am Herzen liegen als die Sorgen ihrer
deutschen Nachbarn und Arbeitskollegen. Die Genossen, die für
das kommunale Wahlrecht der Ausländer eintreten, gehören vor
allem zur linken Schickeria. Die Wortführerin in Schöneberg und
auf dem Parteitag fährt ein Sportwagen-Cabrio, wohnt in einer
exzellenten Wohngegend ohne die Kreuzberger Probleme. Sie
reden über ein Thema, das sie nicht betrifft, mit dem wir aber
unsere Stammwähler abschrecken und so auch jede vernünftige
Debatte über die Rechte der Ausländer und ihre Integration ver-
schütten können.

Auf dem Parteitag soll ich zu diesem Antrag nicht reden, er
würde auch so nicht angenommen. Doch die Genossen wollen sich
nicht engagieren, weder Peter Ulrich noch H.G. Lorenz, der
Kreisvorsitzende von Spandau. Die Sache wird gefährlich, also
gehe ich zweimal ans Pult. Das zweite Mal mit aller Kraft, denn sie
hatten mich mächtig gereizt. Mich als Opportunisten zu bezeichnen, der vor der Springerpresse kuscht! Ihr Problem mit mir sei
doch nicht, daß ich ein Opportunist sei, sie störe doch, daß ich es
nicht bin! Wir können mit Mühe diesen und andere abwegige
Anträge abwehren. Aber die Fronten sind klar; die Mehrheit will
eigentlich lieber nachgeben als kämpfen.

Auch im Urlaub werden wir Berlin nicht los. Am Vormittag des
3. Juli besucht uns in Heiligenhafen die Werbeagentur, um stun-

denlang Porträtaufnahmen zu machen; jetzt im Freizeitlook, nachdem es am Freitag letzter Woche in Berlin um den Herrn im
Anzug und Schlips ging. Die haben ihre Vorstellung, wie ein Spitzenkandidat auszusehen hat. Vor allem darf mein schiefes Gebiß
nicht zu sehen sein. In der Müllerstraße hätten Frauen angerufen,
den Apel fänden sie schon gut, aber mit dem Gebiß könnten sie ihn
nicht wählen. In den Augen soll etwas glitzern. Dazu wird mir mit
einem Reflexschirm Licht in die Augen gebracht. Hunderte von
Bildern werden gemacht, ehe die Werbefritzen sicher sind, daß sie
den richtigen Apel auf die Platte gebannt haben.

Kaum bin ich diese Leute los, erscheinen Herr Pfeiffer und ein
Fotograf von der BZ, um eine Urlaubsreportage zu machen. Sie
bleiben bis Mittwochabend. Wir essen, segeln, reden miteinander.
Das alles macht viel Mühe. Die beiden BZ-Menschen sind nett. So
fällt es leichter. Aber natürlich stehen wir unter Druck: Witzig soll
ich sein und politisch klug. Unser Berlin-Bekenntnis hat astrein zu
sein. Auch diese Berliner wollen, daß wir Berlin lieben. Da müssen
wir unsere Zweifel und Sorgen gut verstecken und durch aufge-
setzte Fröhlichkeit überspielen.

Freitagmittag Berlin, Müllerstraße. Dreißig Leute reden im
großen Sitzungssaal über den Wahlkampf. Klaus Bölling leitet gereizt, es geht ziemlich chaotisch zu. Gegen 16 Uhr werden die
Infratest-Menschen reingelassen, um ihre Wahlforschungsergeb-
nisse loszulassen. Stand Juni 1984: Was würden Sie wählen, wenn
am nächsten Sonntag gewählt würde? CDU 46 Prozent, SPD
37 Prozent, AL 10 Prozent, FDP 3 Prozent. Auch in den vielen
Detailfragen wird die Überlegenheit der CDU sichtbar. Selbst bei
der Sicherung der Freiheitsrechte und des Friedens wird sie besser
bewertet als die SPD, und natürlich beim Erhalt der inneren Sicherheit und im Kampf gegen die Kriminalität. Uns traut man
nur beim Thema Mieten und soziale Gerechtigkeit mehr zu. Wir
gelten immer noch als verbraucht. Und der CDU sollte erneut eine
Chance gegeben werden. Und für mich sieht es nicht besser aus;
Importe werden abgelehnt. 41 Prozent der Befragten sprechen mir
Kompetenz zu, 52 Prozent sagen dazu nein. Im direkten Vergleich
Diepgen : Apel steht es 42 : 26. Der Rest hat keine Meinung.

Die Runde starrt auf mich. Wie steckt er das wohl weg? Ich bleibe unbeeindruckt, schließlich falle ich nicht aus allen Wolken. Nur ganz so schlimm hatte ich es mir nicht vorgestellt. Nur als ich als Antwort auf diese miese Lage mein Boot von der Ostsee auf den Wannsee verlegen und mein Einzug in die Handjerystraße öffentlich gefeiert werden soll, werde ich wütend: Der Kandidat soll es richten. Über Politik wird nicht geredet. Daß uns der linke Flügel die Mitarbeit aufkündigt, indem uns Jürgen Egert brieflich mitteilt, er wolle nicht mehr im Wahlkampfstab mitarbeiten, scheint kaum der Erwähnung wert.

Und dann das Durcheinander in der Wahlkampfvorbereitung. Da der Partei die politische Linie fehlt, kann die Werbeagentur keinen Slogan liefern. Die Bilder der Ostsee werden verworfen; für die einen sehe ich zu alt aus, für die anderen ist Segeln nicht sozialdemokratisch. Also neue Bilder, Apel und das Bad in der Menge. Innerhalb weniger Stunden müssen dreißig Genossen gefunden werden. Und da zeigt sich wieder: die Basis ist voll motiviert. Und wir können eine Stunde lang für die Fotografen Berliner Wahlkampf spielen.

Aus dem Urlaub zurück, beginne ich mit einem kapitalen politischen Fehler. In einem Interview mit dem NDR am 11. August erkläre ich zum Verhältnis der beiden deutschen Staaten: »Beginnen wir einmal mit den Fakten... Es gibt zwei deutsche Staaten, die füreinander nicht Ausland sind. Aber die deutsche Frage ist insofern auch nicht mehr offen, sondern hier sind wichtige Fakten geschaffen worden. Der Grundlagenvertrag macht das ja auch deutlich. Deutsche Zukunft gibt es nur im europäischen Verbund.« Nachfrage des NDR: »Die deutsche Frage ist nicht mehr offen, heißt das, das Grundgesetz aufgeben mit seinem Gebot der Wiedervereinigung?« Antwort: »Nein, natürlich nicht. Das Grundgesetz bleibt weiterhin gültig... Es kann Jahrzehnte dauern, bis wir in der deutschen Frage weiterkommen. Aber in diesen Jahrzehnten muß West-Berlin leben, müssen wir Politik machen. Und deshalb müssen wir die Dinge auch anders sehen und akzeptieren, daß es einen zweiten deutschen Staat gibt.«

Ein Sturm bricht aus. Wir sind noch in der politischen Saure-

Gurken-Zeit, das erklärt einiges. Endlich hat die Springerpresse etwas in der Hand. Gegen meine Aussage insgesamt läßt sich nur in Grenzen polemisieren. Da ich aber nicht präzise genug, nicht fälschungssicher formuliert habe, wird der Satz herausgepickt: »Die deutsche Frage ist insofern auch nicht mehr offen.« Ich bin in der Zwickmühle. Nehme ich das zurück, wie mir die Springerblätter anbieten, mache ich mich zum Trottel. Bleibe ich bei meiner Aussage, wenn auch präziser und klarer, geht die Prügelei weiter. Ich entscheide mich für den zweiten Weg.

Kellermaier vom NDR findet das ganze Interview auch nach wiederholtem Lesen stinknormal, eigentlich langweilig. Doch Springer greift an. Hertz-Eichenrode rückt mich in der *Welt* in die Nähe der Kommunisten in Moskau und der SED. So schnell geht das. Für die einen, auch in der eigenen Partei, immer noch Kriegsminister, für die anderen schon KP-Sympathisant. In Bonn äußern sich die Kalten Krieger, Dregger an der Spitze. Es dauert einige Tage, bis *Süddeutsche* und *Frankfurter Rundschau*, *Spandauer Volksblatt* und Theodor Sommer in der *Zeit* antworten. Aus einer Mücke wird im Sommerloch ein Elefant, den ich durch den Berliner Vorwahlkampf trampeln lasse. Der SFB muß mir zweimal seine Regionalsendung öffnen. Und da kann ich klarmachen, was ich meine. Mehrere Bürger, ältere Damen sagen mir auf der Straße und im Restaurant, daß ich recht hätte. Aber als wir am Freitagabend in Friedenau spazierengehen, brüllt eine Gruppe junger Leute hinter uns her: »Volksverräter Apel raus.« Die Genossen sagen: »Hans, du hast ja völlig recht, aber warum mußt du das sagen?«

Für Ingrid und mich ist das alles eine neue Erfahrung. Schon im Kopf die Schere ansetzen, nur den Bürgern nicht die Wahrheit sagen. Und die Presse sorgt für den Rest. Pogromstimmung, das wäre übertrieben. Aber unfaire Überzeichnung meiner Äußerungen, eine Kampfpresse, die Berlins Existenzberechtigung nur aus der Retrospektive sieht und mit der Normalität von heute nichts anzufangen weiß. Aber klar ist auch, wie wenig ich von den Besonderheiten und Empfindlichkeiten der Stadt verstanden habe. Wie unsinnig es war, nach Berlin zu gehen. Diese Mischung aus Betrug und Selbstbetrug rächt sich nun.

Wenigstens technisch läuft unser Wahlkampf jetzt gut. Dieter Schröder war bereit, Wahlkampfmanager zu werden. Und er, der Chef der Senatskanzlei unter Hans-Jochen Vogel, bringt Ordnung in die Müllerstraße. Die Termine werden aufeinander abgestimmt, die vielen Briefe können beantwortet werden. Bemerkenswert ist, daß sehr viele, auch eher harmlose Briefe anonym geschrieben werden. Eine Panne gibt es doch noch: Bevor ich mit Honecker spreche, soll ich bei einem Orgelkonzert in Brandenburg Bischof Schönherr und Kirchenpräsident Stolpe treffen. Wir verleben einen wunderschönen Sommertag in Potsdam und in den Gärten von Sanssouci. Viele DDR-Bürger sprechen mich an und wünschen mir für die Wahlen alles Gute. Beim Orgelkonzert im Brandenburger Dom ist die »Stasi« stets in unserer Nähe. Nur unsere Gesprächspartner tauchen nicht auf. Ich kann auch hinterher nicht in Erfahrung bringen, was da passiert ist.

Unser Wahlkampf nimmt langsam Konturen an. Ende August klebt mein Konterfei überall mit der unter Schmerzen geborenen Parole »'ne Klasse besser!« Soweit die Berliner überhaupt reagieren, sagen sie: »Als die Partei, o.k.« Der DGB dagegen motzt. Diese Parole sei arrogant und Ausfluß von Klassendenken. Besser wird die Zusammensetzung meines Regierungsteams aufgenommen. Ingrid Stahmer, Sozialstadträtin in Charlottenburg, ist weithin anerkannt. Marga Wollschläger ist aktive und tüchtige Gewerkschafterin. Anke Martiny läßt für einige Zeit ihr Bundestagsmandat ruhen und kümmert sich wirkungsvoll um die Berliner Kulturpolitik. Die Männer sind alle aus Berlin. Peter Ulrich, Klaus Bölling und der dynamische Knut Nevermann, der mit seinem unabhängigen Verstand bisher in der Berliner SPD so wenig reüssieren konnte.

Auch die Vorstellung des Entwurfs unseres Wahlprogramms Mitte September bringt uns gute Noten. Wir finden Kompromisse mit den Linken, mit denen beide Seiten leben können. Wir fordern eine neue Stufe in der Deutschlandpolitik wie die Einrichtung eines deutsch-deutschen Wirtschaftsforums, bevorzugte Lieferung Westberliner Produkte in die DDR und die Aufnahme offizieller Beziehungen zwischen der Volkskammer und dem Bundestag. Wir

wollen insbesondere der Jugendarbeitslosigkeit zu Leibe rücken.
Durch ein Sofortprogramm soll der Schadstoffausstoß der Berliner
Kraftwerke drastisch verringert werden. Der Autoverkehr soll dort
eingeschränkt werden, wo das der Wohn- und Lebensqualität
dient. Weitere Stadtautobahnen sollen nicht gebaut werden. Im
sozialen Wohnungsbau sollen sich Mietobergrenzen am Nettoein-
kommen orientieren. Die Mietpreisbindung soll nicht ersatzlos fallen. Wir treten für eine gesetzlich festgelegte Begrenzung der Mietpreissteigerungen ein.

Keinen Erfolg habe ich mit den für diese Monate geplanten
Auslandsreisen. Mir wird immer wieder gesagt, alles liefe bestens,
auch der Bonner US-Botschafter Arthur Burns sei aktiv. Nun aber
kommt die Wahrheit ans Licht: Nichts ist vorbereitet. Bestenfalls
würde ich einige Assistenten von US-Abgeordneten treffen; also
sage ich die Reise ab und muß Eberhard Diepgen dieses Spielfeld
überlassen. Es ist auch zu spät, einen Termin bei Honecker zu
bekommen. Also bleibe ich in Berlin und spreche auf Versammlungen, besuche Altersheime und tummle mich auf Volksfesten.

Wir hatten beschlossen, drei große Foren zu den Themen Mie-
ten/Wohnen, Technologie und Kulturpolitik zu veranstalten. Sie
sollten personell so besetzt werden, daß die Breite der Probleme
und unsere Lösungsansätze sichtbar werden. Am 17. September
erfahre ich auf der Sitzung unseres Wahlkampfstabes, daß das
Kulturforum nicht mehr zu realisieren ist, weil sich niemand bemüht hatte. Aus dem Technologieforum wird ein Vortrag von
Hans-Jürgen Krupp, zu dem dann nur 34 Zuhörer kommen. Die
Außenwirkung ist gleich Null. Das Forum Mieten/Wohnen kommt
auch nicht voran, obwohl viele Genossen der Berliner Wohnungs-
wirtschaft immer wieder ihre Hilfe zusagen. So bleiben nur zwei
von mir angeleierte Veranstaltungen: Am 22. November reden
Helmut Schmidt bei der Berliner Filiale der Friedrich-Ebert-Stiftung und am 14. Januar der frühere niederländische Finanzminister Wim Duisenberg über internationale Themen. So kommt wenigstens etwas Glanz in die Berliner Hütte. Ansonsten habe ich
keine Chance, mich als Politiker mit Erfahrung und Ansehen zu
profilieren.

Dafür wird die Berliner SPD immer unzufriedener mit ihrem Spitzenkandidaten. Am Montag, 8. Oktober, tagt der Parteivorstand in Bonn. Egon Bahr kritisiert meinen Fernsehauftritt zusammen mit Diepgen im »Länderspiegel«. Einen Kandidaten, der nach sechs Monaten Berlin erkläre, er müsse noch lernen, könne man nicht wählen. Sicherlich war ich in dieser Sendung nicht besonders. Aber mit welchem Vorlauf gehe ich in solche Sendungen! Vorher hatte ich zwei Gartenfeste in Reinickendorf, zweimal haben dabei die Genossen ihren geballten Frust an mir ausgelassen. Ich bin für alles verantwortlich, auch dafür, daß simple Organisationsfragen nicht anständig geregelt werden. Und ich sei zu wenig in der Stadt, meinen sie. Nur: wenn ich da bin, in dieser Woche vier Tage, werde ich eher einer Beschäftigungstherapie unterworfen. So sitze ich einen ganzen Nachmittag bei herrlichem Herbstwetter in der SPD-Zentrale rum, weil es kein Kreisverband schafft, innerhalb von vierzehn Tagen in irgendeiner Fußgängerzone einen Infostand und eine Straßendiskussion aufzuziehen.

Aber einige Genossen sind schon viel weiter. Egon Bahr berichtet auch, daß ihn ein Berliner Bundestagsabgeordneter, Alt-Kanaler, dringend darum gebeten habe, mich durch den Bonner Parteivorstand als Spitzenkandidat aus dem Verkehr zu ziehen, und zwar am Wahlabend nach Schluß der Wahllokale, damit dann an meiner Stelle Egon Bahr oder Gaus, auf keinen Fall Klaus Bölling, agieren könnten. Andere sollen es noch eiliger haben. Sie wollen bereits auf dem nächsten Landesparteitag Anfang November Alexander Longolius an meine Stelle setzen. Peter Ulrich erklärt das zwar alles für Unsinn, die Partei habe Tritt gefaßt. Nur spüren kann ich davon nichts. Als der Senat das Ergebnis seiner letzten Meinungsumfrage bekanntgibt, ohne uns in sie hineinschauen zu lassen – wir sind auf 35, 36 Prozent abgerutscht – sagen viele Genossen, nun habe es ja sowieso keinen Zweck mehr, Wahlkampf zu machen.

In den folgenden Wochen muß ich mir viel anhören. Auf einer schwach besuchten Landeskonferenz unserer Arbeitsgemeinschaft für Arbeitnehmerfragen sagt einer der ersten Debattenredner, für mich könne man bei meiner Haltung zur Nato und zu den Frauen

keinen Wahlkampf machen. Ein mir nicht bekannter Genosse sagt
der Presse: »Lieber weitere vier Jahre Opposition als vier Jahre
Regierung mit Hans Apel.« Bei einer Zusammenkunft der Bedien-
steten der Schulversammlung geht es weiter. Ich sei ein »Ritter von
der traurigen Gestalt«, ein »Störenfried der Neuformierung der
Berliner SPD«. Und als Zehlendorfer Genosse könne man am
10. März nur AL wählen. Da grummelt es zwar in der Versammlung, aber zur Seite tritt mir niemand. Ingrid Stahmer und Knut
Nevermann schweigen. Ich muß selbst antworten: Die »alte SPD«,
die ich nach der Meinung eines Disputanten vertrete, habe sich
überall gut gehalten. Und die »neue SPD«, wo sei die eigentlich in
Stuttgart und Tübingen gelandet? Auch der allseits so geschätzte
Harry Ristock wäre nicht um eine klare Aussage zur AL herumge-
kommen. Und die Gegner einer Liaison mit der AL schweigen.

In der Presse wird die Berliner Partei zwar so dargestellt, wie sie
ist, wie sie mich unsolidarisch im Regen stehen läßt. Mein Fett
bekomme ich auch ab, schließlich bin ich der Spitzenkandidat,
stehe und falle mit dem Ansehen der Partei. Auch deshalb schweige
ich eisern. Natürlich hat das alles Konsequenzen, abends sitzen
meine Frau und ich in unserer Wohnung in der Handjerystraße.
Nur dreimal werde ich in meiner Berliner Zeit privat eingeladen.
Trotz Schlaftabletten kann ich kaum richtig schlafen. Und so sitzen
wir oft nachts um vier in unserer Wohnküche, trinken ein Bier und
versuchen uns zu trösten. Es ist ja nicht mehr lange...

Wenn wir mal nicht alleine sind, ist es auch nicht besser. Für
Sonntagabend, 21. Oktober, lädt Lothar Löffler einige rechte Genossen ein. Kreisvorsitzende von Tiergarten, Wedding, Reinickendorf, Neukölln. Die üblichen Vorwürfe: Zu wenig Termine, büro-
kratischer Wahlkampf, keine Ausstrahlung auf die Wähler... Die
Wahlkampfmannschaft tauge nichts. Nevermann hätte für die
GEW einen Kommentar zum Schulverfassungsgesetz geschrieben
und darin den politischen Streik gefordert. Das werde Ärger geben.
Marga Wollschläger sei nicht ministrabel, und die Gewerkschaften
seien auf mich wegen dieser Entscheidung stocksauer. Wir gehen
und sind wieder allein in unserer Wohnung. Wir fühlen uns elend
und kommen lange nicht zur Ruhe.

Doch am nächsten Tag stehen wir auf und machen weiter, so auch in der letzten Oktoberwoche. Jeden Tag 14 bis 16 Stunden von Termin zu Termin. Man ist freundlich zu mir. Und ich gebe mir auch viel Mühe. Ich unterdrücke jede Unmutsäußerung über die glorreiche Partei. Wenn sie mir erzählen wollen, wie andere über mich reden, verbiete ich den Genossen den Mund. Am Mittwoch stehe ich um 8 Uhr morgens fröstelnd auf dem Winterfeld-Wochenmarkt in Schöneberg, um mit den Händlern über die Zukunft ihres Marktes zu sprechen. Otto Edel, der Kreisvorsitzende der SPD-Schöneberg, und seine Mannen rennen mit mir rum. Mir ist nicht so ganz klar, was ich da eigentlich soll. Um 15.30 Uhr spreche ich im Wedding vor gut fünfzig Polizeioffizieren über Probleme der inneren Sicherheit. Meine Position ist eindeutig. Dennoch läuft es nicht besonders. Vielleicht glaubt man mir, aber der Berliner SPD glaubt man nicht. – Und dann der Gipfel: Man hält mir ein Flugblatt unter die Nase, in dem zu einer Anti-Reagan-Demonstration am Vorabend der amerikanischen Präsidentschaftswahlen aufgerufen wird mit haßerfüllten Tiraden gegen die USA. Alle Chaoten haben unterschrieben und dazu die Kommunisten, die SEW, die AL, Otto Edel für den SPD-Kreis Schöneberg, die SPD in Zehlendorf und natürlich die Jusos. So will man also mit mir umspringen. Für Marktbesuche bin ich gut genug, ansonsten Sabotage. Da gibt es nur eins: dagegen halten. Das Presseecho ist katastrophal. Springer und seine bundesweiten Hilfstruppen mischen kräftig mit. Je nach politischem Wellenschlag bin ich ein »Held« oder aber ein Verrückter, der einem desolaten Haufen zum Sieg verhelfen will und deshalb lieber »die Segel streichen« sollte. In jedem Falle könne man wohl kaum eine Partei wählen, die innerlich so zerrissen sei. Von Peter Ulrich verlange ich, für die Landesorganisation eine eindeutige Erklärung abzugeben.

Im Landesvorstand kommen am 7. November die Anti-Reagan-Demonstration und meine Reaktion zur Sprache. Die Linken spielen die Dummen. Sie hätten schlicht vergessen, dem Landesvorstand und mir zu sagen, daß sie an dieser Demonstration teilnehmen würden. Walter Momper geht sogar so weit, mir die Verantwortung für die ganze Aufregung anzuhängen. Erst durch meine scharfe Reaktion sei der Tatbestand öffentlich bekanntgeworden. Welcher Unsinn! Wehe, wenn ich nicht sofort dagegen Stellung bezogen hätte, Presse und CDU hätten mich und die SPD am Boden zerstört. Aber das wissen sie natürlich auch.

Die Berliner Presse ist deutlich auf Distanz gegangen. Der Honeymoon ist zu Ende. Wenn ich nicht gerade mit Genossen im Clinch liege, werde ich einfach totgeschwiegen. Von keiner meiner Wahlaktivitäten wird Notiz genommen. Das führt dazu, daß die Genossen davon überzeugt sind, daß ich kaum in der Stadt, nicht fleißig genug bin. Auf der Kreisdelegiertenversammlung in Spandau wird öffentlich gefordert, ich solle mich mehr in Berlin sehen lassen und mich der Herzlichkeit der Berliner öffnen. *Spiegel* und *Stern* tun ein übriges. Sie berichten in Features so über mich, daß einen das Grauen packt. Da beschließen wir, ab sofort jede Woche in Form einer bezahlten Anzeige eine Kolumne von mir zu einzelnen Sachthemen an die Berliner Zeitungen zu geben. Das läßt sich gut an. Aber auch da stoßen wir auf Grenzen, es passiert uns, daß Anzeigen wegen ihres Inhalts zurückgewiesen werden oder wir den Text verändern müssen, wenn er den Bossen von Springer und vom *Tagesspiegel* zu senatskritisch ist.

Am 10. November letzter Parteitag vor den Berliner Wahlen. Willy Brandt fordert die Genossen auf, mich ohne Wenn und Aber zu unterstützen und auf alle Extratouren zu verzichten, insbesondere aber das Koalitionsgequatsche einzustellen. Meine Rede, eine Koproduktion von mir und Dieter Schröder, ist in Ordnung und kommt gut an. Es gibt viel Beifall und am Ende stehende Ovationen. Die Debatte anschließend ist friedlich. Viele Delegierte gratulieren mir. Und das spiegelt sich dann auch in der Presseberichterstattung wider. Nun werden wir hoffentlich die vier Monate bis zum Wahltag Ruhe haben. Unser Wahlprogramm wird mit großer Mehrheit angenommen – grundsätzliche Probleme sind damit aber nicht gelöst.

Ein wesentliches Problem ist, daß viele Berliner mich nicht akzeptieren. Für sie bleibe ich ein Fremder, der bei ihnen nur etwas werden will wie vor mir Hans-Jochen Vogel und von Weizsäcker. Diepgen erscheint täglich in der Zeitung, der glückliche Familienvater, der Berliner für die Berliner, der Israelreisende mit den wohlgesetzten Worten. Die Springerblätter helfen kräftig nach. Und es wirkt. Wir gehen am Sonnabend nach dem Landespartei-tag zum DLRG-Ball. Die Distanz ist mit Händen zu greifen. Zu Hause in Hamburg spüren wir, wie sehr man uns mag. In Berlin fehlt das. Man ist reserviert, eher mißtrauisch. Das spiegelt sich in einer Umfrage des SFB: Bekanntheitsgrad Diepgen 91, Apel 75 Prozent. Bundesweit ist es genau umgekehrt. Apel 95, Diepgen 63 Prozent.

Der FC St. Pauli spielt kurz vor Weihnachten im Berliner Olym-piastadion gegen Blau-Weiß 90. Wir gehen hin. Ingrid ist empört, als ich sie bitte, nicht für St. Pauli zu schreien. »Das ist unerhört. Deine Berlin-Heuchelei geht nun aber wirklich zu weit.« Doch mit Anfeuerungsrufen ist da sowieso nichts. Weniger als zweitausend Zuschauer verlieren sich im weiten Stadionrund und in den Nebel-schwaden. Da ruft mal ein einziger »St. Pauli!« und ein anderer antwortet »Blau-Weiß!«. Sonst herrscht das große Schweigen. Und über das Spiel gibt es auch nicht viel zu reden. Es endet 1 : 1.

Je weiter wir von der Partei weg sind, um so besser ist die Stimmung. Sie ist draußen eindeutig besser geworden. Besonders die Rentner sind sauer darüber, daß Diepgen zwar gegen die ma-gere Erhöhung der Renten mosert, die CDU aber bei den Haus-haltsberatungen im Bundestag in der letzten Woche unsere An-träge mit den Stimmen der Berliner CDU-MdB abgelehnt hat, die es ermöglicht hätten, den Diepgen-Forderungen zu entsprechen. Die Berliner Presse verschleiert dieses Doppelspiel von Diepgen, aber unsere wöchentliche bezahlte Kolumne zahlt sich einmal mehr aus. »Diepgen verkohlt die Berliner Rentner«. Das trifft ins Schwarze.

In der Partei brodelt es wieder. Eine Reihe von linken Genossen gibt eine Anzeige auf, in der sie jede große Koalition, aber auch eine Tolerierung eines CDU-Minderheitensenats ablehnen. Ihre Liebe gehört der AL. Immerhin sind sie vorsichtig in ihren Formu-lierungen. Beachtung findet diese Anzeige nur in Grenzen. Die Springerpresse greift Aussagen von Jürgen Egert auf einer Ver-sammlung mit Otto Schily auf zum Thema: »Gibt es links von der

CDU eine Mehrheit?« Die beiden sollen das Bündnis mit der AL als geschichtliche Notwendigkeit beschworen haben. Die Partei ist sauer. Man will nicht erneut den Schwung verlieren, der von unserem Landesparteitag ausgeht. Nur mühsam kann ich die Rechten davon abbringen, nun ihrerseits das Kriegsbeil auszugraben. Und so retten wir uns in die Weihnachtsferien.

Die Affäre Kießling/Wörner

Silvester liegt hinter uns. In die häusliche Ruhe dringt am Sonntag, 8. Januar 1984, ein telefonischer Hilferuf von Heinz Matthias. Sein Freund, der General Kießling, werde die massiven Anschuldigungen der Hardthöhe nicht überleben. Er sei nicht homosexuell, Wörner habe ihn weggejagt, ohne ihm die Anschuldigungen vorher zur Stellungnahme vorzulegen. Ob ich nicht etwas tun könne? Kurz darauf ruft *dpa* an; ich wiederhole die wenigen Worte, die ich schon Tage vorher geäußert hatte: Kießling sei ein guter und besonnener Soldat, der auch intellektuell etwas zu bieten habe. Aber dieses Mal läuft die Meldung. Und unser Telefon steht nicht mehr still. Die Empörung über Wörner ist groß.

Am Montagnachmittag spricht uns auf der Straße ein mir nicht bekannter Mann an. Es ist ein Oberst a. D. Böttger, der bei uns zu Hause nach mir gesucht und erfahren hat, wo er mich finden kann. Er ist ein Freund von Kießling und will mir im Namen vieler Kameraden danken. Nun sei Kießling nicht mehr ganz allein. Wir trinken eine Tasse Kaffee, und erneut wird sichtbar, wie wenig Wörner geglaubt werden kann, wie tief die Verbitterung über diesen Fall in die Bundeswehr hineinreicht. Von ihm erfahre ich, daß Kießling am 24. Dezember ausführlich mit Willi Berkhan gesprochen hat. Am Dienstagmorgen rufe ich Willi Berkhan am Brahmsee an und frage ihn, ob es nicht geboten sei, Kießling zu helfen. Er meint, Ehmke und Horn wären von Wörner unterrichtet worden. Er sei erstaunt darüber, daß wir uns nicht rührten. Ich verfasse eine Presseerklärung, die sich gewaschen hat. Horst Jungmann ruft mich an, er habe sich auch schon äußern wollen, aber von den Bonner Vorturnern, vor allem von Ehmke, einen Maulkorb verpaßt bekommen. Meine Presseerklärung kommt gut an, der Verteidigungsminister sieht schlecht aus. Nur die Springerpresse versucht noch, Wörner zu unterstützen. An diesem Mittwochmorgen fliege ich für drei Tage nach Berlin. Von dort aus werde ich mich nicht in diese Affäre einschalten.

Am Wochenende bin ich wieder in Hamburg. Das Telefon klingelt pausenlos. Neue Informationen kommen, Journalisten wollen Interviews. Ich bleibe rezeptiv. Hier geht es um viel mehr als um parteipolitische Vorteile, es geht um ein Menschenleben. Und es geht um das Ansehen unserer Republik und der Bundeswehr.

In Bonn dreht sich alles um die Affäre Wörner/Kießling. Ich erlebe einen eindrucksvollen und starken Hans-Jochen Vogel. Er hat nicht nur alle Fakten präsent, er bringt sie auch in eine logische Sequenz und formuliert ein Plädoyer, das überzeugend ist und vernichtend für Wörner, den MAD und die Hardthöhe. Er ist in seinem Element. Seine Autorität ist bei uns allen unumstritten. Im Plenum, in der von den Grünen zum Fall Kießling angezettelten Aktuellen Stunde, will ich nicht reden; Wörners Vorgänger im Amte sollte ihn nicht öffentlich verurteilen. Auch meine bisherigen Presseerklärungen hätten das vermieden. Vogel ist anderer Meinung. Ich hätte den Fall als erster publik gemacht, und ich könnte von allen am ehesten in die Bundeswehr hineinwirken. Natürlich gehorche ich. Mit echter Autorität hatte ich noch niemals Probleme. Eine halbe Nacht verwende ich für die Formulierung einer fünfminütigen Erklärung; der Fall soll in allen Facetten – moralische Zerstörung eines Menschen, Versagen eines Ministers, Auswirkungen auf die Psyche und das Ansehen unserer Soldaten, die Begründung für die Einsetzung eines Untersuchungsausschusses – klar werden. Es gelingt.

Meine Mitarbeit an der Bewältigung dieser Affäre ist damit geleistet. Der Untersuchungsausschuß nimmt seine Arbeit auf und trägt mit Akribie alle Fakten zusammen. Die politische und die moralische Integrität des Ministers Wörner bleibt auf der Strecke, aber er bleibt im Amt. Kohl arbeite gern mit angeknacksten Ministern, sagen mir CDU-Kollegen, sie seien pflegeleicht und entsprechend zu handhaben. Ende März wird General Kießling vom Verteidigungsminister in Neustadt/Hessen mit einem Zapfenstreich aus dem aktiven Dienst verabschiedet. Kießling bittet mich, ihm an diesem Tag die Ehre meiner Anwesenheit zu geben. Ich gehe hin, obwohl mir der Trubel in Berlin langsam über den Kopf wächst. Ich höre von den Soldaten die üblichen Freundlichkeiten nach dem Motto: Alter Minister, guter Minister. Ich spüre aber auch, wie sich die karrierebewußten Offiziere von Kießling fernhalten. Er geht, der Minister bleibt. Das gibt Orientierung für die, die noch etwas werden wollen.

Doch vorher werde ich nochmal von der Springerpresse aufs Korn genommen. Am 15. Februar diskutieren wir im Plenum erneut die Affäre Kießling/Wörner. Den Vogel schießt Joschka Fischer von den Grünen ab, eine Rede voller beißender Ironie. Der zeigt uns, wie Plenarreden sein können. Ich lache herzhaft und werde dabei augenscheinlich vom Fernsehen eingefangen, das die Debatte *live* übernimmt. Und schon geht das Gepöbel in Briefen, aber auch in einem Kommentar des *Hamburger Abendblatts* los. Ich hätte würdelos gefeixt. Diese Scheinheiligen wollen oder können nicht erkennen, daß ich, nachdem die Ehre Kießlings wiederhergestellt ist, über diese Schmierenkomödie nur noch lachen kann. Wer hat denn nun unsere Republik zum Gespött gemacht?

Kohl läßt das alles kalt. Als er abends nach dieser Debatte zum Oldenburger Grünkohlkönig gewählt wird, stirbt er fast vor Lachen, während sein Parteifreund Remmers in seiner »Laudatio« Hohn und Spott über ihn ausschüttet. Der muß dickfellig sein wie ein Nilpferd. Vergleiche mit dem politischen Schicksal von Ludwig Erhard sind nicht angebracht: Den müssen sie schon mit der Brechstange aus dem Amt holen, wenn sie ihn eines Tages loswerden wollen.

Meine Bonner Arbeit als stellvertretender Fraktionsvorsitzender läuft weiter. Immer wieder setze ich mich mit der Haushaltspolitik von Finanzminister Stoltenberg auseinander. Die von ihm beschworene Haushaltskonsolidierung verdankt er im wesentlichen den ihm Jahr für Jahr zufließenden riesenhaften Bundesbankgewinnen, die mehr als 10 Milliarden DM jährlich ausmachen. Gekürzt wird bei den öffentlichen Investitionen. Das erzeugt weitere Arbeitslose. Für die Problemgebiete an Rhein und Ruhr und an der Küste hat er kein Geld. Die Finanzlage vieler Städte und Gemeinden, insbesondere in wirtschaftlichen Problemgebieten, ist katastrophal. Die Explosion ihrer Ausgaben für Sozialhilfe nimmt ihnen jeden Spielraum.

Mit diesem Aspekt meiner finanzpolitischen Arbeit habe ich weder in der Fraktion noch in der Partei Probleme. Ganz anders bei der Steuerpolitik. Der Finanzminister und die Koalition arbeiten an einer umfassenden Steuerreform. Wir müssen dem Konzept der Koalition eine sozialdemokratische Alternative gegenüberstellen. Die Abgabenlast der Arbeitnehmer und der Selbständigen hat Größenordnungen angenommen, die nicht mehr vertretbar sind. Wen nimmt es da wunder, daß die Lust an ehrlicher Arbeit abnimmt und die Schwarzarbeit grassiert? Mehr Geld in die Taschen der Normalverdiener zu leiten ist auch konjunkturpolitisch vernünftig. Sie werden jede zusätzliche Mark ausgeben und so die Wirtschaft beleben.

Doch die Partei sieht das anders. Wenn schon Geld verteilt werden soll, dann nicht an die Steuerzahler. Das ist auch der Tenor im Parteivorstand. Hans-Jochen Vogel beraumt für Dienstag, 15. April, eine Debatte in der Fraktion an. Ich führe ein, stelle die Pläne der Koalition dar, schildere die drückende Steuer- und Abgabenlast der Arbeitnehmer und fordere ein eigenes Konzept unserer Partei. Doch die Debatte ist eindeutig, die SPD will keine Steuerreform. Wenn 25 Milliarden DM zur Verfügung stehen, dann sollen Wohltaten verteilt werden. Herbert Ehrenberg will die Beiträge zur Arbeitslosenversicherung senken. Wie er den kleinen Beamten und Soldaten begründen will, warum sie leer ausgehen sollen, bleibt sein Geheimnis. Rudolf Dreßler, der neue Bundesvorsitzende der Sozialdemokratischen Arbeitsgemeinschaft für Arbeitnehmerfragen (AfA) will mit den Milliarden Konjunkturprogramme finanzieren. Daß wir gerade unser Sonderprogramm »Arbeit und Umwelt« vorgestellt haben, übersieht er ebenso geflissentlich wie die Tatsache, daß keines der SPD-regierten Länder die

Mittel hat, um ein solches Programm mitzufinanzieren. Anke Fuchs und Annemarie Renger wollen Kindererziehungsjahre angerechnet wissen, auch für die Rentnerinnen, als wenn die alten Leute generell Existenzprobleme hätten. Und mit den Abgabelasten der Arbeitnehmer will sich keiner auseinandersetzen. Meine steuerpolitischen Mitstreiter, Dieter Spöri und Horst Gobrecht, schweigen, denn sie wollen in den Fraktionsvorstand gewählt werden. Und so endet für uns die Steuerdebatte ohne Ergebnis. Ich bin aber nicht entmutigt. Die Zeit wird für uns arbeiten.

Wir haben Glück. Unsere Konzeptionslosigkeit wird angesichts des heillosen Durcheinanders im Regierungslager nicht sichtbar. Und Stoltenberg trifft ein weiteres Mißgeschick. Um dem Druck der Forderungen nach einer Ergänzungsabgabe der Gutverdienenden zur Finanzierung des Bundeshaushalts und konjunkturstabilisierender Maßnahmen auszuweichen, hatte die Koalition Ende 1982 eine rückzahlbare Zwangsanleihe beschlossen. Während viele Millionen von Bürgern massiv zur Kasse gebeten wurden, sollten den Gutverdienenden die Beträge zurückerstattet werden. Das war bereits damals für uns ein dankbares Thema. Wir hatten Stoltenberg vorgeworfen, daß diese Zwangsanleihe verfassungswidrig sei. Mitte Februar äußerte der Bundesfinanzhof erhebliche verfassungsrechtliche Bedenken. Im November erklärte das Bundesverfassungsgericht die Erhebung der Zwangsanleihe für verfassungswidrig. Das gibt uns politische Munition: So schludrig arbeitet der Finanzminister. Wir fordern die Ersetzung der Zwangsanleihe durch eine Ergänzungsabgabe, doch die Koalition lehnt das ab. Sie zahlt die kassierten Milliarden vorzeitig zurück. Da fällt es uns nicht schwer, die unausgewogenen Steuerpläne als Politik der Umverteilung darzustellen.

Mein Berliner Engagement veranlaßt die Fraktion, mich im Plenum des Bundestags auch außerhalb der Finanzpolitik immer dann reden zu lassen, wenn das für unsere Wahlchancen in Berlin gut sein könnte. Das geht nicht immer ohne Komplikationen. Auf unserem sommerlichen Segeltörn erfahren wir von anderen Seglern, die den Deutschlandfunk abhören können, daß es eine Sondersitzung des Bundestages zur Inbetriebnahme des niedersächsi-

schen Kraftwerks Buschhaus geben soll. Am Montag um 9 Uhr
rufe ich aus einer Telefonzelle im Yachthafen Ebeltoft mein Bonner
Büro an. Die sind schon in heller Aufregung. Ich soll als Berliner
Spitzenkandidat reden, denn Buschhaus schickt seinen Dreck bei
Westwind auch nach Berlin. Seit Sonnabendmorgen werde ich
schon über Norddeich-Radio und andere Kanäle gesucht. Wir finden für Ingrid einen Mitsegler von einem Boot eines Klubkamera-
den, ich starte sofort nach Bonn. Um 20.30 Uhr sitze ich an meinem Schreibtisch und arbeite an meiner Rede.

Das ist nicht einfach. Denn Adolf Schmidt, der Vorsitzende der
IG Bergbau, hält die von der Koalition beschlossene Marschroute
für richtig. Andernfalls könne die in diesem Kraftwerk verfeuerte
Kohle nicht gefördert werden, viele Bergleute würden arbeitslos.
Da fragen wir uns, warum Hans-Jochen Vogel diese Sondersitzung
gefordert hat. Denn wenn wir im Plenum auseinanderfallen, hat
uns diese Operation nur geschadet. Ich beschränke mich in meinem Beitrag auf die widersprüchliche Haltung des Berliner Senats,
der die Inbetriebnahme des Kraftwerks Buschhaus massiv be-
kämpfte, um dann von der Bonner Koalition rücksichtslos über-
spielt zu werden, und nun betreten schweigt. Ich erhalte von der
Fraktion viel Beifall. Abends fliege ich nach Hamburg. Am Mittwochnachmittag bin ich wieder auf meinem Boot. Es gießt pausenlos. So brechen wir den Törn ab und segeln zurück. Der Urlaub ist
zu Ende. Das Boot wird ausgeräumt, die Ferienwohnung geputzt.
Nun wird es wieder ernst.

Im Herbst dieses Jahres gibt mir die Beratung des Bundeshaushalts 1985 mehrfach Gelegenheit, von Bonn aus nach Berlin zu
wirken. So antworte ich dem Finanzminister am 12. September
auf seine Einbringungsrede. Stoltenberg redet mehr als fünfviertel
Stunden, ich genau 62 Minuten. Live über das Fernsehen, das ist
mehr wert als viele Gartenfeste und anderer Unsinn in Berlin. Die
Fraktion ist mehr als zufrieden. Das Protokoll des Bundestages
verzeichnet »anhaltend lebhaften Beifall«. Willy Brandt sagt mir,
ich hätte eine klasse Rede gehalten. Und dann weiß man auch,
daß sich die Arbeit gelohnt hat. Und viel Arbeit war es wirklich.
Da ich seit Wochen vor allem in Berlin rumturne, hatten mir meine

Bonner Mitarbeiter aufgrund einer Feingliederung von mir einen brauchbaren Redeentwurf gemacht. Schließlich erhalten wir am Dienstagabend den Redetext von Stoltenberg. Er verlangt keine Textänderungen. Ich muß mir nur Randbemerkungen machen, um im Plenum auf Stoltenberg antworten zu können. Zu Hause halte ich mir meine Rede laut, am nächsten Morgen gegen 6.30 Uhr noch einmal. Meine Nerven sind klapperig. Ich bin doch nicht mehr so jung und so unbefangen, wie ich es gern sein möchte. Am Donnerstag gehe ich zum Friseur, auch weil Bürger anrufen, die mich im Fernsehen gesehen haben und mir das empfehlen.

Am 29. November rede ich in der zweiten Lesung zum Bundeshaushalt 1985. Ich bin fast ausschließlich in Berlin, ich habe nur wenig Zeit für die Vorbereitung. Erste Wissenslöcher tun sich auf. Trotz dieser Probleme macht mir diese Arbeit viel Spaß. Ich bin augenscheinlich für den Berliner Kleinkram nicht geschaffen. In Bonn bin ich in meinem Element. Hier schätzen die Genossen meine Arbeit, und niemand stänkert offen oder hinter meinem Rücken herum. So wird auch diese Rede gut. Das ZDF übernimmt sie live. In Berlin machen wir per Anzeige darauf aufmerksam, daß der SPD-Spitzenkandidat im Bundestag redet.

Da ist es mit meinem zweiten Debattenbeitrag in dieser Woche schon etwas anders. Am späten Montagabend erfahre ich, daß am Dienstag in der Debatte zum Etat des Bundeskanzlers, der sogenannten Elefantenrunde, Eberhard Diepgen reden wird. Nun muß ich aber wühlen: Wie war das damals bei den Abstimmungen zu den Haushaltsbegleitgesetzen 1983 und 1984, in denen all die Rentenkürzungen beschlossen wurden? Haben damals alle Berliner CDU-MdB gegen die Interessen der Rentner gestimmt? Was hat Diepgen damals gesagt, als ein Teil der im Juli/August mit der DDR neu verabredeten menschlichen Erleichterungen nicht auch für die Berliner Anwendung fanden? Wie hat sich die Arbeitslosigkeit in Berlin während der Amtszeit des CDU-Senats entwickelt? Wie war das mit Buschhaus? Einige Blätter voll mit Fakten sind das Ergebnis meiner Recherchen.

Stundenlang muß Diepgen auf seinen Auftritt warten. Die Fernseh-Live-Zeit verstreicht. Gegen 17 Uhr lassen sie ihn endlich ran.

Und tatsächlich ist er so unvorsichtig, für 1985 höhere Renten zu fordern, die Deutschlandpolitik des Jahres 1984 zu beweihräuchern und auch Berlins wirtschaftliche Lage. Unter dem Jubel der SPD und betretenem Schweigen der CDU-Fraktion verpasse ich ihm den Blattschuß. Da sitzt er nun wie ein Häufchen Elend. Doch was nützt uns das alles, im Fernsehen erscheint davon nichts. Nowottny sagt in der »Tagesschau«, Diepgen hätte die besseren Karten gehabt. Und die Berliner Zeitungen nehmen diesen Bonner Zweikampf nicht zur Kenntnis. Nur die Fraktion glaubt in ihrer Naivität, dieser Mann sei nun schwer angeschlagen. Sie weiß nicht, daß in Berlin die Uhren anders gehen, daß Bonn weit weg ist.

Doch dieses Jahr bringt mir als Bonner Parlamentarier nicht nur Freude. 1975/76 hatte ich mich als Finanzminister bei der Genehmigung der Anträge der Firma Flick zur steuerwirksamen Wiederanlage der Milliardenerlöse aus dem Verkauf ihres Daimler-Pakets mehr als zurückgehalten. Das Finanzministerium hatte zwar zusammen mit dem Wirtschaftsministerium zu entscheiden, aber ich hatte mich zu keinem Zeitpunkt in den Gang der Dinge aktiv eingeschaltet. Aus dieser Zeit wird von mir ein Ausspruch kolportiert: »Lieber zwei Jahre Juso-Regierung als ein Jahr Flick.« Im Frühsommer 1976 bedrängten mich Alfred Nau und Günter Grunwald, doch endlich mit meinen Attacken gegen Flick und seine Anträge zur Wiederanlage ihrer Milliarden Schluß zu machen. Schließlich forderte Flick nur das, was ihm nach geltendem Recht zustände. Ich sollte mir die Leute wenigstens mal anschauen und mit ihnen reden. Ich zögerte und schob Terminprobleme vor. Schließlich trafen wir uns am Rande unseres Dortmunder Bundesparteitags in einem Jagdhaus im Sauerland. Die Flicks kamen mit einem Hubschrauber, und beim Essen gab es ein eigentlich belangloses Gespräch. Auch dessen Fortsetzung einige Monate später im politischen Club der Ebert-Stiftung in Bonn war nicht besser. Welchen Zweck das alles haben sollte, ist mir noch immer nicht klar. Mit meinen Entscheidungen zur Sache hatten diese Zusammenkünfte nichts zu tun. Als die Bonner Staatsanwaltschaft Jahre später gegen eine Reihe von Bonner Politikern ermittelt, spricht sie bei mir nicht ein einziges Mal vor.

Im Jahre 1984 weiß ich natürlich, wie blauäugig ich mich damals verhalten habe. Damals wußte ich nichts von den finanziellen Zuwendungen der Firma Flick an die Bundestagsparteien und an die Friedrich-Ebert-Stiftung und von den Spendensammelaktionen zugunsten unserer Parteikasse. Ich stand auch nicht auf Flicks Spendenliste. Aber daß ich mich ausgerechnet zu der Zeit mit Flick und seinen Gewährsleuten traf, zu der die Entscheidungen über ihre Anträge reiften, war zumindest aus heutiger Sicht ein Zeichen von Dummheit, mindestens von Naivität. Das gibt den Vertretern der Koalition im Flick-Untersuchungsausschuß die großartige Gelegenheit, nun auch mich miteinzubeziehen in den Sumpf, der vor allem einzelne FDP-Politiker bedroht. Und das gelingt ihnen auch recht gut. Als ich Ende Januar vor dem Flick-Untersuchungsausschuß aussagen muß, tischen Otto Schily und die Mitglieder der Union mit ihren Fragen ein Gebräu auf, das mir nicht munden kann: Ich hätte mich mit den Flicks getroffen, ihre Anträge genehmigt, und flugs hätte die Friedrich-Ebert-Stiftung 2,7 Millionen DM erhalten.

Dieses Konstrukt ist frei erfunden. Eberhard von Brauchitsch und Flick selbst bestätigen, daß sie mit mir zu keinem Zeitpunkt über ihre Anträge gesprochen haben. Und dennoch geht mir die ganze Angelegenheit schwer an die Nieren. Niemals habe ich mich in meiner politischen Arbeit von sachfremden Überlegungen leiten, geschweige denn schmieren lassen. Und nun komme ich durch eigene Fehler in einen solchen Verdacht.

Wider den Genossen Trend

Am 4. Januar 1984 abends kommen die Kreisvorsitzende der SPD Hamburg-Nord, Helgrit Fischer-Menzel, und ihr Stellvertreter zu mir nach Hause. Die beiden wollen mit mir über »meine politische Zukunft« sprechen. Da bin ich natürlich neugierig. Das Gespräch ist kaum in Gang zu bringen. Sie tun sich schwer. Sie beginnen damit, daß ich in den letzten Monaten immer wieder erklärt hätte, ich hätte keine Lust mehr. An den Debatten im Kreis Nord hätte ich mich nicht mehr beteiligt, und meine frühere Freundlichkeit hätte ich auch verloren. Da hätten sich die Genossen natürlich gefragt, wie es mit mir weitergehen solle.

Ich erkläre ihnen, daß der Kreis Nord im Jahre 1983 kaum etwas anderes als Friedensfragen diskutiert hätte. Und diese wiederum so, daß ich mit meiner Überzeugung an diesen Debatten nicht mehr hätte teilnehmen können. Eine fruchtbare Diskussion könne es doch wohl nur geben, wenn sich die Meinungen noch irgendwo berührten. Ich sage ihnen nicht, daß ich ihre Position in der Friedenspolitik bestenfalls für unverantwortlich naiv halte.

Ich spreche mit ihnen über die nächsten Bundestagswahlen. Wir sind uns einig darüber, daß es viel zu früh sei, über den Kandidaten im Wahlkreis Hamburg-Nord zu spekulieren. Nur sollte jeder wissen: Ich werde mit aller Kraft um meine Wiederaufstellung kämpfen. Und das könnte dann ein dramatisches halbes Jahr in Hamburg-Nord werden, dazu genau im Vorfeld der Hamburger Bürgerschaftswahlen. Ich sage ihnen auch, daß ich nicht daran denke, in Bonn aus der Verantwortung für den Seeheimer Kreis auszusteigen. Ich würde mich auch weiterhin um die SPD-Sicherheitspolitik kümmern. Sie könnten aber sicher sein, daß ich meinen Einsatz in Hamburg noch verstärke. Mit allen Distriktvorsitzenden und ihren Vorständen im Wahlkreis will ich getrennt privat und politisch zusammentreffen, ich werde die Wahlkreisarbeit verstärken.

Ich will sie nicht provozieren. Aber Angst habe ich auch nicht. Zu beidem bin ich inzwischen zu alt. Sie müssen lernen, daß ein Mindestmaß an Pluralität nach außen die Voraussetzung für ein erträgliches Abschneiden der SPD bei Wahlen ist. Sie müssen wissen, daß sie es nicht nur mit mir, sondern auch mit meinem hohen Ansehen in Hamburg zu tun bekämen. Aber ihr Problem ist die Basis, die mich nicht mehr will. Das Gespräch endet sehr freundlich. Doch das bedeutet nicht viel, auch wenn Ingrid als Fazit meint, die brauchten von mir nur mal wieder Streicheleinheiten. So einfach ist das nicht! Ich bin ziemlich sicher, daß sie mit aller Kraft versuchen werden, mich bei den nächsten Bundestagswahlen loszuwerden, genauso wie 1980 meinen Mitstreiter Rolf Meinecke. Ihn beerdigen wir am 5. April. Von 1965 bis 1980 hatten wir als MdB des Kreises Hamburg-Nord im Bundestag zusammengesessen. Die ersten Jahre hatten wir uns im Bundestag unser kleines Arbeitszimmer geteilt. Obwohl er Bildungspolitiker war und wir deshalb politisch kaum Berührungspunkte hatten, waren wir gute Freunde. 1980 hatte der Kreis Nord ihn davongejagt. Mehrfach hatte ich von der SPD in Nord wenigstens einen Abschiedsempfang für ihn verlangt, ohne Erfolg. Nicht einmal ein schäbiges Kreisdelegiertenmandat war für ihn vorhanden. Ein Kranz der SPD liegt neben seinem Sarg, die Kreisvorsitzende kommt, bleibt stumm. Den Kindern verspreche ich Hilfe, auch bei der Wohnungssuche. Solidarität, gibt es das für die Genossen noch?

Zur turnusmäßigen Neuwahl des Geschäftsführenden Kreisvorstandes der SPD Hamburg-Nord kandidiere ich nicht wieder. Ich bin ja nun Berliner. 18 Jahre hatte ich seit dem Beginn der großen Koalition diesem Gremium angehört. Von meinen damaligen Mitstreitern ist niemand mehr dabei, sie wurden Senatoren, Bürgermeister oder erhielten durch die Partei lukrative Jobs bei staatseigenen Betrieben in Hamburg. Ich bin als lebendiges Fossil übriggeblieben, kann aber den zunehmenden Linkstrend auch nicht aufhalten. Immer weniger repräsentiert die SPD in Hamburg-Nord die Interessen vieler SPD-Wähler. Immer mehr wird sie eine Partei grün-alternativen Zuschnitts, die zum Normalbürger immer weniger Zugang findet und in der Öffentlichkeit kaum noch greifbar ist.

In der Bonner Partei geht es mir soviel besser auch nicht. In der Sicherheitspolitik der SPD geht es immer weniger darum, konstruktive Vorschläge zur Rüstungsbegrenzung im Rahmen des westlichen Bündnisses zu entwickeln und den konstruktiven Dialog mit unseren westlichen Bündnispartnern zu suchen, sondern den schrittweisen Abfall der Partei von der Nato zu stoppen. Eine besondere Rolle spielt dabei Egon Bahr. Hinter einer Nebelwand von Beteuerungen zugunsten unseres westlichen Bündnisses verfolgt er eine gegenläufige Politik. Seine Motive und letzten politische Ziele sind mir nicht klar: Ist er ein linker Nationalist, der die

Nachkriegsverhältnisse in Europa so verändern will, daß es für unser Land einen Weg zur Wiedervereinigung außerhalb der EG und der Bündnisse geben kann? Für mich eine lebens- und freiheitsgefährdende Vision. Oder ist er einer von denen, die in der Geschichte unseres Landes seit der Reichsgründung 1871 immer wieder dadurch für Unheil gesorgt haben, daß sie sich von ihren Ressentiments gegenüber dem Westen zur falschen Einschätzung russisch-sowjetischer Politik haben führen lassen?

Auf jeden Fall bestimmt dieser Mann mit seinem scharfen Verstand, seiner analytischen Kraft und seiner taktischen Elastizität mindestens seit der Debatte um die Neutronenwaffe die Entwicklung der Sicherheitspolitik der SPD entscheidend mit. Meist hinter den Kulissen hat er mit Stichworten und Konzepten zur rechten Zeit erfolgreich die Erosion der sicherheitspolitischen Basis der sozial-liberalen Koalition betrieben. Dabei wächst die Zahl seiner Gefolgsleute ständig. Er hat recht, wenn er in der Strategiekommission des Parteivorstandes, die unter seiner Leitung steht, sagt, wir könnten seine Konzepte ablehnen; das ändere nichts daran, daß die Partei schon weiter sei als wir.

Er will im nächsten Parteitag einen Antrag eingebracht sehen, daß Atomwaffen in Ost und West nur noch auf dem Boden der Eigentümer stationiert sein dürfen. Die militärischen und bündnispolitischen Konsequenzen sind eindeutig: Die Basis der Nato-Abschreckung, die amerikanischen Atomwaffen, verschwinden vom europäischen Kontinent. Die Sowjets ziehen ihre Atomwaffen lediglich einige hundert Kilometer nach Osten zurück. Das militärische Gleichgewicht zwischen Ost und West wird entscheidend gestört. Die Gewinner wären auf der ganzen Linie die Sowjets.

Das ist auch Horst Ehmke und Karsten Voigt zuviel. Wenn schon atomfrei, dann vom Ural bis zum Atlantik. Peter von Oertzen schlägt sich auf unsere Seite. Nun können wir Bahrs Forderung abschmettern. Der von uns in der Strategiekommission verabschiedete Antrag ist grundsätzlich in Ordnung, auch wenn er Kompromisse enthält, die für Regierungsvorhaben nicht akzeptiert werden können. Das ruft Helmut Schmidt auf den Plan, als wir diesen Antrag am 30. Januar dem Parteivorstand vorlegen: Uns fehle die

»grand strategy«, die enge strategische Verknüpfung ökonomischer und militärischer Fakten. Wir bezögen uns nicht auf die »Harmel-Formel« der Nato, nach der eine wirksame Entspannungspolitik nur auf der gesicherten Verteidigungsfähigkeit des Westens aufbauen könne. Wir würden verschweigen, daß ein Abbau der atomaren Abschreckung eine Verstärkung der konventionellen Verteidigungskraft des Westens erfordere, was viel Geld koste. Natürlich hat Schmidt recht. Aber darum geht es überhaupt nicht. Zu entscheiden ist auch bei diesem Antrag, ob die Partei im Bündnis gehalten werden kann. Und diesem Ziel muß einiges an sicherheitspolitischer Klarheit geopfert werden. Deshalb kämpfe ich für diesen Antrag. Deutlich wird aber auch, wie wenig Helmut Schmidt vom inneren Zustand seiner Partei noch weiß.

Ebenso wie Egon Bahr, der ungeachtet unserer Beschlüsse seine Forderungen nach der Stationierung von Nuklearwaffen nur noch auf dem Boden der Eigentümer weiter öffentlich vertritt, veröffentliche ich meine Überzeugung auch. Im Januar schreibe ich einen längeren Beitrag für die *Times* mit dem Titel »Chancen und Grenzen einer Konventionalisierung der Nato-Strategie«. Da löcke ich gegen den Stachel, indem ich darauf hinweise, daß auch bei der gebotenen Anhebung der Atomkriegsschwelle durch die Verstärkung der konventionellen Verteidigungskraft der Nato auf die nukleare Abschreckung nicht verzichtet werden könne. Nur so würden für jeden Angreifer die existentiellen Risiken unkalkulierbar, nur so die beiden Supermächte voll in das Risiko des Kriegsausbruchs in Europa eingebunden bleiben. Und ich verweise darauf, daß der Verstärkung der konventionellen Verteidigungskraft angesichts der leeren Kassen enge Grenzen gesetzt sind. Deshalb setze ich auf den mühsamen Weg der Rüstungskontrolle.

Als ich mich in weiteren Beiträgen weigere, dem »Genossen Trend« zu folgen und vor dem Traum einer Neutralisierung der Bundesrepublik warne, sagen viele Genossen: Das rundet das Bild ab, der sieht die Zeichen der Zeit nicht. Das muß sich natürlich auch auf unserem Essener Bundesparteitag Ende Mai bei meiner Wiederwahl in den Parteivorstand auswirken. Mich wählen nur 255 der 400 Delegierten, und so lande ich unter den insgesamt

36 Beisitzern nur auf dem 22. Rang. In der Verteidigungspolitik hilft Erhard Eppler. Der Parteitag ist drauf und dran, die Verteidungsausgaben »als ersten Schritt« auf den absoluten Betrag einfrieren zu wollen, den die sozial-liberale Koalition für das Jahr 1983 vorgesehen hatte. Haushaltspolitiker wie Brigitte Traupe halten das in ihren Parteitagsreden für realistisch. Eppler spricht dagegen. Ihm gehen diese opportunistischen Positionswechsel zu weit. Und so will eine Mehrheit den Anteil der Verteidigungsausgaben am Bundeshaushalt auf den prozentualen Anteil festschreiben, den die letzte sozialdemokratisch geführte Bundesregierung für 1983 vorgesehen hatte.

Die Vorbereitung der Seeheimer für diesen Parteitag ist nicht nur inhaltlich schwach. Es wird immer deutlicher, daß wir zumindest in der Sicherheitspolitik so weit vom *mainstream* der Partei entfernt sind, daß wir froh sein können, wenn die im Parteivorstand gefundenen Kompromißformeln gehalten werden können. Auch personell bluten wir aus. Erika Wagner, Inge Donnep, Helmut Schmidt, Hans Matthöfer kandidieren nicht mehr. Rolf Böhme, Georg Kronawitter, Günter Metzger und Alfons Pawelczyk lehnen es trotz meines Drängens ab, sich um einen Sitz im Bundesvorstand zu bewerben. Ohne Vorwarnung werfen Antje Huber und Bruno Friedrichs das Handtuch. Herbert Ehrenberg und Karl Ravens werden nicht wiedergewählt. Und vorbei ist es mit der Seeheimer Herrlichkeit, die Mehrheit im neuen Bundesvorstand ist erdrückend links. Die Anpasser aus der Schmidt-Ära haben gut überlebt, und ich wohl nur deshalb, weil ich derzeit in Berlin gebraucht werde.

Bei der Debatte zur Wirtschaftspolitik das übliche Spiel. Die wirtschafts- und finanzpolitische Kommission unter dem Vorsitz von Herbert Ehrenberg legt einen umfassenden Leitantrag vor unter dem Motto »Arbeit für alle – die Zukunft gestalten«. Schon im Vorfeld des Parteitags lehnen die Linken im Frankfurter Kreis diese Vorlage ab. Für sie geht es um »Zukunft für alle, die Arbeit gestalten«. Sie wollen die Energie verteuern, massive Beschäftigungsprogramme starten und wirksame Eingriffe des Staates in den Wirtschaftsablauf möglich machen. Nur mit Mühe gelingt es uns, den Parteitag davon abzuhalten, die Forderung nach Verstaatlichung der Banken und die Vergesellschaftung der Schlüsselindustrien zu beschließen.

Der Ausstieg aus der friedlichen Verwendung der Kernenergie wird vorangetrieben. Nun lehnen wir die Wiederaufarbeitung abgebrannter Kernbrennstäbe in der Bundesrepublik ab. Die Entsorgung der Kernkraftwerke sei nicht gesichert und deshalb ein weiterer Bau von Kernkraftwerken unvertretbar und unverantwortlich. Ziel unserer Energiepolitik soll es sein, nach einer Übergangsfrist auf jede Kernenergie zu verzichten.

Helmut Schmidt wird auf diesem Parteitag verabschiedet, er gibt sein Amt als stellvertretender Parteivorsitzender ab. Seine Abschiedsrede ist mehr als bemerkenswert, für mich ist sie ein Dokument der Zeitgeschichte: »Das, was wir Sozialdemokraten in der Zeit unserer Regierungsarbeit getan haben, kann und muß die Grundlage dafür sein, wie wir in Zukunft die Pflichten für unser Volk erfüllen werden. Die Opposition hat es nicht nötig, als Opposition sozusagen eine ganz neue Republik oder eine völlig andere Politik auf dem Reißbrett zu entwerfen, sondern wir haben eine Epoche gestaltet, die Deutschland und den Deutschen geholfen hat. Und daran gilt es anzuknüpfen.« – »In der Opposition von heute muß unsere Regierungsverantwortung von gestern erkennbar sein, und in unserer Regierungspraxis von morgen muß wiederum unsere Oppositionsarbeit von heute erkennbar bleiben. Stetigkeit, Verläßlichkeit, Vertrauenswürdigkeit, das sind Grundvoraussetzungen für eine demokratische Partei, die viele, viele Millionen von Menschen an sich binden muß, um zukünftig Mehrheiten zu finden.« Die Ovationen des Parteitags verrauschen ebenso schnell, wie die Partei diese mahnenden Worte in den Wind schlägt.

Mein schlechtes Abschneiden bei den Vorstandswahlen schlägt hohe Wellen. Die Kommentatoren, nicht nur in Berlin, schreiben darüber, daß ich in den Augen meiner eigenen Partei wohl doch nicht der tolle Politiker sei, für den die Berliner Wähler mich halten sollen. Peter Ulrich geht zu Willy Brandt: Die Berliner Partei könne mit diesem Ergebnis nicht leben; Brandt solle dafür sorgen,

daß ich vom neuen Bundesvorstand in das Parteipräsidium gewählt werde. Nur das würde der Berliner Wähler verstehen. Willy
Brandt sieht sich nicht in der Lage, Zusagen zu machen.

Bereits vor der entscheidenden Sitzung des Bundesvorstandes
werde ich auf meine Kandidatur für das Parteipräsidium angesprochen. Vogel läßt über Klaus Bölling bei mir anfragen, ob ich nicht
doch lieber verzichten wolle. Wischnewski warnt mich vor, Börner
fragt besorgt nach. Vogel spricht mich im übrigen nicht persönlich
an, obwohl wir uns am 16. Juni beim Europafestival der Berliner
SPD treffen. Nur Annemarie Renger meint, ich müsse auf jeden
Fall antreten. Aber dieser Ermunterung bedarf es nicht. Wenn ich
nicht gewählt werde, wird wenigstens sichtbar, wie sehr die Bonner
SPD daran interessiert ist, daß ich in Berlin Erfolg habe. Nun sind
endlich einmal die Linken, die Mehrheit im Parteivorstand, in der
Klemme.

Am Nachmittag des 22. Juni, die Parteivorstandssitzung hat um
10 Uhr angefangen, redet Oskar Lafontaine auf mich ein, ich solle
doch verzichten. Die Linken fühlten sich von mir erpreßt und
betrachteten meine Kandidatur mit Ingrimm. »Aber warum müßt
ihr mich denn wählen? Ich kann in Berlin auch gut leben, ohne
dem Präsidium anzugehören.« Willy Brandt ist sauer. Denn wenn
ich ins Präsidium strebe, hätte ich doch auch mit ihm und Eppler
den Entwurf eines neuen Grundsatzprogramms schreiben können.
Da ist viel Wut versammelt. Sie wählen mich als fünften von sechs
zusätzlichen Präsidiumsmitgliedern. Endlich bin ich dort, wo für
die SPD die politischen Entscheidungen fallen.

Doch wieder einmal werde ich enttäuscht. Es ist wie im Bundeskabinett: viel Leerlauf, viel Administration, wenig echte politische
Debatte, kaum Entscheidungen von Belang. Es ist niemals langweilig, wenn Willy Brandt von seinen Auslandsreisen und seinen
Gesprächen berichtet. Nur zu politischen Konsequenzen führt das
nicht, was natürlich auch daran liegt, daß wir in Bonn in der
Opposition sind. Er ist in diesem Präsidium der große alte Mann
mit Weitblick und Perspektive. Aber meistens läßt er die Dinge
laufen; er wirkt müde. Hans-Jochen Vogel hat alle Akten gelesen
und kennt alle Details, mögen sie nun wichtig sein oder nicht. Er ist

stets hellwach und präsent, nur politische Gestaltungskraft geht
von ihm nicht aus. Bundesgeschäftsführer Peter Glotz verfügt über
einen brillanten Verstand, er ist ein eindrucksvoller Schnelldenker,
aber ohne das für einen Geschäftsführer nötige politische Sitz-
fleisch. Bei Hans-Jürgen Wischnewski bin ich nicht sicher, ob ihn
sein Amt als Bundesschatzmeister überhaupt interessiert. Das führt
dazu, daß ihn Vogel immer wieder wegen Details »anmacht«. Johannes Rau ist der weitaus liebenswerteste unter den führenden Genossen, ein Sozialdemokrat mit Herz und Verständnis für seine Mitmenschen. Aber kämpfen mag er nicht. Über die sechs normalen
Präsiden ist soviel nicht zu sagen; und ob ich dem Präsidium ange-
höre oder nicht, ist für das Wohl und Wehe der Partei belanglos.

So treffen wir uns fast jeden Montag, essen zusammen und arbeiten unsere Tagesordnung ab. Wir sind der Geschäftsführende
Vorstand und deshalb auch für Bürokratie und Geld zuständig.
Ich kann nicht regelmäßig erscheinen, oft bin ich in Berlin. Aber
um wirklich Wichtiges geht es selten. Das ist am 3. September der
Fall. Peter Glotz hatte bereits eine Woche vorher im Präsidium
gesagt, wir hätten bei den nächsten Bundestagswahlen Anfang
1987 keine Chance, »auch wenn Sankt Petrus für uns kandidieren
würde«. Deshalb sollten wir uns auf die darauffolgenden Bundestagswahlen konzentrieren. Jetzt stehen seine Äußerungen in der
Zeitung. Die Genossen vor Ort, die Wahlkampf machen sollen,
sind sauer.

Im Präsidium bestreitet Peter Glotz, Derartiges gesagt zu haben.
Man habe sein letztes Buch unrichtig interpretiert. Vogel beteiligt
sich an dieser Debatte nicht sofort, dann aber explosiv. Seine Ver-
stimmung sitzt tief. Er sagt uns, daß er zwei Wahlniederlagen zu
verdauen habe und die »Enkel-Diskussion« mies finde.

Er soll die Bürde des Oppositionsführers tragen. Glotz und andere aber sagen ihm verblümt, er trage nur den Stab hin zu Willy
Brandts Enkeln. Ich kann seine Verbitterung verstehen. Aber ein
Problem bleibt: Hans-Jochen Vogel wird seinen Arbeitsstil nicht
ändern. Er wird Politik auch weiterhin nicht kreativ gestalten,
sondern vor allem als administrativen Ablauf betrachten. Das
genügt nicht, es motiviert vor allem auch nicht. Und natürlich

bleibt seine Unnahbarkeit, die es so schwermacht, mit ihm zusammenzuarbeiten.

Am Montag, 1. Oktober, tagt ab 19 Uhr das Präsidium. Willy Brandt und »Ben Wisch« sind in Lateinamerika, also leitet Vogel das Präsidium. Es geht wieder um die Einführung einer Geschwindigkeitsbegrenzung von 100 km/h auf Autobahnen und 80 km/h auf Landstraßen. Vogel berichtet aus der Fraktion. Am Donnerstagabend würde es im Bundestag eine Abstimmung aufgrund eines Antrags der Grünen geben, und es sei sehr schwer, die SPD davon abzubringen, genauso wie die Grünen eine Geschwindigkeitsbegrenzung von 100 bzw. 80 Stundenkilometern zu fordern. Ich meine, wir müßten diesem Tempolimit zustimmen, nachdem das Katalysatorauto erst sehr viel später käme. Johannes Rau erklärt uns, damit könne er nicht leben, 75 Prozent aller Befragten seien dagegen, und er müsse Landtagswahlen gewinnen. Darauf versuche ich, einen Kompromiß zu finden. Er soll unseren Willen nach konsequenter Umweltpolitik deutlich machen, aber die Verantwortung für die notwendige Geschwindigkeitsbegrenzung auf die Bundesregierung abladen. Vogel formuliert mit Herta Däubler einen entsprechenden Text. Die Bundesregierung soll aufgefordert werden zu erklären, wie sie bei Nichteinführung von Tempo 100 bzw. 80 zu einer Verminderung der Luftverschmutzung kommen will. Mit diesem Text gehen wir in den Fraktionsvorstand.

Dort liegen nun zwei Anträge: der aus dem Präsidium und einer aus dem zuständigen Arbeitskreis, der ohne Schnörkel Tempo 80/100 fordert. Vogel leitet ein. Er schildert die Probleme von Johannes Rau. Stellung nimmt er nicht. So beginnt die Debatte ohne Orientierung. Die Abstimmung zu 80/100 führt mit 13:13 Stimmen zur Ablehnung. Vogel nimmt an der Abstimmung nicht teil. Ich räuspere mich. Und schon sagt Vogel zum Erstaunen der Genossen, nun wolle man den »Antrag Apel« zur Abstimmung stellen. Ehe ich protestieren kann, ist der Antrag des Präsidiums angenommen. Vogel beteiligt sich wiederum nicht an der Abstimmung. Ich sage, falls er diesen Antrag als »Antrag Apel« in der Fraktion präsentiere, würde ich den Ablauf der Präsidiumssitzung schildern. In der Fraktion sagt er nichts zur Sache. Bei der Abstimmung stimmt er mit der großen Mehrheit für 80/100. Ich fühle mich so düpiert und unwohl gegenüber Rau, daß ich überhaupt nicht abstimme.

Am Montag, 26. November, befaßt sich das Präsidium mit den Schwierigkeiten der grün-roten Koalition in Hessen. Holger Börner betrachtet die Zukunft dieser Koalition skeptisch. Es sei offen, ob die Grünen ihre Ziele durch Bereitschaft zur Mitverantwortung in der Koalition verfolgen oder Fundamentalopposition betreiben wollten. In jedem Falle laufe vielen Grünen die Zusammenarbeit zu glatt. Man wolle die hessische SPD vor den Kommunalwahlen mit einer Diskussion über die Nuklearfirma Nukem durcheinanderbringen. Vor den Landtagswahlen in Nordrhein-Westfalen würden die Grünen aber nicht aus dem Regierungsboot aussteigen. Willy Brandt ist optimistisch, die Probleme ließen sich lösen.

Der Text einer Entschließung wird zur Annahme vorgelegt. Zimmermann und die Bonner Koalition hätten schuld an dem Wiesbadener Fiasko. Die SPD halte am grün-roten Bündnis fest, im Kampf gegen die Bonner Wende gäbe es keinerlei Alternative. Kein Wort zu den Grünen und ihrem unglaublichen Verhalten. Ich lehne es ab, dieses Papier abzusegnen. Es entspreche nicht der Wahrheit, und ich könne mich in Berlin damit nicht sehen lassen. Rau, selbst Eppler, unterstützen mich. Hans-Jochen Vogel hilft, er findet die Formulierungen, auf die wir uns verständigen können. Die Kritik an der Bundesregierung bleibt, aber die Grünen werden kritisiert: Sie hätten mit ihrem Verhalten in Hessen »im Ergebnis der Bonner Wendepolitik Vorschub geleistet«. »Die Grünen sind der deutschen Öffentlichkeit und vor allem ihren Wählern den Beweis schuldig, daß sie zur praktischen Reformpolitik fähig und willens sind.«

1985

Das bittere Ende an der Spree

Nachdem sich der Wahlkampfstab unter der Leitung von Klaus Bölling monatelang über Inhalt und Verfasser unserer Wahlkampfspots gestritten hatte, aber nicht zu Ergebnissen gekommen war, müssen wir nun unmittelbar nach Silvester mit einer Münchner Firma an die Arbeit gehen. Der tüchtige Dieter Schröder übernimmt die Koordinierung und sorgt später dafür, daß aus dem in Berlin gedrehten Rohmaterial vorzeigbare Spots werden. Wir sprechen die wichtigsten Probleme der Stadt an: Umwandlung von Miet- in Eigentumswohnungen, Umweltprobleme, die Not der Alten und Behinderten, die Berufsprobleme der Jungen. Wir kommen nur deshalb gut voran, weil viele Berliner Sozialdemokraten trotz sechzehn Grad Kälte großartig mitmachen. Die »normalen« Parteimitglieder wollen mit mir Erfolg haben; die »Würdenträger« der Berliner SPD sitzen in ihren Amtsstuben und spekulieren über das Wahlergebnis und die Zeit danach.

Die Berliner Linke verständigt sich: Es ist besser, wenn Apel nach den Wahlen geht. Aber wenn er bleibt, ist das auch zu ertragen. In jedem Falle muß die Zeit danach präzise vorbereitet werden. Egert soll Parteivorsitzender werden, Longolius Fraktionsvorsitzender. Die Rechten tagen zum ersten Mal am 13. Januar, natürlich ohne mich. Bei ihnen bleiben die personellen Fragen noch offen. Doch auch sie wollen nach der Wahl keinerlei Verantwortung übernehmen. Natürlich keine große Koalition, auch keine Tolerierung eines CDU-Minderheitssenats. Die SPD bleibt in der Opposition, auch mit der Möglichkeit, Gesetzgebungsmehrheiten mit der AL zustande zu bringen. Diepgen soll verschlissen werden und bei den nächsten Wahlen die Macht an uns verlieren. Eine andere Strategie heißt: Die SPD stellt bei Verlust der Mehrheit für den CDU/FDP-Senat die Machtfrage. Hans Apel kandidiert als Regierender Bürgermeister. Die AL muß dann Farbe bekennen. Es ist schon erschütternd, in welchem Maße über mich verfügt wird und mitten in der heißen Phase unseres Wahlkampfs Planspielchen an die Stelle harter Arbeit treten.

Der Wahlkampf läßt sich gut an. Wir feiern am 7. Januar ein »republikanisches Fest« in einer Halle des ehemaligen Güterbahnhofs Halensee. Trotz der Kälte ist der Laden brechend voll. Ich bin ausgeruht und selbstbewußt. Und ich rede aggressiver, als ich es eigentlich mag: Diepgen sei ein »Mini-Kohl« mit den Qualitäten eines Ortsbürgermeisters. Die Forderungen der AL nach einer autofreien Stadt seien »politpubertäre Träume«. Das gefällt den Genossen. Der Beifall ist groß. Doch in der Abendschau des Berliner Fernsehens kommt das nicht rüber. Versammlungsteilnehmer werden gefragt, was sie von mir halten. Ein Juso-Funktionär sagt, er habe mit dem »Raketen-Hans« nichts am Hut. Der Tempelhofer Kreisvorsitzende Staffelt hält es für erwähnenswert, daß ich immer noch »Köm« sage und nicht »Korn«; als ich auf einem Empfang eine »Frikadelle« haben will, wird daraus eine Affäre. Dieses Ding heiße »Bulette«. Ich hätte besser einen Sprachkursus belegt als den Versuch unternommen, bei den Wahlen zum Abgeordnetenhaus mit den schlimmen Konsequenzen der Bonner Wendepolitik auch für die Berliner zu argumentieren.

Noch zweimal versuche ich den Bundestag zu nutzen, um unsere Wahlchancen in Berlin zu verbessern. Am 18. Januar rede ich in der Rentendebatte. Gegen die minimalen Rentenerhöhungen stelle ich die Verteuerung der Mieten und der Fahrpreise in Berlin dar mit ihrer Konsequenz, daß die Rentner massiv zur Kasse gebeten werden. Wir wollen dieses Thema in unserer wöchentlichen Kolumne ansprechen. Ich spreche dabei von den »sozialpolitischen Schweinereien der Bonner Wendepolitik«. Erneut verweigern Springer ebenso wie der *Tagesspiegel* den Abdruck der Anzeige, wenn wir nicht bereit sind, diesen Passus zu verändern. Sie wollen nicht zulassen, daß »wir Unruhe in die Stadt tragen«, so der *Tagesspiegel*. Wir geben nach und formulieren unseren Text um. Nun heißt es, der Berliner Senat habe alle Bonner Beschlüsse mitgemacht. Als wir mit Steuermitteln finanzierte Anzeigen des Berliner Sozialsenators Ulf Fink zu seiner Behindertenarbeit aufgreifen – die dafür verwendeten 42000 DM werden der praktischen Arbeit für Behinderte entzogen –, schlagen die Zensoren bei Springer und beim *Tagesspiegel* erneut zu. Das Bundesverfassungsgericht hat den Regierenden verboten, öffentliche Mittel in Wahlkampfzeiten für Werbung einzusetzen. Also sage ich in unserer Kolumne: »Für mich sind das Rechtsbrecher.« Dieser Satz wird gekippt. Das ist die hier praktizierte Meinungsfreiheit nach dem Motto: Das freie Berlin als Fels in der Brandung der roten Flut.

Am 27. Februar rede ich ein letztes Mal von Bonn aus in Richtung Berlin und zwar in der Debatte zur Lage der Nation. Diese Rede findet in Berlin kaum noch Resonanz. Die Würfel sind längst gefallen. Unser Wahlkampf hatte bis dahin immer mehr an Schwung verloren. Der Winter hat uns voll erwischt. Die Stadt ist tief verschneit. Bei 15 Grad minus rennen wir über ausgestorbene Wochenmärkte und menschenleere Einkaufsstraßen. Wie froh sind wir, wenn wir in einen Kaffeeladen gebeten werden und man uns heißen Kaffee serviert. Nur im Wedding wird der Wahlkampf noch so organisiert, daß es Freude macht und einen Sinn hat, sich zu engagieren.

Am Freitag, 25. Januar, haben wir unsere vorletzte Großkundgebung in diesem Wahlkampf im Internationalen Congreß Centrum. Der Besuch ist gut. Aber natürlich sind wir, wie bei solchen Veranstaltungen üblich, unter uns. Oskar Lafontaine ist zwar angekündigt, kann aber wegen einer Blinddarmoperation nicht kommen. Johannes Rau hält eine seiner typischen Reden: Eher plaudernd schildert er plastisch die Nöte und Sorgen seiner Mitmenschen und das Versagen der Bonner Politik. Er ist sympathisch, ein rechter »Menschenfischer«, wie es das Neue Testament sagt. Ich habe mir eine kämpferische Rede geschrieben. Es ist keine schlechte Veranstaltung. Zufrieden singen wir gemeinsam »Wann wir schreiten Seit an Seit«, ehe es wieder hinaus in die Kälte geht.

Und kalt ist es nicht nur meteorologisch. Genossen lassen wieder öffentlich ihren Unmut an mir aus. Ich distanziere mich von jeglicher Zusammenarbeit mit der AL nach den Wahlen, auch weil uns sonst viele Stammwähler weglaufen. Eine große Koalition schließe ich aus. Aber was soll dann werden, wenn der amtierende Senat seine Mehrheit verliert? Für die Linken ist klar, Apel will einen CDU-Minderheitssenat tolerieren. Und da heulen sie auf. Aber auch Klaus Bölling, Team-Mitglied und Wahlkampfleiter, setzt sich hörbar ab. In einem Interview mit dem Sender Freies Berlin lobt er Diepgen und Wirtschaftssenator Pieroth. Die Genossen nennen ihn inzwischen den »Misanthrop«. Das *Sonntagsblatt* beruft sich auf ihn: Volker Hauff wäre für Berlin der bessere Kandidat gewesen; das Bonner Parteipräsidium hätte Apel längst abgeschrieben; Diepgen sei ein guter Mann. Das sind die Stichworte, die die Presse braucht.

Am Montag, 4. Februar, tagt im Rathaus Schöneberg das Präsidium. Die Genossen sind aufgeschreckt über den wahrscheinlichen Wahlausgang. »Was können wir denn tun, um dir noch zu helfen?« so Egon Bahr. Eine wichtige, aber kaum zu beantwortende Frage. Johannes Rau hat im Hotel mit dem Barkeeper gesprochen, und der habe gesagt: »Ich glaube, der Apel liebt uns Berliner nicht.« Ich sei eben zu politisch. Ich müsse mir öfter mal in Berlin ein Paar Socken kaufen. Rau meint wirklich, das helfe. Peter Glotz beteuert, die Berliner Partei sei sehr viel besser, als ich das darstelle. Schließlich wisse er das aus eigener Erfahrung. Als ich ihm Details aus den letzten Wochen nenne, kommt keine Antwort. Peter Ulrich bestätigt mir, ich täte zwar meine Pflicht. Aber das sei nicht genug. Zwei Genossen schweigen: Willy Brandt, er erteilt das Wort, und Jochen Vogel, er bearbeitet wie immer Akten. Er aber sei der Verantwortliche für mein Berlin-Abenteuer, so später unter vier Augen Johannes Rau. Denn Brandt und er hätten davon erst erfahren, als es zu spät gewesen sei.

Am nächsten Morgen bin ich mit Jochen Vogel verabredet. Er begreift sehr schnell, daß es keine Chance mehr gibt, mich in Berlin zu halten. Auch wenn wir uns darauf verständigen, darüber nach der Wahl noch einmal zu reden. Vor allem müßten wir jeden

Versuch verhindern, mit der AL zusammenzugehen. Das wäre das Ende der Berliner SPD. Und nur ich könne das verhindern. Andererseits fehle ich ihm in Bonn in der laufenden politischen Arbeit. Im Februar beginnen die gemeinsamen Auftritte der Spitzenkandidaten der vier Parteien. Wir »üben« am 5. Februar ohne Fernsehen drei Stunden lang im Haus der Kirche. Es ist wie immer: Eine Debatte kommt nicht zustande. Und dennoch ist diese Veranstaltung für uns nicht ohne Interesse. Rasch von der FDP ist mit Abstand der Schwächste. Der Vertreter der AL ist schlau und segelt gut mit. Diepgen überzieht seine Redezeit und verspricht hemmungslos alles. Selbst den Strom sollen Sozialhilfeempfänger nicht mehr abgeschaltet bekommen, wenn sie ihre Stromrechnung nicht bezahlen. Entweder ist der Mann wirklich so, dann wird er auf die Dauer Schiffbruch erleiden, oder die Meinungsumfragen, die er uns nicht zeigt, treiben ihn um.

Am Mittwoch, 13. Februar, gibt es im 3. Programm des SFB die erste Fernsehrunde Apel, Diepgen, Rasch, AL, diesmal zur Deutschlandpolitik. Dieter Schröder und ich haben uns mit einer Stoppuhr bewaffnet und kündigen dem Moderator und Diepgen Ärger an, falls Diepgen wieder unangemessen viel Zeit eingeräumt wird. Das hilft. Er ist nervös, unkonzentriert und aggressiv. Ich schneide nicht schlecht ab. Zu Beginn der Sendung veröffentlicht der SFB seine neuesten Umfrageergebnisse: CDU 46,8 Prozent, SPD 36,5 Prozent, AL 13,3 Prozent, FDP 3 Prozent. 18 Prozent sind noch unentschieden. Das motiviert die Partei. Es gibt einen deutlichen Ruck. Ihr Spitzenkandidat war besser als Diepgen. Und die Zahlen der Meinungsumfragen sind nicht so schlecht, wie sie befürchtet hatten. Doch schon reden sich die Genossen in das andere Extrem. Wenigstens hätte Longolius derzeit keine Chance, mich am 11. März aus der Stadt zu jagen, wie er gegenüber Frau Grunert vom *Tagesspiegel* angekündigt hat.

Doch dieses Zwischenhoch dauert nur wenige Tage. Hans-Jochen Vogel legt uns ein Ei ins Nest, das uns den Rest gibt. Am Sonntag, 17. Februar, erscheint in der *Berliner Morgenpost* sein Interview zum Verhalten der SPD und von Apel nach den Wahlen am 10. März. Vogels Büro hatte uns den Text am frühen Abend

des 13. Februar durchgegeben mit der Bitte, den Text gegenzule-
sen. Dieter Schröder spricht mich darauf kurz vor meinem Fernsehauftritt an. Ich bin viel zu nervös, um jetzt Vogels Interview zu
lesen. Ich frage Schröder, ob der Text in Ordnung sei. Das bestätigt er und fügt hinzu, Vogel wisse ja schließlich selbst ganz genau,
was man in Berlin sagen könne und was nicht. Und so nimmt das
Unheil seinen Lauf.

Für sich genommen und abstrakt gelesen, sind Vogels Äußerungen akzeptabel: Die SPD wird nach dem Wahltag ihre politischen
Forderungen aus ihrem Wahlprogramm nicht vergessen. Sie wird
sich dafür um politische Mehrheiten bemühen: »...wenn die CDU
nicht will und die Alternativen wollen, dann sehe ich keinen
Grund, daß man die Durchführung einer vernünftigen Politik deswegen unterläßt, weil die Zustimmung von einer Seite kommt, mit
der man sehr große Gegensätze und sehr große Meinungsverschiedenheiten hat.« Und er vergleicht meine Lage nach den Wahlen
mit der von Richard von Weizsäcker nach den Berliner Mai-Wah-
len 1981, der auch vorerst nur einen Minderheitssenat bilden
konnte und von der FDP so lange geduldet wurde, bis die Liberalen
in den Senat eintraten. »Was von Weizsäcker recht war, das ist
Hans Apel und den Sozialdemokraten billig.«

Vogels Äußerungen müssen vor dem Hintergrund der Entwicklung in Hessen gesehen werden. Holger Börner hatte die Grünen
mit seiner Dachlatte bedroht, dann kam es zur rot-grünen Koalition, und die steht nun in einer tiefen Krise. Ich hatte mich immer
wieder eindeutig geäußert und selbst eine Tolerierung durch die
AL ausgeschlossen. Vogel mußte die Ängste der Berliner kennen
und die zu allem entschlossene Kampfpresse. Eine bessere Wahl-
hilfe für den amtierenden Senat als dieses Interview kann es nicht
geben. Die *BZ*: »Offene Gefängnisse, keine Schulpflicht, Autos
weg... Jetzt weiß jeder Berliner, was ihm blüht.« So zitieren sie
Diepgen in Balkenüberschriften. Die Kampagne läuft über Tage.
Wir haben keine Chance mehr, über unsere politischen Ziele zu
diskutieren. Wir wollen mit der AL zusammengehen und aus
Machtgier Berlin ruinieren, so reden die Leute, so argumentieren
unsere politischen Gegner.

Diese brutale, aber gekonnte Kampagne der *BZ*, anderer Springer-Zeitungen und der CDU-Propaganda verunsichert unsere Funktionäre und Wähler tief. Im Straßenwahlkampf geht es nur noch um dieses Thema. Selbst der Schöneberger Kreisvorsitzende Otto Edel kommt nicht umhin, sich gegen Vogels Thesen zu erklären. Denn auch er hört immer wieder: »Warum schlägt der Vogel dem Apel die Beine weg?« »Die CDU kann ich doch nicht wählen, euch nun auch nicht mehr!« »Die AL will diese Stadt ruinieren, und nun seid ihr auch dabei.« Ich versuche, mit Interviews und Erklärungen gegenzusteuern. Wir kommen nicht durch. Wir veröffentlichen eine große Anzeige, unterzeichnet von Vogel, Peter Ulrich und mir, die die nötige Klarheit schaffen soll. Aber das Thema werden wir bis zum Wahltag nicht mehr los.

Am Mittwoch, dem 6. März, erscheint ein großer Abschlußbericht von Kempski in der *Süddeutschen* über den Berliner Wahlkampf. Viel hat er abgeschrieben an Klischees und gängiger Argumentation, aber einige Feststellungen sind dennoch bemerkenswert. Ich sei überstürzt und ohne Druck und gründliche Prüfung nach Berlin gekommen. Für die Partei sei ich eine Enttäuschung. Ohne mich wäre es sicherlich auch nicht schlechter gegangen. Ich hätte die Berliner mit ihrer Psyche nicht erfaßt, meine Flapsigkeit sei deplaziert gewesen. Die Partei sei nicht mit mir und ich nicht mit ihr froh geworden. Inzwischen sei ich so verbiestert, daß ich selbst mit meinen loyalsten Mitarbeitern nur noch im Streit liege. Mindestens das ist objektiv falsch, selbst mit Klaus Bölling lebe ich nicht im Streit; wir nehmen ihn nicht mehr zur Kenntnis, weil er nur noch miesmachen kann.

Wenn ich diesen und andere Artikel in diesen Tagen vergleiche mit den Hymnen, die mir in den ersten Berliner Monaten gesungen wurden, dann sehe ich, was passiert ist. Damals war ich der beste Mann für dieses Amt, vielfältig politisch ausgewiesen; erfrischend und ehrlich, ein Hamburger mit Berliner Schnauze; damals mußte die Partei mir dankbar sein, ich hatte sie vor einer Bruchlandung bewahrt. Heute bin ich deplaziert, ohne Druck und überstürzt nach Berlin gekommen. Ingrid und ich leiden nicht mehr unter solchen Artikeln, sie sind ja auch nicht völlig falsch. Wir sind in dieser Stadt nicht warm geworden. Aber niemand hat uns geholfen. Die vielen Prügel, die wir erhalten, spüren wir kaum noch, auch wenn unsere Nerven flattern.

Am Freitag vor der Wahl fliegen Peter Ulrich und ich auf Bitten von Willy Brandt nach Bonn. Wir haben viel Zeit zum Reden. Peter Ulrich schließlich:»Geh weg, wenn wir unter dem Ergebnis der letzten Wahl bleiben.« Der Parteivorsitzende sagt uns, er erwarte für Frankfurt und das Saarland positive Ergebnisse und bitte mich, sie nicht durch presseöffentliche Äußerungen – Hans Apel wirft das Handtuch – zu beeinträchtigen. Dazu bin ich natürlich bereit. Ferner fordern Brandt und Glotz von uns, daß wir in Berlin, falls der Senat seine Mehrheit verliert, eine große Koalition ansteuern. »Diepgen wird uns ein Angebot machen«, so Glotz. Peter Ulrich wird lebendig:»Eine große Koalition ist in der SPD niemals durchzusetzen. Das zerreißt die Partei.« Brandt:»Aber verhandeln muß man ja wenigstens können; das kann doch die Partei nicht abschlagen. Am Ende kann sie natürlich immer noch nein sagen.« Und:»Hans Apel, du mußt die Verhandlungen führen. Seit 1975 haben wir in keinem Bundesland mehr eine Große Koalition. Das ist anormal. In Berlin wäre eine Große Koalition wichtig.«

Nun kommen die schlimmsten Stunden meines Lebens. Ich rotiere von morgens bis abends, vielleicht um die Angst vor dem drohenden Wahlergebnis zu überspielen. – Und in einem Moment ist alles vorbei.

Am Sonntagmorgen gehen wir nach Alt-Tempelhof in die Kirche. Hier haben wir vor vielen Monaten angefangen. Schon damals hat der Pastor uns ganz persönlich angesprochen. Auch diesmal hilft er uns. Nach dem Essen um 14 Uhr treffe ich mit Peter Ulrich, Horst Wagner und Michael Pagels zusammen. Sie wollen mit mir über mein Bleiben in Berlin reden. Aber da gibt es nicht viel zu reden. Von der Forschungsgruppe Wahlen erfahren wir, daß CDU und FDP zusammen die absolute Mehrheit haben werden und wir bei 36 Prozent landen. Und so ist denn auch das anschließende Gespräch mit dem Geschäftsführenden Landesvorstand und den zwölf Kreisvorsitzenden ziemlich überflüssig, in dem wir den Fall durchspielen, daß es keine Mehrheit gibt. Mit einem solchen Ergebnis könnte ich leben, denke ich mir. Wir fahren nicht zu sehr in den Keller, und ich kann gehen.

Lange warten wir auf die erste Hochrechnung. Dann kommt sie. Wir sind bei gut 32 Prozent. Ich telefoniere mit Willy Brandt. Er will, daß ich mit der Kommentierung noch warte, damit sich der Jubel über das Saarland kräftig ausbreiten kann. Und Brandt jubelt am Fernsehen kräftig mit, kein einziges Wort über Hans Apel. Ich gehe vor die Kameras. Ingrid und ich halten uns fest an der Hand. Böse und hämische Zurufe sollen uns treffen. Wir werden gestoßen und geschubst. Auch hier verstecken wir unsere Betroffenheit, unsere Trauer und unsere Liebe nicht. Tage später weiß ich, daß diese Minuten viele Zuschauer so bewegt haben, daß der Neuanfang leichter wird. Voller Unruhe fahren wir in den Wedding. Erika Heß' Wiederwahl als Bezirksbürgermeisterin ist kaum noch zu erwarten bei diesem stadtweiten Trend. Wir fallen uns in die Arme, ich kann nicht mehr und fange an zu weinen. Schnell zieht sie mich in ihr Arbeitszimmer. Das Wunder geschieht: Die Wähler haben zwar auch im Wedding für das Abgeordnetenhaus schlecht gewählt, die SPD-Mehrheit in der Bezirksversammlung und damit für Erika Heß aber bestätigt.

Am Montag früh tagt der Geschäftsführende Landesvorstand und dann der große Landesvorstand. Da wird schnell exekutiert. Der Spitzenkandidat und der Geschäftsführende Landesvorstand treten zurück, damit der personelle Neuanfang in Berlin möglich wird. Dann fliege ich zum Präsidium nach Bonn, Ingrid nach Hamburg. Eiseskälte schlägt mir entgegen. Vor allem Eppler und Brandt haben für diesen Verlierer nichts übrig. Lafontaine im Saarland ist der Held. Ich erkläre »persönlich, vertraulich« meinen Rückzug aus dem Präsidium. Vogel ist stocksauer, denn nun könnte ja Ehmke ins Präsidium einziehen. Und das stört ihn.

Ganz anders ist es in der Fraktion am Dienstagnachmittag. Lafontaine wird beklatscht, aber auch ich erhalte starken Beifall. Da ist es schwer für die Journalisten, bei links oder bei rechts Stimmung oder Stimmen gegen mich auszumachen. Die Genossen in der Fraktion wissen aus eigener Anschauung, was die Berliner Partei wert ist. Es kommen viele Zeichen von Zuneigung und Trost,

auch aus Berlin. Mein neuer Start in Bonn ist nicht allzu schwer.
Sicherlich wird es in Hamburg schwerer. Und dennoch bin ich tags
darauf tief deprimiert.

Am Freitag fliege ich für lange Zeit zum letzten Mal mit der 14-
Uhr-Maschine nach Berlin. Es ist wie immer und dennoch völlig
anders. Meine Wahlkampfhelfer stehen mit Blumen am Flugplatz,
doch wir haben uns nur noch wenig zu sagen. In der Müllerstraße
unterschreibe ich viele Briefe mit Dank für Aufmunterung und
Trost. Dann die Kreisdelegiertenversammlung im Wedding; man
ernennt mich zum Ehrenmitglied der SPD in diesem Bezirk. Hier
habe ich echte Freunde gefunden. Bei meiner Verabschiedung auf
der Kreisdelegiertenversammlung in Tempelhof geht es viel kühler
zu. Rede, Blumen, Wiedersehn. Das war's.

Am Montag, 18. März, fahren wir mit unserem Auto nach Berlin. Die letzten Verabschiedungsrituale liegen vor uns, und wir
müssen unseren Hausstand auflösen. Nicht alles können wir in den
Berliner Müllcontainer werfen. Das gilt auch für unsere Gefühle.
Jetzt merken wir doch, wieviel Herzblut nach diesem Jahr an
Berlin hängt. Erinnerungen an die guten – wie wir heute wissen,
illusionären – Wochen unserer Berlin-Zeit tauchen auf. Wir werden
sie verwahren, ebenso wie wir die wenigen Freundschaften pflegen
wollen, die uns diese Stadt gewährt hat.

Auf dem Landesparteitag am Montagabend gehen wir behutsam miteinander um. Peter Ulrich hält eine gedämpfte Rede, meiner Bitte entsprechend. Keine Blumen, keine Lorbeerkränze. Kritisch spreche ich über mich selbst. Es gibt Beifall und viele persönliche, freundliche Worte. Keiner der fast vierzig Debattenredner
geht mich an. Aber jedermann mit Verstand weiß, warum diese
Wahlen so ausgegangen sind: das diffuse Erscheinungsbild der Partei, das miese Engagement vieler Funktionäre, das dumme Gerede
über mich, den importierten Kandidaten, der sicherlich eine Fehl-
besetzung war, insbesondere nach dem Weggang von Vogel und
von Weizsäcker. Jochen Vogel ist besonders bemüht. Er versteigt
sich zu der Behauptung, ich hätte mich um die ganze SPD verdient
gemacht. Das sieht die aber ganz anders. Er schlägt auf die Berliner Presse ein. Nur ein Genosse sagt es laut: »Wir wünschen dem

Genossen Rau, daß ihm nicht kurz vor der Wahl ein führender
Bonner in die Suppe spuckt.« Kaum Beifall im Saal. Alexander
Longolius faßt mir gegenüber zusammen: »Dieses Ergebnis war
unvermeidlich. Du nimmst es jetzt mit. Und uns ersparst du damit
ein innerparteiliches Schlachtfest.«

Wahlkampf in Hamburg

Ingrid hat es eilig, den Berliner Staub von den Füßen zu schütteln.
So sind wir schon am 20. März im Ortsamt und melden uns mit
unserem ersten Wohnsitz wieder in Hamburg an. Die Beamten
freuen sich, daß wir wieder zurück sind. Das hören wir in den
nächsten Wochen immer wieder. Die uns in Hamburg entgegenge-
brachte Sympathie und Freundlichkeit ist überwältigend. Viele
Briefe kommen von überall, auch aus Berlin, sogar ein Telegramm
von Björn Engholm: »Lieber Hans, laß Dich nicht unterkriegen.«
Für die linke Mehrheit im Kreis Hamburg-Nord ist die Lage
schwierig. Sie hatten mich offiziell verabschiedet und waren sicher,
mich ohne Machtprobe loszuwerden. Nun bin ich wieder da und
kündige in einem Brief meinen Anspruch an, auch 1987 wieder im
Wahlkreis Hamburg-Nord für die SPD zu kandidieren. Das macht
die Kreisdelegiertenversammlung Hamburg-Nord am Freitag,
22. März, für die Medien spannend. Die Kreisvorsitzende liefert in
ihrer Analyse der Wahlen in Berlin und im Saarland ihre Begründung ab, warum es mit mir nicht mehr weitergehen kann: »Der
Kreis Nord vertritt dieselben politischen Inhalte wie Oskar Lafontaine. Politisch sprichst du seit acht Jahren nicht mehr für uns.«
Der Mehrheit der Delegierten ist ihre Rede viel zu zurückhaltend.
Sie geben die Parole aus: »Apel geht von Berlin nach Neapel«, das
heiße nee, Apel – dich wollen wir nicht mehr.
Die Klügeren unter den Kreisdelegierten wissen genau, daß
diese Versammlung nicht repräsentativ ist für die Stimmung in der
Mitgliedschaft und erst recht nicht bei den Wählern des Wahlkreises. Und so fällt an diesem Freitag noch keine Entscheidung. Nur

der Zeitdruck ist für jedermann offensichtlich. Spätestens im Oktober/November 1985 muß klar sein, ob ich einen Gegenkandidaten bekomme, denn fünfzehn Distrikte müßten besondere Versammlungen durchführen können, auf denen sich die Kandidaten vorstellen. Wollte man die Nominierung der Bundestagskandidaten später, im Jahr 1986, durchführen, hätte man dieses Theater mitten im Bürgerschaftswahlkampf.

Mit meiner Kreisvorsitzenden gehe ich am Sonnabend, 23. März, spazieren. Sie will mit mir unter vier Augen reden. Ihre Position: Der Kreis Nord habe mich nun lange genug getragen und wolle die linke Identität personell herstellen. Andererseits fürchte sie eine Zerreißprobe für die Partei. Sie würde nur ungern Parteigeschichte schreiben, indem sie mich »abschieße«. Wenn ich aber bliebe, würde der Kreis Nord nur widerwillig Wahlkampf machen. Wofür solle man dann noch arbeiten? Ich sage ihr, ich würde das ausfechten und loyal zur Partei stehen.

Die Presse greift bundesweit des Thema »Hans Apel und die Basis« auf. *Die Zeit* bringt einen Artikel »Wehe dem Verlierer«. Ich gewöhne es mir ab, das alles noch zu lesen. Einmal verkauft sich der Abstieg eines Menschen noch besser als sein Aufstieg, das Ende meiner politischen Arbeit ist ja tatsächlich abzusehen. Und zum anderen werde ich nun natürlich hochstilisiert. Wenn ich abgeschafft werde, würden damit die letzten Reste des Schmidt-Flügels verschwinden. Und damit läßt sich auch politisch etwas anfangen.

Es gibt aber auch öffentlich Unterstützung. Willy Brandt erklärt in einem Interview Ende März, daß ich mit meiner großen Summe an Erfahrungen in Bonn gebraucht werde. Bürgermeister Alfons Pawelczyk, der Vorsitzende des SPD-Kreises Hamburg-Wandsbek, zu dem ein Teil meines Wahlkreises gehört, sagt: »Dieser Mann verdient unsere Solidarität.« Apel habe »für die Partei stets die Kastanien aus dem Feuer geholt«, und für »diese Solidaritätsleistungen wird die Partei ihn nicht bestrafen«. Doch darauf verlasse ich mich nicht. Ursula Reichelt, meine Wahlkreis-Assistentin, sorgt dafür, daß mich die meisten der fünfzehn Ortsvereine des Wahlkreises zu ihren monatlichen Mitgliederversammlungen einladen. Ingrid und ich lassen keines der vielen Heimatfeste aus. Es ist wie

im Wahlkampf. Jedes Kinderfest besuchen wir. Wir tanzen am
30. April dreimal »in den Mai«. Überall schlägt uns viel Sympathie entgegen. Meine vielfältigen Bonner Aktivitäten, soweit sie
sich in Reden oder Presseerklärungen niederschlagen, werden einer
großen Anzahl von Genossen im Wahlkreis regelmäßig zugestellt.
Nun kann ich mich wieder um die Sorgen der Bürger im Wahlkreis kümmern. Die Erbbauberechtigten der Fritz-Schumacher-
Siedlung in Langenhorn erhalten von der Stadt Bescheide, daß ihr
Erbbauzins von jetzt 250 DM im Jahr auf über 6000 DM angehoben wird. Sie bitten mich um Hilfe, obwohl ich als Bundespolitiker
auf derartige Entscheidungen keinen Einfluß habe. Dennoch finde
ich dank der großen Unterstützung meiner Freunde einen Kompromiß. Ich überzeuge unseren Finanzsenator Horst Gobrecht
davon, daß es für seine Kasse besser ist, geringere Mehreinnahmen
unstrittig zu bekommen als einen Dauerstreit mit ungewissem Ausgang zu riskieren. Alle Beteiligten sind mit mir mehr als zufrieden.
– Das Verwaltungsgericht Hamburg entscheidet, daß die Sportan-
lage Tegelsbarg nur noch zeitlich stark eingeschränkt benutzt werden darf. Die Anlieger hatten mit ihrer Klage gegen Lärmbelästi-
gungen Erfolg. Diese Entscheidung gefährdet aber auch den Betrieb auf vielen anderen Sportplätzen und stellt damit unsere
Sportvereine vor große Probleme. Sie basiert auf einem Beschluß
des Bonner Länderausschusses für Immissionsschutz, der den
durch Freizeitaktivitäten verursachten Lärm mit Industrie- und
Verkehrslärm gleichsetzt. An Sportstätten werden sogar schärfere
Maßstäbe angelegt, denn die Geräusche treten meist zu ungünsti-
gen Tageszeiten auf und sind wegen ihrer »Impulshaftigkeit« stö-
render. Diesen Mißstand greife ich auf und werde in Bonn aktiv.
Das Echo bei den Vereinen und in der Öffentlichkeit ist sehr gut.
  Meine Getreuen und ich hoffen nun, daß uns diese Auseinandersetzung um den Wahlkreis erspart bleibt. Anfang Mai erhalten
Ingrid und ich eine besondere Publizität. Wir beide lassen uns
verleiten, an einem vom *Stern* geplanten »TÜV für die Liebe«
teilzunehmen. Dieser Test mit seinen 121 Fragen soll ermitteln, ob
die Partner noch harmonisieren. Wir beide erhalten für unsere Ehe
Traumnoten. Uns wundert das nicht. Erstaunlich ist aber das Presse-

echo; wir werden immer wieder darauf angesprochen. Das interessiert unsere Mitmenschen mindestens so sehr wie die Politik.

Ende Juni gehen wir auf Segeltörn. Wir sind fröhlich und freuen uns auf vier Wochen Alleinsein. Zwei Wochen später dümpeln wir etwa zehn Meilen südöstlich von Maasholm. Es ist diesig. Einige Meilen entfernt liegen zwei Kriegsschiffe, sie kommen wohl aus Olpenitz. Ohne Vorwarnung eröffnen sie das Feuer, sie üben mit Schiff/Schiff-Raketen, die an unserm Boot vorbeiheulen und ein, zwei Meilen hinter uns explodieren. Ingrid hat Angst, sie geht unter Deck – als wenn das etwas hilft. Wir werfen die Segel runter und dampfen in Richtung der Schiffe, um sie zu identifizieren. Sie laufen mit voller Fahrt in Richtung Olpenitz ab. Ich notiere mir die Einzelheiten in meinem Logbuch. Aber ich werde nicht an Wörner schreiben. Ich weiß aus eigener Erfahrung, wie so etwas beantwortet wird.

In Hamburg besucht uns mein früherer Pressesprecher auf der Hardthöhe. Ihm erzähle ich von diesem Vorfall. »Ihre Kameraden von der Bundesmarine ballern ohne Vorwarnung außerhalb der Schießgebiete auf der Ostsee rum. Vielleicht wollten sie aber nur den Haushalt des Verteidigungsministers entlasten. Denn wenn ich versenkt werde, sparen die meine Pension.« Er drängt mich, dieser Angelegenheit nachzugehen. Bringt er die Geschichte in die Presse? Und schon beginnt die Kontroverse mit der Bundesmarine. Zuerst wird alles abgestritten. Als ich dann aber mit genauen Daten aufwarte, gibt die Bundesmarine zu, am 12. Juli im fraglichen Gebiet Schießübungen durchgeführt zu haben. Wir wären aber zu keinem Zeitpunkt in objektiver Gefahr gewesen. Das tröstet uns sehr.

Anfang August kehre ich nach Bonn zurück. Berge von Papier warten auf mich. Ohne Hast mache ich mich daran, meine Rede zur ersten Lesung des Bundeshaushalts 1986 zu konzipieren. Am Dienstagabend, 20. August, es hatte geregnet, mache ich einen langen Spaziergang über die Rheinaue und Godesberg nach Hause. Um 19 Uhr ruft mich meine Frau an. Helgrit Fischer-Menzel habe ihr telefonisch mitgeteilt, daß Hermann Scheunemann mir den Wahlkreis für die Bundestagswahlen 1987 streitig machen würde. Das schlägt bei Ingrid und mir wie eine Bombe ein, hatte doch Helgrit Fischer-Menzel, die Kreisvorsitzende von Hamburg-Nord, mir vor einer Festlegung ein Gespräch mit dem linken Kreisvorstand versprochen. Gegenüber Alfons Pawelczyk hatte sie geäußert, man sei in Nord noch keineswegs festgelegt. Sie wolle mit ihm nach den Sommerferien noch einmal reden, eine Regelung für alle Hamburger Wahlkreise müsse gesucht werden. Und nun das.

Nun muß die Auseinandersetzung mit allen mir zu Gebote stehenden Mitteln aufgenommen werden. Am Donnerstag spreche ich in Bonn mit einer Reihe von Journalisten über die neue Lage in meinem Wahlkreis. Ich kündige an, daß ich die Macht der kleinen Zirkel durchbrechen will, die wirkliche Parteibasis müsse entscheiden. Ich erinnere daran, daß die nun beginnende Auseinandersetzung auch darüber entscheide, ob die letzten Reste der Schmidt-SPD getilgt würden; auch deshalb setzte ich auf Bonner Hilfe.

Prompt kommt aus Hamburg die Antwort. Kandidat, Partei und Programm müßten eine Einheit bilden. Deshalb müsse Apel weichen. Die Bonner Genossen werden aufgefordert, sich rauszuhalten. Einig bin ich mit den Linken allerdings darin, daß es auch für mich keinen politischen Erbhof gibt. Das Echo ist groß. Bundesweit werden meine Lage und das Verhalten meiner Gegenspieler kommentiert. Es wird mir vorgeworfen, meine örtlichen Probleme auf dem Bonner Parkett breitgetreten zu haben.

Diesen Vorwurf höre ich auch von Hans-Jochen Vogel am Montag, 26. August, während einer Sitzung des Geschäftsführenden Fraktionsvorstandes. Regionale Ereignisse hätten auf Bundesebene nichts zu suchen, insbesondere dann nicht, wenn sie die Partei irritieren könnten. Ich antworte, daß die Bundespartei nach dem Debakel in Berlin sehr wohl etwas mit meinem Hamburger Problem zu tun habe. Meine Abwahl wäre eben nicht nur ein regionales Ereignis.

Ich spreche mit Helmut Schmidt. Er will nicht wählen gehen, wenn Scheunemann kandidiert. Seine Unterstützung würde mir ja nur schaden. Ich zeige ihm, wie Johannes Rau in einem Interview mit den *Kieler Nachrichten* klar für mich Stellung bezogen hat. Am kommenden Montag will er mir seine Stellungnahme geben. Sehr schnell sehe ich aber ein, daß Hilferufe an Prominente nichts bringen, bestenfalls Pressewirbel. Also verlege ich meine Aktivität, so weit es geht, nach Hamburg. Wir besorgen uns die Anschriften aller Genossen in den fünfzehn Distrikten des Wahlkreises. Mit meinen Freunden gehe ich diese Liste durch, wem ich einen persönlichen Brief schreibe mit der Bitte, an der jeweiligen Distriktversammlung teilzunehmen. Wir können einige hundert Genossen dazu bringen, für mich ihre Stimme abzugeben. Aber natürlich sind unsere Gegenspieler auch nicht untätig. Das Wahlfieber mit ständiger Begleitung durch die Medien nimmt zu. Auch die Flut der Briefe läßt nicht nach. Unser Telefon klingelt pausenlos. Alle wollen mir Mut machen. Doch mutlos bin ich nicht, ganz im Gegenteil.

Am Mittwoch, 27. August, treffe ich zum ersten Mal in Eppendorf mit meinem Gegenkandidaten Hermann Scheunemann zusammen. Vor dem Versammlungsort tummeln sich die Journalisten. Scheunemanns Taktik: keine Konfrontation im Ton, keine Auseinandersetzung in einzelnen Bereichen der Politik, da könnte ich ihm überlegen sein. Dafür der emotionale Appell an einen Neuanfang. Die SPD brauche Hoffnungsträger. Er, der 45jährige, sei einer, ich, der 53jährige, nicht mehr. Wir hätten kaum noch junge Genossen bei uns in der SPD, das läge an mir. Und so geht es weiter. Wenig konkret, aber nicht unwirksam. Allerdings ist Eppendorf für ihn auch ein Heimspiel. Es entsteht der Eindruck, als seien die beiden Kandidaten politisch so weit nicht auseinander. Und so ergibt sich die Frage: Warum soll ich eigentlich den Kandidaten wechseln? Oder umgekehrt: Ich kann den Kandidaten wechseln, so wichtig ist es nicht.

Am nächsten Abend in Winterhude-Nord geht es ziemlich ruppig zu. Meine Freunde schweigen, dafür langen die anderen um so mehr zu. Niemand versucht mehr, mich in der Umweltpolitik anzugreifen, um so kräftiger wollen sie mich in der Sicherheits- und der Verteidigungspolitik vorführen. Das geht so weit, daß Genossen erklären, die Sowjetunion sei eine Demokratie, die USA nicht. Als ich das nachdrücklich zurückweise, rührt sich keine Hand zum

Beifall. Und dennoch gibt es an diesem Abend eine Überraschung. Franklin Kopitzsch, der Distriktsvorsitzende, erklärt, er stimme für mich. Helmut Riedel äußert sich genauso. Franklin Kopitzsch zahlt dafür später einen hohen Preis. Obwohl allgemein als einer unserer tüchtigsten jungen Leute anerkannt, verweigern ihm die Genossen ein Bürgerschaftsmandat.

Auch wenn sich unsere Auseinandersetzung auf Hamburg verlagert hat, geht die bundesweite Begleitmusik weiter. Besonders wütend bin ich über eine Glosse in der Zeitschrift *Metall*, den meine Gewerkschaft, die IG Metall, herausgibt. Wieder einmal gießen sie Hohn und Spott über mich aus. Ich bin nicht mehr der «Ge-Noske Apel«, sondern wie Helmut Schmidt Mitglied der »SPD-Militär-Mafia«. Ich soll verschwinden, lautet die Botschaft. Es dauert Monate und bedarf zweier Briefe, bis sich der Gewerkschaftsvorsitzende in einem Fünf-Zeilen-Brief lau von dieser miesen Attacke distanziert. In Bonn sprechen sich Willy Brandt und Hans-Jochen Vogel für mich aus. Das Echo meiner Freunde in Hamburg-Nord ist interessant. »Nun wird es aber langsam Zeit, daß die Bonner aufhören, uns in unsere Angelegenheiten hineinzureden.« Ich habe einen schlechten Start. In Eppendorf werden 21 Delegierte gewählt. 21mal Scheunemann, nullmal Apel. Um Argumente geht es längst nicht mehr, nur noch um Mehrheiten bei den anwesenden Mitgliedern. Langsam hole ich auf. Nach jeder Distriktversammlung berichtet die Presse über den Stand der Auseinandersetzungen. Von der Machart gehören diese Berichte eher in den Sportteil als unter die politischen Nachrichten. Politische Unterschiede werden kaum mehr sichtbar. Eine linke Genossin spricht enttäuscht von den »siamesischen Zwillingen«. Zuletzt kann ich auf 88 Delegierte zählen, Hermann Scheunemann kommt auf 50 Delegierte. Mit diesem klaren Ergebnis hatte niemand gerechnet. Die Basis denkt anders als die Klüngelkreise.

Auch in Bonn werde ich Ende Oktober wieder in den Fraktionsvorstand gewählt. Für mich wird getrommelt mit dem Argument: Er braucht ein gutes Ergebnis für Hamburg. Für Ehmke sind es fünfzehn Stimmen weniger. Und damit waren es wieder einmal die Kanalarbeiter, die zugeschlagen haben. Welch ein Unsinn! »Dafür werden wir euch auf dem nächsten Parteitag bestrafen«, sagen die Linken.

Weihnachten kommen wir endlich zur Besinnung. Ein schlimmes Jahr liegt hinter uns. Wird es jetzt besser? Oma ist ein Pflegefall geworden, es ist schrecklich mit anzusehen, wie kümmerlich ein Menschenleben verlöscht. Wir gehen in die Christmette nach Alsterdorf, zum Ohlsdorfer Friedhof. Mich begleiten Gedanken, wie es mit unserem Leben weitergehen soll. Noch vier Jahre in Bonn in der Routine unserer Oppositionsrolle? Anderes wird es nicht geben, kann es nicht geben, denn wir sind nur bedingt regierungsfähig. Bei den Wahlen geht es ausschließlich darum, ob wir mit Johannes Rau ein solches Ergebnis erzielen, daß der Weg der SPD zurück in die Mitte auch weiterhin als der einzig erfolgreiche angesehen wird.

Auf unseren Spaziergängen bei Sonnenschein und Kälte sagt Ingrid, daß meine Zukunft auch ihre Zukunft sei und ich nicht das Recht hätte, unsere Zukunft nur unter meinen persönlichen Perspektiven zu sehen. Sie erinnert mich daran, daß wir nicht darüber zu bestimmen hätten, wie lange wir gesund sind und wie lange wir leben. Sie bittet mich, nicht nur an meine politische Zukunft zu denken. Wenn mir die Partei eines Tages den Stuhl vor die Tür stelle, würde ich todunglücklich werden. »Vergiß nicht, daß unser Leben mehr ist als deine Politik und die SPD.«

Kanzlerkandidat Rau

Grundsätzlich ist es für mich nicht schwierig, meine Arbeit in Bonn wiederaufzunehmen. Ganz war ich niemals ausgestiegen, an den wichtigsten Debatten hatte ich aktiv teilgenommen. Mein Stellvertreter, Helmut Esters, hatte mir während meiner Abwesenheit Solidarität und Freundschaft bewiesen, wie sie es nur selten in der Politik gibt. Aber es ist schwer, wieder am gewohnten Arbeitsplatz im »Langen Eugen« Platz zu nehmen und so zu tun, als sei nichts gewesen.

Norbert Gansel sagt:»Dies war deine erste große Niederlage. Es wurde Zeit, daß du das auch mal erfährst.« Aber es ist viel mehr als eine Niederlage, es ist ein tiefer Einschnitt in meinem Leben. Ich weiß jetzt, daß für mich nicht mehr viel drin ist in der Politik. 1987 bleiben wir in der Opposition. Und selbst wenn es anders wäre, wollte ich überhaupt noch einmal Minister werden? Also weitere sechs Jahre finanzpolitischer Sprecher der SPD-Fraktion in Bonn? Dezernent in der »Scheinfirma« SPD, der darüber wacht, daß unsere Wahlversprechen und unsere Initiativen im Bundestag nicht allzu unsolide sind? Oder retirieren? Finanziell ginge das sehr gut, MdB- und Ministerpension würden fließen. Aber was fange ich mit mir selbst an? Also klammere ich mich an die Politik, ohne daß sich daraus ein echtes Lebensziel ergibt.

Über Ostern wollen wir eine gute Woche in Heiligenhafen ausspannen. Das Wetter ist mies, wir gehen viel spazieren. Berlin versinkt zwar langsam im Nebel meines schlechten Gedächtnisses. Ich bin immer noch so überdreht, daß ich mit der Muße nichts Rechtes anfangen kann. Tagsüber geht es ja noch ganz gut. Aber nachts rebellieren meine Nerven, drei Stunden Schlaf, mehr nicht. Im Urlaub will ich keine Schlaftabletten nehmen; also habe ich viel Zeit zum Sinnieren. Wäre ich nicht nach Berlin gegangen, schriebe ich heute zusammen mit Eppler und Brandt das neue Grundsatzprogramm der SPD, und alles wäre gut... Wirklich? Und so liegt über diesen Tagen Mehltau. Hinzu kommt, daß unsere Tochter Ingrid sich in Toulouse einer Unterleibsoperation unterziehen mußte. Es scheint zwar alles in Ordnung zu sein, aber das bedrückt uns ebenso wie der schlimme Zustand Omas. Im Altersheim hatte sie sich bei einem Sturz einen Oberschenkelhalsbruch zugezogen. Nun ist sie ein Pflegefall. Ihr Leben ist nur noch eine Qual.

Am Montag, 15. April, bin ich mit Willy Brandt verabredet. Er tritt auf mich zu und will mir meinen Brief über meinen Rückzug aus dem Präsidium zuschieben. »Den nimmst du am besten wieder mit.« Er macht klar, warum ich im Präsidium bleiben soll. »Du kannst ja nach den nächsten Parteiwahlen Platz machen. Dann ist Oskar Lafontaine aus seinen Startproblemen an der Saar heraus.« Ich lasse mich darauf ein.

Dienstagmittag bin ich zu Hans-Jochen Vogel bestellt. Vogel fragt mich, wer nach meiner Meinung unser nächster Kanzlerkandidat sein solle, er oder Rau. Warum soll ich eigentlich die Wahrheit sagen? Und so plädiere ich vorsichtig für ihn. Er habe doch unsere Fraktionsarbeit so gut im Griff. Rau müsse eigentlich, wie damals Kohl, bei einem Mißerfolg als Oppositionsführer nach Bonn kommen...

Dann reden wir über den Seeheimer Kreis. Er muß, so Vogel, aus Gleichgewichtsgründen revitalisiert werden. Nur ich könne und müsse das machen. Dabei ist der Zustand dieser »Truppe« derzeit mehr als lamentabel. Nach Hessen und dem Saarland, nach meinem Debakel in Berlin bleiben die Opportunisten weg, der Rest hat keine Lust mehr oder zählt zu den Alten wie Annemarie Renger, Herbert Ehrenberg, Dieter Haack und ich. Dennoch versuche ich, den Laden wieder in Schwung zu bringen. Rau soll gewonnen werden, um über die SPD nach den Wahlen des Jahres 1985 zu reden. Ich mache auch öffentlich kein Hehl daraus, daß wir uns als sachorientierte, fortschrittliche Mitte verstehen, die über die aktuellen Fragen der Politik und die Position der SPD mitsprechen will.

Aber schon das erste der Seeheimer Treffen am 21. Mai in der NRW-Landesvertretung, mit einem Vortrag von Hermann Rappe über die Arbeiten in der Grundsatzkommission zur Fortschreibung des Godesberger Programms, macht zweierlei sichtbar: Die Neufassung unseres Grundsatzprogramms kann zu einem Rohrkrepierer werden. Die Linken werden antreten, um uns ein echtes sozialistisches Programm zu bescheren, außerdem sind sie fleißiger als wir und produzieren bereits viel Papier. Wir dagegen sind träge, nicht einmal alle aus dem Seeheimer Führungskreis kommen, von den Fraktionsmitgliedern kaum mehr als 20 Prozent. Helmut Schmidt erscheint. Ihm werden sehr viel Respekt und Zuneigung entgegengebracht. Aber sein Abstand zur aktuellen Politik ist groß.

Der Bonner Alltag hat mich wieder. Fleißig nehme ich an den Sitzungen der Fraktion teil, leite die Sitzung unseres Arbeitskreises für öffentliche Finanzwirtschaft und begleite kritisch Stoltenbergs Politik. Es wird Zeit, unsere konzeptionelle Arbeit zur Steuerpolitik anzupacken. Schließlich können wir nicht mit leeren Händen dastehen, wenn der Finanzminister und die Koalition ihre Steuersenkungen beschließen. Wir müssen uns auch in diesem Bereich auf die nächsten Bundestagswahlen vorbereiten. Am 18. März beschließt das Präsidium die Einsetzung einer Arbeitsgruppe »Steuern und Abgaben« unter meinem Vorsitz. Neben den wichtigsten Steuerpolitikern der Bundestagsfraktion gehören ihr auch Herbert Ehrenberg und Diether Posser an, der Finanzminister von Nordrhein-Westfalen.

Meine Arbeit macht mir Spaß. Ich spüre, daß ich für die Fraktion wichtig bin. Mit Nachdruck treibe ich die Arbeiten in unserer Arbeitsgruppe voran. Insbesondere bei der Unternehmensbesteuerung wird das Ganze zu einem echten Eiertanz. Wir trauen uns nicht, der Partei die steuerlichen Erleichterungen vorzuschlagen, die wirtschaftspolitisch dringend geboten sind. Ich will aber auf jeden Fall verhindern, daß die SPD wieder einmal, wenn auch nur auf dem Papier, beschließt, die Abgabenlast der Wirtschaft zu erhöhen. Das wenigstens gelingt mir. Wir wollen die Steuerlast unserer Unternehmen gleichmäßiger verteilen. Finanzanlagen sollen der vollen Besteuerung unterworfen, Investitionen aber entlastet werden. Dieser Teil einer Steuerreform soll aufkommensneutral sein. Rund 10 Milliarden DM Steuererleichterungen wollen wir auf die kleinen und mittleren Einkommen und auf die Anhebung des Kindergeldes konzentrieren. Dadurch sollen die Normalverdiener wesentlich stärker entlastet werden, als das durch die Vorhaben der Koalition vorgesehen ist.

Die Durchsetzung dieser Vorstellungen ruht nahezu allein auf meinen Schultern. Die Finanzminister der SPD-regierten Bundesländer sehen ihre leeren Kassen. Auch deshalb verweigern sie eine aktive Mitarbeit. Sie wollen nicht begreifen, daß es um unsere Konzepte geht, die für sie »billiger« sind, da die Koalition ihnen mit ihren Mehrheiten im Bundestag und im Bundesrat sowieso die Kassen leerräumt. Aber auch der DGB ist nicht einverstanden. Ich kann mir zwar nicht vorstellen, wie es die DGB-Bosse fertigbringen wollen, auf Belegschaftsversammlungen vor die Kollegen hinzutreten und ihnen zu sagen: Für euch darf es keine Steuererleichterungen geben. Aber die DGB-Zentrale in Düsseldorf muß das augenscheinlich nicht interessieren, auch nicht einzelne Gewerkschaften wie die GEW. Sie müssen sich den Wählern nicht stellen. Und so können sie mit leichter Hand zu allen Steuererleichterungen nein sagen und dafür milliardenschwere Beschäftigungsprogramme, soziale Wohltaten oder Besoldungserhöhungen fordern.

Und so gibt es immer wieder Konflikte. Der Streit läßt sich nicht mit dem alten Schema rechts/links charakterisieren, es geht um eine Grundsatzentscheidung. Sind wir die Partei der Modernität und des wirtschaftlichen Fortschritts, die auch für soziale Gerechtigkeit steht? Oder wollen wir den Sozialstaat, die Wiederherstellung aller sozialen Errungenschaften der sozial-liberalen Koalition mit zusätzlichen Wohltaten wie dem Babyjahr mit Kosten von jährlich 4 Milliarden DM und entsprechenden Steuer- und Abgabenbelastungen?

Ein wesentlicher Teil der führenden Genossen der SPD sind Staatsfetischisten. Die Höhe der Abgaben ist eher belanglos. Das Gemeinwesen kassiert. Und dann wird der Sozialstaat organisiert über Sozialleistungen, Transferleistungen und Beschäftigungsprogramme. Natürlich will auch ich nicht den armen Staat, aber auch nicht bürokratische Bevormundung. Hinzu kommt, daß für mich die Leistungsfähigkeit staatlicher und parafiskaler Bürokratien unzureichend ist. Die von uns beabsichtigte Gerechtigkeit schlägt oft in Ungerechtigkeit um. Und auch im Wohlfahrtsstaat können nur die Milliarden verteilt werden, die vorher verdient worden sind. Soziale Wohltaten können nicht mit Schulden finanziert werden.

Das ist der nächste Streitpunkt in Partei und Fraktion. Die Sozialpolitiker erfinden neue Wohltaten in Milliardenhöhe, für die keinerlei finanzielle Deckung gegeben ist. Das ist auch für eine Oppositionspartei kein vernünftiges politisches Verhalten. So liefern wir der Regierung im Wahlkampf gratis wirksame Argumente gegen unsere »unsolide« Politik. Außerdem glaubt uns sowieso niemand, daß wir diese »Wohltaten« tatsächlich verwirklichen können. Ich widersetze mich dieser Art von »Politik«, habe aber außer bei Horst Ehmke in der Führung der SPD kaum Unterstützung.

Mir fehlen Visionen, so heißt es auch im Wahlkreis. Solche Leute brauche die SPD nicht mehr. Politik mit Augenmaß ist nicht gefragt. Eigentlich richten wir uns häuslich in der Opposition ein und sind zufrieden damit, zu motzen und zu fordern. Das ist bequemer als der Blick auf die Realität und die mühsame Bewältigung ihrer Probleme. Gewerkschaften wie Partei gehen trotz der lamentablen Darbietungen der Koalition schweren Zeiten entgegen, wenn sich das nicht ändert. Es trifft mich nicht, wenn mir vorgehalten wird, ich mache bessere CDU-Politik.

Hans-Jochen Vogel nimmt zu dieser für unsere Zukunft wichtigen Frage nicht Stellung. Er sieht seine Aufgabe darin, im Streit der Meinungen zu moderieren, bis sich eine mehrheitlich getragene Position oder ein Kompromiß ergeben hat. Den vertritt er dann allerdings mit Nachdruck. Seine Reden im Bundestag sind fast immer wirkungsvoll, als Oppositionsführer versteht er sein Geschäft. Unser Problem ist, daß von ihm keine politischen Vorgaben kommen.

Als die Grünen im Plenum Ende Juni verlangen, der »Schnelle Brüter« soll in namentlicher Abstimmung sofort beerdigt werden, empfiehlt Vogel Stimmenthaltung. Das macht ein Teil der Fraktion nicht mit, er stimmt gegen den Antrag der Grünen. Andere stimmen absichtlich »ungültig«. Andere nehmen an der Abstimmung nicht teil. In der Fraktion herrscht eine Mordswut über diesen Führungsstil. Ich empfehle: Immer wenn uns die Grünen überfallartig vorführen wollen, stimmen wir aus Prinzip gegen ihre Anträge. »Das könnte doch falsch verstanden werden«, so Vogel. Dieses Argument ist nicht ohne weiteres vom Tisch zu wischen. Vogel muß den Laden zusammenhalten, und das ist sehr schwer.

Am 29. April 1985 tagt der Parteivorstand. Seit Monaten nehme ich zum ersten Mal wieder teil. Es hat sich nichts geändert. Fast die Hälfte der Genossen fehlt. Die aktive Teilnahme an den Sitzungen steht in einem krassen Mißerfolg zum Andrang auf den Parteitagen für ein Mandat im Parteivorstand. Nun beschließen wir auch noch, daß die Jusos und die AGS, die Arbeitsgemeinschaft der Selbständigen in der SPD, mit je einem Vertreter mit beratender Stimme an den Sitzungen des Parteivorstands teilnehmen. So wird eine intensive und vor allem kontinuierliche politische Debatte im Vorstand immer schwieriger.

Was ist also dieser Parteivorstand? Vor allem Bühne für Erklärungen Willy Brandts. »Der Parteivorsitzende erklärt vor den Mitgliedern des Parteivorstands am 29. April 1985 ...« Und dann wird eine vorfabrizierte Erklärung veröffentlicht, über die wir auch noch reden dürfen. So diesmal über Bitburg, ohne daß dabei irgendein neuer Gesichtspunkt auftaucht. Wir nehmen Reiseberichte entgegen. Wir besetzen Gremien. Die politisch kontroverse Debatte findet kaum noch statt. Warum auch? Zu regieren, zu entscheiden gibt es nichts. Da kann man sich schon auf eine Linie verständigen, die niemandem wehtut, aber auch kein Profil zeigt.

Wischnewski soll am 5. Mai in Neustadt mit Lafontaine und einer Vertreterin aus Nicaragua auf einer SPD-Kundgebung gegen Reagan sprechen. Vielen ist unwohl dabei. Werden Chaoten unsere Veranstaltung umfunktionieren? Wird aus anti Reagan anti Amerika? Was machen die CDU und die veröffentlichte Meinung daraus? Das bewegt viele. Nur keiner spricht an diesem Montag im Parteivorstand darüber. Die Linken sowieso nicht. Und »wir« schweigen aus Opportunismus. Wer sind wir schon noch? Anke Fuchs, Georg Leber, ich und dann?

Mitte Juni beginnt im Präsidium die Debatte um die Zukunft des *Vorwärts*. Schatzmeister Wischnewski teilt uns mit, daß uns dieses Blatt jährlich 2 Millionen DM an verlorenen Zuschüssen kostet. Das könne sich die Parteikasse nicht leisten. Ich schweige eisern. Der *Spiegel* hatte in einer Personalie mitgeteilt, ich hätte die Bitte, ein *Vorwärts*-Abonnement für einen Strafgefangenen zu stiften, abschlägig beschieden, denn ich sei für humanen Strafvollzug. Damit habe ich mein Konto weit überzogen. Wischnewski will den *Vorwärts* loswerden, weil er nicht daran glaubt, den Zuschußbedarf auf jährlich 1 Million DM begrenzen zu können. Offen droht er mit seinem Rücktritt. Glotz und Philipp Rosenthal wollen uns bei dieser Gelegenheit erneut ihren Plan einer Mitgliederzeitung verkaufen: Mitgliedermagazin und *Vorwärts* werden vereinigt, jeder zahlt monatlich 70 Pfennige mehr Parteibeitrag, und schon haben wir zweimal im Monat einen sozialdemokratischen Bayernkurier mit einer Millionenauflage. Frank Dahrendorf empfiehlt uns, den *Vorwärts*-Verlag aufzulösen und die Zeitung beim *Waz*-Verlag anzuhängen. Vogel ist für den Erhalt. Die Belegschaft will eine Genossenschaftslösung. Herausgeber und Präsidiumsmitglied Egon Bahr sagt: Alle die schrecklichen Zahlen über den *Vorwärts* und die Parteifinanzen höre er zum ersten Male. Rau und Willy Brandt beziehen keine Position. Also wird nichts entschieden. Eine Arbeitsgruppe unter Ben Wisch soll prüfen, was zu tun sei.

Anfang September. Wischnewski will vor Ende des Monats eine Entscheidung haben. Es gebe nur zwei Möglichkeiten: eine Brutalsanierung oder ein Zusammenlegen mit dem Mitgliedermagazin. Vogel wird sehr scharf. Der *Vorwärts* müsse bleiben. Ben Wisch und die Arbeitsgruppe hätten ihre Pflicht nicht getan und den angeforderten Bericht nicht rechtzeitig vorgelegt. Unter Druck lasse er sich nicht setzen. Brandt und Rau halten die Klappe. Am nächsten Morgen treffe ich Wischnewski zufällig um 8 Uhr im Bundeshaus. Er teilt mir mit, er sei als Schatzmeister der SPD zurückgetreten. In seinem Brief an Vogel geht er mit ihm hart ins Gericht, bezeichnet ihn als »Oberlehrer«. Wir haben in dieser Woche die erste Lesung des Bundeshaushalts 1986. Ich antworte auf Stoltenberg am Mittwoch. Doch die Schlagzeilen beherrscht der Rücktritt Wischnewskis.

Am Montag, dem 9. September, geht es im Präsidium ohne Wischnewski weiter. Nur Holger Börner verlangt die Stillegung des *Vorwärts*. Die Mehrheit setzt Frank Dahrendorf als Sanierer ein mit der Vorgabe, das Defizit auf 1 Million DM im Jahr zu begrenzen. Doch wer wird Nachfolger von Hans-Jürgen Wischnewski? Brandt berichtet, daß er bisher nur Körbe erhalten habe – Schweigen im Saal. Holger Börner entwickelt Kriterien, denen der neue Schatzmeister gerecht werden müßte. Konsequenz: Koschnick, Apel, Matthöfer kommen in Frage. Koschnick läßt sich nicht beschwatzen. Für mich kommt ein neuerliches Himmelfahrtskommando nicht in Frage; hat sich doch an den Existenzbedingungen für den Bundesschatzmeister nichts geändert. Jochen Vogel springt mir bei: Ich könne das nicht machen. Das schwäche die Chancen für meine Wiederaufstellung in meinem Hamburger Wahlkreis, und ich würde im Bundestag gebraucht. Hans Matthöfer läßt sich breitschlagen. Er beschließt, daß der *Vorwärts* in der bisherigen Form fortgesetzt wird, bis zur nächsten Finanzkrise.

Am 12. Mai gewinnen Johannes Rau und die SPD in Nordrhein-Westfalen ihre Landtagswahlen mit 52 Prozent. Das ist ein Jubel! Denn mit soviel hatte natürlich niemand gerechnet. Nun ist die Wende der Wende da, so sagen alle, aber das ist natürlich Unsinn; die meisten wissen es auch. Der SPD in Nordrhein-Westfalen trauen die Leute zu, daß sie das Land gut regiert. Und Kohl braucht einen Denkzettel. Aber deshalb der SPD schon wieder die Bundesrepublik anvertrauen? Und dennoch ist dieser Sieg von unschätzbarem Wert. Denn eine geschlossen auftretende, gemäßigte SPD hat gewonnen. Die klare Abgrenzung zu den Grünen war erfolgreich. Johannes Rau erscheint am Montagnachmittag in der Fraktion. Nach den Ovationen ergreift er das Wort. Er bringt spielend das Kunststück fertig, nicht eine einzige handfeste Aussage zu machen. Alles ist witzig, bibelfest und klingt beschwingt. Ich schätze diesen Mann. Aber als er am selben Abend im Präsidium die gleiche Schau abzieht, frage ich mich, was das soll.

In den folgenden Wochen nimmt Johannes Rau spürbar die Zügel in die Hand. Die Personalentscheidungen am 10. Juni im Präsidium werden von ihm maßgeblich mitbestimmt. Wolfgang Clement, neuer stellvertretender Bundesgeschäftsführer, ist sein Mann. Freundlich und bestimmt widerspricht er dem Parteivorsitzenden und dem Bundesgeschäftsführer, wenn er das für geboten hält. Wir diskutieren über unsere Erfolgschancen in Niedersachsen. »Es wird höchste Zeit, daß Schröder sich deutlich von den Grünen distanziert, wenn er und die SPD Erfolg haben wollen.«

»Aber nur so kann er doch Albrecht kippen«, sagt Glotz.

»Da liegst du falsch. Und wie soll ich dann dort Wahlkampf machen?« erwidert Rau. Eine interessante Zeit könnte vor uns liegen, wenn Johannes Rau das Machtvakuum an der Parteispitze mit seinem Führungsanspruch ausfüllt und der Partei die politische Orientierung gibt, die ihr so sehr fehlt.

Mitte September ist Johannes Rau unser Kanzlerkandidat, auch wenn die formelle Bestätigung durch unseren nächsten Parteitag noch aussteht. Die Meinungsumfragen zeigen uns in einem stabilen Hoch. Das *Deutsche Allgemeine Sonntagsblatt* berichtet, daß sich die SPD bei 46 Prozent der Wählergunst eingependelt habe. Die Koalition bleibt unter 50 Prozent. Rau erklärt im Parteivorstand, er sei noch nicht so weit, in allen Fragen der Politik Antwort zu geben. Das ist zwar ehrlich, aber auf Dauer zu wenig. Und er will sich nicht im Bundestag mit Kohl messen. Diese Auseinandersetzung sollen wir, vor allem Vogel, führen. Auch das geht so nicht. Denn mit Charme läuft nichts, das wird knüppelhart, auch innerhalb der Partei. Er muß klare politische Vorgaben machen, will er nicht zum Spielball und damit zum Verlierer werden.

Und die Tests für Johannes Rau und seinen politischen Standort kommen. Am 7. und 8. Oktober tagen in Bonn Parteivorstand und Parteirat, um unsere definitive Haltung zum Schnellen Brüter in Kalkar und zur Wiederaufbereitungsanlage in Wackersdorf zu bestimmen. Dabei ist eigentlich nichts mehr zu entscheiden. Der bereits beschlossenen Kurskorrektur zu Kalkar muß lediglich noch eine logische Begründung verpaßt werden. Widerstand gibt es nicht mehr, warum auch. Zu Kalkar wird ein Entschließungsantrag vorgelegt und verabschiedet, der durch seine die Vergangenheit manipulierende Darstellung beeindruckt. Lediglich Reimut Jochimsen wagt darauf hinzuweisen, daß wir keineswegs bereits 1978 Kalkar in Zweifel gezogen und eine endgültige Entscheidung vor der Betriebsgenehmigung angekündigt hätten. Damals sei festgelegt worden, den Reaktor fertig zu bauen und ans Netz gehen zu lassen und erst dann über die Zukunft weiterer Brüter zu entscheiden. Insofern, so Jochimsen, seien wir eben nicht in der Kontinuität unserer damaligen Beschlüsse. Der arme Junge wird mit einem Schwall von Worten eingedeckt. Und er kann wirklich nicht »dialektisch« lesen. Denn die Entschließung ist so formuliert, daß sie für Kundige auch Jochimsens Wahrheit enthält, bei allen anderen aber den Eindruck erzeugt, schon damals...

Johannes Rau redet im Parteirat am Dienstag zum Schnellen Brüter. Ihm geht es nicht um die Sache, sondern darum, wie er bei der weiteren Prozedur aussehen könnte. Siebzehn Teilerrichtungsgenehmigungen hat die Landesregierung erteilt. Verweigert sie

nun die Betriebsgenehmigung, dann könnte Innenminister Zimmermann ihn anweisen. Das aber kann der Ministerpräsident des
Landes Nordrhein-Westfalen nicht hinnehmen. »Wir müssen uns
als regierungsfähig erweisen«, so Rau. Wie soll das aber hinkom-
men, wenn die Partei nein zu Kalkar sagen will? Und deshalb
besteht er auf zwei zusätzlichen Passagen im Text. Einmal: Wir
lehnen ab, unter Zeitdruck gesetzt zu werden. Das soll die Entscheidung auf die Zeit nach den Bundestagswahlen verschieben.
Zweitens fordern wir die Landesregierung auf, streng nach Recht
und dem gültigen Atomgesetz zu handeln, eine pure Selbstver-
ständlichkeit. Rau bekommt noch einen Nachsatz aufs Auge gedrückt: Er müsse bei seiner Entscheidung auf die gesicherte Entsorgung und die nukleare Gefährdung achten. – Zur Wiederaufbereitungsanlage in Wackersdorf sagen wir nein. Doch Wackersdorf
wird gebaut. Hamburg und Bremen haben im zuständigen Pla-
nungsausschuß mit ihren Stimmen sichergestellt, daß Bayern für
dieses Projekt bis zu 600 Millionen DM an Investitionszulagen erhält. Nur dieser Zuschuß macht den Bau möglich. Die Genossen
schäumen. Klaus von Dohnanyi läßt sich deshalb an beiden Tagen
auch lieber nicht sehen.

Am 18. Oktober spricht Johannes Rau in Bonn zu den Seeheimern. Ich weiß nicht, wie es bei den Linken aussieht, aber bei uns
ist nicht mehr viel drin. Man lehnt sich an. Man will unterstützen,
damals Helmut Schmidt und heute Rau. Der aber erklärt in seinem Schlußwort, daß er das für selbstverständlich hält, ohne sich
seinerseits aber in die Pflicht nehmen zu lassen. Die Partei brauche
Integration. Er werde nicht mit den Seeheimern gegen andere zu
Felde ziehen. Bei den Linken werde er nichts anderes sagen.

Recht hat er! Wo käme er hin, wenn er sich von einem Flügel
vereinnahmen ließe. Bei uns tritt er auf, damit wir wieder Tritt
fassen gegen die Linken. Denn seine politische Grundüberzeugung
findet dort natürlich wesentlich weniger Widerhall als bei uns. Er
sagt nein zu den Grünen und schließt jede Koalition mit ihnen aus,
weil für ihn unsere Westbindung außer Zweifel steht und weil er
unsere Industriegesellschaft, natürlich mit massivem Umweltschutz, bejaht. Er will die Wahlen für die SPD in der politischen

Mitte gewinnen. Die Pershings und die Marschflugkörper will er
durch Verhandlungen abbauen; von einseitigen Vorleistungen der
Nato ist nicht die Rede.

Der Mann hat sich viel vorgenommen. Er wirkt ruhig und gelassen. Er spricht davon, daß die Partei ihn in die Pflicht genommen
habe: »Ich spreche aber nicht vom Parteisoldaten; einen solchen
Begriff kann ein ehemaliger GVPler nicht verwenden!« Alle lachen,
jeder weiß, wen er meint. Er habe nicht vor, alle sozialen Kürzungen der Wendekoalition zurückzunehmen; es gehe auch um finanzielle Solidität. Mit Rau haben wir eine große Chance, unsere
Partei wieder auf Kurs zu kriegen. Wehe, wenn sie vertan wird.

Rot/Grün ist das Thema, um das es in den nächsten Wochen
geht. Im Präsidium diskutieren wir am 28. Oktober Hessens neues
Bündnis. Holger Börner will die rot-grüne Koalition auch über die
hessischen Landtagswahlen des Jahres 1987 hinaus als richtungswei-
send angesehen wissen. Das erstaunt selbst die Freunde einer derartigen Öffnung der SPD. Schweigen in der Runde. Schließlich
meint Johannes Rau, die Entwicklung in Hessen sei für uns nicht
hilfreich. Wir müßten unser Bonner Nein zu einer Zusammenarbeit mit den Grünen sachbezogen untermauern. Das gelte nicht
nur für die Sicherheits- und Verteidigungspolitik.

Am 3. November kommt es zu weiteren Irritationen. In Bonn
herrscht große Aufregung über ein ZDF-Interview mit Willy
Brandt zum Thema »Rot/Grün«. Die Medien spekulieren: Will
Brandt die Mehrheit links von der CDU realisieren? Oder soll
Johannes Rau bei einer rechnerischen Mehrheit für Rot/Grün bei
den nächsten Bundestagswahlen nach Hause gehen, damit er nicht
wortbrüchig wird? Wird dann Vogel Kanzler einer solchen Koalition? Das sind die Fragen, die dieses Interview aufwirft. Im Präsidium kommt überhaupt nichts zur Sprache. Dafür liegen uns Tik-
kermeldungen vor, daß es sich um eine »rot-grüne Spekulationshy-
sterie« handle und um eine »journalistische Fehlleistung« bei der
Interpretation des Interviews. Rau schweigt. Vogel merkt an, bei
den beiden Spitzenleuten dürfe es nicht sein wie bei einem Wetter-
häuschen. Wenn der eine verschwindet, kommt der andere heraus
und verkündet ein anderes politisches Wetter.

Am Dienstag in der Fraktionssitzung muß Willy Brandt aber doch zum Thema sprechen. In seinem Bericht dankt er Ben Wisch für seine Mittelamerika-Reise. Er kommt vom Hölzchen aufs Stöckchen und dann auch auf das rot-grüne Problem. Er bedankt sich für die Richtigstellungen zu seinen Äußerungen bei ARD und ZDF. Er schwimmt. Und damit wird klar, daß es für seine mißverständlichen Äußerungen auch eine ganz einfache Erklärung gibt: Er wird alt!

Am 18. November behandelt der Parteivorstand in erster Lesung den Entwurf unseres neuen wirtschaftspolitischen Programms, das unter der Federführung von Wolfgang Roth entstanden ist. Er soll unserer großen wirtschaftspolitischen Konferenz vorgelegt werden, die im nächsten Jahr in Hamburg stattfinden wird. Die Kommission hat etwa 150 Seiten mit Analysen und Lösungen gefüllt. Unsere Vorschläge zur Steuerpolitik wurden aufgenommen. Das Ganze ist ohne Pfiff, langatmig und langweilig, aber im wesentlichen in Ordnung, außer einigen überflüssigen Konzessionen an die Linken, wie die Forderung nach Einführung von Wirtschafts- und Sozialräten. Die Presse ist nicht beeindruckt.

Der Rothsche Entwurf findet im Parteivorstand wenig Gnade. Klaus von Dohnanyi ist dagegen, weil diese Vorlage zu eng auf unsere Nationalwirtschaft konzentriert ist und sich deshalb Handlungsmöglichkeiten einräumt, die es faktisch nicht mehr gibt. »Wir müssen angesichts unserer Verflechtung in den Welthandel viel bescheidener werden.« Die Linken gehen zu Roth auf Distanz. Sie kommen uns mit alten Hüten wie Investitionslenkung und Vergesellschaftung. Und so verrinnt Stunde um Stunde. Ich selbst habe keine Lust mehr. Zu häufig habe ich diese elenden und unergiebigen Litaneien hören müssen. Leider kann ich es nicht vermeiden, zu einem der sechs »Redakteure« des Programmentwurfs ernannt zu werden. Karin Jung faßt unsere wirtschaftspolitische Debatte gut zusammen: »Was in der Wirtschaftspolitik sozialdemokratisch ist, ist nicht machbar. Und was machbar ist, ist nicht sozialdemokratisch.«

Vor diesem Hintergrund treffen wir uns am nächsten Abend in Düsseldorf mit Johannes Rau zu einem Meinungsaustausch über unsere Wirtschafts- und Finanzpolitik. Wir, das sind Ingrid Matthäus-Maier, Heinz Ruhnau, Friedhelm Farthmann, Friedel Neuber, Manfred Schüler, Klaus Dieter Leister, Diether Posser und ich. Entschuldigt sind: Wolfgang Roth, Edzard Reuter, Reimut Jochimsen und Franz Steinkühler. Da Rau die Debatte nicht strukturiert, wird fröhlich drauflosgeredet. Es gibt dennoch Erkenntnisse. Hombach faßt sie zusammen: »Wir werden weder von der Sache her noch von den Personen wirtschaftspolitische Kompetenz erringen.« Für die Koalition sprechen zudem die Zeichen des Aufschwungs. Kritik wird laut an der Rothschen Forderung nach Wirtschafts- und Sozialräten. Dazu Rau: »Dann lassen wir das einfach fallen.« So einfach ist das. Die ungerechte Steuerpolitik soll dagegen ein Thema sein, aus dem sich »Funken schlagen lassen« (Hombach). Er übersieht, wieviel Kraft es noch kosten wird, wenigstens einigermaßen kohärente Vorstellungen zu entwickeln. Die Arbeitsgruppe »Steuern und Abgaben« wird das schon schaffen. Aber wie steht es dann mit der Gesamtpartei und den Gewerkschaften?

Am Schluß der Veranstaltung bitte ich Rau, die Führung zu übernehmen. Da bricht es aus ihm heraus: Er könne nicht Kanzlerkandidat, Parteivorsitzender und Oppositionsführer in einem sein. Wir müßten ihm schon den Rücken freihalten. Fünfzehn Staaten hätten ihn eingeladen, überall wolle die Partei ihn sehen. Und er sei auch noch Ministerpräsident. »Es sind noch 432 Tage bis zur Wahl...« Ich erinnere mich an meine Lage in Berlin; ich will alles tun, um ihm das Leben leichter zu machen.

Rau ist ein fröhlicher Mensch. Immer wieder versteht er es, schwierige Situationen mit skurrilen Geschichten zu retten. Als Herta Däubler-Gmelin dem Präsidium in der Adventszeit mitteilt, man wolle noch vor Weihnachten eine Stellungnahme zur Debatte um den Paragraphen 218 vorlegen, wird gefragt, warum noch vor Weihnachten. Antwort von Bruns, dem niedersächsischen Landesvorsitzenden, der 218 sei doch auch für die Jungfrau Maria interessant. Mit hochrotem Kopf verbittet sich Vogel derartige Bemerkungen. Türknallend verläßt er den Raum. Als er wiederkommt, ist die Stimmung eisig. Rau rettet die Situation: Ein Sünder beichtet, daß er mit einer Frau im Bett gelegen habe. Aber gesündigt habe er nur in Gedanken. Die Buße: Drei Tage lang täglich ein Vaterunser beten und sieben Liter Wasser trinken. Die Vaterunser leuchten ein, aber warum das viele Wasser? Antwort: Das ist die Ration für ein Kamel. Die Spannung löst sich in Gelächter. Aber dieses Rezept ist für die Lösung politischer Streitfragen kaum tauglich.

Johannes Rau muß sich seiner Haut selbst wehren. Denn schon beginnen sich einzelne Linke an ihm zu reiben. Günter Jansen, der schleswig-holsteinische Landesvorsitzende, läßt einen Brief kursieren, in dem er die Einhaltung von Parteitagsbeschlüssen anmahnt. Es geht um die Inbetriebnahme des Kohlekraftwerks Ibbenbüren mit seinem hohen Stickoxidausstoß, die Rau zu verantworten habe. Aber auch allgemein wird über unseren Spitzenkandidaten gemeckert. Ich halte dagegen. Ob wir denn zu Rau überhaupt eine Alternative hätten? Da kommt keine Antwort. Rau im Präsidium: So ginge das nicht weiter. An ihm werde rumgemacht. Die Partei ließe die Ohren hängen. Alle müßten anpacken, damit wir da rauskämen.

Am Montag, dem 3. Dezember, überfällt uns Vogel im Geschäftsführenden Vorstand mit Tatarenmeldungen zu Ibbenbüren. Rau habe ein Kraftwerk ans Netz gehen lassen, das das Buschhaus der SPD werden würde. Wütend schlägt er um sich: »Warum muß ich das aus dem Fernsehen erfahren? Warum mußte das jetzt sein? Nichts klappt in der Koordination zwischen Düsseldorf und der Fraktion.« Aber wir haben uns »nur« wieder einmal in den Fallstricken unserer eigenen Politik verheddert, die allzu gern übersieht, daß wir nicht nur unser Land noch vor kurzem regiert haben, sondern auch in einer Reihe von Bundesländern Verantwortung tragen. Wir sind nicht frei von Sachzwängen wie die Grünen. Und so holt uns die Realität immer wieder ein. Im übrigen stellt sich einige Tage später heraus, daß Ibbenbüren genau den Immissionsgrenzen entspricht, die die SPD-Bundestagsfraktion am 28. Juni 1984 als Bedingung für die Inbetriebnahme des niedersächsischen Kraftwerks Buschhaus formuliert hatte. Warum also dieser Streit zu Lasten von Johannes Rau?

Der »Befreiungsschlag« soll uns in Ahlen in Westfalen auf einer großen SPD-Konferenz mit einer richtungweisenden Rede von Johannes Rau gelingen. Rau will auch deutlich machen, wie er sich den Umgang mit der Partei vorstellt. Er will sich weder von der SPD absetzen und deren Beschlüsse einfach ignorieren, er will aber auch nicht zum bloßen Vollstrecker ihres oft widersprüchlichen und taktisch kurzatmigen Willens werden. Herbert Wehner kommt, Helmut Schmidt nicht. Rau hält eine gute Rede. Langanhaltender Beifall für den Redner, Pause, Erbsensuppe, Debatte – ich spreche als siebter – Schlußwort, Singen: Wann wir schreiten... Doch da bin ich schon längst weg, zusammen mit Eugen Glombig im Dienstwagen nach Hamburg. Und das merkt auch keiner. Alles dreht sich um Rau und jeder um sich selbst. Die Reise hat sich für mich nicht gelohnt, ich war im Fernsehen nicht zu sehen.

Bevor es Weihnachten werden kann, fliege ich am 19. Dezember noch einmal nach Bonn. Anke Fuchs und ich wollen die familien- und steuerpolitischen Gesetzesänderungen der Koalition zum 1. Januar 1986 kritisieren und ihnen unsere Alternativen entgegensetzen. Wir geben uns alle Mühe, auch wenn es schwierig ist. Denn die Regierung handelt, und wir können nur räsonnieren. Außerdem finden es die gut verdienenden Bonner Journalisten nicht so witzig, wenn wir ihnen verkünden, wir wollten ihnen und ihresgleichen weniger geben und mehr abnehmen. Stoltenberg ist ihr liebes Kind. Das hätten wir uns leisten sollen: massive Erhöhung der Steuersubventionen, Nacht- und Nebel-Aktion mit Milliardenhilfen für die Landwirtschaft, Steuerprivilegien für Franz-Josef Strauß und die Sportflieger... Das hätte kein SPD-Finanzminister heil überstanden. Bei Stoltenberg erscheint das in den Zeitungen, wenn überhaupt, unter Familiennachrichten. Denn er ist nach der Überzeugung der meisten Wirtschaftsjournalisten auf dem richtigen Weg: Entlastung der Spitzeneinkommen und der Unternehmen. Und da ihm die Entwicklung der Konjunktur recht gibt, gehen unsere Argumente ziemlich ins Leere.

Die SPD im Wahlkampf

Der Anlauf von Johannes Rau zu den nächsten Bundestagswahlen ist lang, vielleicht zu lang. Immer häufiger fragen wir uns, ob es klug war, ihn bereits mehr als fünfzehn Monate vor dem Wahltag auf den Schild zu heben. Aber hatten wir überhaupt eine Chance, mit seiner Nominierung zuzuwarten? Die Koalition und der Kanzler sind im politischen Dauertief. Für die SPD wird von den Meinungsforschern ein anhaltendes Hoch signalisiert. Und da wird natürlich die Frage immer bohrender, wer der nächste SPD-Kanzler wird. Personen stehen natürlich auch für Programme. Raus Kanzlerkandidatur konnte man nach seinem sensationellen Wahlsieg in Nordrhein-Westfalen kaum in Frage stellen.

Bereits zu Beginn des Jahres wird deutlich, daß vordergründig die Koalitionsfrage – Rot/Grün – im Mittelpunkt der Erörterungen steht. Dahinter stehen natürlich die eigentlich strittigen Sachfragen. Ein eindeutiges Bekenntnis der SPD zur Bundeswehr und zur Nato schließt ein Zusammengehen mit den Grünen aus. Eine offene Haltung zur friedlichen Verwendung der Kernenergie, wenn auch mit Einschränkungen – das Nein zum Schnellen Brüter, Kernenergie für einen zeitlich nicht fixierten Übergang – macht auch andere Koalitionen möglich. Die Haltung der SPD in Sachfragen gibt dann mehr oder minder automatisch die Antwort auf die Koalitionsfrage. Das gilt in anderen Bereichen der Politik. Wenn die SPD den Bau neuer Straßen ablehnt, kann sie das nur mit den Grünen durchsetzen. Wenn sie der Marktwirtschaft mißtraut, gibt es kein Zusammengehen mit der FDP. Wenn sie durch

überdimensionierte Wohltaten in der Sozialpolitik die Abgabenlast
oder den Bundeshaushalt überstrapazieren will, führt das entweder
ins politische Niemandsland oder in die Arme der Grünen.

Rau scheint diese Problematik zu erkennen. Aber ist er bereit,
den Kampf um die Sachpositionen der SPD aufzunehmen? Kann
er das überhaupt von Düsseldorf aus? Reicht die Zahl der Verbündeten? Kann er auf die uneingeschränkte Unterstützung von Willy
Brandt und Hans-Jochen Vogel rechnen, wenn er kontroverse Positionen einnimmt? Willy Brandt weiß immer noch, was für die
Zukunft unseres Landes und damit auch für unsere Partei gut ist.
Doch er hat nicht mehr die Kraft, für seine Ansichten massiv zu
kämpfen.

Am Donnerstag, dem 9. Januar, tagt der Geschäftsführende
Fraktionsvorstand. Wie bestreiten wir dieses entscheidende Wahl-
kampfjahr 1986? Wie immer hat für Vogel das Abarbeiten von
Aktenbergen Vorrang vor der Diskussion und Bewältigung von
Sachproblemen. Doch um die Frage Rot/Grün kommen wir nicht
herum. Vogel will von Rau verlangen, daß er als unser Spitzenkandidat Thesen und Kernaussagen zu diesem Thema vorlegt. Sie
würden wir zur Kenntnis nehmen und zur Basis unserer Argumentation machen. Die Partei und die führenden Genossen könnten
sich damit einem schwierigen Meinungsbildungsprozeß entziehen,
nur Rau wäre festgelegt.

Volker Hauff und ich lehnen Vogels Vorschlag ab. Nach einigem
Hin und Her beschließen wir, aus sachlichen Gründen – Sicher-
heits-, Wirtschafts- und Sozialpolitik – die Zusammenarbeit mit
den Grünen auf Bundesebene für unmöglich zu erklären. Wenn
das *opinio communis* der SPD wird, ist das glaubwürdig. Aber auch
dann werden im Verlauf des Wahlkampfes Probleme kommen. Die
SPD ohne Bündnispartner, zu weiterer Opposition verdammt?
Spätestens dann wird es zweideutige Antworten geben. Das kenne
ich aus Berlin. Wir brauchen vorher ein klares Profil. Doch wer
wird sich dafür stark machen?

Am 20. Januar erörtert das Präsidium die Vorschläge des sowjetischen Parteichefs Gorbatschow zur weltweiten atomaren Abrüstung. Willy Brandt stellt uns die Einzelheiten vor. Dieser Vor-

schlag sei für uns außerordentlich wichtig, wir müßten ihn unterstützen. Mir fällt es immer schwerer, den politischen Kern solcher Vorschläge zu erkennen und zu beurteilen. Dazu reicht dann auch die Lektüre der deutschen Zeitungen, von *Le Monde* und *International Herald Tribune* nicht aus. Aber natürlich weiß ich, daß mit diesen Vorschlägen der UdSSR vor allem um die politische »Seele« Westeuropas gerungen wird. Die USA sollen aus Westeuropa herausgedrängt werden. Willy Brandt zitiert Egon Bahr, der vor einiger Zeit gesagt haben soll: »Wenn das der Gorbatschow vorschlägt, erschießen ihn seine eigenen Militärs.« Ich weise auf die schwerwiegenden Fragen hin, die die Forderung nach einer Welt ohne Atomwaffen aufwirft. Was passiert, wenn Gaddhafi dennoch Atomwaffen hat? Wie wollen wir ohne die Beseitigung der konventionellen Überlegenheit der UdSSR die Abschreckung aufrechterhalten? Wie wollen wir sicherstellen, daß die USA in Europa präsent bleiben, da unsere Sicherheit auch künftig auf der engen Allianz mit den USA basiert? Egon Bahr bestätigt, daß ich auf eine Reihe von Problemen hingewiesen hätte. Sie seien aber nicht so bedeutend, daß wir Gorbatschows Vorschlag nicht voll unterstützen könnten.

Rau macht erste außenpolitische Gehversuche im Präsidium: Natürlich müßten wir Gorbatschows Vorschläge ernsthaft prüfen, aber nicht zu Propagandisten der UdSSR werden. Als er aber zu bedenken gibt, daß wir mit unseren bilateralen Verhandlungen mit einzelnen osteuropäischen Ländern die Ost–West-Politik stören könnten, wird er ungnädig beschieden – und nimmt das hin. Rau hatte mir beim letzten Treffen der Seeheimer gesagt, daß er Probleme mit den vielfältigen Kontakten der SPD mit kommunistischen Parteien Osteuropas, insbesondere mit der SED, habe. Doch öffentlich schwieg er sich aus. Das wird sich nach dieser Abfuhr nicht ändern. Also werden Egon Bahr und andere weiter über die Schaffung von chemie- und atomwaffenfreien Zonen in Europa verhandeln, ob das dem Kanzlerkandidaten gefällt oder nicht.

Einen Tag später muß sich die Fraktion mit einem praktischen Problem der Verteidigungspolitik herumschlagen, dem Bau von zwei Fregatten für die Bundesmarine. Es geht nicht nur um Militä-

risches, sondern auch um Arbeitsplätze. Hans-Jochen Vogel argumentiert, drei alte Fregatten mit 900 Mann würden durch zwei
neue Fregatten mit 600 Mann ersetzt. Deswegen könnten wir
zustimmen. Ehmke bemüht unsere Parteitagsbeschlüsse: Ziel sei
die strukturelle Nichtangriffsfähigkeit der Bundeswehr. Fregatten
dienten nur der Verteidigung. Und deshalb müßten wir für die
Beschaffung der Fregatten eintreten, die Beschaffung weiterer Leopard II und Tornado aber ablehnen. Ich nehme an, daß Ehmke
weiß, was er da für Unsinn redet: als hätten wir die Bundeswehr in
unserer Regierungszeit für den Angriff aufgerüstet. Und die von
ihm bemühten Unterschiede der einzelnen Waffensysteme sind an
den Haaren herbeigezogen. Wieso ist ein Panzer per se ein Instrument der Aggression, eine Fregatte der Selbstverteidigung? Aber
die Fraktion schluckt es. Die ideologische Begründung gibt den
Weg für ein mehrheitliches Ja der Fraktion frei. Nur mit Sicherheitspolitik hat das alles nichts mehr zu tun.

Ende September kommt es zu einer Neuauflage dieser eher theo-
logisch anmutenden Diskussion: Sollen wir der Konzeptphase des
»Jäger 90« zustimmen? Wir streiten im Geschäftsführenden Fraktionsvorstand nicht darüber, ob die Luftwaffe diesen Vogel überhaupt bezahlen kann; gestritten wird darüber, ob er in das Konzept der strukturellen Nichtangriffsfähigkeit der Bundeswehr paßt.
Ein Jäger ist eindeutig eine Abwehrwaffe, so die einen. Er kann
Geleitschutz für den Tornado bei Bombenangriffen fliegen, ist also
eine Angriffswaffe, so die anderen. Eine jesuitische Debatte, die vor
allem Ehmke Spaß macht, mit Politik nichts zu tun hat und übersieht, daß wir auf unserem Nürnberger Parteitag beschlossen
haben, den Verteidigungsetat in seinem Anteil an den Bundesaus-
gaben festzuschreiben, ihn aber schon mittelfristig abbauen wollen.
Wer für den Jäger 90 stimmen will, müßte den Beschluß kassieren,
denn dieses Projekt sprengt jeden finanziellen Rahmen. Ich hatte
es bereits zu meiner Ministerzeit auf Eis gelegt. Und deshalb erkläre ich, ich würde mich an dieser Debatte nicht beteiligen und
mich der Stimme enthalten. Ehmke: »Für diesen Beitrag hätte ich
dich erschlagen können.« Und: »Wir werden durchsetzen, daß die
Fraktion mehrheitlich für den Jäger 90 stimmt.«

Für Johannes Rau wird die Haltung der SPD zur Sicherheitspolitik im allgemeinen, zum Nato-Doppelbeschluß im besonderen zu einem der Prüfsteine dafür, ob die Partei die Überzeugungen ihres Spitzenkandidaten mitträgt oder ihm Forderungen aufzwingt, die er für falsch hält. Kernpunkt in der Sicherheitspolitik ist die Frage, ob ein Kanzler Rau alles in seinen Kräften Stehende unternehmen würde, daß zwischen der Nato und dem Warschauer Pakt über den Abbau der sowjetischen und amerikanischen Mittelstreckenwaffen verhandelt wird, oder ob er fordert, die US-Raketen hätten nach seinem Wahlsieg unser Land zu verlassen.

Mitte Februar tagen in Oer-Erkenschwik die Linken und fordern von Rau in seiner Gegenwart, daß der SPD-Bundeskanzler in den ersten sechs Monaten seiner Amtszeit die US-Mittelstreckenraketen »ausweist«. Er muß dort dazu geschwiegen haben. Willfried Penner erklärt das so: Rau müsse doch auch diesen Flügel für die nächste Bundestagswahl motivieren. Als ob es nicht auch um klare politische Konturen des Spitzenkandidaten und seiner Partei geht. »Eppler hat ihn dort rausgepaukt«, berichtet uns Vogel. Rau muß dennoch betroffen sein. Ohne auf Einzelheiten einzugehen, sagt er im Präsidium: »Es gibt Grenzen, die ihr mit mir nicht überschreiten könnt.«

Um die Osterzeit beginnt im Präsidium und dann im Parteivorstand eine komplizierte und schwierige Debatte über den Leitantrag zur Sicherheits- und Friedenspolitik für unseren Parteitag in Nürnberg. Der Entwurf kommt aus unserer sicherheitspolitischen Kommission. Er ist eine wunderliche Melange der Überzeugungen von Entspannungspolitikern einerseits, die auf Atomwaffen verzichten wollen und das konventionelle Gleichgewicht für gegeben ansehen – dafür steht von Bülow –, und den Positionen von realistischen Sicherheitspolitikern mit klarer Westbindung – dafür steht Pawelczyk. Es ist eher ein Aufsatz über den inneren Zustand der SPD als eine politische Standortbeschreibung. Kein Verteidigungsminister könnte mit diesem Konvolut auf der Hardthöhe oder in der Nato etwas anfangen. Dennoch können wir froh sein, wenn wir wenigstens damit über die Runden kommen.

Eine der Ursachen für diese Verwirrung liegt darin, daß Teile der Partei die grundsätzliche Distanz zur kommunistischen Welt verloren haben, die für uns früher bestimmend war. Eppler legt dem Präsidium seinen Vortrag zum Thema »Friedenspolitik und Ideologie« vor, bei dessen Lektüre es mir wie Schuppen von den Augen fällt. Für Eppler sind wir Zeugen eines Hegemonialkonfliktes; das US-Gesellschafts- und Menschenbild wird genauso zu einer Kampfideologie wie das des Kommunismus. Das ist »Äquidistanz« in der Gesellschaftspolitik. Der Begriff »Freiheit und Selbstbestimmung« kommt nicht vor. Und Willy Brandt ordnet am 17. März 1986 auf einer Veranstaltung zum vierzigjährigen Jahrestag der Zwangsvereinigung von SED und SPD dem Gebot des Friedenserhalts alles unter. Sicherheitspartnerschaft ist sicherlich geboten. Doch die bürgerlichen Rechte, unsere Freiheit, sind unverzichtbar, auch im Zeitalter der Massenvernichtungsmittel. Sind wir noch eindeutig genug, wenn es um die grundsätzlichen Unterschiede der beiden Gesellschaftssysteme geht? Ich fürchte nein.

Mitten in der Osterpause fordert Oskar Lafontaine für die SPD erneut den einseitigen Abzug der US-Mittelstreckenraketen und den Austritt unseres Landes aus der Nato-Integration. Die Union und Genscher greifen Lafontaine an und verweisen auf den diametralen Gegensatz zu den von Rau erst vor kurzem abgegebenen Treueschwüren zur Nato. Sie fordern eine Klarstellung. Doch Rau ist auf Norderney und schweigt. Von Gerhard Schröder, dem Wahlkämpfer, hören wir ein eher gequältes Teildementi. Am 7. April kommen wir im Präsidium auf den Vorstoß von Lafontaine zurück. Willy Brandt meint, er sei sicherlich nicht hilfreich gewesen, es lohne sich aber nicht, darauf noch einmal zurückzukommen. Und so gehen wir zur Tagesordnung über.

Die verlangt von uns die Verabschiedung unseres sicherheitspolitischen Leitantrags. Änderungsvorschläge gibt es von Eppler, Bahr und mir. Die jeweiligen Intentionen sind klar: Bahr will Klarheit; Eppler will den Verzicht auf atomare Abschreckung, gleichzeitig Verzicht auf Ersatz durch konventionelle Waffen; ich will soviel wie möglich von dem retten, was für mich rationale Sicherheitspolitik ist. Natürlich habe ich außer redaktionellem Schnickschnack keine Chance. Natürlich vertritt Eppler die Mehrheit der Partei. Ein

Teil des linken Flügels will noch mehr: den US-Imperialismus entlarven, den Friedenswillen der UdSSR loben, einseitig und massiv
abrüsten und unsere Bindungen zur Nato lockern. Deshalb hat
Eppler wohl recht, wenn er darauf hinweist, daß die Annahme
seiner Forderungen die Voraussetzung dafür ist, daß es nicht zu
einem massiven Konflikt auf dem Parteitag kommt. Eppler setzt
sich durch, und ich stimme mit Nein.

Am 28. April wird der Leitantrag zur Sicherheitspolitik im Bundesvorstand behandelt. Die Intervention der USA in Libyen sorgt
für zusätzliche Stimmung. Allen voran marschiert Oskar Lafontaine: »Wir müssen die USA daran hindern, von unserem Boden
aus Krieg zu führen. Und deshalb müssen wir aus der Nato-Integration raus wie Frankreich und Spanien. Nach der nächsten Bundestagswahl muß diese Frage geklärt werden.« Jetzt werde er zu
diesem widersprüchlichen Leitantrag keine Änderungsanträge stellen, auch nicht dagegenstimmen. Und in der Tat, als wir zur
Schlußabstimmung kommen, ist Lafontaine rein zufällig nicht im
Sitzungssaal. Auch ich gehe austreten und lande in einem überfüllten Klo. So eine Schlußabstimmung muß wassertreibend sein. Da
drücken sich Posser, Engholm, Ristock und ich herum. Leber und
Dohnanyi hatten vorher die Sitzung verlassen. Börner und andere
waren gar nicht erst gekommen, und so stimmen über dieses Kern-
stück unserer Sicherheitspolitik siebzehn von vierzig Vorstandsmit-
gliedern ab, davon drei mit Nein und einer mit Enthaltung.

Aber eines muß Rau verstanden haben: Bis zur Wahl werden er
und eine halbwegs rationale Sicherheitspolitik geschont. Aber
dann würden die Hemmungen fallen. Erhard Eppler sagt, wie es
steht: »Es gibt keinen Kompromiß zwischen der Sicherheitspolitik
der SPD unter Helmut Schmidt und unseren heutigen Forderungen. Es gibt nur einen Kompromiß zwischen dem, was wir wollen,
und dem, was wir heute öffentlich sagen können.« Und das klingt
dann so: »Wo lebenswichtige Interessen europäischer Staaten auf
dem Spiel stehen, werden sie eigene Initiativen ergreifen und sich
nicht einfach mit der Ergebnislosigkeit von Verhandlungen zwischen den Supermächten abfinden.« Brandt, Rau und Vogel stimmen dieser Formulierung zu.

Doch auch damit ist noch nicht das Ende der Fahnenstange erreicht. In der Antragskommission wird schärfer formuliert. Von den USA wird die Rücknahme der Stationierung ihrer Pershing II und ihrer Marschflugkörper gefordert. Die Sowjetunion soll die Zahl ihrer SS-20 auf den Stand 1979 reduzieren. Die SPD-Bundestagsfraktion wird die Aufhebung des Beschlusses vom 22. November 1983 beantragen, »um der unter der konservativen Regierung beschlossenen Stationierung dieser Waffen die parlamentarische Legitimation zu entziehen und der Bundesregierung die volle Handlungsfreiheit zurückzugeben.« Der Parteitag segnet das ab und vieles andere mehr. Mit einer realistischen Sicherheitspolitik hat das alles nichts zu tun: weniger, möglichst keine Atomwaffen auf deutschem Boden, weniger Geld für die Bundeswehr, auch nicht für die Verstärkung der konventionellen Verteidigung, weniger Unterstützung für die alliierten Truppen auf deutschem Boden. Das Bündnis wird nicht aufgekündigt, aber welchen Inhalt hat es noch für die SPD? Rau tritt offen für das westliche Bündnis ein, doch unseren Leitantrag muß auch er mitbeschließen.

Und damit alles klar ist, hält Oskar Lafontaine kurz vor Weihnachten, wenige Wochen vor dem Wahltag, in Bonn eine Pressekonferenz, auf der er sich eindeutig und unmißverständlich von Johannes Rau absetzt und erneut den Gegensatz zu unserem Kanzlerkandidaten deutlich macht. Er fordert den Austritt aus der militärischen Integration der Nato.

Unsere Probleme sind in anderen Bereichen der Politik kaum geringer. Ende Januar zeigt sich die Zerrissenheit der SPD zwischen traditioneller Wirtschafts- und Strukturpolitik einerseits und den rigorosen und unrealistischen Forderungen der grün-ökologischen Bewegung andererseits. Zur Debatte steht das 3. Gesetz zur Änderung des Gesetzes über den Ausbau der Bundesfernstraßen. Das waren früher parlamentarische Selbstläufer: Der Verkehrsminister legt seinen mit den Bundesländern weitgehend abgestimmten Ausbauplan vor, der Verkehrsausschuß berät, beschließt Änderungen; im Parlament wird ratifiziert. Jetzt wird daraus für die SPD eine »Staatsaktion«. Unsere Verkehrspolitiker beraten über Monate mit den Fraktionskollegen, schlagen eine Reihe von Veränderungen vor, setzen vieles auch durch. Aber die Koalition beharrt auf Bauvorhaben, die die SPD offiziell nicht will. So akzeptiert Hamburg den Bau der A 26 von Hamburg nach Stade nicht, zumindest nicht auf Hamburger Gebiet. Das sei ökologisch nicht zu verantworten.

In der Bundestagsfraktion bricht das Dilemma voll auf. Die einen wollen auch als Oppositionsabgeordnete ihrem Wahlkreis zeigen, daß sie in Bonn etwas erreichen können, Ortsumgehungen, Autobahnanbindungen. Deshalb wollen sie diesem Gesetzentwurf zustimmen. Die anderen wollen dieses Gesetz nicht, nicht nur wegen der »Giftzähne« – der von uns abgelehnten Bauvorhaben –, sondern auch, um deutlich zu machen, daß wir eine andere, eine ökologische Verkehrspolitik wollen. Dabei bleibt allerdings unklar, wie die aussehen soll. Denn die Forderung »Öffentlicher Personennahverkehr statt neue Straßen« ist natürlich Unsinn, vor allem auf dem flachen Land. Manche wissen das, sagen aber trotzdem nein, um keinen Ärger mit ihrer Parteibasis zu bekommen. Sie kommen vor allem aus Baden-Württemberg. Roth: »Wir stimmen doch auch dem Bundeshaushalt nicht zu.« Er weiß, daß dieser Vergleich wegen der Mitwirkung der von uns regierten Bundesländer hinkt. Hauff: »Wir können nicht zustimmen, weil wir dann auch für die ›Giftzähne‹ verantwortlich gemacht werden.« Er verschweigt, daß sie zum Teil noch aus seiner Zeit als Verkehrsminister stammen. Wir haben in der Fraktion eine Reihe von »Fundis«, die wirklich etwas anderes wollen. Kuhlwein: »Wir müssen wegen des Landverbrauchs auch gegen Ortsumgehungen sein.«

Im Präsidium spielt dieser Gesetzentwurf eine zentrale Rolle. Eppler fordert von der Bundestagsfraktion zumindest Stimmenthaltung, sonst werde er sich einreihen in die Front der SPD-Kritiker. Vogel: »Ich bekomme das in der Fraktion nicht durch.« Ich unterstütze ihn: »Wir bekommen doch die vielen Millionen Pkw nicht weg.« »Ohne Straßenbau geht es nicht.« »Wir sind und bleiben eine Industrienation.« Die anderen schweigen. Hans-Jochen Vogel findet einen Ausweg. Wir beantragen in der 2. Lesung, diesen Gesetzentwurf zu teilen. Der Ausbau der Bundesstraßen soll getrennt werden von den Bauvorhaben für die Autobahnen. Die Autobahnen sollen nicht ausgebaut werden. Bei den Bundesstraßen wollen wir zustimmen. Aber die Mehrheit läßt das nicht zu. Nun bringen wir einen umfassenden Änderungsantrag ein mit dem Ziel, die »Giftzähne« aus dem Gesetz herauszubringen. Die Mehrheit lehnt das in 2. Lesung ab. In der 3. Lesung stellen wir einen Entschließungsantrag der SPD-Fraktion zur Abstimmung. Er soll unsere Grundposition verdeutlichen. Die Mehrheit lehnt ihn ab. Und dann stimmen wir mehrheitlich dem Gesetzentwurf zu. Damit uns aber niemand wegen fehlender ökologischer Gesinnung verdächtigen kann, bringen wir einen Gesetzentwurf ein, der die Straßen aus dem gerade eben beschlossenen Gesetz eliminieren soll, die die SPD offiziell nicht bauen will. Wer soll das eigentlich noch verstehen? Die Mehrheit der Fraktion amüsiert sich über diesen Eiertanz. Für sie zählt, daß sie den Straßenbauvorhaben der Regierung zustimmen können. Und unsere »Fundis« können sich auch profilieren. Viel Lärm um nichts? Falsch, um viel. Denn nur mit solcher Akrobatie kommen wir über die Runden, können nach außen »Einheit« demonstrieren.

Der wirtschaftspolitische Kongreß der SPD in Hamburg Anfang Mai soll uns helfen, verlorengegangenes Ansehen zurückzugewinnen. Er soll der Öffentlichkeit deutlich machen, daß die Fragen der wirtschaftlichen und gesellschaftspolitischen Entwicklung bei uns in guten Händen sind. So wie der wirtschaftspolitische Kongreß der SPD 1963 in Essen uns aus der Isolierung herausgeführt hatte, unsere Kompetenz unterstrich und mithalf, uns in die Regierungsverantwortung zu bringen, so soll auch Hamburg den Durchbruch bringen. Schon damals war ich als Assistent von Heinrich Deist dabei. Damals hatten wir Köpfe – Heinrich Deist, Karl Schiller, Klaus-Dieter Arndt – und klare Positionen. Es herrschte Aufbruchstimmung. Heute, so Karl Schiller, leben wir nur von den politisch-handwerklichen Unzulänglichkeiten der Koalition und ihres Kanzlers und nicht von unseren Fähigkeiten.

Die Probleme beginnen bereits im Vorfeld. Friedhelm Farthmann zieht gegen SPD-Positionen zu Feld und findet viel Beifall. Er wettert gegen die Marktwirtschaft. »Die Vergötzung des Marktes dient nicht dem Gemeinwohl, sondern schadet.« Er fordert

»eine durchgreifende Umverteilung von Einkommen und Vermö-
gen, des Arbeitsvolumens, von Chancen und von individuellen
und kollektiven Rechten. Dazu ist ein starker Staat – mit ent-
sprechender Verfügungsgewalt ausgestattet – nötig.« Farthmann
fordert umfassende staatliche Investitionen und höhere Steuern
auf Mineralöl und auf Zinsgewinne. Sein Fazit: »Erforderlich ist
eine merkliche Erhöhung der Staatsquote und gerade nicht ihr
Abbau durch Steuersenkungen und Rückzug des Staates aus der
Wirtschaft.« Wolfgang Roth hält diese Thesen für »etatistischen
Käse«. Sie bedeuteten »das Ende jeder seriösen SPD-Wirtschaftspolitik«.

Der heftige, öffentlich ausgetragene Streit macht deutlich, wie
wenig wir in der Wirtschaftspolitik inhaltlich und personell für die
Bundestagswahlen gerüstet sind. Unsere Bosse halten sich zurück.
Lediglich Johannes Rau erklärt, für ihn komme weder eine Erhöhung noch eine Senkung der Staatsquote in Frage. Und der Spit-
zensteuersatz dürfe nicht gesenkt werden. Der mögliche Erfolg dieses wirtschaftspolitischen Kongresses ist bereits verspielt, ehe er
überhaupt begonnen hat. Daran können die Ausführungen von
Johannes Rau zu Beginn des Kongresses ebenso wenig ändern wie
die verzweifelten Bemühungen von Wolfgang Roth, Karl Schiller
und anderen.

Die Kernkraft spaltet die SPD

Dafür bekommt dieser Kongreß durch die Reaktorkatastrophe in
Tschernobyl einen ganz neuen Akzent. Die Rede von Rau, die ich
einige Tage vor dem Kongreß kritisch durchsehen soll, setzt die
Kernenergie als Thema in die zweite Reihe. Doch nach dem Unglück in Tschernobyl am 26. April wird die Rede umgeschrieben.
Die Auseinandersetzung mit der friedlichen Verwendung der
Kernenergie wird zum zentralen Thema. Rau: »Wir stehen vor
einer neuen Lage.« Er formuliert zurückhaltend. Es sei das Ziel der
SPD, die Kernenergie mittelfristig überflüssig zu machen. Ein weiterer Ausbau der Kernenergie komme nicht in Frage. Wackersdorf
lehne er ab. Doch die Genossen wollen sich damit nicht zufrieden-

geben, ein verbindlicher Zeitplan zum Ausstieg aus der Kernener-
gie müsse her. Im Bau befindliche Kernkraftwerke wie Brokdorf
und der Hochtemperaturreaktor in Hamm dürften nicht ans Netz
gehen. – Das Ringen um die Wirtschaftspolitik wird Nebensache.
Immer dann, wenn Roth, Schiller, Dohnanyi, ich und andere zu
Grundfragen der Wirtschaftspolitik reden wollen, fahren Engholm,
Schröder und andere dazwischen. Nur Hermann Rappe fordert
Verläßlichkeit in der Energiepolitik und warnt uns vor
»Kopfsprüngen« in eine nicht erkennbare Entwicklung. Er spricht
von wahltaktischen Gründen für unseren Kurswechsel.

'Am 12. und 13. Mai setzt sich die Debatte in Bonn fort. Vom
Parteipräsidium wird eine Arbeitsgruppe unter Volker Hauff eingesetzt, die Eckwerte für die Übergangzeit bis zum Auslaufen der
friedlichen Verwendung der Kernenergie erarbeiten soll. Sie soll
ferner die notwendigen Maßnahmen darstellen. Volker Hauff akzeptiert diesen Auftrag. Es käme nun für ihn darauf an, mit Um-
sicht und langem Atem und ohne Nervosität unsere Konzeption zu
entwickeln. Es wird nach schwedischem Vorbild vom Jahre 2000
als Ausstiegsdatum gesprochen.

In der Fraktionssitzung will sich eine Reihe von Genossen
damit nicht abspeisen lassen. Sie wollen schnell und definitiv aussteigen. »Im Bau befindliche neue Kernkraftwerke werden nicht
weitergebaut.« »Der Export von Kernkraftwerken aus der Bundesrepublik wird unverzüglich eingestellt.« »Strom aus Kernkraftwerken des Auslandes wird nicht mehr eingekauft.« Diese Anträge
können wir mit Mehrheit ablehnen, aber nicht deshalb, weil wir
das für Unsinn halten. »Genossen, wir wollen in unserer Kommission alles genauestens untersuchen. Es kann sein, daß wir zu den
von euch geforderten Konsequenzen kommen. Aber das können
wir doch nicht am Beginn unserer Arbeit festschreiben.« So werden
sie von Hauff und Vogel beschieden. Zwei Drittel aller SPD-MdB
sind bei den Schlußabstimmungen zur Kernenergie nicht mehr
anwesend. Fast alle Abgeordneten aus Nordrhein-Westfalen haben
die Fraktionssitzung bereits verlassen. Von den Hamburgern sind
nur noch Peter Paterna und ich da. Klose, Duve und Glombig
lassen sich während der gesamten Fraktionsdebatte nicht sehen.

Johannes Rau nimmt weder an dieser Fraktionssitzung teil noch an der vorangegangenen Präsidiumssitzung.

Johannes Rau hatte der *Bild-Zeitung* verkündet, der Ausstieg sei vor dem Jahre 2000 überhaupt nicht zu schaffen. Das läßt andere nicht ruhen. Eppler fordert am 26. Mai im Parteivorstand eine zeitliche Vorgabe für die Hauff-Kommission. »In ein bis zwei Legislaturperioden müssen alle Kernkraftwerke abgeschaltet sein, also 1991 bis 1995 spätestens.« Hans Eichel fordert das Setzen von Zeichen. »In einem von uns regierten Land muß möglichst bald ein Kernkraftwerk abgeschaltet werden.« Klose stimmt seinen Vorrednern zu, insbesondere Eppler, und sagt: »Es darf nicht der Eindruck entstehen, wir wollen die Kernenergie einfach auslaufen lassen. Wir brauchen einen massiven Umbau unserer Wirtschaftsordnung. Und deswegen müssen wir unseren wirtschaftspolitischen Leitantrag für unseren Parteitag umschreiben.« Das ist das eigentlich Interessante dieser Debatte: industrie-, beschäftigungs- und strukturpolitische Argumente kommen nicht vor.

Deshalb melde ich mich zu Wort, komme aber auch nach der Mittagspause nicht zu Wort. Meine Wahlkampftermine im Emsland zwingen mich zum Aufbruch. Über Mittag hat Vogel seine »Formulierungsmaschine« angeworfen. Ein von Hauff vorgelegter Text wird umgeschrieben. Aus einem »zu risikoreichen Weg« der Kernenergie wird ein »lebensgefährlicher Weg«. Wir müssen »den Übergang zu einer sicheren Energieversorgung ohne Atomkraft Schritt für Schritt vollziehen«, hieß es bei Hauff, hinzugefügt wird: »und jetzt damit beginnen«. Johannes Rau kommt noch einmal davon. Der Parteivorstand legt keinen exakten Fahrplan für den Ausstieg fest. Das wird der Parteitag schon besorgen.

Und so kommt es. Am Freitag, dem 27. Juni, spricht Hauff im Seeheimer Kreis über unsere Energiepolitik. Er erklärt unter großer Zustimmung, beim Ausstieg aus der Kernenergie könnten wir keine Termine setzen. Wesentlich wäre dagegen, ein realistisches Szenario des Umstiegs darzustellen. Doch einige Tage später hört sich das ganz anders an. Hauff: »Wir müssen bis 1991 alles vorbereiten. 1995 ist dann das Ende der Stromproduktion aus Kernenergie gekommen.« Aber natürlich hänge das von Bedingungen ab: Ist es bezahlbar? Gewinnen wir die Wahlen? Können wir einen breiten Konsens für unsere Politik gewinnen? Eppler hat sich durchgesetzt.

Johannes Rau kämpft dennoch unverdrossen für seine Politik, die er für vernünftig hält. Anfang Juni beschäftigen wir uns im Präsidium mit unseren Leitanträgen für den Parteitag zur Steuerpolitik, Wirtschaftspolitik und Sozialpolitik. Im Mittelpunkt unserer Erörterungen steht die Sozialpolitik. Schon vor einigen Wochen hatte ich für Anke Fuchs, Rau und Vogel die Kosten unserer sozialpolitischen Forderungen ausgerechnet und war zu Mehrbelastungen von 30 Milliarden DM für den Bund für die nächste Legislaturperiode gekommen. Anke Fuchs bestätigt sie fröhlich. »So 7 bis 8 Milliarden DM müssen wir schon jährlich mehr ausgeben, wenn wir wenigstens einen Teil der sozialen Gerechtigkeit wiederherstellen wollen.« Wo das Geld herkommt? Das ist für Anke einfach. »Wir werden doch die Arbeitslosigkeit massiv abbauen.« Rau schaltet sich ein: »Anke, dieses Geld wird nicht da sein. Denn wir müssen befürchten, daß wir unsere Regierungszeit mit einer Rezession beginnen.« Und: »Ich werde sicherstellen, daß in meinem Wahlprogramm im Herbst nur Versprechungen enthalten sind, die wir auch solide finanzieren können.« Wir gestalten unsere sozialpolitischen Forderungen so, daß sie finanziell erträglich werden. Um das »Babyjahr für alle Frauen« und die Rückkehr zu den alten BAföG-Regelungen kommen wir sowieso nicht herum.

Der Ausgang der Niedersachsen-Wahl im Juni »verhagelt uns die Petersilie«. Dabei ist das Ergebnis nicht schlecht. Die Bonner Koalition hat im niedersächsischen Landtag gerade eine Stimme mehr als die Opposition aus Sozialdemokraten und Grünen. Und für Johannes Rau müßte es hilfreich sein, daß es nun in Niedersachsen nicht zu einem rot-grünen Bündnis kommt. Und dennoch macht sich Enttäuschung breit. Ist das Unglück von Tschernobyl schon vergessen, warum wurde unsere Politik des Ausstiegs aus der Kernenergie nicht honoriert? Für die einen sind die Grünen mit ihrer chaotischen Selbstdarstellung verantwortlich, für die anderen müssen wir programmatisch und politisch zurück zur Mitte. Nur dort könnten wir Stimmen holen. Die Verfechter dieser These

übersehen aber, daß unsere Programmatik längst in die Richtung
Rot/Grün geht. Einig ist man sich, daß wir uns mit den Grünen
wesentlich stärker kritisch auseinandersetzen müssen. Wie das aber
praktisch geschehen kann, bleibt offen, denn in der Bundestagsfraktion gibt es eine stattliche Anzahl von Genossen, die die politische Nähe zu den Grünen suchen und immer wieder mit ihnen
stimmen möchten. Und so geht die Partei zur Tagesordnung über.
Die Hoffnung auf einen Sieg bei den nächsten Bundestagswahlen
schwindet.

Die Routinearbeiten für unseren Bundesparteitag laufen weiter.
Am 3. und 4. Juli tagt in Bonn die Antragskommission. Jochen
Vogel hat den Vorsitz. Er ist unübertrefflich in seiner intellektuel-
len Präsenz, am Donnerstag von 10 bis 23 Uhr. Da wird keiner der
mehr als 600 Anträge übersehen. Das Management ist perfekt. Er
hilft bei schwierigen Formulierungen, zimmert Kompromißformeln, hält den Laden zusammen.

Das ist in der Sicherheitspolitik nicht mehr erforderlich. Da ist
längst ein neuer Konsens hergestellt, der politisch nicht böse ist und
versucht, uns nicht in Neutralismus abrutschen zu lassen. Nur mit
Realismus hat das nichts zu tun. Während der neunziger Jahre
wollen wir die Bundeswehr streng defensiv umstrukturieren, wie
wenn sie jetzt eine Angriffsarmee wäre, und damit dann auch noch
viel Geld sparen. Als einziger stelle ich Abänderungsanträge und
stimme in der Schlußabstimmung dagegen.

Schlechter geht es in der Wirtschaftspolitik. Mit fünfzehn gegen
dreizehn Stimmen wird der Leitantrag des Parteivorstands verworfen. Eine schwere, auch persönliche Niederlage für Wolfgang
Roth. Ich warne die Genossen vor den »steuerpolitischen Folterin-
strumenten«, die sie beschließen wollen. Und das tun sie dann
auch nicht. In der Steuerpolitik sind sie überhaupt friedfertig und
ändern kaum etwas. Am Freitag um 15 Uhr haben wir unser Pensum bewältigt. Alles ist so gut beschieden, wie es die Partei derzeit
ertragen kann. Vogel war erste Klasse, wenn er uns auch seine
eigene Meinung konsequent vorenthält. Nur kann mit diesen Beschlüssen unser Land nicht regiert werden. Aber will das jemand?

Die Zweifel an unserem Wahlerfolg nehmen zu. Natürlich sind

die Bonner Matadoren mit dieser bitteren Erkenntnis nicht zufrieden. Warum verliert die SPD bei den Meinungsumfragen? In den internen Debatten breitet sich Mißmut über unseren Kanzlerkandidaten aus. Für die einen, die Seeheimer, zeigt er zu wenig Flagge, wenn es um die Streitfragen dieser Monate – Kernenergie, Sicherheitspolitik – geht. Für die Linken ist er ein Zauderer, der zu viele Kompromisse auf mittleren Positionen sucht und ein rotgrünes Bündnis nicht will. Wieder einmal, wie bei mir in Berlin, sitzen die führenden Genossen in der Proszeniumsloge und schauen zu, wie es ihr Kanzlerkandidat auf der politischen Bühne anstellt. Wenn es gutgeht, waren alle dabei. Wenn es schiefgeht, haben es alle lange vorher gewußt: Rau war der falsche Mann.

Er kann wählen. Entweder versucht er, die Führung in der SPD zu übernehmen, dann muß er sein Düsseldorfer Engagement massiv zurückschrauben und sein Privatleben opfern, vor allem aber bereit sein, eine Kette von schweren öffentlichen Konflikten mit Teilen der Partei durchzustehen. Oder er weicht zurück, zieht sich in seine Düsseldorfer Fluchtburg zurück, wenn es für ihn in der Bonner Bundesrepublik zu ungemütlich wird. Dieser unbarmherzigen Kälte setzt er seine menschliche Wärme entgegen. Das kann Rau. Er will die harte, unfaire Kontroverse mit dem politischen Gegner vermeiden. Er will als politischer Mensch mit seinen Stärken und seinen Schwächen überzeugen und nicht als kaltes, unbeeindruckbares politisches Elektronengehirn. »Versöhnen statt spalten« ist seine Maxime in diesem Wahlkampf.

Doch damit hat er keine Chance. Damit kann die SPD nicht auf dem politischen Kurs gehalten werden, der Raus Grundpositionen entspricht. Damit kann er mit dem DGB auf keinen Nenner kommen, der durch die Affäre Neue Heimat auch moralisch im Mark getroffen ist und seine Schwäche und seinen großen Verlust an Ansehen mit Verbalradikalismen übertüncht.

Bereits im zeitigen Frühjahr wird zumindest für uns »Eingeweihte« sichtbar, daß Wahlkampf sowohl in Düsseldorf als auch in Bonn große Probleme aufwirft. Bodo Hombach in Düsseldorf und Peter Glotz in Bonn, da brechen sehr frühzeitig »Stellvertreterkriege« aus. Die Mannen von Johannes Rau planen ihren Wahlkampf mit ihrem Kandidaten auf ihre Weise. In Bonn sitzt die Parteispitze und plant mit ihrem Apparat den Wahlkampf nach ihren Vorgaben. Die Koordinierung klappt schlecht. Hinzu kommt, daß die eigentliche Auseinandersetzung mit dem politischen Gegner im Bundestag unter der Führung von Hans-Jochen Vogel stattfindet. Auf die von uns dort vertretenen Positionen hat Rau nur wenig Einfluß. Im Präsidium heißt es: »Im Vergleich zu unseren heutigen Schwierigkeiten waren die Reibungen früher mit dem Kanzler und dem Kanzleramt ein Kinderspiel. Das kann eine Katastrophe werden.«

Nach der Sommerpause nehmen die Tiefschläge zu. Klaus Bölling stellt in einem Buch Rau zwar als sympathisch dar, er müsse aber als Kanzler scheitern. Er habe nicht genügend Entscheidungskraft. Hauff wäre der richtige Spitzenkandidat für die SPD gewesen. Das Presseecho ist beachtlich und muß Johannes Rau und damit der SPD wehtun. Willy Brandt läßt aus dem von Johannes Rau genannten Ziel – er kämpfe für die eigene Mehrheit – die Luft raus. Er sagt, 43 Prozent seien für die SPD ein sehr schönes Ergebnis.

Dazu kommen Pannen im Wahlkampf, die Geld kosten und bestenfalls zum Lachen reizen. Anfang August wird uns ein Plakat vorgelegt mit einem sympathischen Kohl, der ein Weinglas in der Hand hält mit dem CDU-Slogan »Weiter so Deutschland – uns geht es gut, so soll es bleiben«. Ein Plakat des Parteivorstands, 30000mal ist es an die Organisation gegangen. Da kann man nur den Kopf schütteln. Und in der Baracke will es nun niemand gewesen sein. Als es im Präsidium um die Wahlkampfpannen geht, auch um das »gelungene« Kohl-Plakat, sagt Glotz: »Das sage ich nur hier und nur einmal. Es klappt nicht mit Düsseldorf.«

Da muß man weghören und sich aufs Wesentliche konzentrieren. Ich arbeite drei Tage an meiner Haushaltsrede. Langsam gewinnt sie Konturen. Immerhin legt mir Peter Winkelmann den Entwurf eines Interviews mit Rau zur Bausparförderung in der Hauspostille des BHW *Das Haus* vor. So kann ich sicherstellen, daß wir nicht *en passant* milliardenschwere Versprechungen machen. Am Montag, 18. August, trifft sich das Präsidium zu seiner ersten

Sitzung nach den Sommerferien. Johannes Rau nimmt nicht teil, damit ist die wichtigste Frage nicht zu klären, nicht einmal ernstlich zu debattieren: Wie soll es mit unseren Wahlkampfaussagen weitergehen. »Wir kämpfen für unsere eigene Mehrheit, keine Koalition mit den Grünen.« Eppler zeichnet eine Route auf, die mir aus Berlin verdammt bekannt vorkommt: »Keiner traut uns die absolute Mehrheit zu. Trotz gegenteiliger Festlegungen meinen die meisten, wir würden doch mit den Grünen koalieren. So sind wir in eine selbst aufgestellte Falle gelaufen. Deshalb müssen wir klare Sachaussagen treffen und für sie um Mehrheiten kämpfen.« Das sind meine Berliner »Meßlatten«. Und natürlich muß der Spitzenkandidat diesen Weg wollen und seine Meßlatten glasklar vorgeben. Das würde und müsse Rau mit seiner Parteitagsrede leisten, sagen die Eingeweihten. Ich wundere mich über diese Naivität. Die Beschlüsse der Partei zu den großen Sachfragen der aktuellen Politik liegen doch vor. Wie will Johannes Rau an diesen Festlegungen vorbeireden?

Der Parteitag findet vom 23. bis 29. August statt. Im Präsidium sind wir sofort beim »Knackpunkt«, dem Ausstieg aus der Kernenergie. Rau nimmt nicht Stellung zu unserer Forderung, keine neuen Kernkraftwerke ans Netz gehen zu lassen. Den Schnellen Brüter in Kalkar will auch er nicht. Der Hochtemperaturreaktor in Hamm hat eine vorläufige Betriebsgenehmigung und könne deshalb weiterlaufen. Wir streiten nicht mehr um die 10-Jahres-Ausstiegsfrist oder das Verbot, Atomstrom zu importieren. Rau wendet sich gegen unsere Forderung, binnen zwei Jahren müßten die ersten Kernkraftwerke stillgelegt werden. Denn, so Rau, diese Forderung könne sich doch nur gegen zwei SPD-regierte Länder richten: Hessen und Nordrhein-Westfalen. Und diese Rute wolle er sich nicht vor den Hintern binden lassen. Denn jedermann wisse doch, daß das gar nicht gehe.

Wieder einmal jonglieren wir. Wir werden keine weiteren Bau- und Betriebsgenehmigungen für Atomkraftwerke geben. Hamm-Uentrop hat aber eine vorläufige Betriebsgenehmigung, ist bereits im Probebetrieb und liefert Strom ans Netz. Diese vorläufige Betriebsgenehmigung gelte für eine längere Zeit, und deshalb könne es für Rau keine akuten Probleme geben. Es bleibt bei unserer Forderung, die ersten Kraftwerke in den nächsten zwei Jahren abzuschalten. Und damit ist Rau doch nicht aus dem Schneider. Allerdings kann wohl kein Bundesland ohne Bonns Zustimmung ein Kernkraftwerk schließen, von der Bewältigung von Schadenersatzansprüchen ganz abgesehen.

Wir formulieren und fordern nicht das, was vernünftig ist, sondern was die Partei will. Und es ist auch nicht »die Partei«, es sind entschlossene Gegner der Kernenergie, die nach der Zerschlagung der Mitte auf dem Parteitag kaum auf Widerstand stoßen. Viele von uns sind Opportunisten geworden, auch ich. Ich schweige, obwohl uns mehrere Betriebsratsvorsitzende aus der Energiewirtschaft und Hermann Rappe auf dem Parteitag solidarisch, aber deutlich die Wahrheit sagen. Willy Brandt: »Es geht ja sowieso alles nicht. Wir werden mit der Wirtschaft und den anderen gesellschaftlichen Kräften nicht einig.« So denken viele. Peter Glotz auf die Fragen von Georg Leber, ob uns dieses Thema im Wahlkampf nütze: »Auch in den fünfziger Jahren haben wir Themen wie den Kampf gegen den Atomtod vertreten, die nicht populär waren. Die Partei will das so. Und so beschließen wir es.«

Opportunistisch verhalte ich mich auch in der sicherheitspolitischen Debatte. Nun opponiere ich nicht mehr wie noch im Präsidium und in der Antragskommission. Ich habe nicht einmal den Mut, gegen unseren Antrag zu stimmen, will meine Wiederwahl in den Parteivorstand nicht gefährden. Ich verlasse die Bühne, auf der der Parteivorstand dem Plenum des Parteitags gegenübersitzt, und stimme nicht mit. Gewählt werde ich erst im zweiten Wahlgang.

Mitte September bin ich in den USA zu Gesprächen über die aktuelle Wirtschafts- und Finanzpolitik. Ich will die Themen »Sicherheits- und Verteidigungspolitik« meiden, aber das geht natürlich nicht. Das liegt nicht nur an Volker Rühe, der mit mir zusammen in Washington Station macht und über unsere Parteitagsbeschlüsse berichtet. Schließlich bin ich immer noch als letzter Verteidigungsminister Helmut Schmidts gut bekannt, man will meine Position zu den Nürnberger Beschlüssen zur Sicherheitspolitik wissen. Ich interpretiere sie so, daß sie in den USA etwas leichter verdaut werden können. Und dennoch bleibt eine unübersehbare Distanz. Wie kann die SPD glaubhaft konventionelle Verteidigungsfähigkeit an die Stelle nuklearer Abschreckung setzen wollen, wenn sie gleichzeitig der Bundeswehr dazu die finanziellen und personellen Voraussetzungen verweigert? Wie ist es zu verstehen, wenn die SPD die Strategie nur mit dem Bündnis ändern will, gleichzeitig aber bei atomaren und chemischen Waffen bilaterale Abkommen mit Ostblockländern aushandelt? Wie will Johannes Rau die SPD-Fraktion daran hindern, ihre Mehrheit im deutschen Bundestag für einen einseitigen Abzug der US-Mittelstreckenraketen einzusetzen? Ich argumentiere so gut ich kann, ohne meine intellektuelle Redlichkeit völlig zu vergessen. Und es geht deswegen einigermaßen, weil man mir, aber vor allem Johannes Rau, vertraut. Die USA hoffen und erwarten, daß sich die SPD wieder zur Schmidt-Position zurückbewegt.

Am 22. September wird das neue Parteipräsidium gewählt. Ich hatte auf eine Wiederwahl verzichtet. Im Präsidium sitzen jetzt drei Frauen. Mit Heide Wieczorek-Zeul zieht eine profilierte Linke ein. Herta Däubler-Gmelin ist gut, wenn auch eher eine großbürgerliche Radikalliberale als eine in der Wolle gefärbte Sozialdemokratin. Anke Fuchs wird es schwerhaben. Ich bedaure es nicht, diesem erlauchten Gremium nicht mehr anzugehören. Der Rotwein und die kalten Platten waren immer gut, doch politische Debatten, geschweige denn Vorgaben für die Partei hat es kaum gegeben. Und ein Außenseiter war ich zudem.

Resignation breitet sich aus

Ich jage durch die Republik und halte Versammlungen ab. Dabei wird mir klar, daß die Landtagswahlen in Bayern nur negativ für uns enden können. Überall wird uns das Fiasko des DGB mit der Neuen Heimat um die Ohren gehauen. In Bonn ringen wir uns dazu durch, den DGB nicht öffentlich zu kritisieren, dafür aber den Schutz für die NH-Mieter in den Mittelpunkt unserer Agitation zu stellen. Bei den Debatten im Bundestag hoffen wir ein um das andere Mal, daß Johannes Rau von der Bundesratsbank aus ein-

greift. Doch dazu kommt es lange nicht. Helmut Esters liefert dazu
eine Begründung: Helmut Kohl habe sich in der Wahlkampagne
1976 als Kanzlerkandidat der Union und Ministerpräsident von
Rheinland-Pfalz nicht ein einziges Mal im Bundestag in die parlamentarische Auseinandersetzung eingeschaltet und sich mit Helmut Schmidt gemessen. Selbst wenn das stimmt, ist das kein Argument, das uns weiterhilft.

Ansonsten bereiten wir unseren außerordentlichen Parteitag in
Offenburg vor. Hier soll das Regierungsprogramm von Johannes
Rau vorgestellt und beschlossen werden. Eine Regierungsmannschaft soll es nicht geben. Wer soll in den kommenden Monaten bis
zum Wahltag zu den aktuellen Sachfragen Stellung nehmen?
Macht das Düsseldorf, die Baracke oder der jeweils zuständige
stellvertretende Fraktionsvorsitzende? Wer hat das letzte Wort,
wenn die Meinungen auseinandergehen? Hans-Jochen Vogel weiß
das auch nicht.

Am 12. Oktober kassieren wir bei den bayrischen Landtagswahlen ein Ergebnis, das so schlimm ist, daß nun auch die letzten
unverbesserlichen Optimisten nicht mehr an einen Wahlerfolg bei
den Bundestagswahlen glauben wollen. Am Donnerstag dieser
Woche treffe ich Johannes Rau in der Landesvertretung von Nordrhein-Westfalen. Er ist in einer schlimmen Verfassung. Ich weiß,
wie ihm zumute ist. Er muß, wie ich in Berlin, weitermachen
und wird am Ende doch nur eine Niederlage einstecken, die die
Partei verdient hat, ihm aber angelastet wird. Und so verstehe ich
auch, daß er wenig Lust hat, mit mir über Einzelheiten unseres
Regierungsprogramms zu sprechen. Wir verschieben das nach Offenburg. Dort wollen wir dann auch klären, ob wir Klaus von
Dohnanyis Forderung nach einem »zweiten Arbeitsmarkt« in
unser Regierungsprogramm aufnehmen.

Der Sonderparteitag am 25. Oktober in Offenburg bringt keinen neuen Schwung. Zwar bleibt das von Johannes Rau vorgelegte
Regierungsprogramm in der Antragskommission dank der Interventionen von Vogel ziemlich ungeschoren. Wir beschließen nicht,
eine große Koalition auf jeden Fall abzulehnen. Aber wen interessiert das noch? Wir sind am Ende mit unserer Strategie, falls wir je

eine hatten, mit unseren programmatischen Aussagen, unserem hohlen Optimismus, unserem Kandidaten. Rau weiß nun, daß er die Partei nur bis zum Wahltag hinter sich hat und es danach sehr davon abhängt, ob die 4 vorne steht. Und nur bis zu diesem Zeitpunkt schweigen sie auch zähneknirschend zur Frage Rot/Grün. Immerhin bringt Peter von Oertzen bereits in Offenburg einen Entwurf für einen Aufruf ein, der bereits jetzt die Katze aus dem Sack lassen soll: »Das Maß unserer Verantwortung ist einzig und allein die Notwendigkeit einer neuen Politik ... Jeder, der uns beim Kampf für eine solche Politik jetzt oder in der Zukunft unterstützt – ganz gleich woher er kommt –, ist uns als Bundesgenosse willkommen.« Wir beschließen diesen Aufruf nicht. Aber es wird klar, wohin die Reise gehen soll.

Andererseits hat selbst Rot/Grün derzeit nur noch geringe Relevanz. Lafontaine rechnet dem Parteivorstand vor, daß wir mit Ausnahme der Wahlen in Nordrhein-Westfalen und an der Saar seit der Wende bei den Kommunal- und Landtagswahlen immer nur in etwa unser letztes Bundestagswahlergebnis erreicht haben. Und brutal teilt er Klaus von Dohnanyi mit, er möge sich am 9. November auf ein Ergebnis von 47 % einstellen.

Unter der Decke wird Maß genommen, um die Verantwortung für das zu erwartende Bundestagswahlergebnis rechtzeitig zuzuordnen. Hans-Jochen Vogel geht am Mittwoch, dem 29. Oktober, auf der Cäcilienhöhe voll zur Sache. Die Wahlkampfführung – hier Düsseldorf, dort Baracke, eine inkompetente Wahlkampfleitung – sei katastrophal. Wir müßten endlich klare politische Konturen zeigen, angreifen, in die Vorhand kommen. Und natürlich müsse Johannes Rau seine personellen Alternativen zur Bundesregierung bekanntgeben. Da blitzen seine Augen. Da ist er in seinem Element: Ordnung schaffen, klare Strukturen, Befehl und Gehorsam. Und das ist sicher richtig: Bei ihm hätten wir nicht dieses heillose Durcheinander; Experten würden gefragt werden, Wahlmaterial würde wenigstens inhaltlich stimmen, Finanz- und Steuerpolitik nicht unverständlich bis falsch beschrieben werden. Bei ihm hätte es auch kein DIN-A4-Faltblatt gegeben, das neben der Wiedergabe von Meinungsumfragen die Konterfeis aller Kabi-

nettsmitglieder enthält. Das wirft ja förmlich die Frage auf: Und
wo sind die sozialdemokratischen Alternativen?

Aber auch Vogel hätte unser zentrales Manko nicht verhindert:
unsere schlaue Politik, die in Richtung Rot/Grün wegrutscht, sich
durchmogeln will, Stimmungen in die Programmatik übernimmt
und übersieht, wie schnell die sich ändern. Immer wieder wird mir
an den Hamburger Infoständen zur Bürgerschaftswahl gesagt, unsere Energiepolitik sei unglaubhaft. Wir hätten Brokdorf gebaut,
und nun solle es stillgelegt werden. Und wir wären sehr froh, daß
das andere verhindern. Und dazu die Neue Heimat. Das geht voll
hinein in unsere Stammwähler. Lappas und sein 700000-Mark-
Gehalt schlagen jedes andere Argument tot. Und da wettet Willfried Penner mit mir um eine Flasche Champagner, daß wir in
Hamburg die Mandate- und die Stimmenmehrheit bekommen!
Von der Hamburger Wahl ist für die Stimmung in Bonn nichts zu
erwarten.

Am 9. November kommentiert Willy Brandt das Hamburger
Wahlergebnis im Fernsehen. Es komme nun darauf an, die absolute Mehrheit von CDU/CSU zu verhindern. Als ich ihn am Montag im Parteivorstand frage, was er damit bezwecke, etwa mit dem
Aufruf zu einer Zweitstimmenkampagne für die FDP, weicht er
aus. Er sagt, wir benötigten in einem unserer Bundesländer eine
Große Koalition, um zu zeigen, daß wir politisch nicht einseitig
fixiert seien. Aber in Hamburg solle man doch lieber alles politisch
offenhalten. Ohne Leitung, treibt die Diskussion dahin. Ohnmäch-
tig wird am Wahlkampfstil gekrittelt, der Slogan verhohnepipelt:
»Wir wollen endlich mal spalten dürfen.« »Verhöhnen statt spalten.« Wahlkampfleitung und -führung seien chaotisch. Kommentar Ehmke: »Gespenstisch, wie Willy das hier laufen läßt.« Rau ist
nicht da, er ist bei seiner Frau, die ein Kind bekommt. Vogels
Fazit: Rau sei unser Kanzlerkandidat. Die stürmisch geforderte
»Mannschaft« werde es vielleicht noch geben, frühestens zur Jah-
reswende. Am 14. November tritt Wolfgang Clement als Pressesprecher und stellvertretender Bundesgeschäftsführer zurück.

Die Pannen häufen sich. Am Dienstag, dem 18. November, veranstalten wir einen Handwerkerkongreß in Trier. Glotz und Rau

sollen reden, dazu eine Reihe von Fachleuten für Mittelstandsför-
derung und Wettbewerbs- und Steuerrecht. Und deshalb bin auch
ich eingeteilt. Eine peinliche Sache. Da sitzen nicht einmal
150 Menschen in diesem großen Saal. Und hätte man vor Ort
nicht noch Genossen herangekarrt, dann wären wir wohl ziemlich
allein geblieben. 2000 Handwerker und ihre Verbandsvertreter
waren eingeladen, eine Handvoll ist gekommen. Das liegt natürlich auch an der Schnapsidee, nach Trier zu gehen. Deutlich wird,
daß die Arbeitsgemeinschaft der Selbständigen in der SPD keinerlei Organisationskraft hat. – Ein tüchtiger mittelständischer Unternehmer und ich vertreten in der Podiumsdiskussion zur Unternehmensbesteuerung interessante und auch zum Widerspruch heraus-
fordernde Thesen. Es gibt gerade eine Wortmeldung aus dem
Publikum.

Auch in der Baracke gibt es Leerlauf. Vor drei Wochen hatte ich
Rau schriftlich empfohlen, in einer Telefonaktion den anrufenden
Bürgern klarzumachen, wie sie sich bei unserer Steuerpolitik im
Vergleich zu der der Koalition stehen würden. Unsere Steuersätze,
wie sie sich aus unseren Beschlüssen ergeben, lassen wir vom NRW-
Finanzministerium errechnen. Die technischen Vorkehrungen sind
leicht zu bewerkstelligen. Die Hinweise auf diese Aktion nehmen
wir in unsere »Steueranzeige« auf, die sowieso bundesweit für
750000 DM geschaltet wird. Doch nichts geht voran, entschieden
wird nichts. Und in vierzehn Tagen ist Weihnachten, und danach
mache ich nur noch Wahlkampf. Denn es wird sehr schwierig
werden, erneut den Wahlkreis direkt zu holen.

»Fin-de-siècle«-Stimmung in der Baracke. Am Montag, 8. Dezember, kommt Peter Glotz zu mir, um mit mir letzte Wahlkampf-
aktivitäten zu besprechen. Über Flugblätter, selbst über die Telefonaktion zu unseren Steuersenkungen, werden wir uns schnell
einig. Deshalb hätten wir uns nicht treffen müssen. Und Glotz
steigt auch nur zu mir in die Niederungen herab, wenn es um mehr
geht, um ihn. Und mit dieser Annahme liege ich ganz richtig. Er
erzählt mir von dem dramatischen Ansehensverfall unseres Kanzlerkandidaten. »Bei einem Wahlergebnis zwischen 30 und 34 Prozent muß ich weg aus der Baracke.« Und da schaut er natürlich

schon nach Verbündeten in der Fraktion. Er weiß, daß ich dort noch Einfluß habe. Willy Brandt sagt mir am Freitag auf unserem Hamburger Landesparteitag, Glotz wolle sowieso weg. Und deshalb sei es auch falsch, den neuen Schatzmeister – Matthöfer tritt die Lappas-Nachfolge an – noch vor dem Wahltag zu wählen. Für den Bundesgeschäftsführer werden auch schon die Nachfolger gehandelt: Hauff, Klose; wir Seeheimer bringen Farthmann ins Spiel. Nur bei der Brandt-Nachfolge scheint alles klar zu sein. Die Linken sind für Vogel als Zwischenlösung auf dem Weg zu den Enkeln. Helmut Schmidt, mit dem ich am Donnerstagnachmittag ein gemeinsames Foto machen lasse für eine Anzeige mit dem Motto »Helmut Schmidt für Apel«, setzt sich auch massiv für Vogel ein. Und auch ich sehe keine Alternative zu Vogel. Alle sind mit ihren Überlegungen bereits bei der Zeit danach.

Doch ich mache in diesen Wochen auch andere, sehr positive Erfahrungen. Ich muß nur aus der Bonner Dunstglocke und Gerüchteküche raus, und schon treffe ich auf eine andere Stimmung. Meine vielen Versammlungen sind sehr gut besucht. Die Stimmung ist prima. Die Genossen machen ordentlichen Wahlkampf, auch wenn sie über das Bonner Wahlkampf-Material meckern. Aber das tun sie in jedem Wahlkampf. Sie wollen gewinnen und sind von unseren Bonner Querelen bisher kaum behelligt worden. Sie haben sich zu ihnen bisher augenscheinlich noch nicht herumgesprochen.

Am Montag, dem 15. Dezember, tagen zum letzten Mal die Führungsgremien von Fraktion und Partei, bevor wir in die heiße Phase des Wahlkampfs nach Neujahr eintreten. Wir gehen sehr behutsam miteinander um. Wir alle müssen da durch und das Beste aus der Lage machen. Und deshalb nehmen wir die Ausführungen von Rau und Brandt im Parteivorstand ohne große Debatte zur Kenntnis. Lediglich Norbert Gansel als neuer Vorsitzender des Parteirats kritisiert Rau, weil er entgegen dem Wunsch des Parteivorstands vom 10. November 1986 keine »Mannschaft« benannt habe. Er bezeichnet unsere Fernsehpräsenz bei den Politikerrunden als »zusammengestoppelt«. Das sei kein Zeichen von Führungswillen und personeller Qualität. Rau antwortet, eine

»Mannschaft« hätte nur Sinn gemacht, wenn er dafür »zwei weiße Elefanten« gefunden hätte. Nach der Hamburg-Wahl hätte die Benennung einer Mannschaft nur lächerlich gewirkt. Lafontaine fordert uns auf, »endlich aufzuhören, mit vollen Hosen herumzulaufen«. Denn »die politischen Themen sprechen für uns«. Auch das löst keinerlei Kommentar aus. Wir beschließen eine neue Kreditlinie von 9,4 Millionen DM für den Wahlkampf. Und dann heißt es »Frohe Weihnachten« und alles Gute für den Wahlkampf.

Die SPD-Steuerpolitik – vom Aschenputtel zum Wahlschlager

Die Koalition will mit ihrer Steuerpolitik einen Schwerpunkt für ihren Wahlkampf setzen. Der Marsch in den Steuer- und Abgabenstaat müsse gestoppt werden. Deshalb müsse der Steuersenkung zum 1. Januar 1986, die vor allem den Gutverdienenden Vorteile gebracht hatte, am 1. Januar 1988 eine zweite Stufe folgen, die Erleichterungen für die Normalverdiener und Familien mit Kindern bringt. 1990 würde dann der krönende Abschluß folgen mit weiteren massiven Steuersenkungen und einem gründlichen Umbau des Lohn- und Einkommensteuersystems. Das wäre die »größte Steuerreform nach 1949« mit massiven Steuersenkungen in einer Größenordnung von 50 Milliarden DM von 1986 bis 1990.

Konnten wir die Steuersenkung zum 1. Januar 1986 mit guten Gründen ablehnen, sie war zu ungünstig verteilt – 12 DM Steuererleichterung monatlich für einen Verheirateten mit einem steuerpflichtigen Monatseinkommen von 3000 DM, 600 DM Steuernachlaß monatlich bei einem Monatseinkommen von 20000 DM –, so ist das für die zweite Stufe zum 1. Januar 1988 wesentlich schwieriger. Konnte ich am 24. Mai 1985 noch von einer »Mogelpackung« sprechen, so reichen Floskeln nun nicht mehr aus. Denn im Wahlkampf wollen die Bürger auf Heller und Pfennig vorgerechnet bekommen, was sie von den Konkurrenten erhalten.

Natürlich hat Stoltenberg recht, wenn er mir entgegenhält, daß meine Forderungen nach Steuererleichterungen von unseren Landesfinanzministern nicht mitgetragen werden. Sie lehnen jede Steuersenkung ab, da sie nicht wissen, wie sie die dadurch entstehenden Einnahmeausfälle ausgleichen können. Eine weitere Erhöhung der Nettokreditaufnahme zur Finanzierung scheidet für jeden soliden Kassenwart aus. Sie wollen Stoltenberg für ihre Finanzmisere verantwortlich machen und fürchten, daß ein von der SPD beschlossenes Steuerkonzept ihre Argumentation schwächt. Sie interessieren sich nicht dafür, ob die SPD im Wahlkampf steuerpolitisch mit leeren Händen dasteht oder nicht.

Das aber kann ich nicht zulassen. Ich stelle das von unserer Arbeitsgruppe Steuern und Abgaben beschlossene Konzept, das Anfang Januar blitzschnell vom Präsidium gebilligt wurde, am 20. Januar der Presse vor. Nur so kann ich sicherstellen, daß es nicht vorher in der Partei und Fraktion durch den Fleischwolf gedreht wird. Die Botschaft ist: Die SPD will an der von der Koalition beschlossenen Steuerentlastung festhalten und auch zum 1. Januar 1988 die Lohn- und Einkommensteuer um etwa 10 Milliarden DM senken, aber andere Akzente setzen. Wir lehnen den armen Staat ab. Eine Senkung der Staatsquote sei deshalb nicht möglich. Wir konzentrieren uns auf die Erhöhung des Grundfreibetrags, des steuerfreien Existenzminimums, und auf kräftige Steuererleichterungen für die Normalverdiener. Wir wollen das monatliche Kindergeld deutlich erhöhen und dafür die ungerechten Kinderfreibeträge ersatzlos streichen. Für kleine und mittlere Unternehmen soll eine steuerfreie Investitionsrücklage eingeführt werden.

Wir versprechen aber nicht nur Steuererleichterungen. Wir wollen die Gewerbesteuer »revitalisieren«, insbesondere die größeren Betriebe der Selbständigen künftig der Gewerbesteuer unterwerfen. Die Sparer sollen als Verheiratete 6000 DM Zinseinnahmen im Jahr steuerfrei kassieren dürfen, bisher sind es 600 DM, die überschießenden Beträge müssen voll versteuert werden. Alle Spekulationsgewinne müssen künftig voll versteuert werden. Wir sprechen uns für spezielle Verbrauchsteuern oder Abgaben auf umweltfeindliche Produkte und Produktionsverfahren aus.

Eine Arbeitnehmerfamilie mit zwei Kindern mit einem Monatseinkommen von 2700 DM hätte unter Einrechnung des Kindergelds keine Steuern mehr zu zahlen. Bezieher von Bruttoarbeitslöhnen bis zu einem Betrag von 47000 DM für Ledige, von 94000 DM für Verheiratete im Jahr stehen sich bei unseren Vorschlägen besser als bei der Koalition. Die Höherverdienenden werden bei uns deutlich geringer entlastet.

Das Presseecho ist akzeptabel, die Reaktion bei den führenden Genossen nicht. Anke Fuchs ist dagegen: »Wir brauchen das Geld für die Renten.« Als wenn wir überhaupt entscheiden können und nicht Stoltenberg die Daten und Schwerpunkte setzt. Am 3. Februar diskutiert der Parteivorstand in meiner Abwesenheit die Vorlage »Steuern und Abgaben«. Die Debatte endet mit einem ziemlich einvernehmlichen Verriß. Mit Mühe und Not kann unser Vorschlag durch Rücküberweisung an die Kommission und an die fünf SPD-Landesfinanzminister vor einer definitiven Ablehnung gerettet werden. Das wäre vor allem für Johannes Rau bitter gewesen, der sich in seiner Ahlener Rede zum Thema »Steuersenkungen – Steuergerechtigkeit« sehr weit vorgewagt hatte.

Wir überarbeiten unseren Vorschlag. Am 3. März nehme ich im Parteivorstand einen weiteren Anlauf. Die Kritik an unseren Vorschlägen tut so, als regierten wir. Jeder hat etwas zu meckern. Dohnanyi gehen unsere Vorschläge im Bereich Unternehmenssteuern nicht weit genug. Von Oertzen will den Staatsanteil erhöhen, die Sozialpolitiker wollen die Steuern für ihre Wohltaten verbraten. Ich lasse mich auf nichts ein. Aber ich komme nur durch, weil Vogel als Versammlungsleiter Formulierungen anbietet, die verbinden, und weil Erhard Eppler dann hilfreich ist, wenn man seinen ökologischen Forderungen auch im Steuerrecht Rechnung trägt. Unser Vorschlag kommt schließlich bei einer Gegenstimme und drei Enthaltungen durch und gibt uns in diesem wichtigen Feld eine für den Wahlkampf wichtige Argumentationsbasis. Allerdings bin ich enttäuscht darüber, daß Johannes Rau an dieser Sitzung des Parteivorstands nicht teilnimmt.

Der »Segen« dieses Beschlusses wird schnell sichtbar. Auf breiter Front können wir nun die Koalition angreifen. Wir müssen uns

nicht nur auf Kritik beschränken – die milliardenschweren Subventionen für die Landwirtschaft, die Privatisierung der »Perlen«
unter den Bundesunternehmen zur Haushaltssanierung, die ungerechte Steuerpolitik, die Milliardenlöcher in der EG-Finanzierung.
Nun können wir konstruktiv Opposition betreiben und unsere Alternativen wirkungsvoll darstellen. Immer wieder rede ich auch
vor Selbständigen und Unternehmern über die Steuerpolitik der
SPD. Da gibt es viel Zustimmung. Allerdings sitzt das Mißtrauen
tief.»Ja, wenn alle Sozialdemokraten so wären wie Sie, dann könnten wir auch die SPD wählen.«

Vor allem aber gelingt es uns in Bonn, der Steuerpolitik der
Koalition erfolgreich zu begegnen. Dazu trägt allerdings das Hickhack in der Koalition erheblich bei. Die Koalitionsparteien, aber
auch einzelne Regierungsmitglieder widersprechen sich. Der Finanzminister ist nicht in der Lage, diese Flut unterschiedlicher
Forderungen und Stellungnahmen auf einen Nenner zu bringen
und damit Führungskraft zu demonstrieren. Wir legen eine von
Infratest vorgenommene Repräsentativbefragung vor, die ergibt,
daß die Steuersenkung zum 1. Januar 1986 in der Wahrnehmung
der Wähler vor allem den höheren Einkommen zugute kommt.
Nur 20 Prozent der Befragten erklären, daß sie nun »etwas mehr«
Geld in ihren Portemonnaies haben. Sie gehören aber zu den Gutverdienenden. Infratest:»Das Steuerentlastungsprogramm der
Bundesregierung hat keine besondere Attraktivität. Je mehr jemand verdient, um so eher spürt er auch etwas von den Auswirkungen dieses Entlastungsprogramms. Dies wird von der Bevölkerung insgesamt und von den Betroffenen auch so wahrgenommen.«
Vor diesem Hintergrund sind unsere Forderungen für eine seriöse
und sozial gerechte Steuerpolitik gut und mit Überzeugungskraft
zu vertreten.

Doch die Partei findet an diesem Thema nur wenig Gefallen.
Das liegt sicher auch daran, daß Steuerpolitik kompliziert ist. Hier
kann man nicht einfach mit Schlagworten hantieren. Die These
von der Umverteilung von unten nach oben muß mit Zahlen
belegt werden. Und dazu muß man den Zuhörern die Problematik
so nahebringen, daß sie sie verstehen und nicht mit Parolen oder

unserem komplizierten Steuerrecht erschlagen werden. Wesentlicher aber ist wohl, daß viele Sozialdemokraten lieber Wohltaten verteilen: die Erhöhung des BAföG, bessere Renten, mehr Arbeitslosenhilfe, große Beschäftigungsprogramme zum Abbau der Arbeitslosigkeit, eine kräftige Erhöhung unserer Entwicklungshilfe. Sie haben unsere Steuerpolitiker im Verdacht, ihnen dafür die finanziellen Möglichkeiten nehmen zu wollen. Und auch deshalb ist die Steuerpolitik, sind die Steuerpolitiker der SPD keineswegs populär. Auch deshalb erlebe ich immer wieder, daß Spöri und andere zur Seite treten, damit Apel durchkann, wenn es in der Steuerpolitik heißt: »Freiwillige vor«.

Kurz nach Pfingsten formulieren wir in einer kleinen Redaktionsgruppe unseren Leitantrag zur Steuerpolitik für den Nürnberger Bundesparteitag. Wir müssen lediglich unsere fachlichen Festlegungen in möglichst mitreißendes Antragsdeutsch umschreiben. Unser Antrag geht ohne Probleme durch den Parteivorstand. Meine Rede vor dem Plenum des Parteitags und die anschließende Debatte sind nicht beeindruckend. Unser Steuerprogramm wird beschlossen und ich erst im zweiten Wahlgang gewählt. Das Thema ist abgehakt und ich beinahe auch.

Zehn Tage später: »Du hast uns einen großen Dienst erwiesen.« Horst Ehmke meint, daß mein Einstieg in die viertägige Haushaltsdebatte Anfang September als Antwort auf die Einbringungsrede von Stoltenberg so gut war, daß sie den gesamten Debattenverlauf für uns bestimmt hat. In jedem Falle war die Fraktion total happy. Selbst meine 75 Minuten Redezeit haben niemanden belastet, im Gegenteil. Und es war ja auch zur besten Fernsehzeit. Auch vielleicht deshalb kommen so viele Briefe, von anonymen Beschimpfungen bis hin zu großer Zustimmung und Freude darüber, daß ich wieder in unseren Bundesvorstand gewählt wurde.

Aber erneut ist mir sehr schmerzlich deutlich geworden: Während viele Genossen und viele Wähler echte Zuneigung zeigen, werde ich von den Bonner Genossen nach Nützlichkeit bewertet. Die eher Rechten sagen mir: Hättest Du eine solche Rede auf dem Nürnberger Parteitag gehalten, hättest Du nicht in den zweiten Wahlgang gemußt. Nicht einmal das ist sicher, aber immerhin denkbar. Denn von einem Rechten wie mir wird schon Leistung verlangt, wenn er Gnade in den Augen der Mehrheit finden soll. Den ganzen menschenverachtenden Umgang untereinander macht mir Jan Oostergetelo klar: »Jetzt bist du ja wieder wer. Nach Nürnberg konnte man dich in der Partei nicht mehr anbieten. Nun aber kannst du in meinen Wahlkreis kommen und für mich Wahlkampf machen.«

Anfang Oktober entdeckt die Wahlkampfleitung das Steuerthema. Rau tritt für Steuergerechtigkeit ein. Das soll der neue Wahlschlager werden. »Arbeit soll sich wieder lohnen.« Die von mir vertretenen Nürnberger Beschlüsse werden in neuer Verpakkung vorgelegt, der »Rau-Tarif« wird geboren. Eine Wahlkampfbroschüre über Steuerpolitik der SPD entsteht. Auch meine aus den USA mitgebrachten und schriftlich für Rau und Vogel fixierten Bewertungen der großen Steuerreform der USA werden verwertet. Um so mehr überrascht mich der Satz in dem zum Gegenlesen zugestellten Text, Ingrid Matthäus-Maier und Dieter Spöri würden bis zum Wahltag für uns Sozialdemokraten aus dieser US-Steuerreform die politischen Konsequenzen ziehen.

Am Dienstag, dem 25. November, spreche ich als erster in der 2. Lesung des Bundeshaushalts 1987. Das Plenum ist nur mäßig besetzt und die Stimmung danach. In der Nacht hatte ich noch kräftig an meinem Manuskript gearbeitet. Der Sachverständigenrat hatte am Montag sein Jahresgutachten über die weitere wirtschaftliche Entwicklung vorgelegt mit einer rosigen Gesamtschau, aber Zahlen genannt, die diesen Optimismus nicht belegten. Also mußte ich einzelne Passagen neu fassen und insgesamt meine Rede kürzen. Es wurden 46 Minuten. Die Rede ist in Inhalt und Vortragsweise eher mittelmäßig als gut. Und dennoch scheint die Fraktion zufrieden zu sein. Linke wie Rechte wollen mich als finanzpolitischen Sprecher behalten, falls ich wieder in den Bundestag gewählt werde.

Donnerstagnachmittag sehe ich mir im Parlamentsarchiv eine Aufzeichnung meiner Rede an, um meine Wirkung draußen abschätzen zu können. Alles ist soweit in Ordnung, auch wenn ich viel zu finster dreinschaue und sehr überanstrengt wirke. Heute nehme ich wohl alles viel zu ernst und stecke zuviel Kraft in jede Rede, als wenn es auf jedes Wort ankommt. Nach dem Ende der Vorführung hat der Archivleiter noch eine Überraschung für mich und legt ein anderes Videoband auf: Hans Apel im Jahre 1977 als Finanzminister bei einer Plenarrede. Meine Haare waren noch kaum grau und voller als heute. Ich hatte kaum Falten und war rund und glatt. Vor allem war ich unbefangen, überlegen und überhaupt nicht nervös. Der Sonnyboy! Nicht zu übersehen ist der Tribut, den die politische Arbeit fordert.

Am Freitag stehen wir wieder auf der Straße am Infostand. Eine jüngere Frau bleibt stehen, redet mit mir... »Daß ich Sie auch einmal aus der Nähe sehe, das finde ich schön...« Sie geht weiter, und bevor sie im Eingang zum U-Bahnhof verschwindet, ruft sie mir noch zu: »Alles Gute für Sie und auf Wiedersehen, Herr Stoltenberg!«

Meine Partei

Am 3. Januar beerdigen wir Fiete Detleffs und damit ein gutes Stück sozialdemokratischer Tradition und politischer Kraft der SPD in Hamburg-Nord. Solange ich denken kann, war er dabei. Seine politischen Überzeugungen waren trotz seiner kommunistischen Vergangenheit gut sozialdemokratisch. Das Theoretisieren überließ er lieber anderen. Er packte an: wer Hilfe brauchte, sprach ihn an. Für unsere alten Genossen wurden interessante Ausflüge organisiert. Das jährliche SPD-Tanzvergnügen mit einer tollen Tombola machte viel Spaß und zog auch viele Sympathisanten an. Unsere Zeitschrift »Hamburger Blätter« war locker gemacht und ging in die Briefkästen unserer Wähler. Viele Anzeigen finanzierten nicht nur das Blatt, sondern auch noch unsere Wahlkämpfe. Da war bei der SPD etwas los. Wir waren *die* Hamburger Partei. Die Bürger und ihre Nöte waren bei uns gut aufgehoben. Es gab Wohnviertel, in denen die SPD mehr als 70 Prozent der Stimmen bekam, auch wenn uns ein Teil bei den Bundestagswahlen in der Adenauer-Ära vorübergehend untreu wurde.

Die Alten treten ab. Die Jungen wollen diese Art von »Vereins-
meierei« nicht mehr, Politik wird immer mehr zu einer intellektuel-
len Veranstaltung. Die SPD zieht sich auf sich selbst zurück. Da
werden Beerdigungen wie diese auch zum Ort des Wiedersehens,
der Erinnerung, der Bekräftigung der Freundschaft. Diese alten
Genossen hatten stets ein gebrochenes Verhältnis zu den Soldaten
und damit auch zur Bundeswehr. Dies war eines ihrer Probleme
mit der SPD in der Regierungsverantwortung und damit auch mit
mir als dem Verteidigungsminister in der kritischen Zeit der sozial-
liberalen Koalition. Doch hat sie das nie in einen die Loyalitäten
auflösenden Konflikt mit ihrer Partei und mir gebracht, und nach
außen standen sie sowieso fest. Aber sie waren Anfechtungen ausgesetzt; deshalb hatten es die Linken leichter, manchmal mit ihnen
Allianzen zu schmieden. Lange hat das allerdings nicht gehalten.
Denn linke Positionen in der SPD heute sind nicht mehr links im
traditionellen Sinne. Nur der »Pazifismus« mag »alt-links« und
»jung-links« miteinander verbinden; mit Grün/Rot kann »alt-
links« überhaupt nichts anfangen.

Insofern ist diese Beerdigung auch eine Demonstration: »Jung-
links« ist kaum vertreten und noch weniger beachtet. Die Kreisvorsitzende kommt spät und geht schnell. Mir drückt man die Hand,
man freut sich, daß ich wieder ihr Abgeordneter werde. Aber sie
sterben weg und werden immer weniger mobil. Nach der Wahl
wissen wir mehr. Wenn es mies wird, ist nicht nur Johannes Rau
schwer lädiert, sondern auch der Weg nach »jung-links« program-
miert. Und was das für mich bedeutet, ist auch klar.

Trotz meines Erfolgs bei der Nominierung im Wahlkreis bleibt
die Stimmung gereizt. Die Linken wollen und können sich nicht
mit der von der Mitgliedschaft gefällten Entscheidung abfinden.
Wut und Haß schlagen mir entgegen, sie werfen mir vor, meinen
Erfolg mit schäbigen Mitteln erreicht zu haben. Ich hätte Genossen in die Distriktsversammlungen geschleift, die sonst nie kämen
und deshalb auch bei der Kandidatenkür nicht an der Willensbildung der Partei teilnehmen sollten. Vor allem aber befürchten sie,
dieser Erdrutsch könnte sich bei den Parteiwahlen im Frühjahr
1987 wiederholen. Das Klima im Kreis Nord ist vergiftet.

Auch anderswo bin ich *persona non grata*: in Berlin bei den Genossen im Geschäftsführenden Landesvorstand. Jochen Vogel hatte mich vor Weihnachten darum gebeten, die Arbeitsgruppe Berlin wieder zu aktivieren. Dieser Wunsch käme aus Berlin. Leicht ist mir mein Ja nicht gefallen. Die Wunden sind noch nicht zu. Dennoch haben wir uns an die Arbeit gemacht, die sachlichen Vorarbeiten begonnen und einen Termin Anfang März 1986 in Aussicht genommen. Aber Mitte Januar wird mir mitgeteilt, daß Egert, Meisner und Riebschläger mich in dieser Funktion in der Stadt nicht sehen wollen. Hans-Jochen Vogel übernimmt den Vorsitz der Arbeitsgruppe Berlin.

Dafür liebt mich mein Bonner Schrankenwärter. Abends gehe ich oft zu Fuß nach Hause, an der Bahn entlang. Die Wärter grüßen von ihrer hohen Warte herunter. Einer mag mich ganz besonders gern leiden. Wenn er Dienst hat, steige ich zu ihm hinauf. Dann gibt es einen kleinen Plausch, über das Wetter, den Dienst... Und ich setze meinen Fußmarsch fort.

Anfang März sind Ingrid und ich für ein langes Wochenende in Berlin. Eine Kreisdelegiertenversammlung im Wedding, am Sonnabendvormittag ein Infostand in Lankwitz, Treffen mit den alten Freunden, viele Stunden Umherwandern in der Stadt. Seit unserer schlimmen Wahlniederlage ist ein Jahr ins Land gegangen. Berlin hat uns in unseren Träumen verfolgt. Ingrid weigerte sich in dieser Zeit sogar einmal, weiterzutanzen, als die Kapelle »Das ist die Berliner Luft, Luft, Luft...« intonierte. Aber in Berlin ist dann alles ganz anders. Nicht nur bei meinen Freunden im Wedding ist es sehr nett. Die Berliner sind freundlich zu uns. »Schade, daß Sie nicht mehr bei uns in Berlin sind. Jetzt könnten Sie uns helfen.« Viele begrüßen uns mit Handschlag. Die Sorgen der Stadt sind mir sofort wieder präsent. Und wir kennen die Stadt noch sehr genau.

Als wir die Stadt verlassen, haben wir unseren Frieden mit Berlin gemacht. – Jochen Vogel trägt dazu bei. Am Montag gibt die Berliner SPD einen Empfang zu seinem 60. Geburtstag. Egert und Momper reden über alles, machen aber um meinen Namen und die damit verbundenen Ereignisse einen weiten Bogen. Vogel lobt in seiner Antwort den Wiederaufstieg der Berliner SPD nach der schlimmen Wahlniederlage vor einem Jahr und stellt unter viel Beifall fest, daß der nur deshalb möglich war, weil ich dieses Ergebnis so solidarisch auf meine eigenen Schultern gepackt und getragen hätte. Schön – nur stimmt eben nicht, daß die Berliner SPD im Aufstieg sei. Die Partei spielt im politischen Leben dieser Stadt kaum eine Rolle, und von Selbstbewußtsein habe ich wenig gespürt.

Am Freitag, dem 6. Juni, bin ich wieder in Berlin; Erika Heß wird beerdigt. Die Genossen im Wedding haben mich benachrichtigt. Für mich ist das Ehrensache. Wie oft hat mich Erika Heß aufgefangen, wie oft ist sie mir beigestanden. Und nicht nur sie, die Weddinger insgesamt. Nach dem Willen von Familie Heß soll ich sprechen. Aber dann redet Vogel, und ich bin ganz dankbar dafür. Ich bin sehr traurig. Und hinterher geht es natürlich um Erikas Nachfolge. Marga Wollschläger und Ingrid Stahmer haben schon nein gesagt. Hans Nisblé nimmt mich beiseite und bittet mich inständig, Bezirksbürgermeister im Wedding zu werden. »Dich werden alle wollen.« Es ist nicht der Ort für schnelle Entscheidungen. Aber natürlich wäre es falsch, nach Berlin zurückzugehen. Was vorbei ist, ist vorbei, trotz der Zuneigung. Der Wedding ist zwar so etwas wie meine zweite Heimat geworden. Aber meine – und auch Ingrids – erste Heimat ist und bleibt Hamburg.

Anfang April schreibt der *Vorwärts* über einen Rosa-Luxemburg-Film: »Durch die deutsche Geschichte zieht sich eine Blutspur. Vom Berliner Landwehrkanal ... zieht diese Blutspur über Auschwitz und Dachau, über Benno Ohnesorg, Rudi Dutschke bis hin zu Günter Sarré ... Diese Blutspur ist das Kainsmal der immer noch herrschenden Klasse, ist das Kainsmal ihrer nationalen Geschichte, die eine Geschichte der Abtreibungen ihrer schönen, menschlichen Möglichkeiten ist. Abtreibungen, an denen die Sozialdemokratie der Eberts und Scheidemänner, der Lebers und Schmidts stets staatstragend mitwirkt.«

Im Parteipräsidium wird dieser skandalöse Artikel zusammen mit einer miesen Glosse des *Vorwärts* über Juliane Weber und Helmut Kohl angesprochen. Die Reaktion ist ausgesprochen halbherzig. Egon Bahr als einer der Herausgeber erklärt, daß auch der Chefredakteur manche Artikel erst sehe, wenn sie bereits im Blatt stünden. Willy Brandt meint, der Artikel zu Rosa Luxemburg erhalte unakzeptable Wertungen, die Glosse über Kohl sei geschmacklos. Es bedarf einer Drohung von Helmut Schmidt, um den Verfasser der beiden Machwerke aus der Redaktion des *Vorwärts* zu entfernen. Matthöfer: »So schreibt kein Sozialdemokrat, sondern nur einer unserer Feinde.« Und dennoch gibt es in der Bundestagsfraktion dagegen Proteste. Natürlich sei der Artikel historisch verfälschend und geschmacklos. Aber deshalb könne doch ein Journalist nicht seiner journalistischen Freiheit beraubt und entlassen werden. Eine eindeutige Intervention von Egon Bahr beendet die gespenstische Debatte.

Anfang Juli segeln wir von Heiligenhafen in den Sommerurlaub. Es geht Richtung Südschweden. Wenn Wind und Wetter es zulassen, wollen wir Herbert Wehner auf Öland besuchen. Von Oskarsham aus spreche ich mit Greta. Sie freuen sich auf unseren Besuch. Ich bin nervös und neugierig auf Herbert, mehr als drei Jahre habe ich ihn nicht gesehen. 1983 hatte es ja nicht geklappt. Von Hermann Peters erfahre ich während unserer Autofahrt zu Wehners, daß er damals gleich zweimal in den Yachthafen von Borgholm geschickt wurde, um uns zu suchen. Wehner damals: »Die man nicht sehen will, kommen ungerufen, und die anderen verpasse ich.«

Wehner kommt zur Kaffeetafel im Garten. Er ist gezeichnet, auch wenn seine Erscheinung immer noch von seiner Kraft und seiner Gewalt kündet. Er spricht kaum. Mal ein Kopfnicken, wenige Worte. Er hört aufmerksam zu. Greta beherrscht die Szene. Sie weiß, was für Herbert gut ist. Wir reden vor allem über die Vergangenheit und den Tratsch von heute. Die Partei spielt kaum eine Rolle. Ich will keine Urteile abgeben, weil das Herbert weh tun könnte. Um halb zehn machen wir uns wieder auf den Weg, Herbert wird müde. Er bringt uns an die Gartenpforte: »Vielen Dank.« Ich sage: »Bis auf bald.« Er: »Ich bin achtzig Jahre.«

Das war ein wichtiger, aber bedrückender Moment. Herbert Wehner verdanke ich viel. Ich liebe ihn. Wir fahren noch kurz bei

Peters vorbei, der seit vielen Jahren in der Nähe der Wehners wohnt und eine Mischung von Freund und dienstbarem Geist ist. Er erzählt uns aus dem Alltag der Wehners auf Öland. Das ist alles andere als das, was wir uns für den letzten Lebensabschnitt eines großen Mannes wünschen. Als wir auf unserem Schiff allein sind, kommen uns die Tränen.

Anfang August sind wir wieder zu Hause. Ich wühle mich mehrere Stunden lang durch Berge von Papier. Nichts von Belang. In der *Wirtschaftswoche* lese ich, daß ich nicht zu Raus »Schattenkabinett« gehören werde. Eigentlich wolle man von Dohnanyi, der könne aber vor den Hamburger Wahlen nicht weg. Und schon ärgere ich mich so, daß ich nachts schlecht schlafe. Was versäume ich eigentlich im Rau-Team? Da ist sowieso nichts drin. Er wird die Wahlen verlieren, sagt die Vernunft des hellen Tages. Aber nachts sieht es anders aus. Ich spüre, daß ich den Abschied von meiner Eitelkeit noch keineswegs bewältigt habe.

Am Sonnabend gehen wir zum Fußball und anschließend über den Hamburger Dom. Beim FC St. Pauli werde ich vor achttausend Zuschauern begrüßt. Die Leute sind auf dem Dom und auf dem Fußballplatz nett zu uns. Mit einem Karussellbesitzer und seiner Frau klönen wir mehr als zwei Stunden in ihrem Wohnwagen und kippen einiges an Korn. Das ist eine reale Welt, nicht falsch und künstlich wie die in Bonn. Danach schlafe ich wie ein Murmeltier. Am Sonntag, dem 10. August, haben wir dreißigsten Hochzeitstag. Die Gedanken gehen zurück. Unsere Eltern liegen auf dem Friedhof. Wir besuchen sie. So vergeht die Zeit. Und ich kann nicht schlafen, wenn mir der Ausschluß aus Raus Mannschaft droht! Wie blöde bin ich eigentlich?

Ende August Bundesparteitag in Nürnberg. Im März 1968 hatte ich zum ersten Mal als Delegierter der SPD-Hamburg an einem Bundesparteitag in Nürnberg teilgenommen. War das aufregend! Auf diesem ersten Parteitag nach unserem Eintritt in die Bundesregierung, in der großen Koalition, ging es hoch her. Proteste und Gerangel vor der Halle, kontroverse Debatten im Saal. Aber unsere Führungstroika – Willy Brandt, Helmut Schmidt, Herbert Wehner – kämpfte und setzte sich durch. Wie anders ist das heute.

Heute wird Führung so verstanden, daß die Großwetterlage in der Partei ermittelt und ihr als Marschrichtung zurückgegeben wird.

Die Seeheimer bereiten den Parteitag vor. Wir beschäftigen uns vor allem mit dem Ausstieg aus der Kernenergie. Ich empfehle, daß wir uns nicht offen gegen den neuen Kurs stellen, aber Bedenken und Einwände formulieren. »Wir können uns nicht gegen Rau stellen, der diese Linie voll deckt.« Machbar sei das Ganze sowieso nicht. Sie akzeptieren meine Marschroute. Wir wissen aber nicht, daß Annemarie Renger in unserer Runde einen Journalisten zugelassen hat, der unsere Debatte in der Parteitagspostille verbrät. Das kostet Annemarie ihren Sitz in der Kontrollkommission und mich viele Stimmen.

Am Donnerstag, 28. August, wählen wir den Parteivorstand. Ich bin entschlossen, nicht in eine Stichwahl zu gehen, falls ich nicht im ersten Wahlgang gewählt würde. Und ich werde im ersten Wahlgang nicht gewählt. Unter den Delegierten wird kräftig Stimmung gegen mich gemacht. Björn Engholm soll durch die Reihen der Delegierten gehen und sie auffordern, mich nicht zu wählen. Ingrid und ich gehen im Nieselregen zum Auto. Nicht noch einmal sich in die Kniekehlen treten lassen... Sie schicken mir Georg Leber hinterher. So könne ich nicht davonlaufen... Der gute Eindruck des Parteitages würde ruiniert... Man brauche mich... Es kämen auch noch andere Zeiten... Freundschaft, Solidarität und so weiter. So tönen dann auch Vogel und Rau. Und ich lasse mich breitschlagen. Ich will wohl auch gar nicht weggehen. Soll ich meiner Partei so schaden und damit auch mir? Aber auch diese Abstimmung ist ein Stück Wegs zu meinem politischen Ende, meine Wiederwahl im zweiten Wahlgang wird den Delegierten geradezu abgefordert.

Der Bonner Trott geht weiter. Am Dienstag, 30. September, wird auf der Hardthöhe der Generalinspekteur Altenburg verabschiedet. Er geht nach Brüssel als »chairman of the military committee«, von einem wichtigen Bonner Posten auf den Sessel eines Frühstücksdirektors. Ich weiß nicht, warum ich nach genau vier Jahren zum ersten Mal wieder eine Einladung auf die Hardthöhe annehme, vielleicht deshalb, weil ich zu Altenburg ein besonderes

Verhältnis hatte. In jedem Falle ist diese Entscheidung falsch. Als ich das Tschingdarassabum höre und die zackigen Kommandos, geht es ja noch, obwohl es auch kein Spaß ist, die altbekannten Gesichter zu sehen. Und die betrachten mich mit gelangweilter Neugier: Den gibt es ja auch noch. Übel wird mir allerdings, als Manfred Wörner mit stahlhartem Tremolo in der Stimme den »Soldaten« Altenburg preist und über die Bundeswehr in einer Weise redet, die schlimm ist: Auch die Armeen des Ostens hätten Respekt vor der Bundeswehr. Er sagt das so, daß jedermann mehr hört als »Respekt«, nämlich »Angst«. Nach der Zeremonie gehe ich nicht zum Empfang. Außerdem ist mein Anzug wohl nicht dunkel genug, was mir allerdings egal wäre, wenn ich gern dabei-wäre. Mit Alfons Pawelczyk fahre ich in die Hamburg-Vertretung und diskutiere dort mit Experten über die Probleme des Hamburger Hafens mit der aktuellen nationalen und europäischen Verkehrspolitik.

Anfang November wollen uns die Grünen im Bundestag vorführen. Der Parteitag hatte mit Mehrheit einen Antrag des Bezirks Hessen-Süd angenommen, in dem der Bundesvorstand und die SPD-Bundestagsfraktion aufgefordert werden, das von mir ausgehandelte Abkommen über den »Wartime Host-Nation Support« vom 15. April 1982 zu kündigen. Diesen Antrag bringt nun die Fraktion der Grünen ein und fordert von der SPD-Fraktion die Zustimmung. Wir müssen also entweder diesen Parteitagsbeschluß im Bundestag bekräftigen oder den Willen unseres höchsten Gremiums desavouieren.

Damals hatten wir mit den USA folgendes verabredet: Die USA verlegen im Spannungsfall die Soldaten von sechs US-Divisionen über eine Luftbrücke nach Europa. Waffen und Gerät werden bereits vorher bei uns eingelagert. Wir stellen aus dem Potential der Reservisten der Bundeswehr insbesondere Sanitäter, Logistiker und Kräfte für den Nachschub. So soll die konventionelle Verteidigungsfähigkeit des Bündnisses als Voraussetzung der nuklearen Abrüstung verstärkt werden.

Heute heißt es, daß dieses Abkommen verfassungswidrig sei und den USA die Möglichkeit gebe, mit unserer Hilfe außerhalb Europas Krieg zu führen. Horst Ehmke zimmert einen SPD-Antrag, damit bei uns niemand auf die Idee kommt, unter Hinweis auf unseren Parteitagsbeschluß mit den Grünen zu stimmen. Der Tenor seines Entwurfs: Die Bundesregierung soll beweisen, daß dieser Vertrag mit dem Grundgesetz vereinbar ist (»wie die Vereinbarkeit der im WHNS vorgesehenen Entscheidungsabläufe… mit Art. 115a bis 115l GG gewährleistet wird«). Sie soll Garantien beibringen, daß unsere Unterstützung nicht für US-Einsätze außerhalb der Nato gewährt wird. Und sie soll mitteilen, ob sie eine Änderungskündigung des Abkommens beabsichtigt.

Ich sage im Geschäftsführenden Vorstand, ich würde im Plenum mit der CDU gegen unseren Antrag stimmen, denn ich sei natürlich nicht bereit, ein von mir ausgehandeltes und von der Bundesregierung gebilligtes Abkommen in die Nähe der Verfassungswidrigkeit rücken zu lassen. Ehmke verteidigt seine Position. Einzelne Genossen hätten schon damals verfassungsrechtliche Bedenken gehabt. »Ich mache diese schlaue Politik nicht mehr mit. Ich stimme dagegen.« Da greift Vogel ein und schlägt uns eine Formulierung vor, daß uns die Bundesregierung darstellen soll, wie sich dieses Abkommen in das Regelwerk der Artikel 115a bis 115l des Grundgesetzes einfügt. Einer solchen unsinnigen und nur für Juristen interessanten Frage stimme ich zu. Und im Fraktionsvorstand wird durch Karsten Voigt die Forderung einer Änderungskündigung dieses Abkommens gekippt. Mir wird klar, daß auch andere wenig Lust zu diesem Eiertanz haben.

Erst nach der Bürgerschaftswahl ist es möglich, mit den Genossen über die Einzelheiten unseres Bundestagswahlkampfs zu sprechen. Und auch dann geht es nur mühsam voran, denn das Hamburger Wahlergebnis steckt ihnen in den Knochen. Klaus von Dohnanyi lehnt jede Zusammenarbeit mit der GAL ab. Er hat wohl eine große Koalition mit der CDU im Auge. Wir können die Bürger in der Vorweihnachtszeit nicht mit einem harten Bundestagswahlkampf überziehen. Da haben sie den Kopf mit anderem voll und wohl auch noch die Nase vom Bürgerschaftswahlkampf. Dennoch müssen wir Termine festlegen, meine Hausbesuche planen, die Plakatierung und vieles andere mehr.

Die Stimmung unter den Genossen ist ganz unterschiedlich. Im Wandsbeker Teil meines Wahlkreises sind die Funktionäre dieses als eher rechts eingestuften Bezirks entschlossen, voll zur Sache zu gehen. Dennoch haben wir ein gutes Gespräch voller Ideen und Vorschläge mit vielen aktiven und auch normalen Bürgern, die unsere SPD vertreten. Von Alfons Pawelczyk, dem Kreisvorsitzenden, gehen Impulse aus. Die Genossen in Wandsbek wissen, daß nur eine gewonnene Bundestagswahl der Hamburger SPD bei einer Wiederholungswahl zur Bürgerschaft Chancen gibt. Ganz anders die Genossen in Hamburg-Nord. Da wird analysiert, gejammert, heimlich mit der GAL sympathisiert. Viele haben deutliche Vorbehalte gegenüber ihrem Kandidaten. Ihre Kassen sind voll, ihre Köpfe leer. Da wird sich nicht viel tun, obwohl hier unsere Wähler-Schwerpunkte liegen.

Der Trubel ist vorbei, die meisten Weihnachtskarten sind geschrieben, die Vorbereitungen für die drei letzten, heißen Wahlkampfwochen abgeschlossen. Zunehmend kommt mir zu Bewußtsein, was mir am 25. Januar 1987, dem Wahltag, blühen kann. Wir hatten bei der letzten Bundestagswahl in Hamburg mehr als 50 Prozent, bei der letzten Bürgerschaftswahl weniger als 42 Prozent. Selbst wenn wir wieder etwas zulegen, ist so gut wie ausgeschlossen, daß ich meinen Wahlkreis wieder direkt hole. Er ist schließlich für die SPD der schwächste unter den Hamburger Wahlkreisen. Und wenn wir in Hamburg nicht so schlecht abschneiden, daß auch noch andere Wahlkreise verlorengehen, bin ich draußen. Ingrid und ich sprechen über unsere Zukunft. Wir gehen nicht nach Luxemburg zurück, das ist klar. Ich werde auch nicht Schatzmeister der SPD, falls mich die Linken überhaupt wollen. Ingrid: »Das wird dann deine letzte Niederlage sein. Eine weitere darfst du nicht einstecken.« Helmut Schmidt sagt mir vor Weihnachten: »Wenn es schiefgeht, raus aus der Politik und was Neues anfangen.« Raus ist richtig, aber der Rest ist schwer.

1987

Von Brandt zu Vogel

Am Montag, 26. Januar, tritt morgens nach der verlorenen Bundestagswahl der Bundesvorstand in Bonn zusammen. Diese Sitzung erreiche ich nicht mehr, ich versäume den Auftritt von Oskar Lafontaine, der seinen drei Oberen – Brandt, Rau, Vogel – erst kurz vor dem Beginn mitteilt, daß ihre beiden Kandidaten für den Posten des Schatzmeisters – Bernrath und Wettig – nicht gewählt werden würden, sondern Hans-Ulrich Klose. Aus der »Baracke« tönt es: »Das war ein richtiger Staatsstreich. Und das Präsidium durfte dann noch in einer Sondersitzung Bernrath davon überzeugen, daß es für ihn zwecklos sei, weiter zu kandidieren.« Viele Genossen meinen, Lafontaine werde sein Verhalten büßen. Das glaube ich nicht. Für ihn sind Stetigkeit in der Politik, Berechenbarkeit, Grundsatztreue sicher »Sekundärtugenden«. Aus dem Saarland höre ich Schilderungen über seine politische Anpassungsfähigkeit, seinen Machtwillen, seinen autoritären Führungsstil, die erstaunlich sind. Und davon hat er nun auch in Bonn eine erste Kostprobe abgegeben. Er hat seinen Hut in den Ring geworfen, unseren Oberen gezeigt, wie man politische Führung praktiziert.

Am Dienstag Sitzungen des Parteirats und der Fraktion. Die Kanzlerkandidatur Rau endet, wie sie angefangen hat: mit einer wenig substantiellen Rede, Ansätzen zu Kalauern und dem Verzicht auf den Parteivorsitz. Drinnen und draußen steht die Frage im Vordergrund, wer Brandts Nachfolger wird. Aus einem *Morgenpost*-Interview wird zitiert, daß ich Lafontaine für die Nr. 1 halte. Das ist unrichtig, ich habe ihn als Nr. 1 unter den Enkeln bezeich-

net und zuvor die Frage aufgeworfen, ob wir nicht doch Jochen
Vogel diese Last auferlegen müßten. Aber strategisch ist zu bedenken, daß Lafontaine als Kanzlerkandidat 1990 kaum zu vermeiden
ist. Er sollte sich daher nicht länger im Abseits profilieren können.
Vielleicht gelingt es uns mit ihm, zu den Grünen einen neuen
Ansatz zu finden. Wir müssen sie in die Verantwortung ziehen,
sonst mästen sie sich immer mehr zu unseren Lasten. Die Unklar-
heit in unserem Verhältnis zu dieser neuen Gruppierung muß beendet werden. Dazu brauchen wir politische Führung und Kraft,
die nur Lafontaine aufbringen könnte. Doch wie bisher bleibt alles
in der Schwebe.

Anfang Februar spitzt sich die Frage »Rot/Grün« weiter zu. Die
Koalition zwischen den Grünen und der SPD in Hessen platzt.
Holger Börner entläßt Joschka Fischer. Teile der Partei machen
Börner für das Scheitern dieses Experiments mitverantwortlich.
Börner wirft das Handtuch. Am 9. Februar kommt die neue Lage
im Fraktionsvorstand zur Sprache. Willy Brandt macht klar, daß
die Verantwortung für die dramatische Entwicklung in Wiesbaden
liege, Börner habe ihn in den letzten Tagen dreimal angerufen und
ihm gesagt, es gebe keine Probleme. Und darauf habe man sich in
Bonn verlassen müssen. Nun liege das Kind im Brunnen. Man
müsse sehen, wie man damit fertig wird. Eine klare politische Vorgabe hören wir nicht. Und so geht die hessische SPD in den Landtagswahlkampf mit der Absicht, das Bündnis mit den Grünen fort-
zusetzen.

Vor diesem Hintergrund beginnen wir mit der Vorbereitung der
Wahlen unserer Fraktionsführung. Die Linken treffen sich in Bonn
und beschließen, mich zu eliminieren. Aber auch Wolfgang Roth
soll aus der Fraktionsspitze verschwinden. Heide Simonis meldet
ihre Kandidatur gegen mich an. Hans-Ulrich Klose will gegen
Wolfgang Roth antreten. Auch die Seeheimer treffen sich. Wir
beschließen, die »Linken« nur dann mitzuwählen, wenn Heide
Simonis ihre Gegenkandidatur zurückzieht. Wir wollen Wolfgang
Roth gegen Hans-Ulrich Klose unterstützen. Bei den parlamentarischen Geschäftsführern entscheiden wir uns für Gudrun Weyel
und damit gegen Anke Martiny. Mir fällt das schwer, denn Anke

Martiny hat mir in Berlin treu zur Seite gestanden. Nun beginnt das Gerangel hinter den Kulissen.

Heide Simonis zieht nach einem Gespräch mit Vogel brieflich ihre Kandidatur zurück. Ihre Begründung ist erstaunlich: Wegen des Wahlkampfs in Hessen sei es jetzt nicht opportun, mich abzuschießen. Doch im Laufe dieser Legislaturperiode sollte man mich ablösen. So wird auch ganz offen von einzelnen Linken in der Fraktion argumentiert. Gegenüber Journalisten sagt sie, auch Vogel hielte meine Abwahl jetzt nicht für vertretbar. Ich befrage Vogel danach: Seine Formulierung sei gewesen, meine Abwahl hätte unabsehbare politische Konsequenzen. Und ich würde sowieso gewinnen. Kurz vor den Wahlen zum Geschäftsführenden Fraktionsvorstand zieht auch Hans-Ulrich Klose seine Kandidatur zurück. Und so werden alle acht stellvertretenden Fraktionsvorsitzenden im ersten Wahlgang, wenn auch mit sehr unterschiedlichen Ergebnissen, gewählt.

Bei der Wahl der Beisitzer zum Fraktionsvorstand gibt es für uns Seeheimer ein akzeptables Ergebnis, obwohl wir längst nicht mehr die Mehrheit unter den SPD-Abgeordneten haben. Vielleicht können wir noch auf ein Drittel der Fraktionsmitglieder rechnen. Die Reaktion einzelner Linker wie Norbert Gansel und Peter Conradi ist erstaunlich. Sie schwören uns auf dem nächsten Bundesparteitag blutige Rache. Das geht gegen mich. Denn außer mir gibt es niemanden, wenn es darum geht, die Seeheimer und die alte Schmidt-SPD abzustrafen.

Nun können wir mit der Arbeit anfangen. Zunächst sind die Arbeitsfelder zu verteilen, die sich nicht automatisch aus unserer politischen Verantwortung ergeben. Daß Anke Fuchs für die Sozialpolitik, Wolfgang Roth für die Wirtschaftspolitik, Horst Ehmke für die Außenpolitik zuständig sind, bedarf keiner Festlegung. Wie ist es aber mit 42 weiteren Arbeitsfeldern, wenn die parlamentarischen Geschäftsführer keine originäre Verantwortung übernehmen sollen? Mir wird zusätzlich zu meiner steuer- und finanzpolitischen Zuständigkeit die Kommunalpolitik zugewiesen. Vogel übernimmt von den 42 Arbeitsfeldern 27 selbst. Er wird, wenigstens formal, zuständig für Referentenvermittlung, ist Obmann im Vermitt-

lungsausschuß, ist Sicherheitsbeauftragter, macht die Finanzen der
Fraktion. Und so geht es weiter bis hin zur Raumverteilung. Die
bürokratischen Funktionen sind allesamt in seiner Hand. Das entspricht nicht nur seiner Neigung, rastlos Papier zu bewegen, das ist
Politik, wie er sie versteht. Wie wird es erst sein, wenn er Parteivorsitzender ist? Die Akten werden stimmen. Aber reicht das, um der
Partei neuen Schwung zu geben?

Wir bereiten die Debatte zur Regierungserklärung des alten und
neuen Bundeskanzlers Helmut Kohl vor. Ein Entschließungsantrag zur Sicherheits- und Verteidigungspolitik soll der neuen Lage
gerecht werden. Immerhin besteht nun eine gute Chance, daß der
Nato-Doppelbeschluß positive Konsequenzen hat. Es sieht ganz so
aus, als würden sich die Vereinigten Staaten von Amerika und die
Sowjetunion darauf verständigen, weltweit ihre Mittelstreckenwaffen zu verschrotten und damit die von der Nato geforderte Null-
Lösung zu verwirklichen.

Natürlich beruht dieser Durchbruch vor allem darauf, daß Gorbatschow die Sicherheitspolitik der Sowjetunion korrigiert. Aber
auch Gorbatschow kann die Verschrottung seiner SS-20-Raketen
nur deshalb akzeptieren, weil er damit die Verschrottung der amerikanischen Pershing II und der Marschflugkörper einhandelt.
Wäre es nach der SPD gegangen, hätten sich die Nato und die USA
einseitig entblößt. Dann hätte Gorbatschow, selbst wenn er das
gewollt hätte, niemals gegenüber seinen Militärs die einseitige Verschrottung der SS-20 durchsetzen können. Jetzt kann er ihnen für
ihr »Opfer« die Verschrottung der modernsten US-Waffen anbieten. Welch später Triumph für Helmut Schmidt und sein Fähnlein
Aufrechter!

Ich mache aus meiner Genugtuung im Fraktionsvorstand kein
Hehl. Karsten Voigt erinnert uns daran, daß sich die SPD schwer
getäuscht habe: nach der Stationierung der US-Waffen keine Eiszeit im Ost–West-Verhältnis, nun die Null-Lösung ohne die Einbeziehung der britischen und französischen Systeme. »Heute gibt es
keinen Grund mehr, unsere damaligen Fehleinschätzungen zu verdrängen.« Sie schweigen alle im Vorstand, von Ehmke bis Vogel.

Wir sind gut im Plenum. Vogels Rede hebt sich prima ab von

dem Zweieinhalb-Stunden-Sermon von Kohl, auch wenn er seine Neigung zur Stoffhuberei nicht unterdrücken kann. Mein Beitrag gibt Stoltenberg nur geringe Chancen, seine Finanz- und Steuerpolitik ins rechte Licht zu rücken. Seine Flanken sind weit offen, die ungedeckten Schecks liegen nur so herum. Meine Rede ist inhaltlich tadellos, und ich bin locker genug, um im Plenum und im Fernsehen gut rüberzukommen. Ehmke macht im Plenum den verabredeten Vorschlag für eine gemeinsame Initiative zur Sicherheitspolitik. Er gibt zu, daß wir uns in der Einschätzung der Folgen des Nato-Doppelbeschlusses geirrt hätten. Er erinnert an die Position der Regierung Schmidt. Er fordert die Sowjetunion auf, abzugehen von der offensiven Auslegung ihrer konventionellen Streitkräfte und ihrer offensiven militärischen Doktrin. Aber Ehmke vermeidet ein klares Wort zur drückenden konventionellen Überlegenheit des Warschauer Pakts. Dennoch ein Schritt in die richtige Richtung.

Aber der Wirbel um die neue Pressesprecherin deckt alles zu. Gegen Ende der Fraktionssitzung am Dienstag, dem 17. März, fragt Klaus Lennartz den Fraktionsvorsitzenden aufgrund einlaufender Tickermeldungen, warum das Präsidium eine Nichtgenossin zur neuen Pressesprecherin bestellt habe. Vogel brüllt los: Das sei eine Entscheidung von Willy Brandt; sie stehe ihm zu, er habe sie zu verantworten. Brandt ist im hessischen Wahlkampf. Zur Sache sagt Vogel kein Wort, obwohl er im Präsidium für diese Lösung eingetreten ist, wie wir später erfahren.

Die Genossen lassen nicht locker. Horst Ehmke will helfen: »Genossen, wir haben von 1980 bis 1982 Herbert Wehner als Fraktionsvorsitzenden ertragen, laßt uns nun auch die Lage bis zum nächsten Parteitag ertragen.« Vogel schließt die Sitzung. Die Fraktion ist sauer. Heide Simonis fordert Brandts Rücktritt. Hans-Jürgen Wischnewski ärgert sich über die Führungsschwäche Brandts. Peter Glotz glossiert: »Gehen Sie davon aus, daß der nächste Parteivorsitzende Parteimitglied sein wird.« Die Gegner von Margarita Mathiopoulos bezeichnet er als deutsche Nachtmützen. Nun hat die Presse ihr Thema. Wieder einmal helfen wir der CDU/CSU aus der Patsche.

Ich äußere mich mit Nachdruck gegen diese wilde öffentliche
Debatte unter Genossen und halte auch eisern den Mund. Und
dann bin ich dank meiner eigenen Dummheit plötzlich Teil der
ganzen Kampagne. »BMW – Brandt muß weg«, so werde ich im
Spiegel zitiert. Am wütendsten ist meine Frau. »Da kämpfst du um
deine Wiederaufstellung, wühlst für deine Partei, und machst dann
mit solchen dummen Bemerkungen alles wieder kaputt.« Was war
geschehen? Am Dienstag, dem 17. März, sitze ich in der Fraktion
am »Hamburger Tisch« bei den Hamburger Abgeordneten, wir
reden über die Schwierigkeiten mit unserer neuen Pressesprecherin, fangen an zu blödeln. Ich frage Freimut Duve, ob er die Ab-
kürzung BMW kennt: »Brandt muß weg.« Duve: »Weißt du denn,
was VW bedeutet? Von wegen!« Da sage ich: »Laß uns bloß aufhören mit dieser Blödelei, sonst steht es noch in der Zeitung.« Duve
sagt noch: »Ich bin aber besser und witziger als du.« Das war's.

Aber nicht für Duve. Er sorgt zielstrebig dafür, daß ich in die
Gazetten komme. Sein Kommentar: Erst am Abend sei ihm deutlich geworden, wie böse und hinterhältig dieser Spruch von mir
gewesen sei, und deshalb habe er nicht schweigen können ... Auch
das ist ein Stück innerparteilicher Wirklichkeit, Gegner zur Strecke
bringen. Schließlich gehört Freimut Duve zu meinen politischen
Gegnern in Hamburg-Nord. Ingrid: »Dummheit muß bestraft
werden. Wie kannst du ausgerechnet Freimut Duve diese Chance
geben, dir einen solchen Tiefschlag zu verpassen.«

Ich bitte Willy Brandt um Entschuldigung. Den Fraktionskollegen gegenüber mache ich klar, wie sich das mit »BMW« wirklich
zugetragen hat. Ich biete meinen Sitz im Bundesvorstand durch
meinen Rücktritt an. Aber das will keiner. Der Zwischenfall scheint
mit dem Rücktritt von Willy Brandt vergessen. Aber ich weiß, daß
er in den Schubladen meiner Gegner gut aufbewahrt bleibt.

Am 23. März beschäftigt sich der Bundesvorstand mit der neuen
Lage. Nach einer langen Debatte werden wir uns einig: Noch
heute wird die Führungsspitze komplettiert. Ich biete erneut meinen Parteivorstandssitz an und frage die Genossen, ob wir nicht auf
dem einzuberufenden außerordentlichen Parteitag den gesamten
Vorstand neu wählen lassen sollten. Doch das wollen sie nicht.

Namen für den Parteivorsitz werden in die Debatte geworfen: Lafontaine, Vogel. Einzelne Linke wollen Lafontaine wohl auch deshalb nicht, weil sie seinen autoritären Führungsstil fürchten. Aber eindeutige Mehrheiten werden nicht sichtbar. Und dann kommt der Hammer: Lafontaine teilt uns mit, daß Vogel, Brandt, Rau und er bereits am 13. Februar beschlossen hätten, daß Vogel Vorsitzender und er einer der beiden Stellvertreter werde. Damit nimmt die Personaldebatte im Bundesvorstand ein abruptes Ende.

Bleibt die Auseinandersetzung um die von Willy Brandt auch öffentlich genannten Gründe für seinen Rücktritt. Gansel und Glotz nehmen die Führungskrise der SPD aufs Korn. Gansel: »Willy, du hast die Partei nicht wie ein Vorsitzender geführt, sondern wie ein Präsident, aber eben nicht wie ein amerikanischer.« Glotz zählt die Stufen der Führungskrise auf. Ich widerspreche Brandt. Die Kritik an ihm habe nichts mit dem Versuch zu tun, unsere Nürnberger Beschlüsse umzuwerfen. Im übrigen sei es legitim, diese Beschlüsse auch wieder zu ändern oder weiterzuentwikkeln. Heinemann und Dreßler weisen Legendenbildungen zurück und kritisieren Bezeichnungen wie »Nachtmützen« und »Spießer« für die Genossen, die Willys Entscheidung für Frau Mathiopoulos nicht nachvollziehen können. Das alles hindert Willy Brandt allerdings nicht daran, die Hauptschuld für seinen Abgang denen zuzuschieben, denen der ganze Kurs nicht passe, die die politische und personelle Erneuerung der Partei zurückdrehen wollten, ohne dafür die Mehrheit zu haben.

Am 5. April verlieren wir Hessen. 1502 Stimmen geben den Ausschlag und der CDU und der FDP eine Mehrheit von einem Mandat. In der Partei geht es hoch her. Ist das Ergebnis der Hessen-Wahl für uns ein tiefer Einschnitt, der zum Nachdenken zwingt? Augenscheinlich nicht. Die einen, so Rappe und Renger, sehen ihre Überzeugungen bestätigt. Für die anderen haben Holger Börner und Ulrich Steger mutwillig die erfolgreiche Koalition mit den hessischen Grünen zerstört und damit der CDU »Beweise« für das rot-grüne Chaos geliefert. Deshalb wäre es auch schlüssig gewesen, während des hessischen Wahlkampfes eine Neuauflage dieses Bündnisses zu versprechen. Sie nehmen nicht zur Kenntnis, daß uns die Wähler in Hessen eine schwere Niederlage beigebracht haben, und behaupten schlankweg, wir hätten zusammen mit den Grünen bei regulären Wahlen im September dieses Jahres eine klare Mehrheit erhalten.

Im Parteivorstand am Montag, 27. April, geht es friedlicher zu, denn Holger Börner ist da. Keiner kann an den klaren Aussagen unseres hessischen Spitzenkandidaten Hans Krollmann vorbei, der nicht nur auf die massiven Verluste der SPD in den südhessischen Städten hinweist, ehemaligen Hochburgen der SPD; er macht auch klar, daß die SPD in Hessen zur Zeit nicht regierungsfähig ist: Zwei Genossen wählen nicht den zweiten SPD-Vizepräsident, sondern dafür den grünen Mitbewerber. Ein SPD-U-Boot wählt Wallmann statt Krollmann. Und er macht deutlich, warum es vor allem schiefgegangen ist: »Solange wir nicht den Mut und die Möglichkeit haben, öffentlich zu sagen, daß wir uns von den Grünen nicht erpressen lassen und wir in diesem Falle auch mit der CDU koalieren werden, haben wir keine Chance, Wahlen zu gewinnen.«

Und damit sind wir wieder bei unserem Lieblingsthema. Rotgrün oder was sonst? Willy Brandt erklärt, auch andere Koalitionen müßten für uns möglich sein. Aber in Hessen wäre das nicht der Fall gewesen. Holger Börner zu mir: »Wir hätten die Große Koalition zu unseren Bedingungen für einen Appel und ein Ei haben können, wenn Willy nur mitgezogen hätte. Aber er wollte ja die Mehrheit links von der Mitte.« Farthmann: »Wenn wir nicht den Mut haben, im Notfall auch die Große Koalition zu wollen, bleiben wir in der babylonischen Gefangenschaft ohne politischen Einfluß.«

Für Schröder und Lafontaine ist das falsch. Lafontaine meint, wir hätten in Hessen noch mehr verloren, hätten wir uns nicht klar für eine Fortsetzung von Grün/Rot erklärt. Für Schröder ist das noch einfacher: »Unsere Wünsche für ein rot/grünes Bündnis wekken sicherlich Ängste, aber vor allem große Hoffnungen. Die Ängste werden nicht zuletzt von Hermann Rappe und anderen in der SPD geschürt. Sie tragen die Mitverantwortung für unsere Verluste. Es wird für unser Land und für die SPD nur besser, wenn wir die Mehrheit links von der SPD organisieren. Das ist machbar.« Für Peter von Oertzen dürfen wir auf das rot/grüne Bündnis nicht verzichten. »Sonst werden wir auf Dauer zum Juniorpartner der CDU.« Die Matadore schweigen. Und wieder geht eine Debatte im Bundesvorstand aus wie das Hornberger Schießen.

Das hindert allerdings niemanden daran, einen Tag später im Parteirat genau die gleiche Debatte zu führen. Die Akzente werden eher noch schärfer gesetzt. Willy Brandt nimmt erneut zu den Gründen für seinen Rücktritt Stellung. Er ist sehr verbittert. Er will nicht an einer Veranstaltung zu seinen Ehren am Rande des Parteitags teilnehmen. »Ich stehe für eine Leichenfeier nicht zur Verfügung.« Die Linken nutzen diese Gelegenheit, um gegen Willys Kritiker zu Felde zu ziehen, natürlich nur gegen die rechten. Die Angriffe gegen Anke Fuchs sind für mich einigermaßen unverständlich. Es sei denn, sie wollten sich an der neuen Geschäftsführerin der Partei reiben. Auch ich werde angegriffen. »BMW« wird augenscheinlich zu einem Evergreen. Mir gibt es die Gelegenheit, die Angelegenheit noch einmal darzustellen. Da ich es sehr gelassen mache und sage, daß ich mich schäme für diese Blödelei, aber auch dafür, wie Genossen mit Genossen umgehen, bleibt die Wirkung nicht aus. Vogel stößt noch einmal nach und erklärt Respekt vor denen, die ein dummes Wort zurücknehmen. Ich sorge dafür, daß die Hamburger Zeitungen das Verhalten von Freimut Duve breit wiedergeben.

Dennoch wollen die Linken Brandts Rücktritt augenscheinlich instrumentalisieren. So erklärt Günther Jansen als Landesvorsitzender auf dem Landesparteitag der SPD in Schleswig-Holstein (die Rede wird mir anonym zugesandt): »Die neue Minderheit Wischnewski, Renger, Apel und Rappe muß jene innerparteiliche Fairneß noch lernen, die die SPD-Linke jahrelang geübt hat.« Ich bitte ihn brieflich um seine Stellungnahme. Es dauert Wochen, ehe ich seine Antwort erhalte. Zur Sache schreibt er mir nicht. Wir sollten uns bei einer Tasse Kaffee unterhalten, meint er. Dazu kommt es nicht. Dafür werde ich vom Landesverband Schleswig-Holstein eingeladen, mich massiv in ihren Landtagswahlkampf einzubringen. Und natürlich übernehme ich meinen Packen an Arbeit.

Bei den Bürgerschaftswahlen in Hamburg und den Landtagswahlen in Rheinland-Pfalz am 17. Mai haben wir Erfolg. In
Rheinland-Pfalz müssen wir uns nicht mit der Frage »Rot/Grün«
abquälen, weil FDP und CDU noch einmal mit einem blauen Auge
davonkommen. In Hamburg wählen CDU-Wähler FDP, das hebt
die Liberalen über die Fünf-Prozent-Hürde. Aber zusammen
haben CDU/FDP nicht die Mehrheit. Viele bisherige Wähler der
GAL sind von ihrer Radikalität enttäuscht und wählen SPD. Der
Weg zur sozial-liberalen Koalition in Hamburg wird möglich. Und
so gibt es im Parteivorstand am 25. Mai nicht die ätzende Debatte,
die wir uns sonst nach komplizierteren Wahlergebnissen bescheren.

Am Freitag, dem 22. Mai, tagen die Seeheimer in Bonn zum
ersten Mal nach den Bundestagswahlen. Die Wahlen in Hessen,
Rheinland-Pfalz und Hamburg werden analysiert. Das ist alles
nicht uninteressant, setzt aber kein Zeichen für den Neuanfang der
Seeheimer nach den verlorenen Bundestagswahlen. Anke Fuchs
spricht sehr offen: Die Debatte und unsere Beschlüsse zur Kernenergie seien »unehrlich«, jedermann wisse doch, daß wir sie niemals in die Tat umsetzen könnten. Und das steht dann in der
Zeitung, worauf Anke Fuchs nun im Parteivorstand von Heide
Wieczorek-Zeul zur Rede gestellt wird. Anke rudert mächtig. Wie
kann sie auch an einem »Glaubenssatz« der SPD rütteln, der Ausstieg aus der Kernenergie könne und müsse in einem Jahrzehnt
bewältigt werden?

Im Geschäftsführenden Fraktionsvorstand diskutieren wir mit
von Bennigsen-Förder von der »Veba« über die aktuellen Probleme der Energiepolitik. Natürlich steht unsere Haltung zur
Kernenergie sehr bald im Mittelpunkt des Gesprächs. Seine Argumentation: Die Weltbevölkerung wächst dramatisch; der Energieverbrauch in der Dritten Welt wird schnell steigen; die Abholzung
der Wälder wird sich weiter zuspitzen; 90 Prozent der Energie
entsteht durch Verbrennung; so erhöht sich dramatisch der CO_2-
Gehalt in der Atmosphäre. Kernenergie ist unverzichtbar, bis Photovoltaik und Wasserstoff die Energieversorgung der Zukunft sichern. Deshalb ist die Zehn-Jahre-Ausstiegsfrist der SPD unsinnig.
Hinzu kommt das Problem der Zukunftssicherung der Ruhrkohle.

Wenn die SPD ihre Verweigerungshaltung zur Kernenergie nicht aufgibt – es geht längst nicht mehr um neue Kernkraftwerke, sondern um den gesicherten Betrieb der bestehenden und im Bau befindlichen – werden die CDU-regierten Länder den Jahrhundertvertrag zur Verstromung der deutschen Kohle nicht verlängern. Unsere Stromerzeuger können die teure Ruhrkohle nur verbrennen, wenn ihnen eine Mischkalkulation mit billiger Kernkraft möglich ist. Wenn die SPD also die deutschen Kernkraftwerke abschalten wolle, wäre das gleichzeitig auch das Aus für die Ruhrkohle. Das aber könne die SPD nicht wollen. Man sei bereit, der SPD entgegenzukommen. Auf den Einstieg in die Plutoniumwirtschaft könne verzichtet werden. Kalkar ginge nicht ans Netz, das Schicksal von Wackersdorf bleibt offen. Von Bennigsen: »Dazu sind wichtige Leute in der CDU bereit.«

Die Diskussion mit von Bennigsen macht deutlich, daß es niemand in diesem intimen Kreise wagt, auch nicht für nötig hält, unsere Ausstiegspläne zu verteidigen. Das hatte ja auch früher im Gespräch mit ernstzunehmenden Fachleuten niemals geklappt. Traut sich die SPD eine Rückkehr zu einer vernünftigen Energiepolitik zu? Vogel: »Das haben wir nicht im Kreuz.« Volker Hauff und Herta Däubler-Gmelin wollen ihrer bisherigen Überzeugung nicht »abschwören«. Allein diese Vokabel zeigt, um was es geht: eine fast ins Theologische überhöhte Ideologie, die sich nicht an ökonomischen Realitäten orientiert.

Nach dem Verlust von Hessen müssen sich die Bemühungen zwangsläufig auf Nordrhein-Westfalen konzentrieren, wenn es darum geht, den ernsthaften Willen der SPD zum Ausstieg aus der Kernenergie zu demonstrieren. Bereits Anfang April soll Johannes Rau bei einer Zusammenkunft des Geschäftsführenden Fraktionsvorstandes mit dem Präsidium veranlaßt werden, am 27. April zusammen mit den anderen SPD-Regierungschefs anläßlich des ersten Jahrestages von Tschernobyl eine Anti-Kernkraft-Erklärung abzugeben. Rau lehnt das ab. Nur wenn Nordrhein-Westfalen das Junktim »Kohle und Kernkraft« wiederherstelle, werde der Jahrhundertvertrag für die deutsche Steinkohle über 1995 hinaus verlängert. Und das verlangten von ihm laut die IG Bergbau, leiser, aber deutlich die IG Metall, die Ruhrkohle und die Handelskammern. In absehbarer Zeit würden sowieso keine neuen Kernkraftwerke gebaut werden. Wozu die ganze Aufregung? Vogel ist wütend: »Die Nürnberger Beschlüsse gelten weiter.« Rau beruft sich auf seine Position als Ministerpräsident von Nordrhein-Westfalen. Er unterschreibe eine solche Erklärung nicht. Und Zeit habe er am 27. April sowieso nicht.

Am 25. Mai geht die Auseinandersetzung mit Nordrhein-Westfalen in die nächste Runde, diesmal im Parteivorstand. Nordrhein-Westfalen solle endlich durch erste Ausstiegsschritte deutlich machen, daß auch für die Genossen dieses Bundeslandes unsere Nürnberger Parteitagsbeschlüsse gelten. Rau, Farthmann und Matthiesen wehren sich. Nordrhein-Westfalen werde Kalkar nicht ans Netz gehen lassen. Für Rau ist das »ein Befreiungsschlag«. Die Landesregierung habe sichergestellt, daß für künftige Kernkraftwerke keine Flächen mehr bereitstehen. Aber die in Betrieb befindlichen Kernkraftwerke in Würgassen und in Hamm-Uentrop könne die Landesregierung nicht stillegen. Rau: »Nordrhein-Westfalen handelt nach Recht und Gesetz. Symbolische Akte haben keinen Sinn.« Nordrhein-Westfalen könne die Parteitagsbeschlüsse nicht verwirklichen. »Ich muß auch mit denen reden, die Kohlesicherung und Kernkraft im Zusammenhang sehen.« Da werden die Kernkraftgegner im Bundesvorstand munter. Aber Rau läßt sich nicht beirren. Eppler: »Johannes Rau redet immer beim Thema ›Ausstieg aus der Kernkraft‹ über das halbleere Glas. Wir aber müssen über das halbvolle Glas reden und nach der Sommerpause klarmachen, mit welchem Plan wir aus der Kernkraft rauskommen.« Als wenn wir nicht bereits genügend Pläne erarbeitet hätten, selbst einen Gesetzentwurf.

Vogel ist überlastet. Und die Last wird noch zunehmen, wenn wir ihn zum Parteivorsitzenden wählen. Er weiß das selbst. Und so sagt uns Hans-Jochen Vogel Anfang Juni am Ende einer langen Sitzung des Geschäftsführenden Fraktionsvorstandes: »Genossen, helft mir! Es kommen große Belastungen auf mich zu.« Keiner reagiert. Das ist Vogels Problem: Er kann und will sich nicht öffnen. Helmut Schmidts Arbeitsstil war der des Brainstorming. Er setzte seine Überzeugungen der Kritik aus. Es war schwer, aber nicht unmöglich, ihn zu einem Meinungswechsel zu bringen. Das beste Argument siegte, auch wenn es nicht von Schmidt kam. Vogel kann das nicht. Er scheint nicht ertragen zu können, wenn seine Meinung in der Diskussion nur zweiter Sieger wird; er zieht es vor, den Streit laufen zu lassen, bis sich Mehrheiten herausbilden und er mit seiner Intelligenz eine Marschroute für sich und für die SPD ableiten kann.

Politischer Dialog wird durch bürokratische Abläufe ersetzt. Natürlich steht Vogel ständig unter Zeitdruck. Er kann und will nicht delegieren. Aber welchen Sinn hat eine Sitzung der Arbeitsgruppe Berlin unter Vogels Leitung, wenn wir in 25 Minuten acht Tagesordnungspunkte – Mietpreisbindung in Berlin, die 750-Jahr-Feier, die Verbesserung des Schienenverkehrs und so weiter – behandeln? Die Akte wird gezogen, wenige Sätze aus der Runde, der Vorgang wird verfügt und weiter geht's. Was soll eine Zusammenkunft der wirtschafts-, sozial-, finanz- und umweltpolitischen Sprecher der Fraktion mit Vogel, die sogenannte Verzahnerrunde, wenn sieben Tagesordnungspunkte, darunter die internationale Schuldenkrise, die Finanzierung des Pflegefalls im Alter, die Steuerreform, in 35 Minuten abgespult werden? Wem nützt das? Da wird der spannendste Punkt der Tagesordnung die Festsetzung des Datums der nächsten Sitzung. Diese Beispiele sind keine Ausnahmefälle. Vor allem Ehmke und ich wehren uns. Aus unseren Arbeitskreisen können wir die Bürokratisierung heraushalten, aber in den Sitzungen mit Vogel haben wir kaum Zeit für politische Grundsatzfragen. Vogel und der unübertreffliche Gerhard Jahn überziehen uns mit einem Netz von bürokratischen Vorlagen und Abläufen, gegen die wir uns nicht immer wehren können.

Am Sonntag, dem 14. Juni, wählen wir auf dem außerordentlichen Parteitag unseren neuen Vorsitzenden. Ich hatte diesem Tag mit einigem Schrecken entgegengesehen. Wer weiß, was mir da mit »BMW« noch alles würde passieren. Aber wir leben in einer schnellebigen Zeit, und eine besondere Rolle spiele ich in der Partei und der öffentlichen Meinung auch nicht mehr. Und so redet mich keiner krumm an. Ich setze mich auf dem Podium ganz rechts

außen, denn mit A fängt die Reihe der Parteivorstandsmitglieder
an, und lasse den Tag vor mir ablaufen.

Willys Rede ist bemerkenswert. Er kann uns immer noch mitrei-
ßen und in seinen Bann schlagen. Seine Rede könnte künftig viel-
fach zitiert werden: »Im Zweifel für die Freiheit.« – »Man muß
den masochistischen Neigungen, die den Linken oft nicht zu Unrecht nachgesagt werden, nicht zuviel Raum geben.« – »Es mag so
sein, daß Macht den Charakter verdirbt, aber Ohnmacht nicht
minder.« – »Sozialdemokratische Politik muß Herz und Verstand,
Leib und Seele haben.« Es wäre nur gut gewesen, wenn er in seiner
Amtsführung als Vorsitzender diese Grundsätze stets beachtet
hätte. Ansonsten viel Rechtfertigung. Die Ablehnung von Frau
Mathiopoulos war »Fremdenfeindlichkeit«, kein Führungsfehler.
Helmut Schmidt und Herbert Wehner werden mit keinem Wort
erwähnt, auch Rau und Vogel nicht. Obwohl Helmut Schmidt auf
diesem Parteitag nicht redet, kommt er. Schmidt geht nach
Brandts Rede auf die Bühne und gibt ihm die Hand. Erst Vogel
würdigt dann auch Helmut Schmidt. Der Parteitag klatscht.
Brandt aber wird gefeiert.

In der Diskussion spricht Oskar Lafontaine. Willy Brandt hatte
ihn früher mehrfach öffentlich als eine »gelungene Mischung aus
Napoleon und Mussolini« bezeichnet. Entsprechend polemisch
tritt er auf. Er wird mit 62 Nein-Stimmen zum stellvertretenden
Parteivorsitzenden gewählt.

Und dann redet Vogel. Natürlich muß er uns eine nüchterne
Eröffnungsbilanz machen: unsere stagnierende und alt werdende
Mitgliedschaft, organisatorische Schwäche, die Verschuldung,
schlechte Wahlergebnisse. Er muß uns aus der Weite der Brandt-
schen Betrachtungen zurück in den politischen Alltag holen. Aber
dann kommen die alten Platten, die wir schon so oft von ihm
gehört haben. Da fehlt nichts von der Genmanipulation über die
A-Waffen bis hin zur Steuerpolitik. Alles abgerufen aus dem Perso-
nalcomputer namens Hans-Jochen Vogel, mit Kraft vorgetragen,
ohne menschliche Wärme, ohne politische Perspektive. Und der
entscheidende Satz: »Mit mir wird es kein Zurück hinter Nürnberg geben.« Statik im politischen Denken, unsere Nürnberger

Beschlüsse als Dogma, Disziplin um ihrer selbst willen. Da kommt
kein großer Jubel auf. Bei mir erst, als ich erfahre, daß St. Pauli
gegen Braunschweig 1 : 0 gewonnen hat.

Nach den Monaten der Agonie im Übergang von Willy Brandt
zu Hans-Jochen Vogel ist in der Baracke viel liegengeblieben.
Dringend ist die Bestellung eines Pressesprechers der Partei. Der
Andrang auf diese Position hält sich in Grenzen. Aus Hessen-Süd
gibt es eine Bewerberin, die von einer Reihe Linker favorisiert wird.
Hans-Jochen Vogel entscheidet sich für seinen Weggefährten Sepp
Binder, einen durch und durch soliden Journalisten und Sozialdemokraten. Und schon kommt es in der Parteivorstandssitzung am
29. Juni zu einem ersten Kräftemessen. Einem Teil der Linken ist
der neue Pressesprecher nicht grün/links genug. Und so wird unter
dem Vorwand, eine Frau müsse es sein, kräftig zugelangt. Die
Genossinnen Wettig-Danielmeyer und Wieczorek-Zeul meinen,
dieser Vorschlag würde viel Vertrauenskapital bei den Frauen ver-
spielen. Henning Scherf lehnt personelle Vorgaben des Vorsitzenden ab. »Lieber Jochen, wir wollen in Personalentscheidungen
einbezogen werden.« Aber die Linken sind sich nicht einig. Matthiesen und Engholm sprechen für diesen »hervorragenden Kandidaten«. Die Frau wäre eben nicht so gut gewesen. Diese Debatte
wäre nur belastend für den neuen Mann. Bahr: »Wenn der erste
Vorschlag des neuen Parteivorsitzenden so im Parteivorstand behandelt wird, dann ist das auch für ihn ein schlimmer Start.« Vogel
erklärt und verteidigt seine Wahl. Aber er macht auch Zugeständnisse. Vogel: »Ich werde künftig den Kreis derer, die vorher gefragt
werden, größer ziehen.« Bei der Abstimmung über unseren Pressesprecher sind 21 von 40 Mitgliedern des Bundesvorstandes anwesend. Davon stimmen zwei mit nein, drei enthalten sich.

Unmittelbar nach der ersten Lesung des Bundeshaushalts 1988,
die wir Sozialdemokraten nach Punkten gewinnen, feiern wir am
13. September bei den Landtagswahlen in Schleswig-Holstein
einen großen Wahlsieg. Die CDU verliert ihre Regierungsmehrheit,
die FDP kann ihr nicht helfen. Stück für Stück kommen die
unglaublichen, eigentlich kriminellen Handlungen ans Tageslicht,
die mit Wissen und unter Mitwirkung des Ministerpräsidenten

Barschel in Schleswig-Holstein organisiert wurden, um die Macht der Union zu bewahren. Der moralische Niedergang der CDU in Schleswig-Holstein wird für alle erkennbar. Seine Auswirkungen reichen bis nach Bonn, zumindest Stoltenberg wird mit in den Strudel gezogen. Bahnt sich durch das Wahlergebnis in Schleswig-Holstein eine politische Zeitenwende an, die uns auch in Bonn bei den nächsten Bundestagswahlen in die Regierungsverantwortung zurückbringt? Sehen wir doch, wie handwerklich schlecht die Regierung Kohl arbeitet.

Aber sind wir darauf ausreichend vorbereitet? In der Frage der friedlichen Nutzung der Kernenergie kommen wir aus unserer selbstgewählten Isolierung nicht heraus. Wir bleiben dabei, daß im Bau befindliche Kernkraftwerke nicht ans Netz kommen. Und es müßten binnen kurzem die ersten Kernkraftwerke stillgelegt werden. Dadurch geraten wir in Widerspruch zur IG Bergbau und Energie und zur ÖTV. Der Hauptvorstand der IG Bergbau fordert zwar, den Einsatz von Kernenergie zur Stromerzeugung bis 1995 zurückzunehmen und verstärkt Kohle zur Verstromung einzusetzen. Nach 1995 solle dann aber wieder die Stromerzeugung aus Kernkraft wachsen können. Harald B. Schäfer kommentiert das so: Die ÖTV und die IG Bergbau hätten in der Frage der friedlichen Verwendung der Kernenergie »eine Richtung eingeschlagen, die mit sozialdemokratischen Vorstellungen nichts zu tun hat«. Nordrhein-Westfalen bleibt bei seiner Linie, auch wenn Johannes Rau freundlich verbale Verbeugungen in Richtung unserer Ausstiegsbeschlüsse macht.

Hans-Jochen Vogel stellt am 6. Oktober in Berlin vor Fraktion und Presse die kühne Behauptung auf, nach dem Landesparteitag der SPD in Nordrhein-Westfalen vom Wochenende seien wir uns nun auch mit der IG Bergbau einig. Vogel: »Unsere Kernenergiepolitik setzt sich durch.« Wenn er die allgemeinen verbalen Bekenntnisse meint, mag er recht haben. Wenn er aber unseren Gesetzentwurf – das Kernenergie-Abwicklungs-Gesetz mit seinen Prozeduren des Ausstiegs und der Schließung – meint, dann sicherlich nicht. Dieser Gesetzentwurf wird in den Ausschüssen des Bundestages beraten und hat keine Chance, angenommen zu werden.

Wir Seeheimer wollen zum Grundsatzprogramm, zur Energiepolitik, zur Wirtschaftspolitik, auch zur Standortbestimmung der
SPD Stellung nehmen. Schwer tun wir uns bei der Sicherheitspolitik. Keine Probleme haben wir bei unserem Bekenntnis zur Nato,
zur Präsenz der Amerikaner in der Bundesrepublik, zur Vorneve-
teidigung. Über die Nuklearwaffen heißt es, daß sie Krieg bisher
verhindert hätten, dennoch künftig abgebaut werden sollen: »Sozialdemokraten wollen ein von Massenvernichtungswaffen freies
Europa.« Ich kann mit diesen Forderungen gut leben, ich sehe sie
im Zusammenhang mit der Herstellung einer ungefähren konventionellen Parität zwischen Nato und Warschauer Pakt. Außerdem
reicht Europa vom Atlantik bis zum Ural.

Wesentlicher ist, daß die beiden Supermächte Ende des Jahres
die doppelte Null-Lösung verabreden. Nun erweist sich endgültig,
daß unser Nato-Doppelbeschluß richtig war. Die Kampagne der
SPD bricht nachträglich in sich zusammen. Wir – Helmut Schmidt
und seine Getreuen – können uns freuen, die SPD nicht. Willy
Brandt und Hans-Jochen Vogel gehen Anfang Dezember vor die
Bundespressekonferenz, um die neue Entwicklung zu kommentieren. Nur Willy Brandt kann sich auf Drängen der Journalisten
dazu durchringen zu sagen: »Es war Gott sei Dank irrig, davon
auszugehen, die beiden Weltmächte seien unbeweglich ... Insofern
haben alle etwas dazugelernt.« Für Vogel hat sich nicht die SPD
geirrt, die andern hätten ihre Position verändert.

Mitte September diskutiert die Fraktion die Erklärung »Der
Streit der Ideologien und die gemeinsame Sicherheit«, die von der
Grundwertekommission der SPD und der Akademie für Gesell-
schaftswissenschaften beim Zentralkomitee der SED erarbeitet
wurde. In diesem Text finden sich bedenkliche Formulierungen.
Das ist unvermeidlich, wenn auch die SED zustimmen soll. Die
entscheidende Frage stellt sich nicht bei der Lektüre des Textes,
sondern ist prinzipiell: Ist es vernünftig, daß die SPD ein solches
Unternehmen startet und mit einer gemeinsamen Erklärung mit
der SED abschließt? Ich rege mich trotz vieler Bauchschmerzen
nur in Grenzen auf. Die SPD ist nicht stark genug, um mit solchen
Aktionen Entscheidendes zu bewegen. Aber dieses Papier tangiert

ihre freiheitliche Grundüberzeugung. Die SED akzeptiert mit dieser gemeinsamen Erklärung Maßstäbe für ihre Innenpolitik, die sie
nicht politisch umsetzen kann. Und dann ist das Papier Makulatur.

Meine Freunde in der Fraktion, insbesondere Hans-Jürgen
Wischnewski, gehen zur Sache. Die Formulierungen dieser Erklärung ließen den Schluß zu, als seien SED und SPD gleichwertige
Partner. Dabei sei die SED keine durch freie Wahlen legitimierte
Partei, sondern Teil des kommunistischen Machtapparats. Der Begriff »Demokratie« werde in diesem Papier so verwischt, daß die
fundamentalen Unterschiede nicht mehr sichtbar würden. Der
Herrschaftsapparat der DDR werde mit unserer freiheitlichen Demokratie gleichgestellt. Ein latenter Antiamerikanismus durchziehe das Papier. – Die Debatte in der Fraktion ist beachtlich.
Eppler verteidigt dieses Papier, auch wenn er die schweren Vorwürfe vieler Debattenredner nicht ausräumen kann. Für mich liegt
der Schluß nahe: Die SPD spielt wieder einmal dritte Weltmacht
und meint, mit solchen Papieren in den Gang der Weltpolitik
eingreifen zu können. Die SED ärgern, das kann diese Erklärung,
kann sie aber auch mehr?

In diesem Herbst 1987 wird mir schmerzhaft bewußt, daß Leute
meines politischen Zuschnitts für die SPD immer noch gut sind, der
Partei Sympathien zu erhalten und zu gewinnen. Mir werden viel
mehr Versammlungstermine abverlangt, als ich eigentlich zu leisten vermag. Mein Ansehen außerhalb Bonns ist groß. Auf die
Entwicklung der Politik der SPD habe ich aber keinen Einfluß
mehr. Selbst wenn die Politik der SPD, wie bei der doppelten Null-
Lösung, durch den Gang der Ereignisse desavouiert wird, gibt es
für die SPD und ihre Führung keinen Grund, sich mit Stolz ihrer
Leistungen in der Regierungszeit zu erinnern. Noch läßt man mir
meine Spielwiese, die Steuer- und Finanzpolitik.

Die Seeheimer spielen seit der Wende in den zentralen Parteigremien kaum noch eine Rolle. Im Parteivorstand bin ich der letzte.
Weggefährten wie Leber, Ehrenberg, Antje Huber, Porzner sind
nicht mehr dabei. Andere wie Anke Fuchs oder Hermann Heinemann mögen nicht mehr. So ist unser Treffen am 11./12. Dezember
in Bad Honnef mehr Traditionspflege als Aufbruch zu neuen

Ufern. Vogel redet über die Rolle der Partei; Neues erfahren wir nicht. Wir legen einen Beitrag zur Diskussion des neuen Grundsatzprogramms vor; ich war an der Redaktion beteiligt. Er ist brav und setzt auch Akzente: keine plebiszitäre Demokratie, klare West- und Wertebindung, Selbstbestimmungsrecht für unser Land. Aber eindrucksvoll ist das nicht.

Ist es bei den Linken so viel besser? Immerhin haben sie durch die Wende und ihre Forderungen zur Sicherheitspolitik und zum Ausstieg aus der Kernenergie die Partei umgekrempelt und im Parteivorstand eine überwältigende Mehrheit erreicht. Aber was machen sie nun damit? Früher war es einfach, sie konnten sich gegen uns, damals die Mehrheit, relativ einfach zusammenfinden. Das ist nun anders, sie müssen entscheiden und gestalten. Da geraten auch sie aneinander. Um das in Grenzen zu halten, ist es auch für sie wichtig, an den einmal auf Parteitagen gefundenen Kompromissen festzuhalten. Selbst wenn sie erkennen sollten, daß sie damit unser Land nicht regieren können.

Oskar Lafontaine ist da aus anderem Holz. Er erklärt mündlich und auch schriftlich am 4. Dezember in der Baracke zum neuen Grundsatzprogramm: »Jetzt kommt die SPD und will, wie es scheint, auf einmal alles anders machen. Übernimmt sich die Partei da nicht? Mehr noch: Versteigt sich die Partei da nicht zu einem Verantwortungsimperialismus, den sie nie und nimmer wird einlösen können? Ich rate zur Vorsicht.« – »Es gibt viele Bürger in unserem Lande, bei denen die Mehrung ihrer Güter nicht dem Konsumterror Vorschub leisten würde, sondern ein ganz konkretes Stück Lebensqualität bedeutet.« – »Wir müssen unser Steuersystem so einrichten, daß die Unternehmer etwas unternehmen. Wir können aber dabei nicht so tun, als wären wir in einer Nische der Weltwirtschaft.« – »Wir müssen uns hüten, daß die Bürger den Eindruck gewinnen, als wollten wir die Vielfalt der Lebensstile, persönliche Individualität – ja manchmal auch Modetorheiten – eindeichen oder über einen Leisten schlagen. Für mich ist die SPD die Partei der Freiheit. Sie ist die Partei der intelligenteren Lösungen, nicht die Partei des moralischen Zeigefingers und der Lehrmeister einer asketischen Lebensweise.« Da bricht einer aus der

Phalanx aus, wagt sogar Erhard Eppler lächerlich zu machen. Ich
frage meine linken Freunde im Geschäftsführenden Fraktionsvorstand, was sie zu diesen Thesen zu sagen haben. Sie sprechen von
der Eiseskälte, die Lafontaine bei seinem Vortrag entgegenschlug,
und davon, daß er wohl nicht genug Zeit hatte, ausreichend über
die Probleme nachzudenken. Aber sie wissen natürlich auch, daß
sich hier ein Machtkampf innerhalb der Linken anbahnt, der ganz
neue Perspektiven eröffnen kann.

Der Kampf geht weiter

Mit dem neuen Jahr beginnt die heiße Phase des Wahlkampfs in
meinem Wahlkreis. Nach Bonn gehe ich nicht mehr, obwohl mich
meine Mitarbeiter drängen; sie meinen, ich könne meine Wähler
wesentlich wirksamer über die Presse erreichen. Da irren sie sich.
Die Medien werden in den letzten Wochen des Wahlkampfes
immer zurückhaltender, wenn es darum geht, über die Bonner
Aktivitäten der Wahlkämpfer zu berichten. Außerdem wissen
meine Wähler, was ich in Bonn tue. Wenn ich den negativen Trend
brechen, den Wahlkreis behalten will, muß ich vor Ort rackern.
Dennoch erscheinen unter meinem Namen in den Bonner Diensten
der SPD bis zum Wahltag mehr als zwanzig Stellungnahmen zum
weiten Feld der Steuer-, Finanz- und Währungspolitik.

Wir wollen vor allem Hausbesuche machen und Werbematerial
überreichen. Unsere Stamm-Mannschaft besteht aus fünf Personen: meiner Wahlkreisassistentin Ursula Reichelt, Ingrid und mir
sowie zwei Genossen. In den »rechten« Distrikten können wir sicher sein, daß uns ein/zwei Genossen unterstützen. Oft sind wir
fünf aber auch allein. Wir haben einen genauen Arbeitsplan und
gehen vor allem in Wohngebiete, in denen wir viele Unentschie-
dene vermuten. Normalerweise sind wir vormittags und nachmittags auf Tour. Meist geht es so zu: Klingeln – »Guten Tag, mein
Name ist Hans Apel, ich bin Ihr Bundestagsabgeordneter. Ich
möchte Ihnen gern Wahlmaterial von der SPD überreichen.« –

»Vielen Dank«, Tür zu. Oft aber auch so: Nach meinem Eingangsspruch ein staunender Blick. »Papa, komm mal, hier ist unser Hans Apel.« – »Wollen Sie nicht reinkommen und mit uns einen trinken. Es ist doch so kalt draußen.«

Meine Mitstreiter machen es ähnlich. Sie bestellen Grüße von mir und sagen, ich sei gerade im nächsten Mietshaus unterwegs. Manche wollen mich persönlich in Augenschein nehmen. Uns begegnet manches Problem. Der eine ist arbeitslos; ich bemühe mich um Arbeit bei den Alsterdorfer Anstalten. Das Dach ist undicht; ich schalte das Bezirksamt ein. Die Miete ist zu hoch, ich helfe beim Wohngeld... Und wir hören manchen Kommentar: Man ist mit dem Senat nicht zufrieden. Man schimpft über den Streit in der SPD. Über Johannes Rau: »Der kann doch kein Kanzler werden, der ist nicht dynamisch genug.« Da zieht nicht einmal der Hinweis auf Kohl. Aber so richtig angemacht werden wir nicht. Trotzdem kostet es uns jedes Mal wieder Überwindung, wenn wir zum Klinkenputzen aufbrechen. Vor allem nachmittags, weil wir dann durch dunkle Straßen rennen und sicherstellen müssen, daß das Treppenhauslicht nicht ausgeht.

Froh sind wir, wenn wir einen Nachmittag frei haben, weil ich zu einem Infostand der Partei muß oder auf einem Altennachmittag auftrete. Kälte, Schneematsch, fehlendes Engagement in der Partei halten uns nicht davon ab, unser selbstgesetztes Pensum abzuarbeiten. Erstaunlich, daß keiner von uns krank wird, oft sind wir pitschenaß. Doch wir lassen nicht locker. Wir machen tatsächlich 9600 Hausbesuche.

Am Dienstag, dem 6. Januar, spricht Johannes Rau abends auf unserer Eröffnungsveranstaltung zu den Bundestagswahlen in der Alstersporthalle. Der Besuch ist trotz Glatteis und klirrenden Frostes gut. Wir verzichten auf den traditionellen Stil solcher Kundgebungen, machen eine Politshow mit viel Musik, *talk* mit Rau und mir. Ich weiß nicht, wie das ankommt. Der Funke springt selten über. Und Johannes Rau hat nicht nur Probleme mit seiner Stimme, die Spontaneität und der ihm angeborene Witz haben ihn verlassen. Seine kurze Abschlußrede reißt nur in Grenzen mit. Ingrid: »Ich fand das nicht schlecht. Persönlich wirkt er noch sympathischer.« Uwe Hansen, unser Altonaer Kandidat, ist deprimiert. Die Stimmung draußen sei schlecht. Wir würden beide unsere Wahlkreise verlieren, ich sei über die Liste wieder drin.

Dreimal unterbreche ich meinen Wahlkampf in Hamburg für Einsätze in der Nähe von Göttingen, in Osterholz-Scharmbek und in Wilhelmshaven. Das sind abenteuerliche Reisen. Am frühen Nachmittag parke ich mein Auto am Bahnhof Hamburg-Dammtor. Wenn ich nach Mitternacht wieder zurück bin, springt bei arktischen Temperaturen mein altersschwaches Gefährt kaum an. Eisenbahnfahrten in meist stark verspäteten Zügen. Die Mitreisenden reden auf mich ein. Nach der Ankunft ein Pressegespräch und die gutbesuchte Versammlung. Es ist wie in einem Science-fiction-Film. Ich verkünde unter anderem unsere steuerpolitischen Absichten. Alle sind sehr freundlich. Doch die meisten wissen, daß wir überhaupt nicht in die Verlegenheit kommen werden, unsere politischen Vorstellungen in die Realität umzusetzen.

Am 13. Januar tritt in der obligaten Fernsehrunde zur Wirtschafts- und Finanzpolitik Klaus von Dohnanyi an. Wir hatten ihm vor Weihnachten von Bonn aus angeboten, ihn bei seiner Vorbereitung auf dieses Duell zu unterstützen. Aber Dohnanyi brauchte uns nicht. Und es bleibt Raus Geheimnis, warum Dohnanyi uns in dieser Runde vertritt. Die Urteile sind mäßig. Mich interessiert das nicht mehr. Eigentlich bin ich froh, daß ich nicht in diese Runde mußte. So habe ich meine Nerven geschont. Auch ich wäre gegen Stoltenberg nur zweiter Sieger geworden, und im Wahlkreis bewirkt das sowieso nichts.

Die Hausbesuche werden immer wichtiger. Denn draußen an den Infoständen geht bei diesen Temperaturen nichts. Es passiert mir auch, daß die Genossen nicht kommen. Sie werden erst wieder auftauchen, wenn es darum geht, das Wahlergebnis zu bekakeln. In diesem Getümmel verliert man die Übersicht, wie die Auseinandersetzung nun wirklich steht. Leicht kann man sich einreden, es wird alles gut ausgehen. Das aber ist ein Irrtum. Es wäre mehr als erstaunlich, wenn ich meinen Wahlkreis halten könnte. Die Möglichkeiten, die die Wähler mit ihrer Erst- und Zweitstimme haben, sind kaum rüberzubringen, obwohl mich viele Bürger mögen und schätzen und mich wieder in Bonn sehen wollen. Henning Voscherau fragt mich auf einer Versammlung: »Wo kann ich dir kondolieren, wenn du draußen bist?« Kein Gedanke daran, daß meine Niederlage auch eine Niederlage der SPD in Hamburg ist.

Die Vorbehalte gegen die SPD, vor allem in Hamburg, werden immer spürbarer. Manche Bürger glauben allzugern den optimistischen Schalmeienklängen der Regierenden und haben wenig Freude an unseren Warnungen. Die heile Welt ist gefragt und viel mehr Salz auf den vereisten Straßen.

Der Wahlkampf kocht über. Bonn macht in meinem Wahlkreis für Johannes Rau eine Zweitstimmenkampagne. Ich ziehe mit Anzeigen für meine Erststimme nach. Bonn bezahlt auch meine Anzeigen. Unsere zentrale Abschlußkundgebung findet in der Kampnagel-Fabrik statt. Wir können unsere Mitglieder nicht motivieren. So sitzen wir mit 250 Leuten in einer großen, kalten Halle und lassen ein teures, belangloses Musikprogramm über uns ergehen. Die einzige echte politische Einlage besteht aus einer Protestaktion der Bewohner der Hafenstraße. Sie bekommen von Ortwin Runde höchstpersönlich das Mikrofon überreicht, damit sie uns so richtig und für jeden hörbar anmachen können. Klose und Paterna kommen gar nicht erst. Als ich zu meinen Schlußbemerkungen ansetze, sind die meisten der wenigen schon nach Hause gegangen.

Mein letzter Auftritt bei einer öffentlichen Versammlung findet am Mittwoch, dem 21. Januar, auf der zweiten Podiumsdiskussion der Friedensbewegung in meinem Wahlkreis statt. Der Besuch ist diesmal nicht schlecht, gut hundert vor allem junge Leute. Ich bestehe dieses »Auswärtsspiel« gut, ich bin professionell kurz, bekenne mich uneingeschränkt zu meiner Vergangenheit und lasse mich nicht provozieren. Die GAL und die Friedensliste sind sich nicht völlig grün. Der FDP-Vertreter redet Unsinn. Mein CDU-Gegenkandidat läßt sich erneut vertreten.

Dann geht der Wahlkampf am Sonnabend mit zwei Treffen mit Behinderten zu Ende. Viele Genossen haben abseits gestanden. Sie wollen das Bündnis mit den Grünen, Hans Apel und Helmut Schmidt sind für sie die Schrecklichen aus der Vergangenheit. Viele der Wähler sagen aber: »Helmut Schmidt und Hans Apel,

das ist die SPD, die wir wollen. Aber die SPD heute? Da haben wir
Zweifel.« Meine Nervosität nimmt dramatisch zu. Ich ramponiere
ein Blinklicht an meinem Auto. Am Abend des Wahltags werde ich
ruhiger. Es läuft gut an. Die Hochrechnungen signalisieren größere
CDU-Verluste, für uns keine Veränderung. Da werde ich wider
besseres Wissen optimistisch. Doch dann teilt mir unser Bezirks-
amtsleiter Werner Weidemann mit, die Briefwähler zeigten, daß
die Grünen kaum zu meinen Gunsten splitteten, während FDP
und CDU durchgängig splitteten. Um 20 Uhr 30 ist klar: Der
Wahlkreis ist weg.

Es ist kein Trost, daß ich viel weniger Erststimmen verloren habe
als die meisten meiner Hamburger SPD-Mitbewerber. Auch Al-
tona geht verloren. Wir fallen auf 41,2 Prozent bei den Zweitstim-
men zurück. Also fünf Mandate für die SPD, und für mich das Aus.
Ingrid, die sich das immer gewünscht hat, weint fürchterlich.
Tochter Hanne ist tief betroffen. Ich wahre mit Mühe die Fassung.
Wir reden viel, trinken Bier zur Beruhigung und schlafen auch
streckenweise. Das Telefon klingelt bis tief in die Nacht. Hanne
nimmt ab und sagt, daß ihre Eltern nicht da sind.

Deprimiert sitzen wir am Frühstückstisch. Nach Bonn zum Parteivorstand bin ich nicht geflogen. Ich muß nicht an meiner Beerdigung teilnehmen. Und dann sagt mir Ursula Reichelt am Telefon, im Radio hieß es, ich sei nun über die Liste doch gewählt. Ich
will das nicht glauben. Aber der Landeswahlleiter bestätigt mir
das. Und das Telefon klingelt und klingelt.

Die Abrechnung sieht trotz des Verlusts des Wahlkreises im Vergleich zu den anderen sechs Hamburger Wahlkreisen und ihren
SPD-Bewerbern gut aus. Nur Hans-Ulrich Klose hat weniger
(4,0%) an Erststimmen verloren als ich (5,1%). Freimut Duve
verliert 7,2 Prozent, Peter Paterna sogar 7,7 Prozent; letzter ist Rolf
Niese in Bergedorf. Bei der Differenz zwischen Erst- und Zweitstim-
men liege ich klar an der Spitze mit + 4,5 Prozent. Klose hat nur
+ 3,1 Prozent und Duve landet auf dem 5. Platz mit + 2,8 Prozent. Diese Statistik geht den Distriktsvorsitzenden zu, damit sich
keine Legenden bilden.

Vier Tage nach den Bundestagswahlen melden die Zeitungen,

Heide Simonis werde gedrängt, als finanzpolitische Sprecherin gegen mich in der Fraktion zu kandidieren. Am Freitag ist es dann laut PPP definitiv. Ich weiß nicht, was das soll. An meiner Arbeit ist sachlich nichts auszusetzen. Die Fraktion war stets hochzufrieden. Ich habe unsere Steuerpolitik durchgesetzt. Sie wurde laut den Allensbacher Untersuchungen zu einem Wahlschlager für uns. Die CDU-Steuerpolitik wurde zu einem Rohrkrepierer. Doch was zählt das alles? Nun sollen die letzten Schmidtianer und Rechten raus. »Zu neuen Ufern« heißt die Parole, wie unwirtlich sie auch sein mögen. Natürlich stelle ich mich der Wahl. Am Sonnabend vormittag ruft Heide Simonis an. Sie kandidiere gegen mich, weil wir eine expansive Finanzpolitik brauchen, keine Angst vor neuen Schulden. Steuererhöhungen statt Steuersenkungen. Kurz, eine Neuorientierung in der Finanzpolitik. Ich nehme das ohne Kommentar zur Kenntnis.

Auch bevor Heide Simonis ihre Kandidatur zurückzieht, gehe ich in Bonn wieder in die vollen. Meine Devise ist »Weitermachen«. Und es lohnt sich. Kurz nach den Wahlen stockt die Koalition die von ihr zum 1. Januar 1988 vorgesehene Steuersenkung um 5,2 Milliarden DM auf. Erneut beweist sie, daß für sie Steuergerechtigkeit keine Maxime ihrer Steuerpolitik ist. Nach dieser Aufstockung sieht die Steuerentlastung so aus: Ein Verheirateter mit einem Brutto-Jahreslohn von 30 000 DM (2500 DM monatlich) erhält eine jährliche Steuerentlastung von 94 DM. Ein Verheirateter mit einem Brutto-Jahreslohn von 300 000 DM (25 000 DM monatlich) zahlt im Jahr 6256 DM weniger Steuern. Da macht das Opponieren Spaß. Es leuchtet ein, daß Steuersenkungen dieses Zuschnitts konjunkturell nichts bringen. Die Normalverdiener erhalten kaum mehr Kaufkraft, die Betuchten werden höchstens einen Teil ihrer Steuernachlässe ausgeben, den größeren Teil sparen. Und die öffentlichen Kassen werden leergeräumt. Diese Milliarden fehlen im Kampf gegen die Massenarbeitslosigkeit.

Doch außer Kritik an der Politik der Koalition bleibt uns wenig. Ich versuche, die Fraktion davon zu überzeugen, daß es klug wäre, der ungerechten Steuerpolitik der Koalition erneut unsere sozialdemokratische Alternative entgegenzustellen. Doch ich scheitere.

Die Mehrheit will staatlich finanzierte Konjunkturprogramme. Und so bleiben unsere Attacken auf Stoltenberg nur begrenzt wirksam. Die Bürger stöhnen unter ihrer zunehmenden Steuer- und Abgabenlast. Wir rechnen ihnen vor, wie schlimm sie dran sind. Wir spitzen den Mund und fordern eine konjunkturell wirksame und sozial gerechte Steuerpolitik. Nur pfeifen dürfen wir nicht.

Stoltenberg und die Koalition helfen uns aus der Patsche. Sie sind bereits bei der nächsten Steuersenkung, der großen Steuerreform des Jahres 1990. Die Steuern sollen noch einmal um rund 40 Milliarden DM gesenkt werden. Stoltenberg läßt offen, wieviel er durch Steuererhöhungen oder Abbau von Subventionen wieder hereinholen will. Er muß künftig wesentlich mehr Geld an die EG abführen. Bereits zugesagte Ausgaben wie das Babyjahr für die Trümmerfrauen drängen zur Kasse. Kurz, der Finanzminister und seine Koalition bieten uns mehr als eine offene Flanke. Ohne Aufgeregtheit, mit nüchternen Zahlen legen wir diese Schwächen bloß. Mit einem langen Atem werden wir es schaffen, die Steuer- und Finanzpolitik der Koalition und den dafür verantwortlichen Finanzminister von einem Prunkstück zu einer Hypothek für Kohl zu machen. Wenn uns die Partei nur läßt.

In den parlamentarischen Osterferien sind Ingrid und ich drei Wochen in den USA. Auf Einladung der Woodrow Wilson Foundation soll ich am Bowdoin College in Maine und am Grinnell College in Iowa je eine Woche lang als Gastdozent auftreten. Meine Themen: die Zukunft der Nato und die Weiterentwicklung der Ost–West-Beziehungen, aktuelle Probleme der Weltwirtschaft, Herkunft und Standort der Grünen, der europäische Binnenmarkt. Während ich am Bowdoin College eher am Rande mitlaufe – zu meiner öffentlichen Veranstaltung zur Ostpolitik erscheint kein offizieller Vertreter, ich stelle mich selbst vor –, ist die Woche am Grinnell College großartig. Wir werden gut betreut und lernen nicht nur das College kennen. Ich diskutiere mit Farmern über ihre Sorgen und unsere verfehlte EG-Agrarpolitik. Der örtlichen Zeitung, dem *Grinnell Herald Register*, stehe ich ebenso Rede und Antwort wie der regionalen Presse und den Rundfunkanstalten. Noch wichtiger aber sind meine Vorträge und meine vielfältigen Aktivitäten im College. Das macht Spaß, auch wenn mich die Dozenten und die Studenten unerbittlich ausfragen. Einige müssen Seminararbeiten schreiben, zur »Ethik der nuklearen Abschreckung«, zur »Bedeutung des Nato-Doppelbeschlusses für das Bündnis«. Sie rücken mir auch privat auf die Bude, um sich Klarheit zu verschaffen und Arbeit zu sparen. Als wir Grinnell verlassen, weiß ich, daß ich etwas bewegt habe. Wir laden einzelne zu uns ein und hoffen, in unserem Leben noch einmal in den Mittleren Westen und nach Grinnell zu kommen.

Ab Ostermontag sind wir in Washington. Ich drehe die übliche Runde: Internationaler Währungsfonds, Weltbank, Council of Economic Advisers, Congress, State Department. Neues gibt es kaum. Das Handelsbilanzdefizit der USA ist zu hoch. Das Haushaltsdefizit wird kaum geringer. Japan und wir tun aus der Sicht der Amerikaner zu wenig, um ihnen zu helfen. Man droht mit Protektionismus. Viele Leute kommen zu meinem Vortrag »Deutschland nach den Wahlen.« Man hat hier insbesondere im State Department sehr wohl registriert, daß die SPD auf absehbare Zeit keine Chance hat, bestimmenden Einfluß auf die deutsche Politik zu nehmen.

Ich nehme zu den Debatten über die Gorbatschow-Vorschläge zur Null-Lösung für die Mittelstreckenwaffen und die Waffen kürzerer Reichweite Stellung. Ich würde nicht einfach die Vorschläge der UdSSR unterschreiben, kritisiere aber sehr wohl die prompte Ablehnung durch Dregger und Wörner. Wir dürfen uns nicht den Schwarzen Peter holen. Maßstab muß sein, ob die Nato-Strategie der *flexible response* intakt bleibt, ob man fair verhandelt, ob und inwieweit die Vorschläge Gorbatschows wirklich tragen, insbesondere bei der Verifikation. – Ich bin froh, als wir im Flugzeug sitzen. Drei Wochen sind lang und anstrengend.

Schon wieder darf ich in Hamburg Wahlkampf machen. Die Bürgerschaft soll neu gewählt werden, da SPD, CDU und GAL nicht auf einen Nenner kommen konnten. Hartmut Reimer sagt mir, was die Linke im Kreis Nord von mir erwartet: »Ich werde zwar niemals für dich stimmen. Dennoch ist es deine Aufgabe, die

Apel-Wähler für die SPD zu motivieren.« Ich treffe Freimut Duve.
Er kommt lachend auf mich zu nach dem Motto: Was haben wir
mit dem »BMW« für Spaß gehabt. Ich kann mich nur schaudernd
abwenden.

Stoltenbergs Steuerreform

In Bonn haben mich in meiner Abwesenheit Präsidium und Parteivorstand zum Vorsitzenden einer dreizehnköpfigen Kommission
ernannt, die für unseren nächsten Bundesparteitag ein sozialdemokratisches Steuerkonzept vorlegen soll. Dieser Beschluß entspringt
nicht einer Begeisterung für dieses Thema. Vielmehr ist er die
Folge einer Forderung unseres Nürnberger Parteitages, nach dem
dieses Thema auf dem nächsten Bundesparteitag unter einem besonderen Tagesordnungspunkt diskutiert werden soll. Ich lasse mir
Zeit. Denn erst einmal muß klar sein, wohin die Reise der Koalition geht.

Gerhard Stoltenberg bringt sich selbst um seinen politischen
Kredit. Ich weiß aus eigener Erfahrung, daß Finanzminister auf
Dauer keine Chance haben, ihr hohes Ansehen zu bewahren. Bei
unserer chronisch schlechten Kassenlage, der hohen jährlichen
Neuverschuldung hat der Finanzminister die Wahl, entweder an-
haltend zu allen aus seiner Sicht überzogenen Ausgabenwünschen
nein zu sagen, dann wird er bei seinen Kabinettskollegen und allen
Interessierten zum bestgehaßten Politiker. Oder aber er zieht seine
Spendierhosen an, dann verliert er sein Renommee als sparsamer
Hausvater. Ein sparsamer Hausvater kann der Finanzminister
aber nur sein, wenn ihn sein Bundeskanzler uneingeschränkt
unterstützt.

Stoltenberg erweckt zwar den Eindruck, als sei er der sparsame
Hausvater, als habe er die Staatsfinanzen im Griff. Tatsächlich
durchbricht er selbst und ohne Not immer wieder die von ihm
verkündete Maxime der Sparsamkeit. Am sorglosesten springt er
mit den Milliarden um, als unsere Landwirtschaft wegen drohen-
der Einkommensverluste in der EG Druck auf ihn ausübt. So etwas
macht Schule. Man weiß nun, daß der Finanzminister so stark

auch nicht ist, und nutzt das weidlich aus. Stoltenberg begegnet mir zufällig im Langen Eugen. Ganz gegen seine sonstige Art packt er meine Hand und will sie überhaupt nicht wieder loslassen. Ich sage ihm, ich hätte in diesen Tagen oft an ihn gedacht: »Der arme Junge...«, denn ich wüßte ja aus eigener Erfahrung, was so läuft. Er ist dankbar für mein Mitgefühl und stört sich nicht einmal an meiner Ausdrucksweise.

Seinen schwersten Fehler macht der Finanzminister, als er es zuläßt, daß die Koalition im März dieses Jahres für 1990 eine weitere Steuersenkung von etwa 39 Milliarden DM beschließt und bereits detailliert festlegt, wie sich die Steuererleichterungen auf Unternehmen, Selbständige und Arbeitnehmer verteilen, es aber späteren Beschlüssen überläßt, woher die 19 Milliarden DM kommen sollen, die er zur Teilfinanzierung braucht. Das hätte mit mir niemand machen können. Denn die Koalition kann sich jetzt mit den Wohltaten brüsten, der Finanzminister kann später sehen, wo er das Geld herbekommt. So macht er sich selbst zum Buhmann, muß hinter seinen Kabinettskollegen herlaufen. In jedem Falle werden seine Kollegen und die Abgeordneten der Koalition immer dann mit dem Finger auf den Finanzminister zeigen, wenn die Kritik an seinen Vorschlägen zur Finanzierung des Steuerpakets zu groß wird. Ich verstehe nicht, warum er die einfache politische Weisheit nicht beachtet hat: Wir wollen die Steuern senken, o.k.; einen Teil müssen wir aber durch Steuererhöhungen und den Wegfall von Steuervergünstigungen finanzieren. Wer die Sahnetorte verspeisen will, muß gleichzeitig auch die Kröten schlucken.

Da ist es auch nicht schwer für mich, in der direkten Auseinandersetzung mit Stoltenberg im Fernsehen gut abzuschneiden. Wir können keck, aber mit gutem Grund behaupten, Stoltenberg werde den Arbeitnehmern Steuererleichterungen wie den Arbeitnehmerfreibetrag und den Weihnachtsfreibetrag streichen und massiv die Verbrauchssteuern anheben. Er kann das, wenn überhaupt, nur schwach dementieren. Denn er muß sich schließlich alle Möglichkeiten für spätere Beschlüsse zur Finanzierung seiner Steuerreform offenhalten.

Nur die Steuerentlastungen lassen sich bereits heute aufgrund der Beschlüsse der Koalition berechnen. Die Spitzensteuersätze bei der Körperschaftssteuer und der Lohn- und Einkommensteuer werden gesenkt. Oberbürgermeister Rommel (CDU) sagt öffentlich, er halte es für ungerecht und konjunkturell sinnlos, wenn ihm die Bonner Koalition ab 1990 jährlich etwa 20000 DM an Einkommensteuer nachlasse. Eine Verkäuferin mit einem monatlichen Bruttolohn von 2000 DM soll dagegen ab 1990 jährlich 436 DM weniger Lohnsteuer bezahlen. Diese Zahlen sprechen für sich. Und mit Fleiß rechnen wir den Beziehern kleiner und mittlerer Einkommen vor, daß für sie unter dem Strich überhaupt nichts bleibt, weil das dicke Ende der Steuererhöhungen zur Finanzierung dieser Steuerreform ja erst noch kommt. Unsere Argumentation schlägt voll durch. Eine bei Infratest in Auftrag gegebene Meinungsumfrage zeigt das. Die Steuerreform ist politisch tot, ehe sie überhaupt in Kraft tritt. Nur 9 Prozent erwarten für sich eine Netto-Entlastung.

Neben Dieter Spöri trage ich die Hauptlast dieser Auseinandersetzung. Eine dichte Kette von Interviews, Pressegesprächen und Presseerklärungen ist nötig, um den Finanzminister in Schwierigkeiten zu bringen und die Bürger zu informieren. Der Erfolg macht mir nicht nur Freunde in der Fraktion. Es gibt auch Ärger. Rudi Walther, der Vorsitzende des Haushaltsausschusses, formuliert das so: »Unseren täglichen Apel gib uns heute.« Doch wenn ich sie bitte, sich in die Offensive einzubringen, geschieht meistens nichts. Denn harte politische Arbeit stört schließlich auch die Bonner Gemütlichkeit.

Langfristig genügt es aber nicht, wenn wir nur kritisieren und angreifen. Noch kann ich auf die Dreizehner-Kommission des Parteivorstands unter meinem Vorsitz verweisen und mich mit allgemeinen Forderungen über die Runden retten, wie Entlastung für die kleinen und mittleren Einkommen ohne Mehrwertsteueranhebung und ohne dadurch die Finanzen unseres Gemeinwesens leckzuschlagen. Es muß sich erst noch zeigen, ob die Partei überhaupt zu konstruktiver Arbeit in diesem Bereich fähig ist. Dabei weiß ich natürlich, wie schwierig das angesichts der leeren Kassen vieler

Gemeinden und der SPD-regierten Bundesländer ist. Dennoch kann unsere Antwort auf Stoltenberg nicht einfach »nichts« sein. Meine Kondition läßt in diesem Dauerstreß nach. Ich kann mein Alter nicht mehr leugnen. Ich treffe einen schmerzlichen Entschluß: Ende Mai gebe ich mein regelmäßiges sonntägliches Fußballspielen auf. Die Mannschaft »Hans Apel und Consorten« bestand seit 1974. Allein durch unsere Benefiz-Spiele gegen die Hamburger Schauspieler zugunsten der Alsterdorfer Anstalten haben wir über die Jahre 75000 DM eingespielt. Eine Reihe meiner Freunde hat bereits das Handtuch werfen müssen, nun bin ich dran. Mir bleibt das Segeln und der FC St. Pauli.

Wir werden Dritter in der 2. Bundesliga und müssen nun gegen den Drittletzten der 1. Bundesliga, den FC Homburg, zwei Relegationsspiele um den Aufstieg in die 1. Bundesliga austragen. Am 21. Juni sind Ingrid und ich in Homburg. Wir verlieren 1:3 und können in Hamburg nur 2:1 gewinnen. Also bleiben wir noch ein weiteres Jahr in der 2. Bundesliga. Im Homburger Stadion werde ich öffentlich begrüßt: »Wir freuen uns, unseren früheren Finanz- und Verteidigungsminister Hans Apel als Fan des FC St. Pauli bei uns begrüßen zu können.« Der saarländische Umweltminister Jo Leinen wird ebenfalls willkommen geheißen: »Wir freuen uns, daß Minister Joschka Fischer bei uns ist.« Da haben wir in Homburg wenigstens einmal etwas zu lachen.

Ende August sind die Koalitionsverhandlungen zwischen der SPD und der FDP soweit, daß Klaus von Dohnanyi seine Senatorenliste zusammenstellen kann. Die Genossinnen in der Arbeitsgemeinschaft Sozialdemokratischer Frauen machen Druck. Sie fordern für ihr Geschlecht eine Reihe von Senatorposten. Von Dohnanyi gibt nach. Ich höre in den NDR-Abendnachrichten des 28. August, daß er dafür seinen Finanzsenator Horst Gobrecht in die Wüste schickt. Sofort rufe ich Gobrecht an, um ihn zu trösten und ihm meine Hilfe anzubieten. Das ist ein langes, trauriges Gespräch. Über Klaus von Dohnanyi müssen wir uns nicht lange unterhalten. Wie es weitergehen kann, wissen wir nicht. Aber ich spüre, wie wichtig es für Gobrecht ist, daß sich einer seiner politischen Weggenossen bei ihm meldet und ihm Mut zuspricht.

Vom 8. bis zum 11. September findet die erste Lesung des Bundeshaushalts 1988 statt. Wir bilden uns ein, wir hätten viel bewegt.
Davon kann natürlich nicht die Rede sein; belanglos sind derartige
Veranstaltungen allerdings auch nicht. Da Hunderttausende bei
diesen Live-Übertragungen zusehen, prägt sich langsam ein politisches Bild. Stoltenberg wird entblättert. Das geht langsamer, als
viele unserer Genossen denken, und das ist nicht nur zu unserem
Vorteil. Das Urteil der parteilich nicht Gebundenen ist wohl eher,
nun kann auch der nicht mit dem Geld umgehen, als daß neues
Vertrauen in die SPD-Steuer- und Finanzpolitik erblüht. Stoltenberg wird kleiner und damit seine Amtsvorgänger Apel und Matthöfer größer. Und natürlich hat diese Debatte auch meine Position
innerhalb der Partei und in der Fraktion gestärkt. Vogel lobt mich
vor der Fraktion. Derzeit bin ich der unumstrittene Meinungsführer. Ich nehme das zur Kenntnis, denn Ingrid hat sicher recht: Das
ändert sich schnell. Unsere Opposition gegen Stoltenbergs Politik
ist eine Sache, die Entwicklung und die Durchsetzung unserer
Konzeption eine andere. Das alles liegt noch vor mir, und ich
werde ganz allein kämpfen müssen. Dieter Spöri hat mir bereits
gesagt, daß es natürlich für seinen Landtagswahlkampf in Baden-
Württemberg im nächsten Frühjahr gut wäre, wenn wir über ein
sozialdemokratisches Steuerkonzept verfügten. Er könne sich aber
am Kampf dafür wegen seines Engagements als Spitzenkandidat
nicht beteiligen.

Bemerkenswert ist es, wenn mir nach meiner Rede nicht nur die
Genossen gratulieren, sondern auch der Grünen-MdB Stratmann
auf mich zukommt: »Ich bekämpfe alles, wofür Sie politisch stehen. Aber Ihre Rede war Klasse. Und dazu möchte ich Ihnen
gratulieren.« Daß mir Otto Schily ähnliches sagt, ist schon weniger
verwunderlich. Doch der Preis ist hoch. Viel Arbeit und Nervosität
vorher, körperliche Probleme hinterher. Der Zahn der Zeit nagt.
Und auch Stoltenberg wird seine Grenzen noch erfahren müssen.

Ende September machen Ingrid und ich eine Reise in die Vergangenheit. Ich hatte Fraktionskollegen schon lange versprochen,
auf Veranstaltungen zu sprechen, so daß wir in einer sitzungsfreien
Woche nach Bayern fahren. Unser altes Auto bringt uns nach

Würzburg. Wir übernachten in einem schönen Hotel oberhalb der Stadt. Am nächsten Vormittag wandern wir bei herrlichem Sonnenschein durch die Straßen der Stadt und versuchen, die Stätten wiederzufinden, die wir aus unserer Jugendzeit kennen. In Marktredwitz spreche ich auf einer großen Versammlung der IG Chemie zur Steuerpolitik. In Bayreuth treffen wir uns mit Günter Verheugen. Bis spät in die Nacht sausen wir durch seinen Wahlkreis, er hat sechs Termine für mich gemacht. Ich rede und rede. Von Oberfranken sehen wir nichts. Doch den folgenden Vormittag haben wir wieder für uns. Die Wallfahrtskirche Vierzehnheiligen erinnert uns daran, wie wir 1951 atemlos vor diesem Bauwerk gestanden haben. So stehen wir auch heute, Hand in Hand.

Am Freitag sind wir nach 2000 Kilometern Autofahrt wieder zu Hause. Es war wunderschön. Ich steige in die Badewanne, um die Anstrengung wegzuspülen und das Rheuma in meiner Schulter zu lindern. Hanne kommt auf dem Weg in ihre Mansarde vorbei, klappt den Klodeckel runter. Die angehende Logopädin muß ihre Erfahrungen mit den Schlaganfallpatienten im Albertinenhaus loswerden. Und da sitzt die 23jährige in schwarzen Strumpfhosen und redet mit ihrem Vater. Ingrid kommt auch noch. »Wir können den Rest des Hauses vermieten. Was sollen wir damit«, meint sie. Und wir reden und reden.

Am Wochenende vom 10./11. Oktober tagt die Koalition, um nun auch den Finanzierungsteil ihrer Steuerreform 1990 zu beschließen. Wettbewerbsgleichheit zwischen Regierung und Opposition gibt es nicht. Am Sonnabend bin ich um 16 Uhr im Büro. Jochen Schwarzer, Otto Ebnet und Jürgen Wagner warten auf mich. Wir vier wollen den Kampf gegen die Phalanx der Steuer- und Finanzpolitiker der Koalition und die dahinterstehenden Heerscharen der Experten aufnehmen. Sie haben auch noch zeitliche Vorteile, wir können nur reagieren.

Meine drei Mitarbeiter sind deprimiert, denn nun wissen wir, daß weder Mehrwertsteuer noch Mineralölsteuer direkt zur Finanzierung des Steuerpakets erhöht werden. Haben wir nun verloren? Ich sage: Keineswegs. Wir müssen nur unsere Argumentation neu sortieren: Sie haben bereits Verbrauchssteueranhebungen zur EG-

Finanzierung beschlossen. Die Mehrwertsteuererhöhung ist unvermeidlich zur Haushaltsfinanzierung. Sie wird kommen, wenn auch erst nach den nächsten Bundestagswahlen. Für die Steuerzahler ist es aber gleichgültig, mit welcher Begründung sie zur Kasse gebeten werden. Und jetzt belasten sie mit ihren Vorschlägen zur Teilfinanzierung ihrer Steuerreform vor allem Arbeitnehmer und Rentner, die vorher sowieso kaum entlastet werden.

Damit liege ich richtig. Stoltenberg schließt im Fernsehen spätere Verbrauchssteuererhöhungen nicht aus, auch nicht die Erhöhung der Mehrwertsteuer. – Natürlich sind wir nicht die strahlenden Sieger. Die Regierung ist in der Vorhand, auch bei der Berichterstattung. Aber wir sind dabei, auch in ARD und ZDF. Die Partei erhält umgehend eine Sprachregelung. Das Bild steht: Stoltenbergs Steuerpolitik ist ungerecht und schlägt die öffentlichen Kassen leck. Das ist wichtig, denn der erste Eindruck von politischen Entscheidungen ist prägend. Und deshalb hat sich unsere schlimme und anstrengende Wochenendarbeit gelohnt. Ohne meinen festen Willen wäre aber nicht viel gelaufen.

Am Montag, dem 12. Oktober, berichte ich im Präsidium über die Beschlüsse der Koalition und bewerte sie. Wir sprechen über unser Steuerpaket. Eppler fordert mindestens 15 Pfennig Mineralölsteuererhöhung zur Finanzierung des noch von uns zu erarbeitenden Steuerpakets. Ich sage ihm kühl, daß ich das nicht vorschlagen werde. Ich würde nicht die Wut über Stoltenberg auf uns leiten. Auch im Vorstand und in der Fraktion diskutieren wir die Beschlüsse der Koalition. Defätismus kann ich zurückdrängen. In einer aktuellen Stunde im Bundestag kommen wir ganz gut durch. Die vergleichsweise präzise Arbeit der Koalition und ihr Ergebnis, das besser ist als erwartet, stärken die Überzeugung, daß wir ein detailliertes Alternativkonzept brauchen. Eine Argumentationshilfe zur Steuerpolitik soll bis zum Freitag dieser Woche bereitliegen und so formuliert sein, daß auch Nicht-Genossen verstehen, um was es geht. Und wieder sind dieselben Leute in Tag- und Nacht-Arbeit dran.

Ich beginne mit den Arbeiten für unsere Alternative zur Steuerpolitik der Koalition. Doch bereits unsere erste Sitzung der Arbeitsgruppe Steuern Anfang Oktober hatte gezeigt, wie schwer es sein würde, ein sozialdemokratisches Steuerkonzept zu entwickeln und durchzusetzen. Tenor ist, daß man Steuersenkungen ablehnt und deshalb auch ein eigenes Steuerkonzept. Wir müßten das Geld in beschäftigungspolitische Aktivitäten stecken. Eine gespenstische Debatte, wenn man bedenkt, daß wir keineswegs ein Konzept beschließen, das Realität wird. Wir müssen konkurrenzfähig werden und gut aussehen. Warum ist das so schwer zu begreifen?

Am Montag, dem 19. Oktober, geht die Auseinandersetzung im Parteirat weiter. Die Partei wolle keine Steuersenkungen. Wir brauchten unser Geld für die Sozialpolitik. Farthmann meint: »Bei unserer Klientel haben wir keine Chance, über Steuersenkungen Stimmen zu sammeln.« Kommunalpolitiker wie Krings und Eichel lassen ihren Ärger und ihre Angst vor Stoltenbergs Politik an den Steuerpolitikern der SPD aus. Die Führungsriege schweigt. Anke Fuchs immerhin erklärt sich zufrieden mit meiner Aussage, ich wolle nicht den »armen Staat«: »Es wird schwierig, Genossen. Deshalb dürfen wir den Sack nicht zu schnell zubinden.« Ich versuche noch einmal dem Parteirat klarzumachen, wie es um die Partei bestellt sein würde, wenn wir nur nein sagen würden, ohne eigenes Konzept. Erst im Parteivorstand anschließend weist Vogel vor knapp zwanzig Anwesenden darauf hin, was wir auf unserem Nürnberger Parteitag beschlossen haben.

Am Donnerstag tagt der »Apel-Kreis«, die Finanzminister der vier sozialdemokratisch regierten Länder und die Finanzpolitiker der Fraktion. Erneut kommt es zum Krach. Posser und Hans Kasper: Stoltenberg und seine Politik kritisieren – ja. Denn die Kassen sind leer, die Schulden so groß, daß nichts mehr geht. Aber kein eigenes Konzept der SPD. Ich frage sie, ob ich sie richtig verstünde, daß ein SPD-Steuerkonzept mit Nettoentlastungen, wenn auch gerechter und billiger, Stoltenbergs Politik hoffähig mache. So ist es, sagen sie. Als ich dann wissen will, ob wir im Wahlkampf 1990 verkünden sollen, wir wollten alles ersatzlos rückgängig machen, erhalte ich keine Antwort. Nur Claus Grobecker begreift, daß es so nicht geht.

Am Montag, dem 2. November, bin ich erneut im Präsidium

der Partei, um von dort für unsere Arbeitsgruppe Finanzen/
Steuern Klarheit und Orientierung zu bekommen. Ich stelle die
Alternativen dar: Verzicht auf eigene steuerpolitische Vorstellun-
gen, Kritik der Regierungspläne oder ein eigenes Steuerkonzept,
das die Finanzkraft unseres Gemeinwesens schont und für mehr
Steuergerechtigkeit sorgt. Erhard Eppler nimmt als erster das
Wort: Die SPD würde erst dann wieder Regierungsmacht übernehmen, wenn die Karre endgültig im Dreck festsitzt; und unsere
Aussagen zur Steuerpolitik im Jahre 1988 dürften nicht im Gegensatz stehen zu denen, die 1989 im Grundsatzprogramm stünden.
Deshalb sagen wir nur: so nicht, bleiben allgemein, machen aber
deutlich, daß Energie drastisch teurer werden muß, der Liter Benzin um 25 bis 30 Pfennige. Und dann folgen die anderen Präsiden.
Glotz, Wieczorek-Zeul auf der Eppler-Linie. Anke Fuchs, Johannes Rau so, daß ihre Bemerkungen kaum als Unterstützung für
meine Überzeugung zu werten sind. Nur Egon Bahr bezieht Position. Er verstehe zwar überhaupt nichts von der Materie. Ihm sei
aber klar, daß es für die SPD völlig unerträglich sei, nur zu kritisieren, ohne ein eigenes Konzept zu haben. »Wir werden Zeichen
setzen, entweder durch Handeln und ein eigenes Konzept oder
durch bloßes Kritisieren. Bloßes Kritisieren bescheinigt uns In-
kompetenz.« Vogel liest wie immer Akten und will mir das Schlußwort geben. Ich lehne das ab. Das Präsidium müsse heute Stellung
beziehen: Will es eine massive Erhöhung der Mineralölsteuer, überhaupt ein Konzept? Vogel liest uns unsere Nürnberger Beschlüsse
vor: »Wir müssen konkreter werden können.« Da ist wohl Spöris
Kommentar richtig: »Die werden dich eiskalt hängen lassen.«

Ring frei zur nächsten Runde. Diesmal am 16. November im
Parteivorstand. Henning Scherf hatte am 3. November 1987 in
einem PPP-Interview gesagt: »Es ist nicht richtig, Hans Apel allein
Steuerpolitik machen zu lassen, zumal der sich sowieso nur auf
zwei oder drei Zuarbeiter verläßt und sonst kaum wahrnimmt, was
die übrige Partei an Umverteilungsgerechtigkeit ändern möchte.«
Ich lese dieses Zitat vor – Henning Scherf sitzt neben mir – und
frage den Parteivorstand, ob dieser Aussage zugestimmt wird und
ob der Auftrag weiter gelte, daß eine Kommission unter meinem

Vorsitz dem Parteivorstand eine Vorlage für unseren nächsten Parteitag machen soll. Dann beginnt eine lustige Debatte. Henning Scherf bekommt auch Prügel. Rau schaltet sich ein: »Wir haben Hans Apel die Bearbeitung eines komplexen Themas übertragen. Nun fragt er sich, ob es überhaupt lohnt, weiterzuarbeiten. Und deshalb geht es so nicht.« Und so weiter und so weiter. Von den vierzig stimmberechtigten Mitgliedern sind sechzehn anwesend. Ergebnis: Wir werden unsere Arbeit fortsetzen.

Vor Weihnachen gibt es für mich viel Arbeit. Wir müssen weiterhin die Steuer- und Finanzpolitik der Koalition attackieren nach dem Motto: »Unseren täglichen Apel gib uns heute.« Ende November zweite und dritte Lesung des Bundeshaushalts 1988. Hans Koschnick redet in atemberaubendem Tempo, verschluckt halbe Sätze. Ich sage zur Fraktion: »Wenn den eine Oma im Radio hört, schaltet sie um, weil sie glaubt, einen Türkensender eingestellt zu haben.« Alle lachen, Koschnick nimmt's nicht übel. Während meiner Rede spreche ich den Abgeordneten Glos von der CSU an. Ich sage Glos. Er will aber Gloos ausgesprochen werden und sagt: »Sonst sage ich Herr Apfel zu Ihnen.« Meine spontane Reaktion: »Sie können gern Herr Apfel zu mir sagen. Wenn Sie aber Herr Birne zu mir sagen, bin ich beleidigt.« Da biegt sich das Parlament vor Lachen, und ich habe gewonnen.

Schwieriger ist es für mich, die Fraktion und die von uns regierten Bundesländer bei der Neuordnung des Finanzausgleichs zusammenzuhalten. Stoltenberg und die Ministerpräsidenten der CDU-regierten Länder haben sich auf ein Paket geeinigt, das die vier SPD-Länder eindeutig benachteiligt. Es ist klar, daß sie diese Vereinbarung unverändert durch den Bundestag und den Bundesrat bringen werden. Dennoch streiten sich die SPD-regierten Länder weiter. Posser: »Wir dürfen keinen Antrag zugunsten einer verbesserten Einwohnerwertung für Hamburg und Bremen stellen. Das kostet das Geld von Nordrhein-Westfalen.« Welch ein Unsinn, das kostet überhaupt nichts, weil die CDU/FDP-Mehrheit sowieso alles ablehnt. Jochen Poß, Ingrid Matthäus-Maier und andere: »Wir haben nur Chancen für unsere NRW-Anträge. Deshalb dürfen wir keine Anträge zugunsten anderer Bundesländer stellen.«

Dito. Grobecker: »Bremen muß mit dem Saarland gleichgestellt werden. Alles andere ist verfassungswidrig. Und deshalb werde ich Erfolg haben.« Auch er irrt sich. Aber immerhin ist er Politiker genug, zu akzeptieren, daß ich nicht die Interessen nur eines der von uns regierten Bundesländer in der SPD-Fraktion vertreten kann.

Mit dieser chaotischen Schlachtordnung gehe ich am Montag, dem 9. November, in den Fraktionsvorstand, um unser Abstimmungsverhalten im Finanzausschuß des Bundestages vorzubereiten. Ich setze mich durch. Wir beschließen einstimmig unsere Anträge zugunsten der von uns regierten Länder und für Rheinland-Pfalz. Obwohl man froh ist, daß ich die Führung übernommen habe und die Einheit der Fraktion gesichert werden kann, mosert man kräftig hinter meinem Rücken. Vor allem Posser möchte diesen Konsens wieder aufknacken. Und dann kommt am Donnerstag im Finanzausschuß in meiner Gegenwart die Stunde der Wahrheit. Natürlich wird jeder SPD-Antrag abgelehnt. Die Koalition scheut sich nicht zu erklären, man habe ergebnisorientiert verhandelt und beschlossen, also eben nicht die Vorgaben der Verfassung und des Urteils des Verfassungsgerichts voll beachtet. Das hätten sie nicht für möglich gehalten, sagen die Sozialdemokraten und sind froh, daß wir vor diesem Koalitionsbeton als Partei und Fraktion nicht auseinandergefallen sind. Konnten sie wirklich nicht ahnen, daß die Koalition dieses Kartenhaus bauen mußte, um Niedersachsen so viel Geld zuzuschustern, daß dieses Land sein Veto gegen Stoltenbergs Steuerpläne aufgeben kann?

Am Freitag, 4. Dezember, wird dreieinhalb Stunden debattiert zur Verabschiedung des achten Gesetzes zur Neuordnung des Finanzausgleichs. Ich halte die Fraktion und die Bundesratsbank – Dohnanyi, Wedemeier, Posser – zeitlich und politisch auf Kurs. Wir haben zwar keine Mehrheit, kommen aber gut über die Runden. Alle klatschen zu meinen letzten Bemerkungen in der Debatte. Das ist schön, aber auch nur in der Opposition so einfach. Außerdem wird dieses Gesetz sowieso erneut in Karlsruhe landen.

In unserem Garten haben sich Wühlmäuse eingenistet. Es sieht ziemlich schlimm aus. Im Gartencenter kaufe ich kurz vor Weihnachten Gift. »Eigentlich kenne ich Sie ja, also muß ich Ihren Kauf nicht im Giftbuch vermerken«, so die Verkäuferin. »Aber«, so fährt sie fort, »wie war das eigentlich mit Barschel, dem haben doch auch alle vertraut? Und Sie sind auch Politiker. Da will ich doch Ihr Wühlmausgift, mit dem Menschen umgebracht werden können, lieber eintragen.« Sie lacht dabei nicht. Auch hier sind die Konsequenzen dieses Skandals zu sehen. Unser aller Ansehen wird in Mitleidenschaft gezogen. Aber täuschen wir uns nicht: Diese Affäre ist nur eine von vielen, die die traditionellen Parteien und ihre Politiker ins Zwielicht gebracht haben. Wir dürfen uns nicht wundern, wenn die Wähler ihre Schlußfolgerungen ziehen.

1988

Vogel oder Lafontaine?

Der eine ist Parteivorsitzender und Vorsitzender der Bundestagsfraktion. Er hat zwei Bürokratien zu seiner Verfügung. Die Tribüne des Deutschen Bundestages gibt ihm jede Möglichkeit, sich und seine politischen Überzeugungen darzustellen, wann immer er es will. Sein Zugang zur Bonner Journaille und damit zu den bundesdeutschen Medien ist unbegrenzt. Der andere ist stellvertretender Parteivorsitzender und Ministerpräsident des Saarlandes, eines Bundeslandes mit begrenzter politischer und ökonomischer Bedeutung. Da müßte in der SPD eigentlich klar sein, wer Koch und wer Kellner ist. Doch in der Politik ist es so einfach nicht. Zwar hatte Johannes Rau keine Chance, der SPD seinen Stempel aufzudrücken. Er hat es allerdings auch nicht versucht. Auch daran war er schließlich als Kanzlerkandidat gescheitert.

Doch Oskar Lafontaine ist aus anderem Holz. Er hat in den letzten Jahren immer wieder bewiesen, daß er immer dann ohne Rücksicht auf Verluste politische Akzente setzt, wenn es ihm nützt und ihn in den Mittelpunkt der öffentlichen Debatte rückt. Er war es, der den Kampf gegen Helmut Schmidt und die sozial-liberale Koalition rücksichtslos führte, um fünf Jahre später Schmidt und auch Karl Schiller als die bedeutendsten sozialdemokratischen Wirtschaftspolitiker zu bezeichnen. Er war es, der die Bekenntnisse von Johannes Rau zur Nato auch in der heißen Phase des letzten Bundestagswahlkampfs dadurch in Zweifel zog, daß er unseren Austritt aus der Nato-Integration forderte. Und auch diese Position wird er revidieren, wenn er das für geboten erachtet. Vogel folgt den jeweiligen Mehrheiten, Lafontaine sorgt sich um sein persönliches Profil. Dabei nimmt er auf niemanden Rücksicht, auch nicht auf seine Partei. Gewinnmaximierung ist für ihn kein kurzfristiges Ziel. Frühstück mit Genscher und Ausstieg aus der Kernenergie sind nur scheinbar politisch unvereinbar. Auf unserer ersten Sitzung des Parteivorstandes in diesem Jahr lobe ich Lafontaine wegen seiner bemerkenswerten Rede zur Wirtschaftspolitik Ende 1987. »Sie mag ja bemerkenswert sein. Aber weißt du, was er morgen will?« so ein prominenter Linker. Deutlicher kann Kritik nicht werden.

Allerdings hat es Vogel objektiv schwer. In seiner Doppelfunktion muß er den Laden zusammenhalten. Selbst wenn er wollte, könnte er nicht als Einzelkämpfer Themen hochziehen und mit ihnen beliebig umgehen. Ein politischer Führer darf diese Rolle aber nicht so verinnerlichen, daß jedes Profil verlorengeht, und Anpassung zum politischen Selbstzweck machen. Und so leben wir – allerdings gar nicht schlecht – neben den von Oskar Lafontaine entfachten Debatten ausschließlich von den Fehlern der Koalition und dem handwerklichen Versagen des Bundeskanzlers.

Nachdem die Hanauer Nuklearfirmen Nukem und Alkem bereits 1987 in Schwierigkeiten waren – darüber bricht die hessische Koalition von SPD und Grünen auseinander – weitet sich Anfang 1988 der Skandal aus. Unregelmäßigkeiten und Bestechungen beim Transport von Atommüll bei der Firma Transnuklear werden bekannt. Für die SPD nimmt Volker Hauff Stellung. Er erklärt am 7. Januar 1988: »Zur Zeit erleben wir den größten Vertrauensskandal einer Industriebranche seit Bestehen der Bundesrepublik... Mit großer krimineller Energie wurden bestehende Sicherheitsvorschriften verletzt, die dazu dienen, Leben und Gesundheit zu schützen. Ein ganzer Industriezweig hat sich nicht gesetzestreu verhalten. Die Verantwortung dafür haben die Vorstände und Aufsichtsräte zu tragen.«

Am 15. Januar geht Hauff einen Schritt weiter. »Es gibt zum gegenwärtigen Zeitpunkt den Hinweis, daß bei der Durchsuchung der Firma Nukem Dokumente gefunden wurden, die die Verletzung des Atomwaffensperrvertrages durch die Firma Transnuklear

belegen... Ich weiß aus seriöser Quelle, daß die Firma Transnuklear gegen den Atomwaffensperrvertrag verstoßen hat.« Nun hat
die SPD wieder ihre Beweise, daß es Schluß sein muß mit der
Kernenergie. Hans-Jochen Vogel kommentiert einen Präsidiums-
beschluß vom 18. Januar. Das Präsidium habe den endgültigen
Abschied von der friedlichen Verwendung der Kernenergie beschlossen. Doch Hauff kann keine Beweise für seine Behauptung
beibringen, der Atomwaffensperrvertrag sei verletzt worden. Er
muß sie zurücknehmen. Die Fraktion murrt, auch unsere Glaubwürdigkeit ist angekratzt.

Auf die Parteispitze macht das keinen Eindruck. Diese Chance
darf nicht ungenutzt bleiben. Die Zehn-Jahre-Ausstiegsfrist, die
schon verblaßte, kommt wieder fest und unverrückbar ins Visier.
Auch die Wähler können nun davon überzeugt werden, daß der
Schnellausstieg geboten ist. – Und so wird denn auch unser Auf-
trag für die Untersuchungskommission konzipiert: Aufklärung der
Schiebungen bei Transnuklear, das ist geboten, das will auch die
Koalitionsmehrheit. Wir aber wollen mehr. Der Nachweis soll er-
bracht werden, daß die Entsorgung nicht gesichert ist, daß die
Gefahren und Risiken beim Umgang, der Behandlung, dem
Transport und der Lagerung von Kernbrennstoffen und Atommüll
unerträglich hoch sind.

Hauff bekommt Angst vor seiner eigenen Courage. Im Geschäftsführenden Fraktionsvorstand plädiert er für eine Enquete-
kommission des Bundestages, die alle die mit dem Hanauer Skandal verbundenen Fragen untersuchen und aufklären soll. Denn es
ist sicher, daß uns unsere eigene Vergangenheit als Regierungspartei in Hessen und im Bund wieder einmal einholen wird. Und
Hauff weiß natürlich auch, welche Verantwortung er selbst als
zuständiger Bundesminister getragen hat. Doch er hat keine Chance. Die Kernkraftgegner haben bereits Witterung aufgenommen,
Penner warnt vergeblich: Das wird eine Dauerveranstaltung zur
Wiederbelebung der Grünen, ein Schily-Festival.

Wir werden gezwungen, zu den aktuellen Vorgängen in der
DDR Stellung zu nehmen. Das liegt nicht nur in der Logik des
gemeinsamen SED/SPD-Papiers. Die SPD kann nicht schweigen,

wenn in der DDR mit den Menschenrechten in einer Weise umgesprungen wird, die den auch von der DDR übernommenen Verpflichtungen aus der KSZE-Schlußakte widerspricht. Dem Parteivorstand wird am 8. Februar von Horst Ehmke eine Entschließung
für »eine aktive Deutschlandpolitik« vorgelegt. Das ist ein un-
glaubliches Papier. In ihm wird wahrheitswidrig festgestellt:
»Nachdem die meisten Verhafteten entlassen und einige Betroffene
in die Bundesrepublik übergesiedelt sind...« Und nun folgen die
Verbeugungen. Kein auch nur ansatzweises Zeichen von Verständnis für die Kritiker des DDR-Staates. Nur unseren Dialogpartnern
von der SED nicht zu nahe treten. Ich frage die Genossen, ob wir
die Vertretung der Bürgerrechte in der DDR allein den Grünen
überlassen wollten, nach dem Motto: Die Jungen unseres Wähler-
volks finden sich in der Deutschlandpolitik der Grünen wieder; die
Älteren sind gut bei der CSU aufgehoben.

Schröder und Hiersemann wollen überhaupt keine Erklärung
zu den aktuellen Ereignissen in der DDR, weil sie die dortige
Staatsführung nicht kritisieren wollen. Ehmke, Bahr und Voigt
sind für den vorgelegten Text. Lafontaine, von Oertzen und Gansel argumentieren auf meiner Linie. Gansel bezeichnet die Formulierungen als »unerträglichen sozialdemokratischen Gouvernemen-
talismus und Bürokratismus«. Der Text wird korrigiert und dadurch erträglich. Wir kritisieren die repressiven Maßnahmen der
DDR: »Nachdem die meisten Verhafteten entlassen und viele der
Betroffenen zum Teil unter Druck in die Bundesrepublik gekommen sind...« Und es heißt auch: »Das Abschieben von Systemkri-
tikern in die Bundesrepublik ist keine Lösung.« Vogel schweigt.
Am Dienstag im Parteirat stellt er unseren Beschluß vor. »Die
Alternative zwischen einer langen Freiheitsstrafe und der Ausreise
zu uns ist keine, die eine freie Wahl zuläßt.« Vogel ist mit sich und
der Mehrheit im reinen.

Wochen später müssen wir uns erneut äußern. Es hat in der
DDR wieder Verhaftungen gegeben. Vogel legt im Geschäftsführenden Vorstand einen Entwurf einer Stellungnahme vor. Ich pro-
testiere gegen die lahmen Formulierungen. Ehmke springt mir
diesmal bei. Vogel: Er wolle demnächst wieder in die DDR und

sich mit Honecker treffen. »Mein Besuch darf nicht gestört werden. Ich will auch nicht in die Lage kommen, selbst absagen zu müssen.« Doch wir ändern den Text, es wird nicht mehr verkleistert. Wir fordern die Einlösung der Zusagen aus dem SED/SPD-Papier. Jochen Vogel übernimmt diese Position und vertritt sie vor der SPD-Fraktion.

Doch nun kommt Lafontaine und bestimmt die öffentliche Debatte. Ende Februar eröffnet er eine anhaltende Kontroverse, ob es bei Arbeitszeitverkürzungen den vollen Lohnausgleich geben könne oder nicht. Er variiert das Thema im Laufe der Wochen. Soll bei kräftiger Verkürzung der Wochenarbeitszeit generell auf den vollen Lohnausgleich verzichtet werden oder sollen nur Spitzenverdiener dieses Opfer bringen? Wo ist in diesem Fall die Einkommensgrenze? Können solche Regelungen auch von den Industriegewerkschaften in ihren Tarifabschlüssen gefordert werden, wo doch die Tarifverträge die Gutverdienenden nicht erfassen? Oder denkt Oskar Lafontaine nur an den öffentlichen Dienst, wo die Beamtenbezüge durch Gesetz festgelegt werden? Wie auch immer. Oskar Lafontaine beeindruckt alle, die nicht so genau hinhören. Er profiliert sich auf Kosten anderer, in diesem Fall der Gewerkschaften. Viele auch in der Fraktion denken, diese Äußerungen hätten ihm geschadet. Sie irren sich. So wird man »Vordenker«, wird man interessant und schafft sich das Maß an Glamour, das man braucht, um Kanzlerkandidat zu werden. Wie blaß und bieder sieht dagegen Hans-Jochen Vogel aus, der sich auf das Zitieren von Parteitagsbeschlüssen beschränkt. Das fällt auch einfachen Fraktionsmitgliedern auf.

Selbst im kleinen Kreise, einem gemeinsamen Abendessen des Geschäftsführenden Fraktionsvorstandes mit dem DGB-Bundesvorstand am Montag, 29. Februar, bezieht Vogel keine Position. Lafontaine müsse das im Rahmen der Debatte des neuen Grundsatzprogramms sagen dürfen. Aber natürlich stünden wir an der Seite der Gewerkschaften. Verzichten sollten nach der Meinung von Lafontaine schließlich nur Bezieher von Monatseinkommen über 5000 DM. Doch die Genossen vom DGB fahren schweres Geschütz auf. Ernst Breit: »Was hat Lafontaine alles denen an Argumenten geliefert, die nichts mit uns am Hut haben.« »Aus der Meinung Lafontaines wird nun der Zug der Lemminge in der SPD.« Ilse Brusis: »Lafontaine macht uns zum wirtschaftspolitischen Dinosaurier ohne Zukunft.« Ich verweise darauf, wie schief die ganze Debatte ist, denn Arbeitszeitverkürzungen gingen stets zu Lasten der möglichen Lohnsteigerungen und verlangten längere Laufzeiten der Tarifverträge. Und die Arbeitgeber hätten stets zugestimmt. Unsere internationale Wettbewerbsfähigkeit sei bisher nicht gefährdet. Ansonsten lehne ich jede öffentliche Äußerung ab. Den Streit um Lafontaine sollen die Parteilinken unter sich austragen.

Vogel will sich aus der Debatte raushalten. Aber natürlich kann er das als Partei- und Fraktionsvorsitzender nicht. Und so kommt er ziemlich in die Bredouille. Am 8. März sagt er in seinem Pressefrühstück, die Vorschläge Lafontaines verdienten »Unterstützung und Beachtung«, um dann den Gewerkschaften die volle Solidarität im drohenden Arbeitskampf zuzusichern. Da ist es wieder, das kräftige Sowohl-als-auch von Willy Brandt. Aber in der Fraktionssitzung am Nachmittag sitzt dann der massive Gewerkschaftsblock vor allem aus Nordrhein-Westfalen, dazu Hermann Rappe, Ernst Haar, kaum Freunde von Oskar. Vogel beginnt mit einem »Dank an Lafontaine, der die Aufmerksamkeit auf den gesellschaftlichen Skandal der steigenden Massenarbeitslosigkeit gelenkt und darüber eine breite Diskussion angestoßen hat«. Das wirkt gegenüber den folgenden Argumenten Vogels wie Hohn, mindestens wie eine Beisetzungsformel, denn dann beweist Vogel mit Zahlen, daß die Arbeitnehmer in den letzten Jahren massive Opfer gebracht haben, ohne daß sich das in mehr Arbeitsplätzen niedergeschlagen hat. Er verweist darauf, daß nur die Gewerkschaften Arbeitszeitverkürzungen vorangetrieben und dabei auf mögliche Lohnerhöhungen verzichtet haben. Da ist der Gewerkschaftsflügel zufrieden, und Rappe bedankt sich bei Vogel dafür, daß er »die Begradigung der Linie einleitet«. Doch eines übersehen sie alle: Draußen in der Partei hat Lafontaine längst die Mehrheit, in der veröffentlichten Meinung sowieso. Das ist ein Thema, das die Emotionen anspricht, aus den Litaneien der SPD zum Thema »Arbeitslosigkeit« ausbricht, den Gewerkschaften eine verpaßt – die Neue Heimat ist nicht vergessen – und an den Opfersinn der Bürger so abstrakt und ohne Schmälerung des individuellen Wohlstands appelliert, daß Oskar zugestimmt werden kann.

Lafontaine weiß allerdings auch, daß er bei wichtigen Gruppen der Partei sein Konto überzogen hat. Als cr in einem Interview mit der *Hamburger Morgenpost* gegen die Quellensteuer polemisiert, weil sie zur Kapitalflucht führe, wird natürlich sofort gefolgert, daß er damit auch gegen die SPD-Vorschläge zur Besteuerung der Zinserträge sei: sie führen schließlich auch zur Kapitalflucht. Als *dpa* durchblicken läßt, Lafontaine habe sich gegen unsere Parteibeschlüsse gewandt, läßt Vogel bei mir anrufen. Ich solle umgehend gegen Lafontaine Stellung nehmen. Natürlich denke ich nicht daran. Und dann ruft auch schon Lafontaine an, um sich bei mir Nachhilfeunterricht geben zu lassen.

Im Geschäftsführenden Fraktionsvorstand am Montag, dem 14. März, geht es erneut fast nur um Lafontaine. Vogel trägt uns seine Vorstellungen vor, mit denen er später im Parteivorstand die ausufernde Debatte eingrenzen will: Lafontaine soll aufgefordert werden, seine Vorstellungen zu konkretisieren, und der ÖTV soll Solidarität in ihren Forderungen nach Arbeitszeitverkürzung bekundet werden. Im Parteivorstand ist der Fernseh- und Journalistenauftrieb enorm, die Teilnahme der gewählten Parteivorstandsmitglieder dagegen nicht besonders eindrucksvoll. Nach und nach erhöht sich die Zahl der Teilnehmer auf 26 von 40, um dann schnell wieder abzubröckeln. Eppler und Ilse Brusis fehlen. Selbst der Lafontaine-Fan-Club der Genossen Schröder, Dohnanyi, Engholm, Brandt glänzt durch Abwesenheit.

Vogel lobt Lafontaine: »Es ist Oskar gelungen, über Wochen eine für uns lebenswichtige Debatte in Gang zu halten...« Lafontaine hat ein maschinengeschriebenes Manuskript auf dem Tisch; augenscheinlich hat er sich gut vorbereitet. Er ist selbstbewußt, zeigt keinerlei Unsicherheit. »Ich habe die Rechte durcheinandergewirbelt.« (Hermann Heinemanns Zwischenruf: »Die Linke auch.«) »Nun haben wir eine Chance, daß die deutsche Linke im Kampf gegen die Massenarbeitslosigkeit in die Offensive geht. Diese Chance haben wir aber nur, wenn wir unhaltbare Positionen korrigieren.« »Die Gewerkschaften haben meine Position falsch verstanden. Sie tragen die Verantwortung dafür, daß das Thema so hochgespielt wurde.« »Die Forderungen der ÖTV sind ein Beitrag zu mehr Arbeitslosigkeit.«

Massiv geht niemand Lafontaine an. Es wird nur unkonzentriert zugehört. Die einen suchen nach einer Brücke zum DGB, andere fordern die Ergänzungsabgabe und wollen auf Steuerpolitik verzichten. Alle wollen Zeit gewinnen. Als ich gehe, sind noch neunzehn Parteivorstandsmitglieder anwesend. Viele der Debattenredner sind nach ihrem Beitrag gegangen. Gegen halb acht wird Vogels abgemagerter Text angenommen. Doch entschieden ist nichts.

Lafontaine läßt nicht locker. Am Montag, 11. April, teilt Vogel im Geschäftsführenden Fraktionsvorstand in Berlin mit, daß das saarländische Kabinett am Dienstag einen Gesetzentwurf für den Bundesrat beschließen wolle, nachdem der Tarifabschluß für den öffentlichen Dienst nicht für die Beamten ab A 9 aufwärts übernommen werden solle. Die anderen von uns regierten Länder würden das nicht mitmachen und die Bundesregierung auch nicht. »Ich habe bereits mit Engholm telefoniert, damit er auf Lafontaine einwirkt. Das schadet ihm im Wahlkampf.« Da platzt uns der Kragen. Ich fordere: »Nun muß Schluß sein mit der Rücksichtnahme auf Lafontaine. Der reitet sich und uns immer tiefer in den Sumpf hinein. Wir müssen klar Position beziehen. Der Tarifabschluß muß übernommen werden.« Dreßler: »Mir reicht es. Ich bin nicht bereit, die ›Methode Kiesinger‹ des dauernden Ausklammerns in der Fraktion, wenn es um Lafontaine geht, weiter hinzunehmen.« Penner: »Wir sind für das einheitliche Dienstrecht, und das hat dann auch Konsequenzen für die Übernahme des Tarifabschlusses. Wir müssen aber erst Ende April entscheiden.« So wird der Ball an Vogel zurückgespielt. Ehmke interveniert zugunsten Lafontaines. »Wenn wir uns jetzt gegen Lafontaine entscheiden, dann ist seine Initiative endgültig tot. Das ist schlimm für uns.«

Ein typischer Vogel beendet diese wütende Debatte: Penner soll am Nachmittag im Fraktionsvorstand seine Position vortragen. So würden wir unsere Grundsätze deutlich machen. Beschlüsse über unsere Position sollen aber erst Ende April auf der Fraktionsvorsitzendenkonferenz im Saarland gefaßt werden. Doch die Eigendynamik zwingt Vogel, Stellung zu nehmen. Er erklärt all diesen Schmus der Presse, fügt aber hinzu: »Als Vorsitzender der Bundestagsfraktion werde ich meiner Fraktion empfehlen, den Tarifabschluß mit der Maßgabe zu übernehmen, daß für die Besoldungsgruppen A 16 und höher eine weitere Prüfung und eine Beschränkung der linearen Erhöhungen vorbehalten bleibt.« Und damit will Vogel diese Gespenster-Debatte wenigstens vorläufig beenden.

Doch daraus wird nichts. Diese Debatte ist längst nicht mehr auf die Bonner Bühne beschränkt. Dieter Spöri hat sich die Thesen von Oskar Lafontaine zu eigen gemacht und setzt sie in seinem Wahlkampf in Baden-Württemberg ein. Nach seiner Wahlniederlage erklärt er mir das schlechte Abschneiden der SPD auch damit, daß ihn die IG Metall gestraft habe. Das habe er vorher nicht genügend bedacht. Auch in Berlin gibt es Lafontaine-Opfer: Walter Momper fordert wie Lafontaine, im öffentlichen Dienst die Beamten anders zu behandeln als die Arbeiter und Angestellten. Der DGB-Landesvorsitzende Michael Pagels erklärt darauf unter tosendem Beifall auf einer SPD-Versammlung im Beisein von Vogel, Momper sei für die Berliner Arbeitnehmer nicht wählbar. Momper sagt am nächsten Tag zu mir: »Du erinnerst dich ja sicher noch gut, wie in Berlin mit dem Spitzenkandidaten umgesprungen wird.« Ganz sicher tu ich das. Und ich weiß auch noch, was Momper damals dazu beigetragen hat.

Am 25. April findet in der NRW-Landesvertretung in Bonn eine weitere Runde mit dem DGB statt. Thema: Lafontaine und seine Thesen. Lafontaine redet wie auf Samtpfötchen. Doch dann geht es los. Die Wut konzentriert sich auf seine Ausführungen am letzten Wochenende auf seinem Landesparteitag. »Die lineare Tarifpolitik, die bisher überall gegolten hat, bewirkt zwar eine Umverteilung der Einkommen, aber in die falsche Richtung, von unten nach oben.« Ernst Breit macht es noch ruhig. Er weist Lafontaine darauf hin, daß die Tarifpolitik ein Ergebnis jahrelanger interner DGB-Debatte sei und die schweigen müßten, die davon nichts wüßten. Er aber würde mit seinen Thesen objektiv nur den politischen Gegnern von SPD und DGB nützen. Rappe und Steinkühler greifen Lafontaine massiv an. »Du hilfst unseren Gegnern, auch aus persönlichen Gründen.« »Deine mündlich noch überzogeneren Äußerungen von der Umverteilung von unten nach oben sind ganz und gar unerträglich und werfen uns in ein Boot mit der Wendekoalition.« »Du stärkst unsere innergewerkschaftliche Opposition, die radikal ist und weg will von unserer Bindung an die SPD.« Van Haaren: »Wenn wir deiner Strategie folgen, werden Dienstleistungen wie Gebäudereinigung privatisiert, weil sie zu teuer sind, so damals auch in der Stadt Saarbrücken. Wenn wir oben nicht mehr bezahlen, bekommen wir keinen qualifizierten Nachwuchs. Bei der Post fehlen uns heute schon 2000 Ingenieure.«

Vorsichtige Entlastungsversuche von Glotz, Oskar wolle doch nur eine Modernisierung der SPD, werden niedergemacht. Ein Bild fällt krachend von der Wand. Alle halten einen Augenblick den Atem an. Die Vertreter des DGB behaupten, sie wären es gewesen, die die SPD nach der Wende erst wieder auf die Beine gestellt hätten. So verdrängen sie ihre Mitwirkung am Ende der sozialliberalen Koalition und dem Rückzug von Helmut Schmidt durch die Ankündigung eines heißen Herbstes, ihre Neue-Heimat-Skandale, ihr lädiertes Image. Einig sind sie sich im Kampf gegen Lafontaine.

Und dann spricht Vogel: Wir seien in einer ernsten Lage. Es gebe viele Gemeinsamkeiten, und wir müßten weiterreden. Die Gewerkschaften machten eine vernünftige Politik... Und so kommt es dann draußen an: Die SPD schwenkt auf den DGB-Kurs zurück. Auch das kann uns nicht guttun, ist aber sicher nicht das Ende vom Lied. Wer das glaubt, kennt den Oskar schlecht.

Mitte Juni kommt Oskar Lafontaine endlich in die SPD-Bundestagsfraktion, um sich einer kritischen Debatte seiner Thesen zur Arbeitszeitverkürzung zu stellen. Wir hatten diesen Termin immer wieder verschoben, um nicht noch zusätzlich Öl ins Feuer zu gießen. So ganz klar sind Oskars Thesen inzwischen nicht mehr – aber wen interessiert das schon. Nach stundenlanger Debatte erklärt Lafontaine in seinem Schlußwort, er werde seine Thesen weiterverfolgen. Vogel schaltet sich in die kontroverse Debatte nicht ein. Und eine weitere »Sensation« erlebt die Fraktion. Voscherau, Engholm und Lafontaine lassen sich für die Medien und die Nachwelt mit Helmut Schmidt ablichten. Die Fraktion jubelt. Sind das nun die neuen Enkel von Helmut Schmidt? Oder kommt dieses Gruppenbild ohne Dame nur deshalb zustande, weil Willy Brandt nicht anwesend ist?

In jedem Falle soll die öffentliche Auseinandersetzung mit dem DGB beendet werden. Deshalb treffen wir uns – Anke Fuchs, Hans Apel, Rudolf Dreßler, Wolfgang Roth – mit den Vertretern des DGB – Michael Geuenich, Lothar Zimmermann – am 16. Juni, um die Formulierungen für unseren Leitantrag des Bundesvorstandes zur Wirtschafts- und Finanzpolitik so zu fassen, daß es auf unserem Bundesparteitag nicht erneut zum Krach kommt. Auch viele kunstvolle Formulierungen schaffen die Gegensätze nicht aus der Welt. Anders als unser Vorsitzender klammert Lafontaine sich nicht an die Magie solcher Beschlüsse.

Die SPD muß in diesem Frühjahr eine bittere Wahrheit erkennen. Die Europapolitik hatte in unseren Debatten der letzten Jahre kaum eine Rolle gespielt. Der Partei und der Fraktion war wohl zunehmend klargeworden, daß wichtige Entscheidungen im Bereich der Agrarpolitik nicht mehr in Bonn, sondern in Brüssel fallen. Aber wen interessiert denn bei uns schon dieser Bereich? Von einigen Experten abgesehen, reicht es doch bei den meisten Sozialdemokraten kaum zu mehr als zu sentimentalen Forderungen wie: Der bäuerliche Familienbetrieb muß überleben. Oder: Der ländliche Raum darf nicht ausbluten. Diese Sprechblasen sind so inhaltsleer, daß ihnen jeder zustimmen kann.

Auch in der Außen- und Sicherheitspolitik wird von der SPD »Europa« immer dann hochgezogen, wenn es darum geht, Distanz zu den USA zu betonen. Da geht es dann um die »Selbstbehauptung Europas«. Unklar bleibt dabei allerdings, wie die SPD mit Frankreich und England, insbesondere bei der Sicherheitspolitik, auf einen Nenner kommen kann. Beide Länder verfügen über eine nationale Atomstreitmacht und werden sie nicht auf dem Altar der SPD-Positionen opfern. Frankreich setzt unbeirrt auf die Kernenergie. Da gibt es keine Brücke zu den Forderungen unserer Partei.

Am Montag, dem 2. Mai, macht die Fraktion ein Hearing zur

Europapolitik. Der europäische Binnenmarkt des Jahres 1992 und die Wahlen zum Europäischen Parlament im Juni 1989 erzwingen eine Auseinandersetzung zur Sache. Und da fällt es dann manchem wie Schuppen von den Augen. Da merken sie, was auf sie zukommt: Europa wird unsere Standards im Umweltschutz, in der Sozialpolitik, bei der Mitbestimmung und in anderen Bereichen nicht übernehmen. Dann aber muß sich zeigen, ob unsere nationalen Regelungen im harten europäischen Wettbewerb halten werden. Spanien, Portugal, Griechenland, Irland können sich unsere Sozialstandards nicht leisten. Wenn sie im EG-Wettbewerb bestehen wollen und ihren Rückstand aufholen wollen, brauchen sie niedrigere Standards, geringere Lohnkosten. England und andere Länder akzeptieren unsere Gesellschafts- und Sozialpolitik auch nicht, wenn auch aus mehr grundsätzlichen Überlegungen.

Das bedeutet allerdings nicht, daß unser Land vor einer Demontage seiner sozialen und ökologischen Errungenschaften steht. Tagtäglich beweisen unsere enormen Exportüberschüsse, daß unser Land und damit auch seine Gesellschaftsordnung in der EG wettbewerbsfähig ist. Aber weitere nationale Fortschritte müssen sich künftig in den »Geleitzug Europa« einpassen. Das entzieht den Sozialromantikern in der SPD die Basis. Auch die linken Ideologen müssen begreifen, wie obsolet ihre Forderungen nach nationaler Wirtschaftslenkung und grüner Idylle angesichts der europäischen Integration sind. Unsere Spielräume werden enger. Da fragt sich so mancher, ob er sich weiter für die EG begeistern soll. Als wenn ein Zurück überhaupt drin wäre. Sie sind zu spät aufgewacht. Doch was wollen sie denn lieber, die ökonomische und sicherheitspolitische Abhängigkeit unseres Landes von den Supermächten oder die europäische Einigung zur Selbstbehauptung Europas? Damit stelle ich sie vor eine Wahl, die die Linken wie die Pest meiden und mit viel Geschwätz umgehen wollen. Doch sie müssen sich entscheiden, wenigstens auf dem Papier, ob sie in der Energiepolitik, in ihrem Kampf gegen die Kernenergie, in der Steuerpolitik, ihren maßlosen Plänen zur Verteuerung von Diesel und Benzin fortfahren wollen, wohl wissend, daß das und vieles andere mehr in der EG nicht durchsetzbar ist.

Am 20. und 21. Juni behandeln wir in den Fraktionsgremien unseren Gesetzentwurf »zum Ausbau und zur Änderung der betrieblichen Mitbestimmung – Betriebsverfassungsgesetz 1988«. Natürlich wird dieser Gesetzentwurf niemals Gesetz. Neugründungen von Betrieben, die sowieso voller Risiken sind, würden gar nicht erst zustande kommen. Allein die drohenden Sozialpläne würden alles aufzehren. Der Tendenzschutz soll abgebaut werden. Das Ganze ist eine Kriegserklärung an die Unternehmen und die Presse. Nur hinter den verschlossenen Türen des Geschäftsführenden Fraktionsvorstandes stellt Vogel die Frage, ob der Zeitpunkt zur Vorlage dieses Gesetzentwurfs gut ist, ob wir so nicht eine Entlastungsoffensive zugunsten der angeschlagenen Bundesregierung starteten, die Wut auf uns leiteten, kleinen und mittleren Unternehmungen den Weg zur SPD versperrten? Diese Fragen sind mit Ja zu beantworten. Da aber Vogel nicht Stellung bezieht, tun wir es auch nicht. Selbst Wolfgang Roth bleibt allgemein und unverbindlich. In der Fraktion werden nur einzelne warnende Stimmen laut, die DGB-Funktionärsriege walzt alles nieder. Letzte Hoffnung: Vogel will, daß Rau und Lafontaine dieser Gesetzesinitiative zustimmen. Aber da macht Dreßler mit Stentorstimme klar, daß unsere Bundesländer kein Vetorecht bei der von uns gewollten Bundesgesetzgebung hätten. Und dann wird mit Mehrheit beschlossen.

Ende Mai kann es nicht mehr länger aufgeschoben werden. Der Parteivorstand muß dem nächsten Bundesparteitag seinen Vorschlag unterbreiten, wie über eine verbindliche Quote der Anteil der Frauen an allen Parteiämtern und Mandaten auf mindestens 40 Prozent angehoben werden kann. In persönlichen Gesprächen hält niemand diese Quotierung für sinnvoll. Auch die meisten Frauen in der SPD sind dagegen, sie ziehen einen politischen Aufstieg ohne die Krücke der Quote vor. Auch sie befürchten, daß sich künftig weniger qualifizierte Männer in der SPD engagieren, weil ihre Aufstiegschancen über viele Jahre blockiert sind. Doch bis auf wenige Ausnahmen sind wir alle elende Feiglinge. Wir haben Angst vor der organisierten Kraft der Frauen in der ASF und hoffen, daß der Kelch der Quote an uns vorübergeht.

Überall müssen wir in unserer politischen Arbeit geschlechtsneutral formulieren, sonst rügt uns unser Arbeitskreis Frauen der SPD-Fraktion. Bei einem Vortrag zur bemannten Raumfahrt rufe ich dem Redner zu:»Formuliere bitte geschlechtsneutral. Es darf nicht bemannte Raumfahrt heißen. Du mußt bemenschte Raumfahrt sagen.« Und das tut er dann auch. Niemand lacht.

Natürlich werden Bedenken gegen die Quotenregelung angemeldet. Alle Einwände prallen nicht zuletzt an Vogel ab. Er setzt sich nicht mit den vielfältigen Gegenargumenten auseinander; der letzte Parteitag habe die Quotierung beschlossen, und nun müßten aus diesem Beschluß die Konsequenzen gezogen werden. Noch hoffen viele, daß wir auf dem Parteitag über diese Satzungsänderung geheim abstimmen. Dann können wieder alle tapfer sein und die Quotierung ablehnen. Aber auch dieser Ausweg wird schnell verschlossen: Satzungsänderungen bedürften keiner Abstimmung mit Stimmzetteln. Die nötigen Mehrheiten ließen sich auch durch Auszählen der Abstimmenden feststellen.

Die Lust der männlichen Mitglieder im Parteivorstand, die Quotenregelung mitzutragen, nimmt ab. Nur 26 von 40 Mitgliedern des Bundesvorstands nehmen an der Sitzung am 30. Mai teil. Noch einmal werden lustlos Argumente ausgetauscht. Noch einmal machen unsere Frauen Druck. Bei zwei Gegenstimmen und einer Enthaltung beschließen wir die Quote. Sie wird das Bild der Partei nachhaltig verändern. Als Verfahren beschließen wir getrennte Abstimmungen nach Geschlechtern bei den Wahlen zum Parteivorstand. Bis zu sechs Wahlgänge können möglich werden – das wird lustig. Mir fällt dazu nur noch die alte Weisheit von Holger Börner ein:»Die Sozialdemokraten machen alles gründlich, auch ihre Fehler.«

Und dann Anfang Juli vor dem Urlaub Antragskommission des Parteivorstands. Zum ersten Mal ist Oskar Lafontaine unser Vorsitzender. Locker und zielbewußt leitet er die Sitzung. Da fehlt Bürokratismus, die penible Detailwut von Hans-Jochen Vogel. Wir kommen voran, und Lafontaine nimmt klar Stellung. Da schert ihn auch nicht sein Geschwätz von gestern. Er tritt für einen Antrag ein:»Die SPD-Bundestagsfraktion wird aufgefordert, sich für

die Herabsetzung der Rüstungsausgaben weiterhin verstärkt einzusetzen.« Peter von Oertzen erinnert ihn daran, daß er noch auf
dem Parteitag in Essen solchen nichtssagenden Formulierungen
mit aller Kraft entgegengetreten sei. Heute müßten die Verteidigungsaufgaben auf dem Niveau des Jahres 1988 eingefroren werden. Das alles ficht Oskar nicht an. Er kämpft, und wir beschließen
so mit Mehrheit. Einen Antrag, der öffentliche Gelöbnisse ablehnt,
formulieren wir so um, daß wir öffentliche Gelöbnisse dann nicht
ablehnen, wenn sie »die Verpflichtung durch das Grundgesetz bewußt machen, ausschließlich an demokratische Traditionen anknüpfen und an den Widerstand gegen den Nationalsozialismus
erinnern.«

Der Parteitag lehnt allerdings diese Empfehlungen der Antragskommission ab. Lafontaine nimmt an der Debatte nicht teil. Der
Parteitag spricht sich gegen weitere öffentliche Gelöbnisse der Bundeswehr aus. Er fordert, die Rüstungsausgaben als ersten Schritt
auf den absoluten Stand des Jahres 1988 einzufrieren. Als ich Egon
Bahr darauf aufmerksam mache, daß dieser Beschluß purer Unsinn ist – keine Regierung kann die Bezahlung bereits bestellter
Waffen und Geräte verweigern, laufende Kosten und Gehälter
müssen bezahlt werden –, sagt er: »Na und, wenn wir in der Regierung sind, müssen wir eben neu beschließen.« Auch so kann
man Parteitagsbeschlüsse interpretieren.

Am 22. August trifft sich der Geschäftsführende Fraktionsvorstand nach den Sommerferien zu einer Klausurtagung in der saarländischen Landesvertretung. Wir sind neugierig auf Lafontaines
neuen Koch, den er für viel Geld und mit Aplomb für seine Bonner
Dependance angeworben hat. Wir werden nicht enttäuscht. Unsere Klausurtagung hat sich gelohnt. – Hans-Jochen Vogel eröffnet
mit einem politischen Bericht. Ohne Punkt und Komma redet er
fast eine Stunde, eine Art Chronik der parlamentarischen Sommerpause, die auch jedem *Spiegel*-Leser geläufig sein müßte. Ich
werde müde. Erst gegen Ende seines Berichts erwähnt er zwei
aktuelle Zwischenfälle, die uns Anlaß zur Debatte geben: Dreßlers
Feststellung, in der SPD gebe es zu viele »Hobbypolitiker«, und
Steinkühlers Angriff auf die SPD-Wirtschaftspolitik.

Über Dreßlers Bemerkungen muß nicht viel geredet werden. Denn er hat ja recht. – Steinkühler hat sich natürlich herausgefordert gefühlt. Roth und Anke Fuchs hatten nach einer Schwedenreise per Fernsehen neue Weisheiten mitgeteilt: Ökonomisch überholte Industriestrukturen müßten fallen; Arbeitsverkürzungen hätten vor allem sozialpolitische Bedeutung. Roth soll mit Steinkühler telefonieren – als wenn damit irgendetwas verändert wird.

Ich spreche den von einer Arbeitsgruppe des Parteivorstandes unter Volker Hauff vorgelegten Bericht an, der zur Flankierung des Ausstiegs aus der Kernenergie und zur Durchsetzung nachhaltiger Energieeinsparung eine massive Verteuerung der Energie fordert. Ich bezweifle, daß wir diese einseitige Politik in der EG durchsetzen können. Ein nationaler Alleingang schädige die Wettbewerbsfähigkeit unserer Wirtschaft nicht nur in der EG. Energiesparen nur durch massive Verteuerung sei falsch, viele Wege führten nach Rom. Außerdem seien wir in der Opposition. Warum müßten wir eigentlich durch Forderungen, die wir nicht durchsetzen könnten, der Koalition in ihrem Steuerchaos helfen, indem wir uns selbst in Schwierigkeiten brächten?

Vogel läßt sich nicht festlegen; das sei doch nur ein Bericht, das müsse alles noch genau geprüft werden. Eine Woche später setzt er sich an die Spitze der Bewegung. Der Parteitag fordert eine massive Verteuerung des Energieverbrauchs als Teil eines notwendigen ökologischen Umbaus unserer Wirtschaft.

Streit um die Steuern

Im neuen Jahr kehren Ingrid und ich braungebrannt von unserer Karibik-Kreuzfahrt zurück. Trotz der Proteste unserer Kinder wollten wir dem Hamburger Schmuddelwetter und dem Weihnachtstrubel einmal entfliehen. Und auch die Politik sollte uns für mehr als zwei Wochen gestohlen bleiben.

Am 5. Januar kommen wir nach einem langen Flug übermüdet zu Hause an. Wir wollen uns gewaltsam wachhalten und erst abends zur gewohnten Zeit ins Bett gehen, um möglichst schnell in unseren Tagesrhythmus zurückzufinden. Das Wachbleiben wird uns leichtgemacht. Kurz vor Weihnachten hatte der Bundesrat den Bundeshaushalt 1988 mit einer Neuverschuldung von 29,5 Milliarden DM verabschiedet. Wir hatten immer wieder darauf hingewiesen, daß diese Zahl geschönt ist. Nun muß das Bundeskabinett einräumen, daß die Neuverschuldung 1988 auf etwa 40 Milliarden DM steigen wird. Für 1989 werden kräftige Erhöhungen der Verbrauchssteuern angekündigt. Und so haben wir noch am selben Tag das ZDF in unserer Wohnung. Ein Statement von 45 Sekunden zu Stoltenbergs 40-Milliarden-Haushaltsloch ist gefordert. Ich brauche fünf Anläufe, bis es im Kasten ist. Am Donnerstag kommen ZDF und ARD noch einmal zu uns. Beide Statements sind auf Anhieb politisch in Ordnung und im vorgegebenen Zeitlimit. Dieser Donnerstag hat es im übrigen in sich. Nachdem Stoltenberg seine 40 Milliarden neue Schulden öffentlich eingesteht, rappelt unser Telefon, jede Viertelstunde ein Rundfunk- oder Zeitungsinterview. Die Jagd auf Stoltenberg ist freigegeben. Ich kenne das aus eigener Erfahrung. Und die FDP spielt auch schon wieder ihr altbekanntes Spiel: Stoltenberg hat schuld. Sie waren nicht dabei, als die Beschlüsse gefaßt wurden, die dieses Rekordloch im Haushalt bewirkt haben. Denn auch für die FDP war längst deutlich, daß der Bundesbankgewinn ausfallen und die EG mehr Geld fordern würde. Völlig unverständlich, wie es zu dieser Kette handwerklicher Fehler des Finanzministers kommen konnte. Er hat keine Chance mehr, aus dieser Bredouille herauszukommen. Selbst mein Fraktionsvorsitzender ruft mich an: »Das war tadellos, wie du das gemacht hast.« Bei den Maßvorlagen von Stoltenberg und unseren seriösen Berechnungen der letzten Monate war das auch nicht schwierig.

Am Sonntag, 10. Januar, fliege ich mittags nach Bonn. Da ich zeitig am Flughafen bin, gehe ich in die Lufthansa-Lounge und treffe auf Stoltenberg. Er sieht schlecht aus, sein Anzug schlottert um seine Figur. Das erinnert mich an die Geschichte von 1975, als er unmittelbar nach einer Landtagswahl in Schleswig-Holstein mager und abgespannt zu spät in eine Sitzung im alten Bundeskanzleramt kam und ich ihn laut begrüßte: »Mein Gott, Sie haben aber abgenommen.« Er: »Ich weise das zurück; wir haben in Schleswig-Holstein immer noch die absolute Mehrheit.«

Wir wünschen uns das Übliche zum neuen Jahr, aber er hat das Bedürfnis mehr zu sagen: Ihn störe es nicht, daß wir ihn hart anpacken. Aber die Knüppel aus den eigenen Reihen ... Viermal habe nun schon Strauß öffentlich gegen die in der Koalitionsvereinbarung verabredeten Verbrauchssteuererhöhung Stellung genommen. – Der Mann könnte einem leid tun, wenn er nicht selbst immer wieder rücksichtslos über andere weggestiegen wäre. Im Zubringerbus treffen wir wieder aufeinander. Nun blicken wir aneinander vorbei, die Visiere sind geschlossen. Die Mitreisenden grüßen und betrachten uns. Er setzt sich in die erste Klasse; ich in die Touristenklasse. Ein Fluggast kommentiert: »So wird der Kampf zum Klassenkampf.« Allgemeines Gelächter.

Am Mittwoch rechnen Spöri und ich auf einer Pressekonferenz Stoltenberg vor, daß er immer noch nicht die volle Wahrheit sagt. Nach dem heutigen Stand und der erwarteten Konjunkturentwicklung kommen wir für 1988 auf 45 Milliarden DM neue Schulden. Diese Zahlen sind so zuverlässig gerechnet und genau dokumentiert, daß sie Eindruck machen und vom Finanzminister auch nicht dementiert werden können. Am Freitag in der aktuellen Stunde greifen wir erneut an. Doch da hat Stoltenberg Glück. Der Hanauer Atomskandal zieht alle Aufmerksamkeit auf sich.

Am Mittwoch, 20. Januar, soll ich um 22 Uhr in der Fernsehsendung »Brennpunkt« mit Stoltenberg über seinen Schuldenberg debattieren. Am Mittwochnachmittag ist Stoltenberg im Haushaltsausschuß; ich gehe hin, vielleicht kann ich etwas für meinen Fernsehauftritt lernen. Er weicht jeder konkreten Frage aus. Interessant ist es, wie unsere MdB unvorbereitet und unkonzentriert debattieren, wie sie sich abspeisen lassen. Sie sind nicht in der Lage, den Finanzminister in Verlegenheit zu bringen. Genüßlich wird Torte gemampft, Kaffee geschlürft. Und abends kann man dann dem »Vorturner« zuschauen und ihn bewerten. So einfach ist das. Stoltenberg hat sich wieder gefangen. Auch abends ist er präzise und standfest, obwohl er vor der Sendung aufgebracht und nervös ist. Am Ende ist er noch lange nicht. Das Echo ist interessant: Ein Teil der Genossen bei einer öffentlichen Versammlung am Donnerstagabend meint, ich hätte »aggressiver« sein müssen.

Wenn wir den Wettbewerb mit der Koalition in diesem Bereich gewinnen wollen, können wir uns allerdings nicht nur auf Kritik beschränken. Unsere Marschroute ist klar: Wir wollen die Steuersenkungen auf die kleinen und mittleren Einkommen konzentrieren. Ein Existenzminimum muß steuerfrei werden, deshalb wollen wir den Grundfreibetrag massiv aufstocken. Der Familienlastenausgleich soll neu geordnet werden und jeder Familie bei gleicher Kinderzahl die gleiche Entlastung bringen. Die Unternehmen erhalten Steuerbefreiung auf Investitionsrücklagen. Der Finanzausgleich zwischen den Ländern wird neu geregelt, die Gemeindefinanzreform in Angriff genommen. Insgesamt sind unsere Pläne zur Steuerentlastung so dimensioniert, daß sie die öffentlichen Kassen schonen. Sensationell ist das nicht und dennoch für viele Genossen schwer verdaulich.

Ende Januar steht das Konzept unserer Kommission. Ich stoppe die Arbeit; es hat keinen Zweck, den möglichen öffentlichen Streit in der SPD über das Für und Wider in Spöris Wahlkampf in Baden-Württemberg mitten hineinplatzen zu lassen. Das kann unseren Wahlchancen nur abträglich sein. Und ich will vorher noch einmal ins Präsidium, damit die Genossen nicht so tun können, als wären sie nicht beteiligt und informiert gewesen. Deshalb schicke ich Vogel den Text. Er mag ihn dann den Genossen zustellen. – Doch so einfach ist das nicht. Donnerstag, 4. Februar, reden wir – nicht über den Inhalt. Er brummelt eine Art von Kompliment. Dann geht es nur noch um Taktik. Denn zu eigen macht er sich eine Sache erst dann, wenn die Mehrheiten klar sind. Er bittet mich, den Satz aus dem Text zu nehmen, mit dem wir zur Finanzierung unserer Steuerpolitik eine Erhöhung der Mehrwertsteuer ausschließen. »Sonst macht Eppler zuviel Krach.« Also streiche ich den Satz, darauf kommt es nicht an. Und wenn wir 1991 regieren sollten, müssen wir die Mehrwertsteuer anheben, damit die Finanzen wenigstens einigermaßen ins Lot kommen. Aber er will auch ein anderes Deckblatt. Es soll deutlich machen, daß unsere Vor-

` schläge die Konkretisierung von Beschlüssen des Nürnberger Parteitags sind. Es soll ausweisen, welche wichtigen Genossen von Posser über Anke Fuchs bis hin zu Michael Geuenich an diesem Vorschlag mitgearbeitet haben. »Daran können wir uns gut festhalten.« Auch das wird natürlich gemacht, denn ich will in der Sache Erfolg haben und die Partei vor dem folgenschweren Fehler bewahren, ohne ein eigenes Steuerkonzept in das Wahljahr 1990 zu gehen.

Am Montag, 22. Februar, gehe ich ins Präsidium, um diesem Gremium die Chance zu geben, vor der endgültigen Verabschiedung in der Kommission zu unseren Steuervorschlägen Stellung zu nehmen. Aber daraus wird nichts. Anwesend sind Vogel, Fuchs, Klose, Bahr, Däubler-Gmelin und Glotz. Nicht gekommen sind Rau, Lafontaine, Eppler, Wieczorek-Zeul und Brandt. Ich muß warten, weil auch Anke Fuchs und Egon Bahr vorübergehend verschwinden, um der Presse irgendetwas zu verklickern. Inzwischen wird von Vogel das Tagesgeschäft erledigt.

Fuchs und Bahr kommen wieder. Jetzt könnte es ja mit der Debatte losgehen. Doch Vogel meint, wir sollten noch auf Lafontaine warten. Ich aber will das nicht, wer weiß, ob der überhaupt kommt. So ist die ganze Angelegenheit in wenigen Minuten vorbei. Einige belanglose Fragen und Antworten, dann stellt Vogel fest: »Das Präsidium nimmt diesen Vorschlag zur Kenntnis, mit einer gewissen Präferenz, ihn zu akzeptieren.« Das Führungsgremium der SPD hat gesprochen. Und alles ist offen.

Vom 15. bis 17. März mache ich Wahlkampf in Baden-Württemberg. An drei Tagen vierzehn Versammlungen, das ist ein stattliches Pensum. Ich tummle mich im Allgäu, in Oberschwaben und am Oberrhein, also vor allem in der Diaspora. Die SPD-Landespolitik ist belanglos. Sie können Lothar Späth und seinem hohen Ansehen nichts anhaben. Also leben wir fast ausschließlich von den Fehlern der Bonner Politik. Da sich Lothar Späth aber auch deutlich mit seinen Bonner Freunden auseinandersetzt und so sicherstellt, daß er mit Kohl nicht in einen Topf geworfen wird, hilft uns das nur wenig.

Nicht verwunderlich, daß die Wähler Lothar Späth wieder eine

Mehrheit geben. Erstaunlich ist jedoch, daß wir in der Wählergunst erneut zurückfallen. Für Dieter Spöri ist das ein schwerer
Schlag. Nun kann er erst recht nicht nach Bonn zurückkehren. Für
einen so ehrgeizigen Mann ist die Entscheidung für Stuttgart sicherlich nicht einfach. Und in Bonn fehlt uns künftig ein wirksamer
Mitstreiter in der Finanz- und Steuerpolitik. Aber Spöri ist so
strukturiert, daß er in der Provinz nicht versauert. Von ihm kenne
ich den Wettbewerb der Südwest-Genossen: Sie nennen das Sozial-
darwinismus. Da die SPD-Abgeordneten in Baden-Württemberg
ihre Mandate fast ausschließlich über die Liste bekommen, steht
jeder gegen jeden. Hart wird um das politische Überleben ge-
kämpft. Erlaubt ist, was gefällt. Um die politische Zukunft meines
Freundes ist mir da nicht bange.

Doch nun ist in Bonn der Weg frei für unser SPD-Steuerkonzept.
Am Mittwoch nach Ostern, dem 6. April, bespricht Vogel mit mir
das weitere Procedere. Er will, daß unsere steuerpolitischen Vorschläge durchkommen, aber Eppler habe sich bereits brieflich dagegen ausgesprochen, und Lafontaine wolle massive Mineralöl-
steuererhöhungen. Deshalb müsse ich am 18. April noch einmal ins
Präsidium kommen und Überzeugungsarbeit leisten. Ich sage ihm,
daß ich eigentlich keinen Spaß mehr an diesem Spiel habe, aber
käme. Ich frage ihn, wieso er in der Osterpause ohne Not erneut
die abschreckende Ergänzungsabgabe aufs Tapet gebracht habe.
Denn kommen werde sie doch nicht. Antwort: »Nur so kann ich
Lafontaine einfangen.« Und es dämmert mir langsam, auf welches
Himmelfahrtskommando ich mich da eingelassen habe.

Am Mittwochabend, im Frankfurter Hof, nehme ich an einem
weiteren Unternehmergespräch teil. Die SPD-Spitze – Vogel, Rau,
Lafontaine – und Experten wie Wolfgang Roth und ich sollen sich
in regelmäßigen Abständen den kritischen Fragen von Unternehmern stellen. Dazu gibt es ein anständiges Abendessen. Vogel trägt
seine bekannten, auf Statistiken beruhenden Argumente vor. Das
beeindruckt die Gäste nur wenig. Lafontaine redet frei und wenig
präzise, dennoch hängen sie an seinen Lippen. Ich rede zum Fi-
nanz- und Steuerthema, sie hören aufmerksam zu. Klaus Mur-
mann, der BDA-Boß, lädt mich zu einem ausführlichen Gespräch

zu diesem Themenbereich ein. Gegen 23 Uhr schließt Vogel die
Zusammenkunft und sagt den Unternehmern, sie könnten uns
auch ansprechen, wenn ihnen etwas an unserer Politik nicht ge-
fiele, nach dem Motto: »Was habt ihr Idioten denn da wieder
gesagt?« Ich werfe ein: »Jochen, mich können sie vielleicht als
Idioten bezeichnen, aber dich doch nicht.« Am meisten lacht Lafontaine.

Am Montag, dem 18. April, marschiere ich erneut ins Präsidium,
um Überzeugungsarbeit für unser Steuerkonzept zu leisten. Immer
wieder versuche ich, den Genossen meine strategischen Überlegungen zu vermitteln: Wir beschließen jetzt ein genaues und detailliertes Konzept der Steuerentlastung für kleine und mittlere Einkommen plus einer steuerfreien Investitionsrücklage für den Mittelstand. Wir verzichten auf jedwede Belastung der Arbeitnehmer,
auch die von der Koalition beschlossenen Kürzungen bei den Investitionszulagen lehnen wir ab. Wir beschränken die Nettoentla-
stung auf 9,4 Milliarden DM, tatsächlich auf 6 Milliarden DM,
weil ja in unserem Konzept auch die Gemeindefinanzreform enthalten ist. Das ist unsere Alternative zur Steuerreform 1990. Wenn
Stoltenbergs Steuerreform im Juli im Bundesgesetzblatt steht, muß
dieses Konzept für unseren Bundesparteitag Ende August in Münster umformuliert werden. Wir brauchen dann allgemeine Thesen
der SPD zur Steuerpolitik. Im Jahre 1990 formulieren wir unsere
genauen steuerpolitischen Alternativen für den Wahlkampf im
Licht der dann gegebenen Lage: Dann ist Stoltenbergs Steuerreform in Kraft; die Defizite der öffentlichen Haushalte sind erkennbar. Die konjunkturelle Lage sagt uns, was finanzpolitisch
geboten ist. So bleiben wir artikulationsfähig und flexibel. Die
Alternative: Wir sagen nein zu jeder Steuersenkung, bleiben auch
1990 dabei und kündigen damit indirekt an, im Falle eines SPD-
Wahlerfolges die von der Koalition gewährten Steuerentlastungen
zurückzunehmen.

Die Diskussion ist interessant. Rau fürchtet sich vor einer Neu-
auflage der scharfen Debatte im Parteivorstand »Scherf gegen
Apel«. Er verweist auf die allgemeine Stimmungslage: Keine SPD-
Steuerpolitik. Die Ergänzungsabgabe muß her. Auch Lafontaine

fordert die Ergänzungsabgabe und will Klarheit schaffen, wer sie bezahlen soll. Er bedankt sich für meine Arbeit. Erhard Eppler ist präzise:»Dies ist ein mutiges Konzept, unsere Alternative zur Koalition. Wenn wir regieren sollten und das riesige Defizit schließen müssen, geht das nur über kräftige Energiesteuern. Diesen Weg müssen wir uns offenhalten.« Vogel faßt zusammen:»Für die aktuelle Debatte ist das Apel-Papier gut. Jetzt eine Ergänzungsabgabe fordern, hieße Stoltenberg zu helfen. Was wir 1990 wollen, können wir dann festlegen.« Und so werde ich in Gnaden entlassen.

Am Donnerstag, dem 21. April, bringt der Finanzminister das Steuerpaket 1990 in erster Lesung im Deutschen Bundestag ein. Ich antworte ihm für die Fraktion. Ich habe leichtes Spiel: Aus dem Jahrhundertwerk »Steuerreform 1990«, das uns der Finanzminister und die Koalition versprochen hatten, ist wirklich ein Stück aus dem Tollhaus geworden. Die Erfahrungen der Bürger mit den Steuersenkungen der Jahre 1986 und 1988 sind schlecht, nur eine Minderheit konnte in ihrem Portemonnaie echte Entlastungen feststellen. Auch 1990 wird dieser Weg der ungleichen Entlastungen fortgesetzt. Von Steuergerechtigkeit keine Spur. Zusätzlich werden den Arbeitnehmern und den Pensionären zur Finanzierung der Steuerreform 1990 eine Reihe von Steuererleichterungen wie der Arbeitnehmer-, der Weihnachts- und der Altersfreibetrag genommen. Die Quellensteuer auf Zinserträge wird eingeführt.

Stoltenberg muß verrückt sein. Um das Maß voll zu machen, wird die Mineralölsteuer um mindestens 10 Pfennige pro Liter angehoben. Gleichzeitig beugt er sich dem Druck von Franz Josef Strauß; die Privat- und Hobbyflieger sollen künftig von der Mineralölsteuer befreit werden. Die hohen Staatsdefizite tun ein übriges, um das Ansehen des Finanzministers gründlich zu ruinieren.

In meiner Antwort auf Stoltenberg stelle ich unsere Alternative vor. War das voreilig? Erst am nächsten Montag, dem 25. April, steht unser Steuerkonzept im Bundesvorstand der SPD auf dem Prüfstand. 28 von 40 Mitgliedern des Parteivorstandes sind anwesend. Und so ist die Mehrheit für unser Steuerkonzept am Ende der Debatte mehr zufällig und extrem knapp, nämlich 15 : 13.

Vogel faßt die Debatte zusammen: »Die Fraktion braucht eine Argumentationshilfe. Hans Apel und seine Kommission haben sie auf der Basis unserer Nürnberger Beschlüsse formuliert.« Wenn allerdings Stoltenbergs Steuerreform Gesetz sei, hätten wir eine neue Lage. Es sei dann nicht mehr möglich, für unseren Parteitag in Münster ein steuerpolitisches Konzept der SPD vorzulegen. Deshalb könne auf diesem Parteitag, wie vom Nürnberger Parteitag gefordert, die Steuer- und die Finanzpolitik der SPD nicht unter einem gesonderten Tagesordnungspunkt abgehandelt werden. Und damit ist unserem Konzept nur ein kurzes Leben von wenigen Wochen beschieden.

Dennoch geht die Auseinandersetzung in den Parteigremien weiter. Der Vorstand der Sozialdemokratischen Gemeinschaft für Kommunalpolitik lehnt unser Konzept ab. Die SPD-Bundestagsfraktion billigt es gegen vier Stimmen bei sechs Enthaltungen. Zu einer neuerlichen Auseinandersetzung kommt es am Dienstag, 31. Mai, im Gewerkschaftsrat. Hermann Rappe, Dieter Wunder und Monika Wulf-Matthies polemisieren gegen Stoltenbergs Steuerpolitik und damit auch gegen unser Konzept: »Denn die SPD will ja auch Steuererleichterungen.« (Rappe) – »Die Haltung der SPD in dieser Frage ist unklar.« (Wunder) – Da platzt mir der Kragen: Unklar sei ihre Position. Sie polemisierten gegen Steuersenkungen für kleine und mittlere Einkommen. Genau die fordere aber der DGB selbst. Da bewähren sich die Klarsichtfolien unseres Vorsitzenden, umgehend haben die DGB-Bosse ihre eigenen Verlautbarungen auf dem Tisch. Und ich frage sie, ob sie denn mit ihrer Tarifpolitik nur noch für den Fiskus arbeiten wollten. Wenn ein Lediger mit 4000 DM Monatsgehalt 100 DM mehr bekomme, behielte er davon gerade 39 DM netto in der Tasche. 1990 würde er von Stoltenberg brutto 1700 DM Steuererleichterung bekommen, ob sie ihm die wieder wegnehmen wollten? Die SPD könne mit einem solchen Konzept nicht in den Bundestagswahlkampf gehen. Wir brauchen ein Alternativkonzept, das auch Wege aufzeigt, die maßlose Verschuldung Stoltenbergs zu stoppen und öffentliche Mittel im Kampf gegen die Massenarbeitslosigkeit bereitzustellen. Da sind sie ruhig, aber eine Wut haben sie trotzdem.

Unsere Alternative zu den Steuerplänen der Bundesregierung stellen wir unter das Motto »Gerechte Steuern und solide Finanzen«. Das öffentliche Echo ist positiv. Aber natürlich wissen die Eingeweihten, wie es in der SPD wirklich aussieht. Mich stört das nicht. Unser Ziel ist es, das Trommelfeuer auf Stoltenberg und seine Politik nicht abbrechen zu lassen. Bis zur Verabschiedung des Steuerpakets am 23. Juni benutzen wir jede Gelegenheit, um unsere Bewertung der Finanz- und Steuerpolitik der Koalition in die Öffentlichkeit zu tragen. Und wir haben Erfolg.

Die Woche der zweiten und dritten Lesung des Steuerpakets wird die Woche der Abrechnung mit Stoltenberg und seiner Steuer- und Finanzpolitik. Mit meiner Rede am Donnerstagmorgen in der zweiten Lesung habe ich mir diesmal besondere Mühe gegeben. Bei unseren Anhängern findet sie volle Zustimmung. Die Sportflieger protestieren. Die Koalition ist entmutigt; unter der Hand gratulieren mir Hoppe von der FDP und Carstens von der CDU. Stoltenberg ist fertig, und kaum jemand bedauert das. Denn er hat sein Leben lang auf niemanden Rücksicht genommen, jetzt scheitert er an seiner Selbstüberschätzung. Am Mittwochabend vor der Debatte im Bundestag soll ich mit ihm in der Sendung »Brennpunkt« der ARD debattieren. Er kommt nicht. Er sei noch beim Weltwirtschaftsgipfel, so die erste Ausrede. Er müsse an einem Koalitionsgespräch teilnehmen, so die zweite Ausrede. Mir soll es recht sein. Mit Staatssekretär Häfele ist es noch einfacher. Dennoch bin ich vor diesem Fernsehauftritt ziemlich nervös.

Noch sind die Sommerferien nicht erreicht. Wir müssen die steuerpolitischen Beschlüsse nacharbeiten, insbesondere aber die Beschlüsse der Koalition zur Erhöhung der Mineralölsteuer, der Erdgas- und der anderen Verbrauchssteuern kommentieren. Wir sind in einem Dilemma: Während wir von einem Raubzug an den Autofahrern sprechen, fordern die Umwelt- und Energiepolitiker unter der Stabführung von Volker Hauff eine massive Erhöhung der Energiesteuern, die weit über das von der Koalition beschlossene Maß hinausgehen. Während die Koalition aus der Anhebung der Verbrauchssteuern einschließlich der Tabak- und der Versicherungssteuer Einnahmen von jährlich 10 Milliarden DM erzielen will, fordern Hauff und seine Mitstreiter zusätzliche Energiesteuern, die jährlich mindestens 40 Milliarden DM Mehreinnahmen bringen sollen.

Was gilt nun? Vogel läßt vor dem Parteitag alles offen. Heiner Geißler und die Journaille stürzen sich auf dieses SPD-Dilemma. Ist die SPD in der Steuerpolitik längst auf dem Weg zu anderen Ufern? Ist das der Grund, warum unsere allgemeinen Thesen zur Steuerpolitik im Parteivorstand am 27. Juni auf keinen Widerstand mehr stoßen? Wie auch immer. Nur ich spreche auf dem Parteitag gegen die plötzliche Neuorientierung unserer Steuerpolitik mit dem Ziel einer massiven Verteuerung der Energie. Alle anderen schweigen oder passen sich dem neuen Trend an.

Am Donnerstag, 7. Juli, diskutiere ich mit Stoltenberg im ZDF in der Sendung »Journalisten fragen, Politiker antworten« fast anderthalb Stunden lang. Er ist erledigt, er kann nicht einmal aggressiv sein. Und so bin auch ich eher gebremst. Eine langweilige Sendung, ein Punktsieg? Vielleicht. Nach der Meinung vieler Zuschauer war ich gut. Den Genossen war ich wieder nicht aggressiv genug.

Nach der Sommerpause ist es wie immer. Ich arbeite zu Hause und in Bonn die Berge von Papier und Briefen ab. Die Gräber der Familie sind wieder gepflegt, der Garten in Ordnung. Ich beginne an meiner Rede zur ersten Lesung des Bundeshaushalts 1989 zu arbeiten. Die Position des Finanzministers hat sich wieder gefestigt, trotzdem macht es Spaß, mit meinen Mitarbeitern Otto Ebnet und Jochen Schwarzer eine Rede zu konzipieren, die den Finanzminister in Schwierigkeiten bringt.

Das Hoch vor dem Aus

Meine Bonner Arbeit bringt mir neues Ansehen. Für die Zeitungen bin ich ein gefragter Interviewpartner. Selbst die *Süddeutsche Zeitung*, mein Leib-und-Magen-Blatt, veröffentlicht Ende Januar ein ganzseitiges Interview zur Steuer- und Finanzpolitik. Eine

Reihe von Versammlungen, alle sind gut besucht, gibt mir die
Möglichkeit, mich bundesweit mit der Bonner Politik der Koalition
auseinanderzusetzen. Auch das Presseecho vor Ort ist bemerkenswert. Selbst bei den Linken der SPD Hamburg-Nord bin ich wieder
wieder zugelassen, sie laden mich zu ihren Distriktversammlungen
ein. Unsere Bonner Steuer- und Finanzpolitik findet Zustimmung.
Es ist ein gutes Gefühl, wieder »geliebt« zu werden. Und dennoch
weiß ich, was das bedeutet. Wer wie ich bereits mehrfach vor
seinem politischen Grab gestanden hat, läßt sich nicht mehr täuschen.

Anfang Februar müssen wir den Ansturm auf meinen Terminkalender bremsen. Bis zur parlamentarischen Sommerpause habe ich
bereits 37 Versammlungen angenommen. Da bleibt keine Zeit für
Müßiggang, zwei Wochen Bergwandern zu Ostern ausgenommen.
So will ich es ja auch: Als Politiker will ich Dinge bewegen. Das ist
nur möglich, wenn ich mich öffentlich äußere und die Bürger und
die Medien davon überzeuge, daß es so in Bonn nicht weitergehen
kann. Da kann ich nur verwundert mit dem Kopf schütteln, als mir
ein Mitglied aus dem Haushaltsausschuß erzählt, daß dem Bundestagspräsidenten Reiseanträge von zehn Parlamentsausschüssen
vorliegen, die zum Studium von AIDS in die weite Welt wollen,
natürlich auch der Haushaltsausschuß.

Am 23. Februar wählen wir zum zweiten Mal in dieser Legislaturperiode den Fraktionsvorstand. Mir prophezeien viele, ich
würde unter den acht stellvertretenden Fraktionsvorsitzenden das
beste Ergebnis erzielen, denn nur in meinem Bereich wären wir gut
vorangekommen und hätten Profil. Nur zu gern glaube ich das.
Und deshalb bin ich ziemlich enttäuscht, als ich nur auf dem
vierten Platz lande. Die Fraktion bestraft vor allem Hauff. Ich
spüre, daß ich an diesem Job immer noch mehr hänge, als ich
bereit bin zuzugeben, daß ich meiner Eitelkeit immer noch gern
schmeicheln lasse.

Doch wenn ich mich ernsthaft prüfe, weiß ich es: Ich bin auch in
dieser SPD-Fraktion ein Fossil aus vergangenen Zeiten. Als die
beiden Großmächte durch die Unterschriften von Gorbatschow
und Reagan die Verschrottung der sowjetischen und amerika-

nischen Mittelstreckenwaffen besiegeln, schreiben wir Anfang
Februar an den Herrn Bundeskanzler a. D. Helmut Schmidt folgenden Brief:

»Lieber Helmut, der INF-Vertrag ist unterschrieben! Alle Welt
müßte nun mit einem Fackelzug nach Hamburg ziehen, um dem
Bundeskanzler zu danken, der mit seiner Idee des Nato-Doppelbeschlusses den Prozeß mit dem Ziel dieses Ergebnisses in Gang
gesetzt hat. Wir von der SPD-Fraktion, die trotz schwerster Anfechtungen im November 1983 zur Stange gehalten haben, gratulieren zu diesem späten, aber großartigen Erfolg Deiner weitsichti-
gen Politik. Und nun handeln wir, wie es am Ende der Ballade von
Prinz Eugen, dem edlen Ritter, heißt: ›Der Trompeter tät den
Schnurrbart streichen / und sich auf die Seite schleichen / zu der
Marketenderin‹!« Unterschrieben haben die »hinterbliebenen
Standhaften« des 11. Deutschen Bundestags der SPD-Fraktion:
Annemarie Renger, Apel, Purps, Stahl, Haack, Penner, Wisch-
newski, Wernitz, de With, Ahrens, Würtz und Grunenberg.

Für Dienstagabend, 8. März, lädt Helmut Schmidt mit Loki
zum Abendessen ein: Ingrid und mich, Egon Franke, Antje Huber,
Manfred Lahnstein und andere. Einige sind mit ihren Frauen da.
Es ist nett und sentimental. Mit der SPD heute indes hat das nichts
mehr zu tun. Nur Anke Fuchs und ich sind noch Mitglieder des
Parteivorstandes, und das nach fünf Jahren. Zwar ist auch noch ein
dritter der eingeladenen Freunde Abgeordneter, Konrad Porzner,
und ein vierter, wäre er gekommen, Wischnewski. Aber wir spielen
doch kaum noch eine Rolle.

Anfang Juni sind Ingrid und ich bei der traditionellen Spargel-
fahrt der Kanaler mit dem Rheinschiff nach Unkel dabei. Auch
diese »Institution« ist am Ende. Da kommen noch die Alten wie
Helmut Schmidt und Loki, Willy Berkhan und Egon Franke, aber
kein Holger Börner, kein Hans Matthöfer. Aktive Abgeordnete
sind Mangelware, vielleicht zwanzig an der Zahl. Der Saal ist
mäßig besetzt, die Reden langweilig, der Spargel holzig. Als die
zwei Stunden rum sind, lassen wir Schiff Schiff sein und verkrü-
meln uns nach Hause, um uns eine schöne Flasche Wein zu geneh-
migen.

Doch ich mache weiterhin Pressekonferenzen, veröffentliche Presseerklärungen, jage von Versammlung zu Versammlung. Ich nehme meine Bonner Verpflichtungen ernst. Eine Emnid-Umfrage macht mir Mut: Unter den aktiven Politikern der SPD liege ich hinter Vogel, Rau, Lafontaine und Engholm mit einem Bekannt-heitsgrad von 91 Prozent auf dem 5. Platz. Das muß doch auch die Partei zur Kenntnis nehmen, denke ich. Und ich hoffe wieder, daß meine Genossen meine Arbeit in Bonn honorieren und mich auf dem nächsten Parteitag erneut in den Bundesvorstand wählen. Denn die Bonner Arbeit ist mein Leben, sie macht mir Spaß.

Anfang Mai haben wir in Bonn und dann in Hamburg Professor Moyer mit seiner Frau zu Gast, die wir im letzten Jahr in den USA am Grinnell College in Iowa getroffen hatten. In Bonn arrangiere ich für ihn vier Gesprächstermine mit Staatssekretär Kittel vom Landwirtschaftsministerium, mit Schnieders vom Bauernverband, mit Henrichsmeyer, dem Vorsitzenden des wissenschaftlichen Bei-rats des Landwirtschaftsministeriums, und mit Thomas Schlier von der Arbeitsgemeinschaft der Verbraucherverbände. Ich begleite ihn zu seinen Gesprächen. Das ist nicht nur nötig, um immer wieder bei der Übersetzung zu helfen. Ich selbst profitiere auch. Denn wann habe ich schon die Zeit und die Gelegenheit, so kon-zentriert die aktuellen Probleme und die weiteren Perspektiven der europäischen Agrarpolitik vorgeführt zu bekommen? Nun kann ich das tun, was ich schon lange vorhatte, nämlich einen grund-sätzlichen Artikel zur Agrarpolitik schreiben, der den Versuch unternimmt, mit der elenden Lügerei in diesem Bereich aufzuräu-men.

In Hamburg gehen wir mit unseren Gästen bei strahlendem Sonnenschein zum Hafengeburtstag. Unsere Stadt zeigt sich von ihrer besten Seite. Wir fahren mit ihnen an die Zonengrenze und lassen sie die bedrückende Realität der deutschen Teilung erleben. Am Sonntag, dem 8. Mai, erleben wir den Erdrutschsieg von Björn Engholm und der SPD in Schleswig-Holstein. Als am Montag nach dieser Wahl Klaus von Dohnanyi als Hamburger Bürgermeister zurücktritt, sind unsere amerikanischen Freunde bereits auf dem Heimweg.

Aber es gibt für mich in Hamburg auch erfreuliche Ereignisse. Meine Stimmung am Wochenende wird bestimmt davon, wie der FC St. Pauli spielt. Vor einem Jahr haben wir nur knapp den Aufstieg in die erste Bundesliga verpaßt. Aber am Sonntag, dem 29. Mai, steht es fest: Wir haben es diesmal geschafft. Wie tief waren wir nach dem Linzenzentzug durch den DFB gefallen, hoffnungslos verschuldet, ohne Perspektive. Und nun das! Der *underdog*, mein FC St. Pauli, hat es geschafft. Freunde und Bekannte rufen an, um mir zu gratulieren.

Ich spiele am 10. August in unserem Stadion am Millerntor Fußball. Es ist unser 32. Hochzeitstag. Prominente gegen eine Mannschaft des Deutschen Rings. Ich bin angekündigt, wir müssen hin. 5000 Zuschauer, eine für mein Alter passable Leistung in einem Team mit Uwe Seeler und Günter Netzer, das macht Spaß und bringt auch politisch mehr als manche hochkarätige Aktion. Und es geht schon nahe, wenn nach der Ankündigung von Jürgen Roland ein ganzes Stadion unseren Hochzeitstag beklatscht.

Vor und nach unserem Segelurlaub drehen sich viele Gespräche um die Frage, ob ich wieder in den Bundesvorstand gewählt werde. In diesen Gesprächen stelle ich auch immer wieder die Frage, ob ich denn überhaupt wieder kandidieren soll. Schließlich gehöre ich dem Parteivorstand seit 1970 an und kann ohne Gesichtsverlust nach unserem Beschluß zur Quotierung zugunsten der Frauen verzichten. Die Seeheimer sind dagegen. Ich sei schließlich das letzte Parteivorstandsmitglied, das sich zu ihnen bekenne, ich hätte nie Zweifel an meiner politischen Position aufkommen lassen. Sie wollen für mich kämpfen.

Am 21. Juni verzichtet der Seeheimer Gerd Andres bei einer Nachwahl zum Fraktionsvorstand zugunsten von Norbert Gansel. Dafür sollen die Linken auf dem Bundesparteitag Hans Apel wählen. Vor und auf dem Parteitag machen sich meine Freunde, vor allem Rudolf Purps und Helmut Esters, viel Mühe, um für mich zu werben: »Wir brauchen Hans Apel.« – »Wir können doch einen so bekannten Genossen nicht abwählen.« Doch sie sagen mir auch, wie schwer es ist, mit ihren Argumenten durchzukommen. Aber sie sind optimistisch. Denn meine Leistung spreche für sich.

Für den 27. Juni hat mir Hans-Jochen Vogel einen Termin gegeben. Ich möchte mit ihm mein weiteres politisches Schicksal besprechen. Ihn kann es eigentlich nicht kaltlassen, wie die Vorstandswahlen auf unserem Parteitag in Münster ausgehen. Ich
möchte auch seine Meinung hören, ob ich meine Kandidatur zurückziehen soll. Doch Vogel hat für mich trotz unserer Verabredung keine Zeit. Zu einem neuen Termin kommt es nicht. Das hat
kaum Bedeutung, denn er hätte sich sowieso nicht festgelegt. Und
deshalb werde ich es nun so machen, wie ich es für richtig halte.
Vorgeschlagen hat mich der Parteivorstand wieder. Das bedeutet
allerdings nichts. Für vier freiwerdende Plätze haben wir gemäß
der Quote vier Frauen vorgesehen, aber mindestens drei Männer
wollen neu in den Parteivorstand: Spöri, Momper und Scharping.
Für Scharping wird Hugo Brandt während des Parteitages zurücktreten. Also heißt es für mindestens zwei Männer sterben.

Doch auch die Linken sagen mir, diesmal würde ich bei meiner
Wiederwahl in den Bundesvorstand keine Probleme haben. Harald
B. Schäfer: »Du hast so gute Arbeit geleistet, das wird von uns
anerkannt.« Also kandidiere ich. Alles andere wäre mir ohnehin
sehr schwergefallen. Denn meine Art ist es nicht, mich feige davon-
zustehlen. Und natürlich hoffe ich auch, daß mich das Aus nicht
trifft.

Meine Mitarbeiter in Bonn, insbesondere Jochen Schwarzer,
sind rührend darum besorgt, daß ich wieder in den Bundesvorstand gewählt werde. Da die Bundesregierung am Mittwoch, dem
24. August, unsere Große Anfrage zur Lage der Städte und Gemeinden beantwortet, kann ich am Donnerstag vor dem Bundesparteitag zu diesem Thema eine Pressekonferenz machen, die
dank der Hilfe meiner Mitarbeiter ein gutes Echo hat. Nun sind sie
sicher, daß alles gutgeht. Sie können sich nicht vorstellen, daß die
Partei bei ihren Personalentscheidungen an dringend benötigtem
Sachverstand vorbeigehen kann. Sie kennen die Partei nicht, die
besonderen Gesetze, die einen Parteitag bestimmen; wie wenig die
Delegierten den Willen der Parteimitglieder vertreten. – Bis zur
Vorstandswahl muß ich wissen, was ich nach einem Rausschmiß
tue. Ich muß das ganz allein entscheiden. Ingrid hat recht, wenn

sie mir sagt: Raten könne sie mir nicht, nur helfen, jede Entscheidung auch anschließend mitzutragen.

Am Montag, dem 29. August, bin ich mit meiner Frau in Münster. Die übliche Parteitagsroutine beginnt. Als Mitglied der Antragskommission darf ich mir die Abende um die Ohren schlagen. In der Mittagspause der Plenarsitzungen treffen sich die Seeheimer in einem nahegelegenen Restaurant. Langsam mehren sich die Zeichen, daß ich auf diesem Parteitag der erste Abstiegskandidat bin: Im dritten Anlauf muß es doch klappen, den letzten Weggefährten von Helmut Schmidt loszuwerden. Mir wird berichtet, daß Peter Struck, der stellvertretende Vorsitzende des von mir geleiteten Arbeitskreises Öffentliche Finanzwirtschaft der Fraktion, erklärt: »Apel ist überflüssig.« Andere Genossen aus der Fraktion agieren etwas vorsichtiger.

Und so kommt für mich am Donnerstag im vierten Wahlgang kurz vor Mitternacht das Aus. Das Ergebnis ist eindeutig. Ich erhalte 52 Stimmen weniger als Peter Glotz, und auch er fliegt noch raus. Da gibt es nichts zu interpretieren. Die Quotierung hat mit meiner Abwahl nichts zu tun. Die Partei will mich nicht mehr.

Ingrid und ich verlassen den Parteitag. Ich hatte Holger Börner vorher um Rat gefragt: Kann ich bei meiner Abwahl in der nächsten Woche als Fraktionsvize in der Haushaltsdebatte gegen Stoltenberg antreten? Seine Antwort: Die Niederlage wegstecken und weitermachen. Jetzt, nach diesem Ergebnis, ist er nicht mehr so sicher. Nach einer schlimmen Nacht fahren wir beide am Freitagmorgen nach Hause. Was soll ich mir noch Vogels Beerdigungsrede anhören! Gegen Mittag ist Voscherau am Telefon. Auch er ist wieder in Hamburg. Vogel hat ihn gebeten, mich anzurufen. Er will wissen, was ich nun zu tun gedenke. Als wenn ich das jetzt wüßte, wo ich noch wie betäubt bin. Ich frage Voscherau, was er meint: »Du mußt zurücktreten. Anders darf eine glänzende Karriere nicht enden.«

Nun klingelt unser Telefon pausenlos. Ingrid und ich sind uns einig: Der Presse wird nichts gesagt. Gegen Abend, als es ruhig ist, ruft Vogel an. Er hätte für mich nicht mehr tun können, schließlich sei er jetzt nicht mehr Fraktionsvorsitzender, sondern Parteivorsitzender. Er hat nur wenig Zeit. Zu einem persönlichen Gespräch kommt es nicht. Ich verspreche ihm, vor Montag keine öffentlichen Erklärungen abzugeben, lehne aber seinen Vorschlag ab, in der nächsten Woche noch im Amt zu bleiben, das Gefecht mit Stoltenberg durchzustehen und dann am Freitag zurückzutreten. Ingrid ist empört über soviel Kaltschnäuzigkeit und Brutalität.

Am Sonnabendmorgen setze ich mich an meinen Schreibtisch. Ich nehme mir den Text meiner Haushaltsrede vor, um sie nach unseren Beschlüssen auf dem Parteitag noch einmal zu überarbeiten. Ich will, ich kann nicht akzeptieren, daß nun alles vorbei ist. Aber ich komme nicht voran. Es geht nicht. Ingrid will mich überzeugen, daß ich nun mit erhobenem Haupt gehen müsse. Ich schwanke, so wird auch sie unsicher. »Vogel wird dich am Sonntag anrufen und dir eine Brücke bauen«, meint sie schließlich. Abends gehen wir in die Komödie zur Premiere, Sonntagmorgen spazieren. Wir argumentieren im Kreis. Vogel ruft nicht an. Und so formuliere ich am Nachmittag meine Rücktrittserklärung und lege meine Rede beiseite, sie ist ja auch fertig. Ein anderer kann sie am Dienstag im Plenum als Antwort auf Stoltenberg vortragen.

Gegen halb neun ruft mich Helmut Schmidt an: »Hier ist Helmut Schmidt. Kann ich dir helfen?« Wir reden, und er stellt fest: »Du hast dich entschieden. Lies mir mal deine Presseerklärung vor.« Dann empfiehlt er Korrekturen: »Du mußt dich so verhalten, daß du dich auch noch in fünf Jahren im Spiegel ansehen kannst.« Ob ich denn bereits jetzt schon ankündigen will, 1990 aus dem Bundestag auszuscheiden? Das ist die schwierigste Frage, die mich über den Tag hinaus umtreibt. Hatte mir doch Helgrid Fischer-Menzel kurz vor den Vorstandswahlen auf dem Parteitag angedeutet, daß sie dafür eintreten will, daß ich 1990 von den Linken ohne Liebe, aber ohne Gegenkandidaten akzeptiert würde. 1994 wäre dann aber endgültig Schluß. Ist das die Brücke, über die ich gehen soll? Zwei Jahre in Bonn als einfacher Abgeordneter liegen noch vor mir. Soll ich dann weitere vier Jahre in Bonn ohne Einfluß wie Falschgeld rumlaufen? Also ist es richtig, auch diesen Rückzug anzukündigen.

Am Montag fliege ich mit der Frühmaschine zusammen mit

Alfons Pawelczyk nach Bonn. Wir reden miteinander. In der Hamburger Landesvertretung verändern wir beide noch einmal den Inhalt meiner Presseerklärung. Nun ist sie »nobel und ehrenwert«, wie Vogel meint. Da ich aufgrund »der Ergebnisse« des Parteitages zurücktrete, lasse ich erkennen, daß es auch die Energiesteuer ist – auf dem Parteitag habe ich als einziger gegen sie gesprochen –, die meinen Rücktritt begründet. Vogel empfängt mich gegen 9.30 Uhr für wenige Minuten. Er hört meine Entscheidung, bedauert sie und läßt mich ziehen. Im Laufe der Woche will er noch einmal eingehend mit mir reden. Dazu kommt es nicht. Dann der Weg durch den Vorstand und die Fraktion mit Erklärungen von mir und dem üblichen Dank von Vogel, Beifall von der Fraktion.

Dienstag im Plenum: Stoltenberg würdigt mich, auch Helmut Wieczorek. Er will meine Rede vortragen, aber es klappt nicht. Am Mittwoch höre ich mir Vogels Begräbnisworte an. Ich sitze im Plenum in der dritten Reihe. Nach seiner Rede schickt Vogel einen Saaldiener, damit der Platz neben mir frei wird, und setzt sich neben mich: »Du hast ein tolles Presseecho. Es ist gut, wenn das Fernsehen uns zusammen sieht.« Dann beginne ich mein Büro auszuräumen. Mittwoch und Donnerstag kommt meine Tochter Ingrid aus Darmstadt nach Bonn. Das ist wichtiger für mich als die vielen Worte, die ich in diesen Tagen über mich ergehen lassen muß.

Nur am Rande interessiert mich noch das Presseecho auf meinen Schritt. Da kommt vieles zusammen: Respekt vor meiner konsequenten Haltung, Krokodilstränen für einen politisch Verstorbenen, Erleichterung, Apel im Nacken der Regierung loszuwerden. Wäre ich geblieben, hätten sie Corned beef aus mir gemacht. Wichtiger sind für uns die Reaktionen vieler Bürger. Am Sonnabend, dem 10. September, kommen Ingrid und ich vom Wochenmarkt zurück. Auf dem Waldweg begegnet uns eine kleine alte Frau. Sie schaut uns an und sagt nur ein Wort: »Bravo.« Wildfremde Menschen sprechen Ingrid und mich an und bezeugen ihren Respekt und ihre Anerkennung für meine konsequente Haltung. Jede Menge Briefe, die meisten Schreiber kenne ich nicht. Auch hier ist der Tenor eindeutig: Sympathie und Zustimmung für mich, Unverständnis für die Partei. Einige wenige können telefonisch zu uns durchdringen. Einige weinen, andere wollen ihr Parteibuch zurückgeben.

Ich falle in ein tiefes Loch. Ich kann nicht schlafen. Es ist, als ob plötzlich jemand in meinem Kopf ein Licht einschaltet. Ich fahre aus dem Schlaf hoch, sofort sind die schwarzen Gedanken da. Sie quälen mich nicht mehr mit dem Zweifel, ob ich die richtige Entscheidung gefällt habe. Darüber bin ich weg. Es ist eine tiefe Trauer, die Angst vor der Zukunft, nicht zu wissen, wie es weitergehen soll. Und trösten kann mich keiner. Trost, wozu eigentlich? Ich bin augenscheinlich gesund, habe keine materiellen Sorgen und meine Frau. Weshalb also dieses Theater?

Am 12. September fahren wir beide zu unseren Verwandten in die DDR. Diese Reise war lange geplant, wir sagen sie nicht ab. Dafür gibt es auch keinen Grund. Wir passieren die Grenzkontrollen zügig und sind nun viel zu früh dran. Wir verlassen die Autobahn, um gemächlich durch die Mark Brandenburg zu fahren und uns den Dom in Havelberg anzuschauen. Gottes Fügung oder Zufall? Vor vier Jahren fuhren wir mit Dieter Schröder von Berlin aus nach Brandenburg, um Manfred Stolpe, den Ostberliner Konsistorialpräsidenten, zu treffen. Er erschien nicht. Also blieb uns nur ein schönes Kirchenkonzert im Brandenburger Dom. Nun kommen wir nach Havelberg und parken vor der Stadtkirche. Im Altarraum läßt sich eine Gruppe von Menschen die Rekonstruktion der Kirche erklären. Dann kommen auf uns zu: Bischof Kruse, Manfred Stolpe und andere. Alle sind sprachlos. Kruse: »Ich wollte Ihnen schon schreiben.« Stolpe: »Bei Vogel habe ich schon nachgefragt, wieso der Parteitag Sie so schlecht behandelt hat.« Der Stadtpfarrer führt uns durch seine Kirche. Und dann geht es weiter durch die Mark Brandenburg.

In der nächsten Woche bin ich in Bonn. Es wird Zeit, klar Schiff zu machen. Etwa dreihundert Briefe und Telegramme zu meinem Rückzug aus der aktiven Politik warten auf mich, davon nur einer bösartig: Es ist höchste Zeit, daß du Sozischwein von der Bildfläche verschwindest. Alle anderen wollen mir helfen. Nur wenige bekannte Genossen schreiben, Anke Fuchs, Klose, der NRW-Finanzminister Schleußer. Kein Wort von Rau oder Lafontaine, dafür freundliche Zeilen von Barzel, MdB Lowack, Max Streibl aus Bayern. Die vielen mir nicht bekannten Bürger sind rührende Briefschreiber, die sich große Mühe machen, ihre Gefühle und Überzeugungen in Worte zu kleiden. Ich muß mich beeilen. Schon in der nächsten Woche werde ich nicht mehr über mein Büro verfügen. Gottseidank habe ich Irmgard Nolden und die Fraktionsgeschäftsführung davon überzeugen können, daß sie mir bis zum Ende meiner Bonner Zeit zur Seite steht.

Ich bin allein. Selbst engste Freunde melden sich nicht. Als Peter Schulz 1974 als Hamburger Bürgermeister zurücktrat, sind Ingrid und ich sofort zu ihm gefahren, um ihn und seine Frau zu trösten. Und als Horst Gobrecht aus dem Senat entfernt wurde, habe ich ihn angerufen. Auch sie melden sich nicht.

Hans-Jochen Vogel hat erst am 28. September für mich Zeit. Das ist ein denkwürdiges Gespräch. Er fragt mich einleitend, ob ich denn schon Entzugserscheinungen hätte. Meine Antwort: »Ich bin gestern wegen der Wahl meiner Nachfolgerin in der Fraktionssitzung gewesen. Ich weiß, was ich verloren habe und was nicht.« Eigentlich ist damit das Gespräch schon zu Ende. Er äußert kein Bedauern über meinen Abgang, ich beklage mich nicht. Aber nach zwei Minuten kann ich nicht gehen. Außerdem kann ich meinen heißen Kaffee so schnell nicht austrinken. Vogel: »Westphal und Renger scheiden nach den nächsten Wahlen aus. Kannst du mir einen Rat geben, wer sie als Präsident/Vizepräsident ersetzen kann?« Ich kann es nicht. Wer weiß denn, wer dann noch im Parlament sein wird? Und so kümmert das »Gespräch« weiter. Er redet über die Hardthöhe. Ich sage ihm, daß ich mein Tagebuch zu einem Buch umarbeite. Er nimmt das zur Kenntnis. Ich verabschiede mich und sage ihm, daß ich nach diesem Gespräch wisse, daß ich nichts mehr von der Partei zu erwarten habe. Er widerspricht nicht.

Namenregister